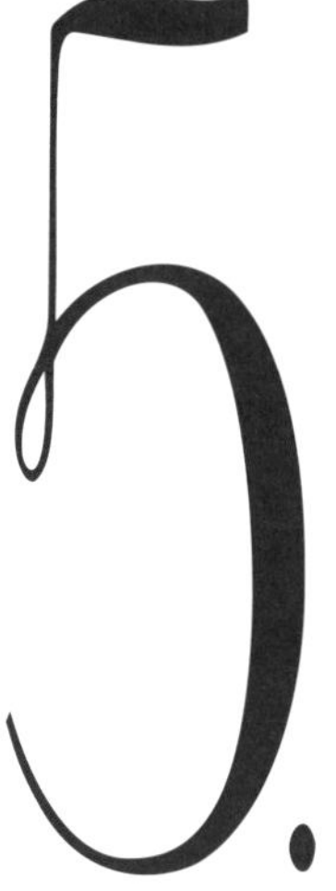

5.

EUROPÄISCHER MONAT DER FOTOGRAFIE

BERLIN

19. OKTOBER – 25. NOVEMBER 2012

DEUTSCH I ENGLISH

Unter der Schirmherrschaft
des Regierenden Bürgermeisters von Berlin
Klaus Wowereit

Under the patronage
of the Governing Mayor of the City of Berlin
Klaus Wowereit

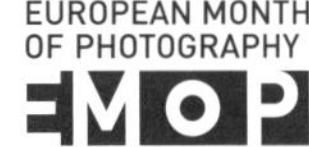

KERBER PHOTO ART

IMPRESSUM / COLOPHON

Dieser Katalog erscheint anlässlich des
5. Europäischen Monats der Fotografie Berlin 2012. / The present catalogue is
published on the occasion of the 5th European Month of Photography Berlin, 2012.

Herausgeber / Publisher
Kulturprojekte Berlin GmbH
Klosterstraße 68, 10179 Berlin
Geschäftsführer / Managing Director
Moritz van Dülmen

Konzeption / Concept
Katia Reich

**Projektmanagement /
Project Management**
Oliver Bätz

Assistenz / Assistance
Marte Kräher
Mitarbeit / Support:
Charlotte Finke,
Gabriele Zöllner

Redaktion / Editors
Vanessa Offen, Katia Reich
Mitarbeit / Support:
Anke Schleper

**Übersetzung Deutsch – Englisch /
Translation German – English**
Amy Klement

**Englisches Lektorat /
English Copy-editing**
Tony Crawford

**Übersetzung Englisch – Deutsch /
English – German Translation**
Uta Goridis

Gestaltung / Design
Art Director:
Mario Lombardo
Design:
Enver Hadzijaj (stellv. AD),
Alina Jungclaus, Sandra Weber
Projektmanagement /
Project Management:
Regine Rack
BUREAU Mario Lombardo
www.mariolombardo.com

Druck / Printing
E&B engelhardt und
bauer Druck und Ver-
lag GmbH, Karlsruhe

Titelfoto / Cover Photo
O.T. aus der Serie | Un-
titled from the series Das
Auge der Liebe, 1953
© René Groebli, courtesy
of Pinter & Milch –
Galerie für Fotografie

Dank / Acknowledgments
Wir bedanken uns bei allen
beteiligten Personen, Gruppen
und Institutionen für Information
und Unterstützung. / We would
like to thank all the individuals,
groups and institutions involved
for their information and support.

Der 5. Europäische Monat
der Fotografie Berlin 2012
wird gefördert mit Mitteln der
Stiftung Deutsche Klassenlotterie Berlin und der Senatskanzlei Kulturelle Angelegenheiten, Berlin. / The 5th European
Month of Photography Berlin
has received financial support
from Stiftung Deutsche Klassenlotterie, Berlin, and from the
Berlin Senate Office of Cultural
Affairs.

**Programmstand /
Programme Information**
20.09.2012, Änderungen
vorbehalten / Revised
20 September, 2012; subject
to change without notice

Die Deutsche Nationalbibliothek
verzeichnet diese Publikation
in der Deutschen Nationalbib-
liografie; detaillierte bibliogra-
fische Daten sind im Internet
über http://dnb.d-nb.de abrufbar.
The German National Library lists this publication in the
German national bibliography.
Detailed bibliographic information is available on the
Internet at http://dnb.d-nb.de.

Vertrieb / Distributed by
Kerber Verlag, Bielefeld
Windelsbleicher Str. 166–170
33659 Bielefeld
Germany
Tel. +49 (0)521 950 08 10
Fax +49 (0)521 950 08 88
info@kerberverlag.com
www.kerberverlag.com

Kerber, US Distribution
D.A.P., Distributed Art
Publishers, Inc.
155 Sixth Avenue, 2nd Floor
New York, NY 10013
Tel. +1 (212) 627 19 99
Fax +1 (212) 627 94 84

KERBER-Publikationen
werden weltweit in führenden
Buchhandlungen und Museums-
shops angeboten (Vertrieb in
Europa, Asien, Nord- und
Südamerika). / KERBER
publications are distributed in
Europe, Asia, North America
and South America, and available in selected bookstores and
museum shops worldwide.

Copyright
© Kulturprojekte Berlin GmbH,
Kerber Verlag; © für die Einzel-
beiträge bei den Autoren / Copyright owners of individual essays
are their respective authors;
© für die abgebildeten Werke
siehe Bildunterschriften /
Copyright owners of the photographs: see photo credits.

ISBN 978-3-86678-770-4
Printed in Germany

CONTENT

INHALT

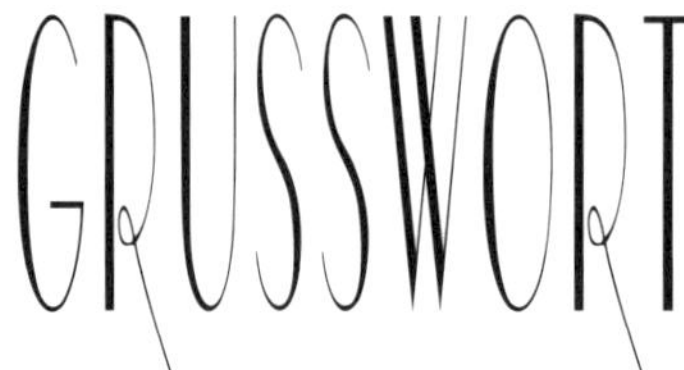

GRUSSWORT

»**Der Blick des Anderen**«: Das Motto des **5. Europäischen Monats der Fotografie** ist weit mehr als ein Festival-Titel. Es formuliert einen Anspruch an den Umgang mit Kunst im globalen Zeitalter. Und mit der Teilnahme mehrerer europäischer Städte zeigt der **Europäische Monat der Fotografie**, wie wertvoll gerade vor diesem Hintergrund die internationale Vernetzung und die Begegnung mit vielen »**Blicken des Anderen**« sein kann.

Der **Europäische Monat der Fotografie** hat sich in den wenigen Jahren seit seinen Anfängen zu einer bedeutenden europäischen Plattform entwickelt. Mit einem breiten Angebot von Ausstellungen, Veranstaltungen und Publikationen fokussieren die Veranstalter die Aufmerksamkeit des Publikums auf das Medium Fotografie. Die Zahl der teilnehmenden Städte ist weiter gestiegen, ebenso das Interesse bei Fotografiebegeisterten aus aller Welt. Der **Europäische Monat der Fotografie** ist ein wunderbares Beispiel für erfolgreichen und zeitgemäßen Kulturaustausch im europäischen Rahmen.

Für Berlin als europäische Kreativmetropole spielt die Fotografie bereits seit langer Zeit eine besondere Rolle. Hatte die Wiege dieser Kunstform in unserer heutigen Partnerstadt Paris gestanden, so verlieh der Berliner Forscher Alexander von Humboldt der sensationellen Erfindung seine wissenschaftliche Autorität und der Berliner Kunsthändler Louis Friedrich Sachse, ein Freund des Erfinders Daguerre, machte das junge Medium schon einen Monat nach der Erfindung im Jahr 1839 in Berlin bekannt und populär. In Berlin wurde die Fotografie künstlerisch und technisch modernisiert. Vor allem durch die Forschungen an der Technischen Hochschule, der heutigen Technischen Universität, konnten neue optische und photochemische Verfahren entwickelt werden, welche die technischen wie ästhetischen Möglichkeiten der Fotografie revolutionierten. In den zwanziger Jahren stieg Berlin zu einem Zentrum der fotografischen Avantgarde auf.

Heute beherbergt Berlin wieder eine ungemein lebendige Foto-Szene. Mit seinen Universitäten und Fachschulen gehört Berlin zu den ersten Adressen in Sachen Fotografie-Ausbildung. Berlin beherbergt bedeutende Museen, Galerien, Sammlungen und Archive. Aber auch zahlreiche aktive Fotografinnen und Fotografen prägen Berlin als eines der europäischen Zentren der Fotografie.

Ich wünsche dem **Europäischen Monat der Fotografie** 2012 wieder ein reges Publikumsinteresse, allen Besuchern der vielen Veranstaltungen interessante Begegnungen mit den »**Blicken des Anderen**« und der jungen Fotoszene Europas einen inspirierenden Austausch.

Klaus Wowereit,
Regierender Bürgermeister von Berlin

WORDS OF WELCOME

»The View of the Other«, the theme of the 5th European Month of Photography, is much more than just the title of a festival. It expresses an expecation with regard to art in the global age. And the European Month of Photography, with the participation of several European cities, shows how valuable international networking and encounters with many different »Views of the Other« can be.

In the few years since its beginnings, the European Month of Photography has developed into a major European platform. The organisers focus public attention on the medium of photography with a broad range of exhibitions, events and publications. Both the number of participating cities and the interest of photography enthusiasts from round the world have continued to grow. The European Month of Photography is a wonderful example of successful, contemporary cultural exchange on a European scale.

Photography has long played a special role for the creative European metropolis of Berlin. Although the art form had its roots in Paris, now one of our partner cities, it was the Berlin naturalist Alexander von Humboldt who lent his scientific authority to the sensational invention, and it was the Berlin art dealer Louis Friedrich Sachse, a friend of the inventor Daguerre, who publicised and popularised the young medium in Berlin just a month after its invention in 1839. In Berlin, photography was modernised, both artistically and technically. It was primarily because of research at the Technische Hochschule, today the Technische Universität, that new optical and photochemical processes were developed that revolutionised both the technical and the aesthetic potentials of photography. In the 1920s, Berlin emerged as a centre of the photographic avant-garde.

Today, Berlin is once again home to an extremely energetic photo scene. With its universities and technical colleges, Berlin is one of the top addresses for photography training. Berlin is home to major museums, galleries, collections and archives. And many active photographers have made the city a vital centre of photography in Europe.

In 2012 I once again have the honour of wishing the European Month of Photography strong public interest, wishing all visitors to the various events intriguing encounters with the »Views of the Other«, and wishing Europe's young photography scene an inspiring dialogue.

Klaus Wowereit,
Governing Mayor of Berlin

VORWORT

»Sehen heißt auch Auswählen«[1], betonte John Berger 1972 in seiner kleinen Einführung über das Sehen. Und so bietet das Festival 2012 mit 100 Institutionen und 110 Ausstellungen Einblick in die imponierende und vielschichtige Fotoszene Berlins und ermöglicht den internationalen und nationalen Besucherinnen und Besuchern[2] Orientierung und vielfältige Perspektiven. Die sich aus dem Beirat konstituierende Jury[3] wählte am 29. und 30. März 2012 aus über 150 Bewerbungen unter Berücksichtigung verschiedenster Kriterien aus: Dabei wurde auf die Beibehaltung der Heterogenität in den institutionellen Profilen der Antragsteller – von der Bildagentur und dem Projektraum bis hin zum Museum – ebenso geachtet wie auf die Auseinandersetzung mit dem vorgegebenen Thema Der Blick des Anderen. Dem inhaltlich relevanten und künstlerisch prägnanten Umgang mit der Fotografie, aber auch den außergewöhnlichen historischen Facetten dieses Mediums wurde hierbei besondere Aufmerksamkeit geschenkt. Für die Auswahl wurden die vorgeschlagenen Ausstellungskonzepte und -formate im Spiegel dieser Kriterien betrachtet. Angestrebt war ein Gesamterscheinungsbild, das mit einer Mischung aus Einzel- und Gruppenausstellungen, Gegenüberstellungen, Auftragsvergaben, Wettbewerben und historischen Ausstellungen die Fotografie und ihre unterschiedlichen Bildherstellungsverfahren, von der Lochkamera bis zum Handybild, vorstellt.

Erstmals bespielt der Europäische Monat der Fotografie Berlin einen institutionell unabhängigen Standort: In den ehemaligen Räumlichkeiten des Kennedy-Museums am Pariser Platz 4 A schlägt das Herz des Festivals: Ein Infopoint und die Ausstellung Kairo. Offene Stadt – Neue Bilder einer andauernden Revolution laden während der Laufzeit zu einem Besuch ein. Der Infopoint, auch Verkaufsstelle des Festivalkatalogs, ist Anlaufpunkt für internationale und

Vom 19. Oktober bis 25. November 2012 ist es wieder soweit: Der 5. Europäische Monat der Fotografie Berlin richtet seinen Fokus auf das vielfältige und stetig wachsende Fotopotenzial in der Stadt. Thema des diesjährigen Monats ist Der Blick des Anderen, ein Thema, das nicht nur interessante und überraschende Ausstellungskonzepte der teilnehmenden Institutionen hervorbringt, sondern auch der Fotografie selbst immanent ist.

nationale Gäste und bietet Hilfe bei der Orientierung zu den verschiedenen Ausstellungen in der Stadt. Das Kooperationsprojekt Kairo. Offene Stadt – von den Kuratoren Florian Ebner und Constanze Wicke zuerst im Museum für Photographie in Braunschweig gezeigt – wird in enger Zusammenarbeit mit dem Europäischen Monat der Fotografie Berlin in neuer Konzeption vorgestellt.

Das diesjährige Ausstellungsprojekt der Europäischen Netzwerkpartner Bratislava, Budapest, Ljubljana, Luxemburg, Paris und Wien trägt den Titel distURBANces-Can Fiction Beat Reality? und folgt der Reihe von Ausstellungen Mutations I – III. Während die Ausstellungsserie Mutations die Fotografie in Zeiten des medialen Wandels untersuchte, fokussiert distURBANces die Veränderungen in der fotografischen und künstlerischen Praxis, die die stetige Verschränkung der physisch erfahrbaren Nahwelten mit den digitalisierten Fernwelten angesichts von Globalisierung und einer ungekannten Dominanz des Visuellen erfahren. Die Ausstellungsserie stellt die Frage, inwiefern die Bildproduktion dabei immer auch von aktuellen politischen, wirtschaftlichen und sozialen Umwälzungen beeinflusst wird. In Berlin ist die Präsentation erstmals auf verschiedene Orte verteilt. So ist der französische Künstler Thibault Brunet mit einer Einzelausstellung im Computerspielemusem Berlin zu sehen, und der in Deutschland geborene, derzeit in Kairo lebende Künstler Kaya Behkalam zeigt die Videoarbeit Excursions in the Dark (2011) in der Ausstellung Kairo. Offene Stadt.

Am Eröffnungswochenende finden zahlreiche Veranstaltungen statt. Die gemeinsam mit Anke Schleper konzipierte Veranstaltungsreihe Show Photography! Über das Zeigen und Gezeigtwerden von Fotografie untersucht in Podiumsdiskussionen, Lecture Performances und Vorträgen die unterschiedlichen künstlerischen, editorischen und gestalterischen Praktiken des Zeigens, die Bedeutung neuer Technologien sowie die politische Dimension zeitgenössischer Bildproduktion. Hinzu kommen weitere

PREFACE

»To look is an act of choice«[1], John Berger emphasises in 1972 in his short introduction to seeing. And the 2012 festival – in a somewhat condensed form with 100 participants and 110 exhibitions – thus offers insights into Berlin's impressive and complex photo scene and provides orientation and a wide range of perspectives for national and international visitors. On 29 and 30 March, the jury,[2] drawn from the members of the advisory committee, selected the participants from the over 150 applications, taking various criteria into consideration: maintaining heterogeneity among the institutional profiles of the applicants – from photo agencies and project spaces to museums – was a priority alongside the given theme, **The View of the Other**. Particular importance was given to the thematically relevant and artistically concise treatment of photography, and of the unusual historical aspects of this medium. The proposed exhibition concepts and formats were considered in the light of these criteria. The aim was an overall appearance that presents photography in its various ways of image production, from the pinhole camera to the cellphone snapshot, through an incisive mixture of solo and group exhibitions, juxtapositions, commissions, competitions and historical exhibitions.

For the first time, the **European Month of Photography Berlin** takes place in part in an independent location. The heart of the festival is housed in the former premises of the museum **The Kennedys** at Pariser Platz 4a, where an info-point and the exhibition **Cairo. Open City – New Testimonies from an Ongoing Revolution** welcome visitors throughout the festival. The info-point, where the festival catalogue is on sale, is a meeting point for national and international guests and offers visitors assistance in getting to the various exhibitions in the city. The cooperative project **Cairo. Open City** – first shown by the curators Florian Ebner and Constanze Wicke at

From 19 October to 25 November 2012, the 5th European Month of Photography Berlin **focuses once more on Berlin's diverse and constantly growing photographic potential. This year's Month is dedicated to** The View of the Other: **a theme that not only evokes fascinating and surprising exhibition concepts from the participating institutions, but is also immanent to photography itself.**

the Museum für Photographie in Braunschweig – is presented with a new conception in close cooperation with the **European Month of Photography Berlin**. This year's exhibition project by the European network partners, Bratislava, Budapest, Ljubljana, Luxembourg, Paris and Vienna, is titled **distURBANces: Can Fiction Beat Reality?** As the successor to the exhibition series **Mutations I–III**, which examined photography in times of changes in media, **distURBANces** focuses on changes in photographic and artistic practice as near, physically tangible worlds are increasingly interleaved with remote, digitised worlds in the face of globalisation and a new dominance of the visual. The exhibition series examines the extent to which the production of images is necessarily influenced by contemporary political, economic and social upheavals. For the first time, the exhibitions are presented various locations in Berlin. The solo exhibition by the French artist Thibault Brunet can be seen in Berlin's Computerspielemuseum (Computer Games Museum), and the video work **Excursions in the Dark** (2011) by Kaya Behkalam, who was born in Germany and currently lives in Cairo, appears in the exhibition **Cairo. Open City**.

Numerous events will take place during the opening weekend. **Show Photography! On Showing and Being Shown Photography**, a series of podium discussions, lecture performances and presentations conceived in collaboration with Anke Schleper, examines the different artistic, editorial and creative practices of showing, the significance of new technologies and the political dimension of the contemporary production of images. Other events are hosted by partners of the **European Month of Photography**: see pages 242 – 253 for a summary.

The series **A Visit with …** and **Out and About with …** are constant companions throughout the **European Month of Photography**. **A Visit with …** integrates private collections and foundations as exhibition locations and spaces for dialogue, and at the same time provides a place for a conversation between the host and an invited photography expert, editor or photographer. In the interpretative format **Out and About with …**,

Veranstaltungen der Partner (Ein Überblick findet sich auf den Seiten 242 – 253).

Wie zwei rote Fäden ziehen sich die Reihen **Zu Gast bei** … und **Unterwegs mit** … während der gesamten Laufzeit durch den **Europäischen Monat der Fotografie**. **Zu Gast bei** … ist einerseits die Einbeziehung privater Sammlungen und Stiftungen als Ausstellungsorte und Räume des Dialogs und andererseits der Ort für ein Gespräch zwischen Gastgeber und einem eingeladenen Fotoexperten, Redakteur oder Fotografen.

Das Vermittlungsformat **Unterwegs mit** … bietet Touren ausgewählter Moderatoren an, die ausgehend von einer Ausstellung aus dem diesjährigen **Europäischen Monat der Fotografie** ihren eigenen individuellen Rundgang durch Ausstellung und ausgewählte Orte rund um die Fotografie in den entsprechenden Stadtvierteln bieten.

Den Abschluss bilden am 24. und 25. November 2012 das **Portfolio Review** mit **Portfolio Walk**, an deren Ende eine kleine Runde von Experten die Ergebnisse der Sichtung mit einem Preisgeld für die Produktion einer Ausstellung prämiert.

Auf das, was fehlt, nämlich die kuratorische Handschrift des langjährigen und den **Europäischen Monat der Fotografie Berlin** prägenden Kurators Thomas Friedrich, verweist eine leere Seite in diesem Katalog. Sie unterbricht den Bildfluss, lädt zum Innehalten und zum Erinnern ein und symbolisiert gewissermaßen eine visuelle Schweigeminute. Thomas Friedrich (1948 – 2011) war Gründungsvater des **Europäischen Monats**

der **Fotografie Berlin**. Er war es, der 2003 mit Enthusiasmus auf den Vorschlag des Pariser Maison Européenne de la Photographie und der Pariser Stadtverwaltung zur Etablierung eines **Europäischen Monats der Fotografie** reagierte, der dann 2004 gemeinsam mit der Stadt Wien ins Leben gerufen wurde. Er war es, der sich der Unterstützung des Berliner Kultursenats und des Regierenden Bürgermeisters Klaus Wowereit versicherte. **Noch nie gesehen** (2008) und **Moderne Zeiten. Neue Bilder** (2010) waren die Leitmotive, die er für den Monat der Fotografie erschuf, und **Sasha Stone – Berlin in Bildern** (2006), **Hans Robertsen – Die Berliner Jahre. Fotografien 1926–1933** (2008) und **Emil Otto Hoppé – Fotografien 1925–1929** (2010) die singulären Ausstellungs- und Forschungsbeiträge zur Berliner Fotogeschichte, die jeweils in der Berlinischen Galerie gezeigt wurden. Thomas Friedrich verstarb am 13. Mai 2011, ihm ist dieser Katalog gewidmet.

Der **Europäische Monat der Fotografie Berlin** trägt auf eigene Weise zum Thema **Der Blick des Anderen** bei. Das Festival ist eine Gesamtschau und gleichzeitig Gegenüberstellung von zahlreichen individuell konzipierten Ausstellungen und Veranstaltungen. Auf diese Weise ist er nicht nur eine Würdigung der Fotografie selbst und der sie tragenden Institutionen und Akteure, sondern zugleich eine Anerkennung der unterschiedlichen Perspektiven, die es in Gestalt einer Vielzahl von spannenden kuratorischen und künstlerischen Positionen zu entdecken gilt. Wir wünschen viel Spaß bei zahlreichen Entdeckungen!

1
John Berger, Sehen, Das Bild der Welt in der Bilderwelt, Hamburg: Rowohlt Taschenbuch Verlag, 2000, S. 8.

2
Aus Gründen der Lesbarkeit differenzieren wir zwischen der maskulinen und femininen Form nur zu Beginn des Katalogs. Im weiteren Textverlauf ist nur die maskuline Form genannt, dabei ist die feminine automatisch mitgemeint.

3
Zur Jury gehörten: Katia Reich (Kuratorin, Vorsitzende der Jury), Matthias Harder (Helmut Newton Foundation), Felix Hoffmann (C/O Berlin), Gereon Sievernich (Martin-Gropius-Bau) und Christiane Stahl (ALFRED ERHARDT STIFTUNG)

E^N

selected moderators offer their own special tours of an exhibition from this year's **European Month of Photography** and selected locations related to photography in the surrounding district of the city.

The festival concludes on 24 and 25 November 2012 with a **Portfolio Review** and a **Portfolio Walk**, culminating in the awarding of a cash prize for the production of one of the exhibitions viewed by a small circle of experts.

A blank page in this catalogue is a reference to what is absent this year: namely the curatorial signature of Thomas Friedrich, who shaped the **European Month of Photography Berlin** for many years. A visual moment of silence, this page interrupts the flow of images, inviting the reader to pause and remember. Thomas Friedrich (1948–2011) was the founding father of the **European Month of Photography in Berlin**. It was he who enthusiastically answered the proposal of 2003 by the Maison Européenne de la Photographie in Paris and the City of Paris to establish a **European Month of Photography**, which was brought to life in 2004 in cooperation with the city of Vienna. It was he who won the support of the Berlin Senate Office of Cultural Affairs and of Mayor Klaus Wowereit. **Noch nie gesehen** (2008) and **Moderne Zeiten: Neue Bilder** (2010) were the themes that Thomas Friedrich developed for the **Month of Photography**, and **Sasha Stone – Berlin in Bildern** (2006), **Hans Robertsen – Die Berliner Jahre: Fotografien 1926–1933** (2008) und **Emil Otto Hoppé – Fotografien 1925–1929** (2010)

were his unique exhibitions and research projects on the history of photography in Berlin, all presented at the Berlinische Galerie. Thomas Friedrich passed away on 13 May 2011, and this catalogue is dedicated to him.

The **European Month of Photography Berlin** contributes in its own way to the theme of **The View of the Other**. The festival is both an overarching exhibition and a contrasting juxtaposition of numerous individually conceived exhibitions and events. In this way, it is not only an appraisal of photography itself and of the institutions and people that support it: it is also a recognition of the different perspectives that underlie a wide range of fascinating curatorial and artistic positions. We wish you lots of enjoyment and many discoveries!

[1]
John Berger, Ways of Seeing, London: Penguin Books, 1972, p. 8.

[2]
The members of the jury: Katia Reich (curator, chair), Matthias Harder (Helmut Newton Foundation), Felix Hoffmann (C/O Berlin), Gereon Sievernich (Martin-Gropius-Bau) and Christiane Stahl (ALFRED ERHARDT STIFTUNG)

DER BLICK DES ANDEREN

Die fortschreitende Verbildlichung und damit einhergehende Ästhetisierung unserer Lebenswelt wirkt unmittelbar auf Selbst- und Weltwahrnehmung zurück und konstituiert zugleich sowohl die Wirklichkeit als auch unsere Identitäten. Die kulturelle Selbstverortung ist produktiver Bestandteil unserer Definition vom »Anderen«, da die Beschreibung des Anderen immer auch eine Abgrenzung, die Nicht-Zugehörigkeit und das Unvertraute bezeichnet.

Die diesjährige Themenstellung **Der Blick des Anderen** ist eine Hinwendung zum Dialog, die Anerkennung einer fremden Perspektive, die in einem von ethnischer Hybridität gekennzeichneten Zeitalter immer auch einen prozesshaften Übergang vom »Eigenen« zum »Fremden« bezeichnet.

In der Fotografie erzeugt das Thema einen überaus interessanten Widerhall. **Der Blick des Anderen** ist ihr auf besondere Weise immanent. So lässt es sich auch als eine Vielzahl von Dialogen betrachten, die alle miteinander in Beziehung stehen: zwischen Fotografen und dem fotografierten Objekt, der Fotografie und dem Betrachter sowie der Fotografie und der abgebildeten Wirklichkeit. Aber auf welche Weise zeigen Fotografien das Andere? Sind sie das Abbild eines spezifischen Blicks des Fotografen und seiner jeweiligen Prägung? Welche Rolle spielt das Medium selbst bei der Aneignung und der Konstruktion fremder Kulturen, der Exotisierung und Kolonisierung des Anderen? Welches sind die Grenzüberschreitungen und wer definiert die Grenzen? Wann werden wir als Betrachter intimer Szenen zu Voyeuren?

Hierzu präsentiert der **5. Europäische Monat der Fotografie Berlin** ein breites Spektrum an Ausstellungen und Veranstaltungen, die das Thema aus verschiedenen Perspektiven beleuchten und dabei

> **»Bald nachdem wir sehen können, wird uns bewusst, dass man uns auch sehen kann. Der Blick des Anderen verbindet sich mit dem unsrigen und macht es erst so ganz glaubwürdig, dass wir Teil der sichtbaren Welt sind.«**
>
> **John Berger, 1972**

eine Vielzahl an thematischen und medialen Aspekten aufzeigen. Themen wie Konstruktion von Identität, Exotisierung, Kolonialismus und Postkolonialismus, Reflexionen über das »Eigene« und das »Fremde«, Jugend und vieles mehr spiegeln sich in den Ausstellungskonzepten und fotografischen Bilderfindungen wider. Dabei sind unterschiedliche Erscheinungsformen wie die journalistische, historische und künstlerische Fotografie ebenso vertreten wie die Amateur-, Knipser- und Handyfotografie bis hin zur künstlerischen Wiederentdeckung der Lochkamera. Das Thema spiegelt sich konzeptuell auch im Katalog wider. Zur Kontextualisierung

spezifischer Aspekte der Fotografie wurden vier Experten eingeladenen, die auf individuell gestellte Fragen Antworten aus ihrer jeweiligen Perspektive geben, die immer auch die kulturelle und wissenschaftliche Herkunft desjenigen, der spricht, mit kommuniziert. Es sind Fragen nach der Fotografie als Kulturtechnik, die stets auch die Beobachtung der Beobachtung mit zeigt, nach dem Stellenwert des fotografischen Bildes innerhalb des kulturellen Kontexts sowie dezidiert kuratorische Fragen dazu, was Fotoausstellungen neben der ausgestellten Fotografie idealerweise noch zeigen und welche besondere Rolle hierfür die kulturellen und technischen Herstellungsbedingungen der Fotografie spielen können. Beantwortet werden aber auch Fragen nach den Beschränkungen und Tücken des Mediums bei der Beschreibung von Welt aus künstlerischer Perspektive.

Die Ausstellungen und ihre Protagonisten, die Fotografinnen und Fotografen bzw. die Künstlerinnen und Künstler treten darüber hinaus in einen Dialog, der Einblicke in die Entwicklung und Verfasstheit unserer Gesellschaften gewährt. Gleichzeitig wird mit dem **Blick des Anderen** die Geschlossenheit der eigenen Bestimmung verlassen und ein Übergang – der Blick – betont, der die Durchlässigkeit zwischen dem Eigenen und dem Anderen betont.

THE VIEW OF THE OTHER

The increasing production of images and the resulting aestheticisation of our world has a direct reciprocal effect on our perception of ourselves and of the world, and at the same time constitutes both reality and our identities. The cultural localisation of the self is a productive component of our definition of the »other«, since the description of the other is always a demarcation that defines non-belonging and the unfamiliar.

This year's theme **The View of the Other** is a turn towards dialogue, a recognition of an alien perspective, which in an age of ethnic hybridisation is necessarily a progressive transition from one's own to that of the other.

In photography, the theme generates an extremely interesting resonance. **The View of the Other** is particularly immanent in the medium. It can be seen as a plurality of dialogues that are all interrelated: dialogues between the photographer and the object photographed, between the photograph and the viewer, and between the photograph and the reality it depicts.

But in what way do photographs show us the other? Are they a reflection of the photographer's specific way of seeing and particular influences? What role does the medium itself play in the appropriation and construction of foreign cultures, in exoticising and colonising the other? Where borders are transgressed, who defines the borders? When do we change from viewers of intimate scenes to voyeurs? The **5th European Month of Photography Berlin** presents a broad spectrum of exhibitions and events that shed light on the theme from various perspectives, and in doing so reveal a multitude of thematic and media issues. Topics such as the construction of identity, exoticism, colonialism and post-colonialism, contemplation of

> **»Soon after we can see, we are aware that we can also be seen. The eye of the other combines with our own eye to make it fully credible that we are part of the visible world.«**
>
> **John Berger, 1972**

»one's own« and that of the »other«, youth and much more are reflected in the exhibition concepts and in the conception of the photographs. Various manifestations of the medium are also represented, including journalistic, historic and art photography, as well as amateur, snapshot and mobile-phone photography, and even the artistic rediscovery of the pinhole camera.

The theme is also reflected in the catalogue concept. Four experts were invited to contextualise specific aspects of photography and answer individually posed questions from their particular points of view, which of course also convey the cultural and scholarly origins of the speakers. They are questions about photography as a cultural technique that always includes an observation of observing, about the significance of the photographic image in the cultural context, and curatorial questions on what photo exhibitions should ideally show in addition to the photography exhibited and on the specific role of the cultural and technical conditions of photographic production. The respondents also answer questions about the limitations and pitfalls of the medium in describing the world from an artistic perspective.

The exhibitions and their protagonists, the photographers and other artists enter into a dialogue that provides insights into the development and constitution of our society. At the same time, **The View of the Other** does away with a closed self-definition and highlights a transition – the view – that emphasises the permeability of boundaries between one's own and that of the other.

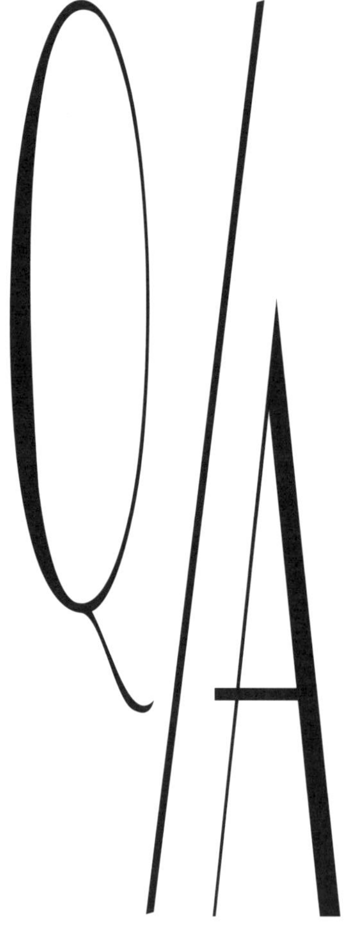

FRAGEN / ANTWORTEN | QUESTIONS / ANSWERS

DREI FRAGEN AN

D_E

Der Blick des Anderen, das diesjährige Thema des Europäischen Monats der Fotografie Berlin, ist geleitet von der Idee des Gegenübers. Es ist ein dialogisches Prinzip, das die eigene Haltung immer auch abgleicht und an den Annahmen und Überzeugungen des Anderen misst. Die eigene Perspektive wird um das Unbekannte, mitunter auch Fremde erweitert. Der Dialog ermöglicht und befördert ein Denken aus gegensätzlicher Sicht, einen Blick, der neue Einsichten bietet und Antworten aus spezifischer Perspektive bereithält. Ausgehend von der Themenstellung Der Blick des Anderen geben vier Experten aus unterschiedlichen Bereichen Antworten auf themenspezifische Fragen zur Fotografie. So erläutert der Fototheoretiker und Literaturwissenschaftler Bernd Stiegler Fotografie als Kulturtechnik, die in besonderem Maße geeignet ist, ihren eigenen Konstruktionscharakter, aber auch den unserer Wirklichkeit aufzuzeigen. Als Anthropologe und Professor für Visual Cultures erweitert Christopher Pinney den Blick auf die außer-euroamerikanischen Zonen und diagnostiziert einen aktuell stattfindenden Wandel unserer Bilder-Hierarchien. Esther Ruelfs spricht als Kuratorin über das Verhältnis von Ausstellungen zu den vielfältigen Erscheinungsformen von Fotografie. Ines Schaber beschreibt aus der Perspektive der bildenden Künstlerin dezidiert Fotografie und Kunst und lotet ihre Grenzen, aber auch Möglichkeiten aus, gesellschaftspolitische Zusammenhänge abzubilden.

THREE QUESTIONS FOR

E^N

The View of the Other, the theme of this year's European Month of Photography Berlin, is guided by the idea of the other, of the person facing us. It is a dialogic principle and one that always compares and measures our own attitude against the assumptions and beliefs of the other. Our own perspective is expanded to include the unknown and sometimes unfamiliar. Dialogue facilitates and encourages thinking from opposing points of view, a look that offers new insights and provides answers from a particular perspective. Four experts from different fields provide answers to questions about photography that spring from the theme The View of the Other. The photography theorist and literature scholar Bernd Stiegler explains photography as a cultural technique that is particularly apt to show not only its own constructive character, but also the constructive character of our reality. As an anthropologist and professor of visual cultures, Christopher Pinney broadens our horizon beyond the Euro-American zone and diagnoses a change that is currently taking place in our image hierarchies. Esther Ruelfs speaks as a curator about the relationship of exhibitions to the diverse manifestations of photography. Ines Schaber specifically describes photography and art from the perspective of the visual artist and explores their boundaries as well as their potential for portraying socio-political connections.

FOTOGRAFIE ALS KULTURTECHNIK

DREI FRAGEN AN BERND STIEGLER

D
E

F Herr Stiegler, in einem Ihrer Texte beschreiben Sie die Fotografie als Kulturtechnik, die die Beobachtung der Beobachtung immer auch mit zeigt und sich deshalb als Reflexionsmedium besonders eignet. Inwiefern ist dieser Konstruktionscharakter für die Fotografie spezifisch und was bedeutet das für das Verhältnis der Fotografie zur Wirklichkeit?

A Fotografie ist immer eine Art von Beobachtung zweiter Ordnung. Sie ist nicht nur durch einen Apparat vermittelt, sondern gestattet durch diesen eine »**Wahrnehmung der Wahrnehmung**«, d.h. sie ist ein Reflexionsmedium unseres Blicks. Der alltägliche Blick auf die Dinge wird (apparativ wie intellektuell) reflektiert, indem die Bilder eben auch ihn und nicht nur das Dargestellte zeigen – und das selbst dann, wenn die Gegenstände eben jene sind, die Tag für Tag wahrgenommen werden. Gleiches gilt für unseren Blick auf die fremde Ferne, die Arbeit und das Zeitgeschehen usw. Zugleich sind umgekehrt die Gegenstände und Darstellungsweisen der Fotografie nicht selten solche, die einen »**Wirklichkeitseffekt**« für sich in Anspruch nehmen. Daher ist die Fotografie in besonderer Weise ein Medium, das Konstruktionsformen der Wirklichkeit aufzeigt, indem sie sie schlicht zeigt und so offenlegt. Im historischen Rückblick wird aufgrund der geschichtlichen Kluft, die uns von diesen Bildern trennt, oft klarer ersichtlich, was das konkret bedeutet: Ende des 19. Jahrhunderts dienten wissenschaftliche Fotografien, die einzig Lichtspuren zeigten, ebenso wie spiritistische Aufnahmen, die ähnliche Lichtspuren anders deuteten, als Belege für »**Objektivität**«. Heute betrachten wir solche Bilder mit kritischer Distanz. Aber wir kleben weiterhin Fotos in Alben, vertrauen Röntgenbildern und Kernspin-Aufnahmen und schauen Bilder von Reisen und ethnografischen Erkundungen im In- und Ausland so an, als gäbe es einen solchen epistemischen Zweifel nicht. Fotografie als Kulturtechnik zu begreifen bedeutet daher, sie als gesellschaftliche Praxis in den Blick zu nehmen und zugleich die Produktion und Rezeption von Fotografien als Konstruktionsformen eines Wirklichkeitsbezugs zu deuten, der durch die Fotografie fortwährend hergestellt und auch auf die Probe gestellt wird. Fotografien sind Versicherungen wie Verunsicherungen unseres visuellen Weltbezugs in einem. Das macht sie zu einem so aufregenden Medium.

F Sie haben Ausstellungen sehr treffend als »**Dispositionen von Dispositiven**« bezeichnet. Was genau zeigen Fotografie-Ausstellungen neben der ausgestellten Fotografie? Und wie verhalten sich der Konstruktionscharakter der Fotografie und das Dispositiv Ausstellung zueinander?

A Ausstellungen sind immer eine Art und Weise, eine Ordnung herzustellen. Wenn man aus einer Fülle von Bildern einige wenige auswählt, so benötigt man dafür Kriterien oder folgt solchen, ohne es zu bemerken. Wenn man sie dann in Räumen präsentiert, so braucht man wiederum weitere. Ob man sie nun chronologisch oder thematisch gruppiert, als Geschichte oder Aufsprengung derselben, kunsthistorischen Kriterien und traditionellen Mustern der Präsentation folgt (etwa Pendant- oder Petersburger Hängung) oder sie als Aufgabe an den Betrachter begreift, sich zu positionieren: Ausstellungen beziehen immer Stellung. Bilder in Ausstellungen erzeugen über ihre Präsentationsformen einen Raum der Korrespondenzen, dessen Regeln immer neu zu bestimmen sind. Wege können so etwa vorgegeben oder freigegeben werden. Im ersten Fall – das ist das IKEA-Prinzip – haben die Besucher einem vorgebahnten Weg zu folgen, dem sie nicht entkommen können, wollen sie nicht einfach zurückgehen. Dieser Weg ist der streng geplante und kalkulierte Weg der visuellen und theoretischen Erkenntnis. Im zweiten Fall – dem labyrinthischen – erzeugt das Hin und Her der Bewegung enger umrissene Bedeutungsräume. Aber auch hier ist die Freiheit der Betrachter notwendig eine kalkulierte. Ausstellungen stellen nicht nur etwas aus, sie stellen zugleich die Besucher ein.

F Der **Europäische Monat der Fotografie Berlin** lässt sich als Gesamtschau auch als Ausstellung von Ausstellungen betrachten. Das diesjährige Thema **Der Blick des Anderen** ist auch die explizite Würdigung jeweils unterschiedlicher Ausstellungsformate. Welche Erkenntnismöglichkeiten liegen in der Zusammenführung dieser Dispositive, und gibt es Merkmale, die genuin nur für Fotografie-Ausstellungen gelten?

A Das vergleichende Sehen ist ein altes Prinzip der Kunst- und Wissenschaftsgeschichte. Es zeigte eine vorgeordnete Welt, die sich in Pendants artikulierte und in Entsprechungen oder Oppositionen organisieren ließ. Die Welt war in vergleichbaren Bildern präsentierbar. Ein vergleichendes Sehen von verschiedenen Ausstellungen, wie sie der **Europäische Monat der Fotografie** ermöglicht, kann nun verschiedene Ordnungsformen der Welt der Fotografie offenlegen. Die fotografierte und die fotografische Welt sind dabei nicht deckungsgleich. Die Fotografie hat viele Formen ausgebildet, sich als Medium zwischen Alltag, Kunst und Wissenschaft, Ethnografie und Presse zu organisieren. Viele dieser Bereiche der fotografischen Welt haben ihre eigenen Regeln, denen wir meist unbemerkt Folge leisten. Wir sehen etwa eine Ausstellung über die amerikanische Sezession oder Andreas Gursky mit anderen Augen als eine über Abu Ghraib oder die Occupy-Bewegung. Das Ausstellen von Ausstellungen lässt uns besser sehen, wie wir sehen. Und es zeigt uns die feinen Unterschiede zwischen der fotografischen und der fotografierten Welt, die nie ganz in dieser aufgeht.

PHOTOGRAPHY AS A CULTURAL TECHNIQUE

THREE QUESTIONS FOR BERND STIEGLER

Q Mr Stiegler, in one of your texts you describe photography as a cultural technique that always shows not only observation, but also the observation of observation, which makes it particularly suitable as a medium of reflection. To what extent is this constructive character specific to photography, and what does that mean for the relation of photography to reality?

A Photography is always a kind of observation of the second order. It is not only mediated by a device, but also permits a **»perception of perception«** through this device, that is, it is a medium for reflecting our gaze. The everyday view of things is reflected (by the device as well as by the mind) since the images also present this view and not only what they portray – even when the subjects are those we see every day. They also reveal our view of far-away places, of work and current events and so forth. Conversely, the subjects of photography and the way they are portrayed in photography often make use of a **»reality effect«**. So photography is a special medium that shows and reveals the constructed forms of reality by presenting them plainly. In historical retrospect, it often becomes more clearly apparent what this means due to the historical divide that separates us from these images: at the end of the nineteenth century, scientific photographs that only showed trails of light, and spiritualist photographs that interpreted similar trails of light in a different way, were taken as evidence of **»objectivity«**. Today we look at such images with a critical distance. But we continue to glue photos into albums, trust in x-rays and magnetic resonance images and look at pictures from trips and ethnographic studies at home and abroad as if there were no reason for such epistemic doubt. So understanding photography as a cultural technique means considering it as a social practice and at the same time interpreting the production and reception of photography as ways of constructing a connection to reality that is continually being produced, and tested, by means of photography. Photographs both reassure and unsettle our visual relationship to the world at the same time. That is what makes photography such an exciting medium.

Q You have quite strikingly called exhibitions **»dispositions of dispositifs«**. What exactly do photography exhibitions show in addition to the photographs that are exhibited? And how do the constructive character of photography and the dispositif »exhibition« relate to each other?

A Exhibitions are always a way to establish an order. When you select a few images from a great many, you have to have criteria, or apply criteria unconsciously. When you then present them in rooms, you need criteria again. Whether you now group them chronologically or thematically, as history or as a dismantling of history, apply criteria of art history and traditional patterns of presentation (such as Petersburg hanging or hanging by genre or format), or assign the spectator the task of taking a position: exhibitions always take a stance. By their forms of presentation, images in exhibitions produce a space of correspondences whose rules always need to be defined anew. For example, you can define the visitor's path or provide certain paths. In the first case – this is the IKEA principle – visitors have to follow a prescribed path that they cannot escape if they do not want to retrace their steps. This path is the rigorously planned and calculated path of visual and theoretical perception. In the second case – the labyrinthine – the back and forth movement produces more narrowly delineated spaces of meaning. But here too, the viewer's freedom is also necessarily a calculated one. Exhibitions not only exhibit something: they also inhibit the visitor at the same time.

Q The **European Month of Photography** as a whole can be seen as an exhibition of exhibitions. This year's theme, **The View of the Other**, is also an explicit acknowledgement of the different exhibition formats. What potential insights can be found in the compiling of these dispositifs, and are there distinguishing characteristics that are genuinely found only in photography exhibitions?

A Viewing comparatively is an old principle in the history of art and science. It presented a pre-structured world that was articulated in counterparts and could be organised into correspondences or oppositions. It was possible to present the world in comparable images. A comparative viewing of various exhibitions, which the **European Month of Photography** makes possible, can then reveal various forms of ordering the world of photography. The photographed world and the photographic world are not identical. Photography has cultivated many forms of organising itself as a medium between everyday life, art and science, ethnography and journalism. Many of these regions in the world of photography have their own rules, which we generally obey without noticing them. We see an exhibition on secession in America or on Andreas Gursky, for example, with different eyes than one on Abu Ghraib or the Occupy movement. By exhibiting exhibitions we can better recognise how we see. And it shows us the subtle differences between the photographic world and the photographed world, which never entirely merge.

FOTOGRAFIE UND ANTHROPOLOGIE

DREI FRAGEN AN CHRISTOPHER PINNEY

D
E

F Die fortschreitende Visualisierung, die mit einer Ästhetisierung unserer Umgebung einhergeht, hat direkte Auswirkungen auf die Art und Weise, wie wir uns selbst und die Welt wahrnehmen. In einer Zeit hybrider Kulturen markiert der **Blick des Anderen** den prozessartigen Übergang vom »**Eigenen**« zum »**Fremden**«. Welchen Stellenwert hat das fotografische Bild innerhalb eines kulturellen Kontexts, einer kulturellen Positionierung?

A Wir sind an einem spannenden Punkt angelangt, wo die alten Gemeinplätze Fotografie, Macht und Kultur betreffend nicht mehr angebracht erscheinen. Auf theoretischer Ebene geht das mit der Auflösung des foucauldschen Ansatzes einher, auf demokratischer mit der Verbreitung billiger digitaler Technologien (vor allem von Handykameras) und – was am wichtigsten ist – mit der Verbindung, die zwischen diesen neuen, demokratischen digitalen Praktiken und den globalen Medienforen besteht, was (unter gewissen Voraussetzungen) die privilegierte Form des Augenzeugenberichts von Seiten der Unterdrückten ermöglicht. Auf theoretischer Ebene können wir, endlich befreit von theoretischen Ansätzen, die das fotografische Bild auf einen leeren, mit Ideologien erfüllten Raum reduzieren, eine »**Maßlosigkeit**« à la Roland Barthes praktizieren. Mit ihrer Arbeit **Civil Contract of Photography** kehrt Ariella Azoulay zum Foto als Index und zu dem moralischen Anspruch zurück, den es erheben kann, weil es (anders als andere Medien) immer auch auf einem Vorfall beruht. Die Videokameras der burmesischen Dissidenten während der Proteste der Mönche von 2007 und – noch dramatischer – die Handys der syrischen Regimegegner beweisen, dass das, was Rabih Mroué »**die Herrschaft des Stativs**« nennt, d. h. das staatliche Bildmonopol, für das die starre Kamera steht, immer mehr bröckelt. Zweifellos werden im sogenannten »**Westen**« weiterhin Bilder gemacht werden, die eine archaische Räumlichkeit wiedergeben (beinahe jede Reisebroschüre bestätigt das), doch wird dieses Konzept durch immer kritischere und selbstkritischere Methoden langsam unterminiert. Wir müssen einfach zugeben, dass Bilderhierarchien und Strömungen in einem dramatischen Wandel begriffen sind. Ich war kürzlich für einen Monat in Istanbul, wo ich Vorlesungen über indische Fotografie hielt, aber auch mit den Spezialisten ottomanischer und iranischer Fotografie sprach. Ich kaufte das wunderbare Faksimile einer Stadtansicht von Sebah und Joalliers aus dem 19. Jahrhundert, und ich sah am selben Tag ein paar Touristinnen aus der Golfregion, die den Harem im Topkapi-Palast mit ihren iPads ablichteten. Jeder, der sich mit Fotografie und ihrer kulturellen Bestimmung beschäftigt, muss der Entwicklung von dieser Stadtansicht bis zu den Aktivitäten heutiger Reisender Rechnung tragen können.

F Wie lässt sich die Beziehung zwischen Anthropologie und Fotografie allgemein beschreiben?

A Sowohl auf einer einfachen chronologischen, wie auch auf einer konzeptuellen Ebene lässt sich mit ihrer parallel verlaufenden Entwicklung gut arbeiten. Anthropologische Feldforschung war eine Art experimentelles »**Vor-Ort-Sein**«, für das die Indexikalität der Fotografie möglicherweise als Vorbild gelten kann. Fotografische Praktiken wiederum haben viel von anthropologischen Verfahren übernommen. Zum Beispiel könnte man Robert Franks **Americans** als ein anthropologisches Projekt bezeichnen, und dasselbe lässt sich meiner Meinung nach auch von David Goldblatts **The Structure of Things Then** behaupten, obwohl (oder vielleicht gerade weil) der Mensch darin abwesend ist. Vor Kurzem hörte ich auf einer Magnum-Veranstaltung in Neu-Delhi, wie Martine Frank junge indische Fotografen dazu aufforderte, längere Zeit unter den Leuten zu leben, die sie fotografieren. Für sie ist das die Voraussetzung für ein Verständnis, aus dem heraus große Bilder entstehen, und auch für die moralische Einstellung, die nötig ist, um das Leben der Anderen sichtbar zu machen. Das klang natürlich wie ein Argument für anthropologische Feldforschung. Paradoxerweise könnte man also sagen, dass viele Fotografen anthropologische Methoden übernommen haben. Umgekehrt haben die Anthropologen trotz ihrer theoretischen Experimentierfreudigkeit in der Praxis immer gezögert, sich auf Fotografie einzulassen. Der ganze Fokus auf »**indigene Medien**« hat sich als eine Art Rückkehr zu einer klassischen, anthropologischen Praxis erwiesen (wir benutzen unsere Kameras verstärkt auf eine »**realistische**« und konventionelle Weise, jetzt allerdings, um die Fotografien von anderen zu fotografieren). Ich ermutige meine Studenten, neben dem frühen sowjetischen Film die Fotografen Atget und Sanders zu studieren, damit sie eine Vorstellung bekommen von dem, wie eine – Fotografie im 21. Jahrhundert aussehen kann.

F Inwieweit haben sich anthropologische und technische Fragen im Bild niedergeschlagen?

A Hans Belting hat mit seiner »**Bild-Anthropologie**« eine kraftvolle und umfassende Bildwissenschaft entwickelt, die das Verhältnis zwischen Bild, Körper und Tod untersucht, alles ausgesprochen anthropologische Themen. Aber vielleicht bedarf es eines Kunsthistorikers, um so anthropologische Fragen zu stellen! Anthropologische Abhandlungen zur visuellen Kultur werden häufig von den kanonischen Arbeiten einer sich entwickelnden Bildwissenschaft ignoriert. So wie die Geschichte der Fotografie erst jetzt ihren »**unbenannten**« Charakter erkennt, d. h. ihren seltsamen Fokus auf Euro-Amerika auf Kosten der restlichen Welt. Eine wirklich globale Geschichte der Fotografie steht noch aus. Die Technik ist wieder wichtig geworden, und das nicht nur, weil sie, wie die Ereignisse in Syrien zeigen, immer »**kleiner und schneller**« wird (so Walter Benjamin), sondern auch weil uns auf konzeptueller Ebene eine Fotografie als Raum für ideologische Projektionen nicht mehr genügt. Durch die Technik gewinnt das Ereignis und damit die Frage der Kontingenz wieder an Bedeutung. Und die Theorie der Fotografie wird wieder spannend.

PHOTOGRAPHY AND ANTHROPOLOGY

THREE QUESTIONS FOR CHRISTOPHER PINNEY

Q The progressive visualisation accompanied by the estheticisation of our living environment has an immediate effect on our perception of our self and the world. In an age of ethnic hybridisation, »the view of the other« denotes the process of transition from »one's own« to the »foreign«. What role does the photographic image play in a cultural context or position?

A We've reached an exciting moment when many past platitudes about photography, power and culture no longer ring true. This is happening at a theoretical level with the dissolution of Foucauldian approaches, at the demographic level through the dissemination of cheap digital technologies (especially cellphone cameras), but most importantly through the way in which these new democratised digital practices connect with global media platforms which allow, under certain conditions, a privileged form of eyewitnessing by the oppressed. At the theoretical level we are finally engaging what Barthes called the »exorbitance« of photography and freeing ourselves from approaches which reduced the photographic image to blank spaces which were inscribed by ideological forces. Work such as Ariella Azoulay's **Civil Contract of Photography** returns us to the photograph as index and the ethical demands it is able to make because it always (unlike other media) requires an event. The use of video cameras by Burmese protestors during the monks' rebellion of 2007, and more dramatically the use of cellphones by Syrian dissidents in the current insurrection, underlines the decay of what Rabih Mroué has called the »tripod regime«, i.e. the dominant image regime of the state characterised by the fixed camera. Undoubtedly what used to be known as »the West« continues to produce images which reproduce an archaic spatiality – one could look at almost any travel brochure for confirmation of this – but this is being constantly eroded by increasingly critical and self-aware practices. And we also need to recognise that image hierarchies and flows are dramatically changing. I've just spent a month in Istanbul teaching about Indian photography but also engaging with those who work on Ottoman and Iranian photography. I bought a beautiful facsimile of Sebah and Joallier's 19th-century panorama of the city on the same day that I watched several female tourists from the Gulf photographing the Harem in the Topkapi Palace on their iPads. Any consideration of photography and cultural positioning has to be able to account for the transition between that panorama and the activities of these present-day travellers.

Q How would you describe the relationship between anthropology and photography in general?

A Much could be made of their parallel histories, both at the level of simple chronology and conceptually. Anthropological fieldwork was a mode of experiential »being there« which could be seen to model itself after photography's indexicality. And in turn a whole range of photographic practices have increasingly modelled themselves on anthropology. Perhaps one could see Robert Frank's **Americans** as an anthropological project and I certainly think such a claim could be made for David Goldblatt's **The Structure of Things Then** despite (or perhaps because of) the absence of human form in it. I recently heard Martine Frank at a Magnum event in Delhi urging young Indian photographers to live for extended periods of time among the people they photographed. This was the basis, she said, for the understanding that would facilitate great photography and also the necessary ethical condition for making other people's lives visible. Of course it sounded like an argument for anthropological fieldwork. So paradoxically I think you could say that many photographers have internalised anthropological methods into their practice. Conversely, I think that anthropologists, for all their theoretical experimentation, have faltered in their practical engagement with photography. The whole »indigenous media« focus has become a way of reinventing a kind of classical anthropological practice: we use our cameras in increasingly »realist« and conventional ways but this time to photograph other people's photographs. I encourage my students to study Atget and Sander alongside early Soviet film to try and imagine what a revolutionary 21st-century anthropological photographic practice could aspire towards.

Q To what extent do anthropological questions and the question of apparatus permeate the image?

A Well, Hans Belting has developed a very powerful comprehensive »picture anthropology« which raises questions about the relationship between the image and the body and death which are profoundly anthropological. But perhaps only an art historian could be so anthropological! Anthropological work on visual culture tends to be sidestepped by canonical work in the burgeoning field of Visual Culture studies. Similarly, the history of photography is only now beginning to recognise its »unnamed« character, that is, its weird focus on Euro-America at the expense of the rest of the world. Truly global histories of photography remain to be written. Equipment has re-entered the stage not only because (as what is happening in Syria exemplifies) equipment is, as Walter Benjamin put it, becoming »smaller and faster«, but also because at the conceptual level we're no longer content with the idea of photography as simply a space of ideological projection. Apparatus restores the event, and with that the question of contingency. Photographic theory is becoming interesting again.

FOTOGRAFIE UND AUSSTELLUNG

DREI FRAGEN AN ESTHER RUELFS

^D_E

F Als Kuratorin des 3. Foto-Festivals in Mannheim, Ludwigshafen und Heidelberg 2009 haben Sie Ihr Konzept unter die Leitfrage gestellt, ob man heute noch Fotografien machen kann, die etwas völlig »Neues« zeigen, oder ob wir nicht eher nach einer visuellen Alphabetisierung streben sollten, wie die vorhandenen fotografischen Bilder unsere Welt ordnen und unsere Wahrnehmung der Welt lenken. Bei der Überführung von Fotografie in eine Ausstellung oder in ein Festivalformat spielen diese Ordnungskriterien und Fragen der Vermittlung eine wichtige Rolle. Dazu haben wir drei Fragen: Was passiert mit der Fotografie, wenn man sie in den Kontext einer Ausstellung überführt?

A In einer Ausstellung versuchen wir, mit einer bestimmten Auswahl von Bildern eine Geschichte zu erzählen. Wir geben ihnen eine zusätzliche Bedeutung, die durch die Auswahl, die Kombination und die Art und Weise, wie sie aufeinander reagieren, bestimmt wird. Ganz gleich ob wir einen Künstler vorstellen, eine Werkentwicklung aufzeigen oder ein Thema erschließen. Aber das ist wohl nicht spezifisch für fotografische Ausstellungen, sondern mag für jede Art der Ausstellungskonzeption gelten. Interessant wird es in Hinblick auf Ihre Frage, die auf die Kontextverschiebung hinzielt, bei den Fotografien, die eigentlich für ganz andere Zusammenhänge geschaffen wurden, etwa die Polizeifotografie, die medizinische Fotografie, die Totenfotografie, die private Fotografie, die Tagebuchfotografie, das Handybild, das Zeitungsfoto ... Das sind spannende Bilder, weil wir auf der Museumswand an einem Modefoto vielleicht etwas sehen, was wir als Leser einer Zeitschrift übersehen hätten. Die verschiedenen Gebrauchsweisen der Fotografie sind etwas, das nicht nur Fotohistoriker und Kuratoren interessiert, sondern auch die zeitgenössische Kunst. Viele Künstler und Künstlerinnen, die mit dem Medium arbeiten, nutzen gerade diese Verschiebung in ihren Werken. Sie treffen Aussagen über die Fotografie und über die Politik der Bilder. Nehmen wir etwa Rabih Mroué, dessen Arbeit ich gerade auf der **documenta** gesehen habe. Er nennt seine Auftritte Lecture Performance. An einem Tisch sitzend zeigt er dem Publikum über eine Beamer-Präsentation Fotografien aus Zeitungen, Propagandaplakate, Nachrichtenbilder oder die zu Ikonen gewordenen Handyfotografien des Arabischen Frühlings. Im ersten Moment könnte man ihn für einen Bildwissenschaftler halten, nun ist er aber ein gelernter Schauspieler und in seine im akademischen Stil gehaltene Präsentation bringt er Momente des Schauspiels ein. Er beschäftigt sich mit diesen alltäglichen Bildern, die uns umgeben. Erst durch die Verschiebung in seine Kunstpraxis schauen wir sie genauer an.

F Was zeigen Fotoausstellungen neben der ausgestellten Fotografie idealerweise und welche besondere Rolle spielen hierfür die kulturellen und technischen Herstellungsbedingungen (der Fotografie)?

A Im besten Fall sagen Fotoausstellungen auch etwas über das Medium Fotografie aus. Das ist ja die Chance bei einem Projekt wie dem **Europäischen Monat der Fotografie**, das so viele verschiedene Perspektiven umfasst. Ein Stadthistoriker liest eine Fotografie anders als ein Ethnologe oder ein Technikhistoriker oder ein Kurator für zeitgenössische Kunst. Und mit dieser Breite erreichen Sie ein viel größeres Publikum, als es die Fokussierung auf den reinen Kunstbereich zulässt. In Zusammenhang des Festivals **Images Recalled** habe ich mich mit Wolfgang Tillmans unterhalten, der meinte, es sei doch schade um all diejenigen, die wir mit unserer kuratorischen Perspektive, die sich für zeitgenössische künstlerische Positionen entschieden hat, gar nicht erreichen. All jene, die auch eine leidenschaftliche Beziehung zur Fotografie haben – die Tier- und Naturfotografen, die an technischer oder journalistischer Fotografie Interessierten, oder der Amateur, der seine Kinder fotografiert und von dem menschlich-affektiven Bereich angesprochen wird.

F Wie sieht die Ausstellung der Zukunft aus?

A Ursprünglich sind Fotografie-Festivals aus dem Bedürfnis entstanden, einen Ausstellungsort für das Medium zu schaffen, der 1969, als das Fotofestival in Arles gegründet wurde, nicht existierte. Heute ist Fotografie ganz selbstverständlich Teil der bildenden Kunst. Stattdessen sind Festivals heute Marketinginstrumente für einen Kulturtourismus. Hamburg könnte sich mit gleichem Recht als Foto-Metropole bezeichnen. Die Fotografie hat von Anfang an Gattungsgrenzen überschritten, sie war nie nur Kunst oder nur angewandt. Die Zukunft der Fotografie-Ausstellung würde ich darin sehen, die verschiedenen Gebrauchsweisen des Mediums in den Blick zu nehmen. Die Berührungspunkte, an denen das fotografische Bild die Interessen von vielen zusammenführt, das Private in der Fotografie etwa im Handyfoto, der Gebrauch von Bildern in sozialen Netzwerken, die neue Reportage-Fotografie des Amateurs, der zufällig vor Ort war – das sind Themen, die mich interessieren.

PHOTOGRAPHY AND EXHIBITION

THREE QUESTIONS FOR ESTHER RUELFS

EN

Q As curator of the 3rd Fotofestival in Mannheim, Ludwigshafen and Heidelberg in 2009, you placed your concept under the central question whether it is still possible today to take photographs that show something completely »new«, or whether we should not instead strive for a visual literacy about how the existing photographic images order our world and influence our perception of the world. These ordering criteria and issues of mediation play an important role in the translation of photography to an exhibition or a festival format. We have three questions on this topic: What happens to photography when it is transferred to the context of an exhibition?

A In an exhibition, we try to tell a story with a particular selection of images. We give them an additional meaning that is determined by their selection and combination and how they react to one another. No matter whether we present an artist, show the growth of an oeuvre or develop a theme. However, this is not specific to photography exhibitions, but could apply to any type of exhibition concept. What is interesting about your question, which aims at the contextual shift in which photographs that were actually created for quite different contexts, such as forensic photography, medical photography, funerary photography, personal photography, diary photography, mobile phone photography, newspaper photos … These are exciting images, because on the wall of a museum we may see something in a fashion photo that we might have overlooked while reading a magazine. These different ways of using photographs are something that interests not only photo-historians and curators but also contemporary art. Many artists who work with the medium use exactly this shift in their work. They make statements about photography and about the politics of images. Let's take Rabih Mroué, for example, whose work I just saw at the documenta. He calls his appearances lecture performances. Sitting at a table, he shows the audience a video-projector presentation of photographs from newspapers, propaganda posters, news images and the now iconic mobile phone photos of the Arab Spring. At first, one might take him to be a visual media scholar, but he is actually a trained actor, and brings acting into his academic-style presentations. He is interested in the everyday images that surround us. By shifting them into his artistic practice, he makes us take a closer look at them.

Q What do photo exhibitions ideally show beyond the photographs that are exhibited, and what special role do the cultural and technical conditions of photographic production play?

A At best, photo exhibitions say something about the medium of photography. That is the potential of a project like the European Month of Photography that includes so many different perspectives. An urban historian reads a photograph differently from an ethnologist or a technology historian or a curator of contemporary art. And with this breadth of scope, you reach a much larger public than a narrow focus on the field of art alone would allow. In the context of the Images Recalled festival, I talked with Wolfgang Tillmans, who said it was too bad about all the people that we don't reach at all with our curatorial perspective, which was focused on contemporary artistic positions. All of the other people who also have a passionate relationship to photography – animal and nature photographers, people interested in technical or journalistic photography, or amateurs who photograph their children and who are receptive to the human, affective domain.

Q What will the exhibition of the future look like?

A Originally, photography festivals emerged based on the need to find an exhibition location for the medium, a location that did not exist before 1969, when the photo festival in Arles was founded. Today, photography is taken for granted as a part of the fine arts. Festivals today are instead marketing instruments for cultural tourism. Hamburg might also describe itself as a photo metropolis by the same right. From the very beginning, photography crossed boundaries between genres: it was never only art or only applied. I would see the future of photography exhibitions in looking at the various ways in which the medium is used. The points of contact at which the photographic image brings together the interests of many individuals, the personal in mobile phone photography, the use of images in social networks, the new reportage photography of amateurs who were at the scene by chance – these are topics that interest me.

FOTOGRAFIE UND KUNST

DREI FRAGEN AN INES SCHABER

DE

F Frau Schaber, als bildende Künstlerin haben Sie sich neben Ihren eigenen Fotografien und künstlerischen Arbeiten vielfach mit den Verwendungs- und Bedeutungszusammenhängen von Fotografie in Bildagenturen und Bildarchiven beschäftigt. Hinsichtlich Ihrer eigenen Arbeit würden wir gern wissen: Welche Rolle spielt der Künstler bei der Bildproduktion mittels Fotografie? Und wo sind die Beschränkungen und Tücken des Mediums bei der Beschreibung von Welt?

A Wir sehen Fotografien meist in einem konkreten Zusammenhang: in der Kunst, im Privaten, in der Presse oder in der Werbung. Die Kunst ist also ein Raum von vielen, in dem Fotografie gezeigt wird, und auch in ihm existieren bestimmte Regeln oder Konventionen des Zeigens und des Lesens von Fotografie. Man könnte sagen, je nachdem wo und wie eine Fotografie gezeigt wird, verändert sich ihre Lesbarkeit. John Berger hat dieses Phänomen einmal in einem Buch zu migrantischen Arbeitern in Europa, das er zusammen mit dem Fotografen Jean Mohr gemacht hat, sehr schön beschrieben. Das Foto, über das er nachdenkt, ist das Foto eines Jungen. Dazu schreibt er: »**Er sucht das Foto unter den abgegriffenen Papieren, die in seiner Jacke stecken. Er findet es. Als er es rüberreicht, drückt er den Daumen drauf. Beinah bedachtsam, als Geste der Besitzergreifung. Eine Frau oder vielleicht ein Kind. Das Foto definiert eine Abwesenheit. Auch wenn es zehn Jahre alt ist, das macht nichts aus. Es bewahrt, es hält den leeren Raum offen, den die Anwesenheit des Abgebildeten eines Tages, hoffentlich, wieder füllen wird. Er steckt es sofort in die Tasche zurück, ohne es anzublicken. Als würde es in seiner Tasche fehlen. Ein Foto von einem Jungen, dir oder mir unbekannt. Sehe ich es in der Dunkelkammer, wenn ich den Abzug mache, oder siehst du es in diesem Buch, wenn du es liest, dann beschwört das Bild die lebhafte Gegenwart des unbekannten Jungen herauf. Für seinen Vater würde es die Abwesenheit des Jungen bezeichnen.**«[1] Für mich ist das eine sehr schöne und wichtige Beschreibung der Grenzen und Tücken des Mediums, die man ja auch als ihre Herausforderung und Schönheit beschreiben könnte. Sie beschreibt auch, dass die Evidenz, die wir so oft mit der Fotografie in Verbindung bringen, nur eines ihrer Merkmale ist.

F In Ihrer Arbeit **Picture Mining. The Lecture** aus dem Jahr 2006 geht es neben der politischen Fokussierung und kritischen Hinterfragung des enormen Machtpotenzials der Bildagentur Corbis um die Unzulänglichkeit des fotografischen Bildes, die Komplexität dieser Sinnzusammenhänge abzubilden. Wo sind die Grenzen der Fotografie, diese zu entschlüsseln, und worin liegt ihr spezifisches Potenzial?

A Die Arbeit, die Sie ansprechen, hat mich genau an so eine Grenze gebracht. Ich war fasziniert von der Situation, dass Corbis sein Archiv von New York in einen ehemaligen Kalksteinstollen verlegt hatte, der nur schwer oder gar nicht zugänglich war. Die Diskrepanz zwischen der weltweiten Online-Präsenz der Agentur und der postindustriellen Landschaft in Pennsylvania, unter der die Originale lagern, hat mich vor eine Herausforderung gestellt: Wie sichtbar machen, was hier passiert? Wie etwas zeigen, das man nicht sehen kann oder sehen soll? Mit welchen Mitteln kann man die Fotografie umgeben, um sie sprechen zu lassen oder sie zu kommentieren? Die Fotografien von Lewis Hine, die ich in der Arbeit auch gezeigt habe, waren neben meinen eigenen Landschaftsfotografien und einem Video ein Mittel, nicht nur selbst von Fragen der Sichtbarmachung herausgefordert zu werden, sondern diese selbst auch herauszufordern. Sobald man denkt, nichts zu sehen, besteht ja auch die Frage, was es bedeutet, etwas zu sehen oder etwas zeigen zu wollen. Diese Frage wollte ich im Kontext der sozialen Dokumentarfotografie stellen.

F In einem Ihrer Texte schreiben Sie über den dualen Aspekt der Fotografie, und zwar, dass diese einen Abdruck der Wirklichkeit liefert, zugleich aber zu dieser immer in großer Distanz bleibt. Inwiefern ist dieser beschriebene Abstand Ihrer Meinung nach dem Wesen der Fotografie inhärent? Und welche Rolle spielen die technischen Veränderungen der bilderzeugenden Medien dabei?

A Ein spezifischer Aspekt der Fotografie ist, dass sie einen Moment aus der »**Wirklichkeit**« herauslöst und diesen auf Reisen schickt. Das heißt für mich nicht, dass die Fotografie ein distanziertes Medium ist, sondern dass sie unverhofft auftauchen kann. Sie verbindet Orte und Zeiten. Wir haben uns an diese Verbindung gewöhnt, aber sie kann immer noch unheimlich sein. Sie kann in unsere Realität einbrechen und uns unterbrechen. John Bergers Beschreibung von der An- und Abwesenheit, die das Bild einer Person hervorrufen kann, hat sich für mich durch die neuen Medien nicht verändert. Meiner Meinung nach hat hier kein »**turn**« stattgefunden, sondern nur eine Beschleunigung der Reise und eine Verkürzung der Distanzen. Was mich dabei eher interessiert, ist, dass dieses Hin und Her der Fotografie zwischen verschiedenen Orten und Räumen, Bezugs- und Lesesystemen auch oft die Konventionen und Regeln dieser Bereiche durcheinanderbringt.

1
John Berger
und Jean Mohr,
Arbeitsmigranten.
Erfahrungen / Bilder /
Analysen,
Reinbek bei Hamburg:
Rowohlt Taschenbuch
Verlag 1976,
S. 16–17.

PHOTOGRAPHY AND ART

THREE QUESTIONS FOR INES SCHABER

EN

Q As a visual artist, you have dealt not only with your own photographs and artistic works, but also with the use and significance of photography in photo agencies and archives. Regarding your own work, we would like to know what role the artist plays in producing images by means of photography? And what are the medium's limitations and pitfalls in describing the world?

A We generally see photographs in a specific context: in art, in the private sphere, in the press or in advertising. Art is one of many spaces in which photography is shown, and it has certain rules or conventions for presenting and reading photography. One could say that the possible reading of a photograph changes depending on where and how it is presented. John Berger once described this phenomenon quite beautifully in a book on migrant workers in Europe that he created in collaboration with the photographer Jean Mohr. The photo that he considers is of a boy. Berger writes, **»He looks for the photo among the over-handled papers, stuffed in his jacket. He finds it. In handing it over, he imprints his thumb on it. Almost deliberately, as a gesture of possession. A woman or perhaps a child. The photo defines an absence. Even if it is ten years old it makes no difference. It holds open, preserves the empty space which the sitter's presence will, hopefully, one day fill again. He puts it back in his pocket without glancing at it. As if there were a need for it in his pocket. The photographs in this book work in the opposite way. A photograph of a boy in the rain, a boy unknown to you and me. Seen in the darkroom when making the print, or seen in this book when reading it, the image conjures up the vivid presence of the unknown boy. To his father it would define the boy's absence.«**[1] For me, this is a very beautiful and important description of the limitations and pitfalls of the medium, which could also indeed be described as its challenge and beauty. It also describes the situation that the evidence that we so often associate with photography is only one of its attributes.

Q Your 2006 work **Picture Mining: The Lecture** deals not only with the political focus and critical questioning of the enormous potential power of the Corbis photo agency, but also with the inadequacy of the photographic image to depict the complexity of these connections. What are the limitations of photography in deciphering them, and where does photography's specific potential lie?

A The work you mention took me to such a limit. I was fascinated by the fact that Corbis had relocated its archive from New York to a former underground limestone quarry that was only accessible with difficulty if at all. The discrepancy between the agency's global online presence and the post-industrial landscape in Pennsylvania under which the originals are stored posed a challenge for me: how to visualise what is happening here? How to show something that can't be seen or shouldn't be seen? With what means is it possible to surround photography in order to make it speak or to comment on it? The photographs by Lewis Hine that I showed in the work, along with my own landscape photographs and a video, were a means not only to be challenged myself by questions of visualisation, but also to challenge them. As soon as one thinks one sees nothing, the question arises what it means to see something or to want to show something. I wanted to pose this question in the context of social documentary photography.

Q In one of your texts, you write about the dual aspect of photography, namely the fact that it provides an impression of reality but at the same time always maintains great distance from it. In your opinion, to what extent is this distance inherent in the nature of photography? And what effect do technical changes in imaging media have?

A One specific aspect of photography is that fact that it isolates a moment from »reality« and sends it on a journey. For me, this does not mean that photography is a distanced medium, but rather that it can appear unexpectedly. It connects places and times. We have become used to this connection, but it can still be uncanny. It can break through into our reality and disrupt us. John Berger's description of the presence and absence that an image can evoke for a person has not changed for me as a result of the new media. In my opinion, no »turn« has taken place, the journey is only faster and the distances shorter. What I find rather more interesting is the fact that this back and forth of photography between different places and spaces, systems of reference and reading often confuses the conventions and rules of these fields.

[1] John Berger and Jean Mohr, A Seventh Man: The Story of a Migrant Worker in Europe, Harmondsworth: Penguin, 1975, pp. 16–17.

DISTURBANCES

CAN FICTION BEAT REALITY?

von | by Katia Reich

^D_E

Künstlerische Bildproduktionen werden immer auch von aktuellen politischen, wirtschaftlichen und sozialen Umwälzungen beeinflusst. Das Ausstellungsprojekt distURBANces zeigt, wie Künstler die gegenwärtige Entwicklung einer stetigen Verschränkung der physisch erfahrbaren Nahwelten mit den digitalisierten Fernwelten angesichts von Globalisierung und einer ungekannten Dominanz des Visuellen erfahren. Während Visionen und Fiktionen von der Realität eingeholt werden, finden sich gleichzeitig bestimmte Darstellungen nur im virtuellen Raum. In digitalen Bildwelten, wie beispielsweise in Cyberspaces und Computerspielen, entstehen Lebenswelten, in denen menschliches Leben als immer komplexere Simulationen aufscheint. In manchen Darstellungen lässt sich die Fiktion kaum noch von der Realität unterscheiden. Die Zeit scheint angehalten, Gegenwart und Zukunft fallen in eins. Die Ausstellungen von distURBANces gehen der Frage nach, welche Auswirkungen diese Veränderungen auf den Menschen und seine realen Lebensräume haben, wie sich sein spezifisches Verhältnis zu Stadt und Natur gestaltet und wie sich dies in der künstlerischen Produktion widerspiegelt.

Das von den Europäischen Netzwerk-Partnern des Monats der Fotografie, Bratislava, Budapest, Ljubljana, Luxemburg, Paris und Wien, gemeinschaftlich erarbeitete Ausstellungs- und Katalogprojekt stellt insgesamt 26 internationale Künstlerinnen und Künstler vor und fokussiert in jeder Stadt andere Themen bei unterschiedlicher kuratorischer Schwerpunktsetzung. Das Spektrum reicht von der Auseinandersetzung der Künstler mit realen Lebensbedingungen in ihrem gesellschaftspolitischen Umfeld über die Störungen der Natur bis hin zu Visionen utopischer und dystopischer Zustände und der Entwicklung von Modellwelten. Die Berliner Ausgabe von distURBANces stellt zwei künstlerische Positionen in verschiedenen Ausstellungsformaten und -orten vor.

Der in Berlin geborene und in Kairo lebende Künstler Kaya Behkalam zeigt im Rahmen der Gruppenausstellung Kairo. Offene Stadt – Neue Bilder einer andauernden Revolution im Festivalzentrum des Monats der Fotografie die Arbeit Excursions in the Dark von 2011. In einer Ausstellung, die sich dezidiert mit der Rolle und den Verwendungsmechanismen des medialen Bildes in der ägyptischen Revolution auseinandersetzt, nähert Behkalam sich der Stadt und den Schauplätzen der Revolution mit seiner Videokamera. In der Nacht, zu Zeiten der Sperrstunde, erkundet er das (nach-)revolutionäre Kairo: Nach den Menschenansammlungen, Tumulten und Kämpfen, dem endlosen Verkehrsstrom des Tages wird es nachts ruhig, die Straßen sind menschenleer, kein Verkehr, nur die Straßenlaternen blinken kontinuierlich. Die Kameraeinstellungen von ca. 10 bis 20 Sekunden Länge sind präzise gewählt, die Bilder dokumentieren ausschnitthaft die Ikonografie und mit ihr die Geschichte der Stadt, die sich in diese eingeschrieben hat. Behkalam kombiniert diese visuelle Spur mit Begleitkommentaren und unternimmt so den Versuch, die unbewussten Beziehungen zwischen Architektur, kollektiven Traumlandschaften und politischen Umbrüchen herauszustellen.

Der französische Künstler Thibault Brunet nähert sich dem Thema Realität und deren Imitation durch antagonistische fotografische Praktiken, die zwischen Reportage, Malerei, Filmstills und bildender Kunst oszillieren, im rein Digitalen. In der Serie Vice City (2007–2012) fotografiert er als Avatar »real« mit einer virtuellen Kamera »surreale« Details und solitäre Architekturen in weiten Landschaften in den virtuellen Welten des Computerspiels Grand Theft Auto (GTA). Die Bilder Brunets werden zu einer Gegenposition; einerseits ästhetisch, weil seine Fotografien im extremen Gegensatz zu der sonst gewaltigen Bildsprache des Spiels mit Hochhäusern, Autos und Gangstern bestehen, andererseits ideell, da er, statt in die Rolle eines Gangsters zu schlüpfen, die Rolle des künstlerischen Fotografen einnimmt. Im Wechselausstellungsraum des Computerspielemuseums wird Brunets Vice City so in einen nahen und dennoch fernen Zusammenhang gestellt.

The artistic production of images is always influenced by current political, economic and social upheavals. The exhibition project **distURBANces** shows how artists, in the light of globalisation and an unprecedented dominance of the visual, experience the interlocking of the physically perceptible worlds that are near to us with the remote digitised world. While reality makes visions and fictions obsolete, certain images are only found in virtual space. In the worlds of digital images – in cyberspaces and computer games for example – environments are created in which human life is represented by increasingly complex simulations. Some fictions are becoming almost impossible to distinguish from reality. Time seems to come to a standstill; the present and the future converge. The exhibitions in **distURBANces** explore how these changes affect people and their real living environments, how they shape people's specific relationship to cities and to nature, and how these effects are reflected in artistic production.

The exhibition and catalogue project, which has been jointly developed by the members of the **European Month of Photography** network, Bratislava, Budapest, Ljubljana, Luxembourg, Paris and Vienna, presents a total of twenty-six international artists and focuses on a different theme, with a different curatorial focus, in each city. The spectrum ranges from the examination of real living conditions in the artist's socio-political environment to disruptions of nature, to visions of utopian and dystopian conditions and the development of model worlds. The Berlin edition of **distURBANces** presents two artistic positions in different exhibition formats and locations.

The artist Kaya Behkalam, who was born in Berlin and lives in Cairo, presents the 2011 work **Excursions in the Dark** as part of the group exhibition **Kairo. Offene Stadt – Neue Bilder einer andauernden Revolution (Cairo. Open City – New Testimonies from an Ongoing Revolution)** in the festival centre of the **Month of Photography**. In one exhibition, which specifically examines the role and the use mechanisms of media images in the Egyptian revolution, Behkalam takes his video camera to the city and the scenes of the revolution. At night, after curfew, he explores revolutionary or post-revolutionary Cairo: after the crowds, commotions and struggles, after the ceaseless flow of traffic during the day, the night is quiet. The streets are deserted, there is no traffic, only the continuous blinking of the streetlamps. The shots, ten to twenty seconds long, are precisely chosen to document details of the city's iconography and hence the history that is inscribed in it. Behkalam combines these visual traces with commentary in an attempt to shed light on the unconscious connections between architecture, collective dream landscapes and political upheavals.

The French artist Thibault Brunet approaches the topic of reality and the imitation of reality by means of antagonistic photographic practices that oscillate in the purely digital sphere between reportage, painting, film stills and fine arts. In the series **Vice City** (2007–2012), he is an avatar taking »real« photographs with a virtual camera of »surreal« details and solitary architectures in vast landscapes in the virtual worlds of the computer game **Grand Theft Auto (GTA)**. Brunet's images thus become a contra position: first of all aesthetically, because the photographs consist of an extreme contrast to the game's otherwise forceful visual system of tower blocks, cars and gangsters, and at the same time ideally, because he takes on the role of an art photographer, not a gangster. As a temporary exhibition at the Computerspielemuseum (Computer Games Museum), Brunet's **Vice City** appears in a close, yet at the same time remote context.

KAIRO, OFFENE STADT

NEUE BILDER EINER ANDAUERNDEN REVOLUTION

von Florian Ebener und Constanze Wicke

DE

Die Ausstellung **Kairo. Offene Stadt – Neue Bilder einer andauernden Revolution** erzählt zwei Geschichten. Die erste berichtet von dem politischen und sozialen Aufbruch einer jungen Generation, der am 25. Januar 2011 mit den Massenprotesten auf dem Kairoer Tahrir-Platz begann und bis heute andauert. Die zweite handelt von der Rolle der Bilder und digitalen Medien, die diese Proteste ein Stück weit initiierten und dokumentierten.

Kairo. Offene Stadt ist eine experimentelle Ausstellung und ein offener Prozess, eine temporäre Bestandsaufnahme. Sie geht von den unterschiedlichsten Praktiken der zeitbasierten Medien Fotografie und Video aus, von den Aufnahmen der Fotojournalisten, von den Mitschnitten der Aktivisten und »Bürgerjournalisten«, von den Dokumenten, die Künstler gesammelt haben. Im digitalen Zeitalter und im spezifischen Kontext der ägyptischen Revolution eröffnen sich neue Herausforderungen und Chancen für diese Zeugenschaft der Bilder: das omnipräsente Auge der digitalen Apparate, neue Distributionswege der Bilder und alternative Berichterstatter. So gibt diese Ausstellung nicht nur einen Einblick in die Freiheitsbewegungen der arabischen Welt, sie schreibt auch ein neues Kapitel in der Geschichte der Bilder. Ist die Zeugenschaft ein zentraler Begriff dieses Wandels, so waren es doch nicht in erster Linie die sozialen Netzwerke (Facebook), sondern die angestaute Verzweiflung und der Mut der Menschen auf der Straße, die diesen Wandel herbeigeführt haben. Ein besonderes Augenmerk liegt auf den Intentionen hinter den Aufnahmen: Wer und was spricht aus diesen Bildern?

Die umfangreiche Ausstellung, die mit unterschiedlicher Schwerpunktsetzung parallel in Braunschweig (27. September bis 17. Dezember 2012) und Berlin (19. Oktober bis 25. November 2012) zu sehen ist, ist in einzelne Kapitel gegliedert. Persönlichkeiten der Kairoer Kunstszene, unter anderem die Fotografin und Bildredakteurin Randa Shaath, die Künstlerin und Aktivistin Jasmina Metwaly und der Aktivist Philip Rizk, die Künstlerin Lara Baladi sowie die Bildwissenschaftlerin Heba Farid, kuratieren einzelne Stationen. Diese führen zu einem Dialog der Bilder, zu einem Nebeneinander aber auch Gegeneinander der verschiedensten Bildformen und Haltungen: Die Titelbilder von Zeitungen stehen neben den Bildstrecken aus Blogs, die Ikonen der Ereignisse neben den ungesehenen Bildern der Menschen von der Straße, die Bilder der Märtyrer neben langfristigen Dokumentarprojekten.

Künstler und weitere Beteiligte: Peter van Agtmael, Lara Baladi, Denis Dailleux, Osama Dawod, Kaya Behkalam, Johanna Domke & Marouan Omara, Nermine Hammam, Nadine Khan, Alex Majoli, Chris Michalski & Sebastian Stumpf, Philip Rizk, Fotojournalisten der Zeitung El Shorouk, zahllose Aktivisten und »Bürgerjournalisten« u. a.

CAIRO, OPEN CITY

NEW TESTIMONIES FROM AN ONGOING REVOLUTION

by Florian Ebener and Constanze Wicke

The exhibition **Kairo. Offene Stadt – Neue Bilder einer andauernden Revolution (Cairo. Open City – New Testimonies from an Ongoing Revolution)** tells two stories. The first reports on the political and social upheaval of a young generation, which began on 25 January 2011 with the mass protests on Tahrir Square in Cairo and continues today. The second deals with the role of images and digital media, which to a certain extent initiated these protests and documented them.

Kairo. Offene Stadt is an experimental exhibition and an open process, a provisional stock-taking. Its premise includes all kinds of practices of the time-based media of photography and video, pictures by photojournalists, recordings by activists and »citizen journalists«, documents that artists have collected. In the digital age and in the specific context of the Egyptian revolution, the testimony of images faces new challenges and chances: the omnipresent eye of digital devices, new channels of image distribution and alternative reporters. The exhibition not only offers insight into the freedom movements in the Arab world, but also writes a new chapter in the history of pictures. If testimony is a central idea in this transformation, it was not primarily the social networks – Facebook – that brought about the revolution, but rather the accumulated despair and the courage of the people in the street. Special attention is given to the intentions behind the photos: Who and what speaks from these images?

The extensive exhibition, which will be shown with different emphases in Braunschweig (27 September to 17 December 2012) and Berlin (19 October to 25 November 2012) in parallel, is divided into individual chapters. Individual stations have been curated by personalities from the Cairo art scene, including the photographer and photo editor Randa Shaath, the artist and activist Jasmina Metwaly and the activist Philip Rizk, the artist Lara Baladi and the visual culture scholar Heba Farid. The result is a dialogue of images, a juxtaposition and at the same time a confrontation of all kinds of pictorial forms and stances: front page newspaper photos stand alongside photo series from blogs; icons of the events alongside the unseen images of people in the street; the images of martyrs alongside long-term documentary projects.

Artists and other contributors: Peter van Agtmael, Lara Baladi, Denis Dailleux, Osama Dawod, Kaya Behkalam, Johanna Domke & Marouan Omara, Nermine Hammam, Nadine Khan, Alex Majoli, Chris Michalski & Sebastian Stumpf, Philip Rizk, photojournalists of the El Shorouk newspaper, innumerable activists and »citizen journalists«, et. al.

SHOW PHOTOGRAPHY !

ÜBER DAS ZEIGEN UND GEZEIGTWERDEN VON FOTOGRAFIE

von Anke Schleper und Katia Reich

D
E

Die Veranstaltungsreihe **Show Photography!** widmet sich vom 20. bis 21. Oktober 2012 mit einer Serie von Vorträgen, Podiumsdiskussionen, Lecture Performances und Gesprächen dem Phänomen des Zeigens und des Gezeigtwerdens von Fotografie.

Den Ausgangspunkt bildet hierbei die Untersuchung der Fotografie in ihrem Verhältnis zum Medium Ausstellung. Darüber hinaus sollen künstlerische, editorische und gestalterische Praktiken des Zeigens, die Bedeutung neuer Technologien sowie die politische Dimension zeitgenössischer Bildproduktion reflektiert werden.

Längst ist der von W. J. T. Mitchell 1992 verkündete »**Pictorial Turn**«[1] zu einem Schlagwort unserer Gegenwart geworden, das die Wirkmächtigkeit der Bilder und damit die grundlegende Verlagerung von der schriftlichen auf die bildliche Information bezeugt. Doch trotz der Flut an digitalen fotografischen Bildern, die mit Smartphones stets noch größere Bandbreiten erreichen, ist das Spezifische des Zeigens von Fotografie noch wenig erfasst und das Wesen des Ausstellens von Fotografie – sei es im realen oder im digitalen Raum – bisher kaum Gegenstand theoretischer Betrachtung.

Zeigen ist eine Verweishandlung, ein deiktischer Akt, der immer etwas Drittes zum Gegenstand hat. Gerade der verweisende Charakter ist es, der für die besondere Bedeutung des Zeigens so entscheidend ist. Es konstituiert nicht nur eine soziale Beziehung zwischen dem, der zeigt, und demjenigen, dem gezeigt wird. Vielmehr wird mit dem Akt des Zeigens immer auch die Beziehung zwischen Zeichen und Bezeichnetem hergestellt und muss deshalb als Sinn stiftend verstanden werden. An Georges Didi-Hubermans Feststellung »**Das photographische Bild hat den Wert eines Indizes im Sinn eines Beweisstücks**«[2] lässt sich erkennen, dass der Fotografie eine gesonderte Form der Sinngebung zugetraut wird: Sie gibt Zeugnis. Doch was bezeugen, auf was verweisen Fotografien heutzutage eigentlich? Längst wird die Zeugenschaft fotografischer Bilder als prekär beschrieben, und dennoch scheint sie in unserer alltäglichen Betrachtung eine kaum gebrochene Gültigkeit zu besitzen. In Kunstinstitutionen, Museen und Galerien ist das Zeigen allgegenwärtige und konstitutive Praxis. Ausstellungen über Fotografie und mit Fotografie sind zeitlich flüchtige Arrangements von Bildern, sie folgen der These des Kurators und veranschaulichen ein Konzept. Zum anderen aber sind sie immer auch das Resultat der kulturellen Praxis ihrer Zeit und reagieren in ihrer Gestaltung und somit in ihrer Form des Zeigens bewusst und unbewusst auf zahlreiche sie bestimmende Einflüsse. Orte des Zeigens sind immer auch Orte der Transformation, die ihren jeweiligen Darstellungsformen und -bedingungen folgen und diese zugleich konstituieren.

Neben der Untersuchung des Verhältnisses von Fotografie und Ausstellung wird die Veranstaltungsreihe Medialität und Distribution fotografischer Bilder in den Blick nehmen. Digitale Distributionsformen und analoge Printmedien sollen fokussiert und kontrastiert werden. Täglich genutzte digitale Plattformen wie Flickr, Instagram, Fotoblogs und Bildsuchmaschinen werfen nicht nur die Problematik von Original und Fälschung, Urheberschaft und Copyright, sondern auch Fragen des freien Wissenszugangs auf. Zugleich sind sie Präsentationsformen, die einer neuen und eigenen Ästhetik folgen, deren Bedingungen allerdings selten hinterfragt werden und die ihre Legitimation meist aus technischen Argumenten bezieht. Vor diesem Hintergrund einer Allseits-Verfügbarkeit von Bildern ist der große Markt an Printmedien wie Fotobüchern, -magazinen und -zeitschriften umso beachtlicher.

Experten zum Thema Fotografie in Printmedien und digitalen Medien sind eingeladen, ihr spezifisches Konzept des Verlegens und den Zusammenhang mit dem textuellen Zeigen zu präsentieren. Neben einer ästhetischen Analyse anhand zahlreicher konkreter Betrachtungen wird der Zeichenstatus fotografischer Bilder in digitalen und analogen Zusammenhängen untersucht, im Hinblick darauf, dass es sich beim digitalen »**entkörperten Bild**« um prozessierte Fotografien handelt, die sich in den jeweiligen Ausgabegeräten zeitlich flüchtig und unterschiedlich zeigen – ein wesentlicher Unterschied zu den analogen Printmedien, die immer auch manifestierend und fixierend sind. Das Zeigen von Fotografie als »**Politik der Bilder**« bildet einen weiteren Teil der Reihe. Eine Podiumsdiskussion geht der Frage nach, inwiefern und mit welchen spezifischen Mitteln die Fotografie als instrumentalisiertes Zeigen zur Beglaubigung von Machtansprüchen eingesetzt wird und welche Möglichkeiten andererseits wahrgenommen werden, die neuen Technologien als Instrumente einer politischen Teilhabe für die Wahrung eigener Interessen entgegen den vorherrschenden Doktrinen oder Politiken nutzbar zu machen.

Fotografien bezeugen nicht nur Ereignisse, sondern kommunizieren zugleich Ideologien derjenigen Interessengruppe, die zeigt. Das gezielte und instrumentalisierte Zeigen von Fotografien spiegelt in konzentrierter Form unser spezifisches Verhältnis zur »**Realität**«.

Wirklichkeit, wie wir sie wahrnehmen, ist immer vermittelt – sei es durch Vorstellungen, Diskurse oder Ideologien – und selbst als Dokumente unserer Bildwirklichkeit folgen Fotografien immer auch einer Strategie der Inszenierung. Obwohl dieser kulturelle Zeichencharakter jeden Anspruch auf Faktizität unterläuft, intendiert und erzeugt die dokumentarische Fotografie einen »**effet de réel**« (Roland Barthes), der einen Wirklichkeitsanspruch behauptet und qua Inszenierung beglaubigt.

1
W. J. T. Mitchell, »The Pictorial Turn«, Artforum, Nr. 30, 1992, und W. J. T. Mitchell Picture Theory: Essays on Verbal and Visual Representation, Chicago: University of Chicago Press 1994.

2
Georges Didi-Huberman, Die Erfindung der Hysterie. Die photographische Klinik von Jean-Martin Charcot, München: Wilhelm Fink Verlag 1997, S. 43.

SHOW PHOTOGRAPHY!

ON SHOWING AND BEING SHOWN PHOTOGRAPHY

by Anke Schleper and Katia Reich

The **Show Photography!** series of lectures, podium discussions, lecture performances and talks from 20 to 21 October 2012 is devoted to the phenomenon of showing and being shown photography.

The point of departure is an examination of photography in relation to the medium of the exhibition. Artistic, editorial and design practices of showing, the significance of new technologies and the political dimension of contemporary image production will also be considered.

The »**pictorial turn**«[1] announced by W. J. T. Mitchell in 1992 has long since become a catchphrase, which is evidence of the power of images and the fundamental shift from written to pictorial information. Nonetheless, despite the flood of digital photographs, which reaches new heights daily with smartphones' ever greater bandwidth, the specific act of showing photography has still been little understood, and the essence of exhibiting photography – whether in real or in digital space – has received little theoretical consideration.

Showing is referential act, a deictic act whose object is always a third entity. It is precisely this referential character that is crucial to the special significance of showing. It not only constitutes a social relationship between the one who shows and the one to whom something is shown: in addition, the act of showing always produces the relationship between signifier and signified, and must therefore be seen as creating meaning. Georges Didi-Huberman's assessment that »**the photographic image has the value of a clue in the sense of a piece of evidence**«[2] ascribes to photography a separate form of creating meaning: it testifies. But to what do photographs today actually testify or refer to? Although the testimony of photographic images has long been described as unreliable, they nonetheless seem to have an almost unquestioned validity in our day-to-day consideration.

In art institutions, museums and galleries, showing is a ubiquitous and constitutive practice. Exhibitions on photography and with photography are transitory arrangements of images; they support the curator's thesis and illustrate a given concept. At the same time, however, exhibitions are always the result of the cultural practice of their time, and their design and hence their manner of showing is a conscious and unconscious reaction to numerous determining influences. Places of showing are always places of transformation, which adhere to and at the same time constitute their respective forms and conditions of presentation.

In addition to examining the relation between photography and exhibition, the events in the **Show Photography!** series also look at the media use and distribution of photographic images, and contrast digital forms of distribution and analog print media. Digital platforms such as Flickr, Instagram, photo blogs and image search engines that are used every day raise not only the issue of original and counterfeit, authorship and copyright, but also issues of free access to knowledge. At the same time, they are forms of presentation that follow a new aesthetic of their own whose conditions are rarely questioned and whose legitimation relies mainly on technical arguments. In a time of universal availability of images, the large market for print media, including photography books, magazines and journals, is all the more remarkable.

Experts on the subject of photography in print and digital media will be invited to present their specific concepts of publishing and the connection to textual showing. In addition to an aesthetic analysis based on numerous concrete observations, the semiotic status of photographic images in digital and analog contexts will also be examined, particularly in view of the fact that digital, »**disembodied images**« are processed photographs which are shown in a transitory manner and differently on different output devices. This is an essential difference from analog print media, in which images are always manifest and fixed.

Another part of the series is concerned with showing photography as a »**politics of images**«. A podium discussion will examine how and with what specific means photography is shown as an instrument to legitimise claims to power, and what potentials are utilised to make the new technologies useful as instruments of political participation for protecting individual interests against the prevailing doctrines or policies.

Photographs not only testify to events: they also communicate the ideologies of the interest groups that show them. The purposeful and instrumentalised showing of photographs reflects our specific relationship to »**reality**« in a concentrated form. Reality as we perceive it is always mediated – whether by associations, discourses or ideologies – and photographs always follow a strategy of dramatisation, even as documents of our pictorial reality. Although this cultural symbolic character circumvents any claim to factuality, documentary photographs aim at and generate an »**effet de réel**« (Roland Barthes) that asserts a claim to reality and legitimises it in the form of dramatisation.

1
W. J. T. Mitchell, »The Pictorial Turn«, Artforum, no. 30, 1992, pp. 89–94, and W. J. T. Mitchell, Picture Theory: Essays on Verbal and Visual Representation, Chicago: University of Chicago Press, 1994.

2
Georges Didi-Huberman, The Invention of Hysteria: Charcot and the Photographic Iconography of the Salpêtrière, trans. Alisa Hartz, Cambridge, MA: MIT Press, 2004, p. 43.

EUROPEAN MONTH OF PHOTOGRAPHY

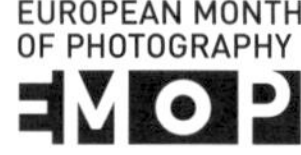

D
E

Der **European Month of Photography** (EMoP) ist ein Netzwerk europäischer Fotofestivals, das sich zum Ziel gesetzt hat, die internationale Fotoszene zu fördern. Es geht um den Austausch von Informationen und Erfahrung, um die Wechselwirkung von Lehren und Lernen und nicht zuletzt um die Förderung von Kreativität sowie um die Unterstützung junger Fotografen und Künstler. Die gemeinsam konzipierte Ausstellung der sieben Partnerstädte heißt in diesem Jahr **disURBANces – Can Fiction Beat Reality?** Sie wird in adaptierter Form auf den Fotofestivals der Partner gezeigt:

E
N

The **European Month of Photography** (EMoP) is a network of European photo festivals that has set itself the goal of promoting the international photo scene. What is concerned is the exchange of information and experience, the interplay of teaching and learning as well as promoting creativity and supporting young photographers and artists.
The jointly conceived exhibition of the seven partner cities this year is called **disURBANces – Can Fiction Beat Reality?** It will be presented in an adapted form at the partners' photo festivals:

WIEN | VIENNA
30.10.2012 – 05.01.2013
www.eyes-on.at

PARIS
05.09. – 04.11.2012
www.mep-fr.org

BERLIN
19.10. – 25.11.2012
www.mdf-berlin.de

BRATISLAVA
30.10. – 30.11.2012
www.sedf.sk

BUDAPEST
01.11. – 30.11.2013
www.budapest.hu

LJUBLJANA
Mai – Juni | May – June 2014
www.photonicmoments.net

LUXEMBURG
26.04. – 31.08.2013
www.emoplux.lu

Im Rahmen der Festivals erscheint ein gemeinsamer Katalog:

Kulturprojekte Berlin for European Month of Photography (Hg.): distURBANces – Can Fiction Beat Reality? Mit Beiträgen von Gunda Achleitner, Berthold Ecker, Paul di Felice, Vasja Nagy, Petra Noll, Katia Reich, Kolja Reichert, Rolf Sachsse, Gabriella Uhl; Englisch, 100 S., Berlin, 2012.

A catalogue is published in conjunction with the festivals:

Kulturprojekte Berlin for European Month of Photography (ed.): distURBANces – Can Fiction Beat Reality? With essays by Gunda Achleitner, Berthold Ecker, Paul di Felice, Vasja Nagy, Petra Noll, Katia Reich, Kolja Reichert, Rolf Sachsse, Gabriella Uhl; English, 100 pp., Berlin, 2012.

In memoriam
Thomas Friedrich
28. Oktober 1948 – 13. Mai 2011

Kurator des
Europäischen Monats der Fotografie Berlin
2004 – 2010

DAS AUGE MACHT DAS BILD, NICHT DIE KAMERA.

GISÈLE FREUND

DIESES ZITAT WIRD IHNEN PRÄSENTIERT
VON UNSEREM MEDIENPARTNER

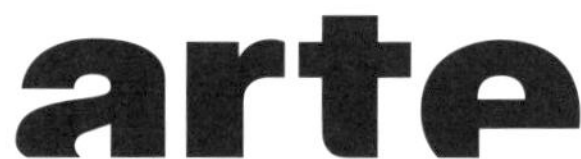

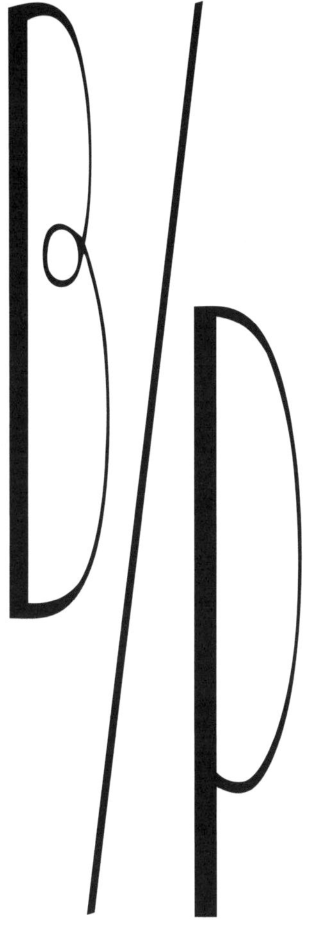

BILDSTRECKE | PHOTO GALLERY

34

Helmut Newton
At Maxim's, Paris 1978
Posthumer Tintenstrahldruck auf Silver Rag Papier
Posthumous inkjet print on silver rag paper
Größe variabel | Dimensions variable
© Helmut Newton Estate

Helmut Newton Foundation
S. | p. 237

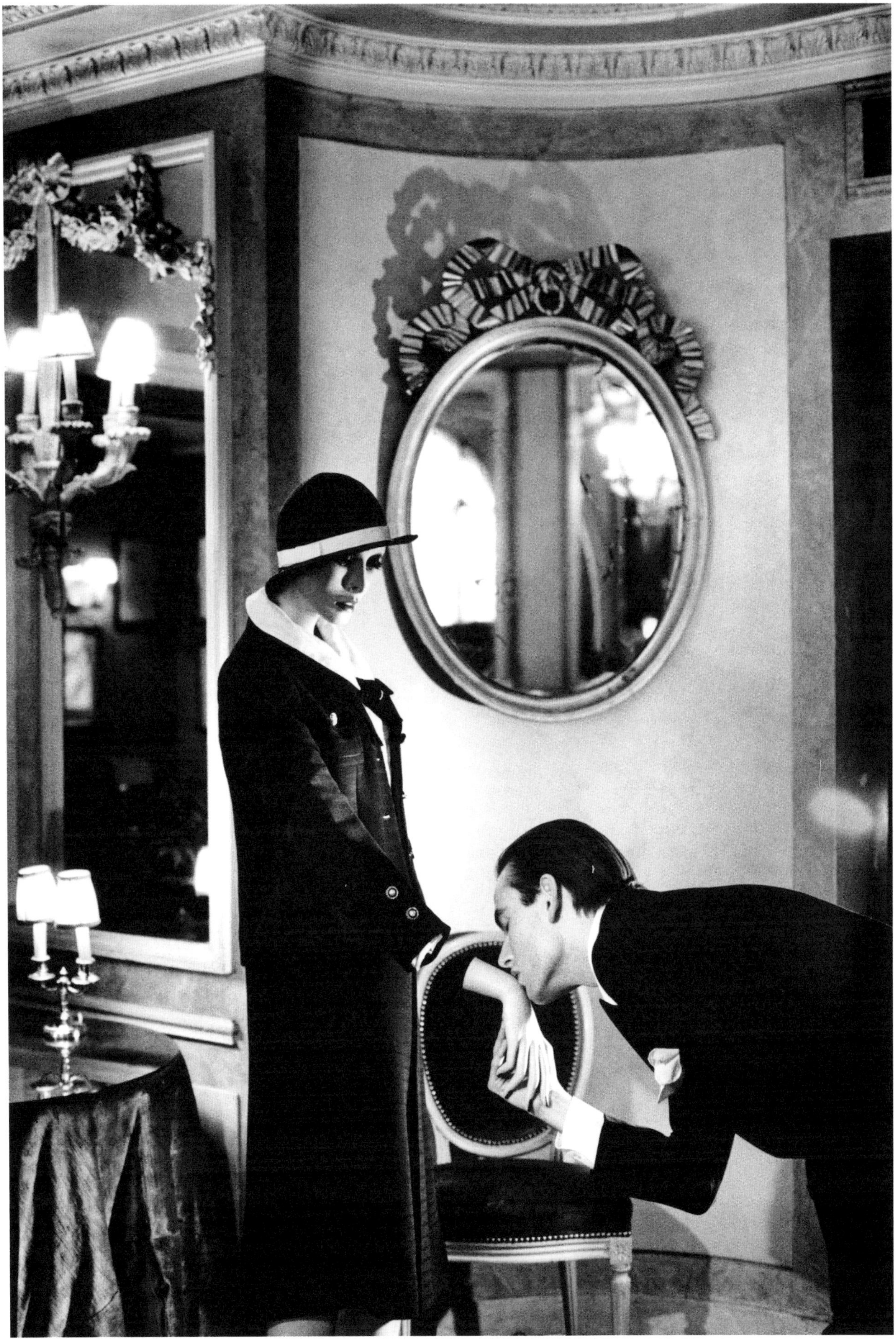

Joel Sternfeld
<u>A Woman Out Shopping with Her Pet Rabbit,</u>
<u>Santa Monica, California,</u> August 1988
C-Print | C-print, 118,1 × 96,5 cm
© Joel Sternfeld

C/O Berlin
S. | p. 187

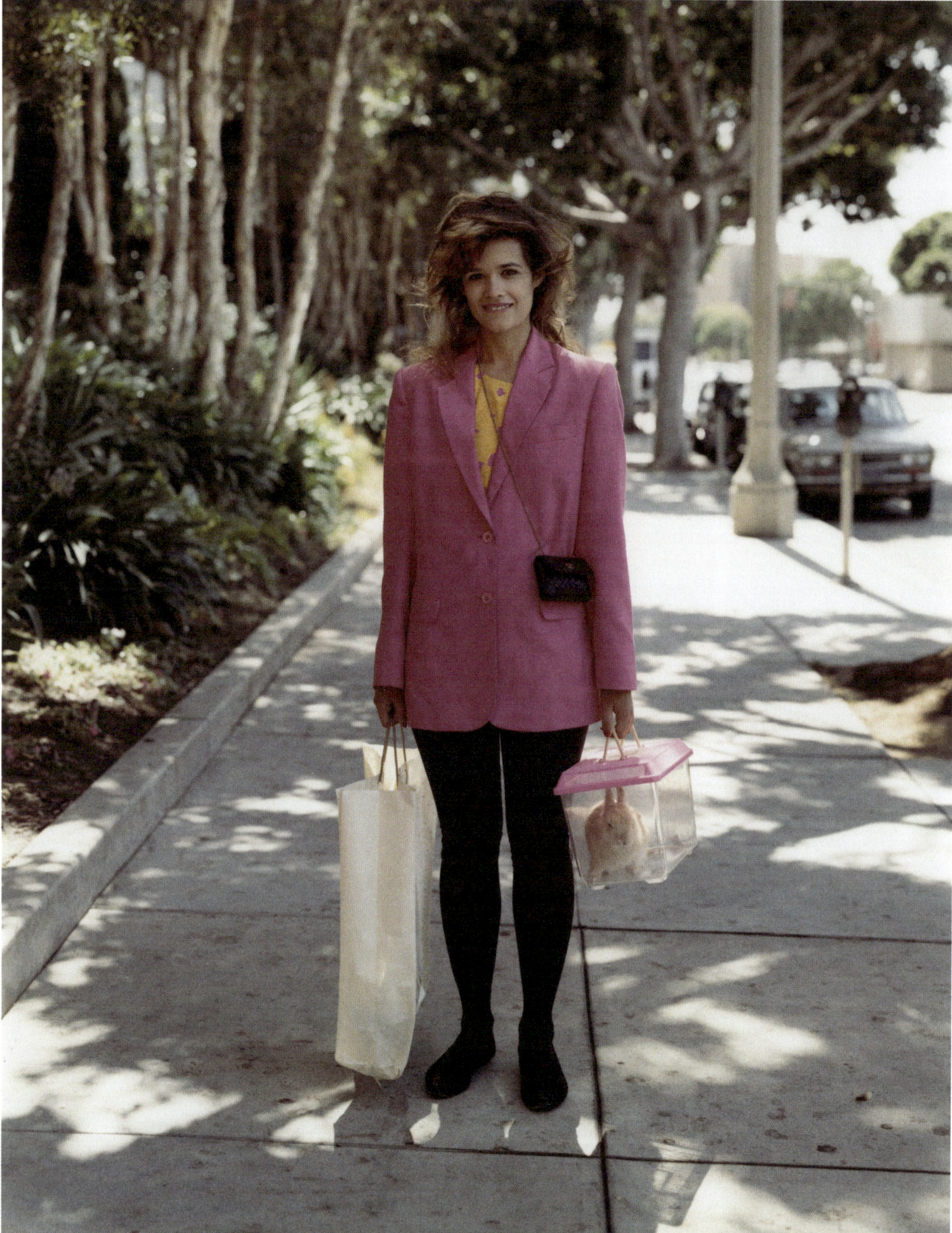

Clara Bahlsen
<u>Fohlen</u>, 2011 (Lobende Anerkennung durch die IBB 2011)
C-Print kaschiert | C-print, laminated
100×80 cm, gerahmt | framed
© Clara Bahlsen

Investitionsbank Berlin
S. | p. 212

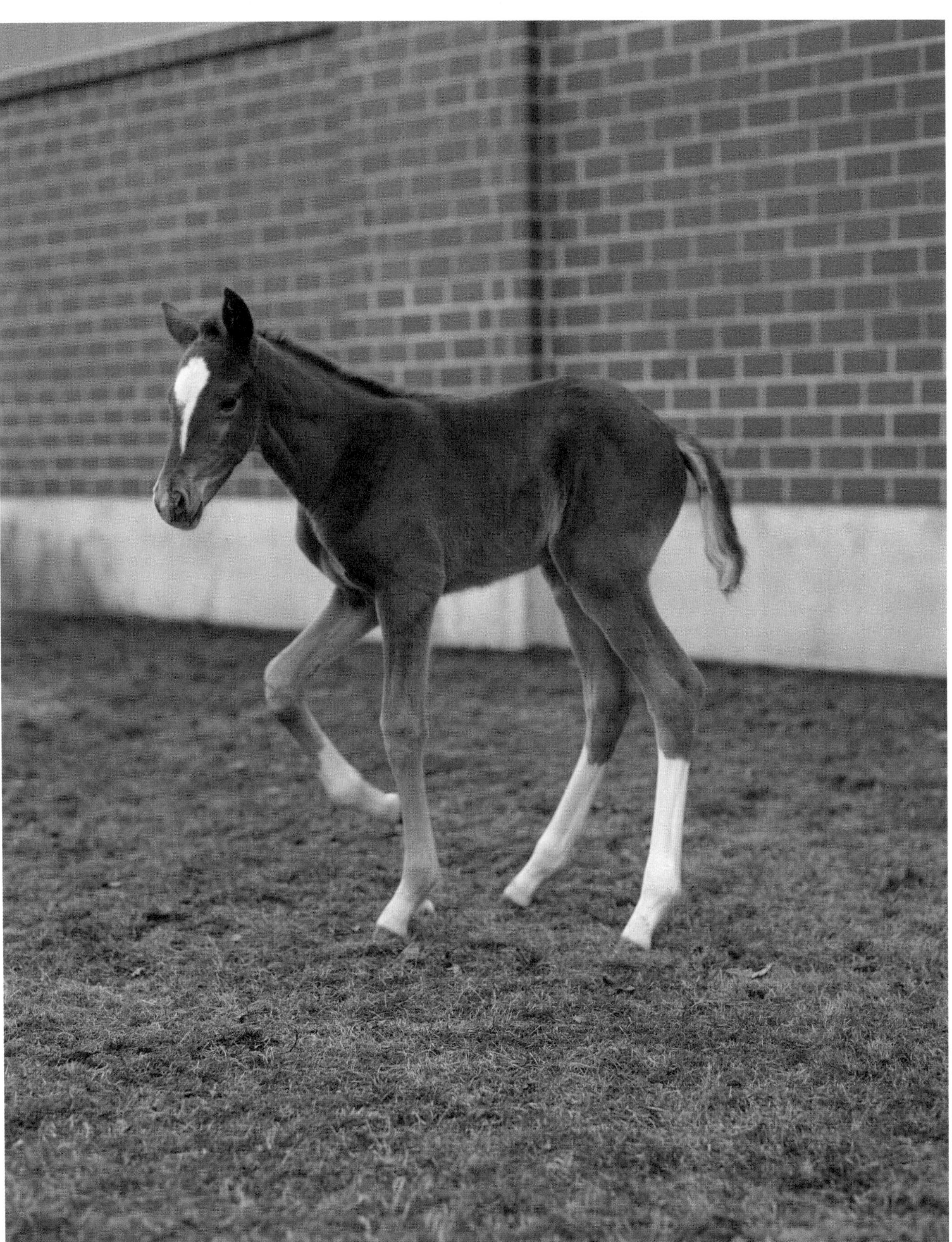

Björn Siebert
Girl at a Party Pit #2 (Remake), 2010
C-Print | C-print
140 × 175 cm
© Björn Siebert

Hengesbach Gallery
S. | p. 210

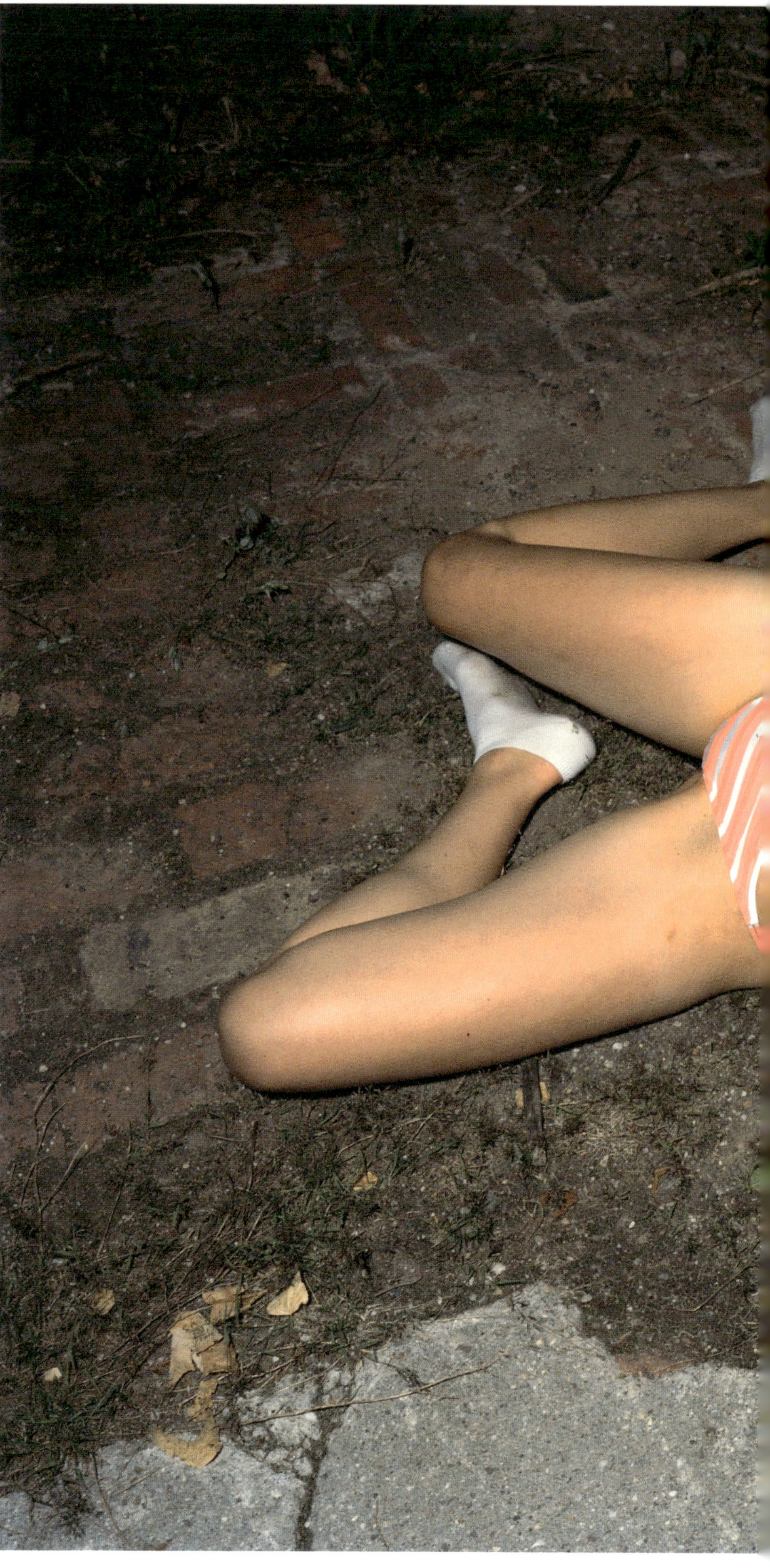

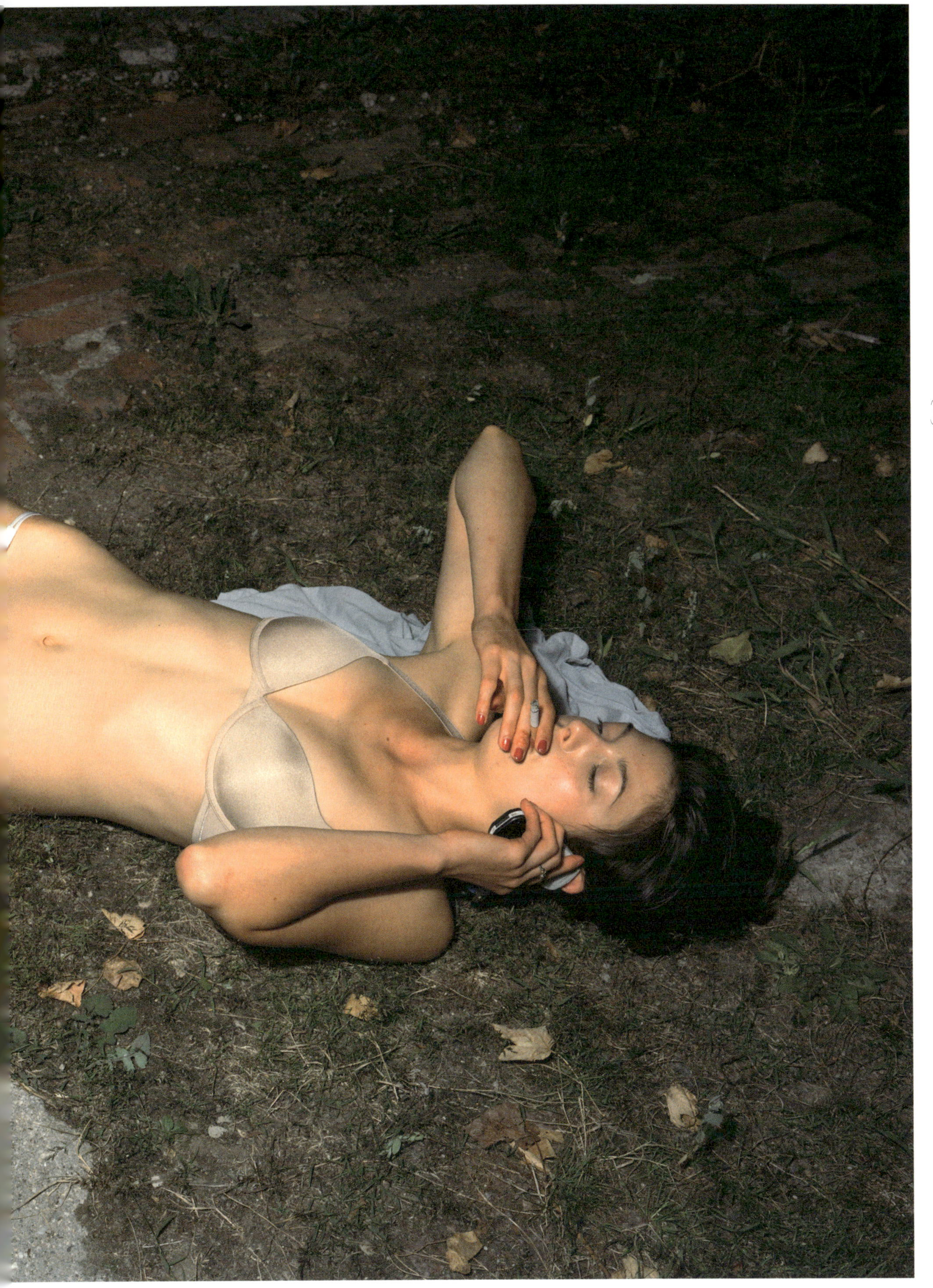

Katrin Korfmann
Gran Via (11 min), Madrid 2012
Ultrachrome Druck, gerahmt, Mirogard Glas, Auflage 5 + 2 AP
Ultrachrome print, framed, Mirogard glass, edition 5 + 2 AP
145×100 cm
© Katrin Korfmann

GALERIE KAI HILGEMANN
S. | p. 203

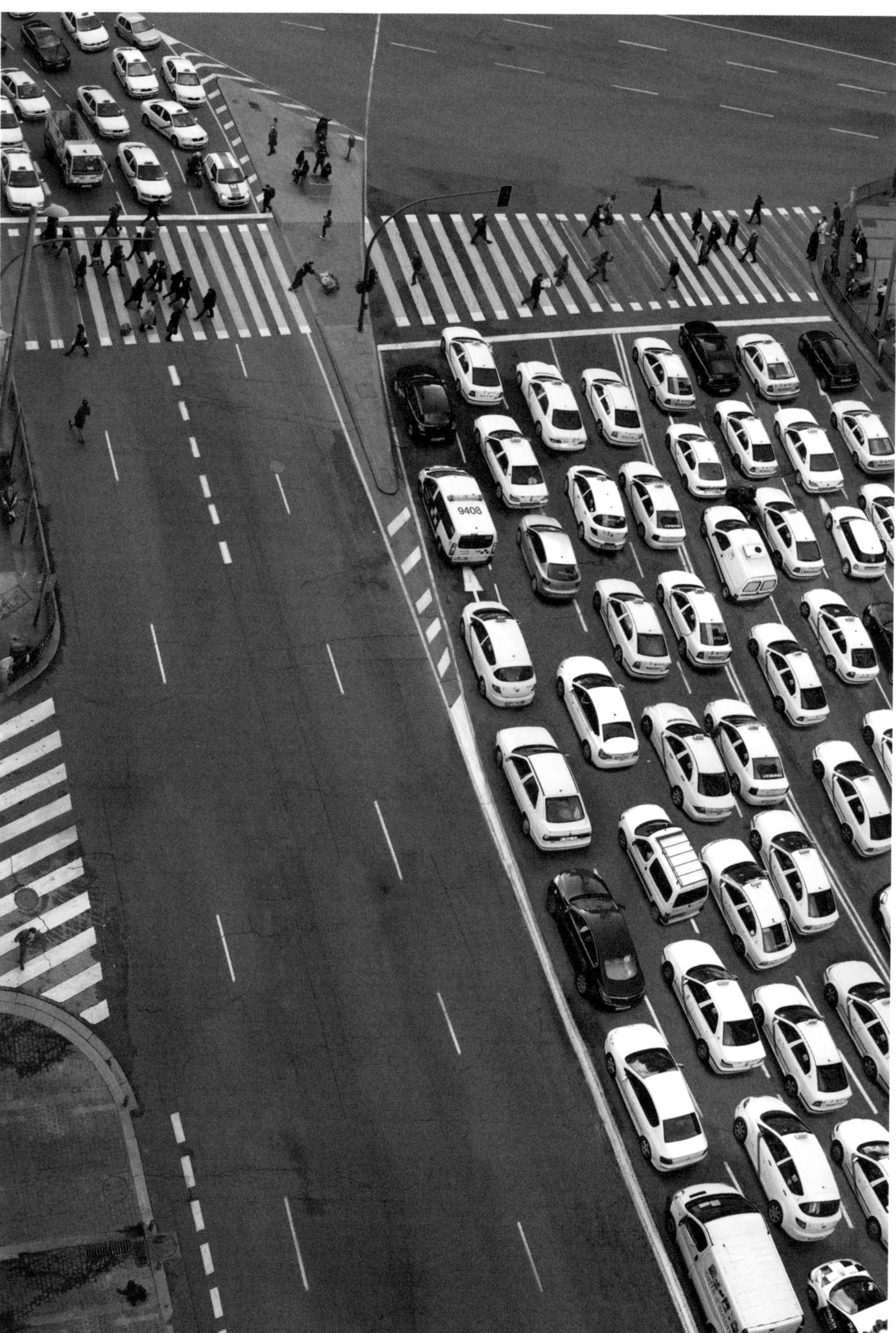

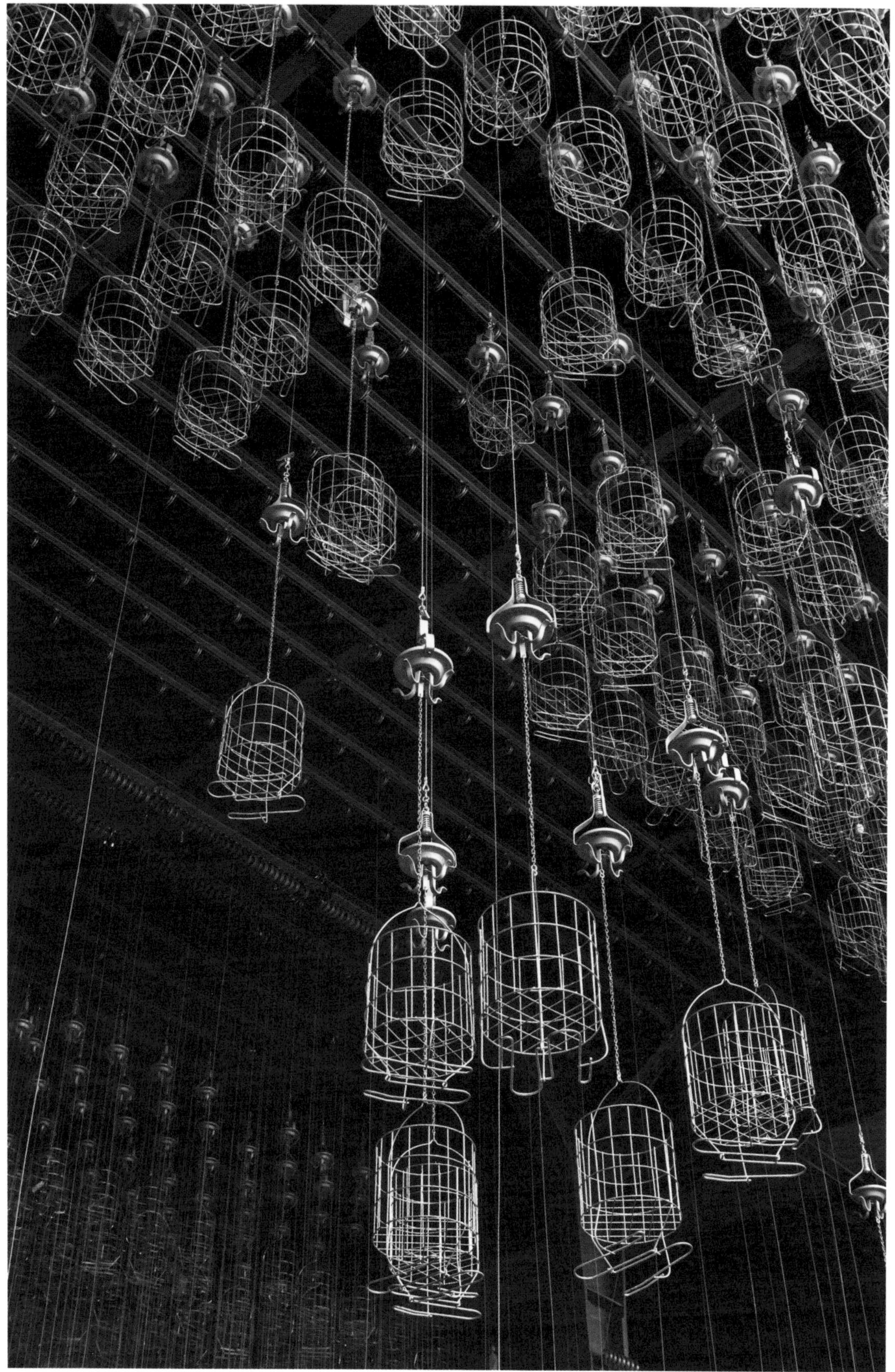

Leo Pompinon
Glück Auf, 2011
Diasec | Diasec
120×80 cm
© Leo Pompinon

Galerie LUX Berlin
S. | p. 204

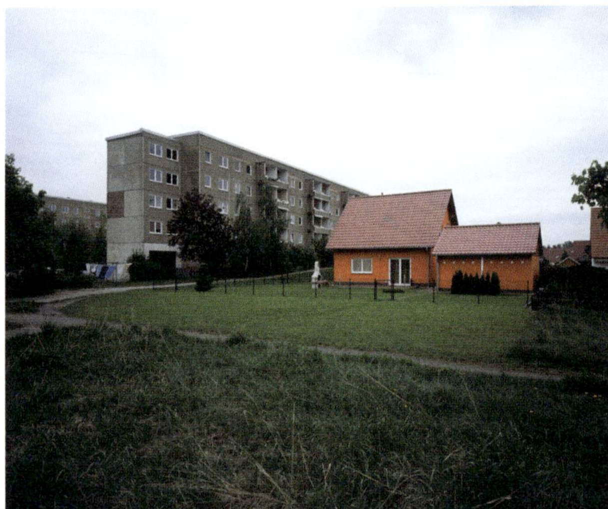

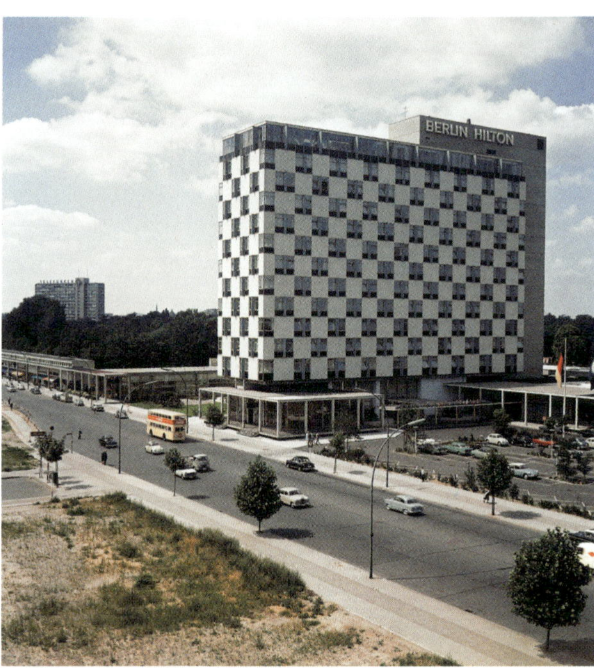

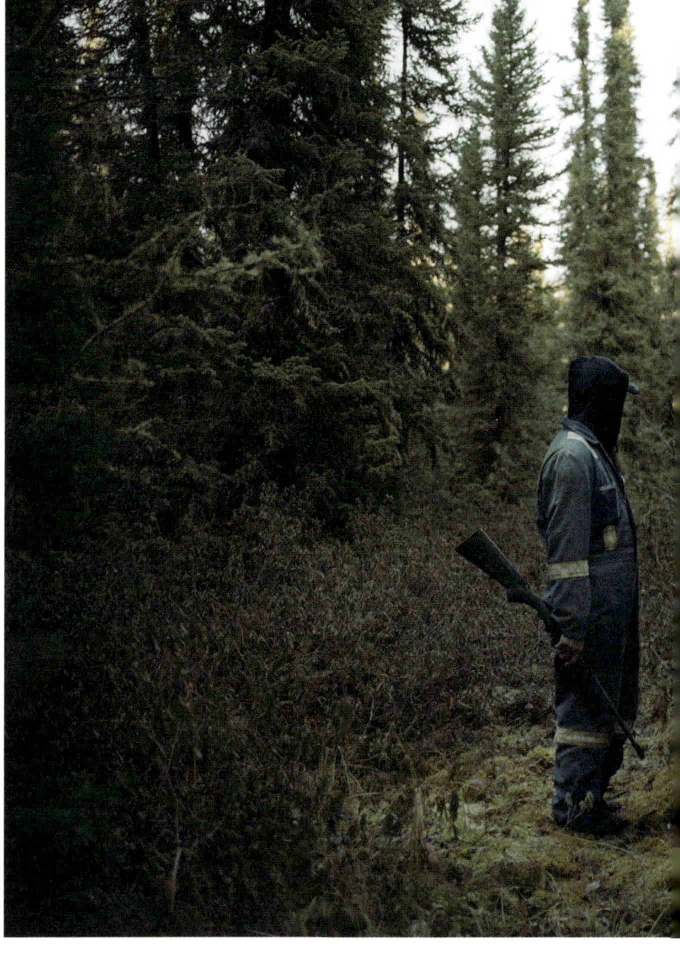

links | left
Stefan Boness
Hoyerswerda – Die Schrumpfende Stadt, 2010
C-Print | C-print
55×65 cm
© Stefan Boness, VG Bild-Kunst, Bonn

alte feuerwache. projektraum
S. | p. 180

mitte oben | centre top
Herbert Maschke
Berlin Hilton, 1958
Farbfotografie | Colour photograph
6×6 cm Negativ | Negative
© Cornelius Maschke, Morlind Tumler

Stiftung Stadtmuseum Berlin
S. | p. 232

mitte unten | centre bottom
Dawin Meckel
Aus der Serie | From the series
Lubicon Cree, 2012
© Dawin Meckel / OSTKREUZ

OSTKREUZ – Agentur der Fotografen
S. | p. 224

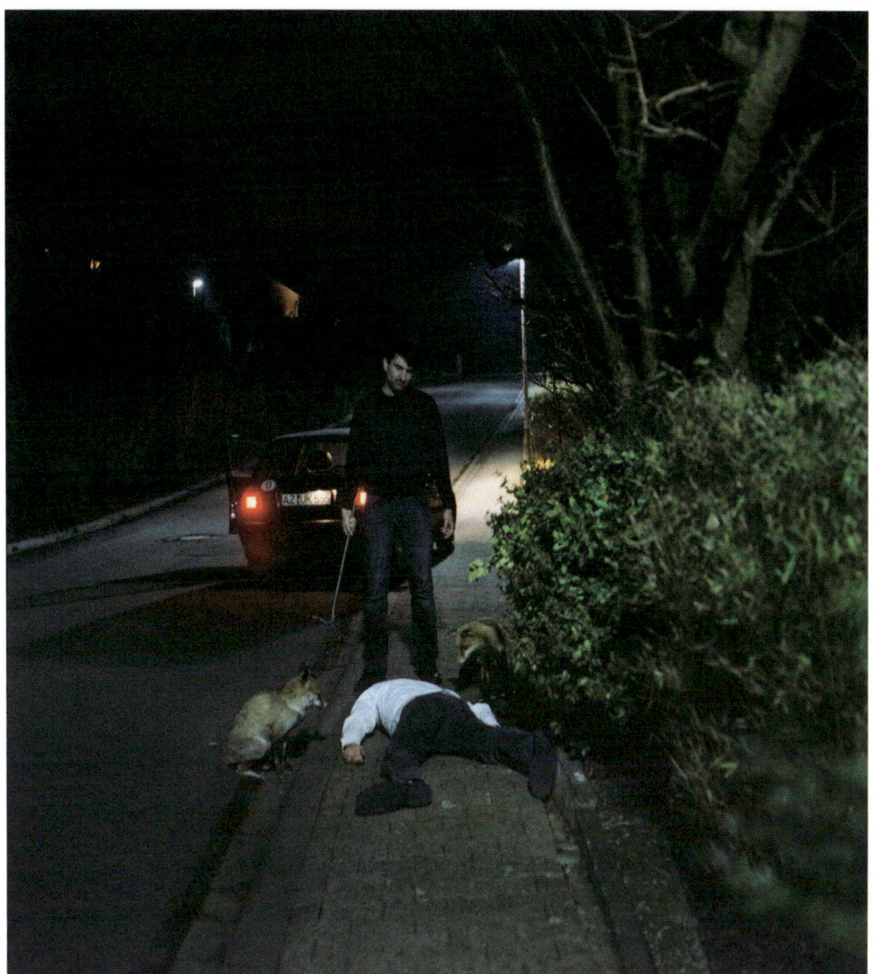

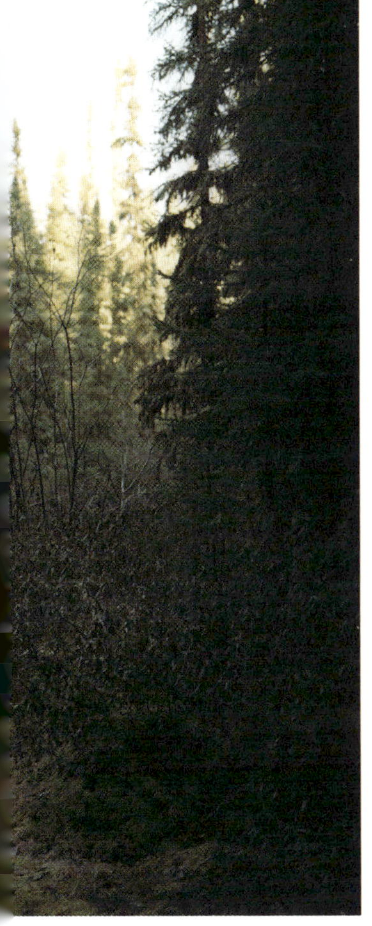

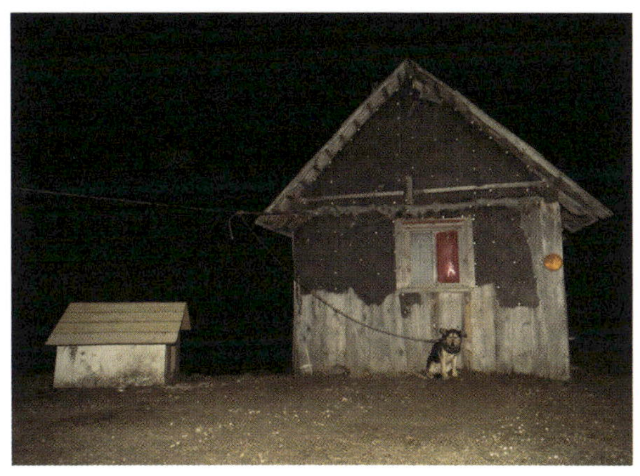

oben | top
Alexander Fichert
Aus der Serie | From the series Wild Animals, 2012
C-Print | C-print
100 × 100 cm
© Alexander Fichert

Forum der Neuen Schule für Fotografie Berlin
S. | p. 196

unten | bottom
Leifur Orrason
Subterranea, 2012
Buch, Digitaldruck | Book, digital print
21 × 25 cm
© Leifur Orrason

Lette-Verein
S. | p. 220

Unbekannter Fotograf | Unknown photographer
Pha Oun Heuane Hasapanyo (1928–82)
Handkolorierter Silbergelatineabzug (Faksimile, Tintenstrahldruck)
Hand-coloured silver gelatin print (facsimile, inkjet print)
25 × 17 cm
© Buddhist Archive of Photography, Luang Prabang

Artificial Image. Berlin
S. l p. 181

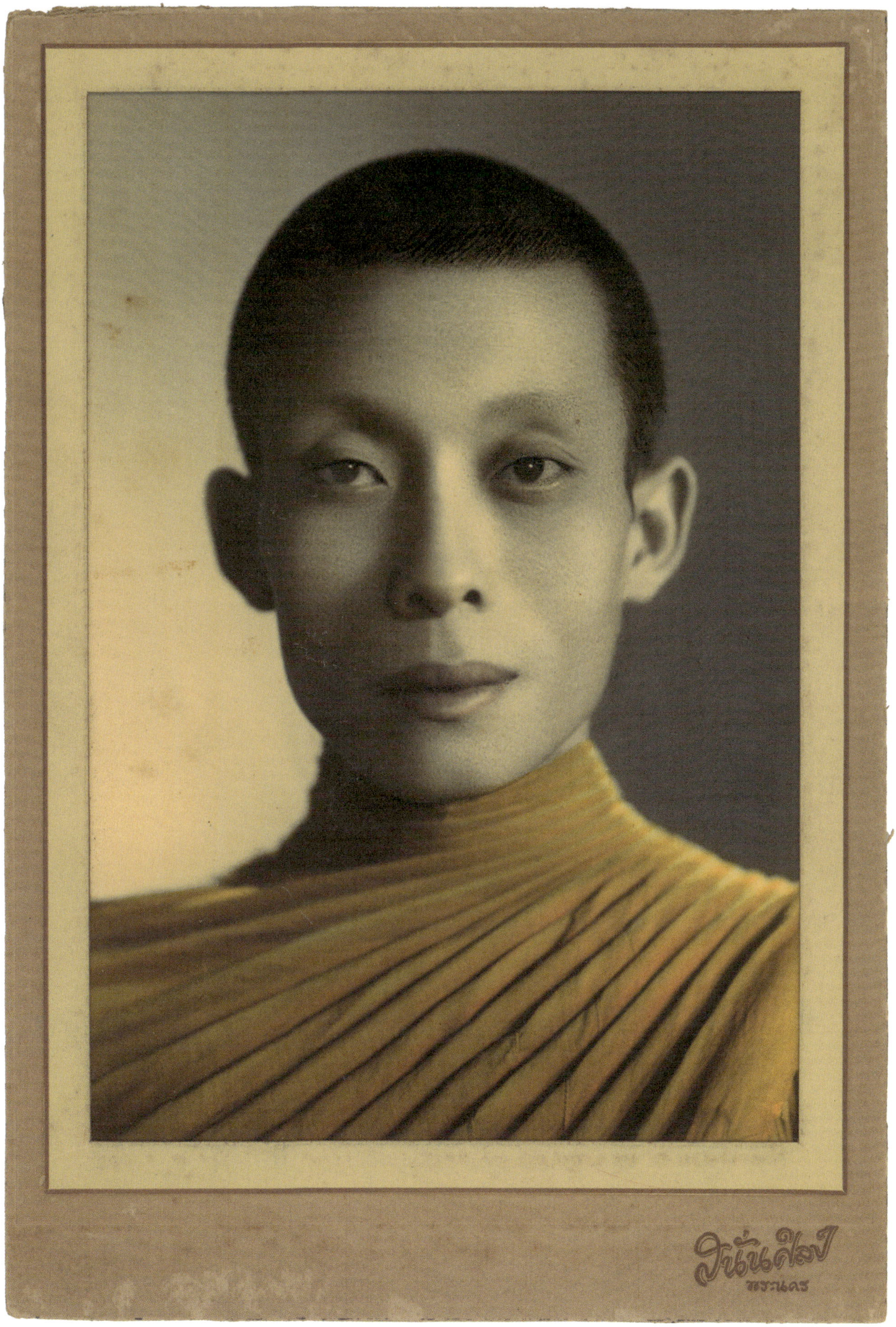

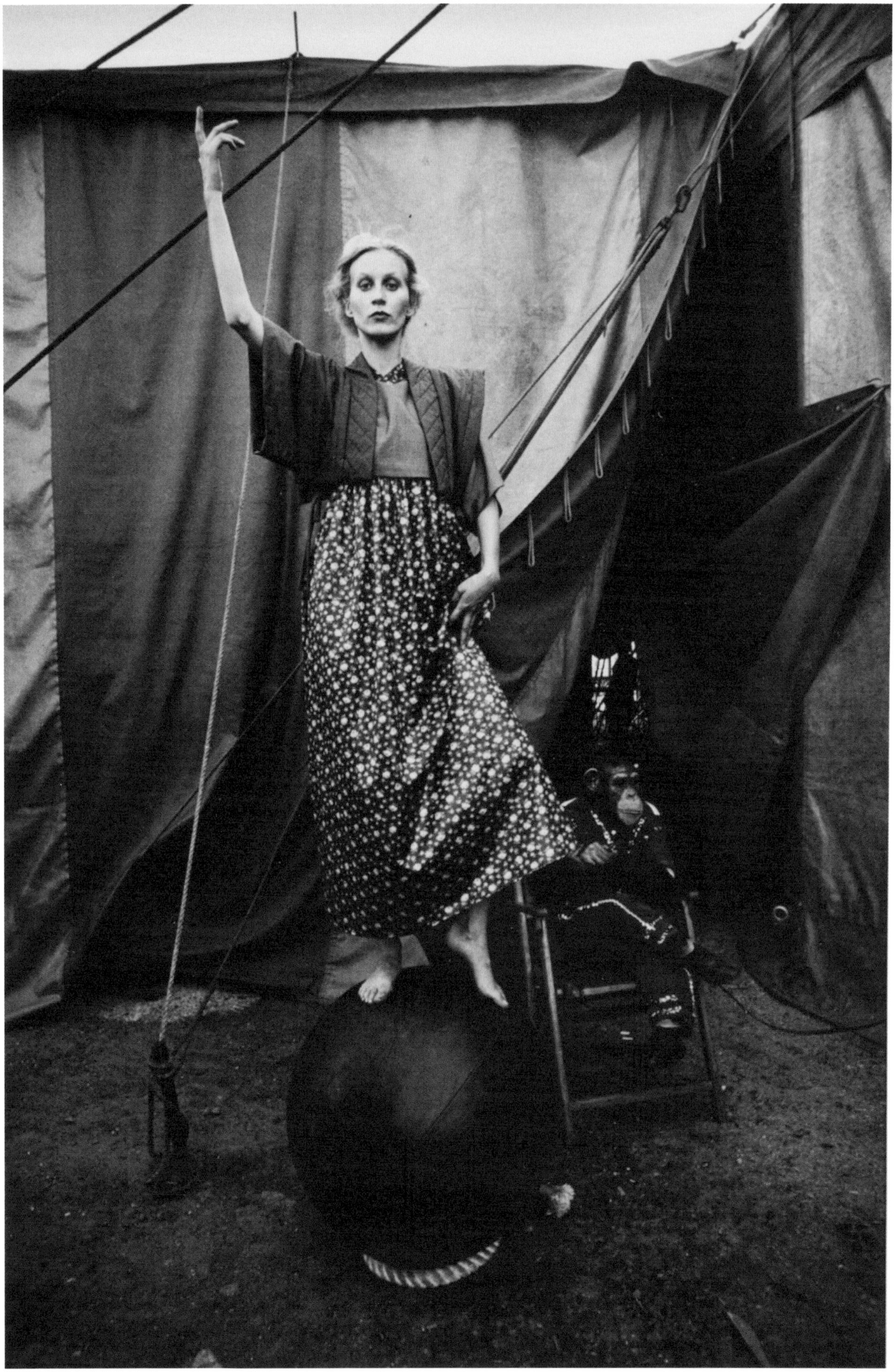

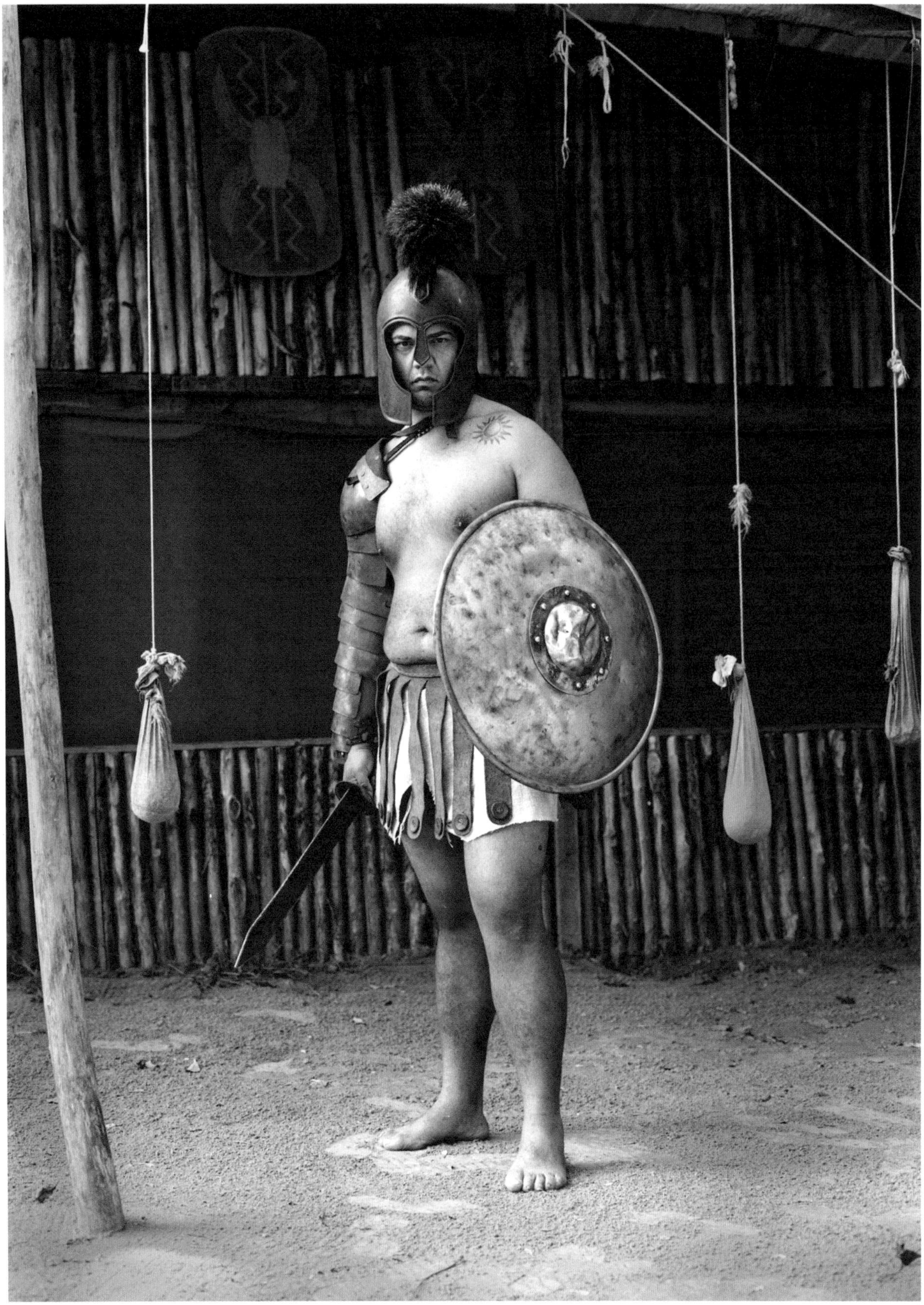

Sibylle Bergemann
Susi, 1976
Silbergelatineabzug | Silver gelatin print
33,9×22,8 cm
© Nachlass Sibylle Bergemann, Sammlung Berlinische Galerie

Berlinische Galerie
S. | p. 182

Nihad Nino Pušija
Die Gladiatoren III (Triptychon), 2011
Schwarzweißdruck | Black and white print
200×140 cm
© Nihad Nino Pušija

Galerie Kai Dikhas
S. | p. 202

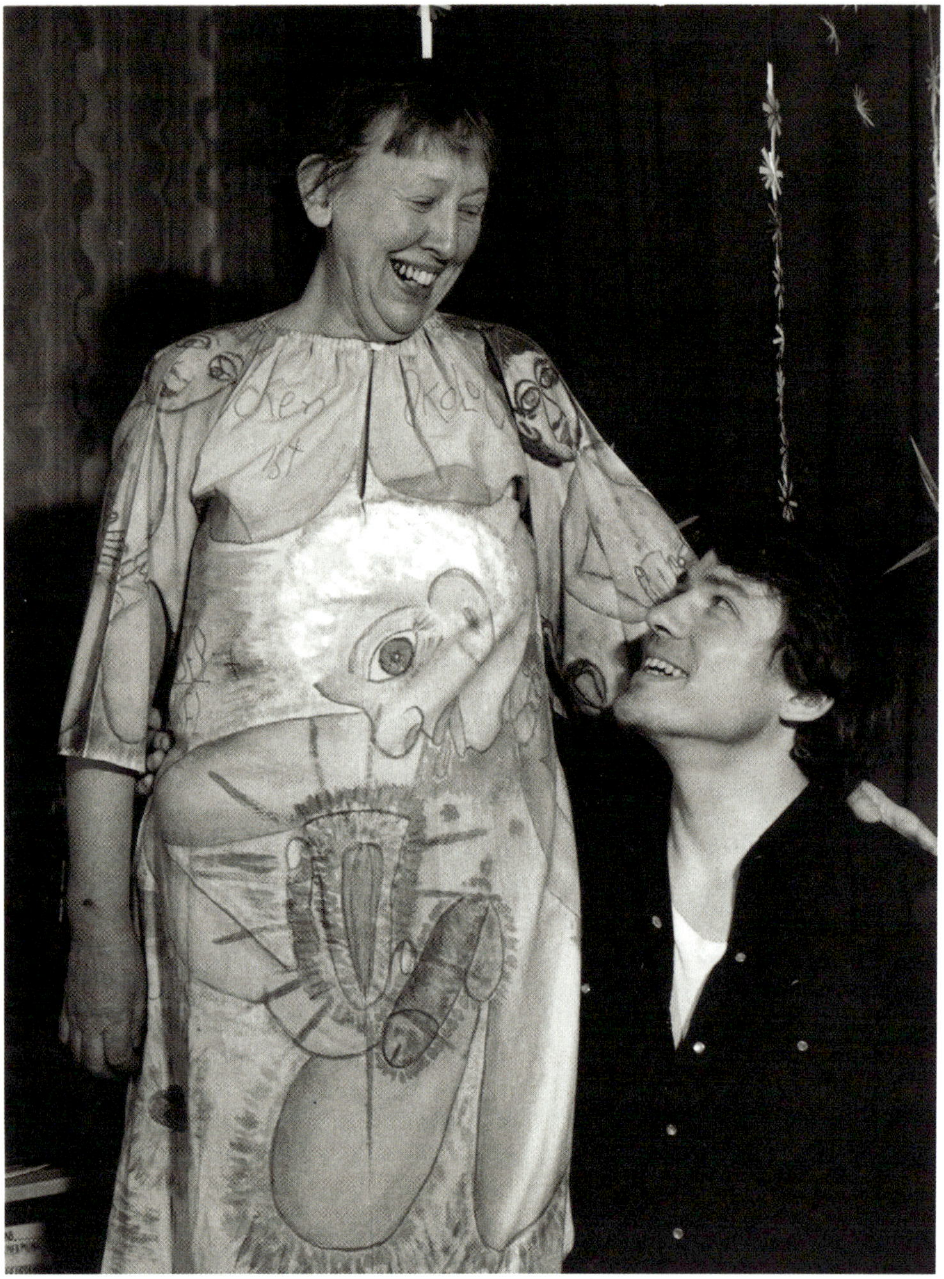

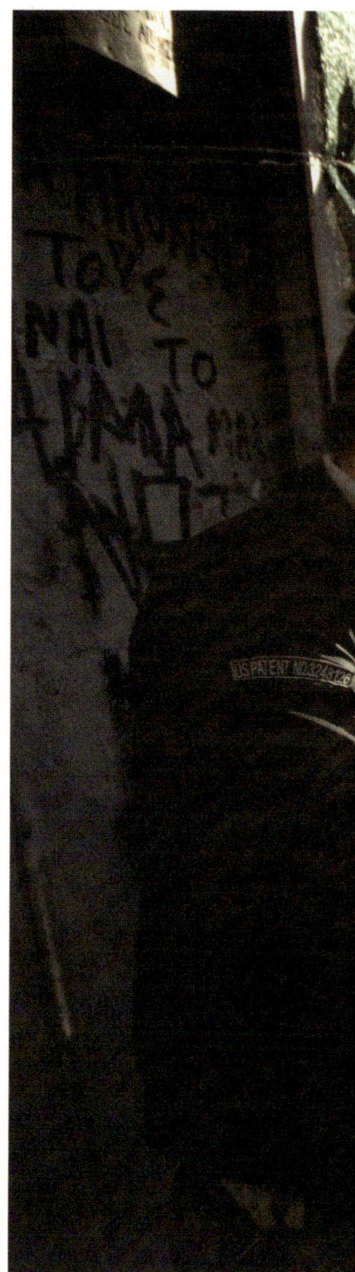

Rosa von Praunheim
Helga Goetze, Rosa von Praunheim in Rote Liebe, 1981
Schwarzweißfotografie | Black and white photograph
24 × 18 cm, in der Ausstellung | in the exhibition:
100 × 70 cm
© Helmut Röttgen

Haus am Lützowplatz
S. | p. 209

Jonnek Jonneksson
A Chinese Couple Sells Lifelike Dolls in the Street.
Athens, Greece, 2011
C-Print | C-print
20 × 30 cm
© Jonnek Jonneksson

f/16 Schule für Fotografie
S. | p. 194

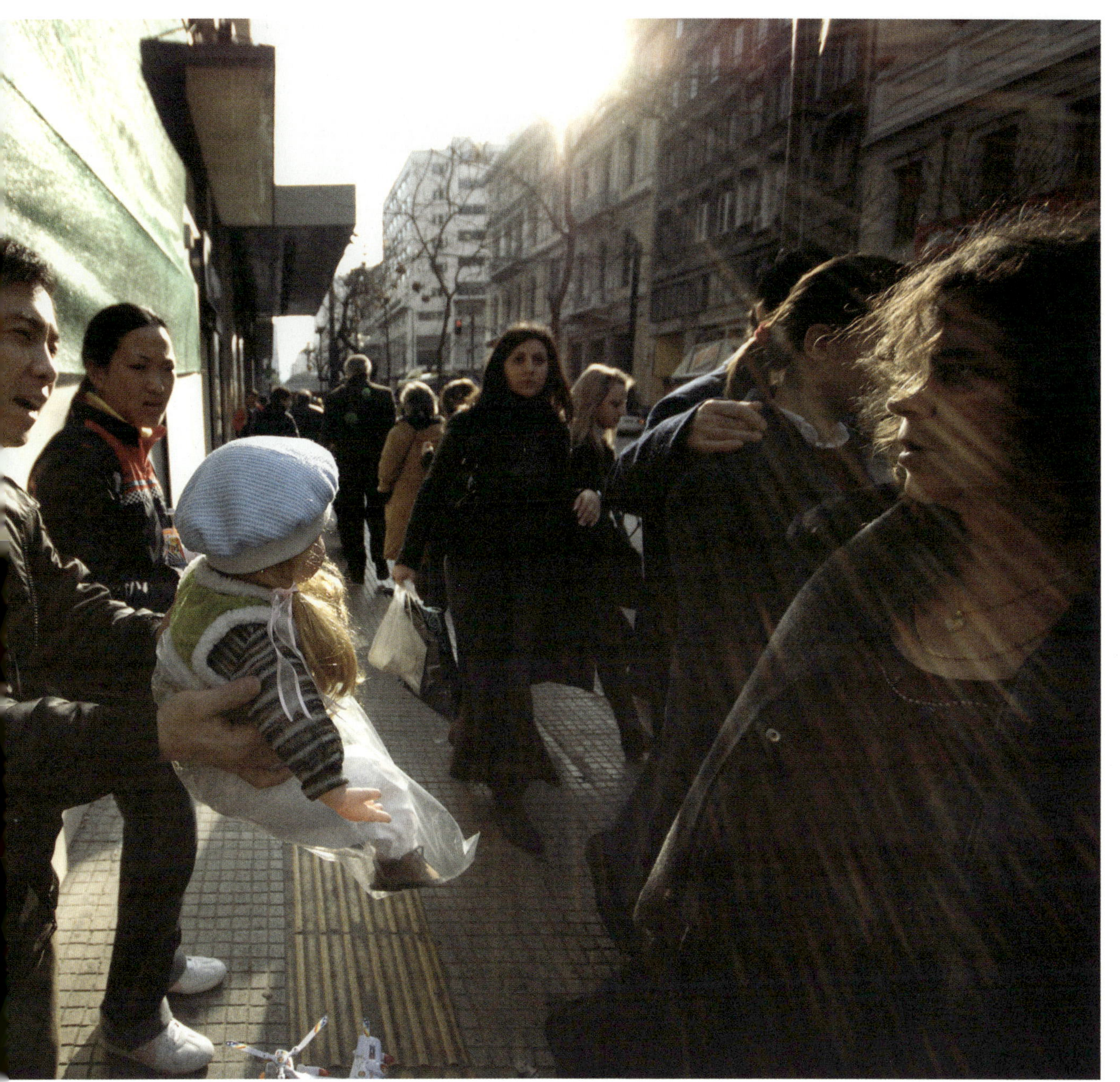

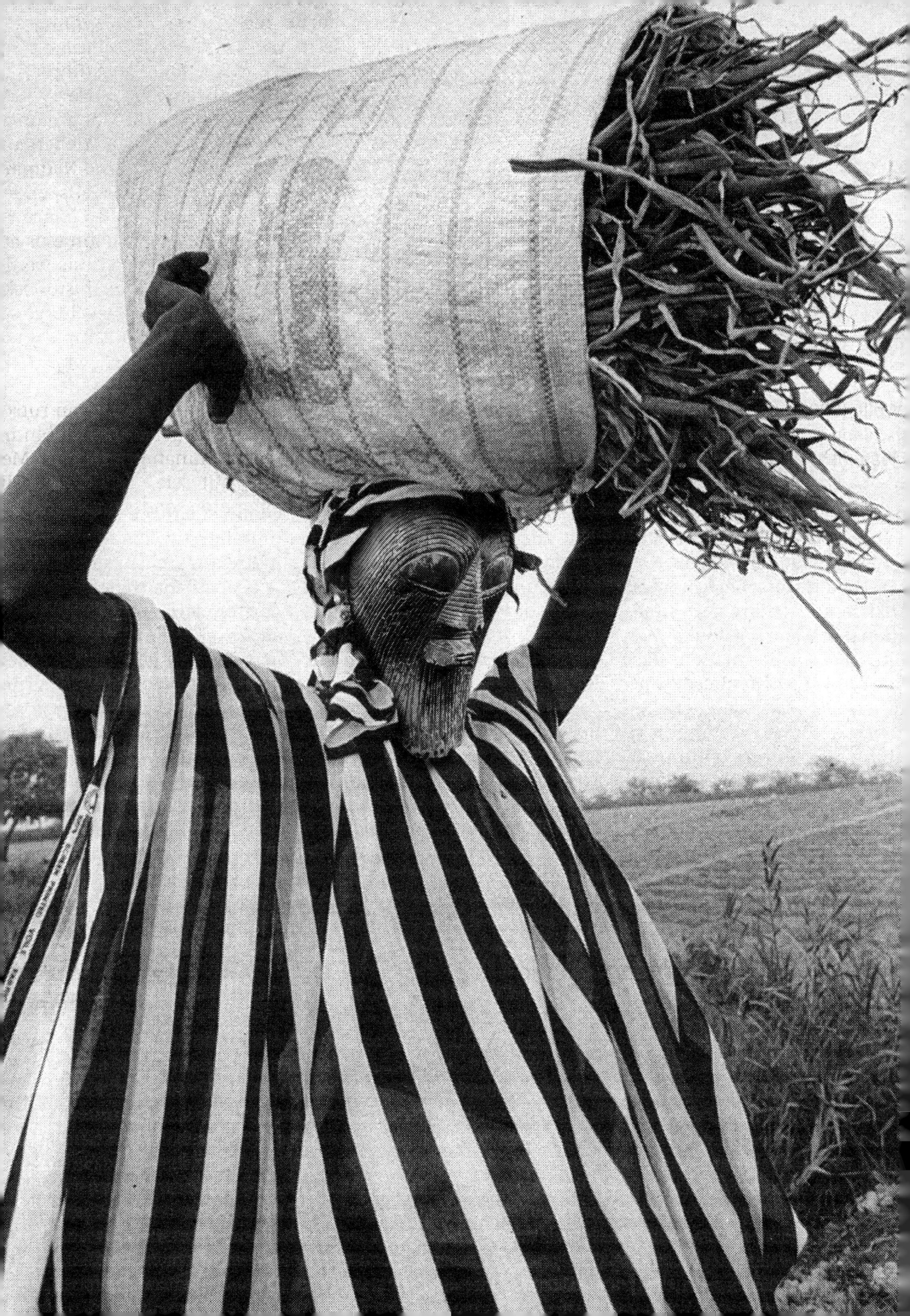

Jens Ullrich
009 (Streifenkleid), 2004
Schwarzweiß Tintenstrahldruck auf Papier
Black and white inkjet print on paper
49×31 cm
© Jens Ullrich, VG Bild-Kunst, Bonn

RECEPTION
S. | p. 230

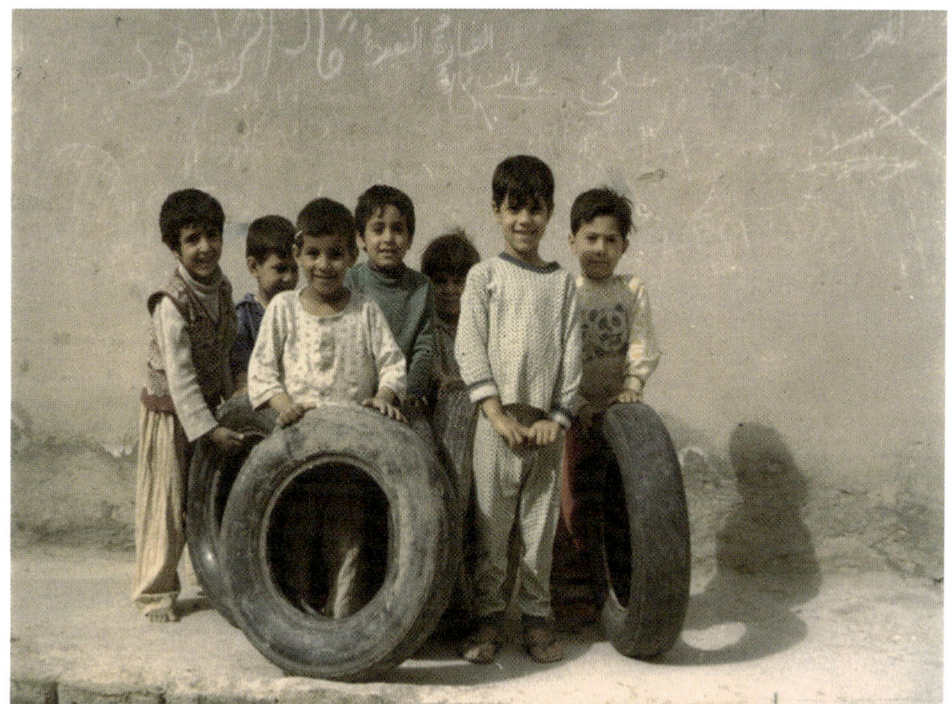

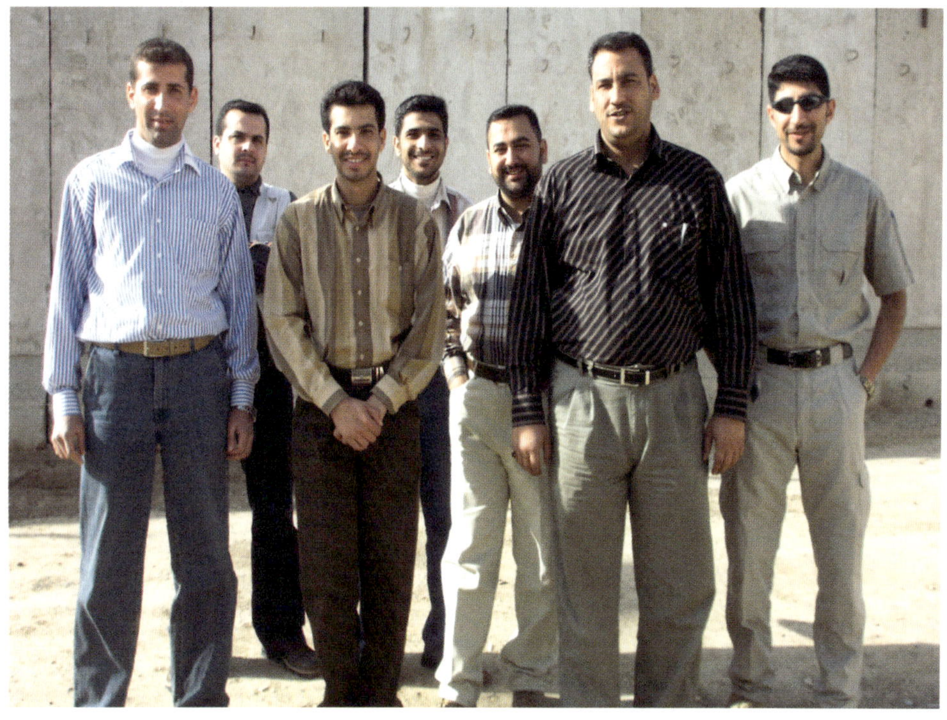

oben | top
Al Fadhil
Friends 1979
Pigmentierter Tintenstrahldruck
Pigment inkjet print
50 × 70 cm
© Al Fadhil

Kunstverein Wedding
S. | p. 218

unten | bottom
Al Fadhil
Friends 2006
Pigmentierter Tintenstrahldruck
Pigment inkjet print
50 × 70 cm
© Al Fadhil

Kunstverein Wedding
S. | p. 218

rechts | right
Princess Akin-Nibosun
anaglyphic6, 2010
C-Print | C-print
50 × 33 cm
© Princess Akin-Nibosun

**Forum der Neuen Schule
für Fotografie Berlin**
S. | p. 196

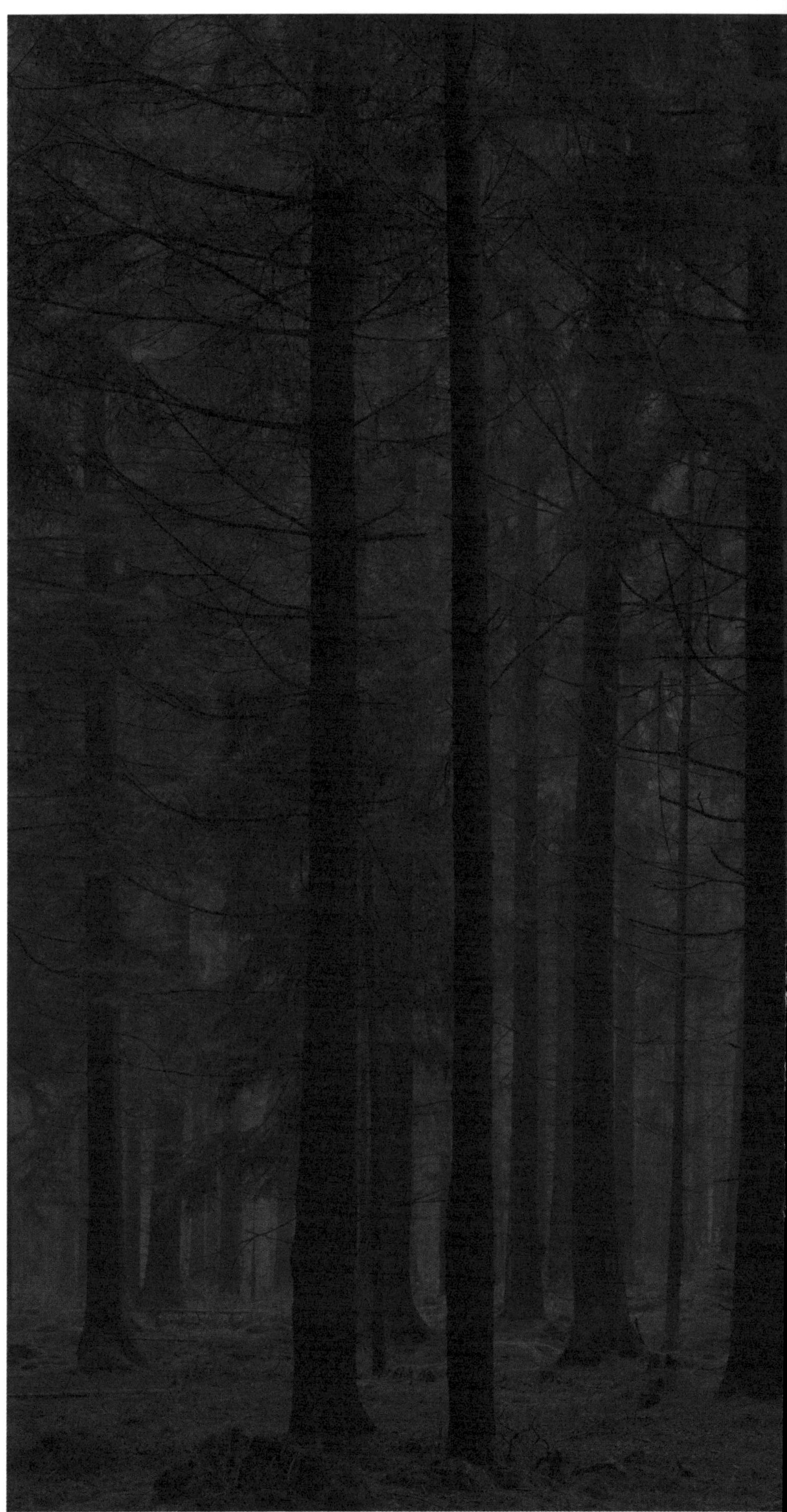

54

Michael Lange
<u>Wald #0252</u>, 2009
Archivalischer Pigmentdruck
Archival pigment print
100×133 cm
© Michael Lange

ALFRED EHRHARDT STIFTUNG
S. | p. 179

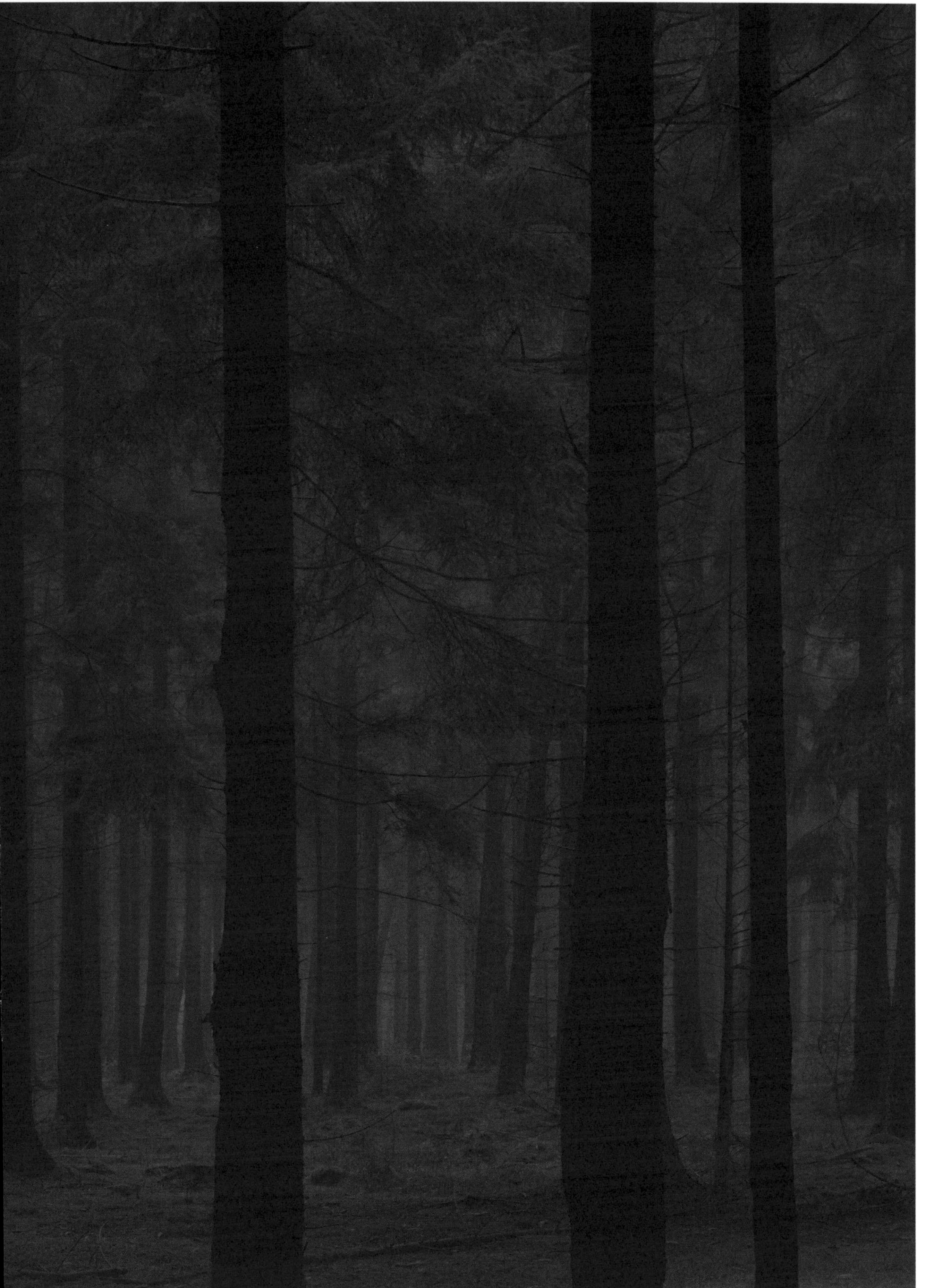

Michael Ackerman
Katowice, Poland, 2002
Silbergelatineabzug | Silver gelatin print
40 × 30 cm
© Michael Ackerman

Galerie argus fotokunst
S. | p. 200

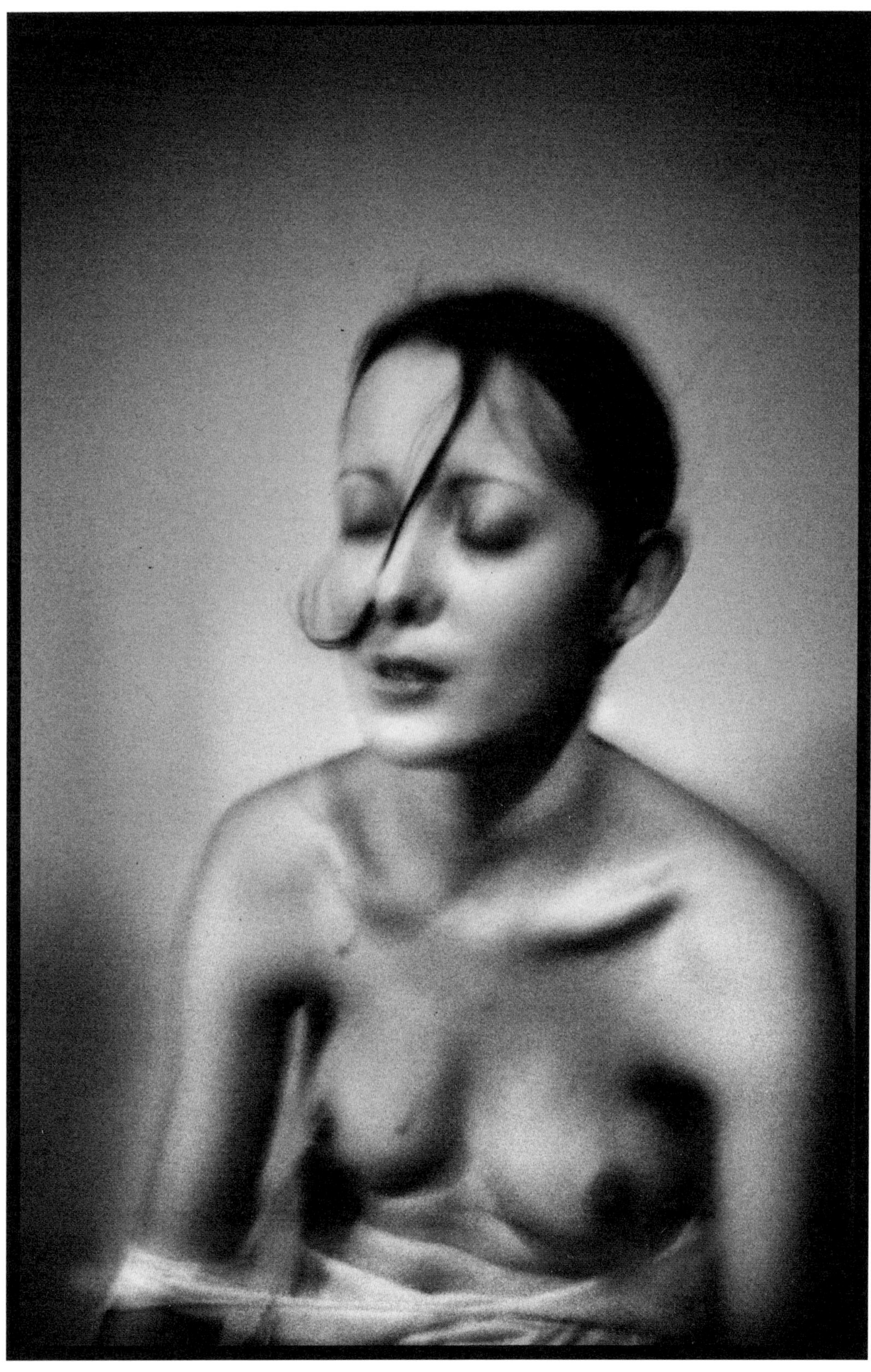

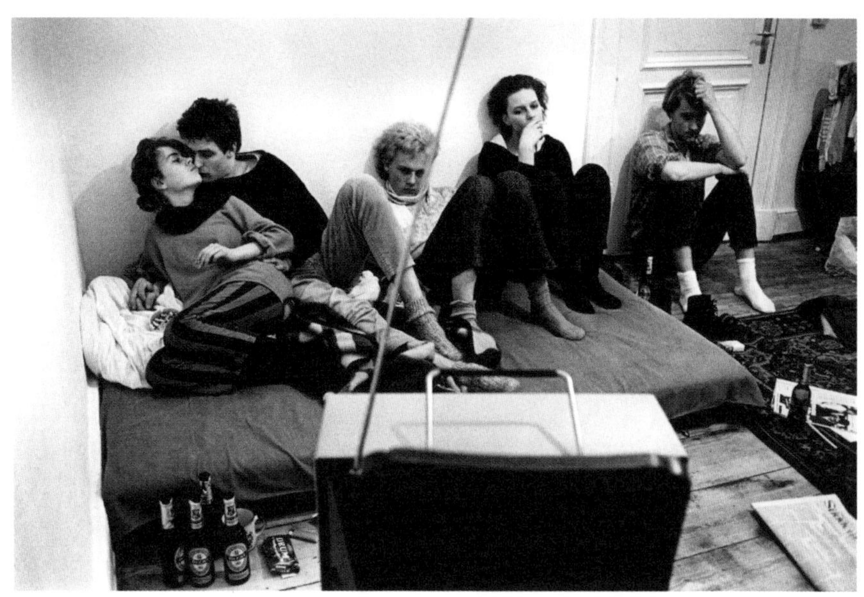

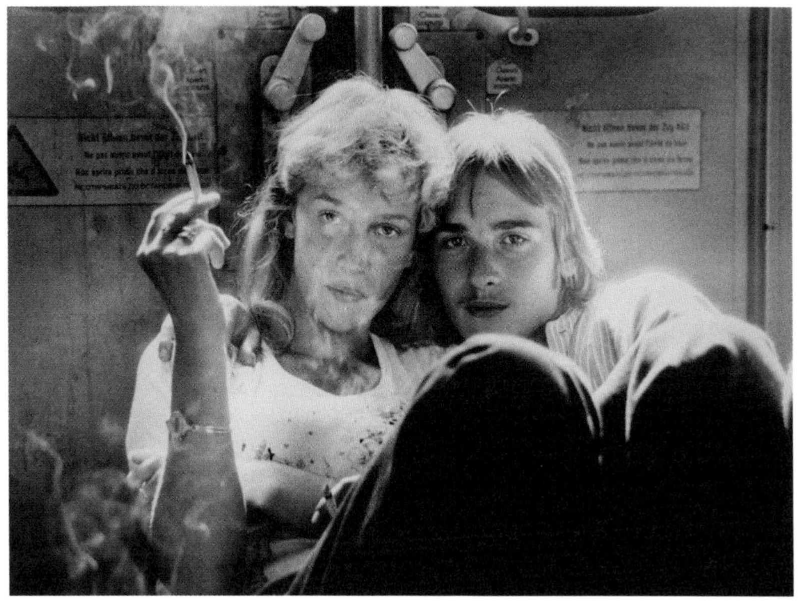

Henry Neitzke
Heimreise, 1983
Schwarzweißfotografie I Black and white photograph
23,3 × 32 cm
© Henry Neitzke, Leistungsvergleich der Kinder- und Jugendfotogruppen der DDR

BrotfabrikGalerie
S. I p. 186

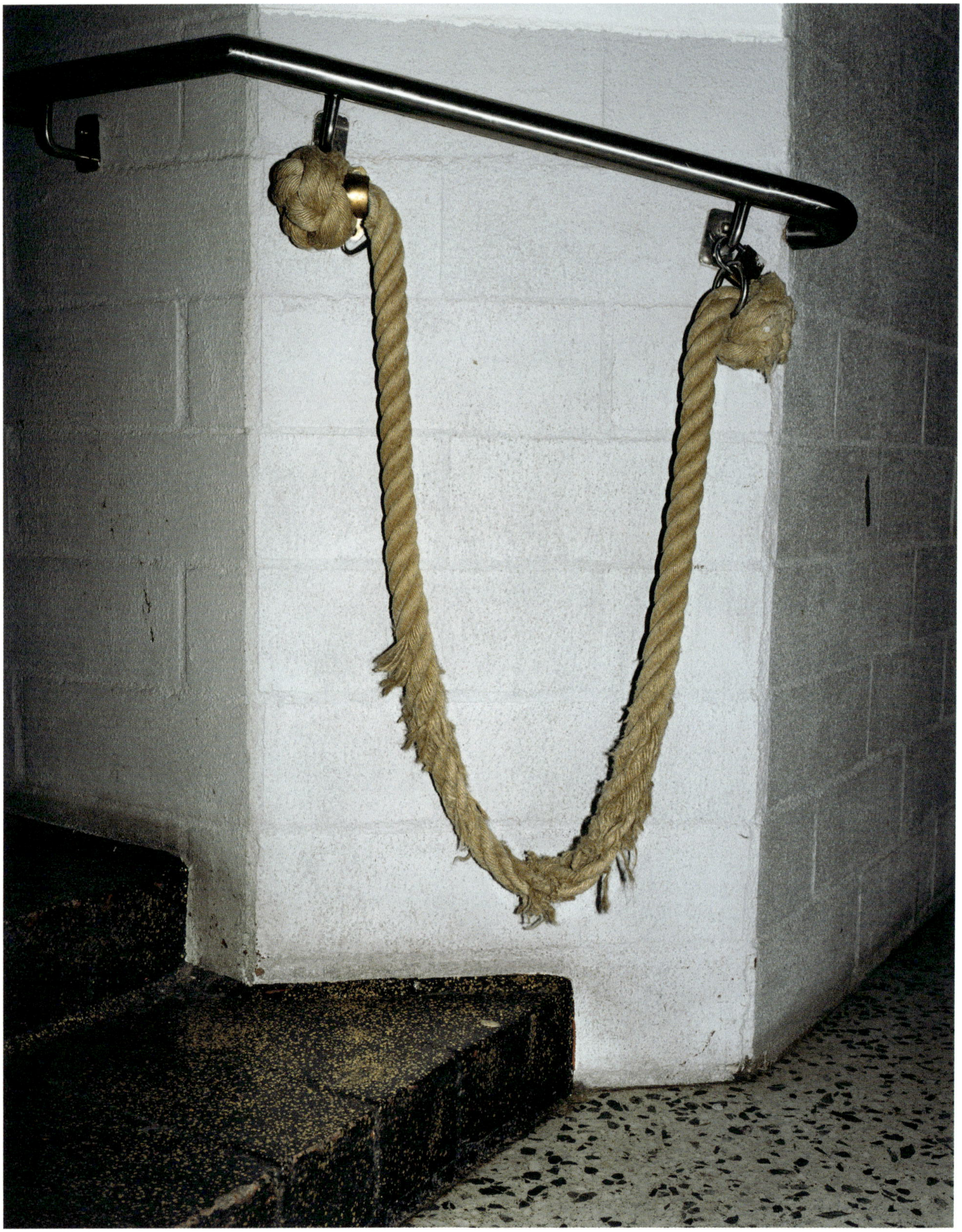

Lars Tunbjörk
Göteborg 2004
C-Print | C-print
70 × 50 cm
© Lars Tunbjörk

Swedish Photography
S. | p. 233

Cait Fahey
Rip, 2011 / 12
C-Print | C-print
40 × 30 cm
© Cait Fahey

BLOW Photo Magazine
S. | p. 184

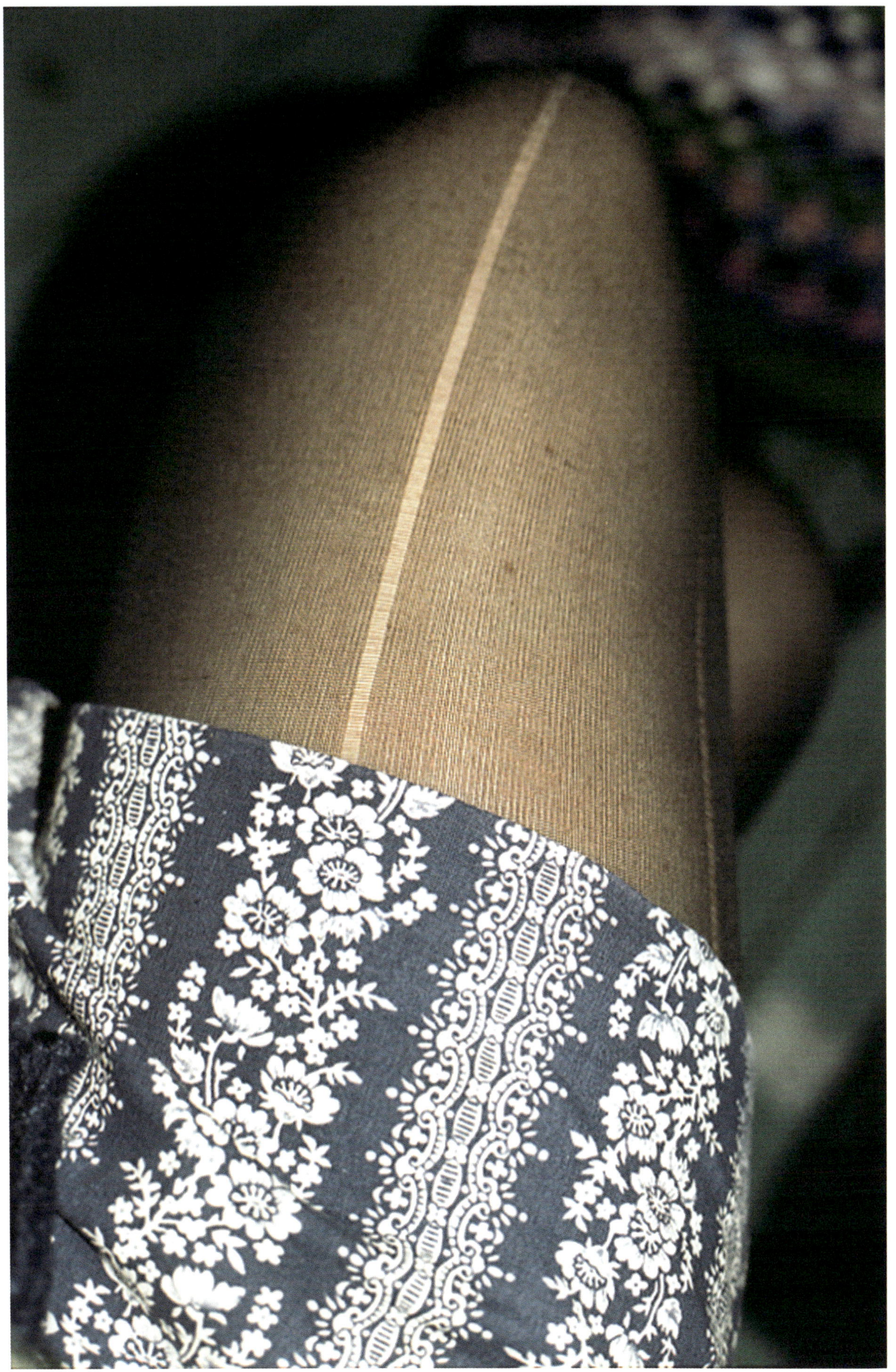

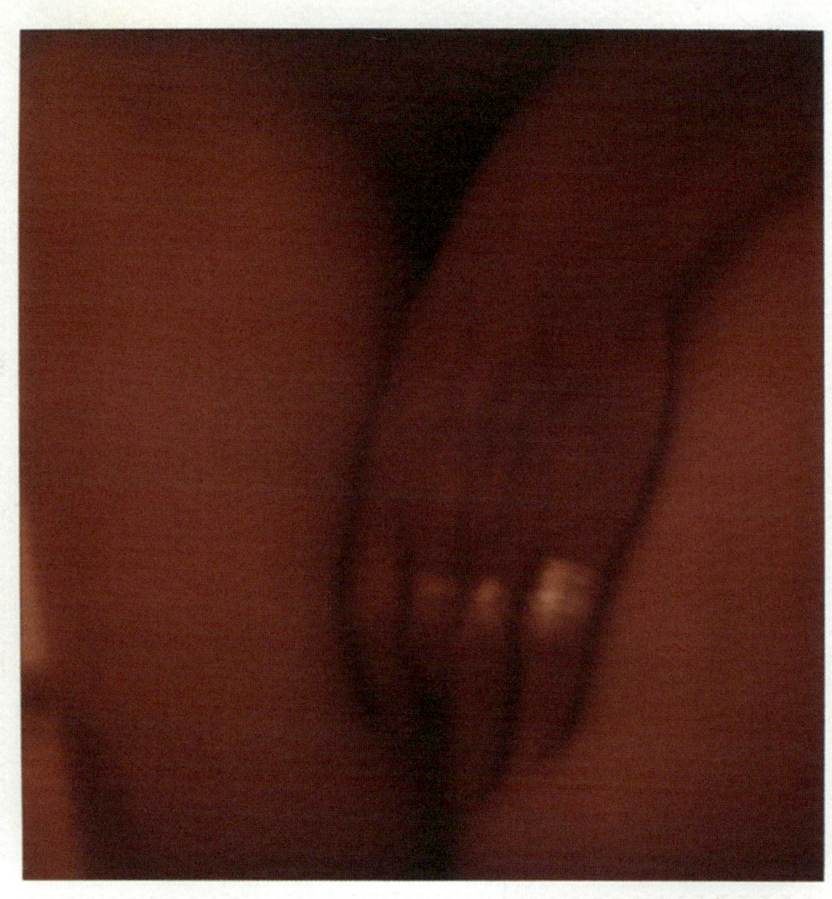

Anton (Tony) Binder
O.T. | Untitled, 1890 – 1900
Platinotypie | Platinotype
16 × 11 cm, 32 × 23,5 cm
mit Orginalpassepartout, signiert
with original passe-partout, signed
© WW48 Studio

WW48 Studio
S. | p. 235

Ursula Kelm
mohn ist auch 5 – 1, 2002
Sofortbild | Polaroid
© Ursula Kelm

PHOTOPLATZ c/o Hotel Bogota
S. | p. 227

Stephanie Kloss
Aus der Serie | From the series <u>Bei Otto,</u> 2010
C-Print | C-print
90 × 70 cm,
Größe variabel | Dimensions variable
© Stephanie Kloss

LAURA MARS GRP.
S. | p. 219

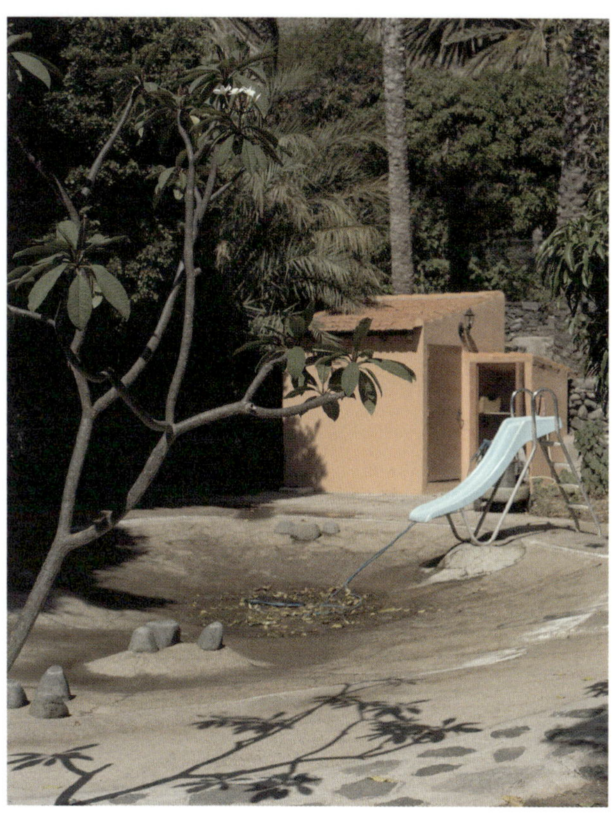

Tor Seidel
<u>Passover,</u> 2012
C-Print | C-print
105 × 155 cm
© Tor Seidel

Galerie UF6 Projects
S. | p. 206

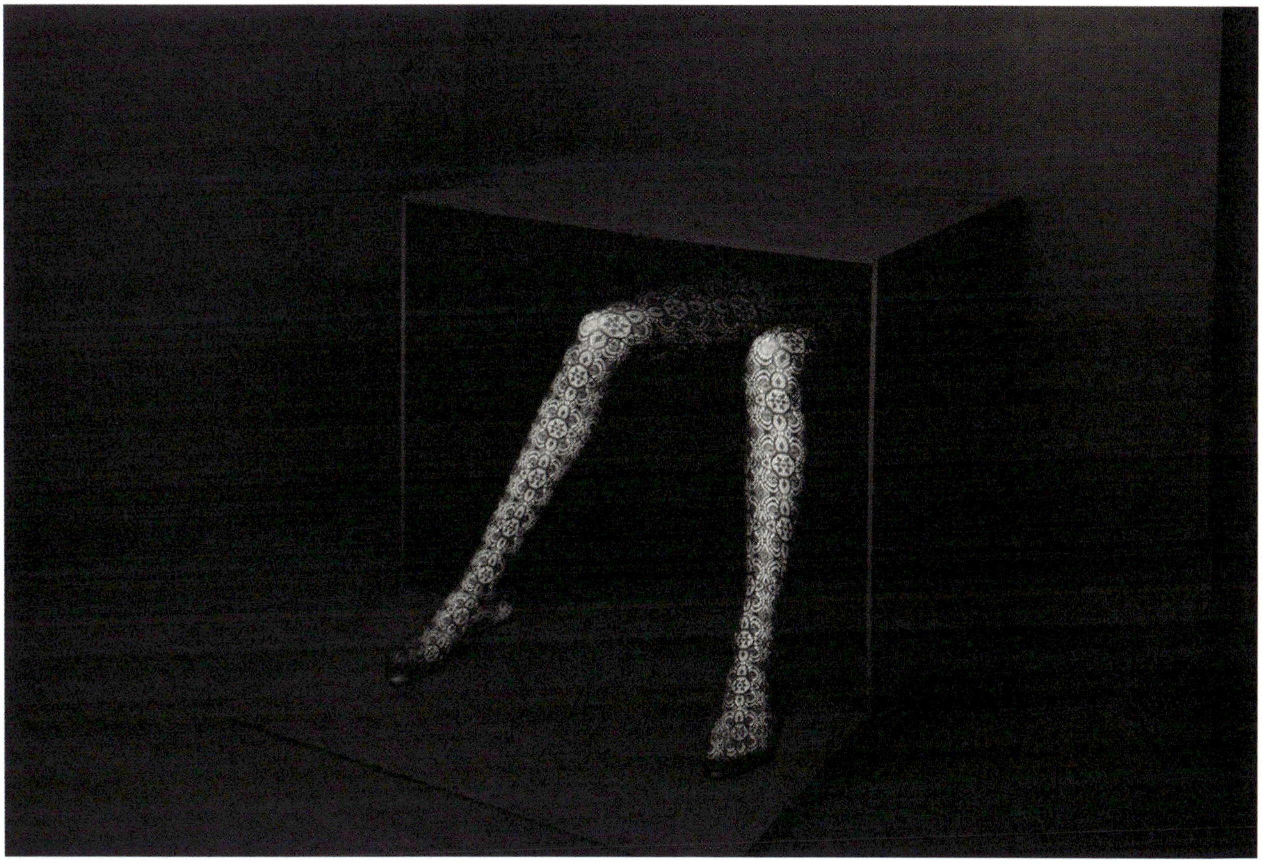

62

Sergei Michailowitsch Prokudin-Gorski
Church of the Resurrection in the Grove in Kostroma, 1910
1 Negativ (3 Rahmen): Glas, schwarzweiß, Dreifarben-Separation
1 negative (3 frames): glass, black and white, three-color separation
24×9 cm
© Library of Congress, LC-DIG-prokc-21251

Gestalten Space
S. | p. 208

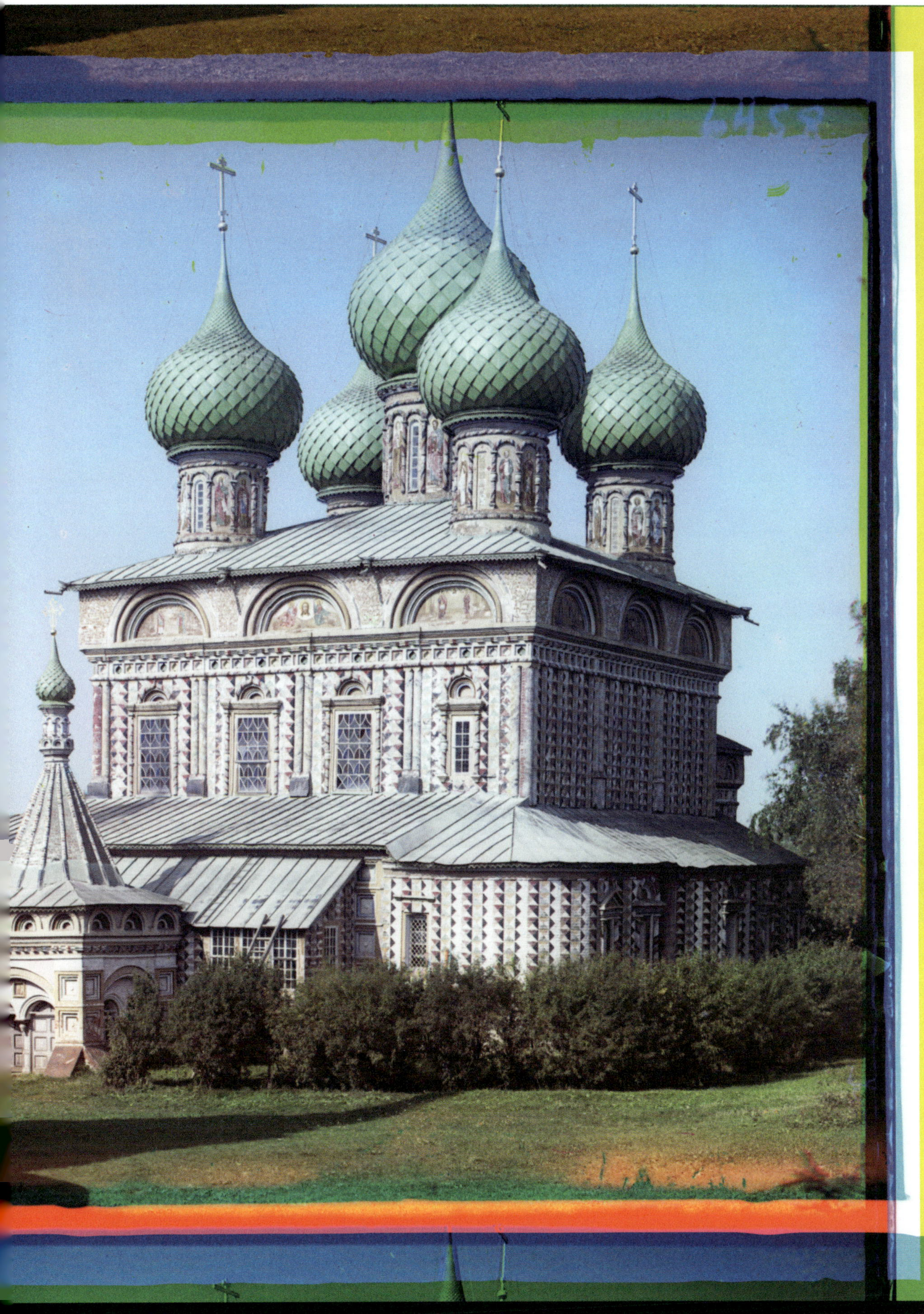

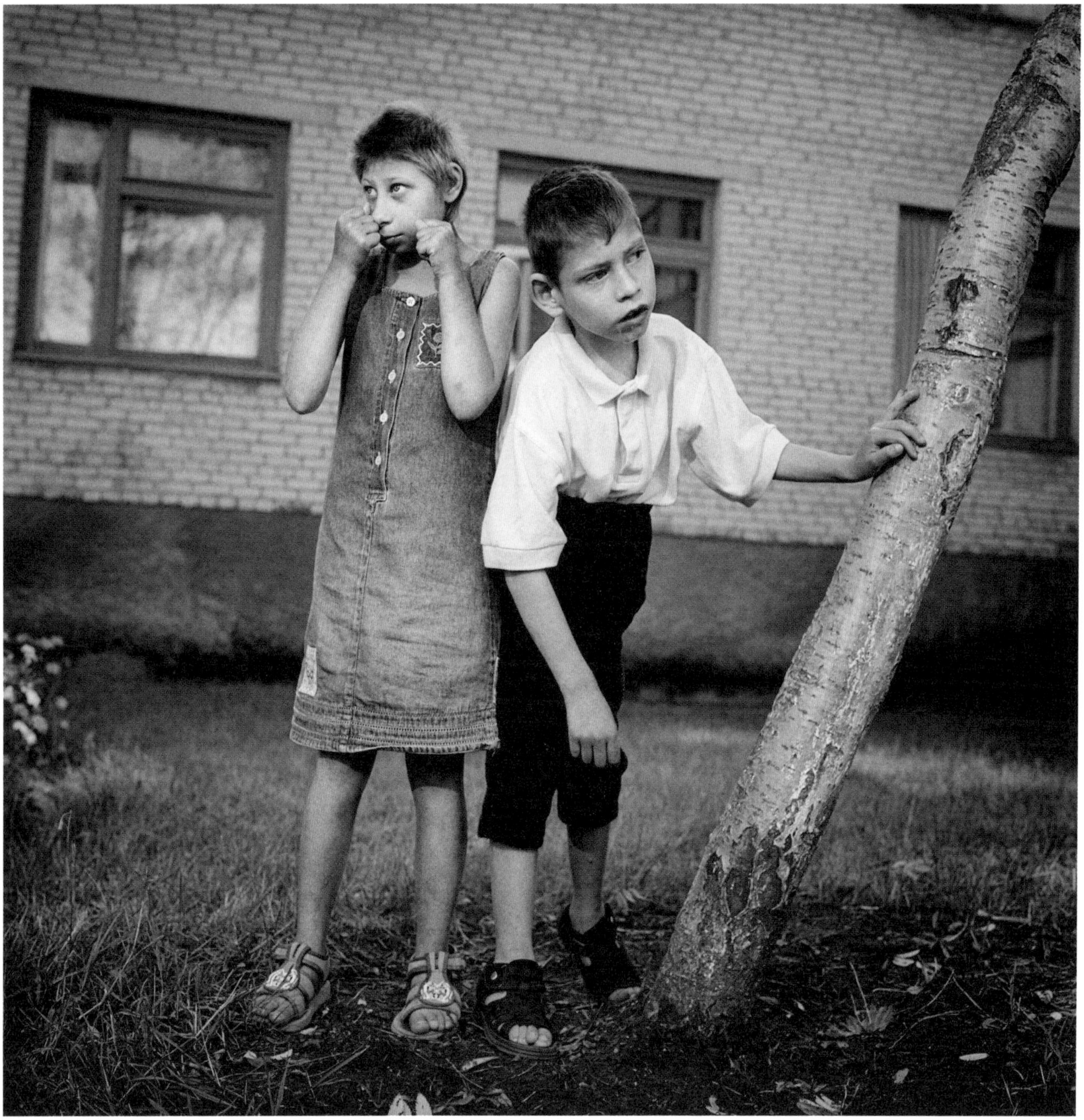

Robert Knoth
Natasha Popova (12) und Vadim Kulesov (8), 2005
Schwarzweißdruck | Black and white print
80 × 80 cm
© Robert Knoth

Kunstverein Tiergarten | Galerie Nord
S. | p. 217

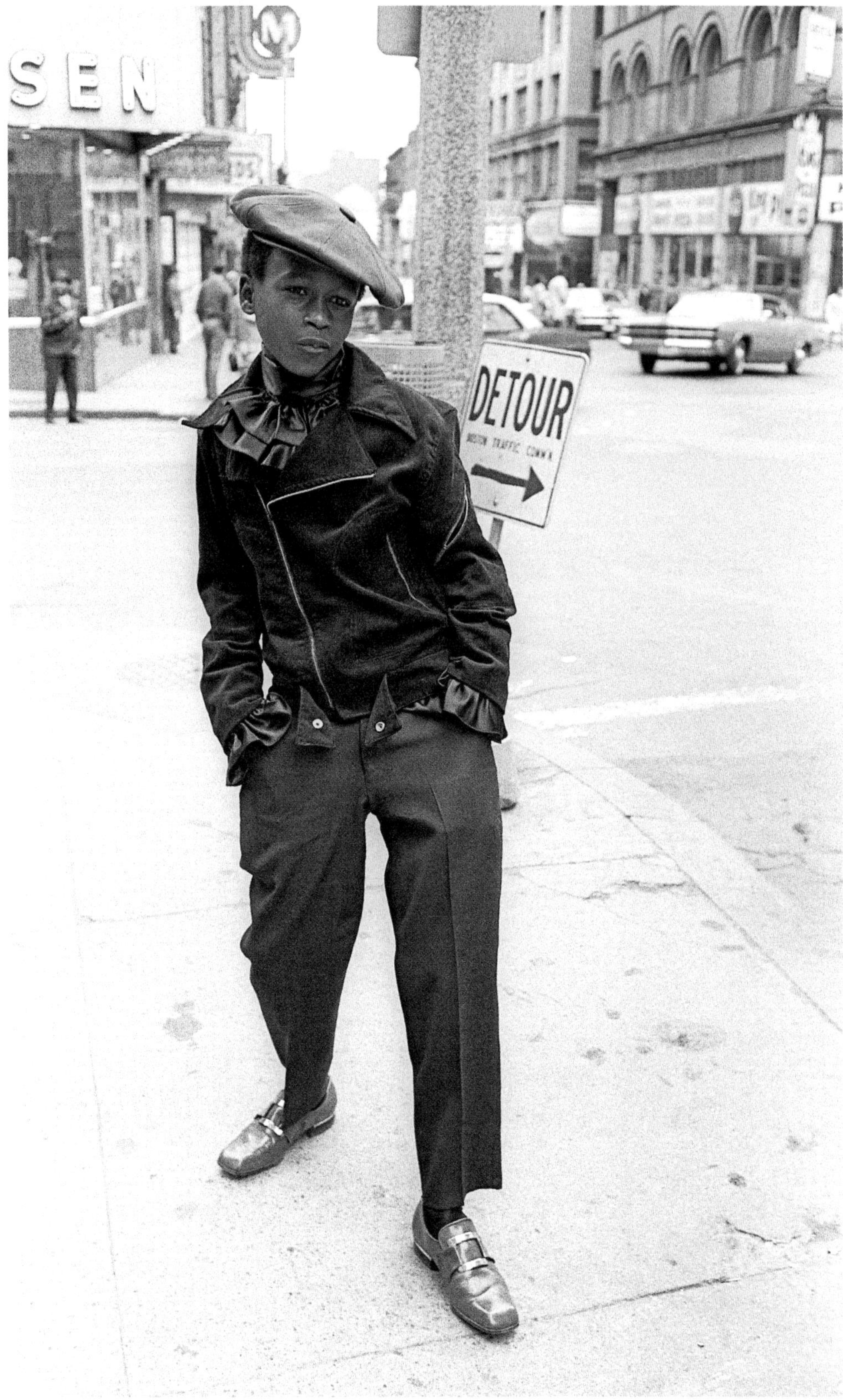

Jerry Berndt
Wannabe Pimp, 10 am, Washington St., Boston, MA, 1968
Silbergelatineabzug | Silver gelatin print
45×30,5 cm
© Jerry Berndt

HAUS am KLEISTPARK
S. | p. 209

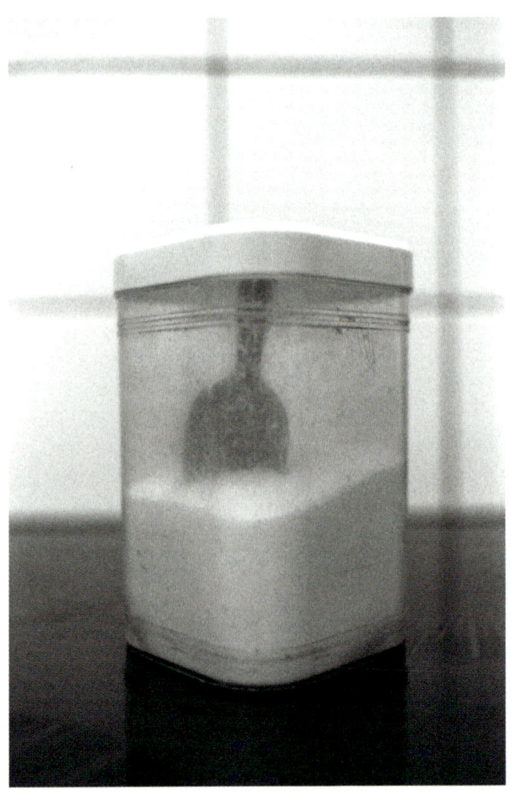

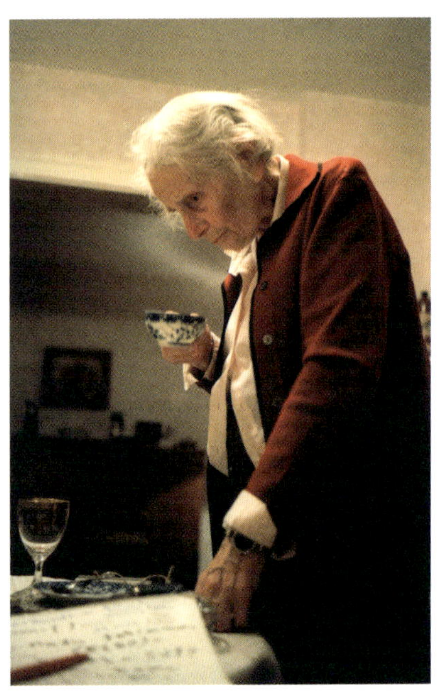

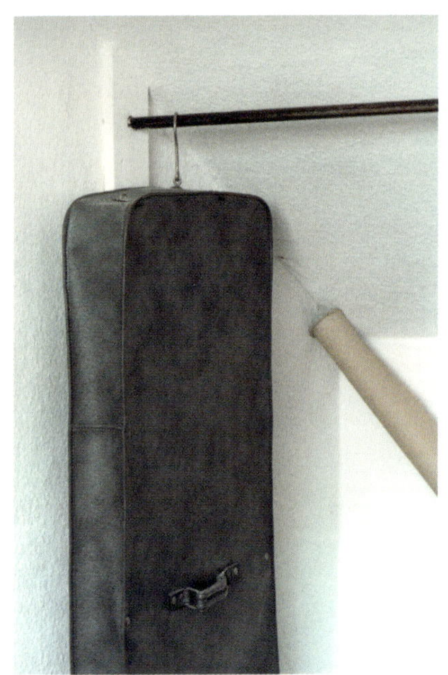

oben | top
Gosbert Adler
Aus der Serie | From the series <u>Interieurs</u>, 2000
Barytabzug des Künstlers
Baryta print by the artist
50×40 cm
© Gosbert Adler

Galerie zone B Kunstraum Berlin
S. | p. 207

unten | bottom
Knut Maron
Aus der Serie | From the series <u>Ein Leben,</u>
1997–2012
Farbhandabzug | Colour hand print
60×90 cm
© Knut Maron

Galerie zone B Kunstraum Berlin
S. | p. 207

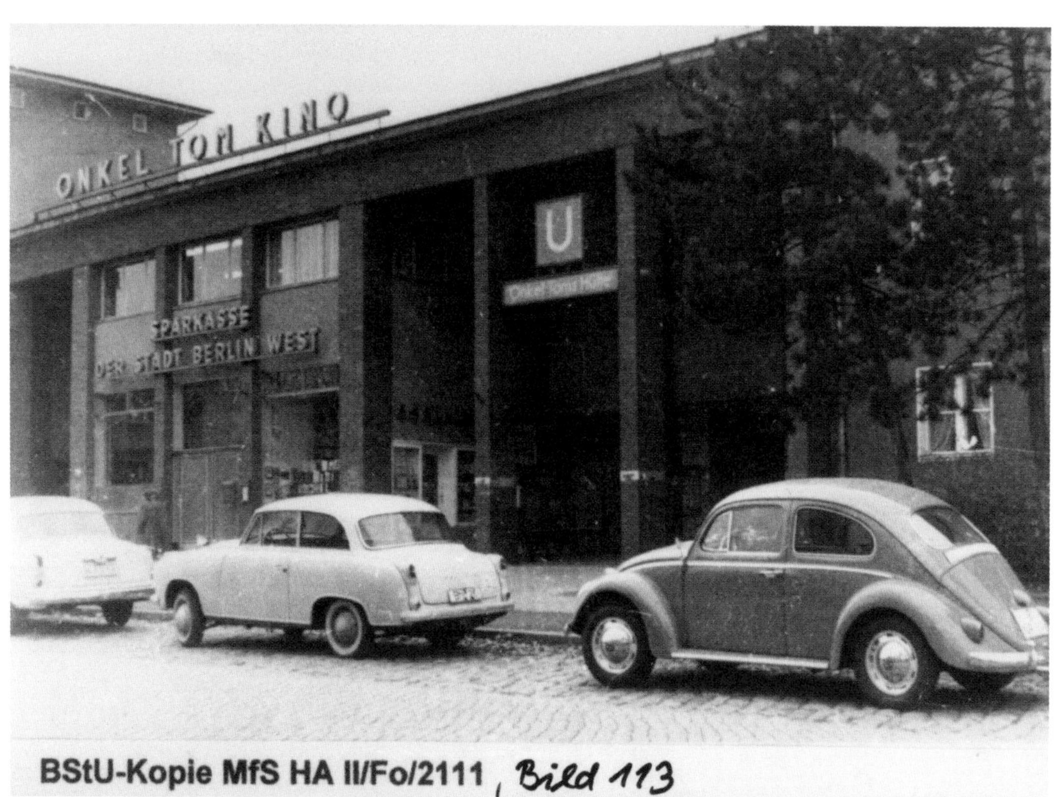

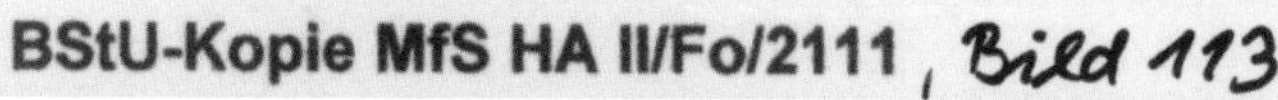

BStU-Kopie MfS HA II/Fo/2111, Bild 113

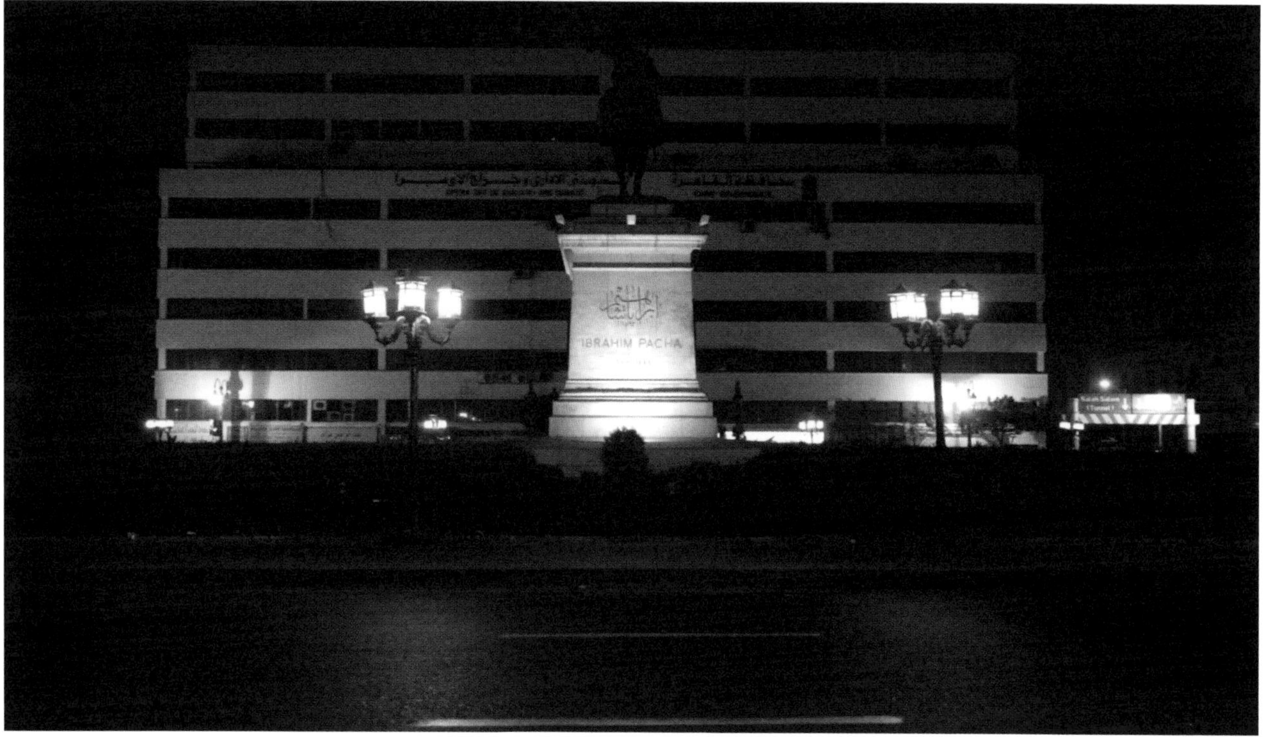

oben | top
Unbekannter MfS-Mitarbeiter | Unknown Stasi Employee
<u>Zehlendorf, U-Bahnhof Onkel-Toms-Hütte</u>, 1950er | 1950s
Schwarzweißfotografie | Black and white photograph
9 × 13 cm
© BStU

Kulturamt Steglitz-Zehlendorf
S. | p. 215

unten | bottom
Kaya Behkalam
Videostill aus der Serie | Video still from the
series <u>Excursions in the Dark</u>, 2011
HD Video, 20'
© Kaya Behkalam

Festivalzentrum am Pariser Platz
S. | p. 195

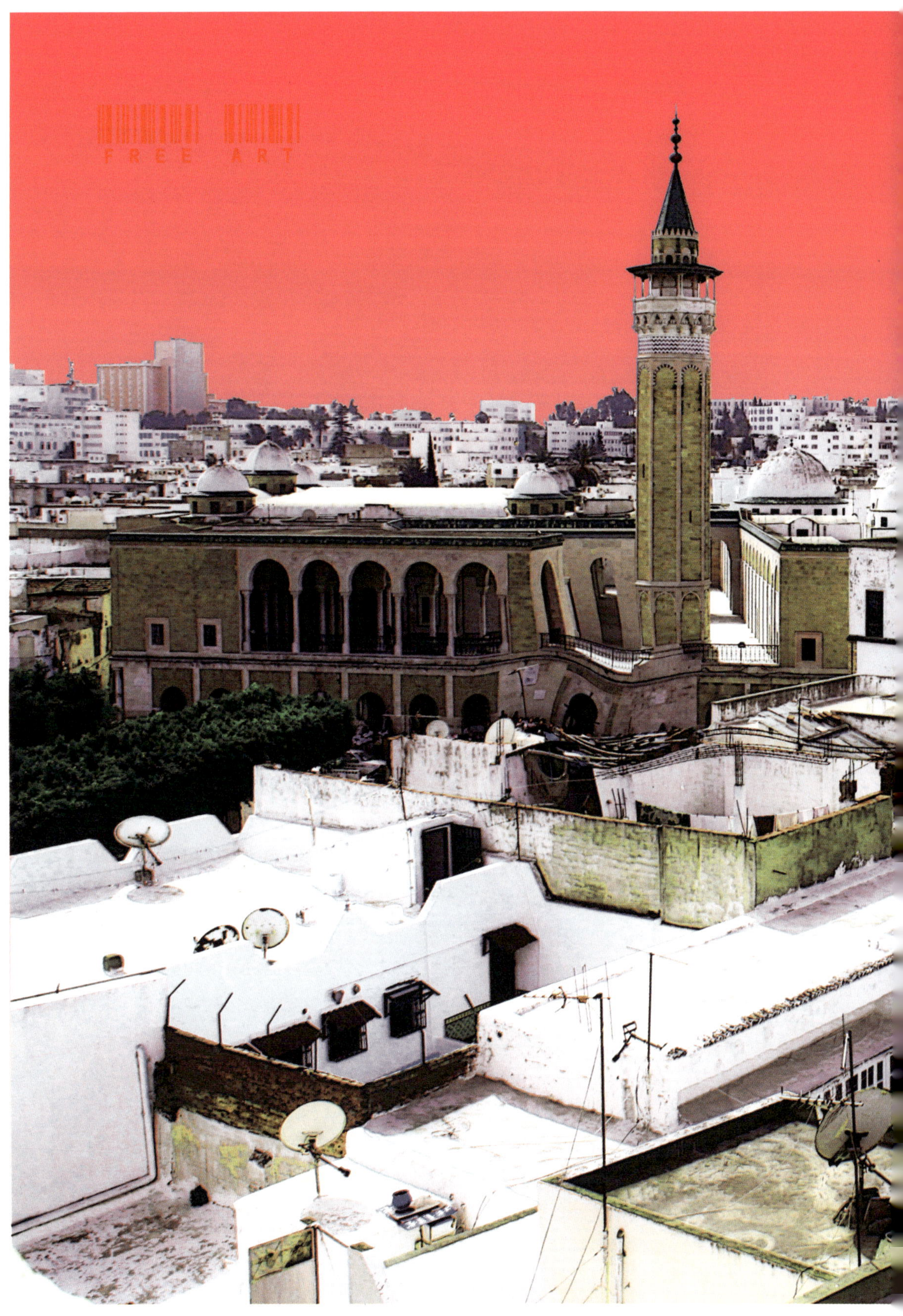

FREE ART

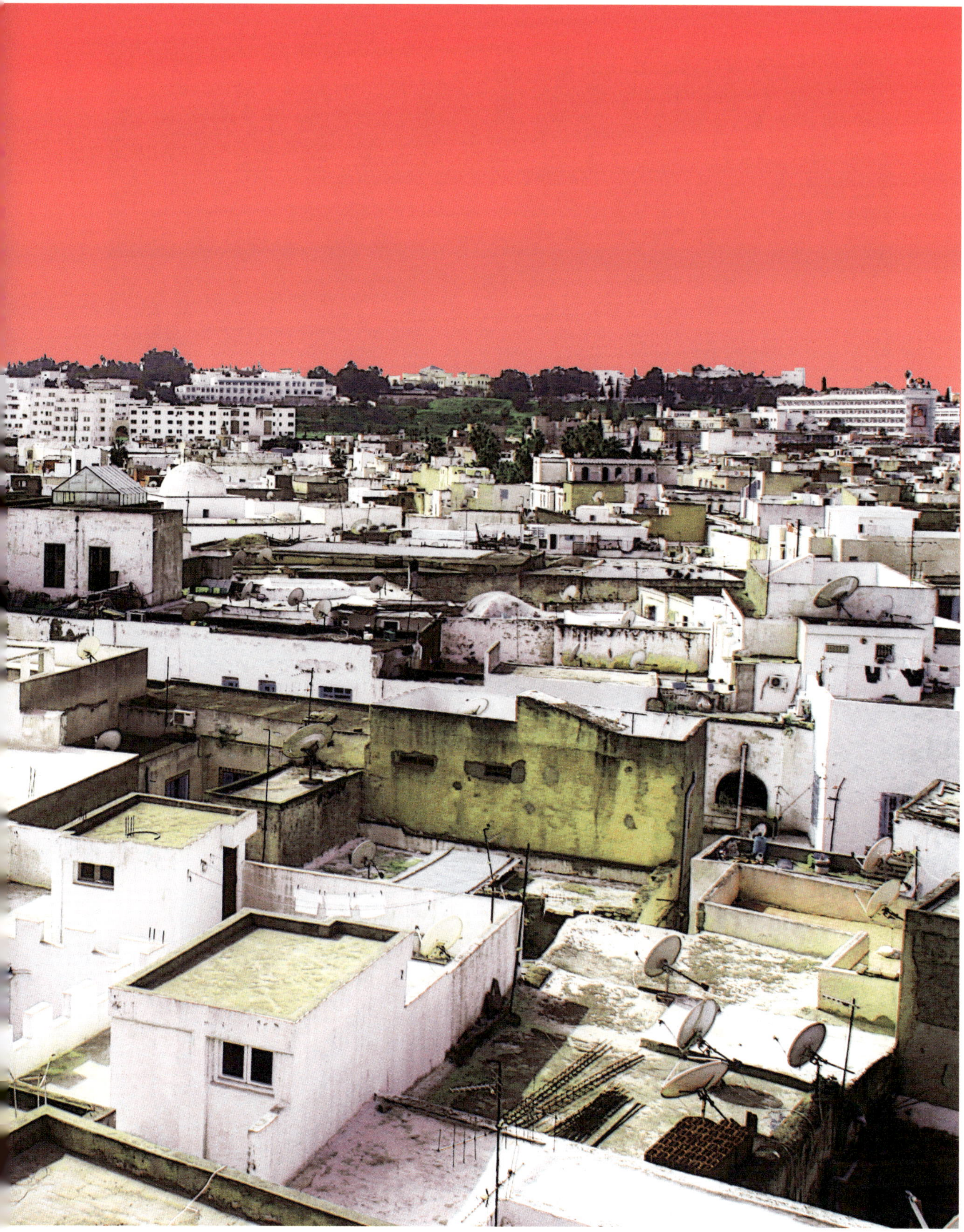

Patricia K. Triki
free art///free, 2010 – 12
C-Print | C-print
60 × 120 cm
© Patricia K. Triki

ifa-Galerie Berlin / Institut für Auslandsbeziehungen
S. | p. 211

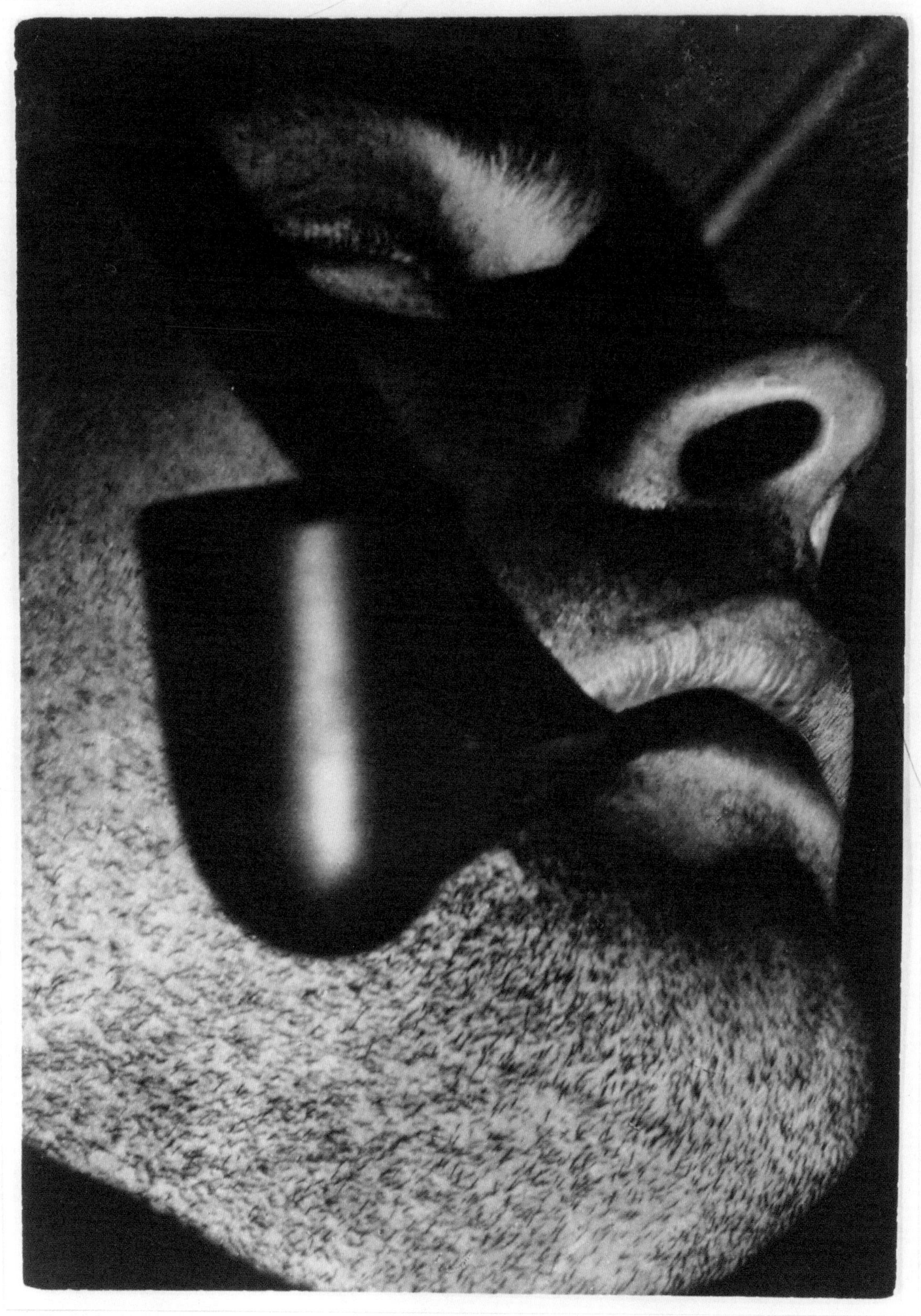

70

Werner David Feist
<u>Kurt Stolp mit Pfeife</u>, 1929 / Reproduktion I Reproduction 1980
Silbergelatineabzug I Silver gelatin print
15,9×11,5 cm
© Werner David Feist: Bauhaus-Archiv Berlin

Bauhaus-Archiv / Museum für Gestaltung
S. I p. 181

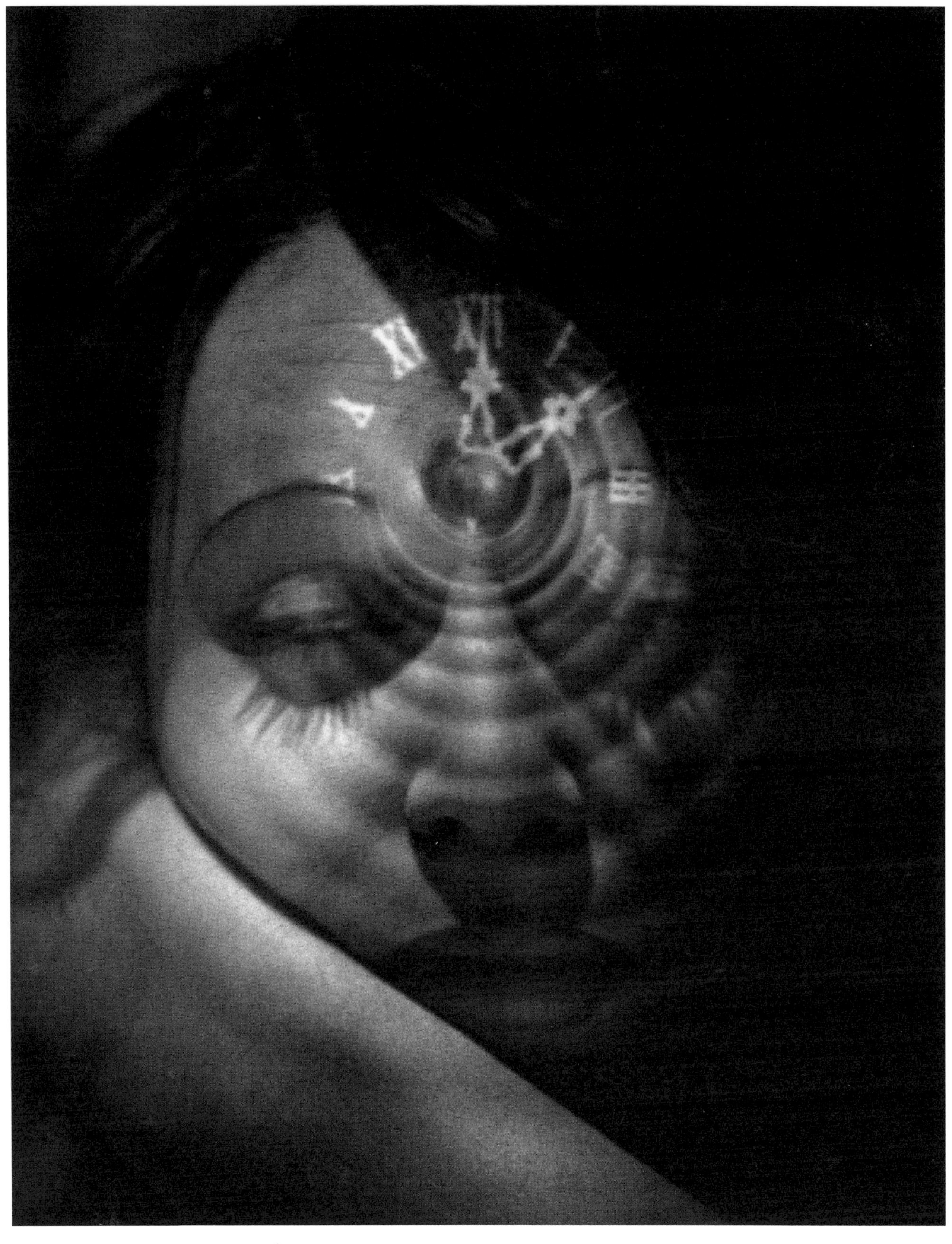

Heinz Hajek-Halke

<u>Warten! | Waiting!</u>, 1928–32
Silbergelatineabzug | Silver gelatin print
© Sammlung Michael Ruetz

Johanna Breede PHOTOKUNST
S. | p. 213

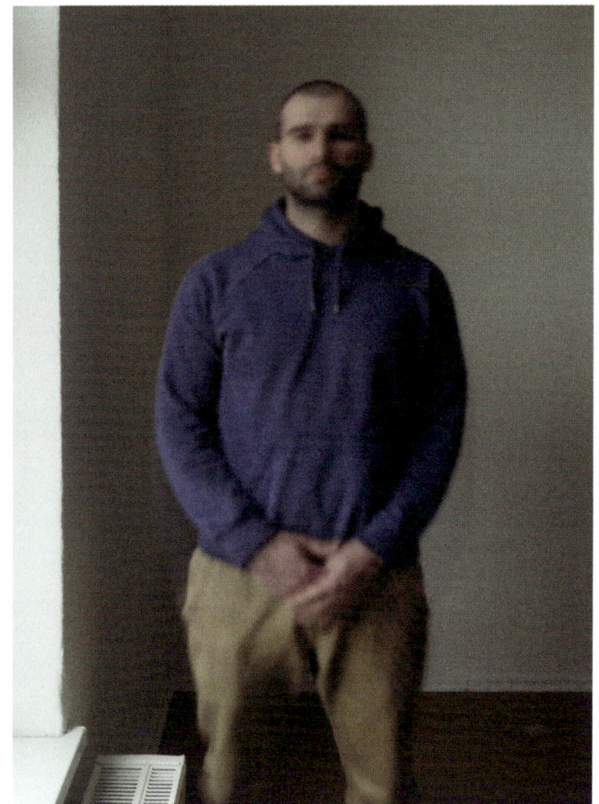

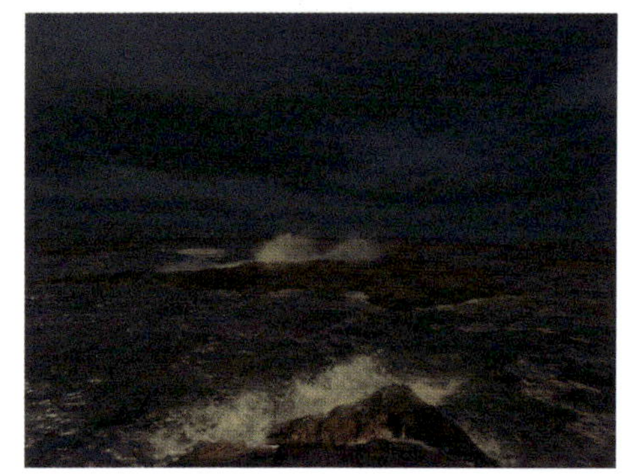

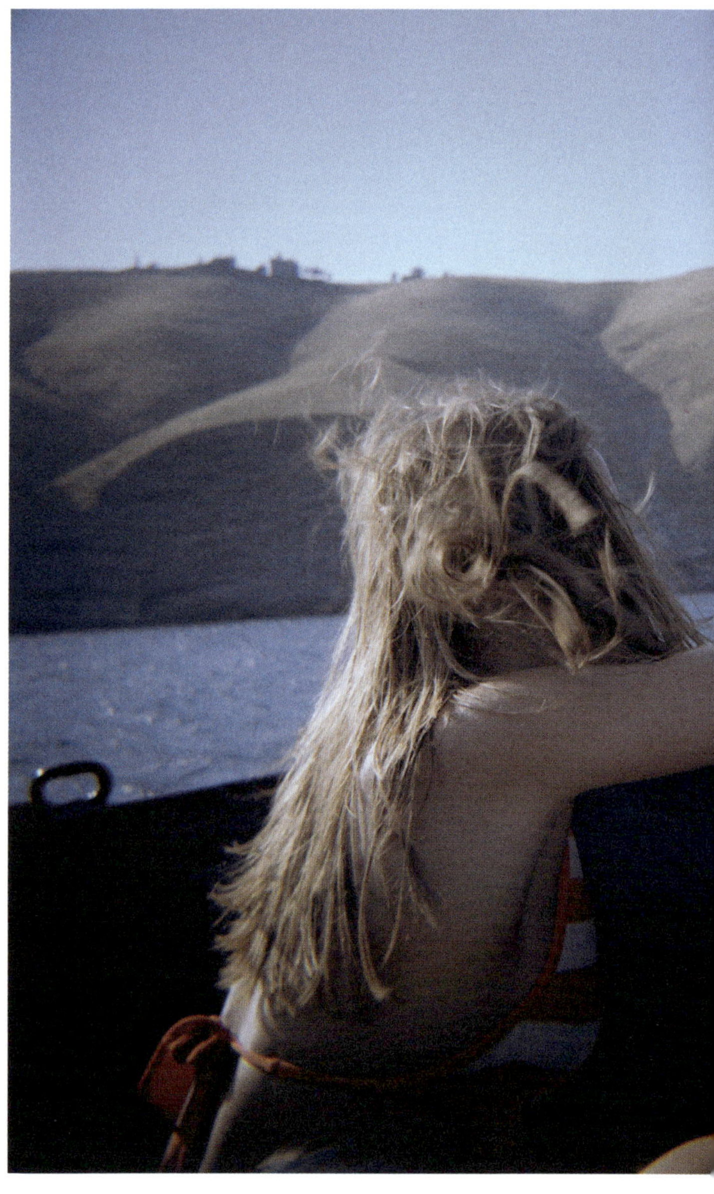

links | left
Michael Wesely
Pavel Pavlov, 15.09–15.14 Uhr, 7.5.2012
C-Print, UltraSec | C-print, UltraSec
106×80 cm, gerahmt | framed
© Michael Wesely

Pavlov's Dog – Raum für Fotografie
S. | p. 225

oben | top
Joan Fontcuberta
Hokusai, 2008
Lambda Print | Lambda print
75×100 cm
© Joan Fontcuberta

photo edition berlin
S. | p. 227

mitte | centre
Anna Homburg
With Katja, 2012
C-Print | C-print
30×30 cm
© Anna Homburg

Fotoatelier Am Schönen Berg
S. | p. 197

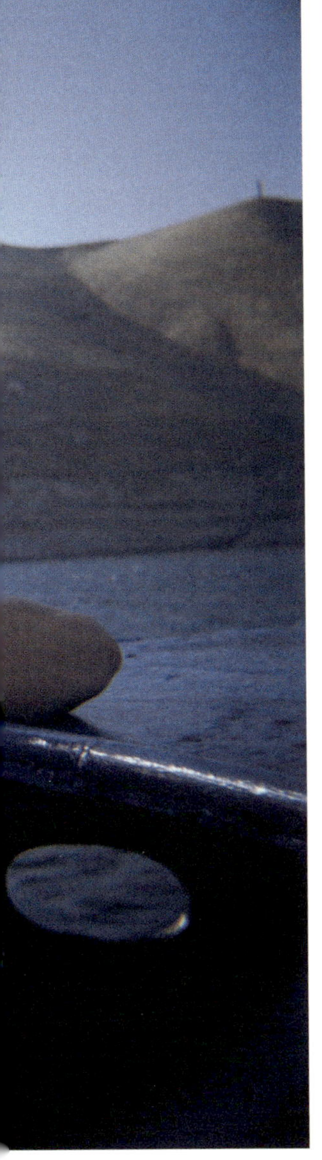

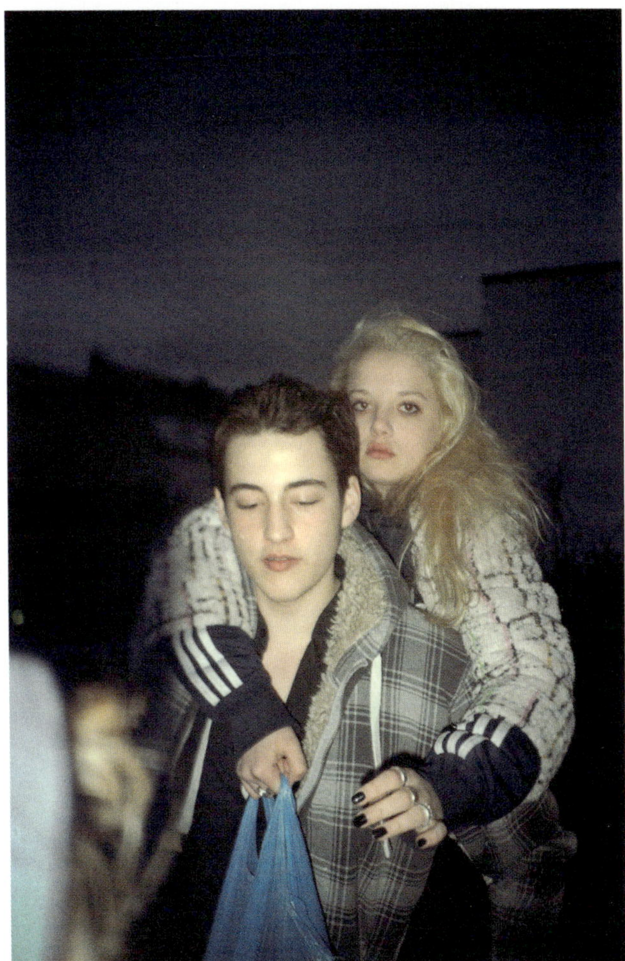

73

oben | top
Thibault Brunet
Aus der Serie | From the series Vice City, 04-01-2012 20h01, 2007 – 12
Farbdruck, Passepartout | Colour print, passe-partout
20 × 20 cm
© Thibault Brunet

Computerspielemuseum Berlin
S. | p. 190

unten | bottom
Oscar Lebeck
Spreewalddach, 2010
C-Print | C-print
70 × 50 cm
© Oscar Lebeck

PHOTOPLATZ c/o Hotel Bogota
S. | p. 227

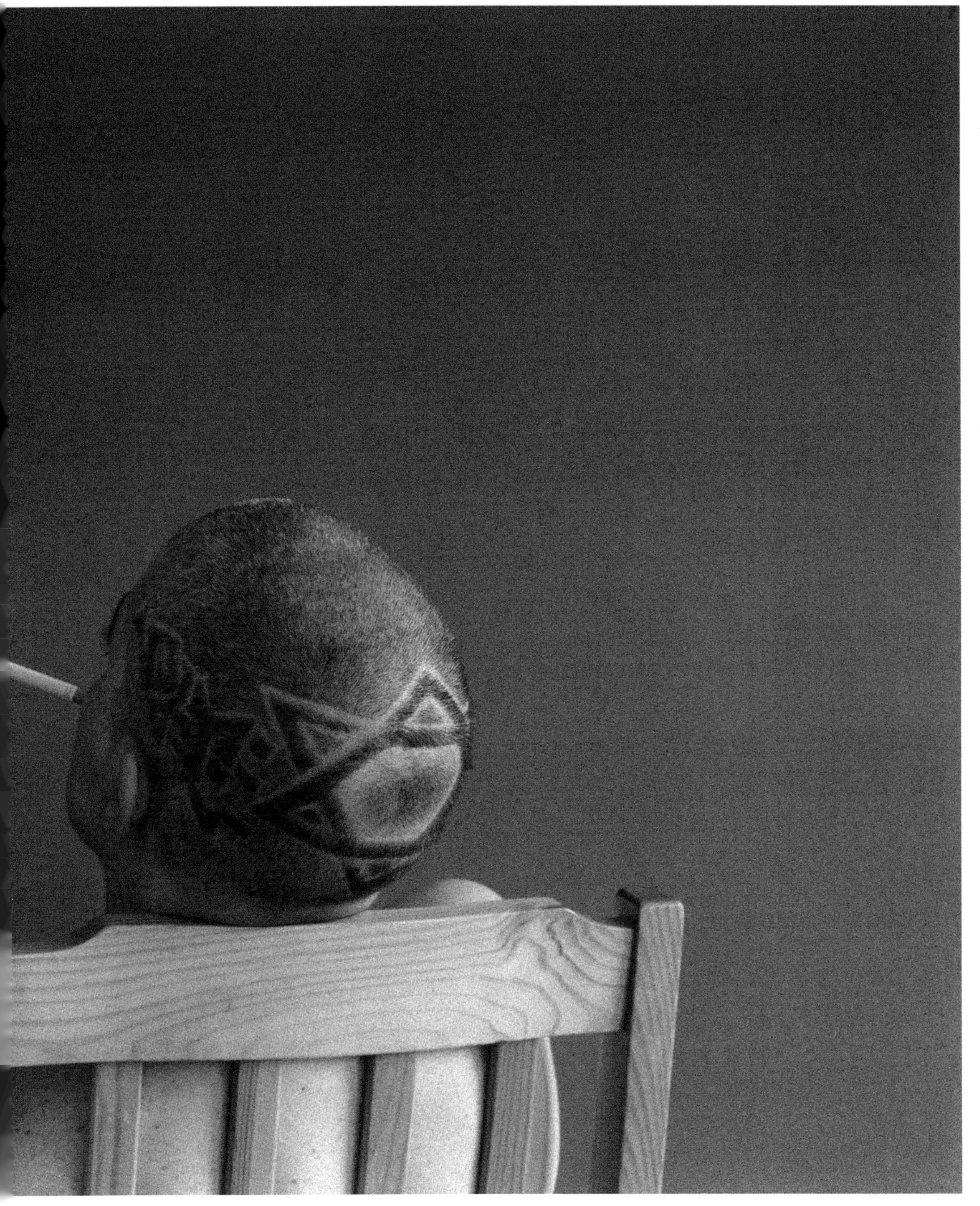

Oreet Ashery
<u>After Duchamp</u>, 2000
Archivalischer Digitaldruck | Archival digital print
70 × 90 cm
© Oreet Ashery

c. wichtendahl. galerie
S. | p. 187

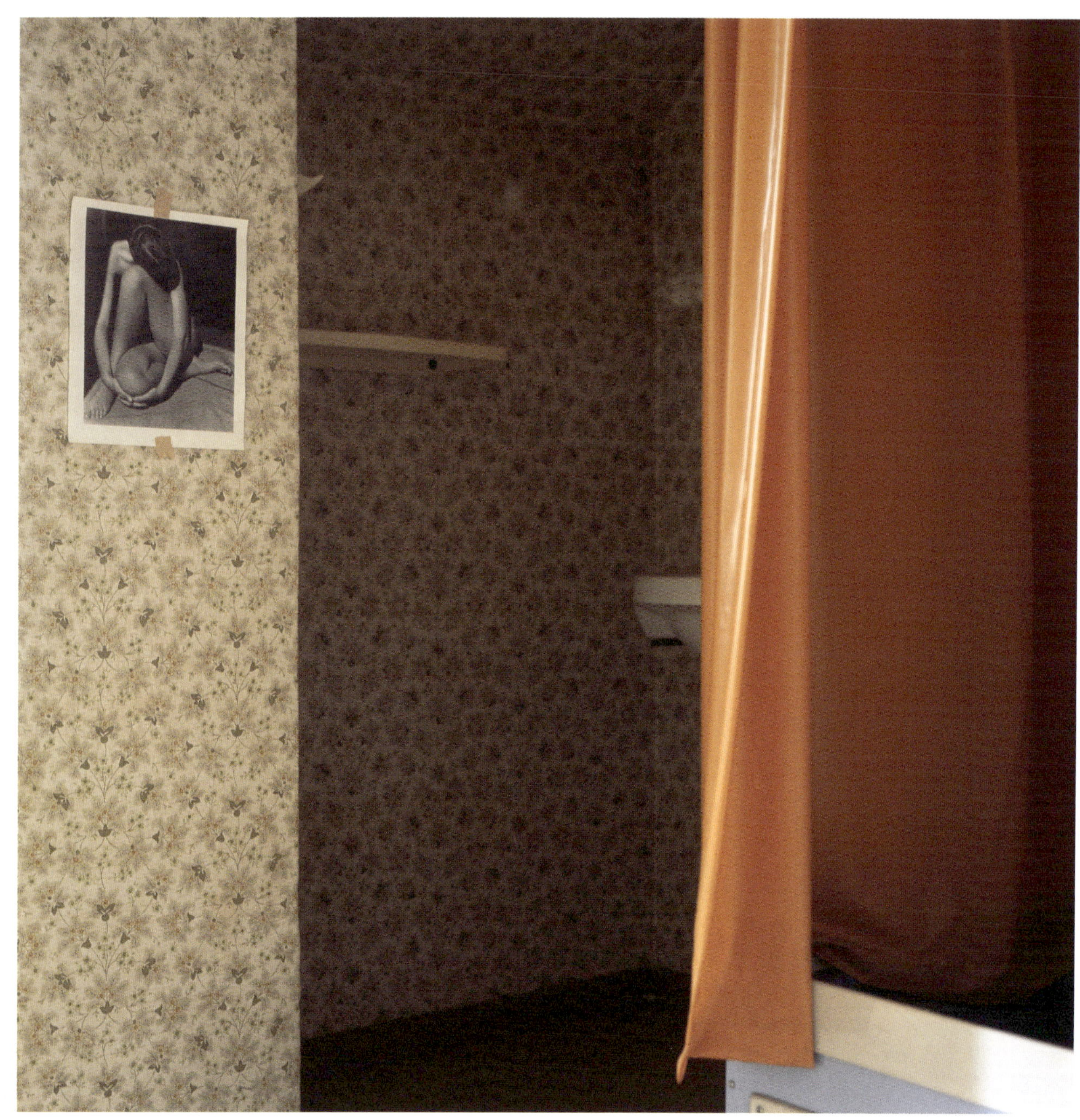

Nicole Ahland
Schau mich nicht an! #1, 2012
(unter Verwendung von Edward Weston, Nude, 1936)
Chromogener Abzug | Chromogenic print
60×60 cm
© Nicole Ahland

c. wichtendahl. galerie
S. | p. 187

René Groebli
O.T. aus der Serie | Untitled from the series
Das Auge der Liebe, 1953
Silbergelatineabzug auf Barytpapier | Silver gelatin print on baryta paper
40×30 cm
© René Groebli

Pinter & Milch – Galerie für Fotografie
S. | p. 228

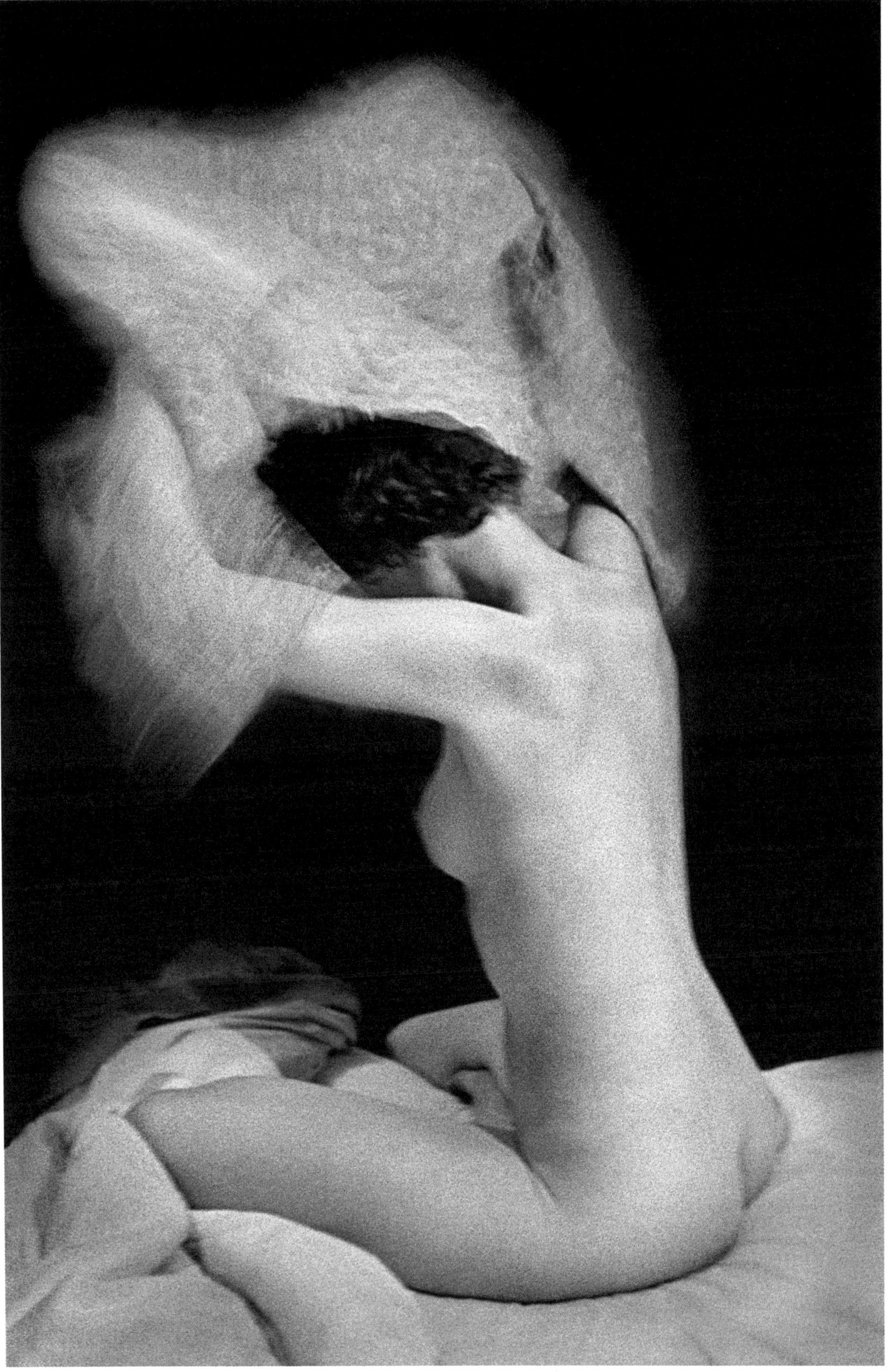

Toni Nemes
Blind Date, 1986
Schwarzweißdruck
Black and white print
© Toni Nemes

**Bezirksmuseum
Friedrichshain-Kreuzberg**
S. | p. 184

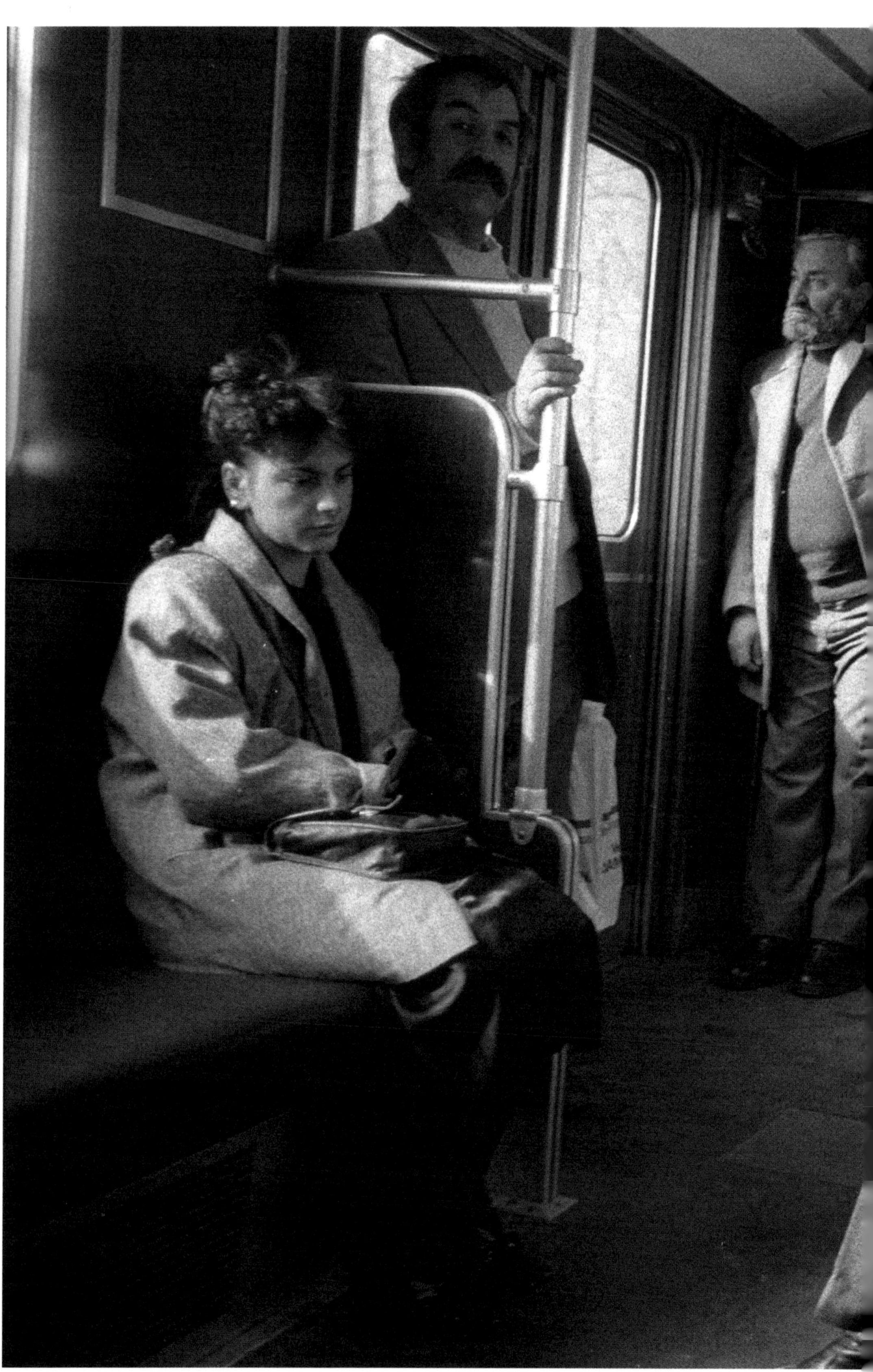

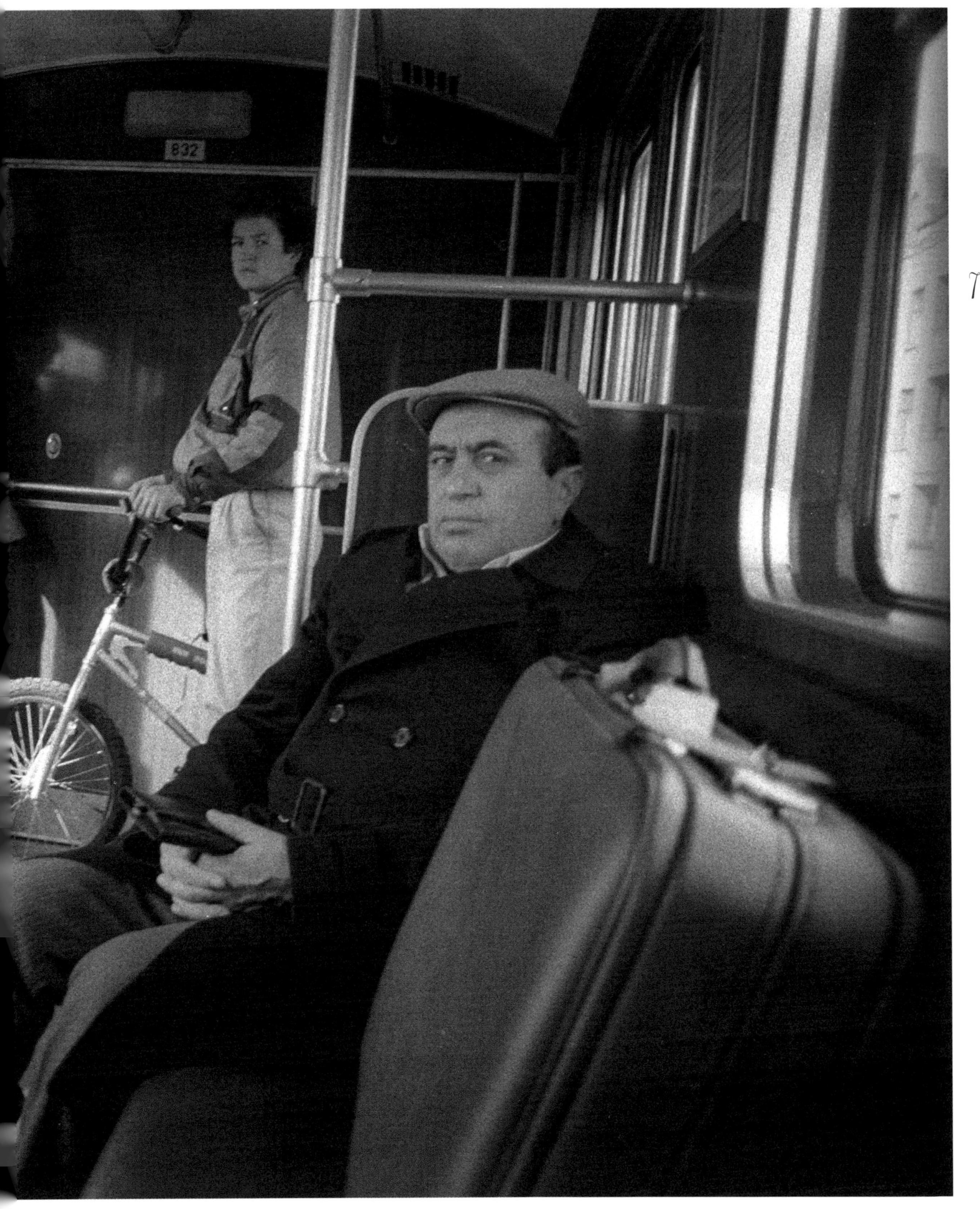

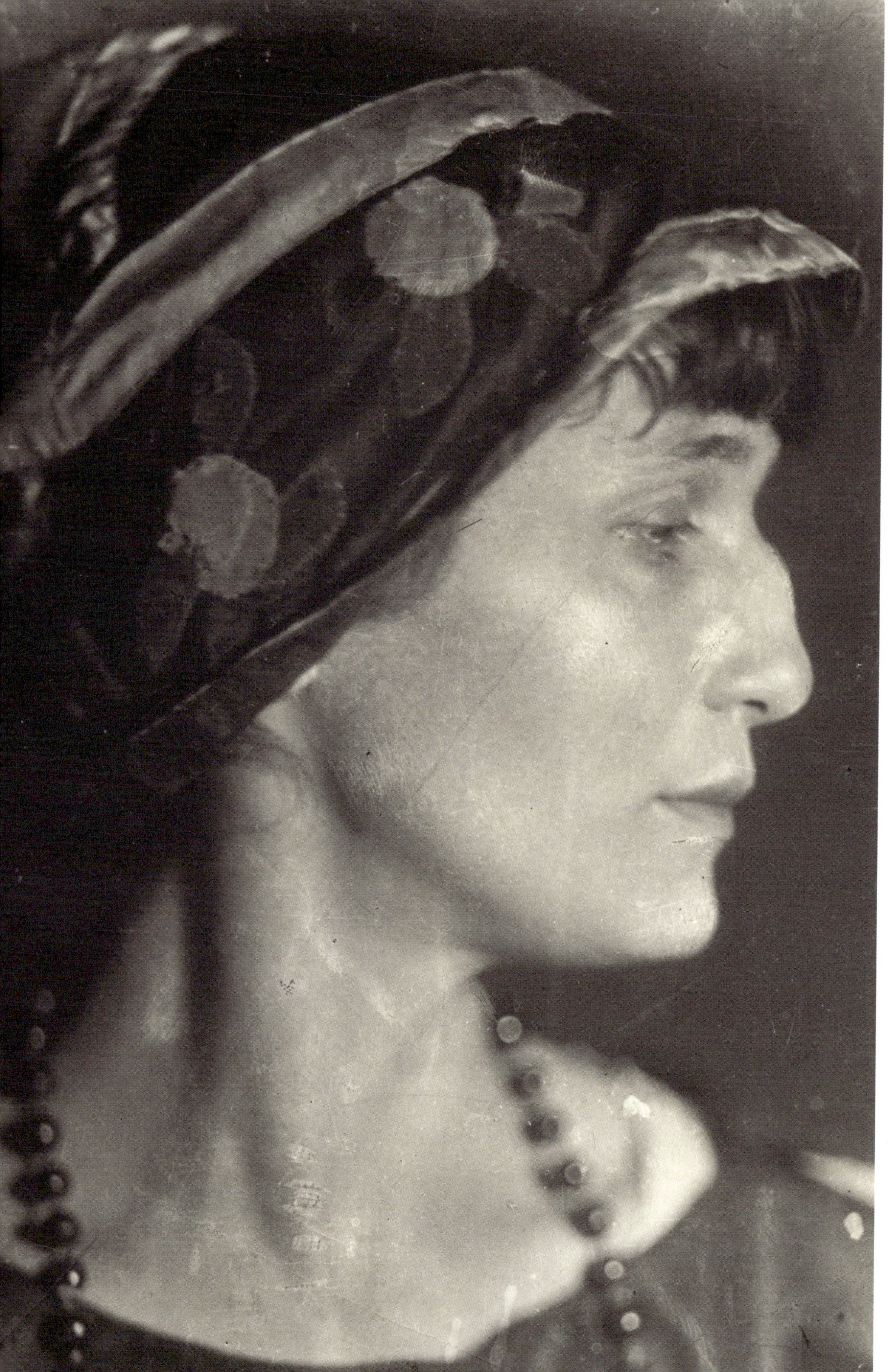

Erik van der Weijde
(oben I top) <u>O.T. I Untitled (Niemeyer)</u>, 2012
(unten I bottom) <u>This Is Not My Wife</u>, 2012
Tintenstrahldruck auf Papier I Inkjet print on paper
Größe variabel I Dimensions variable
© Erik van der Weijde

Chert
S. I p. 189

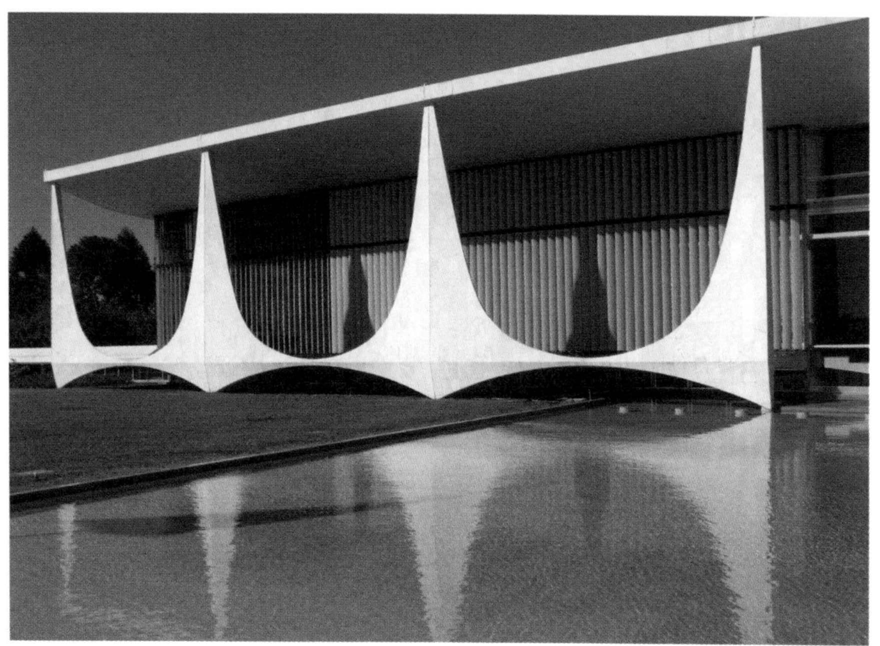

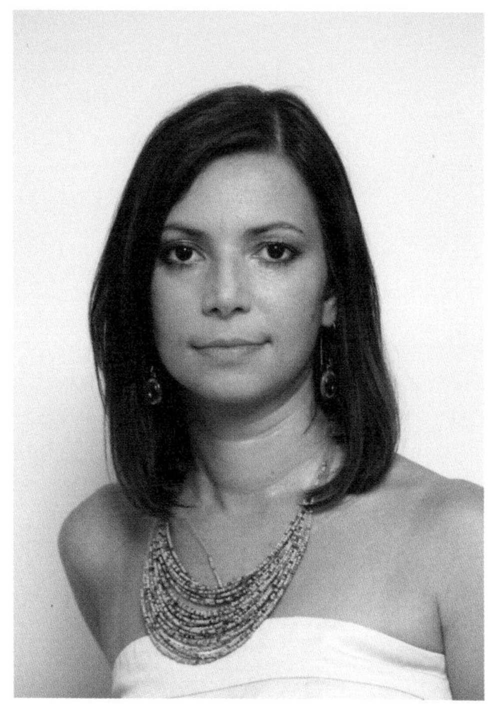

links I left
Moissej Nappelbaum
<u>Anna Achmatowa</u>, 1926
Vintageabzug I Vintage print
17,2 × 11,2 cm
© Nappelbaum Estate

Galerie Berinson
S. I p. 200

Bettina Rheims
Simon K., 2011
Digitaldruck | Digital print
111,4×87,6 cm
© Bettina Rheims

CAMERA WORK
S. | p. 188

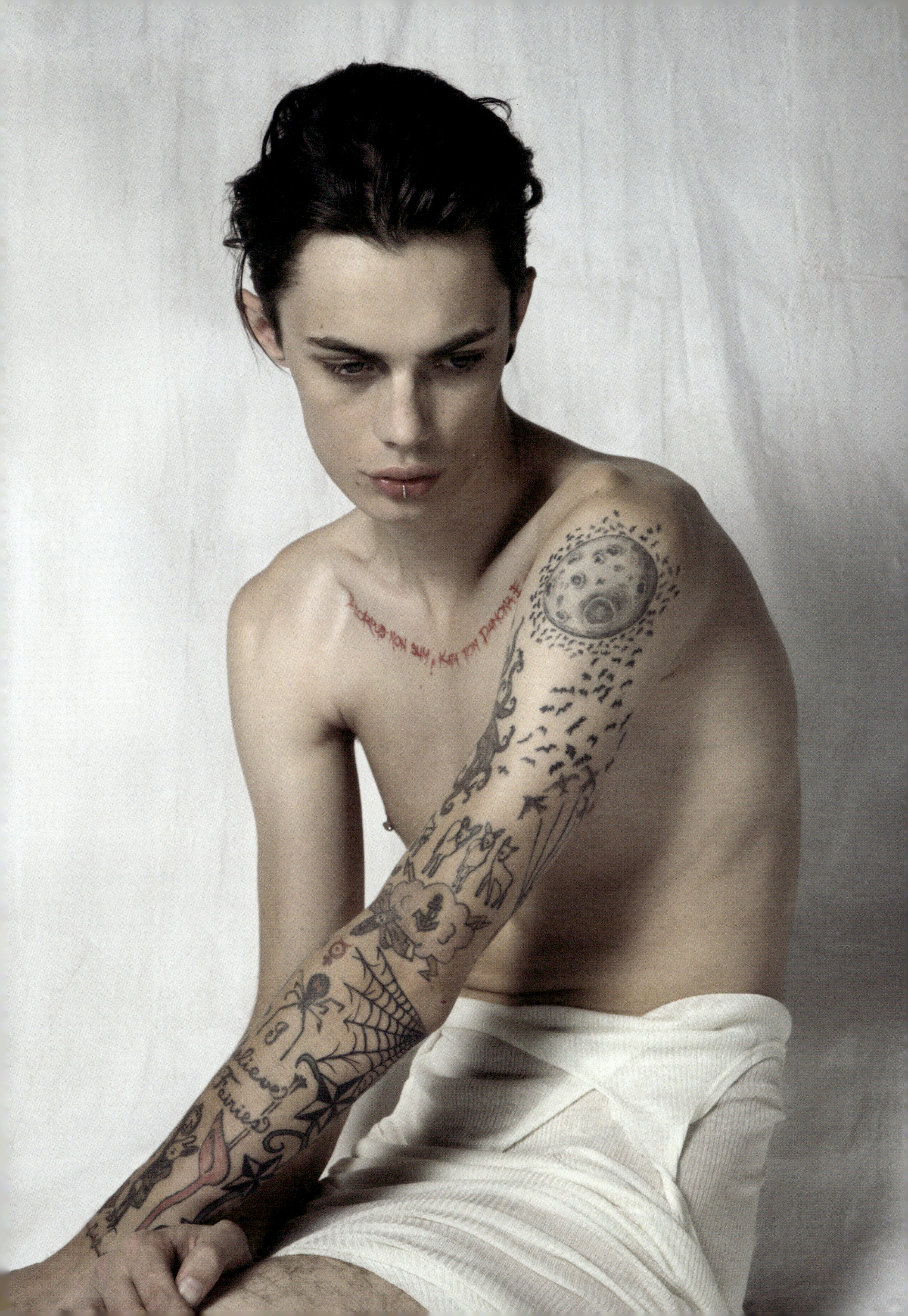

Maja Forsslund
Akt #6, 2005
Bromsilbergelatineabzug
Bromide silver gelatin print
50 × 60 cm
© Maja Forsslund

Kominek Gallery
S. I p. 214

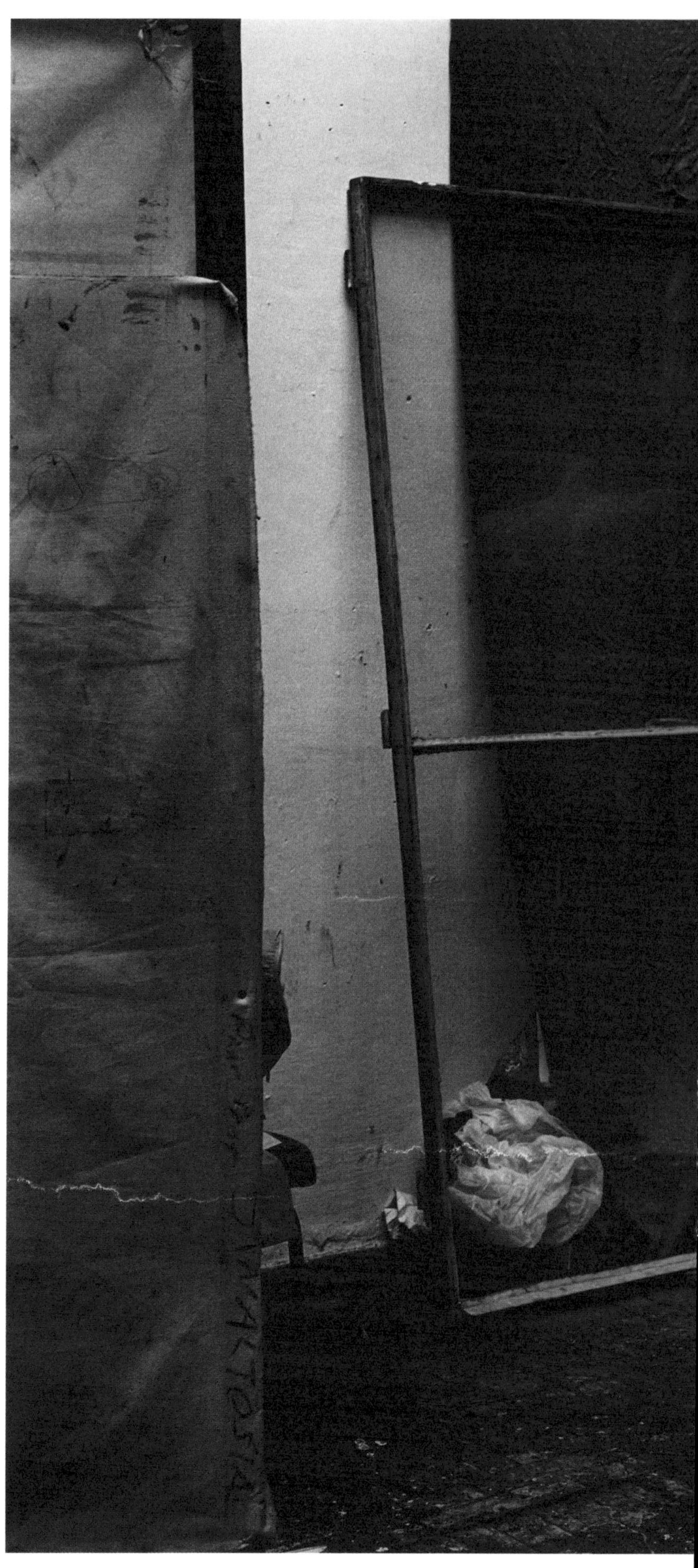

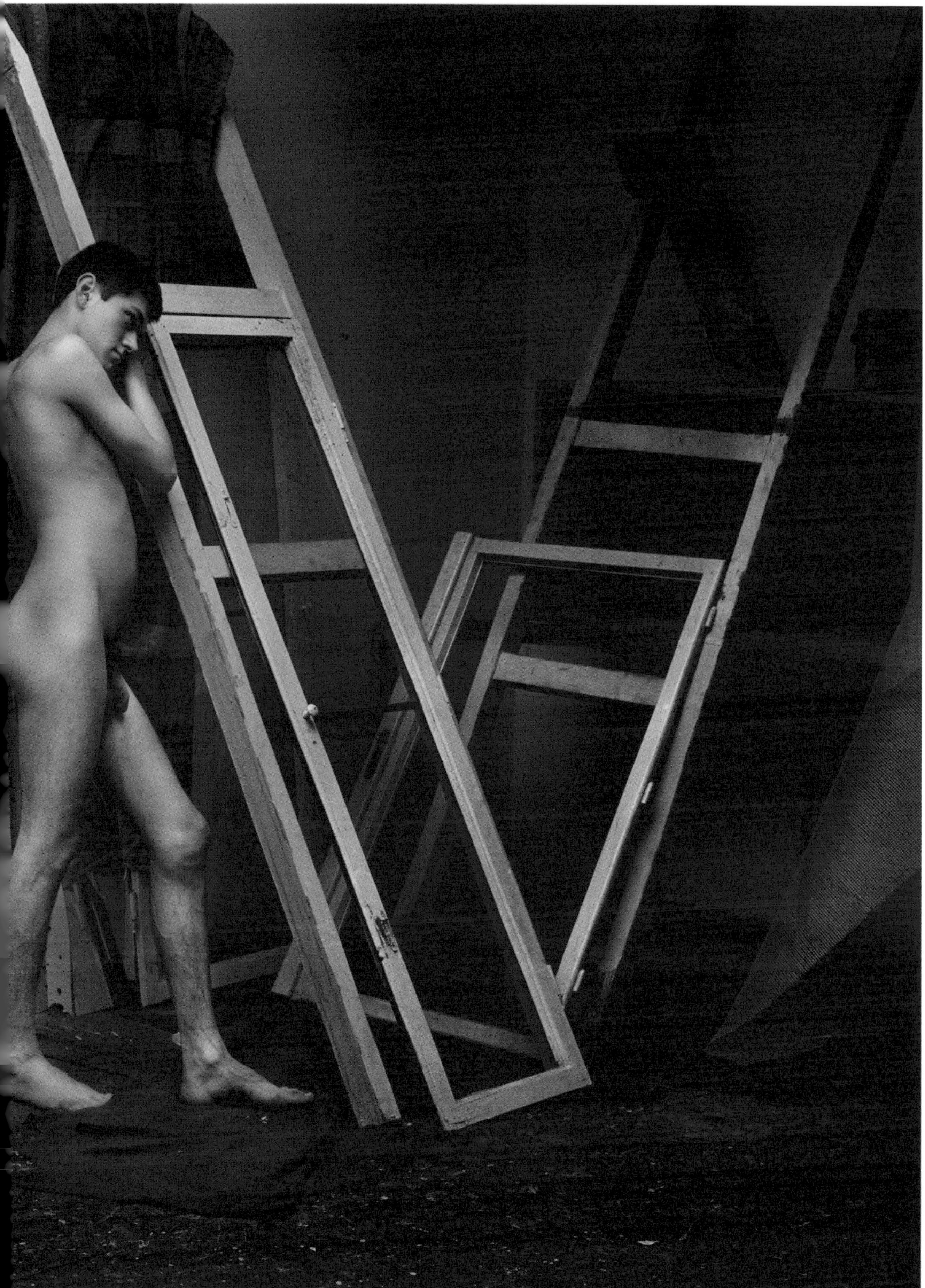

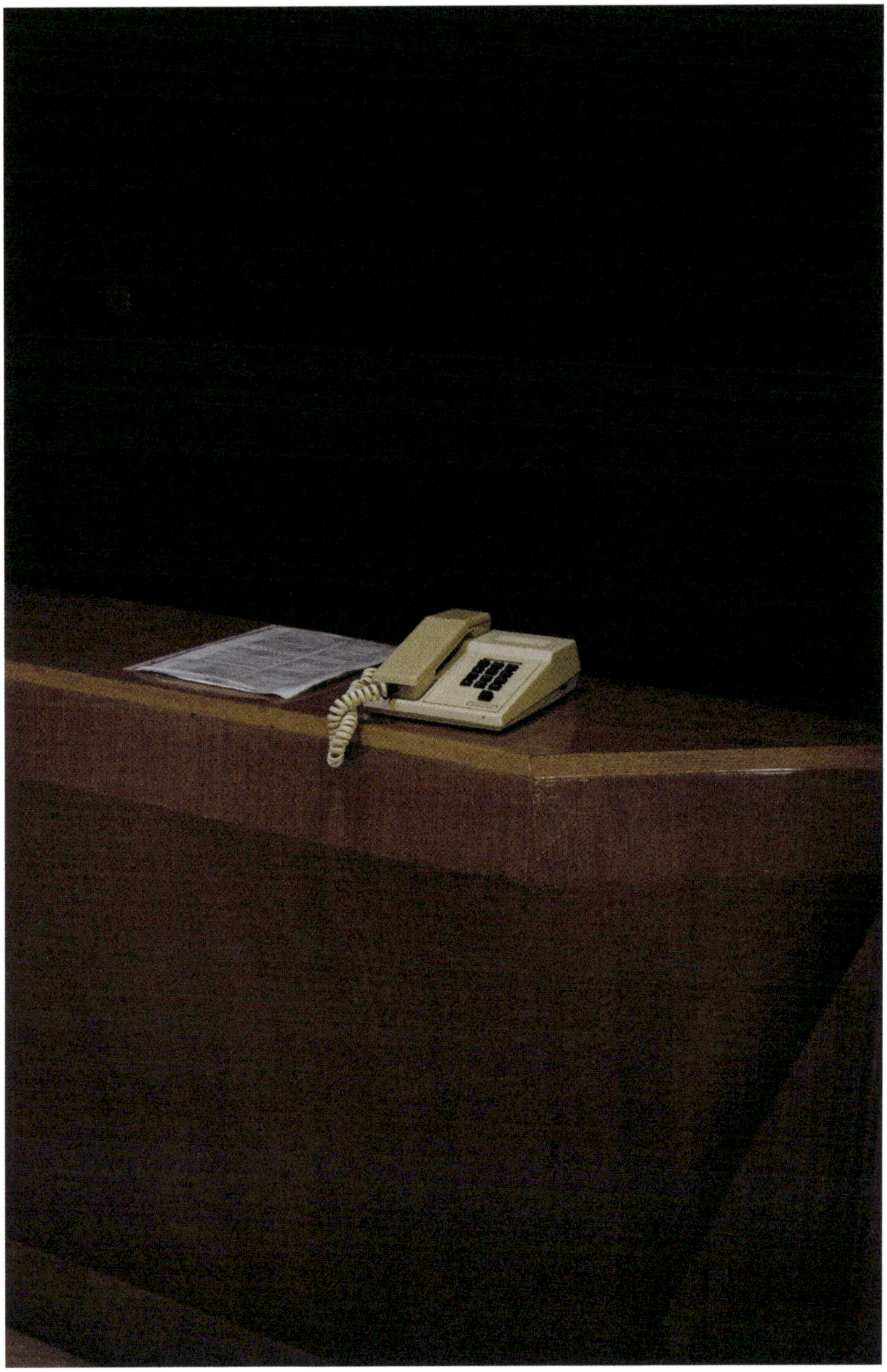

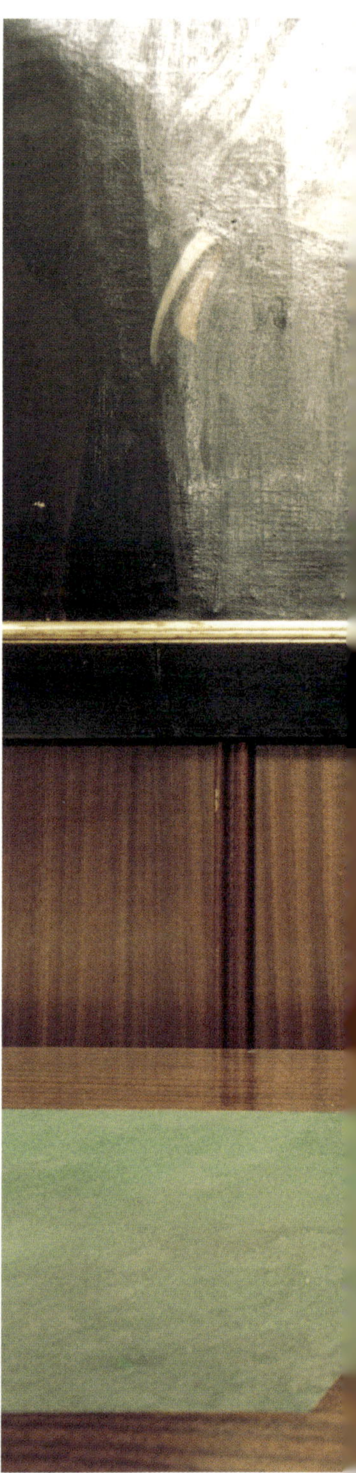

Chris Keller
Telefon, 2007
C-Print | C-print
36×24 cm
© Chris Keller

bobsairport
S. | p. 185

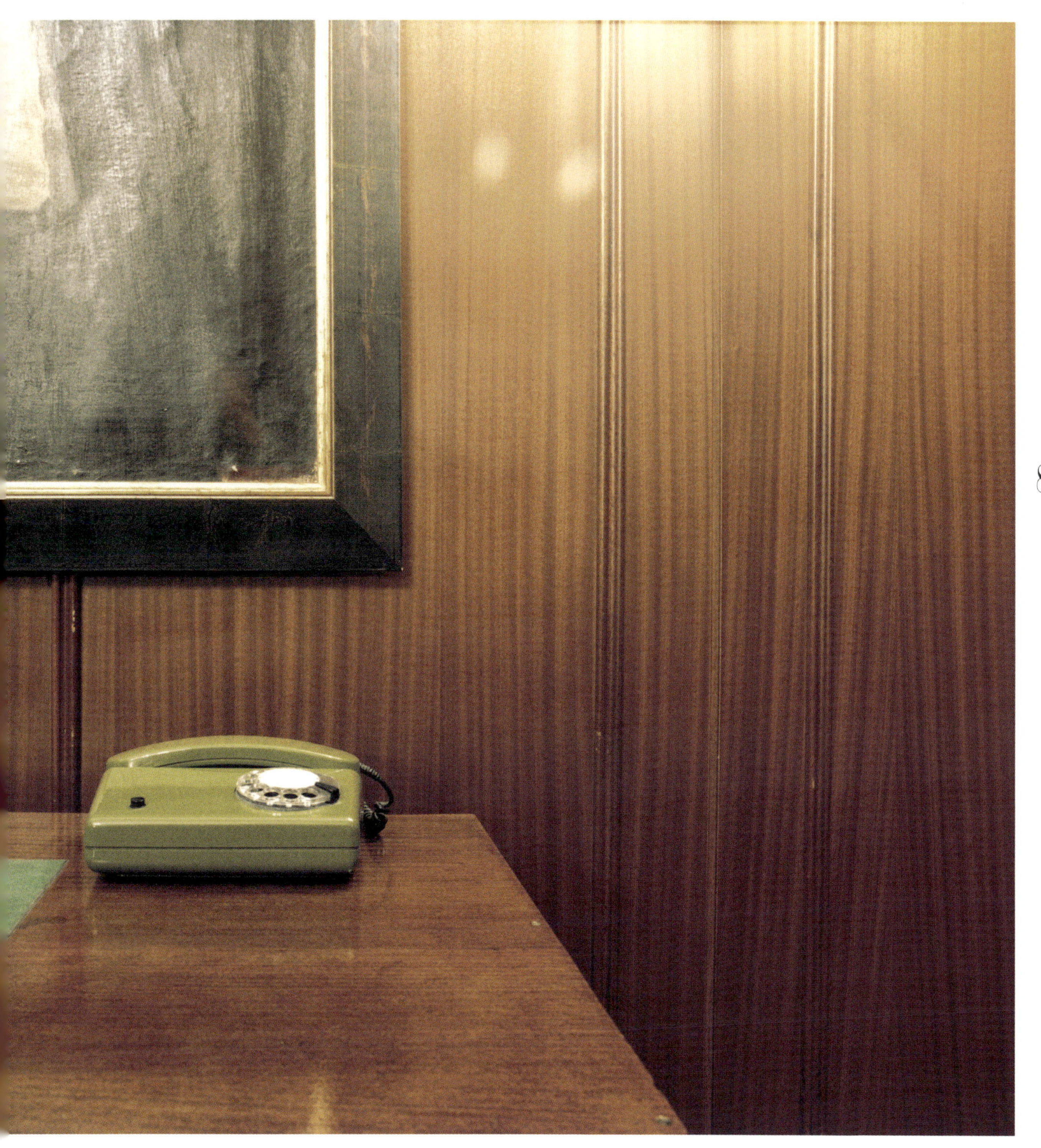

Katherine Newbegin
Green Phone
Tintenstrahldruck | Inkjet print
© Katherine Newbegin

Kommunale Galerie Berlin
S. | p. 215

88

Unbekannter Fotograf | Unknown photographer (Culver Pictures)
US Film Producer Darryl F. Zanuck, ca. 1946
Silbergelatineabzug retuschiert | Silver gelatin print, retouched
24 × 18 cm
© Sammlung Bogomir Ecker

Museum für Fotografie. Sammlung
Fotografie der Kunstbibliothek / SMB
S. | p. 222

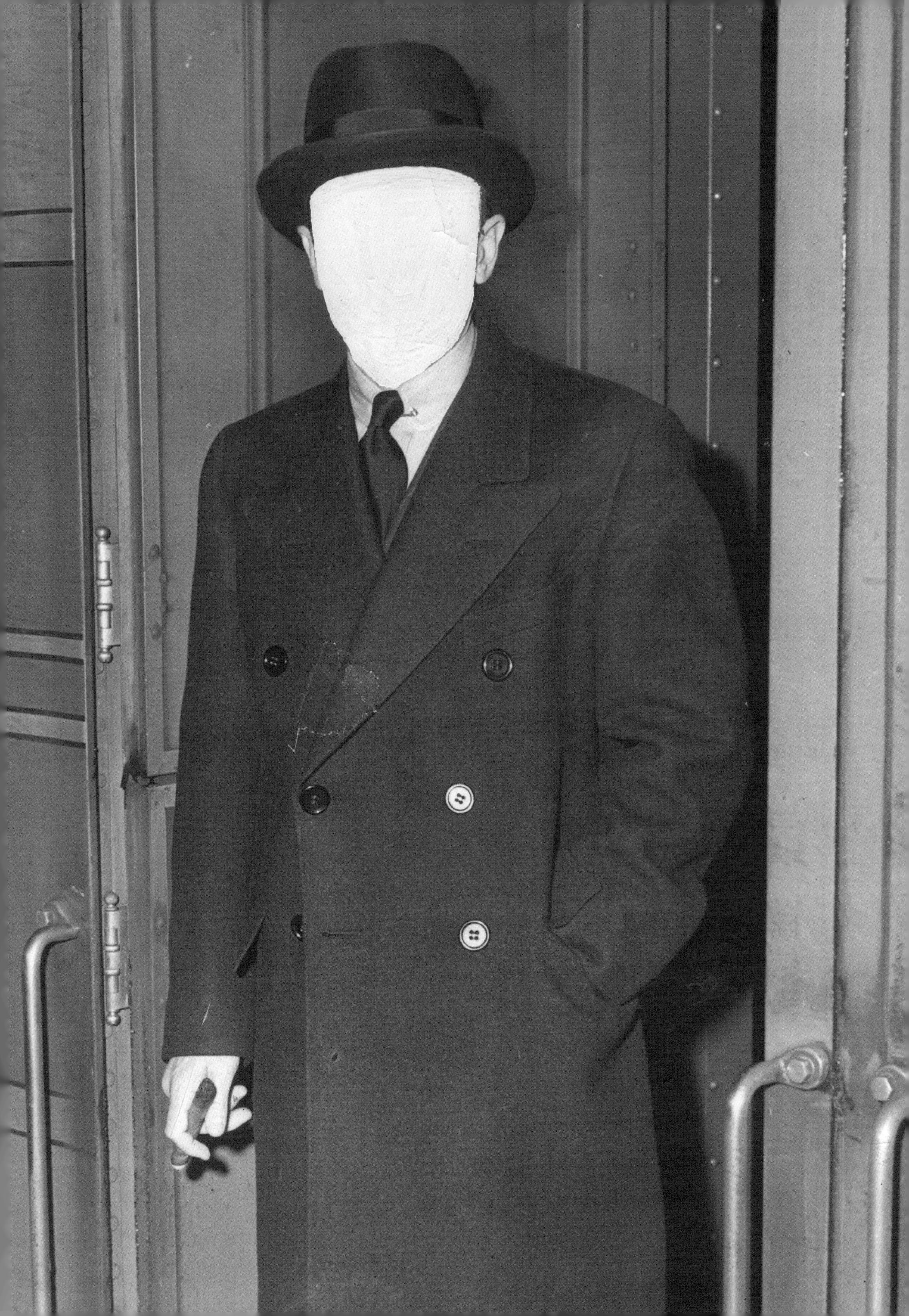

90

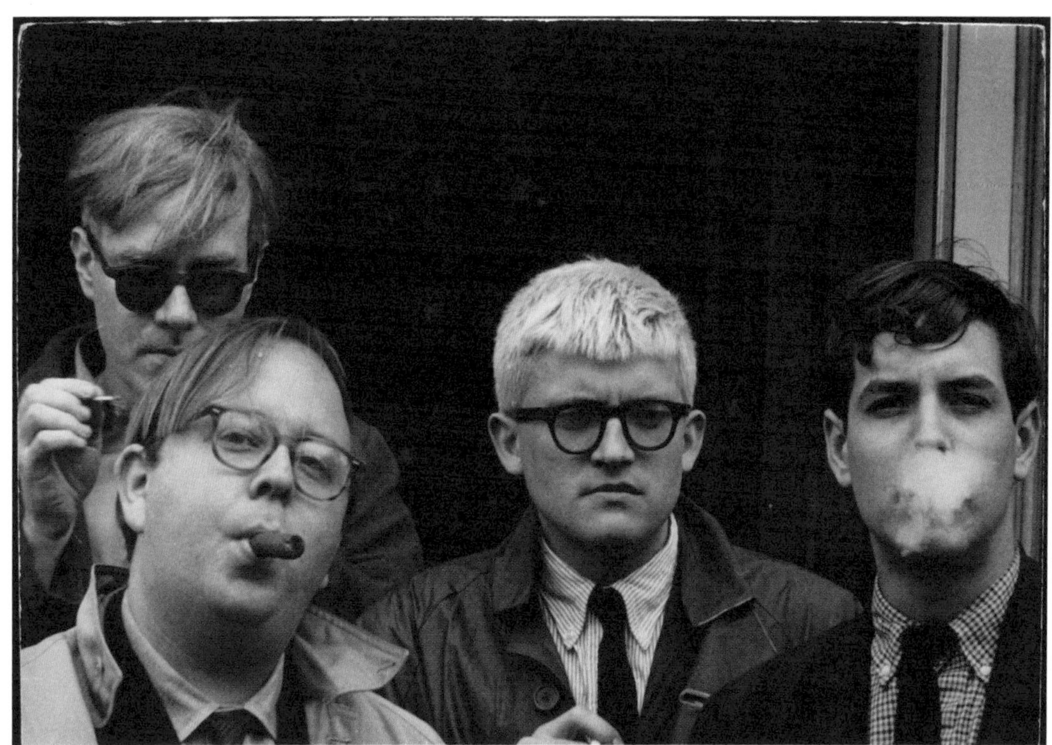

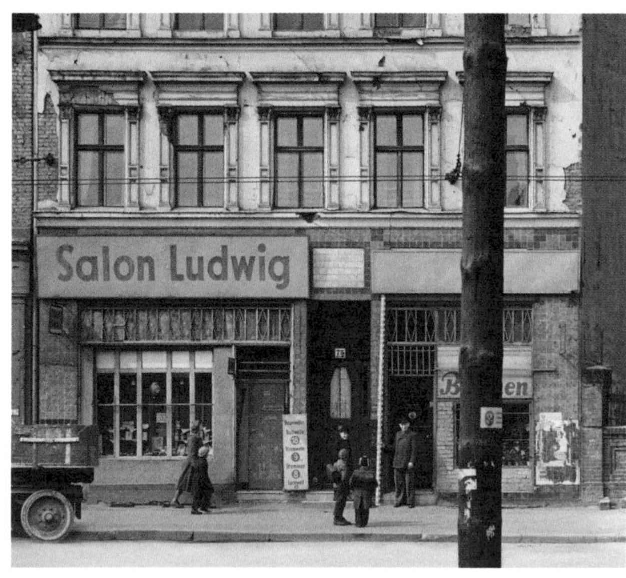

oben | top
Dennis Hopper
Andy Warhol, Henry Geldzahler, David Hockney and Jeff Goodman, Location: USA, 1963
Silbergelatineabzug | Silver gelatin print
17,2×24,7 cm
© The Dennis Hopper Trust

Martin-Gropius-Bau
S. | p. 221

unten | bottom
Arwed Messmer
Fruchtstraße #1 (52–55), zwischen Stalinallee und Rüdersdorfer Straße (Detail), 1952/2008
Schwarzweiß Pigmentdruck | Black and white pigment print
Fotografiert von | photographed by Fritz Tiedemann 1952
© Rekonstruktion und Interpretation | Reconstruction and interpretation by Arwed Messmer 2008

Franz-Mehring-Platz 1
S. | p. 198

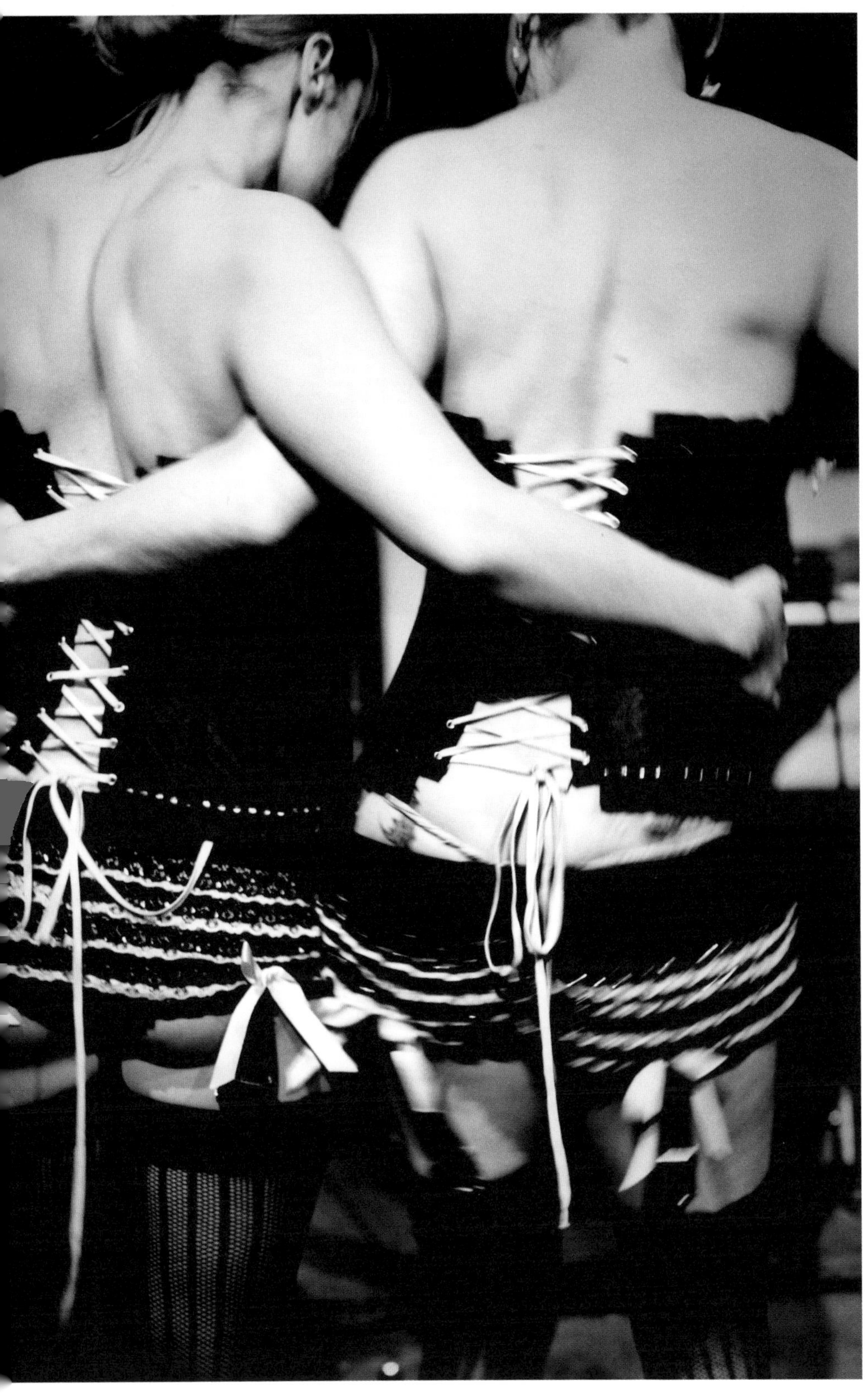

rechte Seite | right-hand page
Anna Kott
O.T. | Untitled, 2012
C-Print | C-print
80×60 cm
© Anna Kott

Polnisches Institut Berlin
S. | p. 229

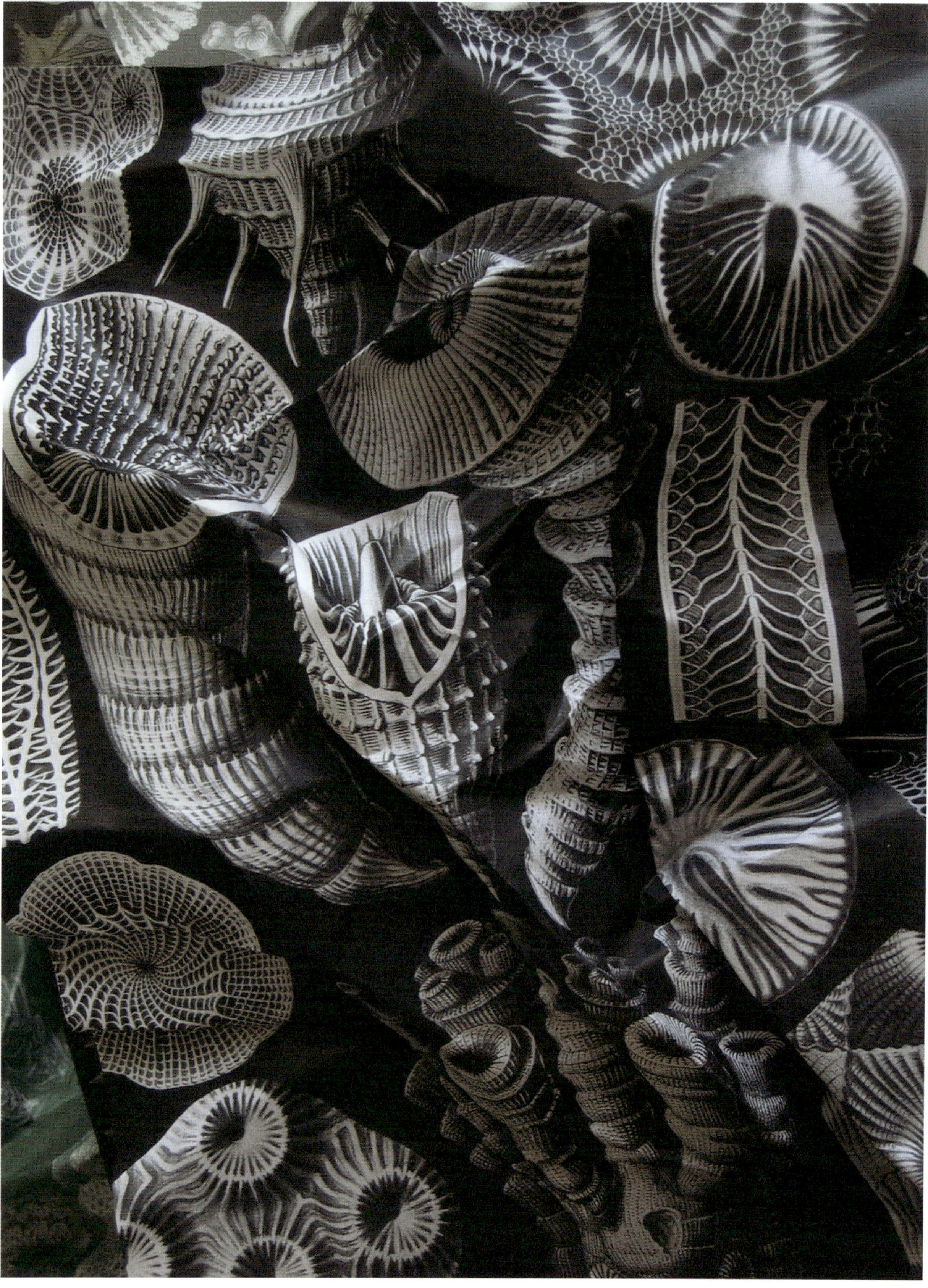

Eva-Maria Schön
Knick – Gebrochene Symmetrien, 2009 – 11
Farbfotografie | Colour photograph
42 × 29,7 cm
© Eva-Maria Schön, VG Bild-Kunst, Bonn

Deutscher Künstlerbund
S. | p. 192

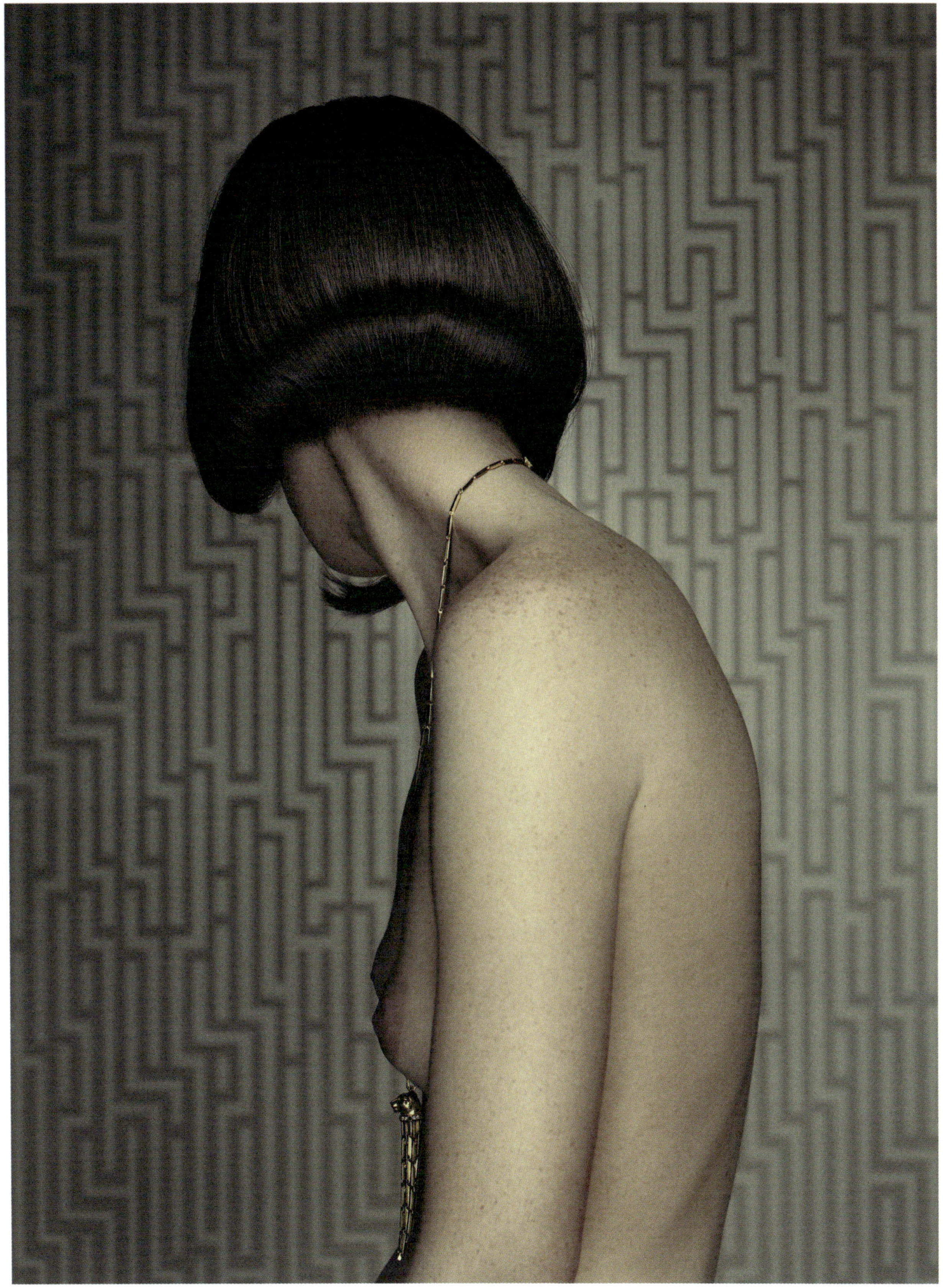

Erwin Olaf
The Keyhole 2, 2011
Lambda Print | Lambda print
Größe variabel | Dimensions variable
© Erwin Olaf

Galerie WAGNER + PARTNER
S. | p. 206

94

Ono Ludwig
Mr. Pongo, Januar 2011
Camera Obscura, Handabzug auf PE-Papier | Camera obscura, hand print on PE paper
40,6 × 30,5 cm
© Ono Ludwig

Pflüger68 Bürogemeinschaft und Galerie
S. | p. 226

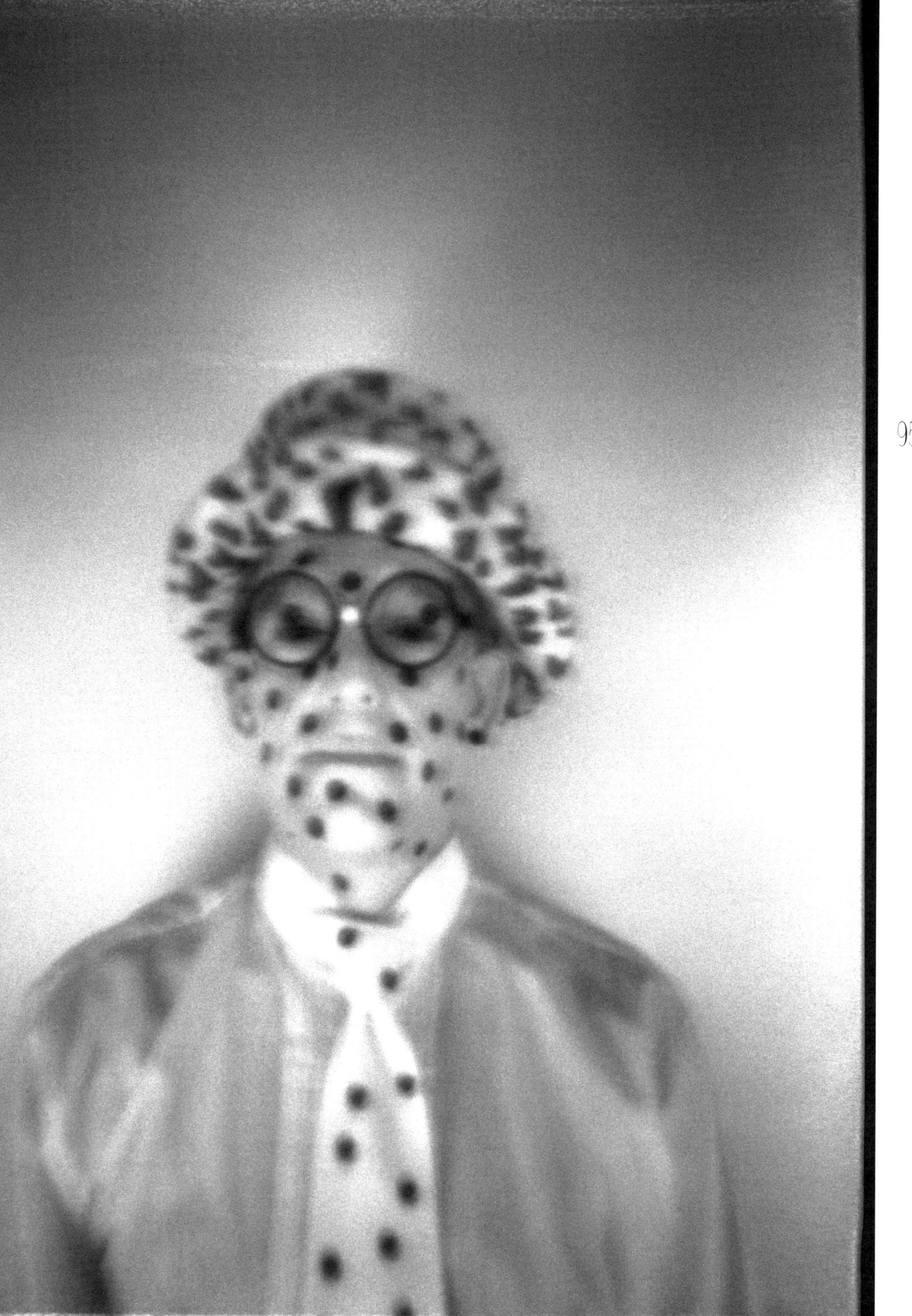

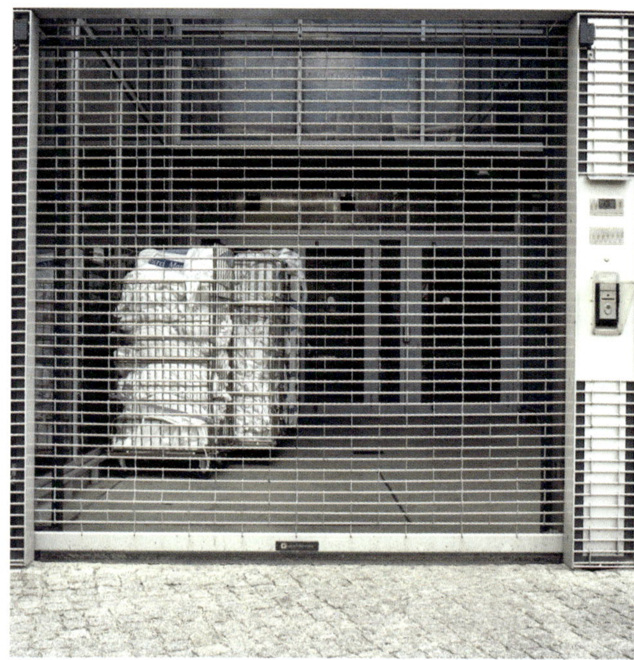

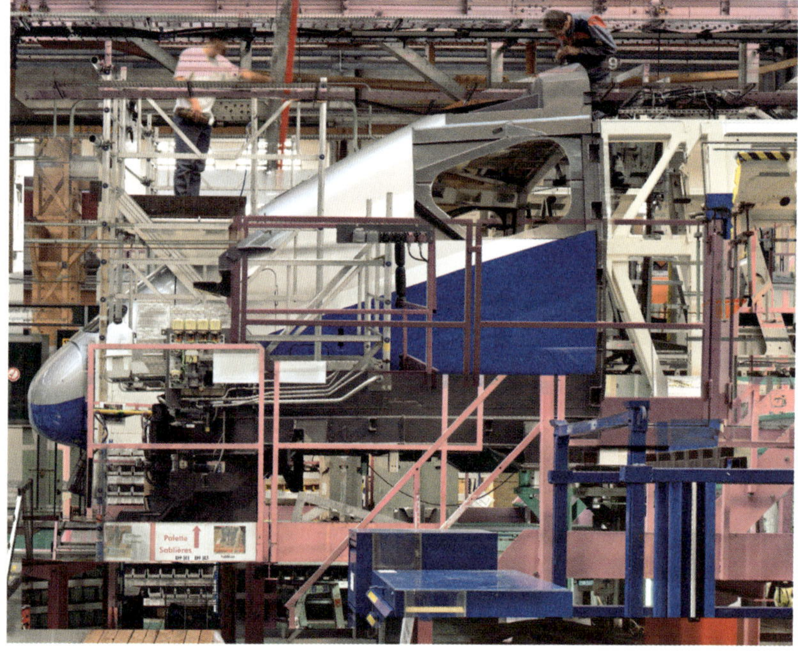

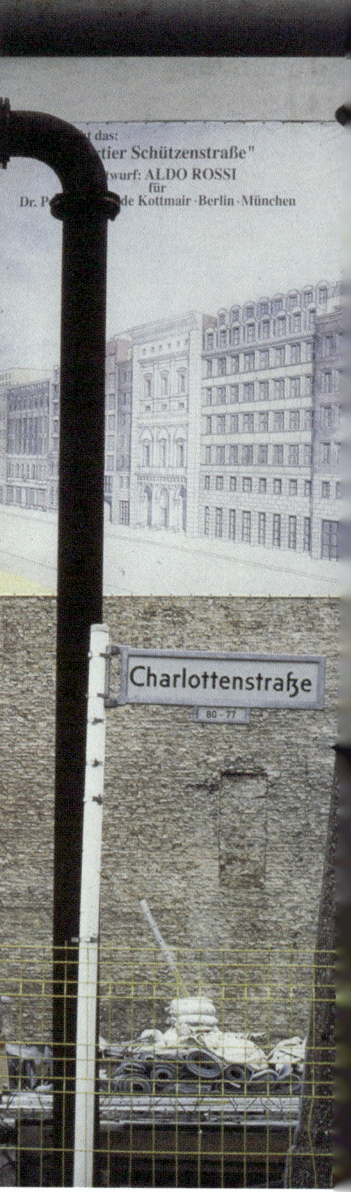

oben | top
Simon Erath
Courtyard Marriott Berlin Mitte, 2012
Tintenstrahldruck | Inkjet print
© Simon Erath

BEST-Sabel Bildungszentrum
S. | p. 183

unten | bottom
Stéphane Couturier
Belfort, Usine Alstom n°3, Halle Transport, 2009
C-Print, Auflage: 5 | C-print, edition: 5
100 × 126 cm
© Stéphane Couturier

Galerie Kornfeld
S. | p. 204

mitte | centre
Stéphane Couturier
Berlin, Charlottenstrasse, 1995
Ilfochrome | Ilfochrome
104 × 132 cm
© Stéphane Couturier

Institut français Berlin
S. | p. 211

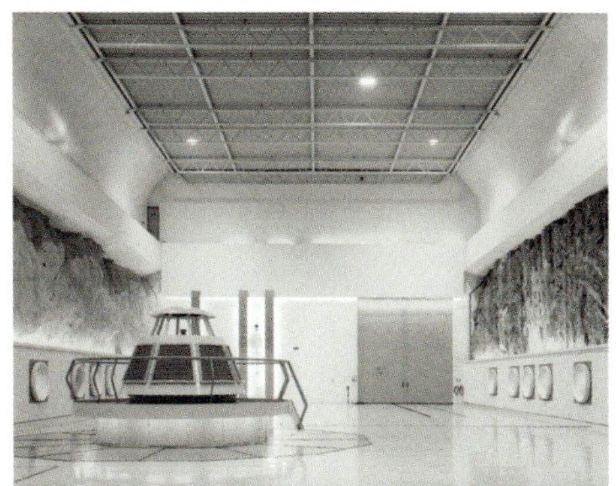

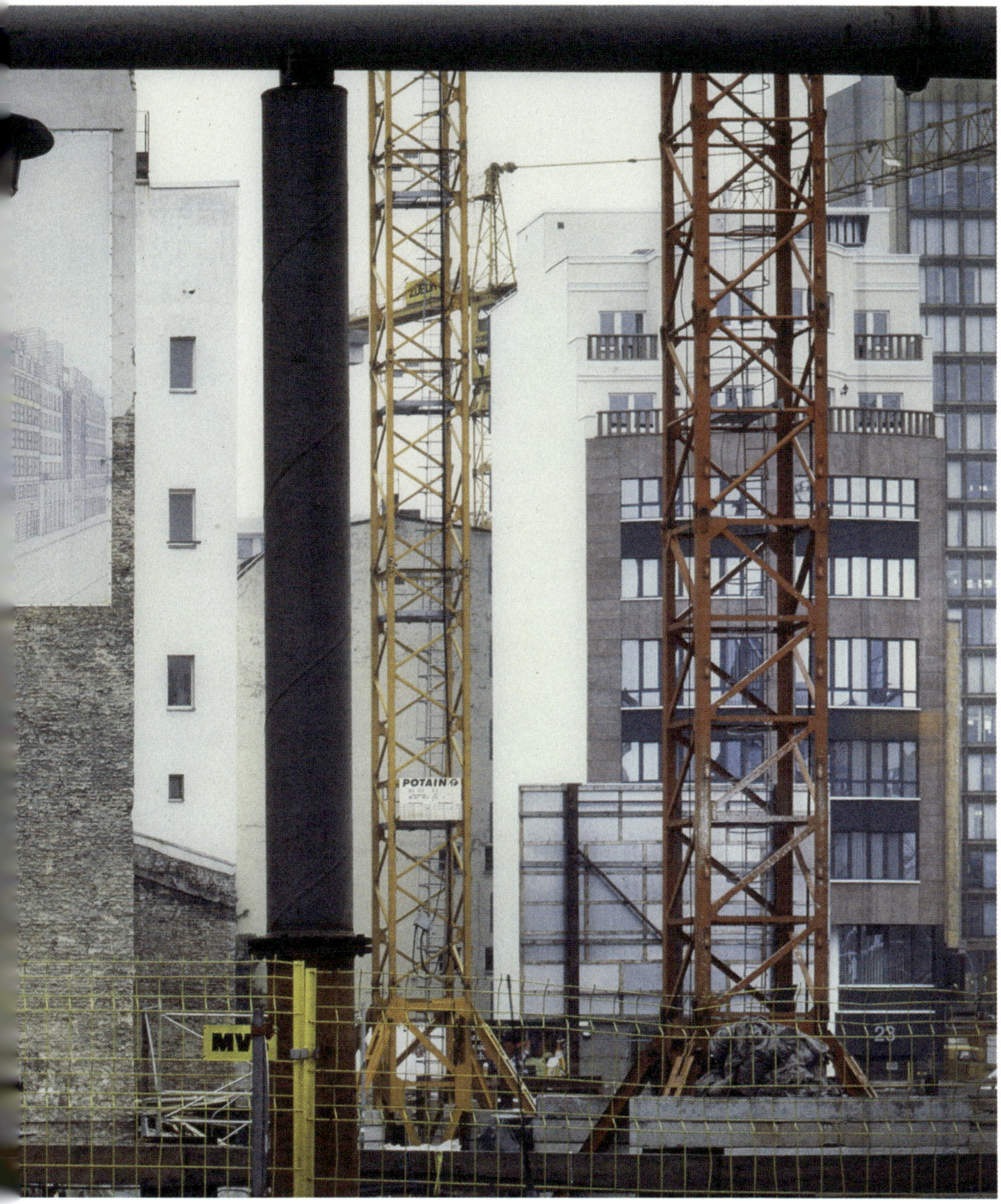

oben | top
Per Berntsen
<u>Saurdal</u>
Schwarzweiß Silbergelatineabzug auf Barytpapier, Auflage 5
Black and white silver gelatin print on baryta paper, edition 5
© Per Berntsen

GALERIE KAI HILGEMANN
S. | p. 203

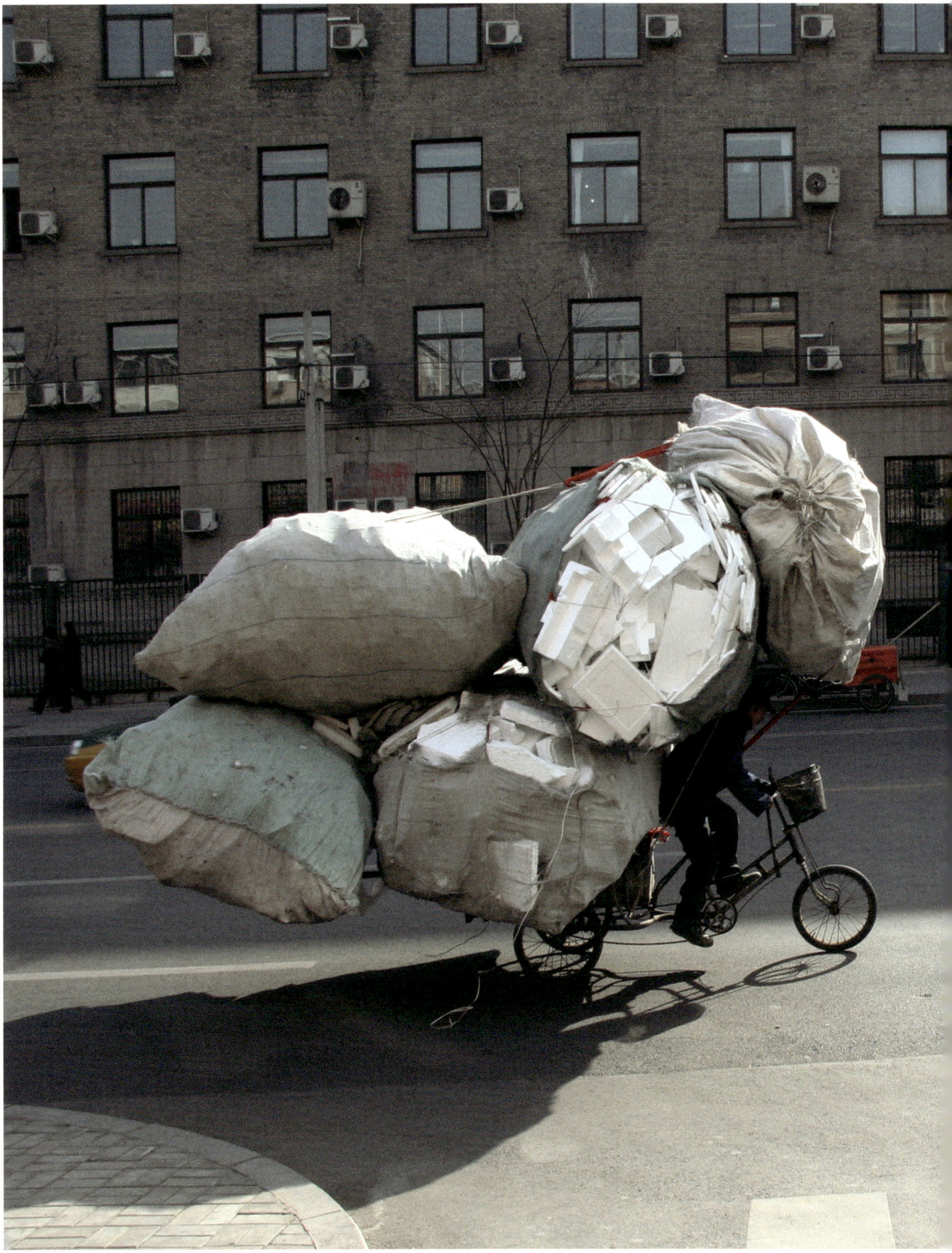

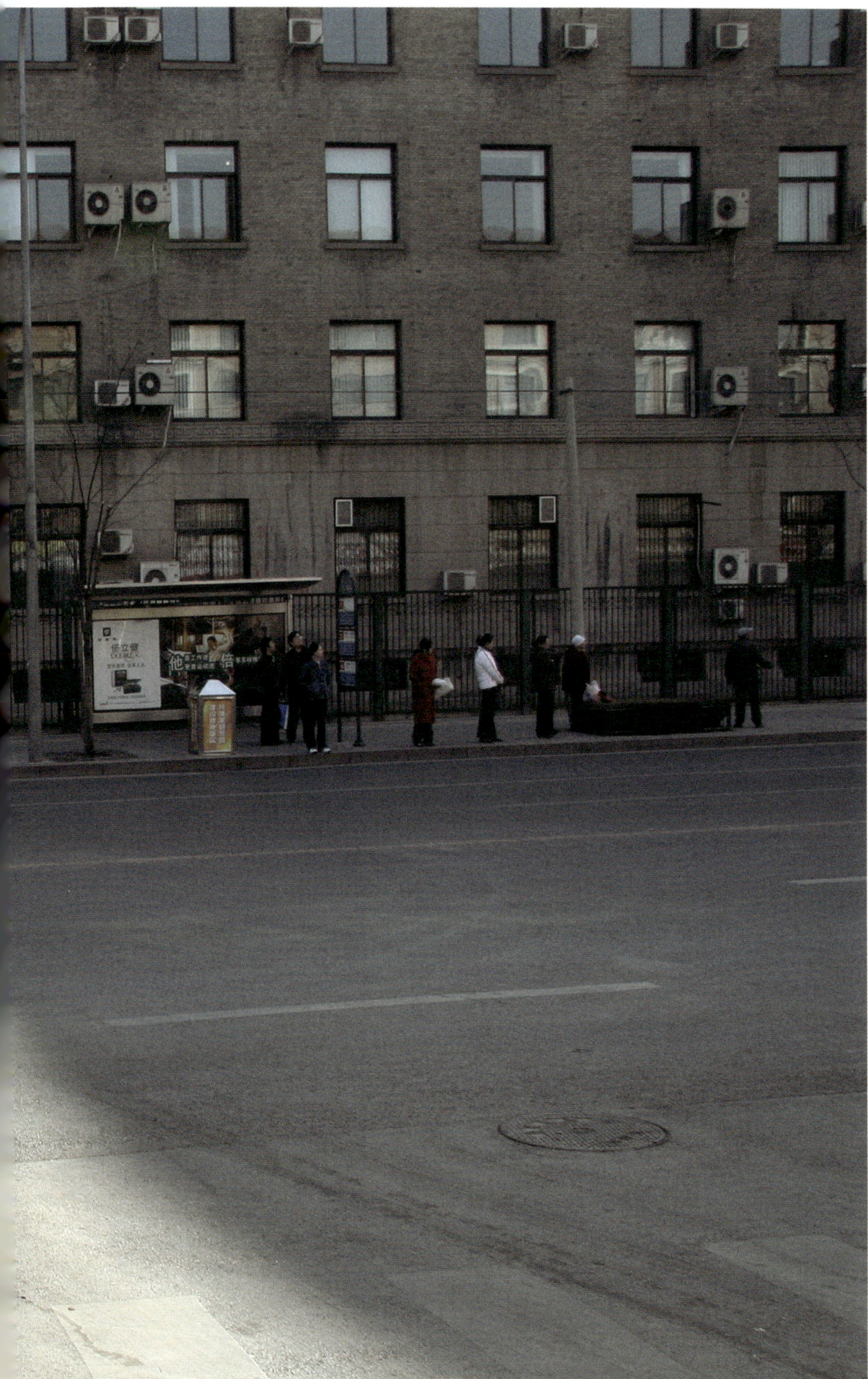

Wang Fang
Five Mountains, 2006
Digigrafie | Digigraphie
25 × 40 cm
© Wang Fang

exhibeo galerie
S. | p. 193

99

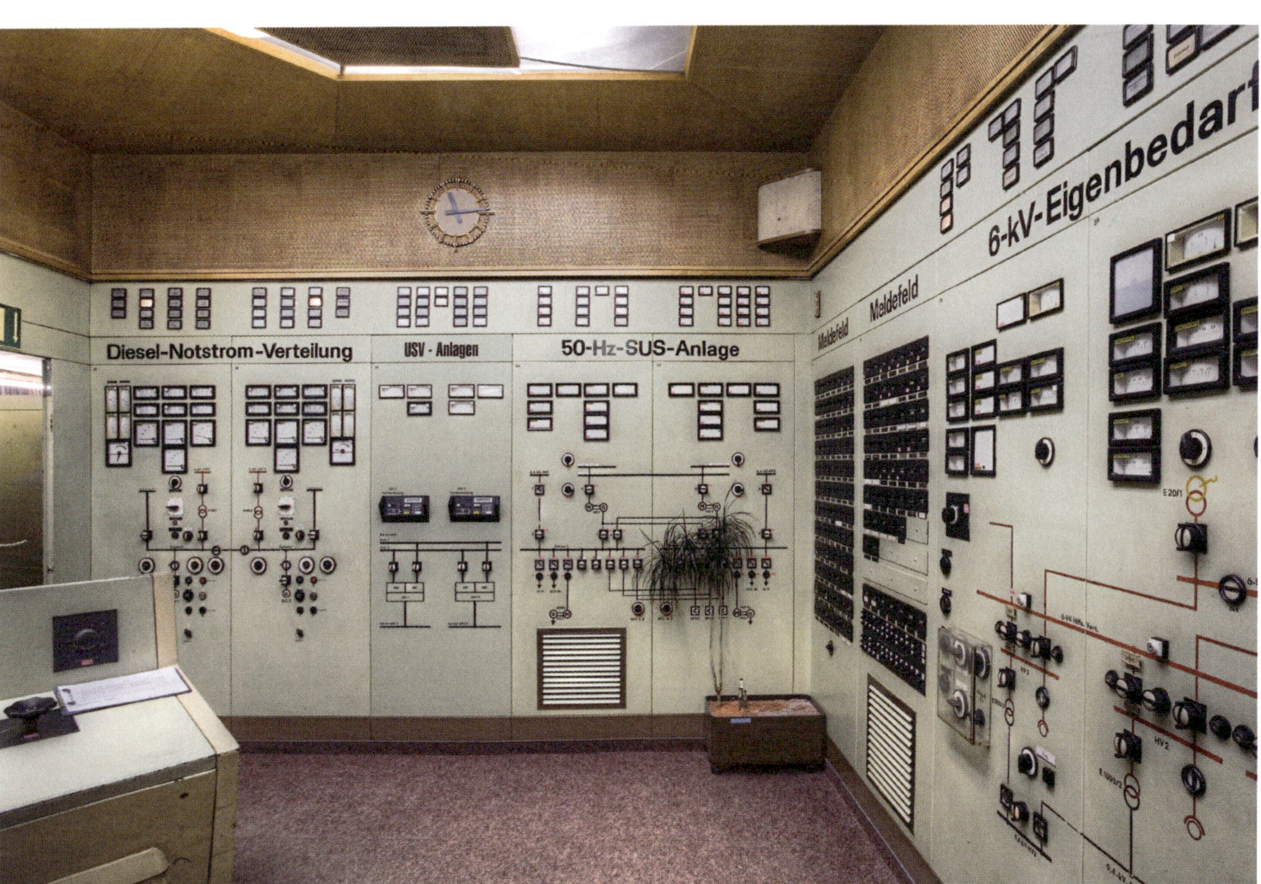

Tor Seidel
Reaktorwarte KKW Rheinsberg, 2011
C-Print | C-print
50 × 70 cm
© Tor Seidel

Galerie cubus-m
S. | p. 201

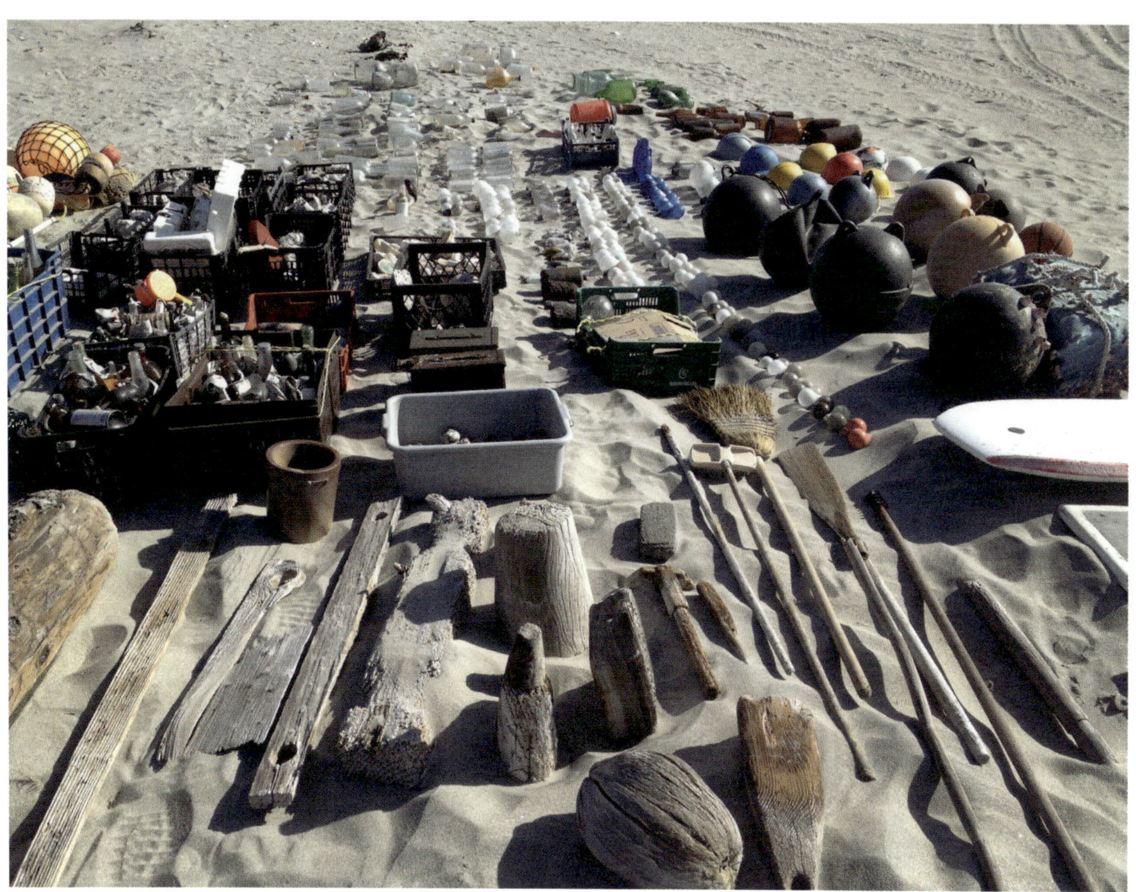

Gabriel Orozco
Objects Being Collected for Sandstars (2012)
on Isla Arena, Baja California Sur, Mexico, 2012
Farbfotografie | Colour photograph, 10,2 × 15,2 cm
© Gabriel Orozco

Deutsche Guggenheim
S. | p. 192

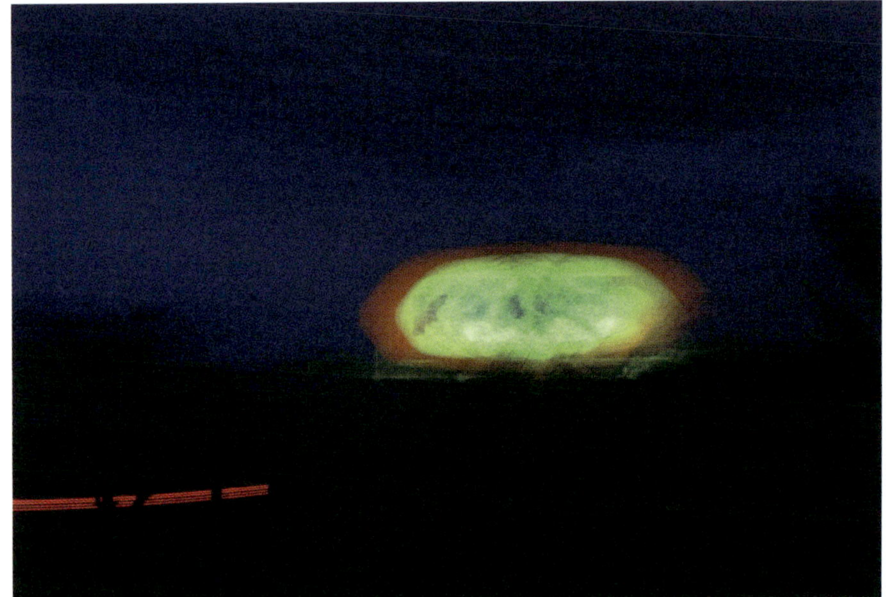

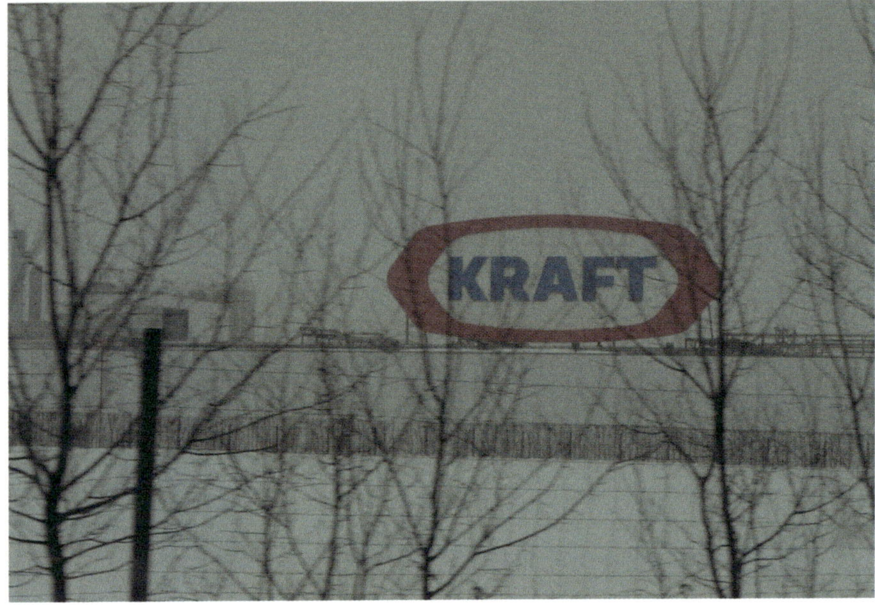

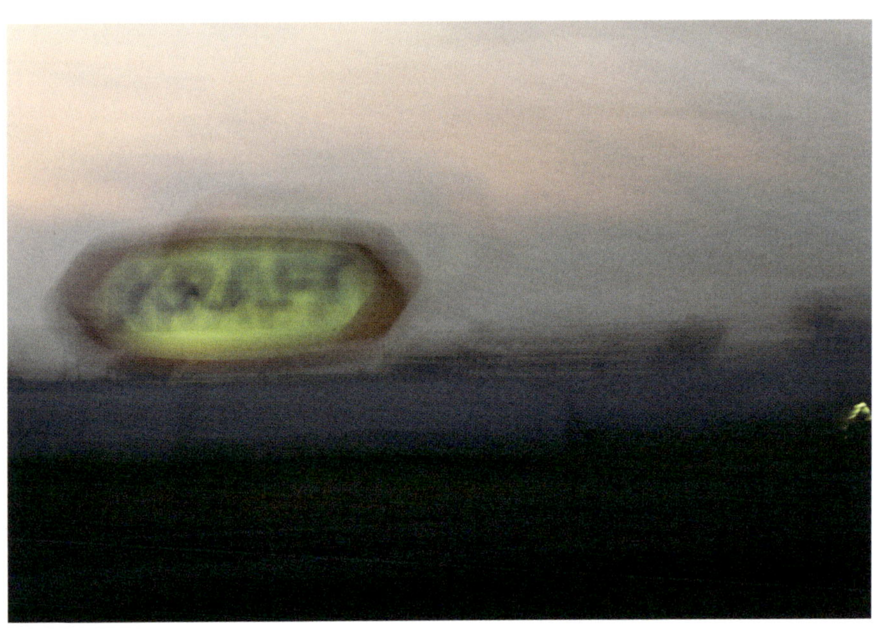

Peter Piller
Aus der Serie | From the series
<u>Kraft</u>, 2010
Diaprojektion (40 Diapositive)
Slide projection (40 slides)
© Peter Piller, VG Bild-Kunst, Bonn

Sammlung Christian Schwarm
S. | p. 238

rechts | right
Marc Theis
Kenner am Schwarze Wee, 1984
C-Print auf AluDibond | C-print on AluDibond
90 × 120 cm
© Marc Theis

Botschaft von Luxemburg
S. | p. 186

unten | bottom
Thomas Voßbeck
Grube Wieczorek, Altar der Heiligen Barbara, 2010
C-Print | C-print
50 × 60 cm
© Thomas Voßbeck

**Haus der Brandenburgisch-Preußischen
Geschichte**
S. | p. 210

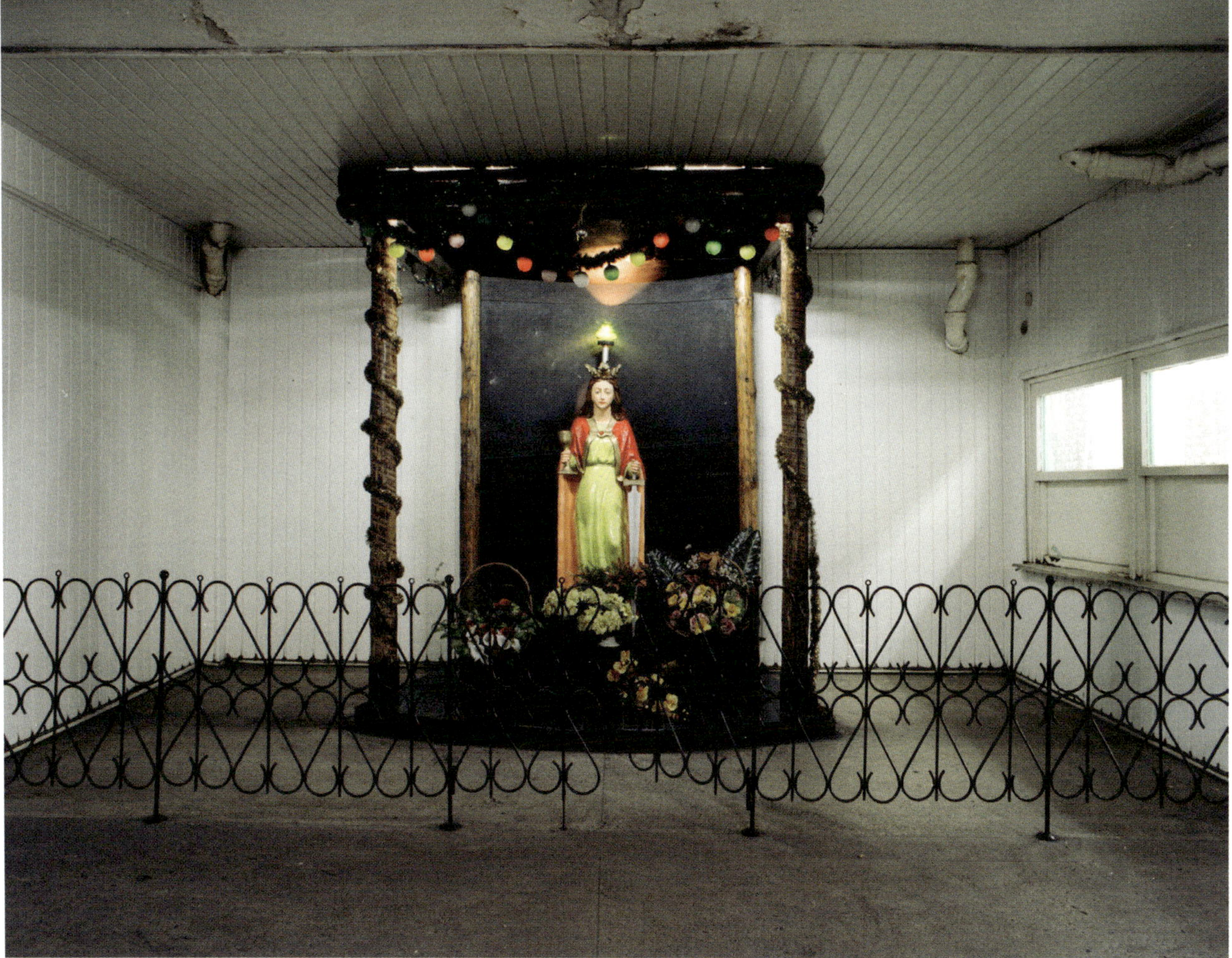

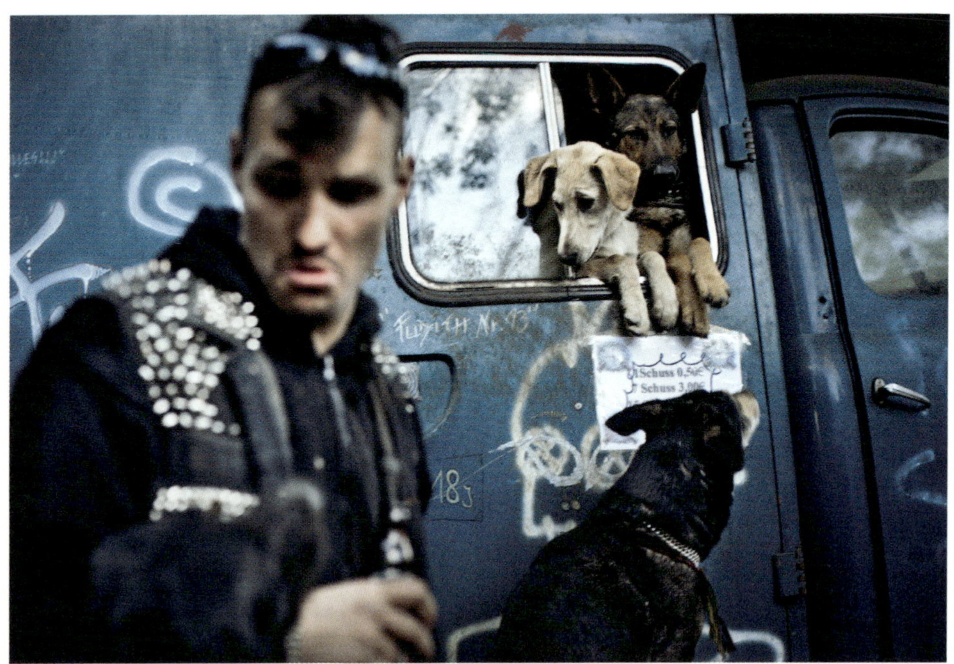

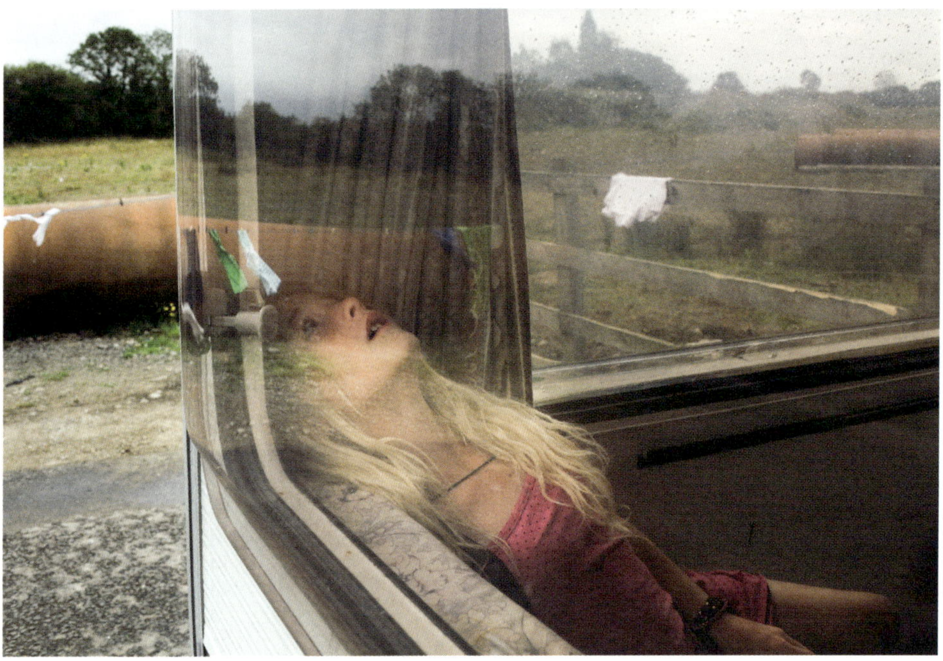

Ann Sophie Lindström
Trabi musste seine läufige Hündin im Wagen einsperren, um unkon-
trollierten Nachwuchs zu verhindern. Leider hat einer der Rüden ein
weiteres offenes Fenster gefunden, 2011
Tintenstrahldruck | Inkjet print
50×70 cm
© Ann Sophie Lindström

Botschaft von Luxemburg
S. | p. 186

Birte Kaufmann
O.T. | Untitled, 2011
© Birte Kaufmann

Ostkreuzschule für Fotografie. Abschlussklasse 2012
S. | p. 224

Stéphane Duroy
Métro Père Lachaise, Paris 1987
Cibachrome Druck | Cibachrome print
45×30 cm
© Stéphane Duroy

only photography
S. | p. 223

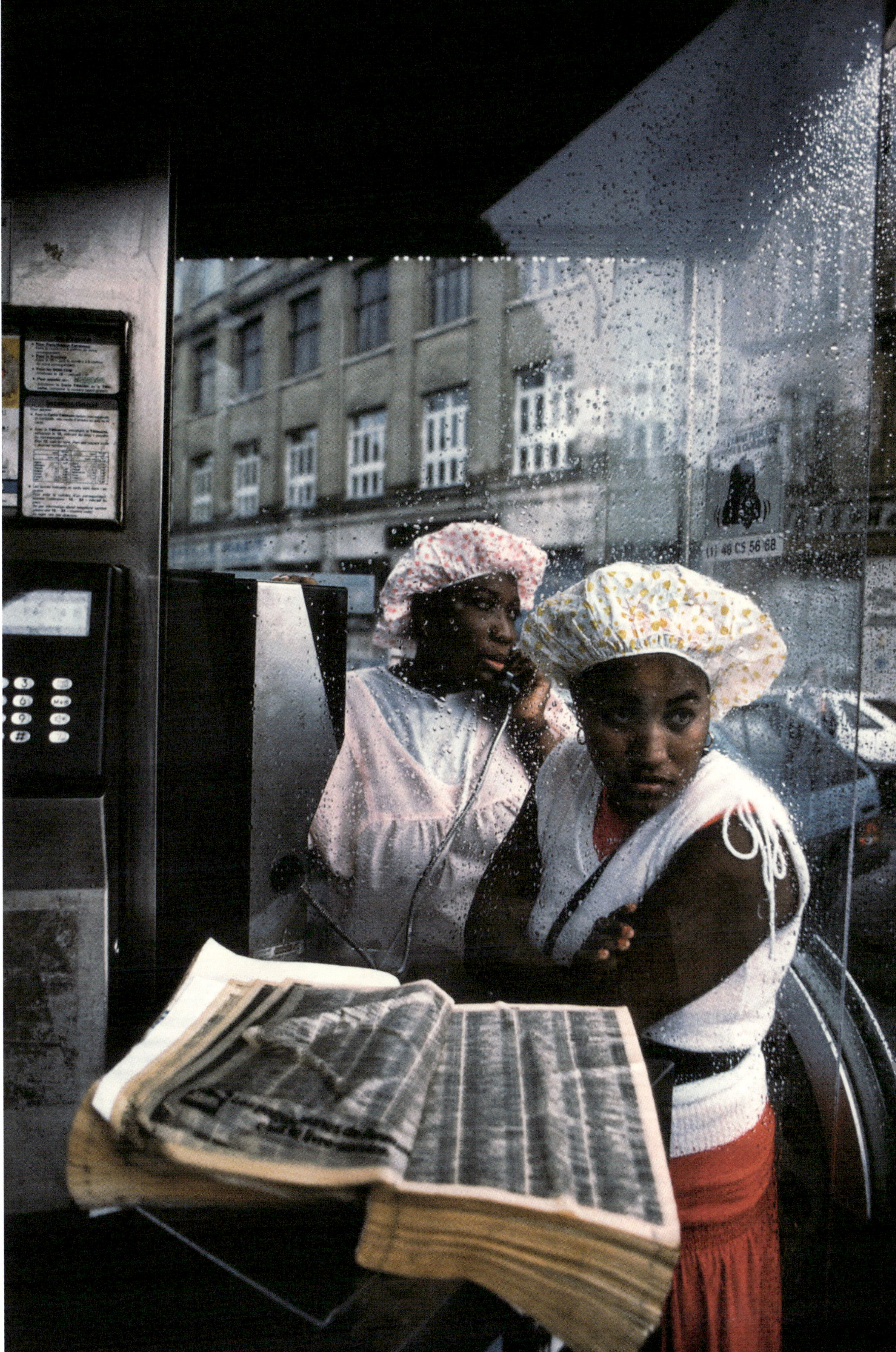

Michael Wesely
5.4.1997 – 3.6.1999 Potsdamer Platz,
Berlin, 1999
C-Print | C-print
125 × 175 cm
© Michael Wesely

Fahnemann Projects
S.| p. 194

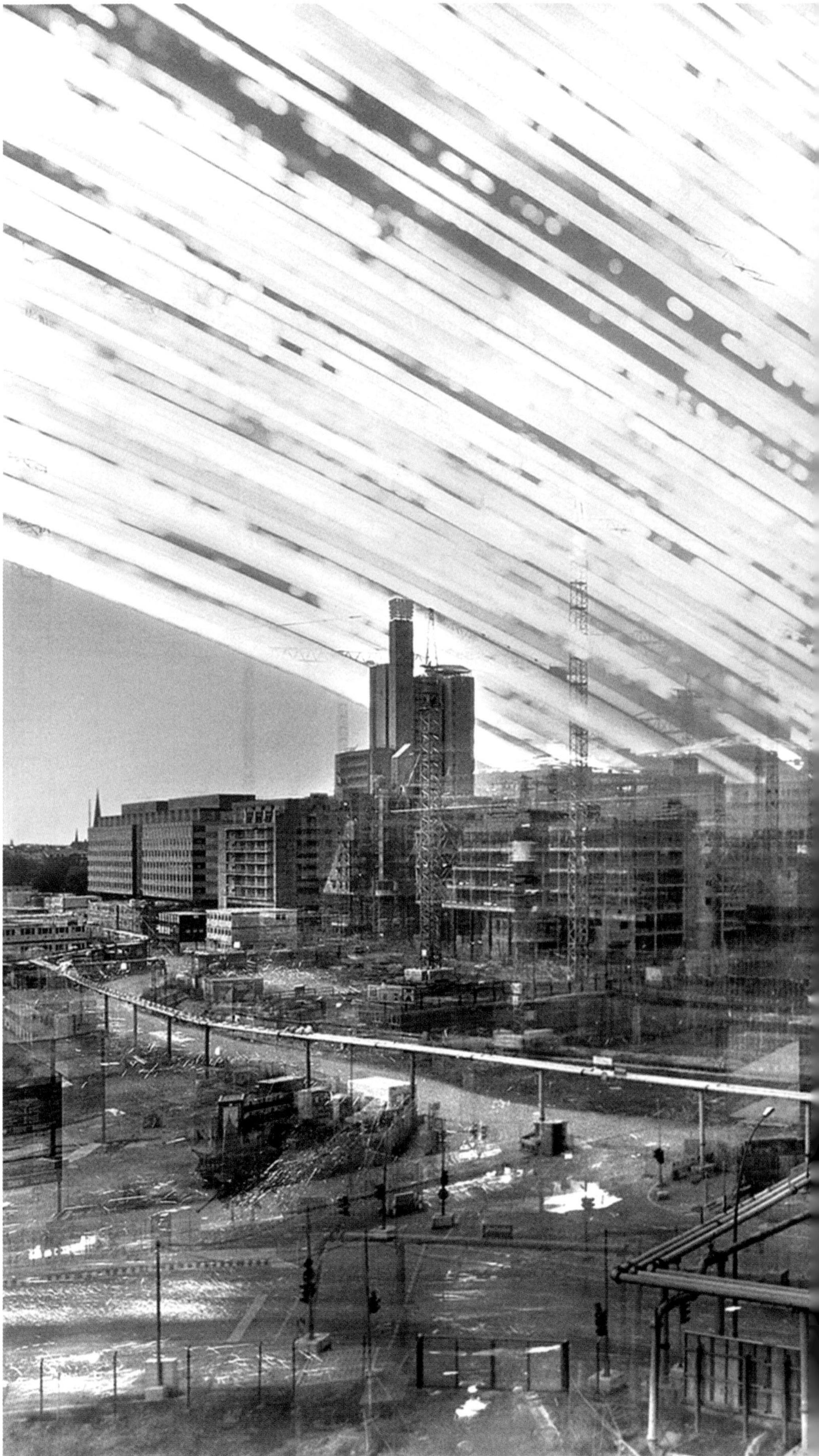

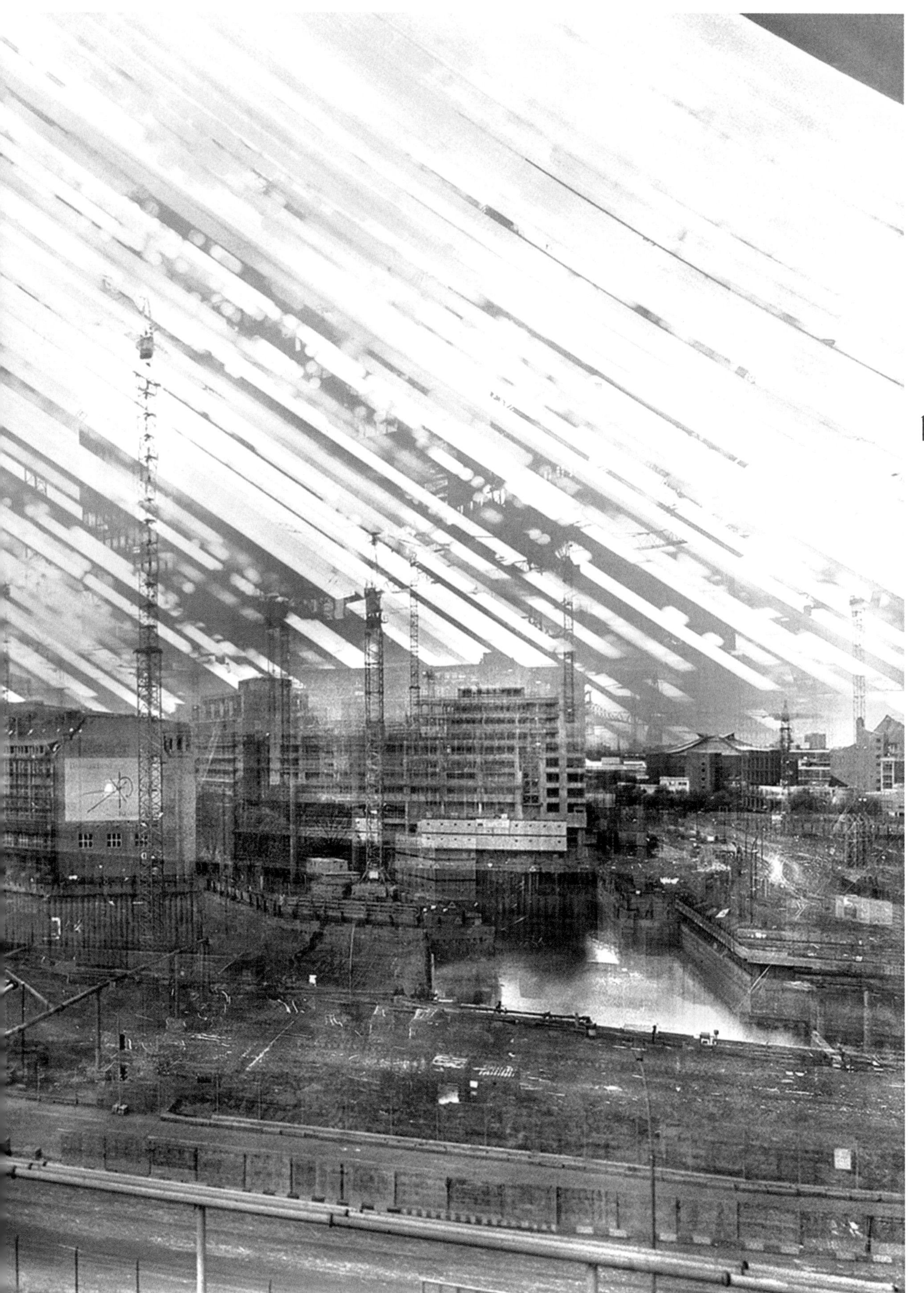

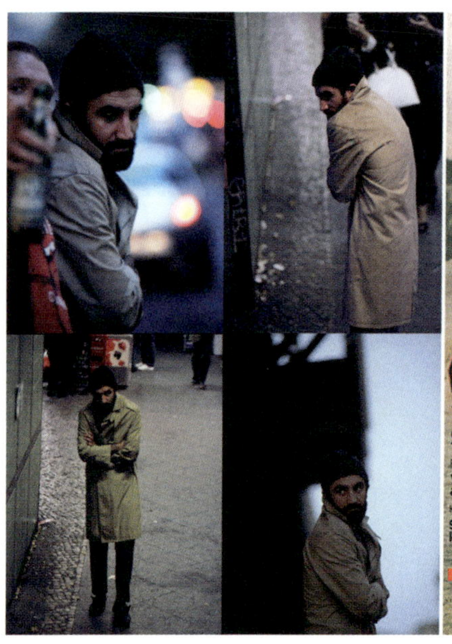
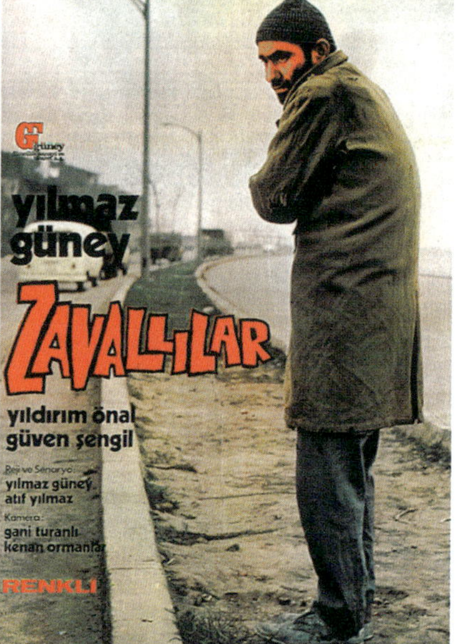

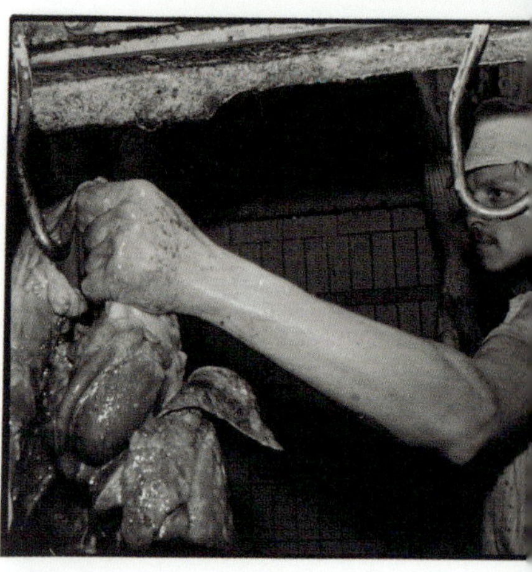
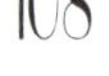
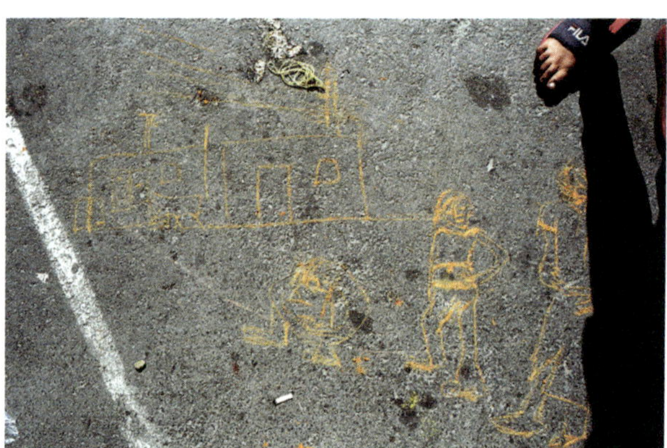
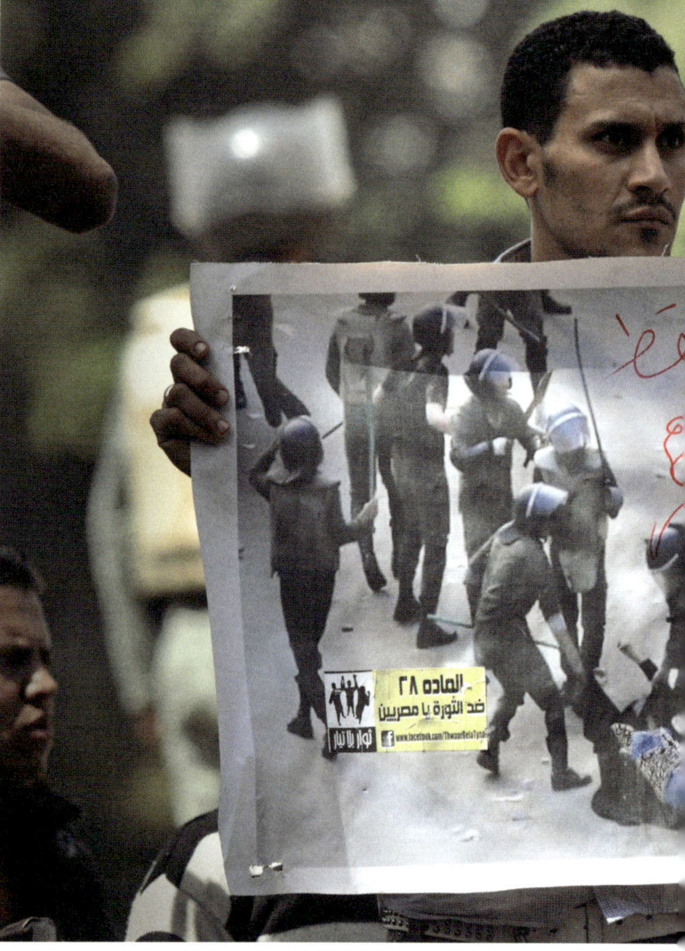

oben | top
Ute Langkafel
Korkmaz Arslan aka Yılmaz Güney von 1975, Berlin 2011
C-Print | C-print
42×60 cm
© Ute Langkafel

Galerie MAIFOTO
S. | p. 205

unten | bottom
Charlotte Menin
Triboniano Camp, Mailand | Milan 2008
Tintenstrahldruck | Inkjet print
40×60 cm
© Charlotte Menin

Kunst- und Atelierhaus Meinblau
S. | p. 216

oben mitte | top centre
York der Knoefel
O.T. aus der Serie | Untitled from the series Schlachthaus Berlin, 1988
Silbergelatineabzug auf Barytpapier | Silver gelatin print on baryta paper
18×24 cm
© Nachlass Knoefel

Loock Galerie
S. | p. 220

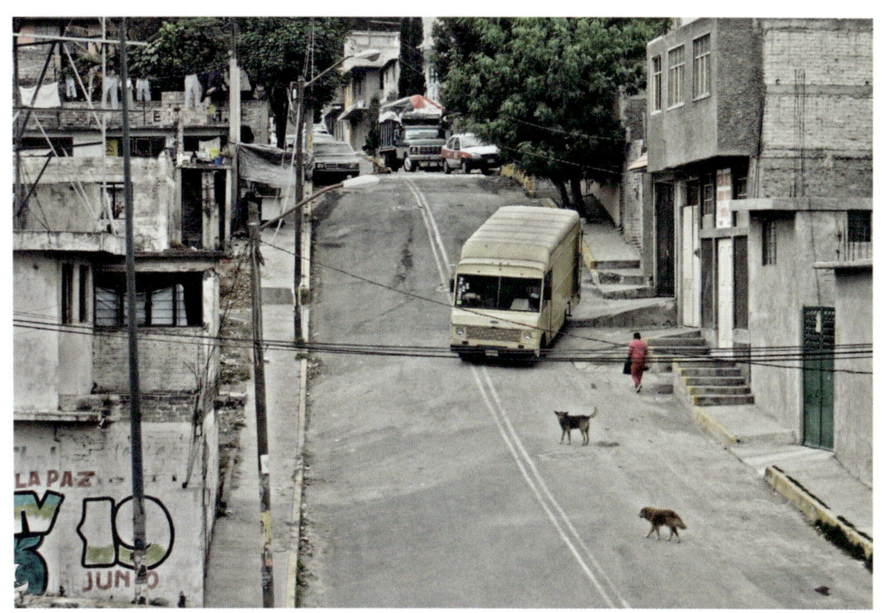

109

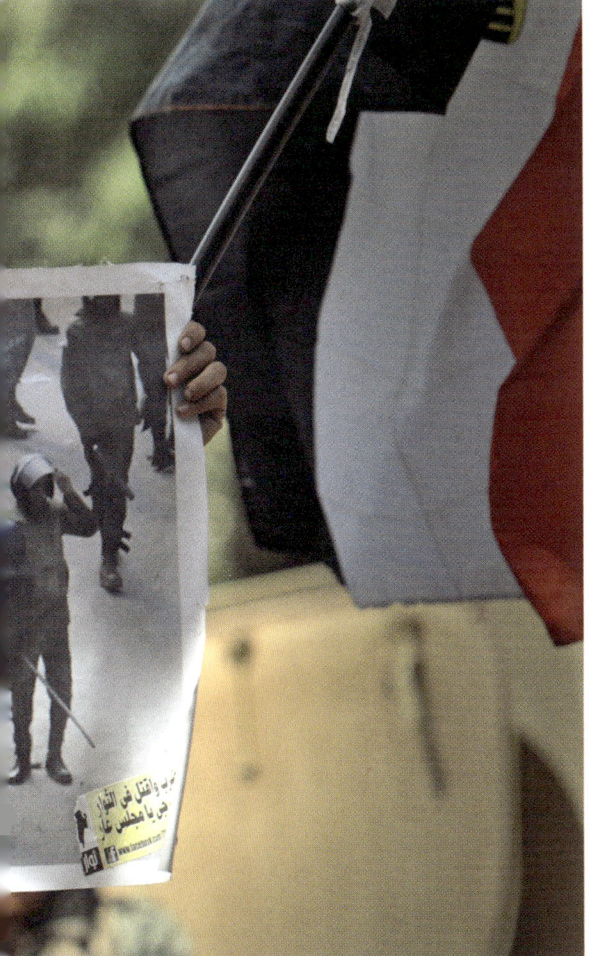

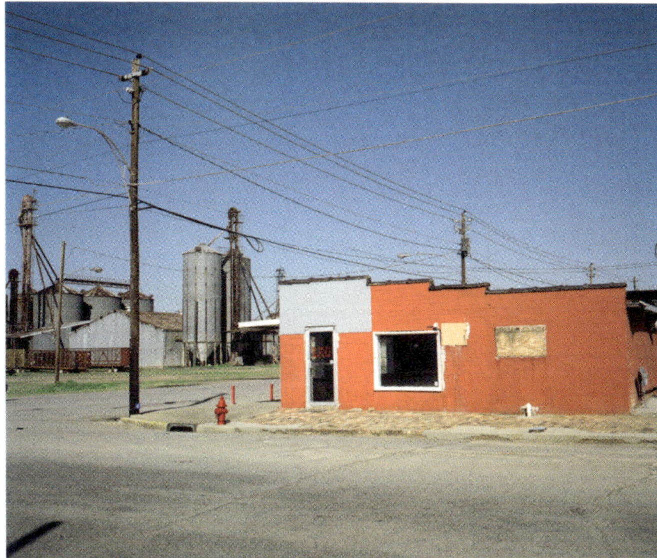

<table>
<tr><td>

unten mitte | bottom centre
Jonathan Rashad
The Dragged Woman, Protestmarsch zum Verteidigungsministerium,
Kairo | Cairo, 27. April 2012
© Jonathan Rashad

Festivalzentrum am Pariser Platz
S. | p. 195

</td><td>

oben rechts | top right
David von Becker
Hundeleben, 2010
Fine Art Pigmentdruck | Fine art pigment print
40 × 60 cm
© David von Becker

Galerie LUX Berlin
S. | p. 204

</td><td>

unten rechts | bottom right
Jörg Rubbert
Closed Store in Front of a Cotton Mill, Hawkinsville, GA, 2011
C-Print | C-print
40 × 50 cm
© Jörg Rubbert

Fotogalerie Friedrichshain
S. | p. 197

</td></tr>
</table>

Bourne & Shepherd
Shah Jahan, Begum von Bhopal, 1877
Albuminpapier | Albumen paper
33,6 × 25,7 cm
© Staatliche Museen zu Berlin, Ethnologisches Museum

Museum für Fotografie. Sammlung Fotografie der Kunstbibliothek / SMB
S. | p. 222

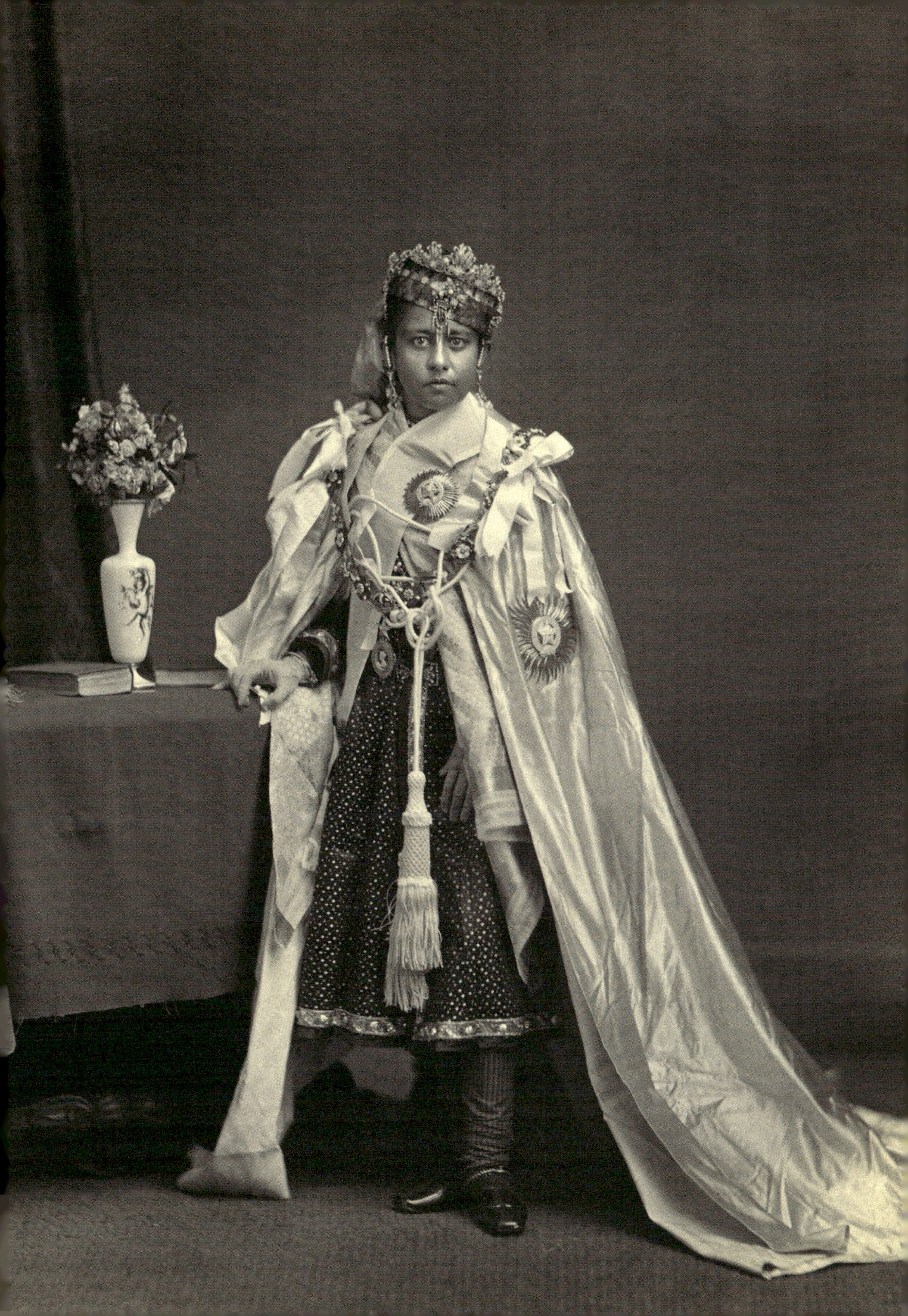

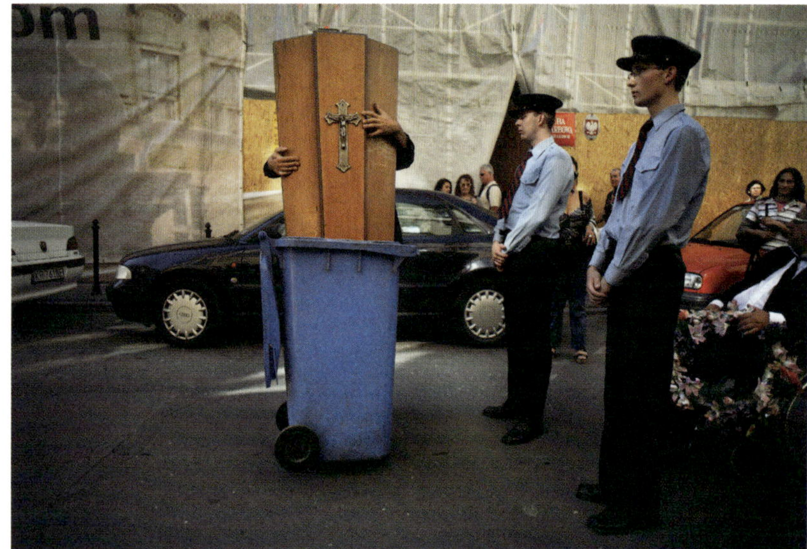

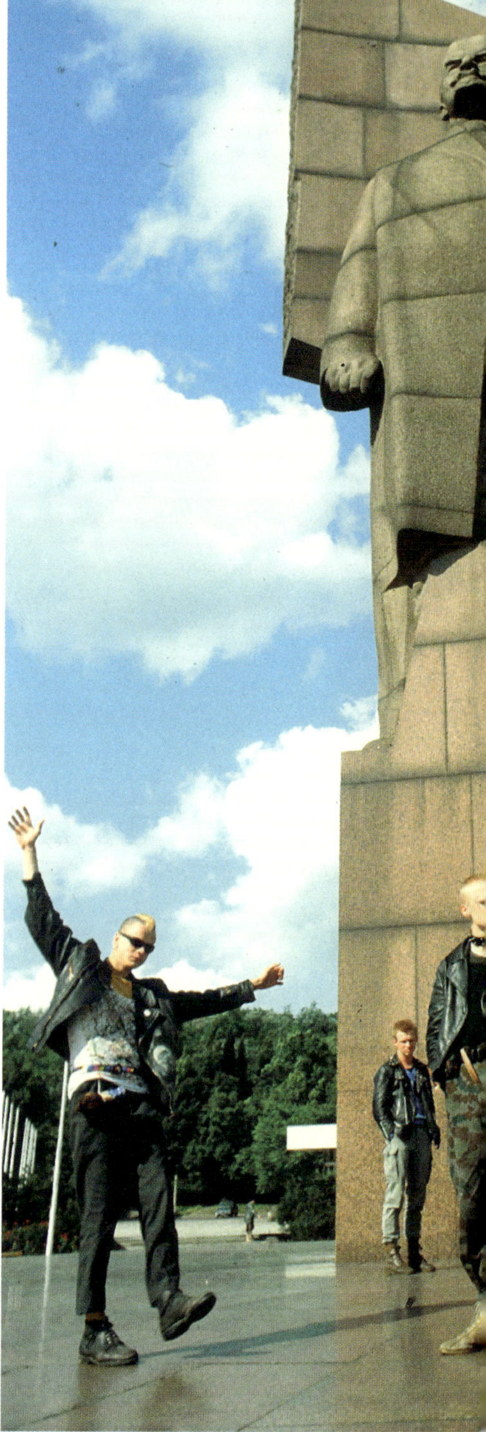

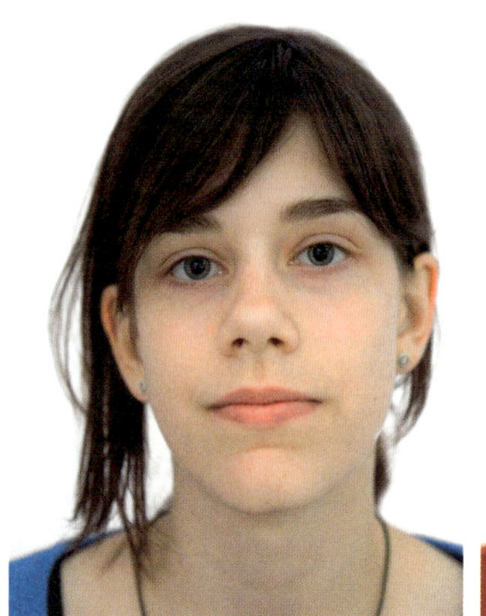

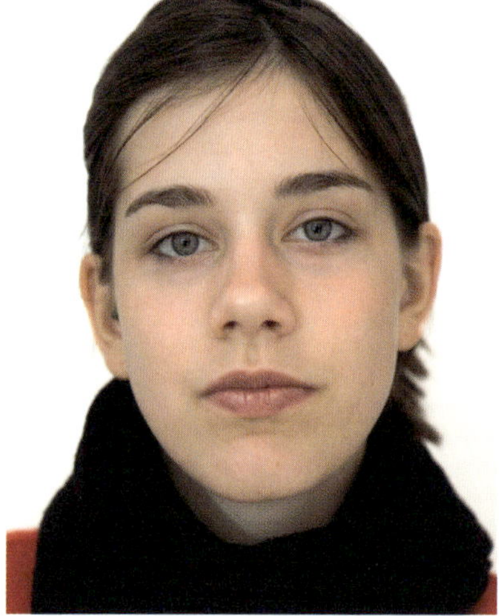

oben | top
Tomasz Wiech
Street Theatre Festival, 2009
C-Print | C-print
40×60 cm
© Tomasz Wiech

Club der Polnischen Versager
S. | p. 189

unten | bottom
Ina Köhler
Johanna / Italien, 2007/08
Lambda Print | Lambda print
70×100 cm
© Ina Köhler

Galerie Ina Köhler
S. | p. 201

mitte | centre
Ilse Ruppert
Punk-Attitude am Prenzlauer Berg, Ostberlin, 1982
Pigmentdruck | Pigment print
50×40 cm
© Ilse Ruppert

Staatsgalerie Prenzlauer Berg
S. | p. 231

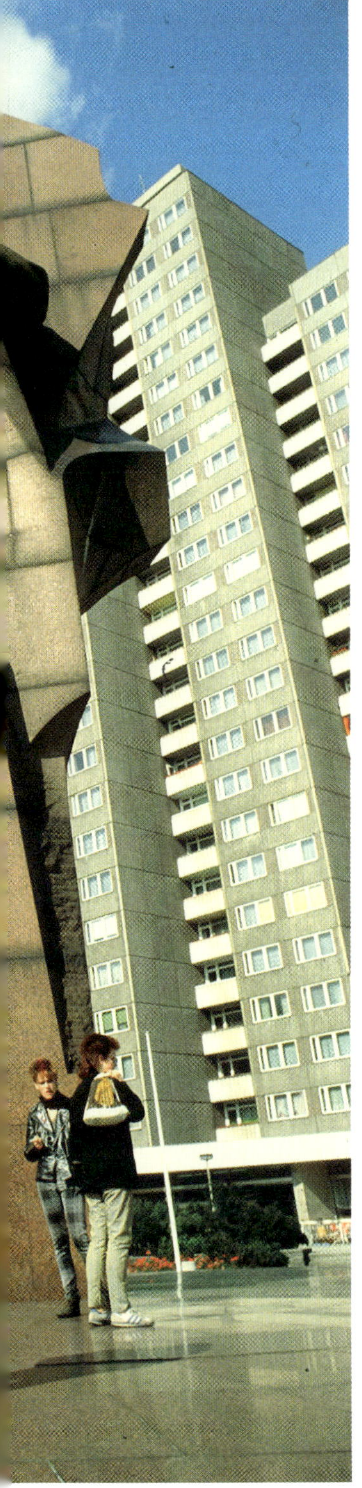

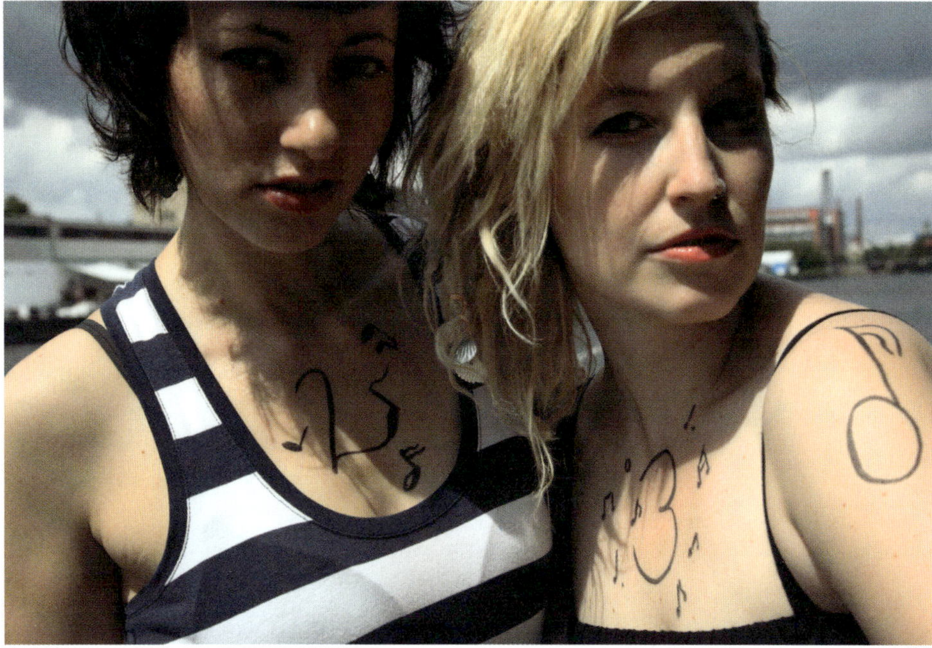

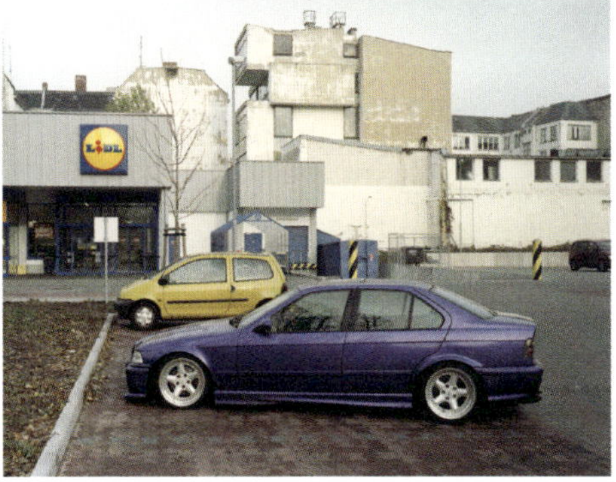

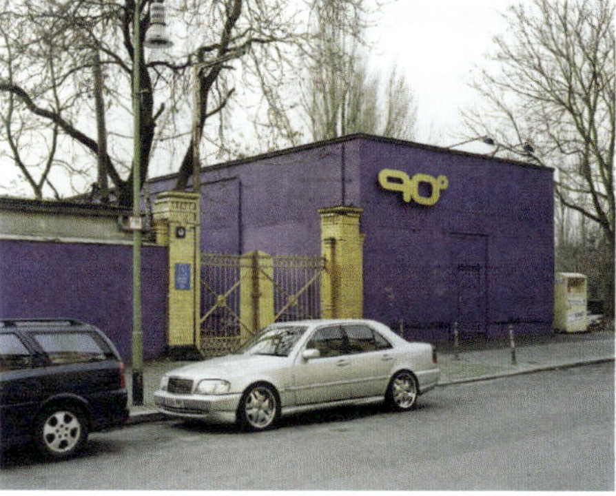

oben | top
Friederike Franze
Ich bin ich, 2011
Digitalfotografie | Digital photograph
© Friederike Franze

Fotomarathon Berlin
S. | p. 198

unten | bottom
Josef Wolfgang Mayer
Discount Wedding – Club 90°, Berlin, 2007
Pigmentdruck | Pigment print
Jeweils | Each 70 × 90 cm
© Josef Wolfgang Mayer

Galerie Koschmieder
S. | p. 204

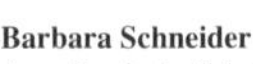

Barbara Schneider
Amerikanische Schutzmacht –
Tägliches Leben, Truman Plaza, 1983
Schwarzweiß Pigmentdruck
Black and white pigment print
13 × 18 cm
© Landesarchiv Berlin

Landesarchiv Berlin
S. I p. 219

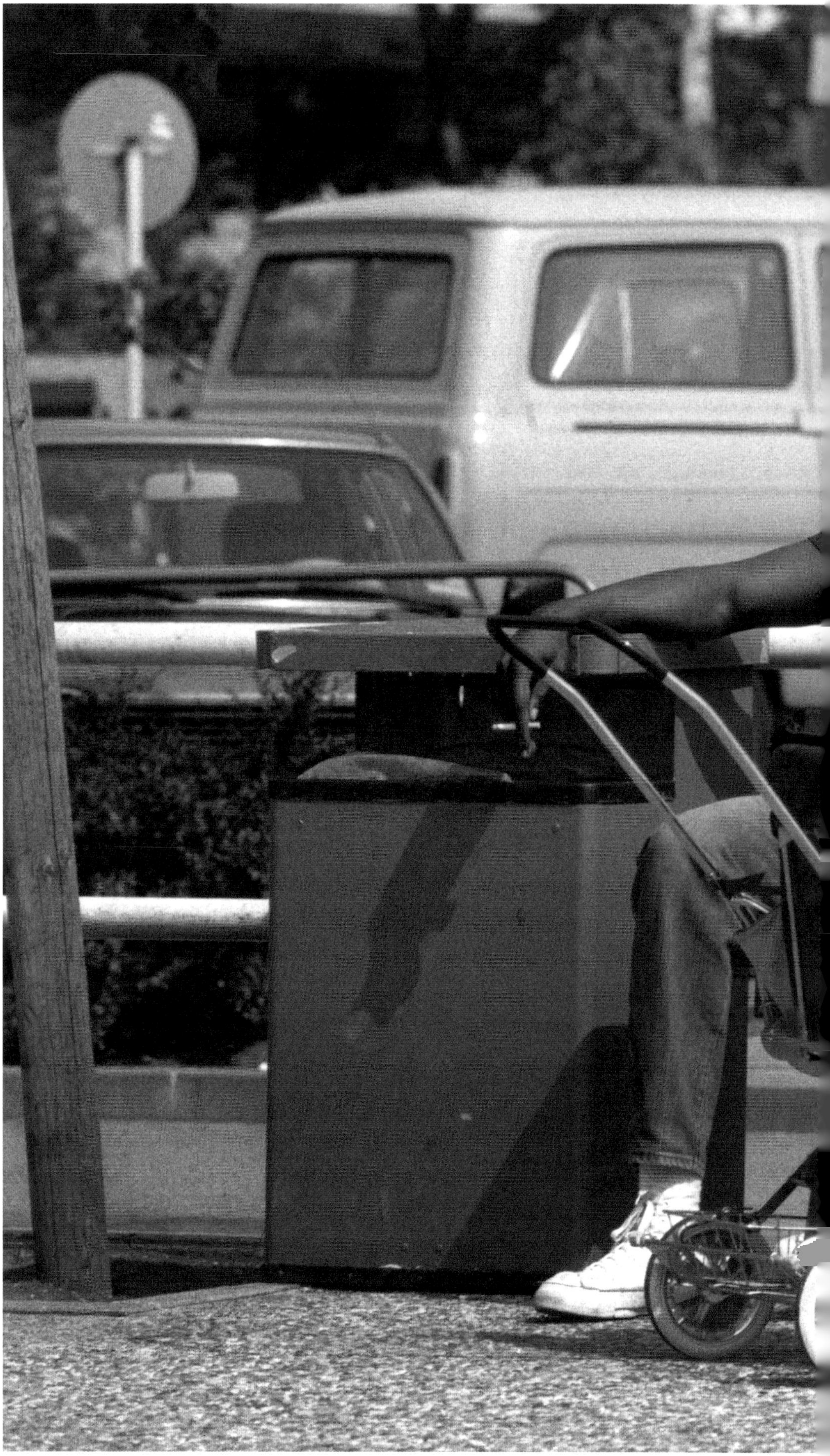

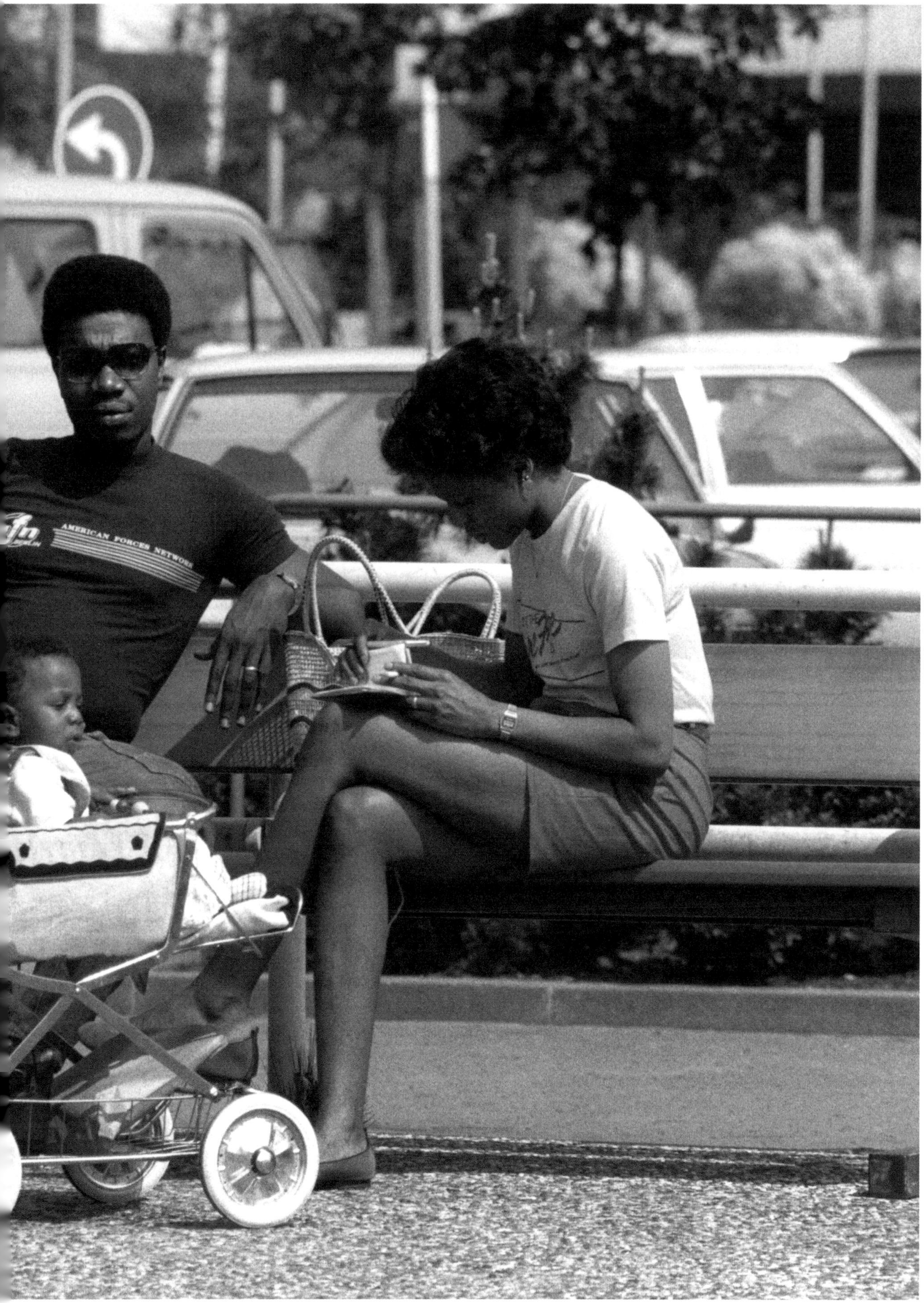

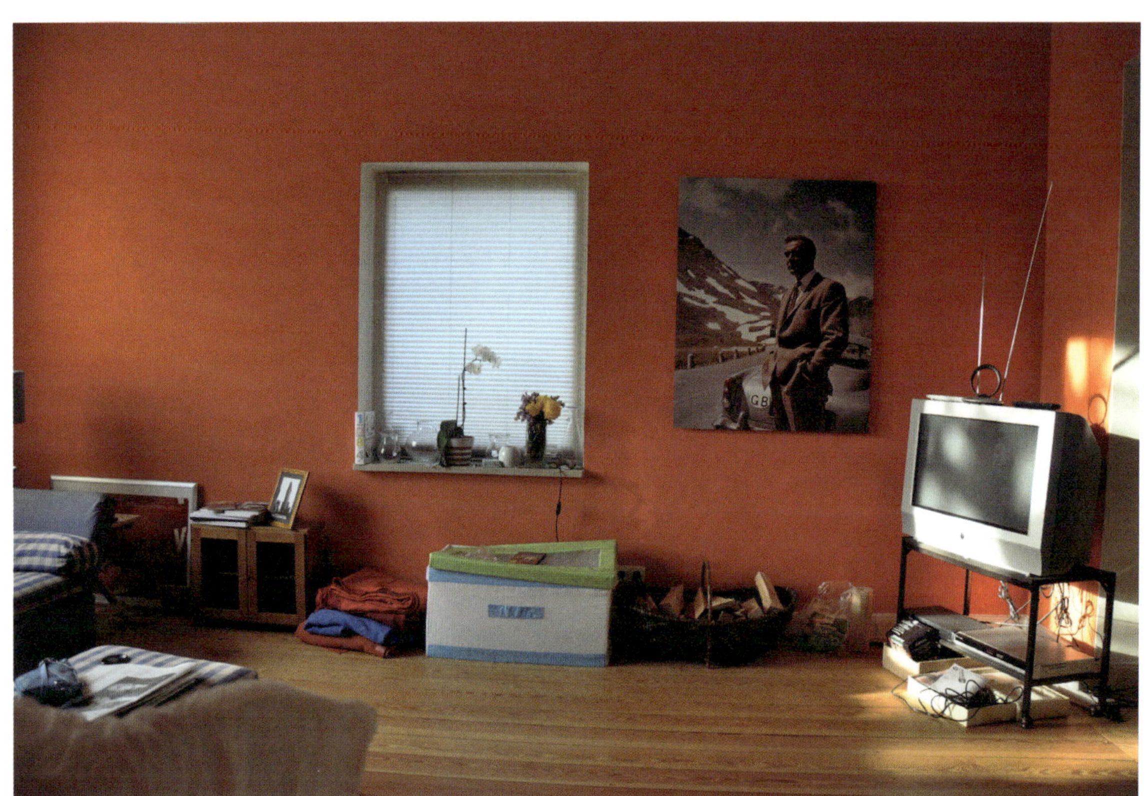

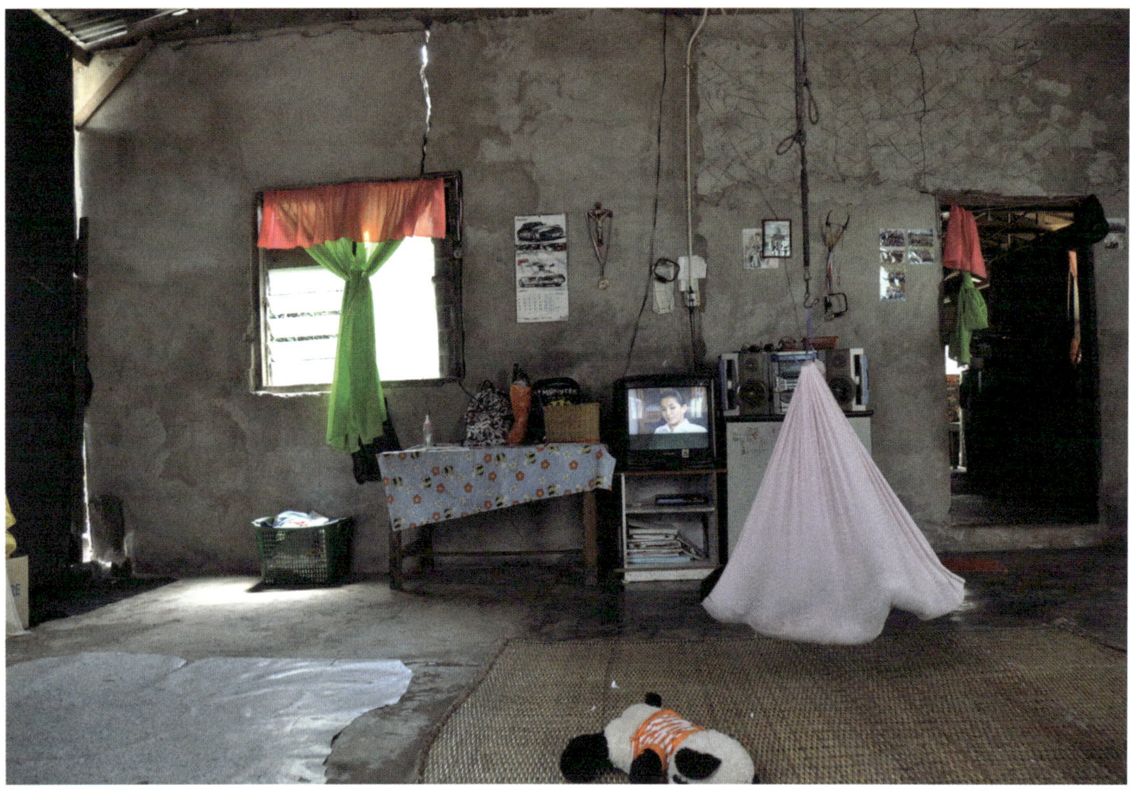

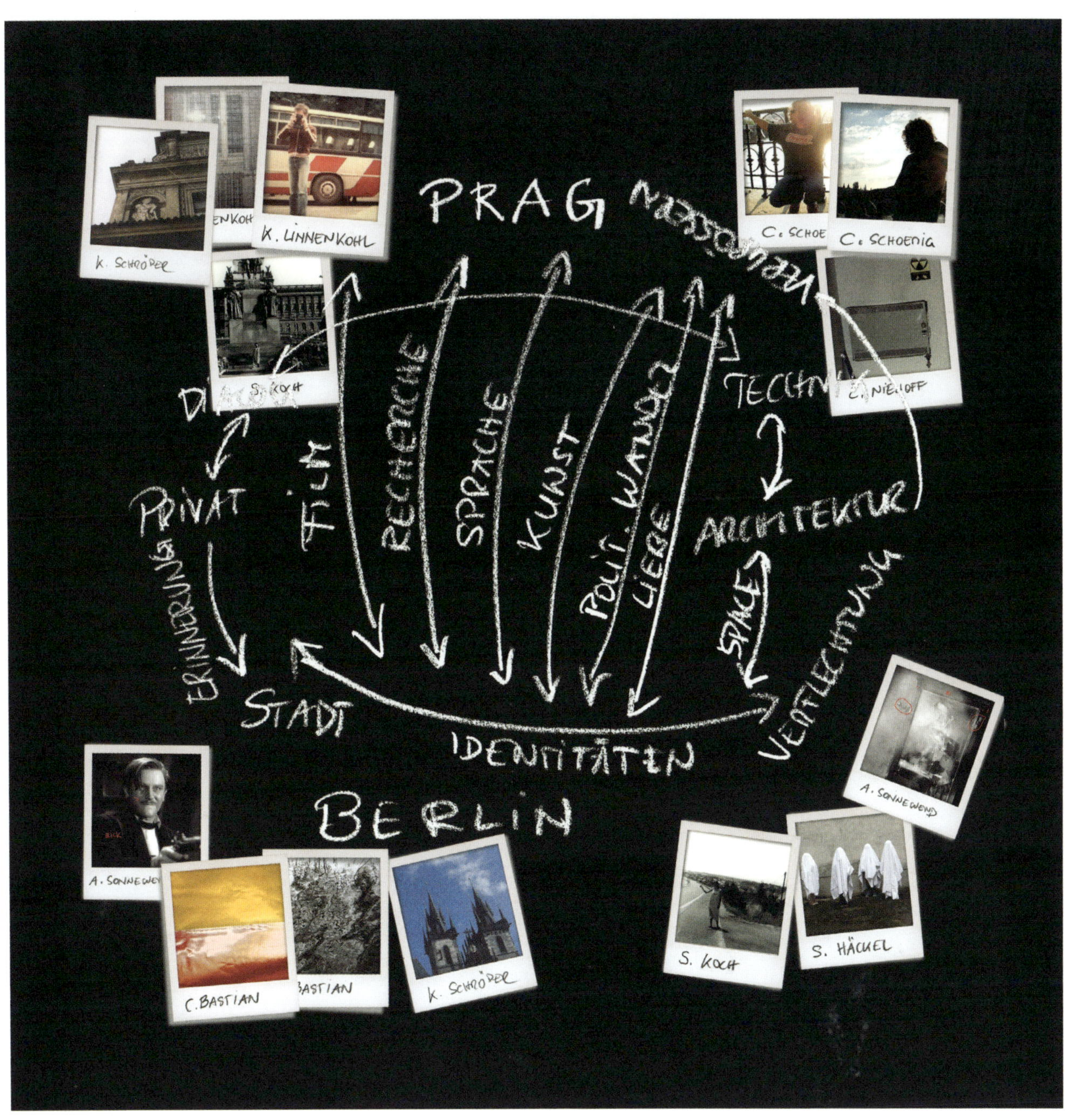

links oben | top left
Naomi Schenck
O.T. | Untitled (No 4238 / Hamburg), 2011
C-Print | C-print
51 × 69 cm
© Naomi Schenck

Petra Rietz Salon Galerie
S. | p. 225

links unten | bottom left
Naomi Schenck
O.T. | Untitled (No 0342 / Borneo), 2011
C-Print | C-print
51 × 69 cm
© Naomi Schenck

Petra Rietz Salon Galerie
S. | p. 225

rechts | right
C. Bastian, S. Häckel, S. Koch, K. Linnenkohl,
C. Niehoff, C. Schoemig, K. Schroeder, A. Sonnewend
Ideenskizze, 2012
© Scotty Enterprises

Scotty Enterprises
S. | p. 231

Heinz Hajek-Halke
Gläsernes Monument, ca. 1955
Belichtungsmontage auf Pappe
Multiple exposure on cardboard
29,3 × 23,9 cm
© Sammlung Michael Ruetz

Akademie der Künste
S. | p. 179

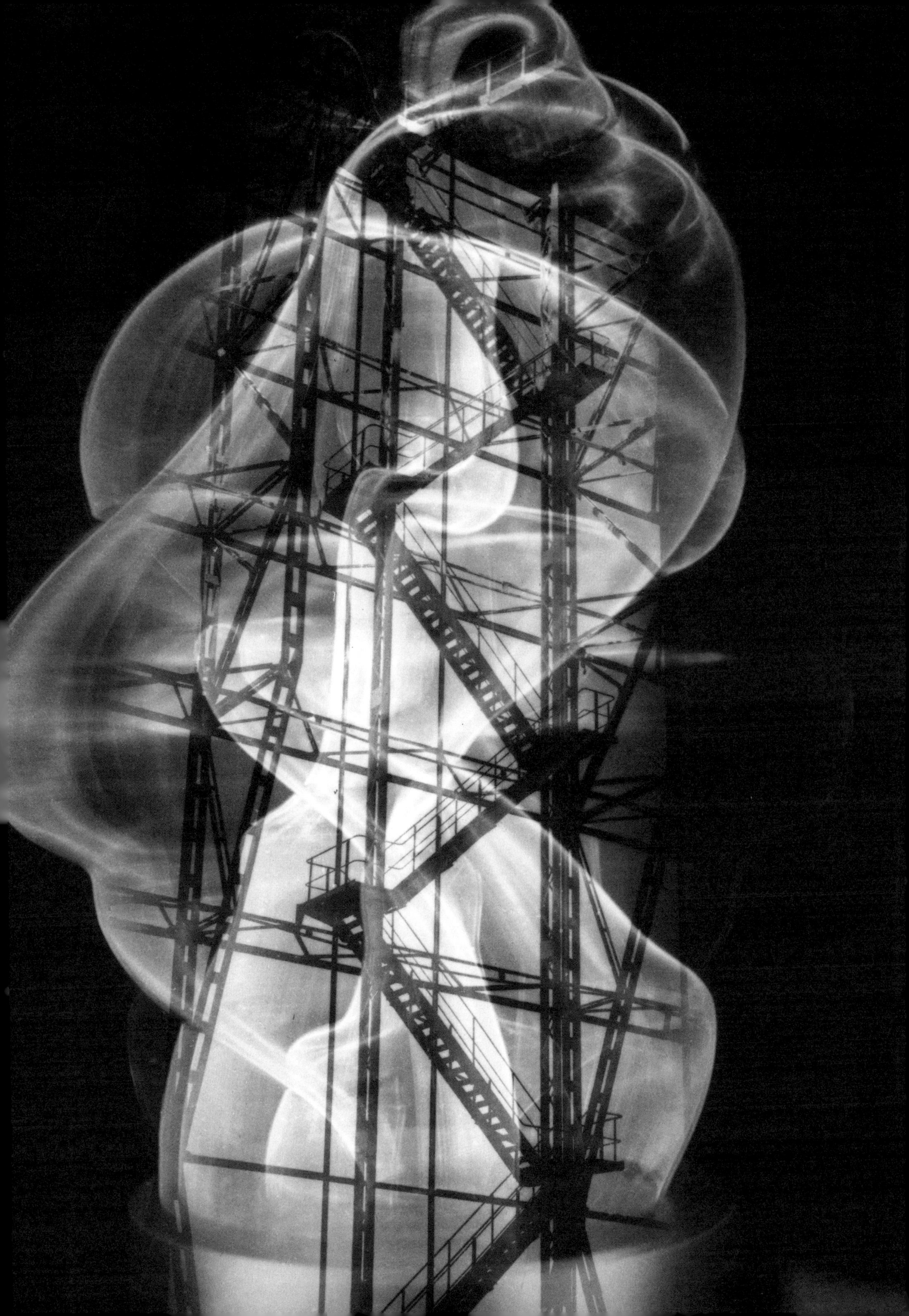

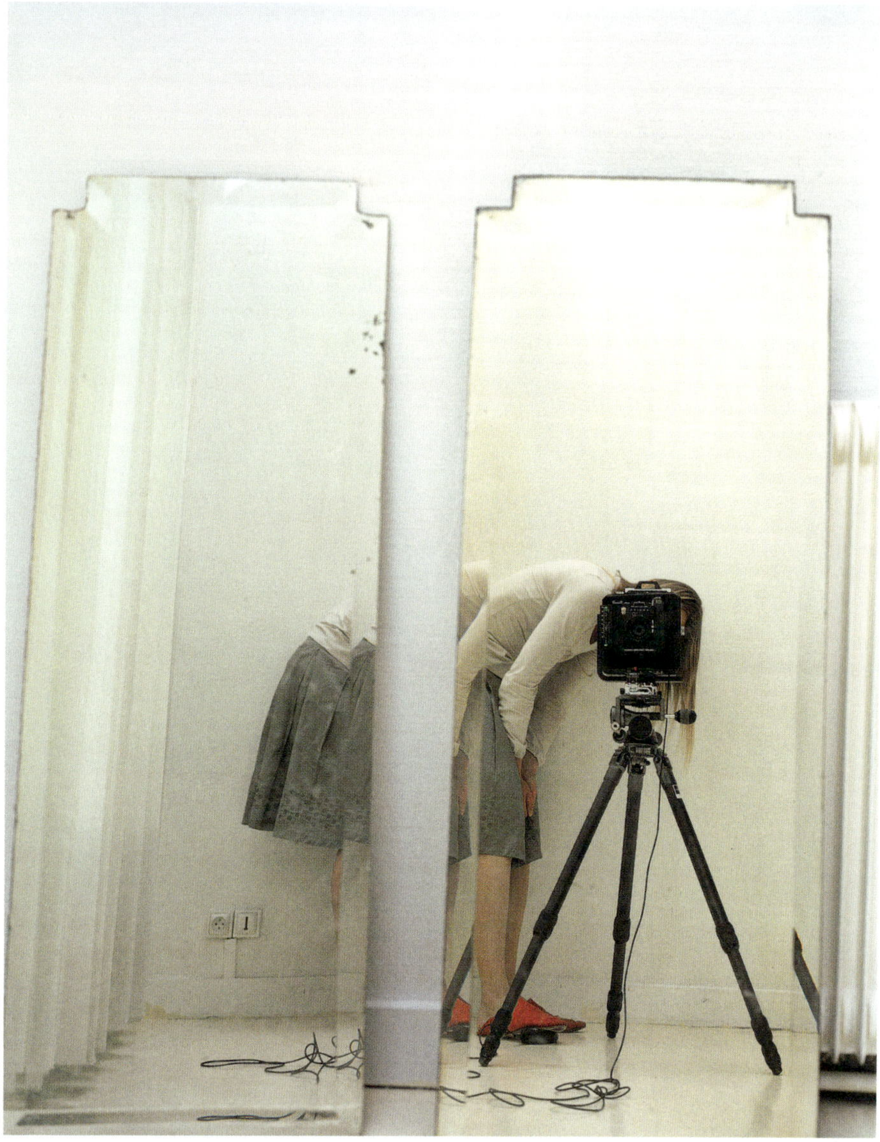

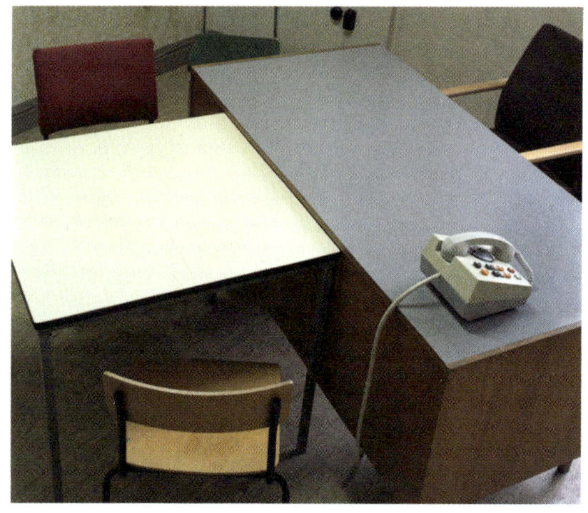

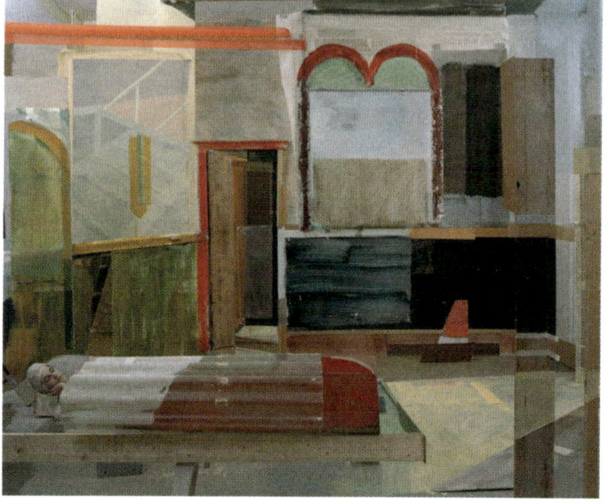

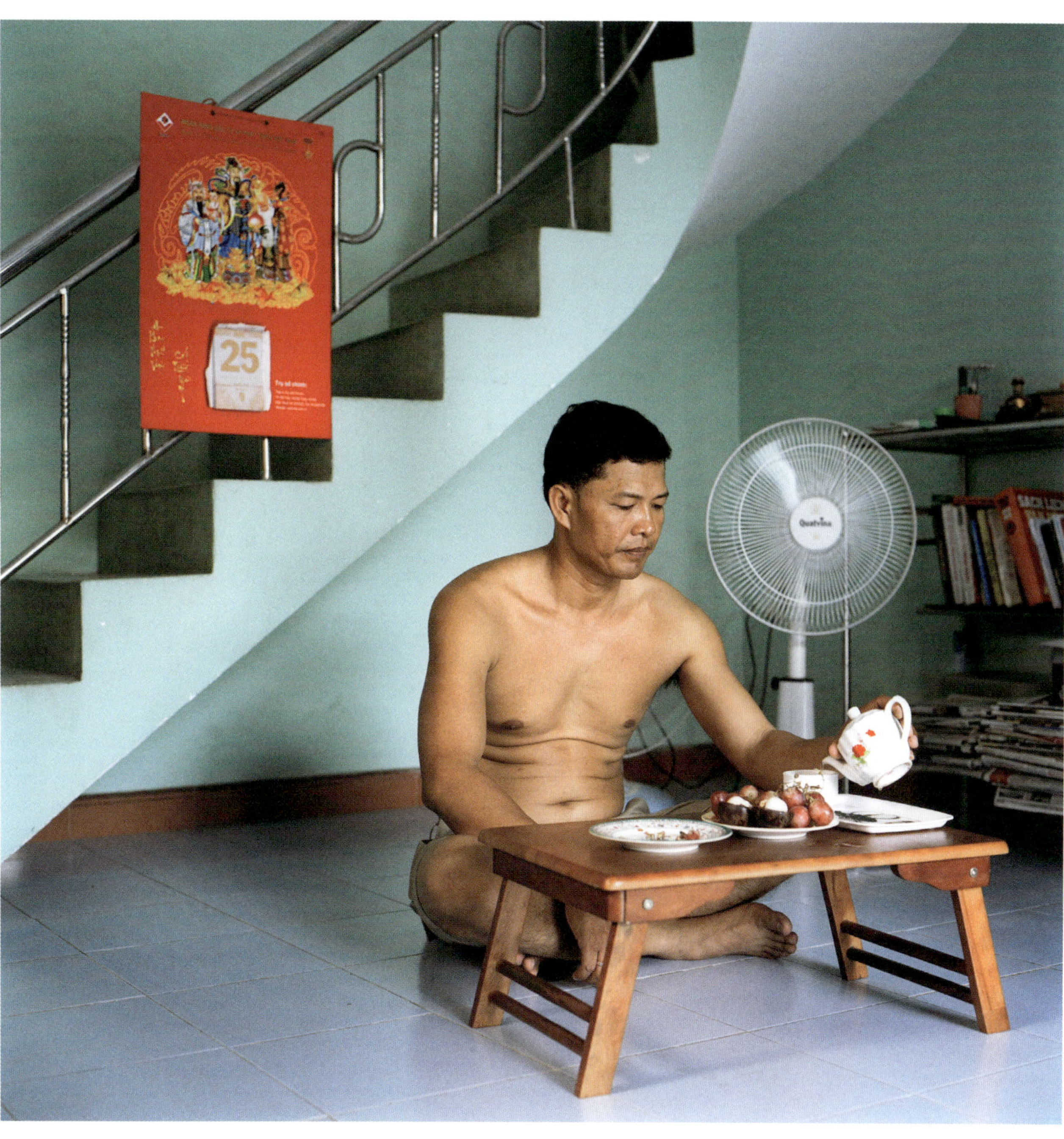

links oben | top left
Elina Brotherus
<u>Artist and Model Reflected in a Mirror 1</u>, 2007
Pigmentdruck auf Aluminium | Pigment print
on aluminium
130 × 104 cm, gerahmt | framed
© Elina Brotherus

Gallery TAIK
S. | p. 207

links unten, links | bottom far left
Valérie Leray
O.T. aus der Serie | Untitled from the series
<u>In the Making</u>, 2008
C-Print | C-print
40 × 48 cm
© Valérie Leray

stattberlin
S. | p. 232

links unten, rechts | left bottom
Heike Gallmeier
<u>Wahrtraum</u>, 2011
C-Print | C-print
170 × 220 cm
© Heike Gallmeier

frontviews
S. | p. 199

rechts | right
Stefan Canham, Nguyen Phuong-Dan
Aus der Serie | From the series
<u>Die Deutschen Vietnamesen</u>, 2011
C-Print | C-print
70 × 70 cm
© Stefan Canham, Nguyen Phuong-Dan

25books
S. | p. 178

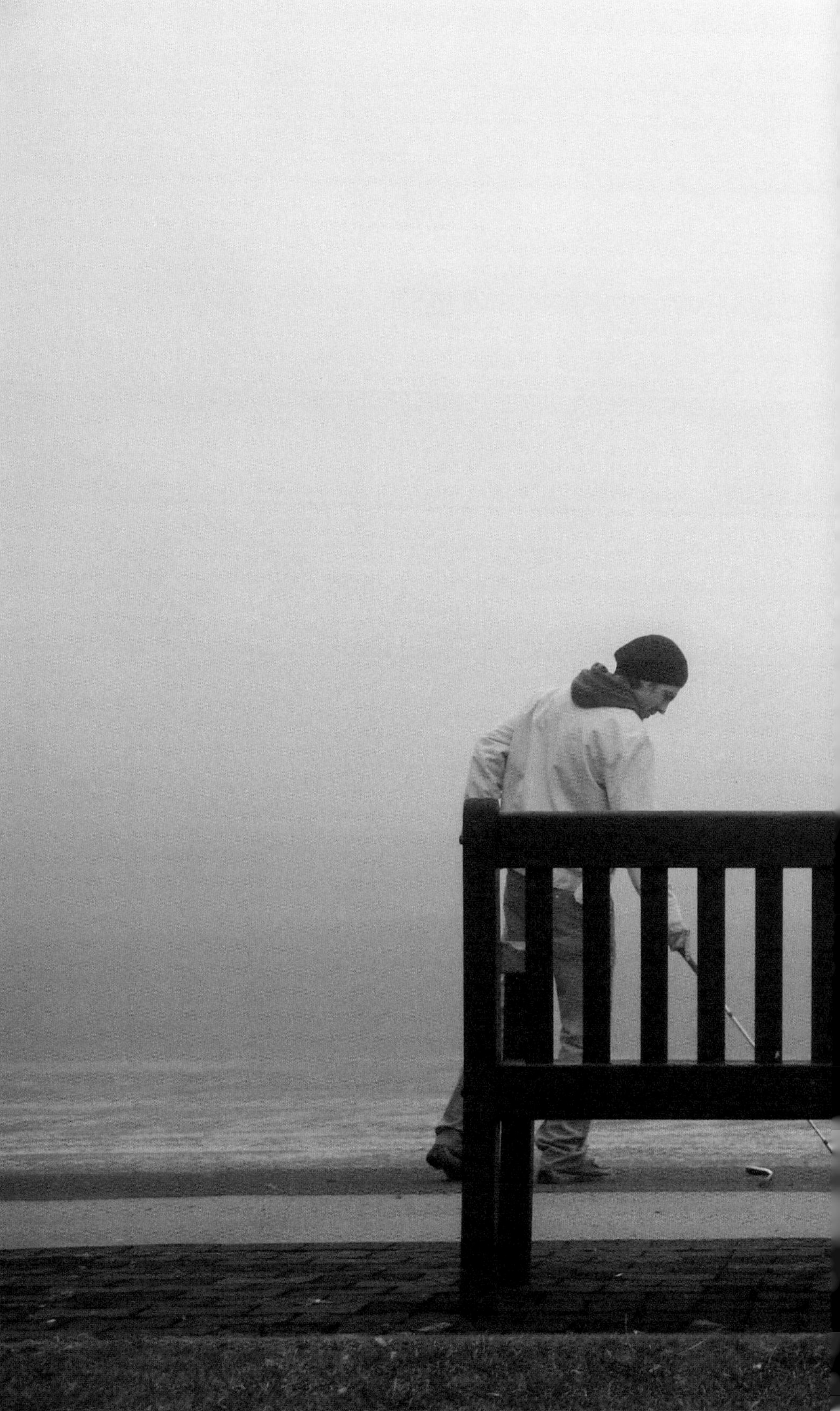

Max Merz
O.T. | Untitled, 2010
C-Print | C-print
© Max Merz

**und.Institut für Kunst und
Kultur & Zukunftsfähigkeit**
S. | p. 234

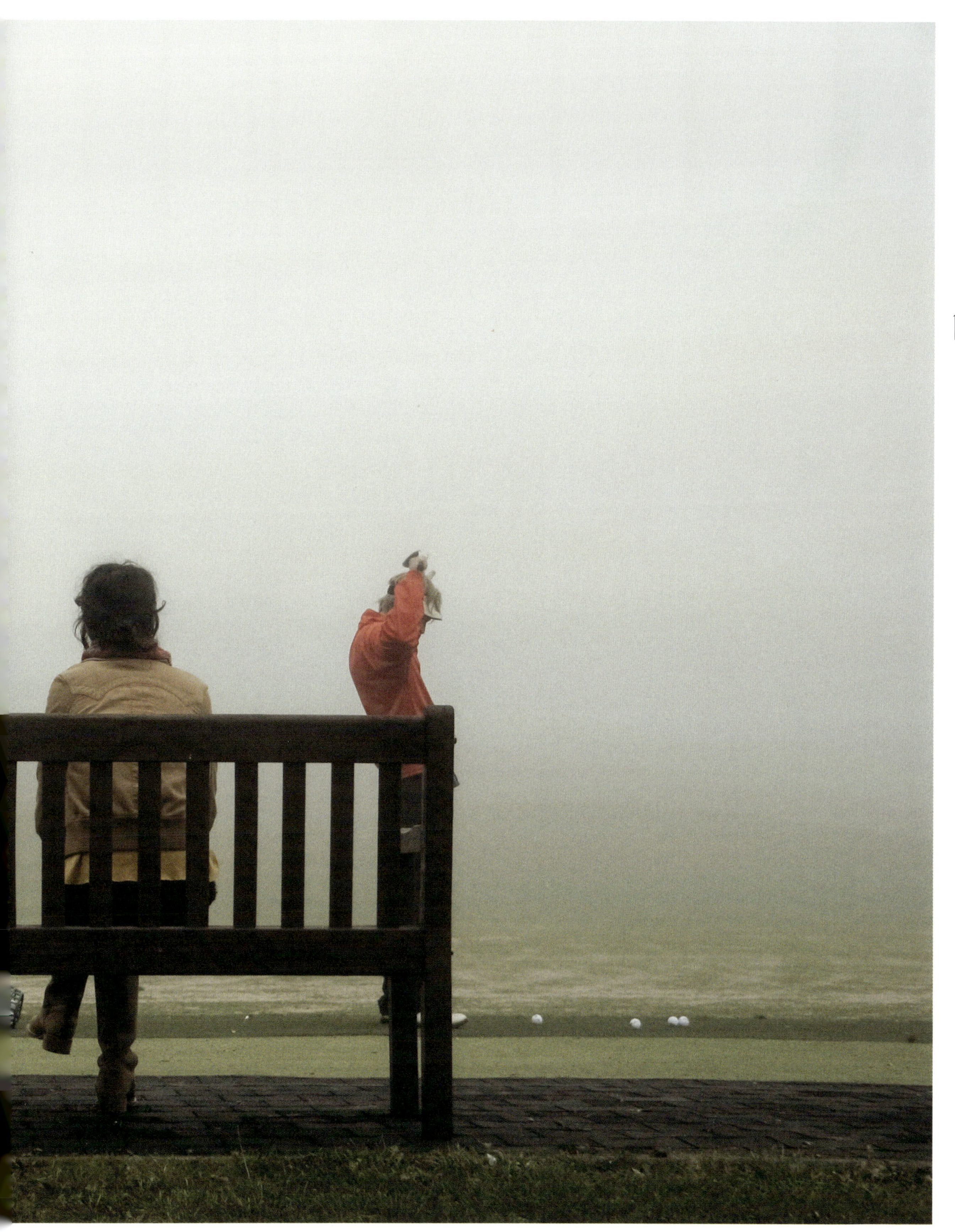

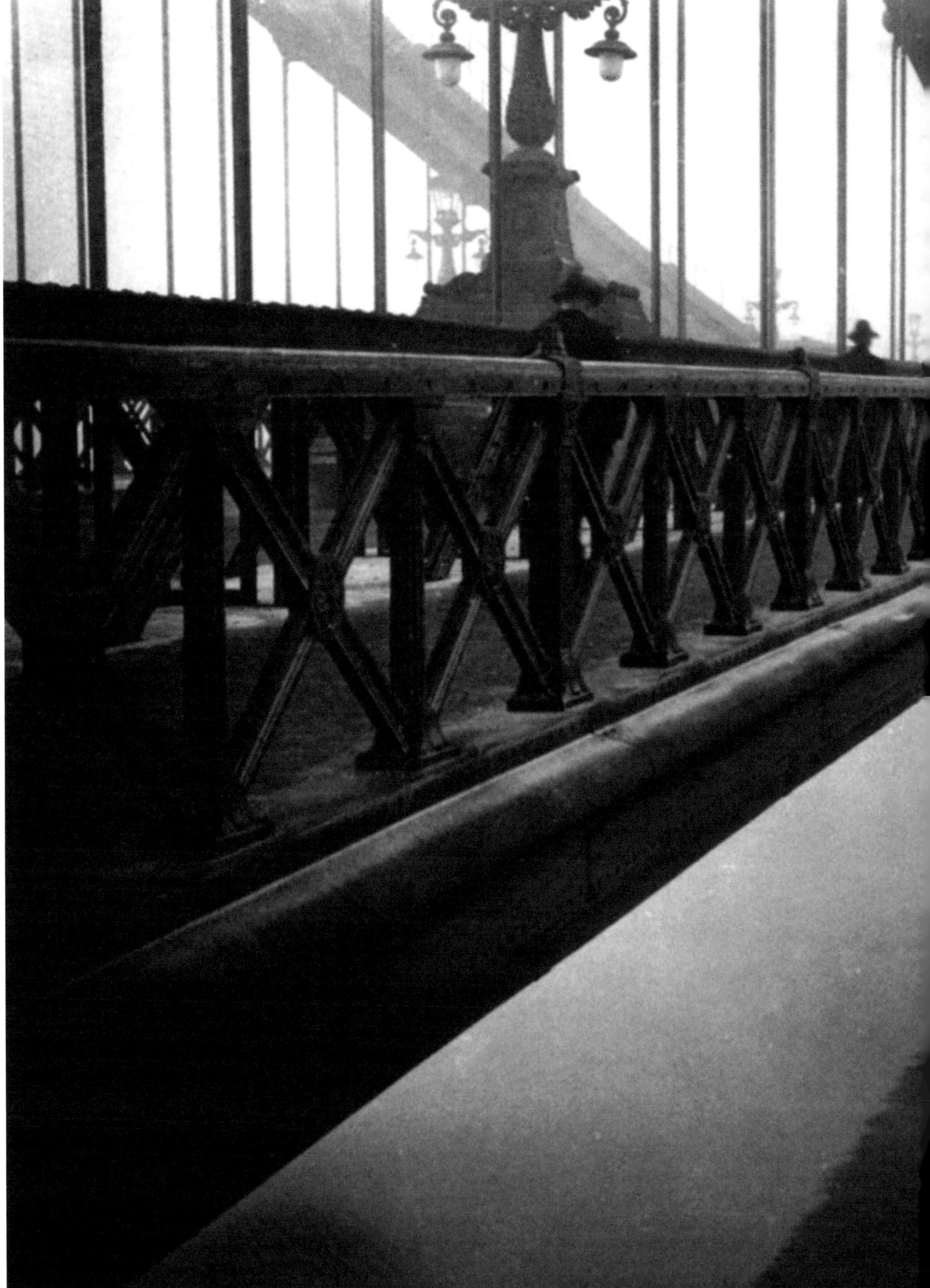

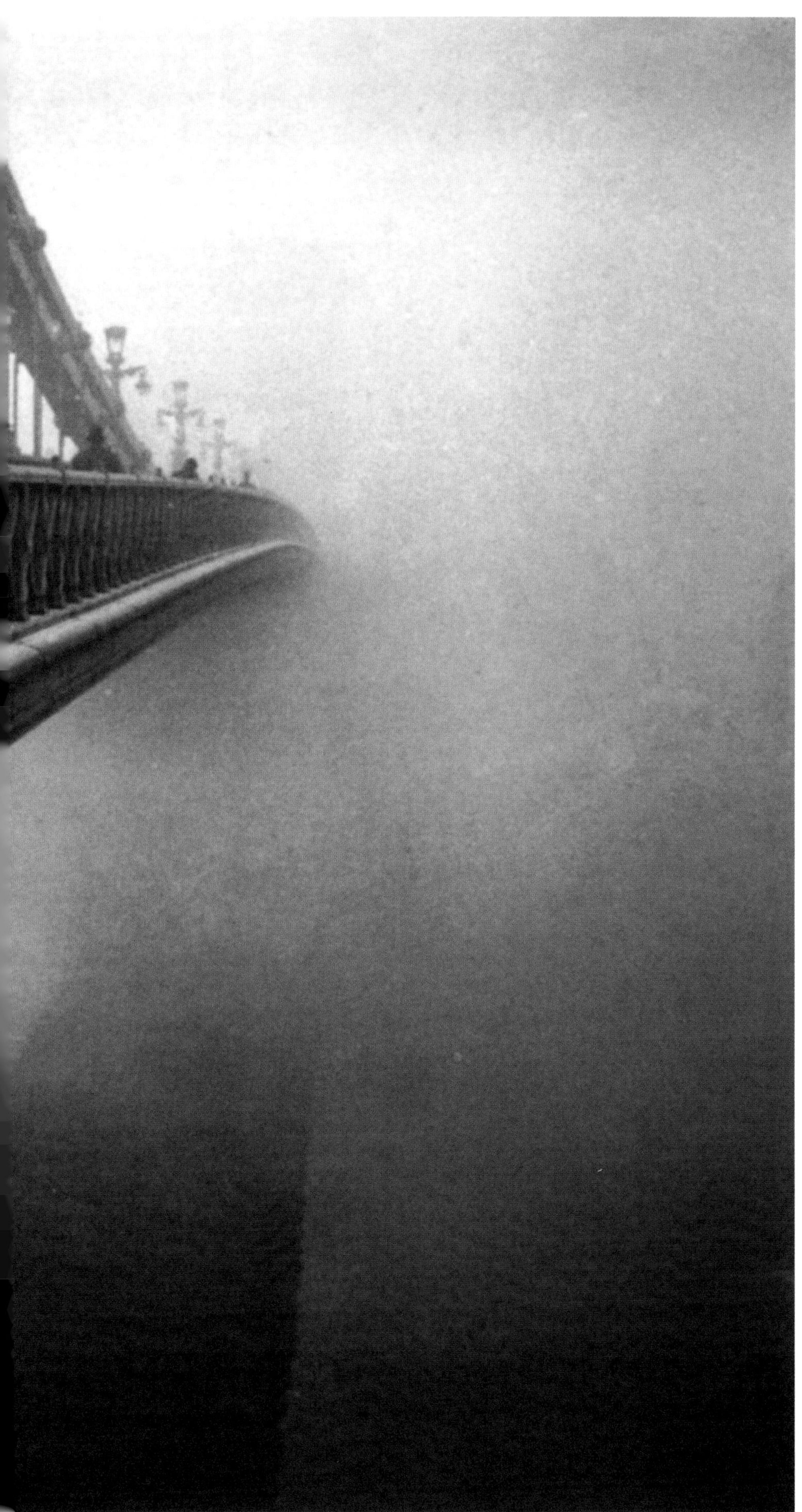

Imre Kinszki
Brücke und Nebel | Híd és köd, ca. 1930
Silbergelatineabzug | Silver gelatin print
15,5×21,3 cm
© Judit Kinszki

KunstBüroBerlin
S. | p. 217

Martin Zeller
Five Pleasures, 2005
Ilfochrome Classic Papier, hinter Acrylglas auf
AluDibond | Ilfochrome
Classic paper, on AluDibond behind acrylic glass
122×170 cm
© Martin Zeller

KunstBüroBerlin
S. | p. 217

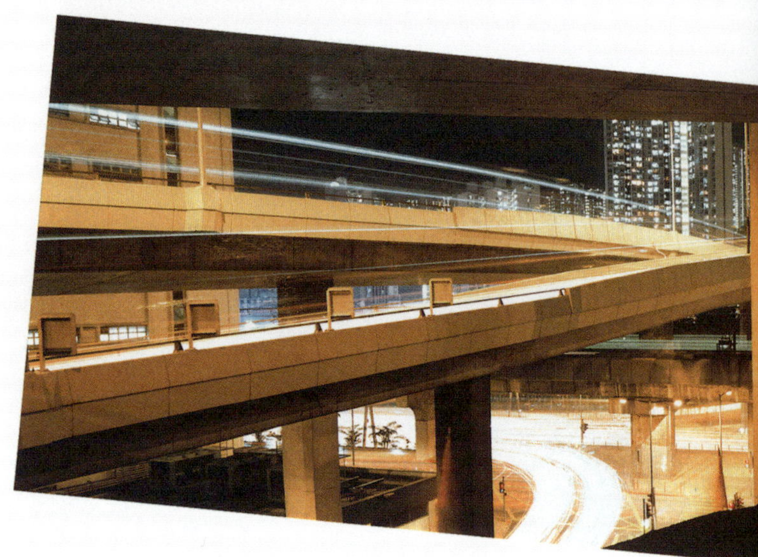

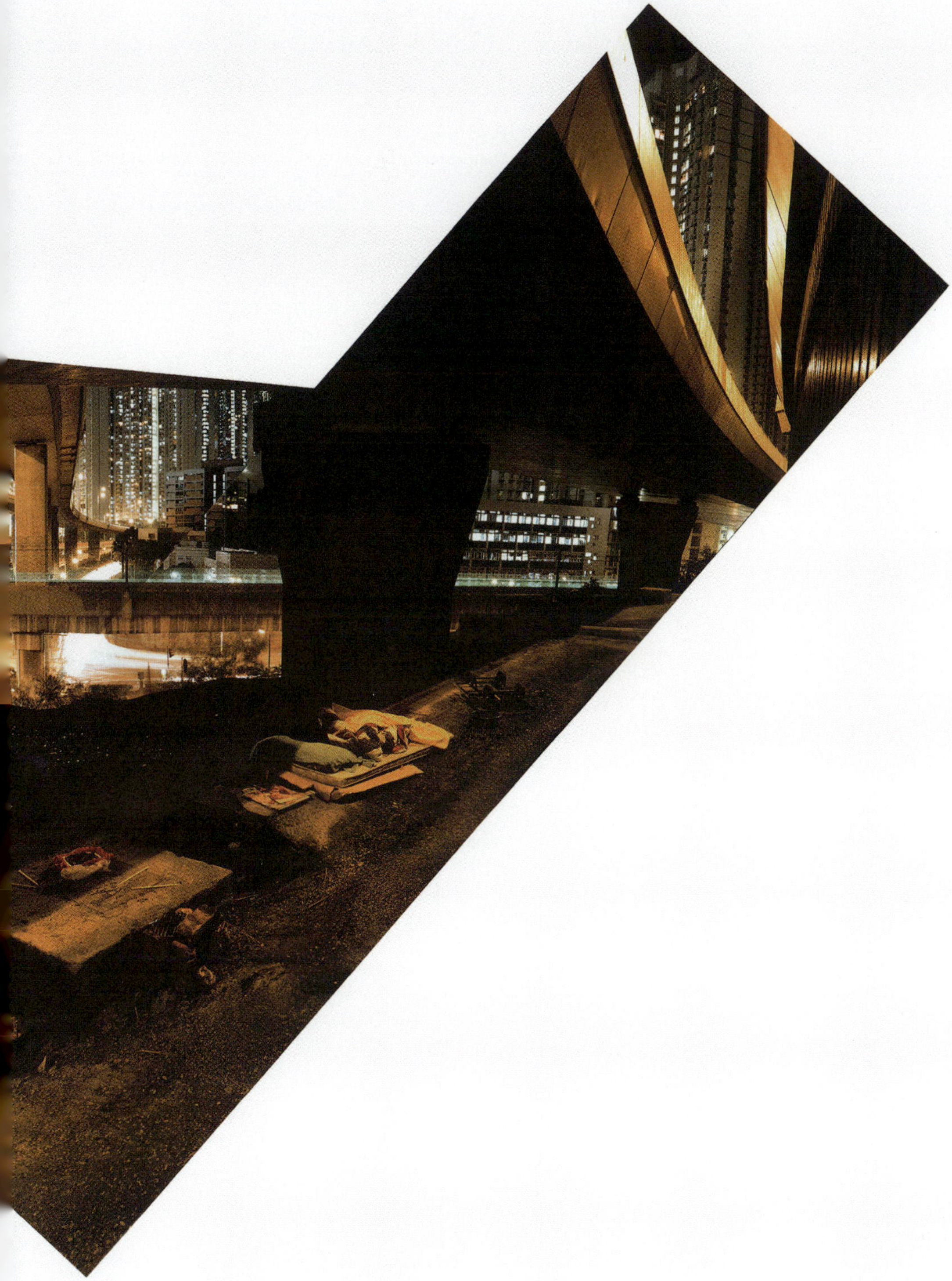

Leta Peer
Mirror Index 2, 2006
Lambda Print, ArtSec | Lambda print, ArtSec
100×141 cm
© Leta Peer

Zweigstelle Berlin
S. | p. 236

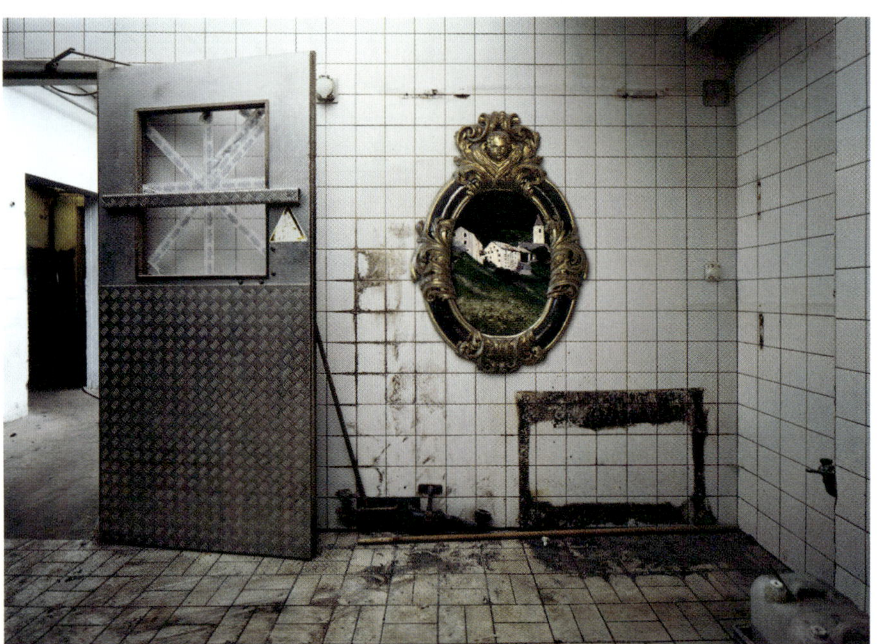

Karen Irmer
Überfahrt, 2010
C-Print | C-print
100×150 cm
© Karen Irmer

Zweigstelle Berlin
S. | p. 236

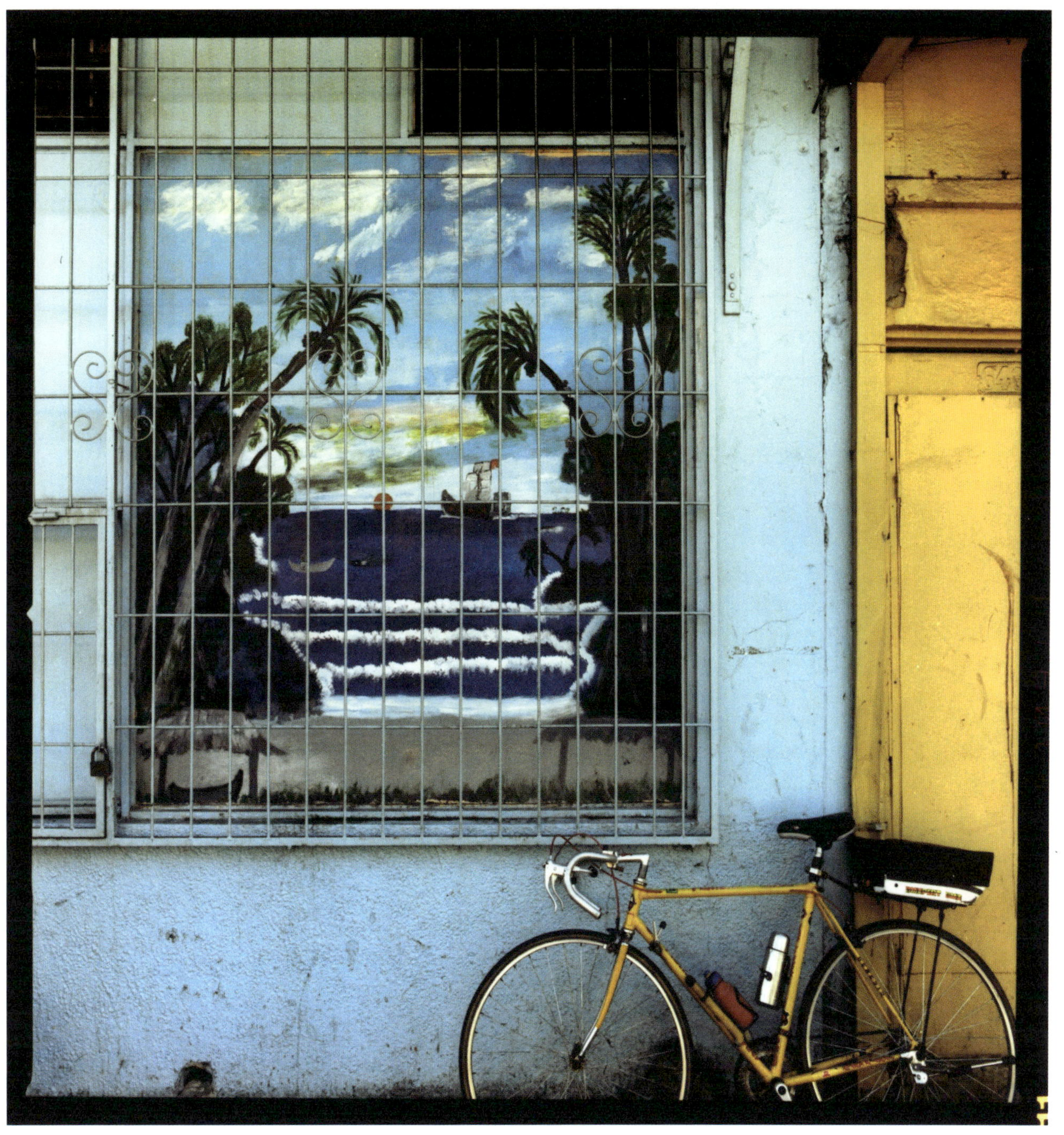

Cinthya Soto
Playa y Bicicleta (Strand und Fahrrad), 2008
C-Print | C-print
122×122 cm
© Cinthya Soto

Instituto Cervantes Berlin
S. | p. 212

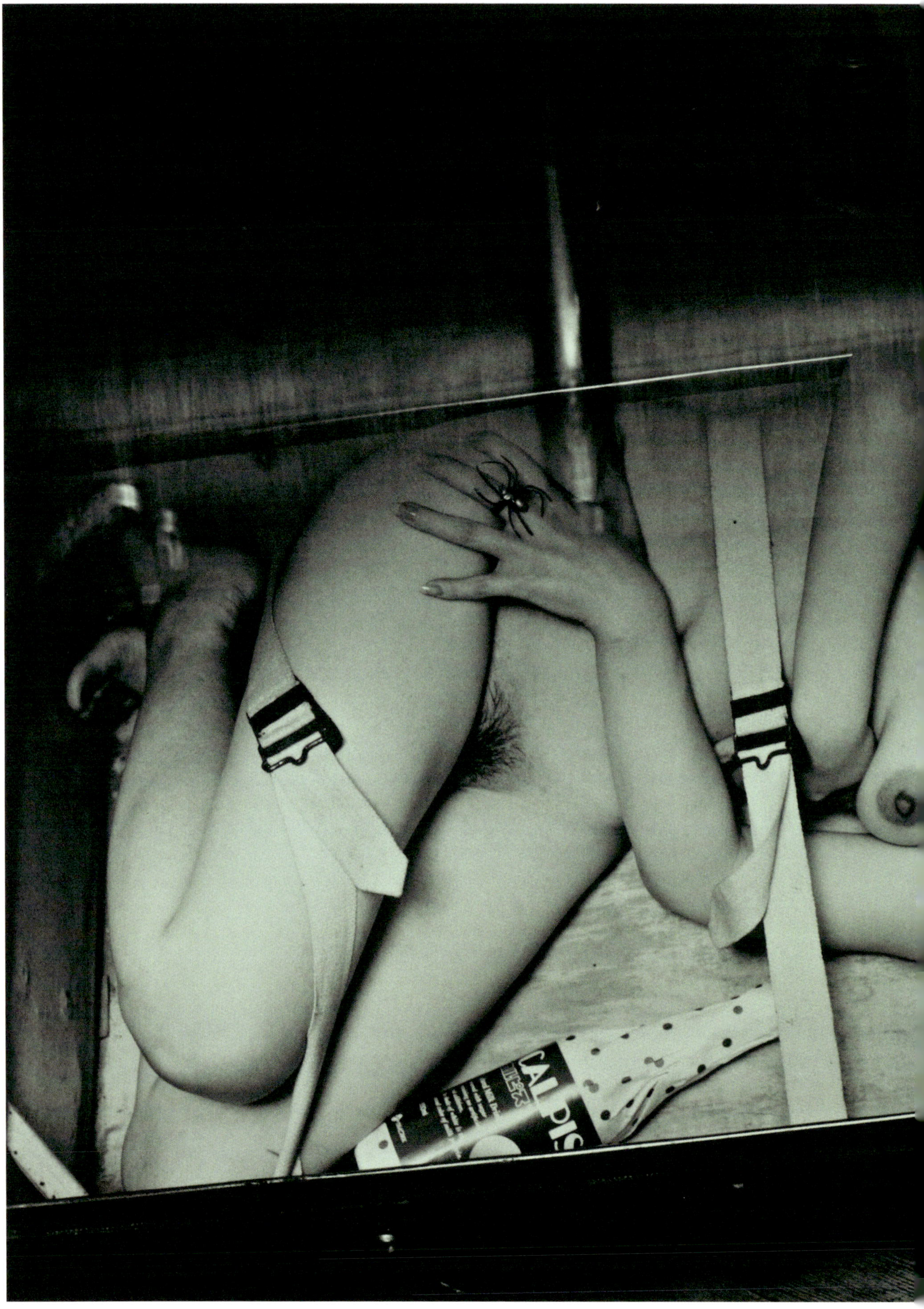

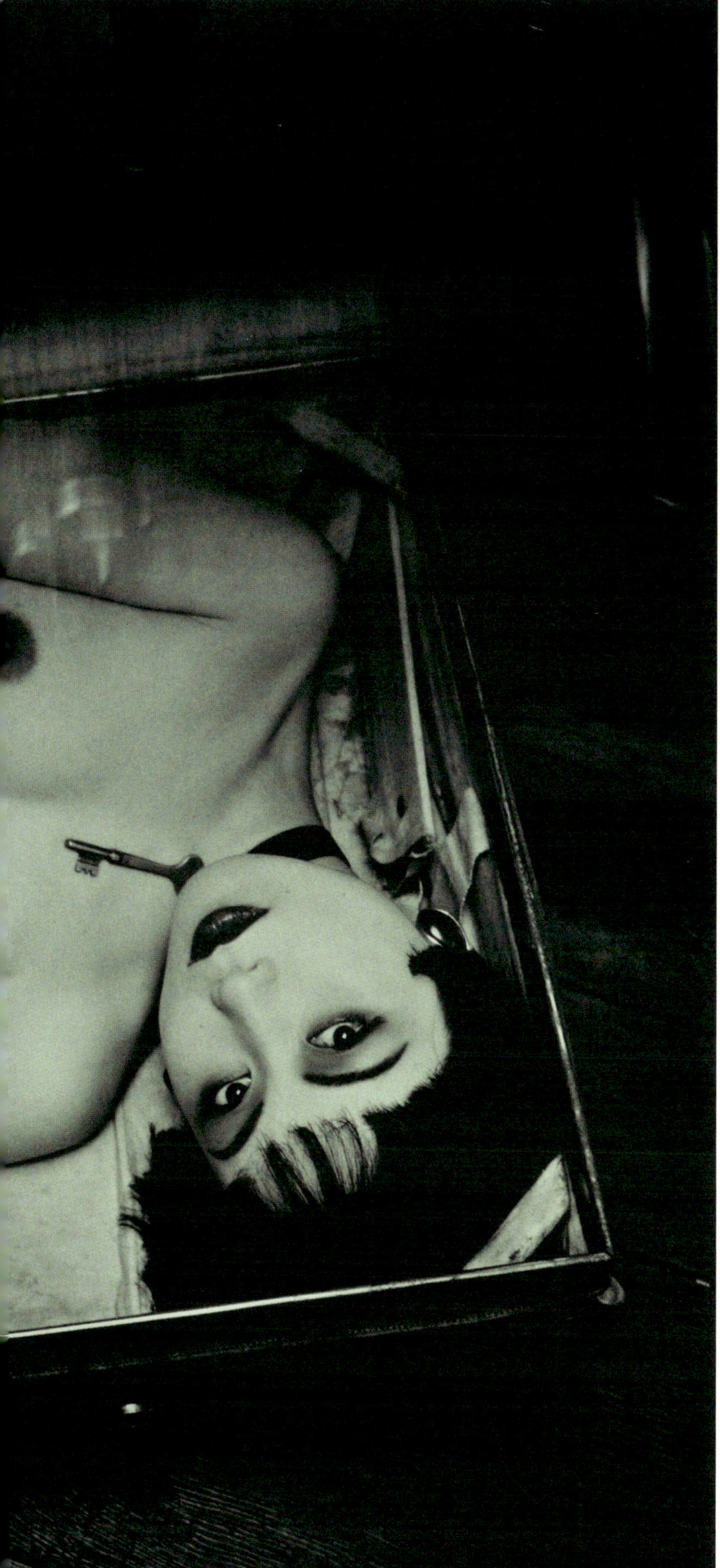

Nobuyoshi Araki
Tokyo Comedy, 1997
Silbergelatineabzug | Silver gelatin print
84,5 × 100,5 cm
© Nobuyoshi Araki

SØR Rusche Sammlung Oelde/Berlin
S. | p. 238

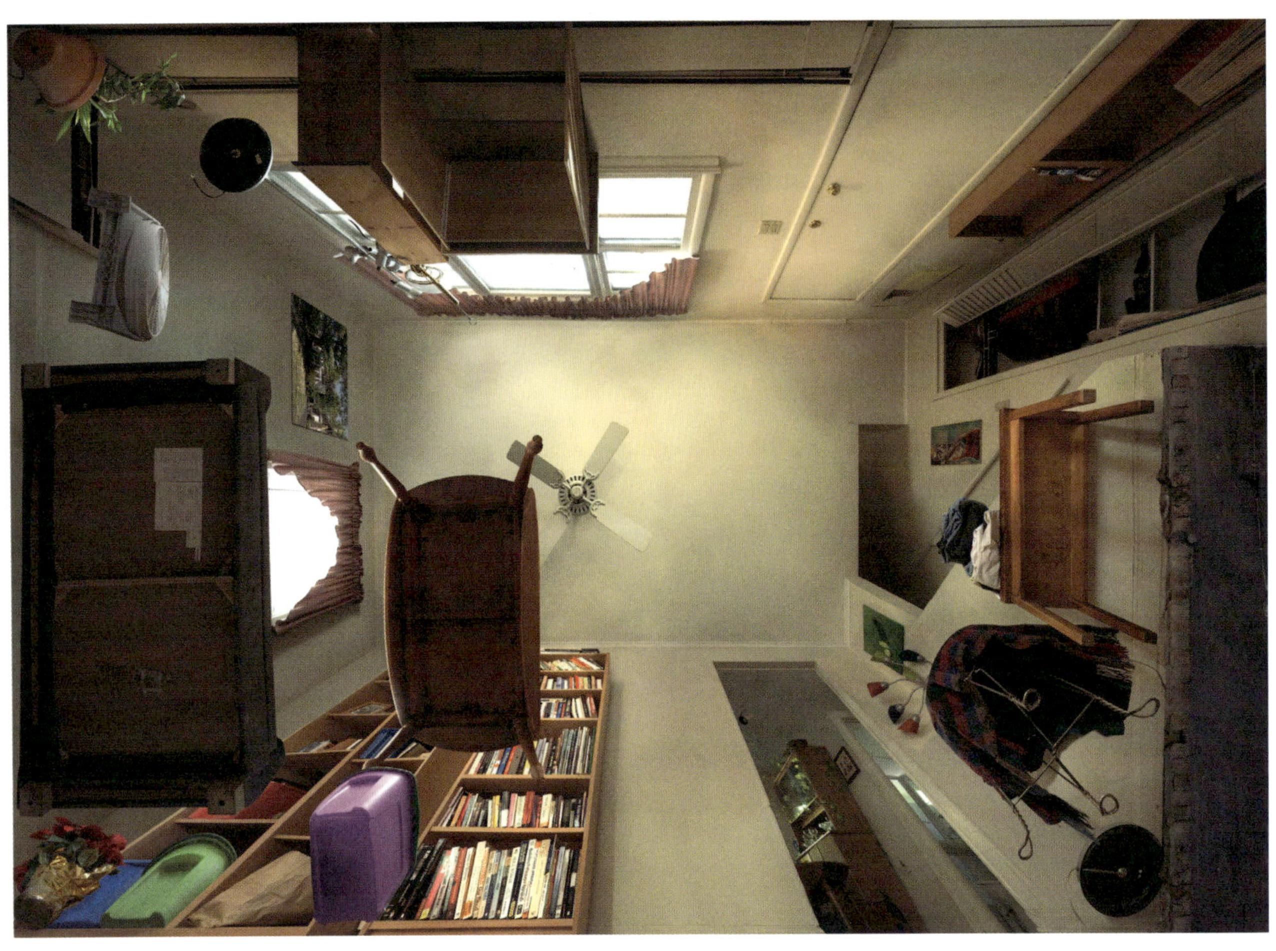

Michael H. Rohde
anne, 2011
Pigmentierter Tintenstrahldruck auf AluDibond
Pigment inkjet print on AluDibond
100 × 143 cm
© Michael H. Rohde, VG Bild-Kunst, Bonn

Kunstverein Wedding
S. | p. 218

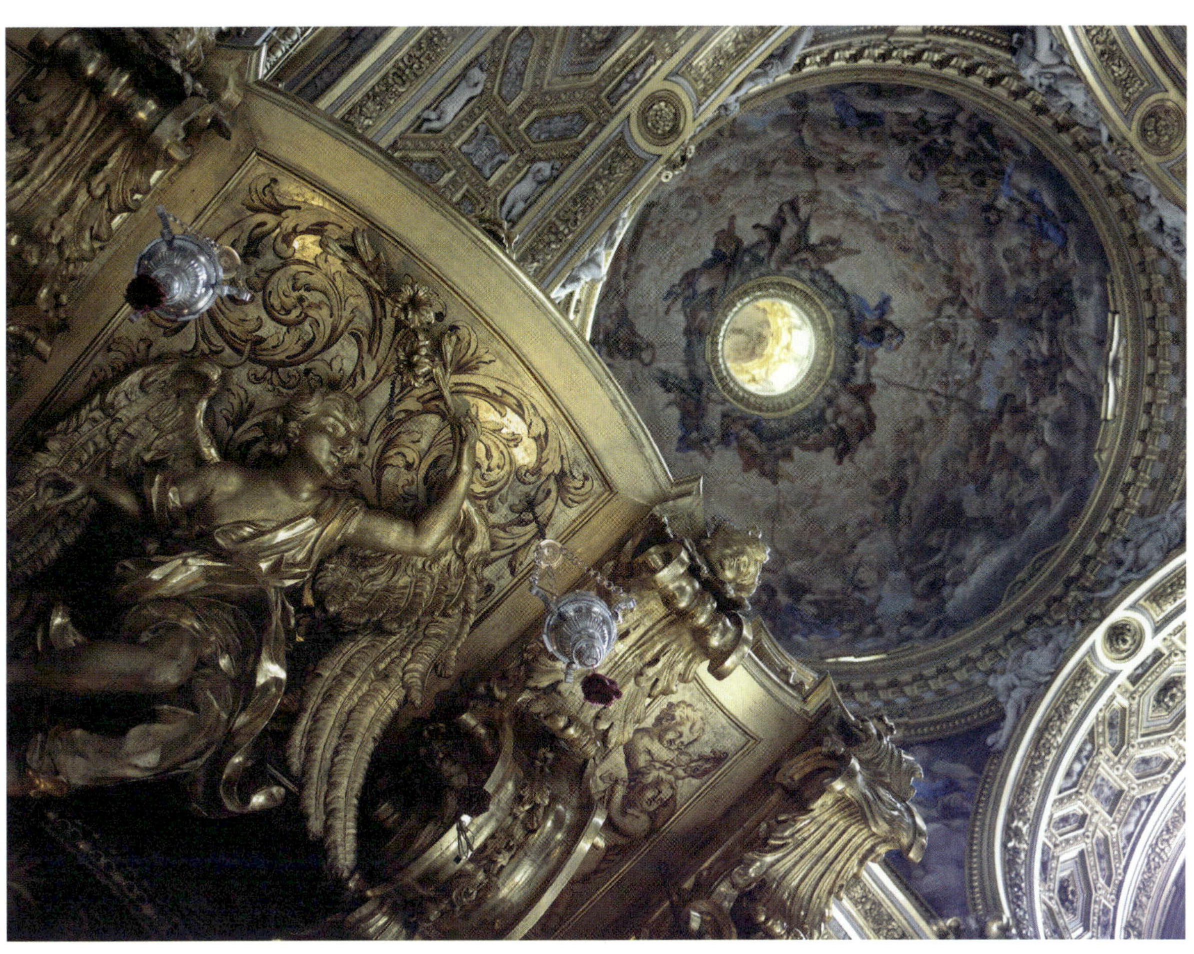

Maria Sewcz
Aus der Serie | From the series
Roma – vm. 365/39/51 masw, 2011
Fine Art Druck | Fine art print
58×74 cm
© Maria Sewcz, VG Bild-Kunst, Bonn

Galerie Pankow
S. | p. 205

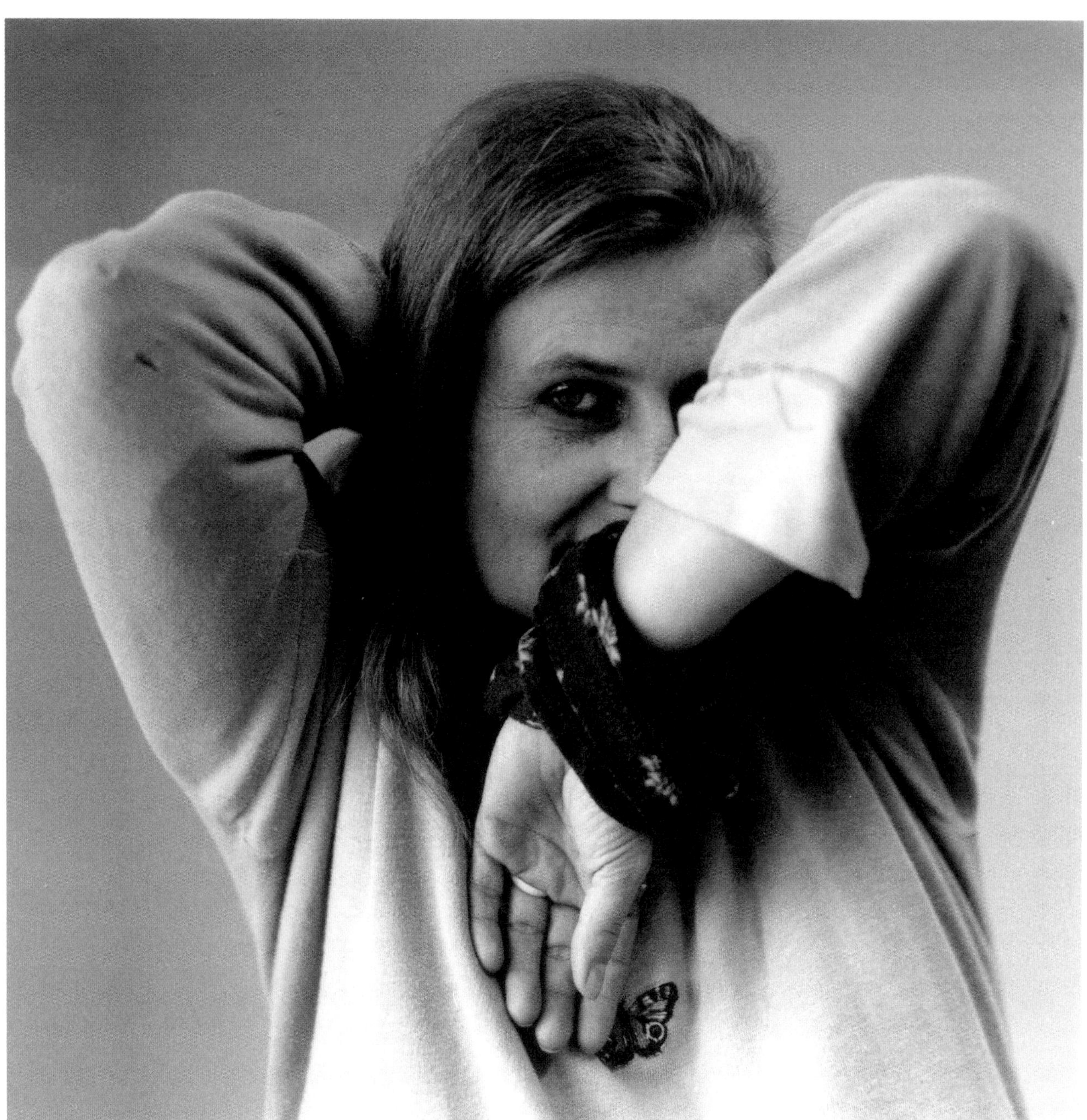

Aenne Burghardt
Effi, 2012
Schwarzweiß Handabzug auf Barytpapier
Black and white hand print on baryta paper
26,5×26,5 cm
© Aenne Burghardt

Reha-Steglitz
S. I p. 230

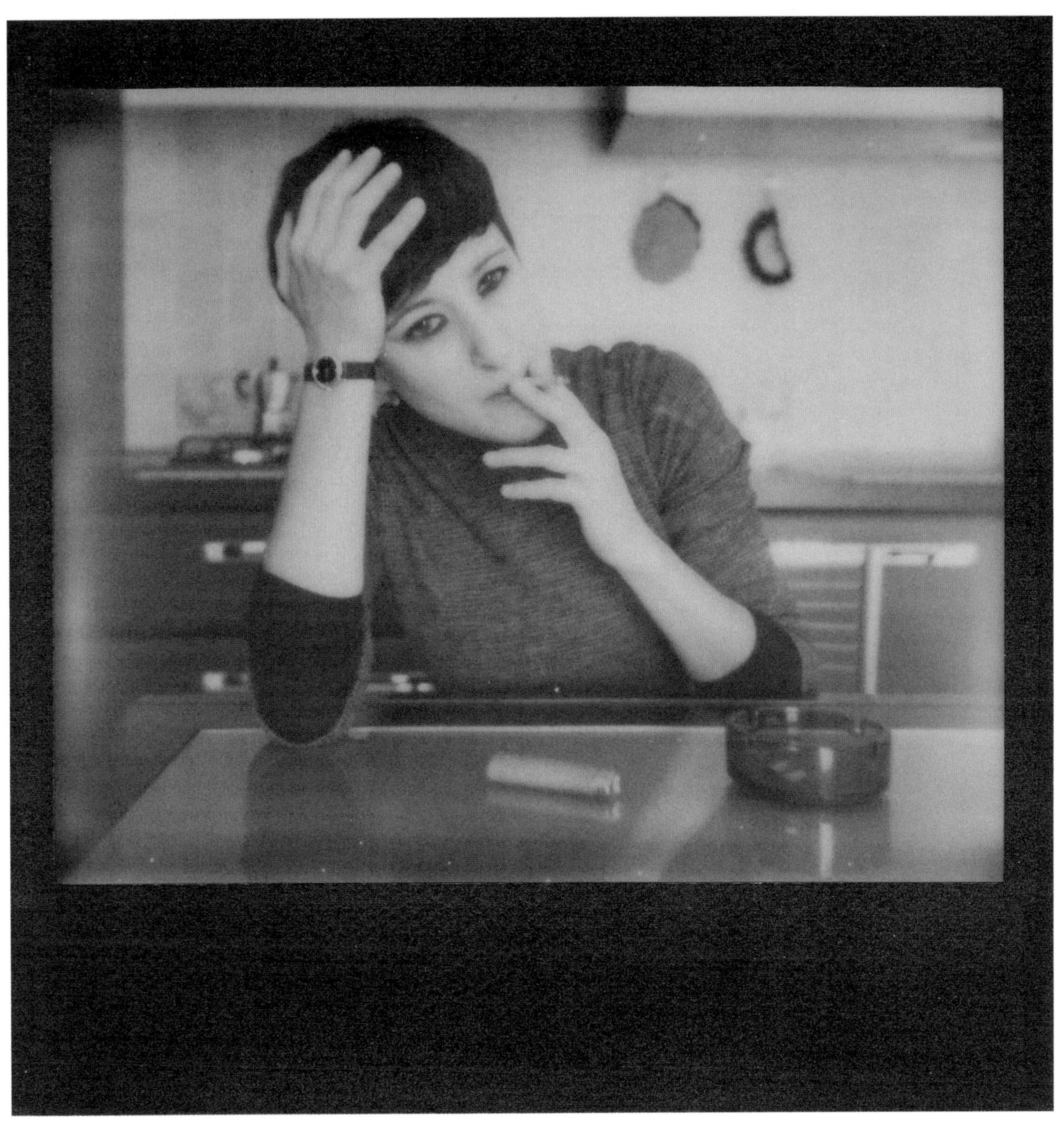

Pamela Testa
Self-portrait with Cigarette, 2012
Sofortbild | Polaroid
8,5 × 10,8 cm
© Pamela Testa

Italienisches Kulturinstitut Berlin
S. | p. 213

Pieter Hugo
<u>Yakubu Al Hasan, Agbogbloshie Market,
Accra, Ghana,</u> 2009
C-Print | C-print
98 × 98 cm / 172,6 × 172,6 cm
© Pieter Hugo

C/O Berlin
S. | p. 187

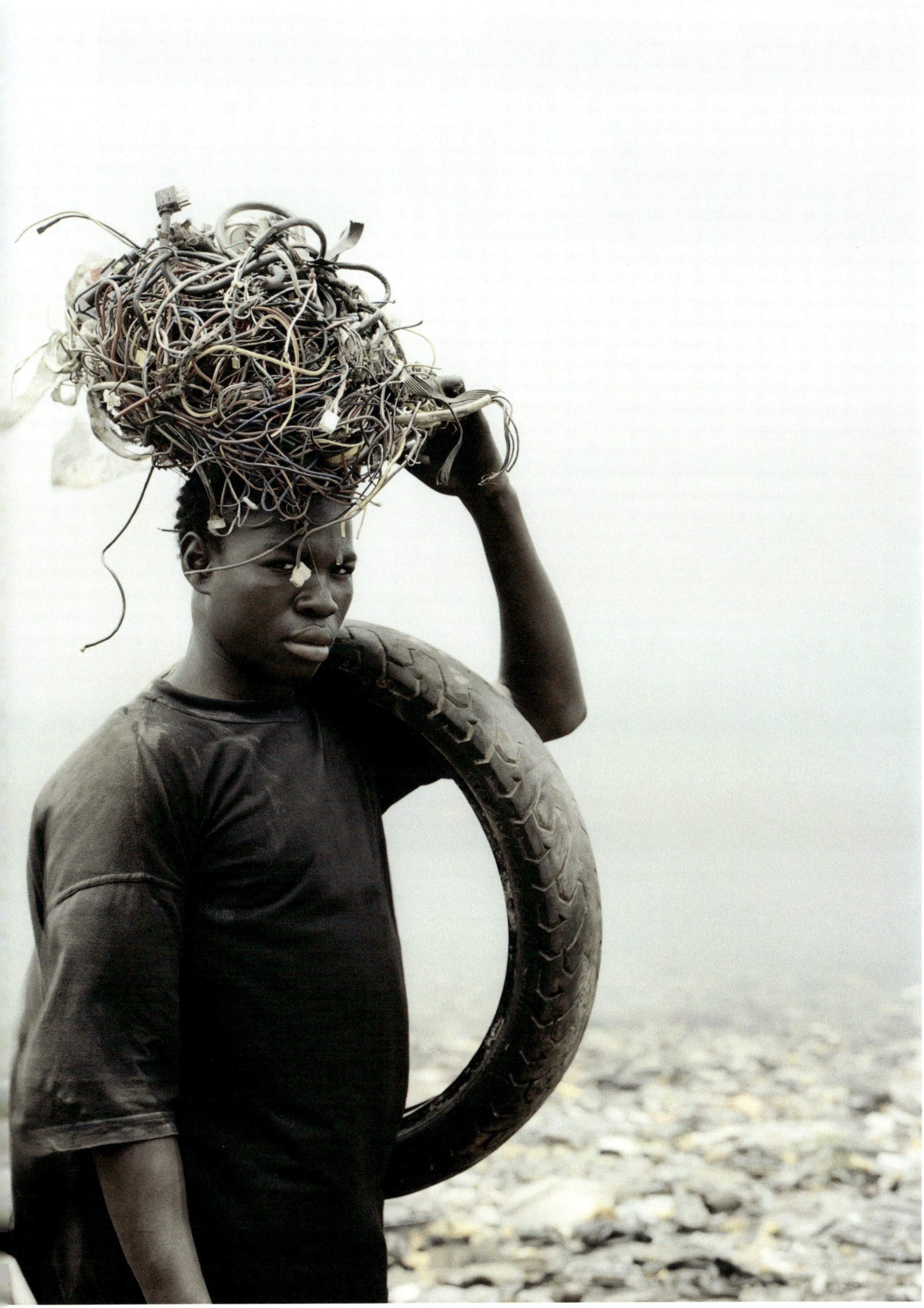

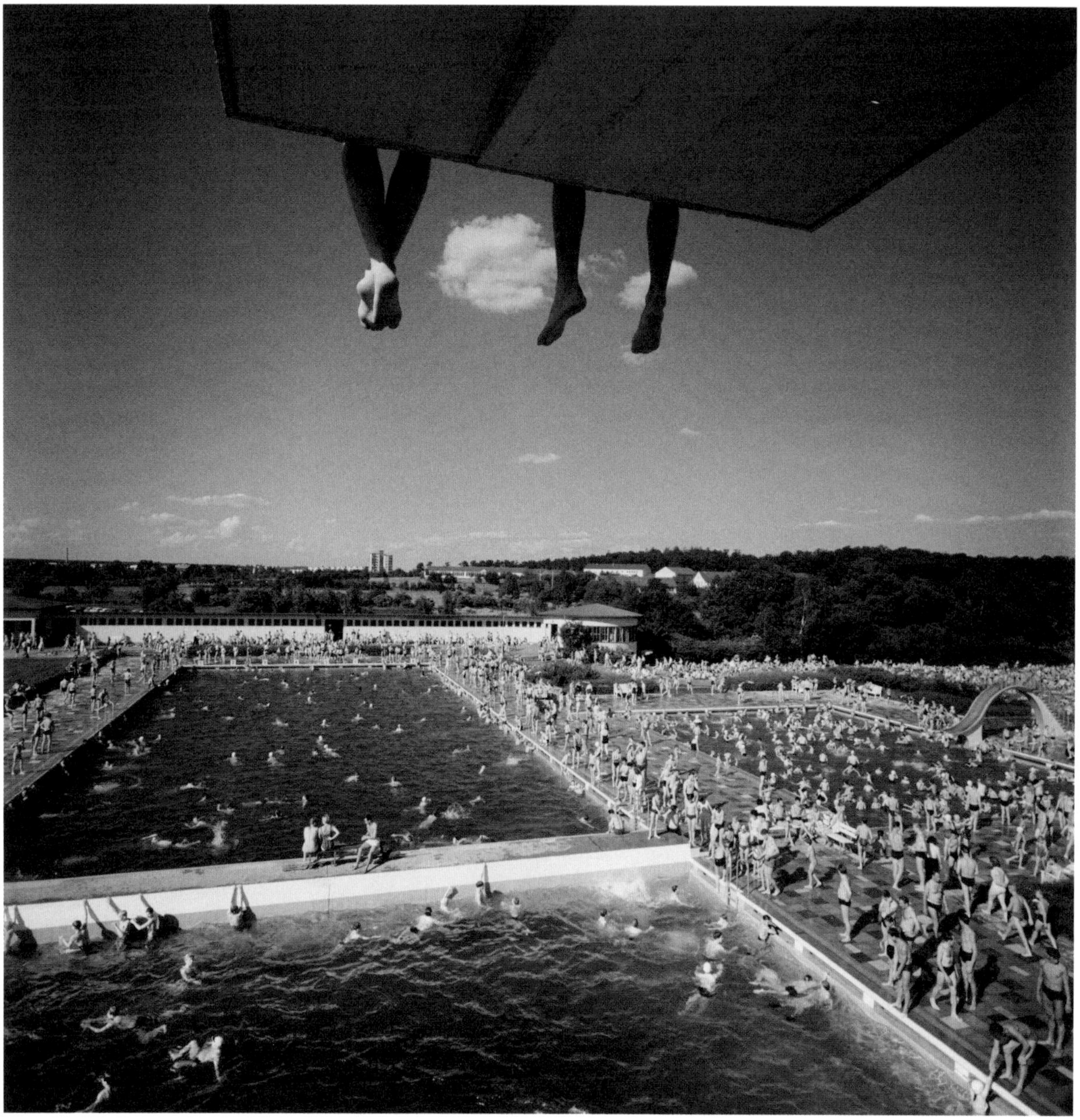

Heinrich Heidersberger
VW Bad, Wolfsburg, 1962
Schwarzweiß Silbergelatineabzug auf Barytpapier I Black and white silver gelatin print on
baryta paper
40 × 40 cm
© Heinrich Heidersberger

**Petra Rietz Salon Galerie / Institut
Heidersberger**
S. I p. 226

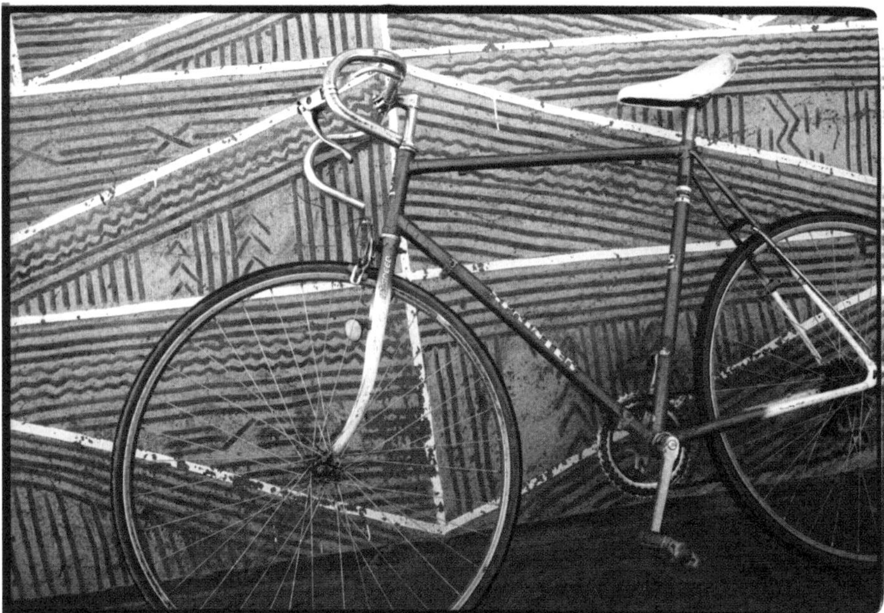

Abrie Fourie
Daniel's Bicycle, 1996
C-Print I C-print
© Abrie Fourie

Vice Versa Vertrieb
S. I p. 234

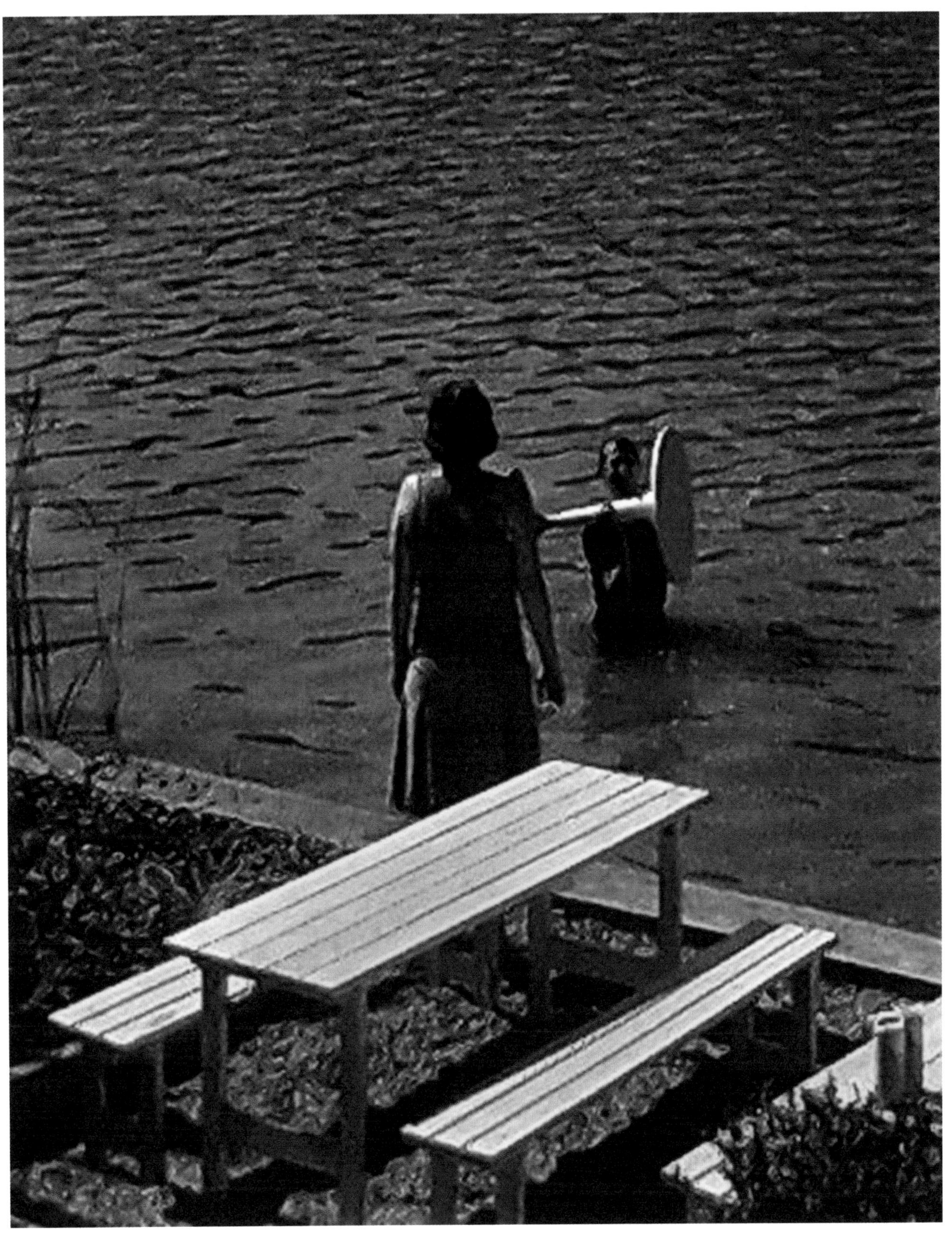

Thorsten Kirchhoff
O.T. (Kreuzberg) | Untitled (Kreuzberg)
aus der Serie | from the series Walking, 2011
Druck | Print
© Thorsten Kirchhoff

FENSTER61 – Fenster für Fotoprojekte
S. | p. 195

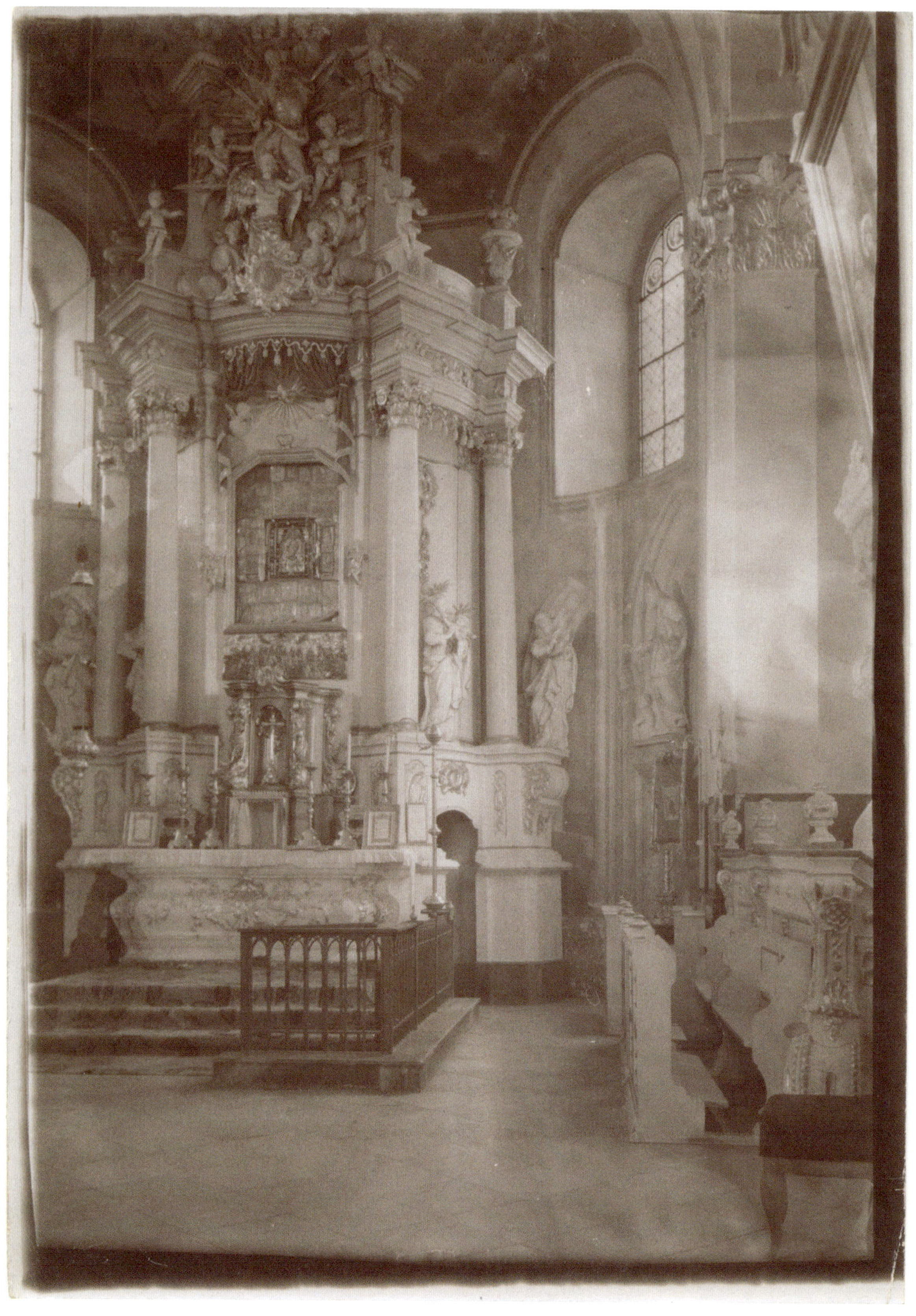

Bruno Stephan (?)
»Rokitten, Altar m. Votivtafeln u. Gnadenbild«, 1925
Kollodiumpapier | Collodion paper
18×13 cm
© Mitte Museum / Bezirksamt Mitte von Berlin

Mitte Museum
S. | p. 221

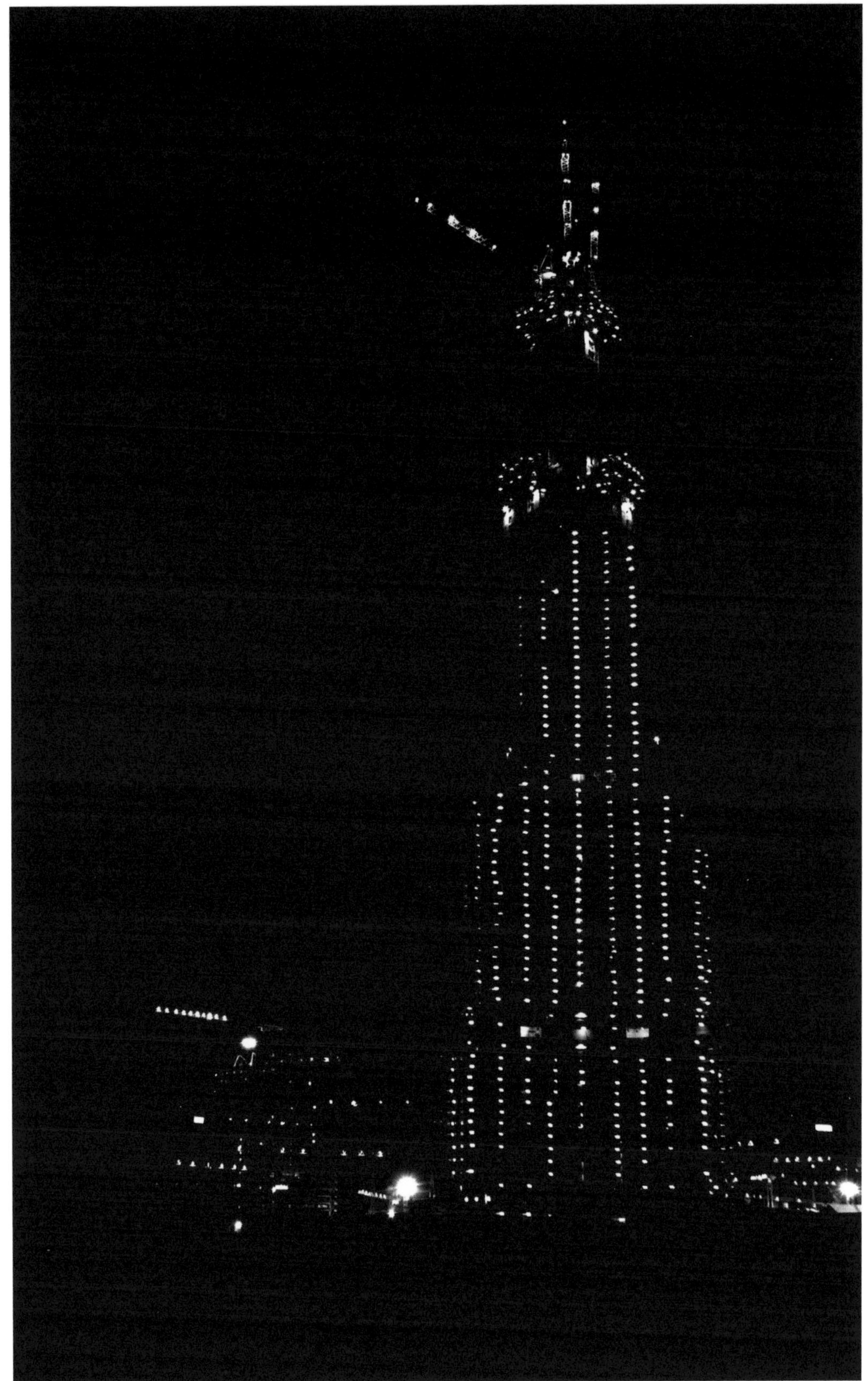

Susanne Schuricht
Burj-Flavin-Tatlin, 2006
C-Print | C-print
170 × 110 cm
© Susanne Schuricht

Fotografiesammlung Arthur de Ganay
S. | p. 237

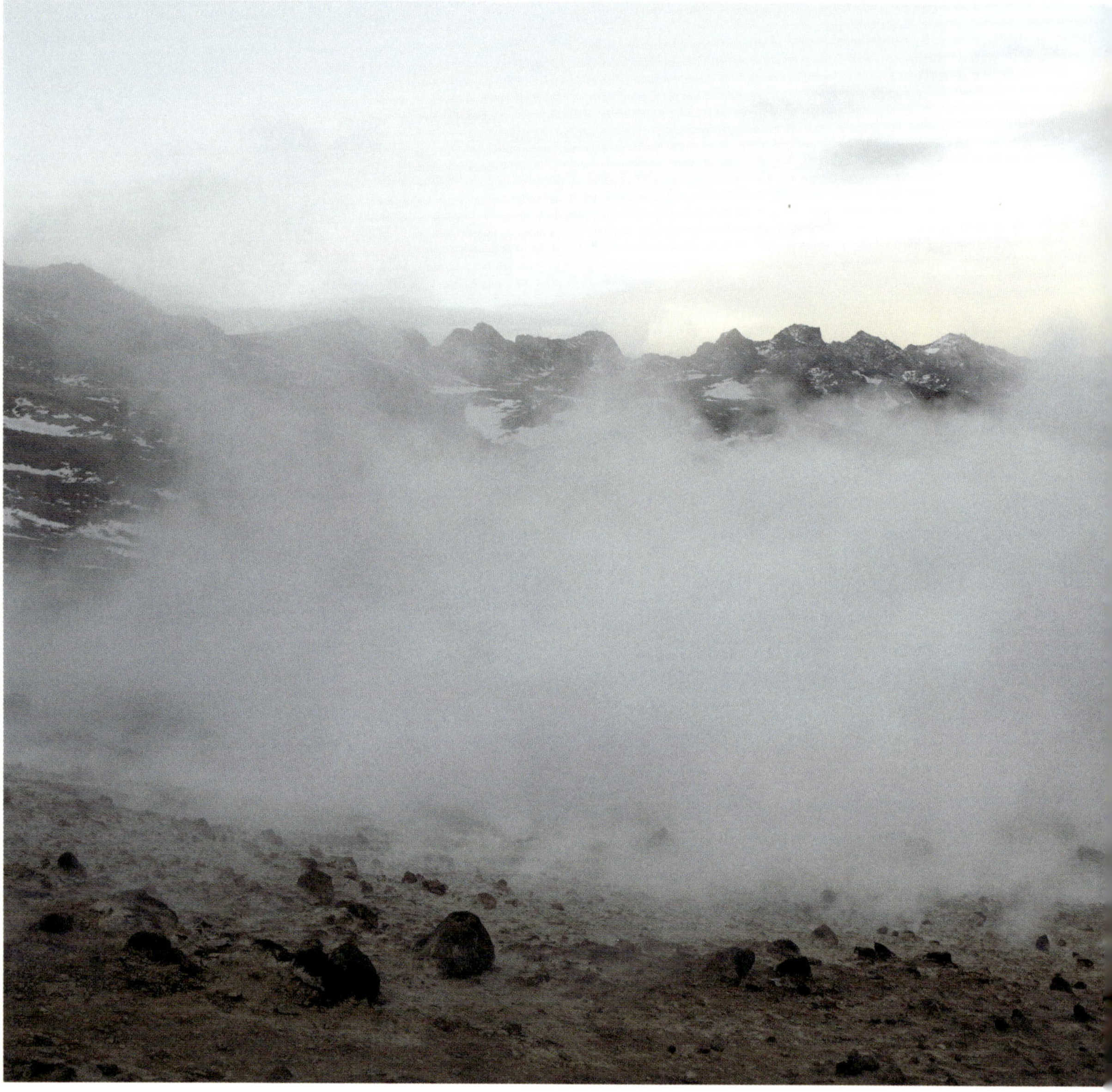

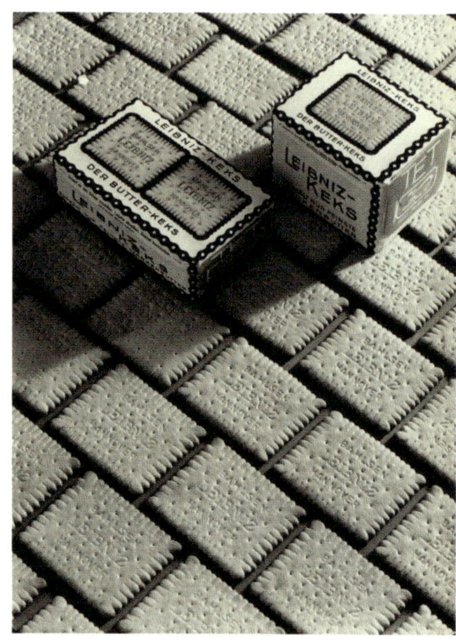

Benten Clay
Seltun, 2012
Tintenstrahldruck I Inkjet print
Größe variabel I Dimensions variable
© Benten Clay

Plattenpalast
S. I p. 229

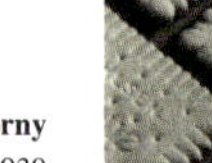

Hein Gorny
O.T. (Leibniz Kekse) I Untitled, ca. 1939
Silbergelatineabzug – neu abgezogen von I Silver gelatin print
reprinted by Heinrich Riebesehl, 1972
26,7 × 19,9 cm
© Hein Gorny

Collection Regard
S. I p. 190

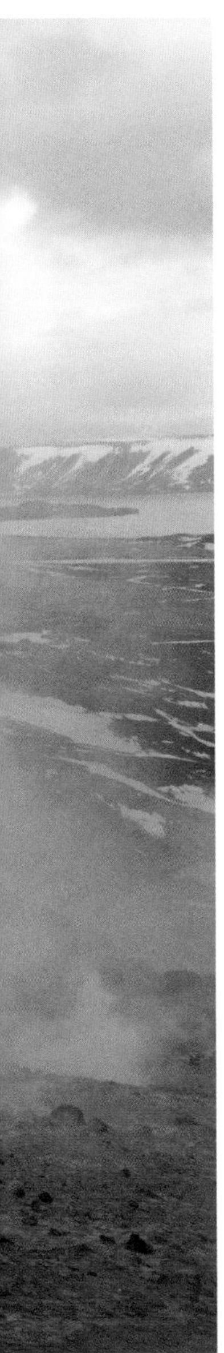

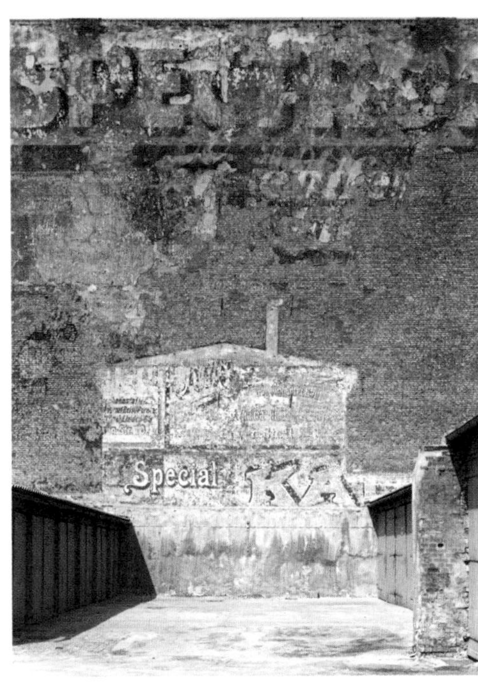

Janos Frecot
Berlin, 1964/65
Silbergelatineabzug | Silver gelatin print
36,5 × 26,8 cm
© Janos Frecot

Kicken Berlin
S. | p. 214

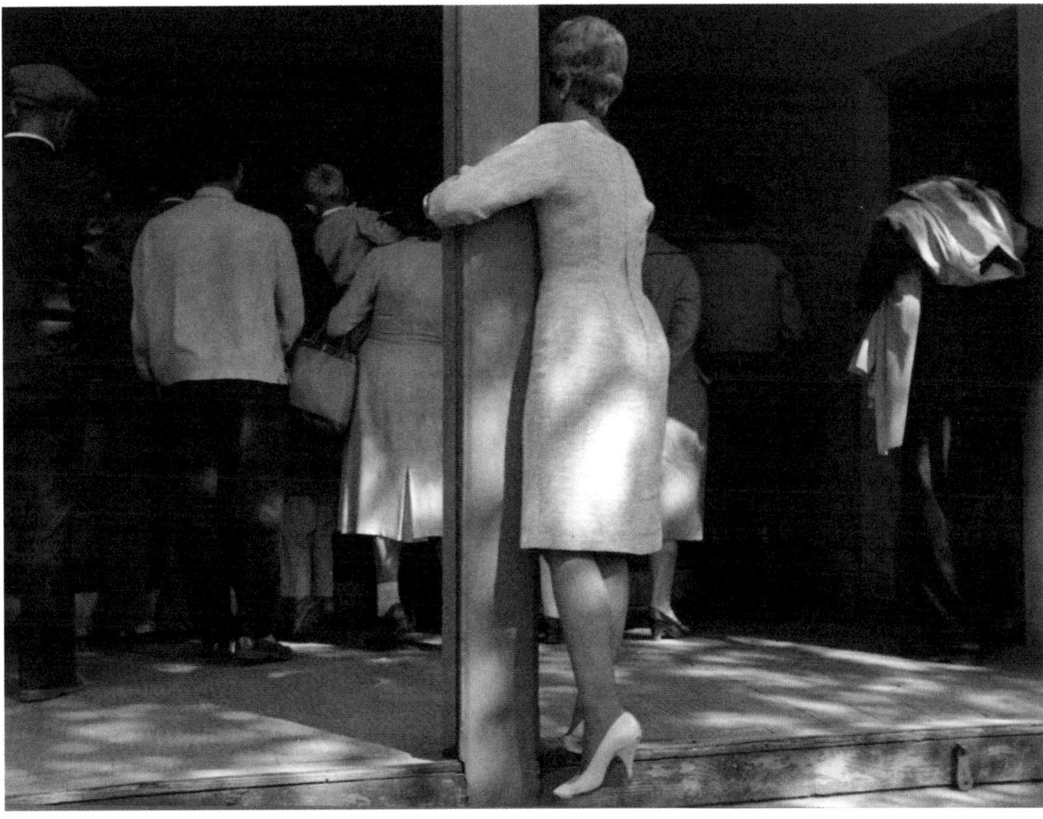

Péter Nádas
Scheibenschießen, 1967
Silbergelatineabzug | Silver gelatin print
17,4 × 24,3 cm
© Péter Nádas

Kicken Berlin
S. | p. 214

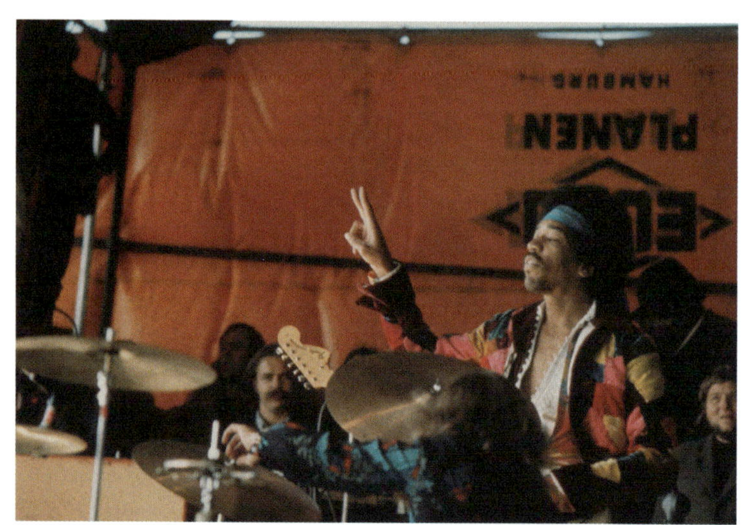

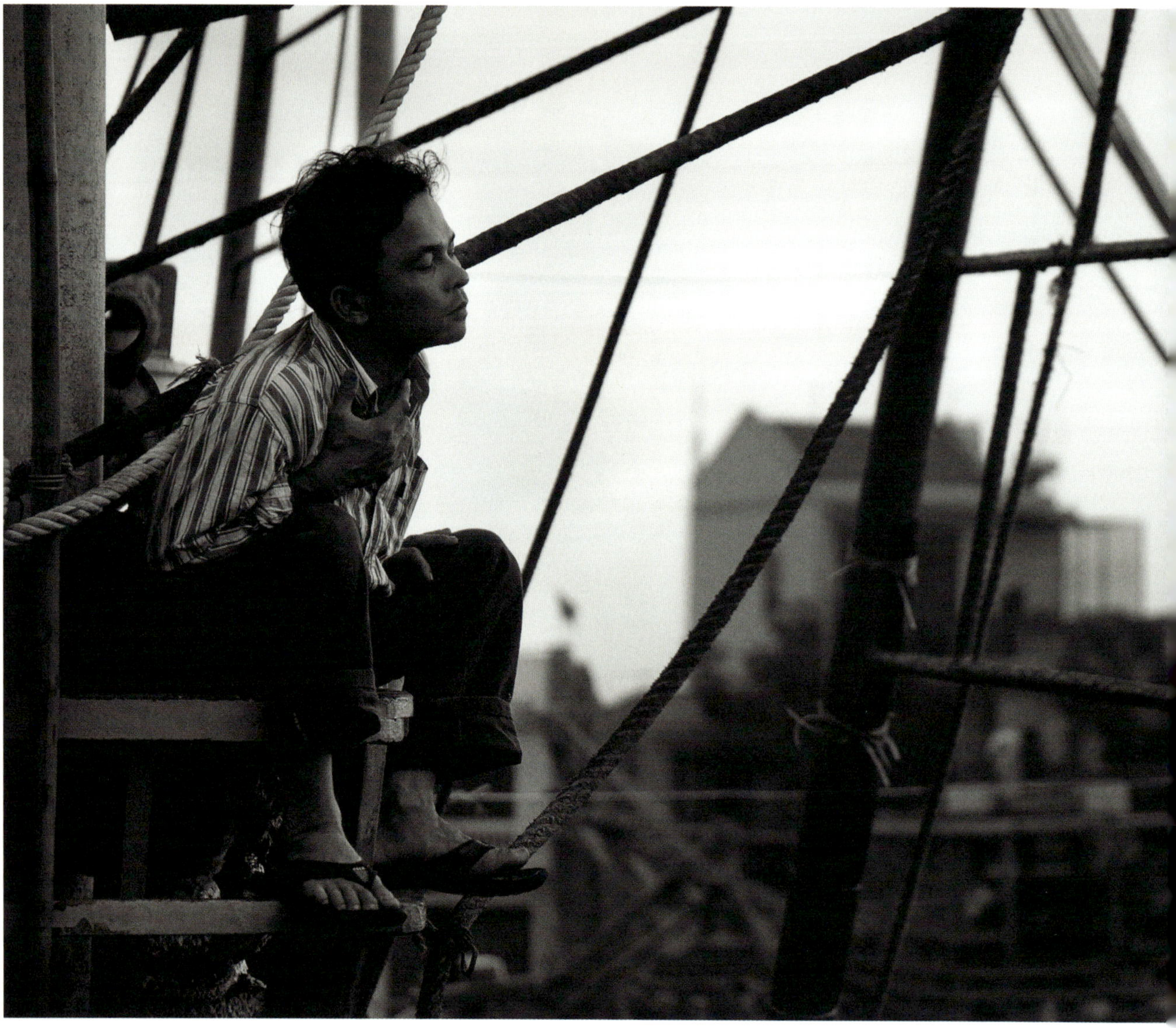

oben | top
Frauke Bergemann
O.T. aus der Serie | Untitled from the series
<u>Fehmarn</u>, 1970
C-Print | C-print
30 × 42 cm
© Frauke Bergemann

WHITECONCEPTS by Nicole F. Loeser
S. | p. 235

unten | bottom
Magdalena Peralta
<u>Fischer in Phan Thiet</u>, 2011
Tintenstrahldruck | Inkjet print
70 × 100 cm
© Magdalena Peralta

Berliner Technische Kunsthochschule
S. | p. 182

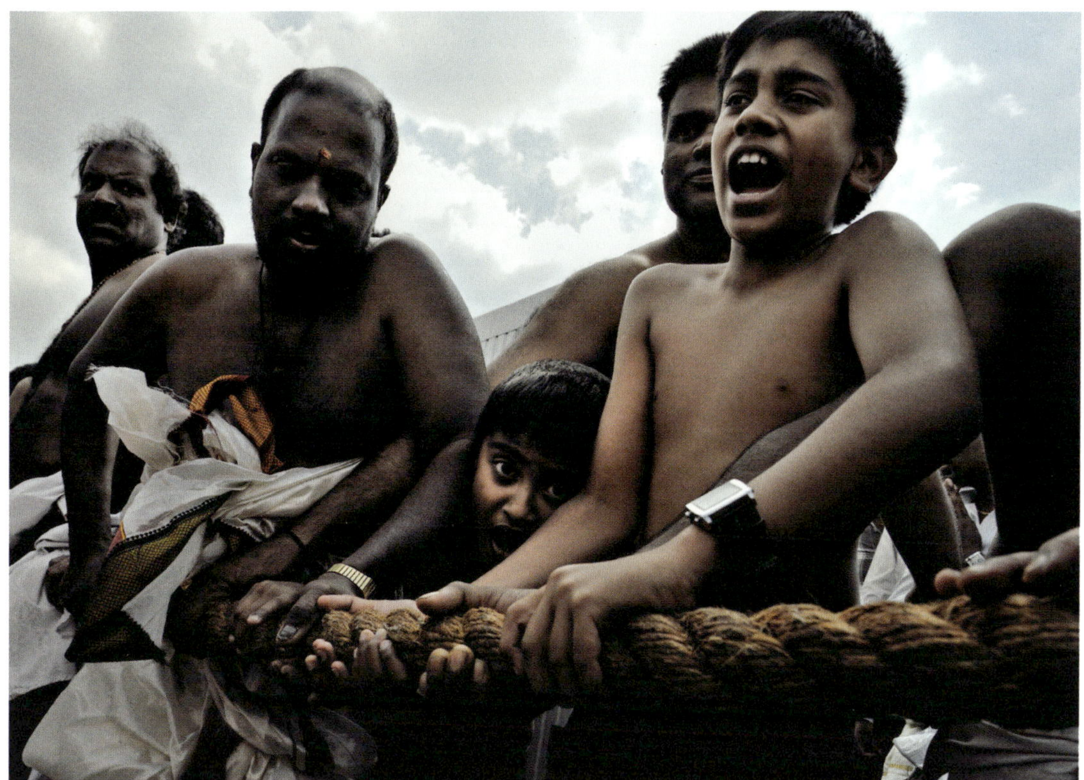

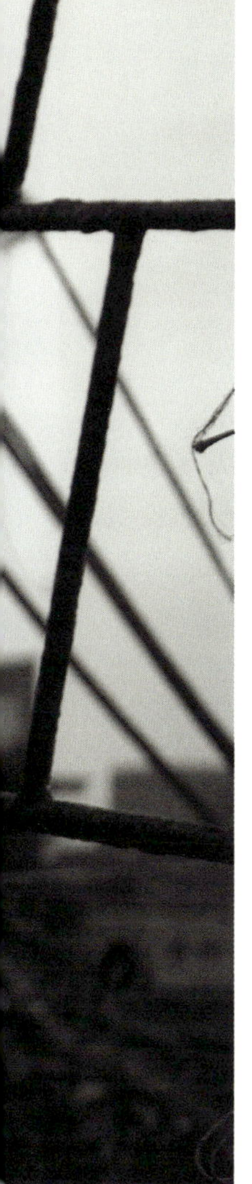

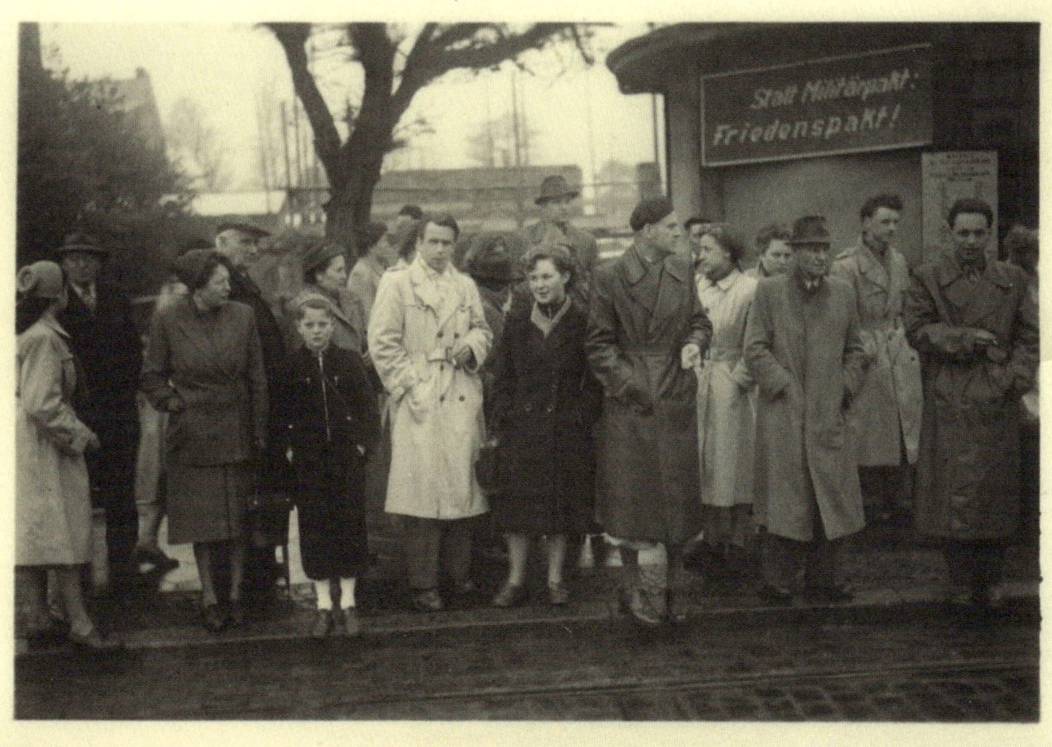

oben | top
Ingo Kniest
O.T. | Untitled, 2011
Archivalischer Pigmentdruck | Archival pigment print
48×68 cm
© Ingo Kniest

Kunst- und Atelierhaus Meinblau
S. | p. 216

unten | bottom
Unbekannter Fotograf | Unknown photographer
Knipserfotografie
Schwarzweißabzug | Black and white print
6×9 cm
© Sammlung Stefan Raum

alte feuerwache. projektraum
S. | p. 180

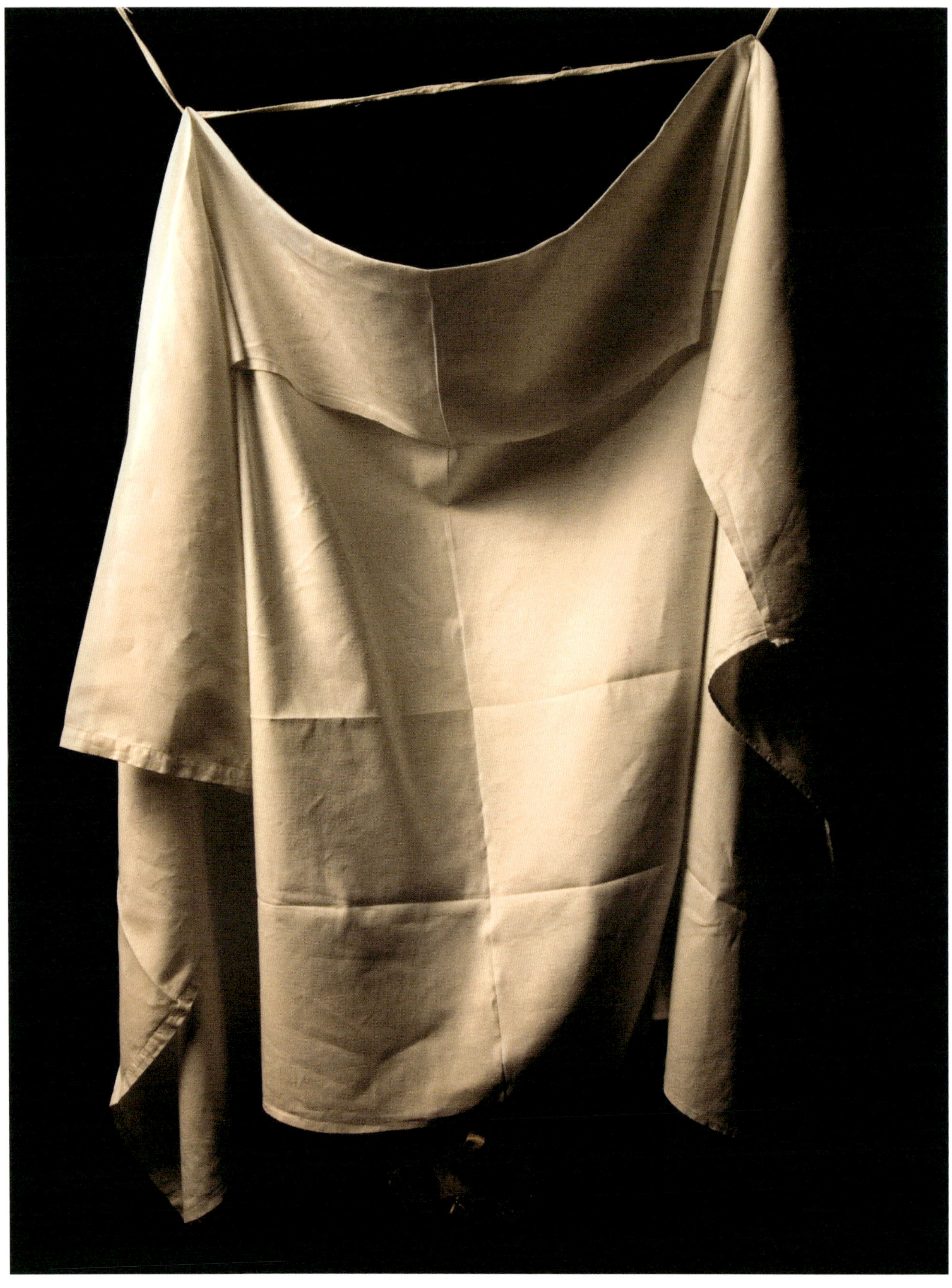

Carina Linge
Toile de Fond, 2011
C-Print auf AluDibond | C-print on AluDibond
130 × 100 cm
© Carina Linge

Galerie Jarmuschek + Partner
S. | p. 202

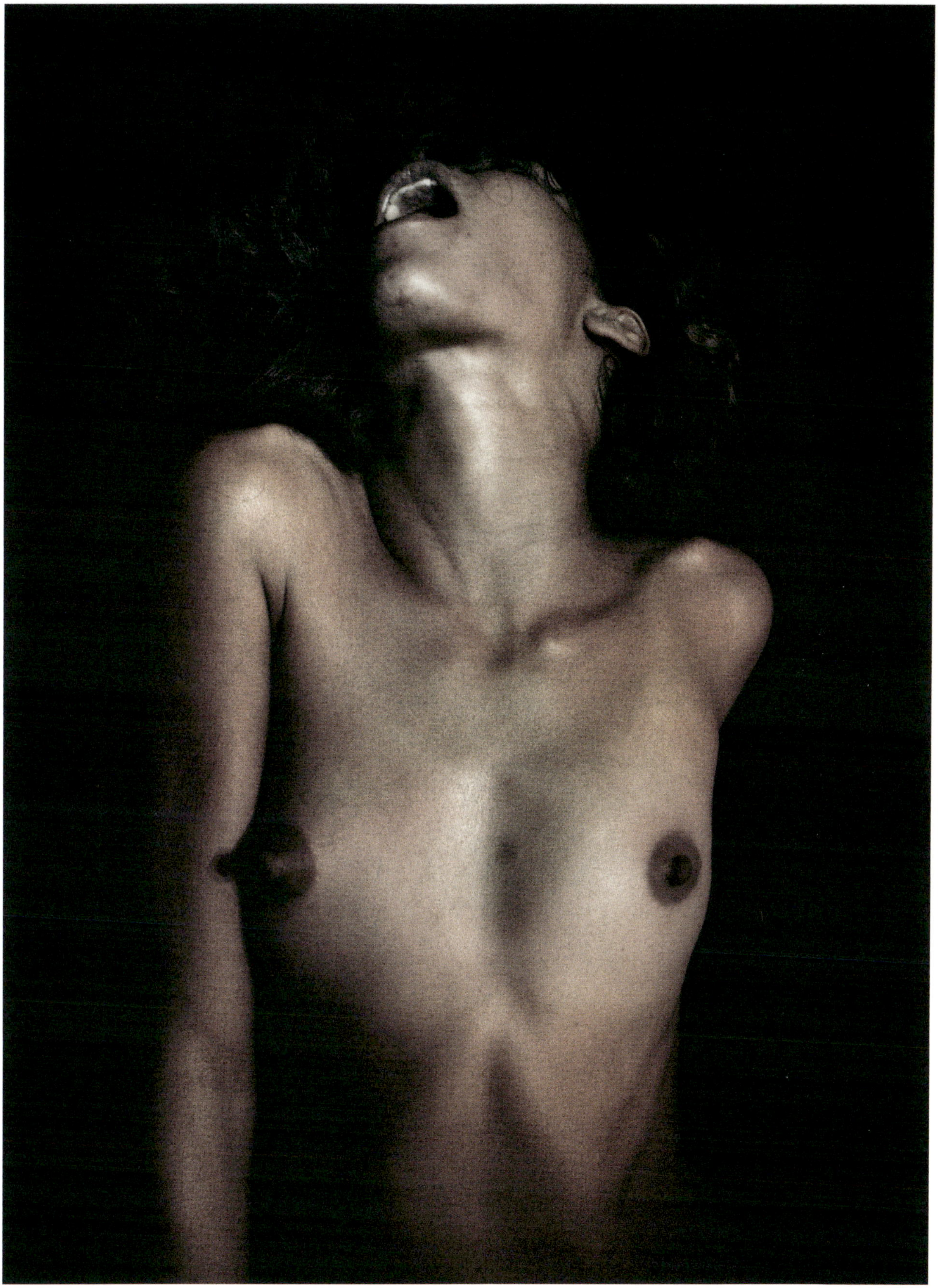

147

Antoine d'Agata
O.T. | Untitled (Kuba), 2010
C-Print | C-print
56×42 cm
© Antoine d'Agata

PHOTOPLATZ c/o Hotel Bogota
S. | p. 227

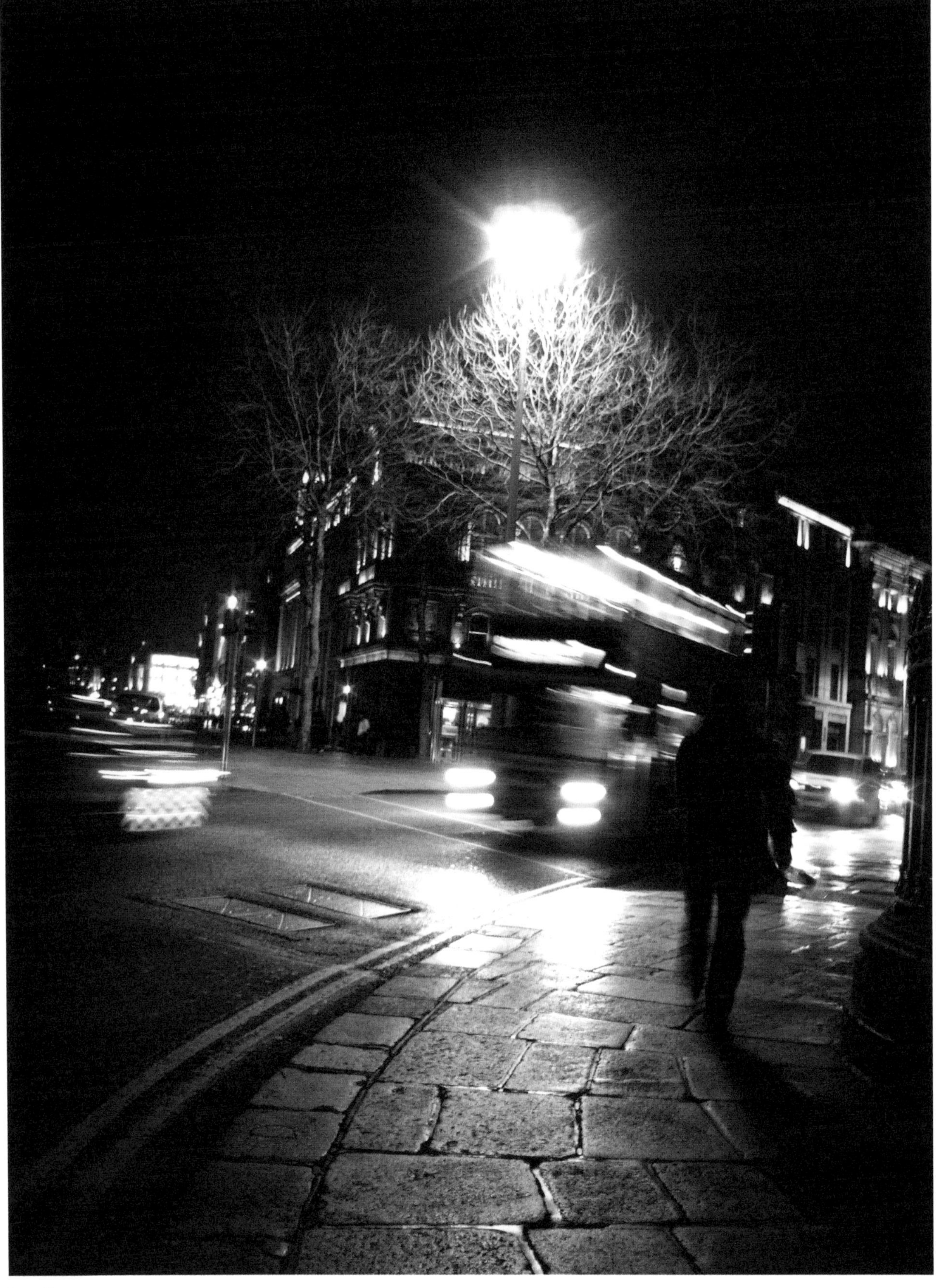

James Clancy
Dublin, 2007
Digitaldruck | Digital print
30×21 cm
© James Clancy

Botschaft von Irland
S. | p. 185

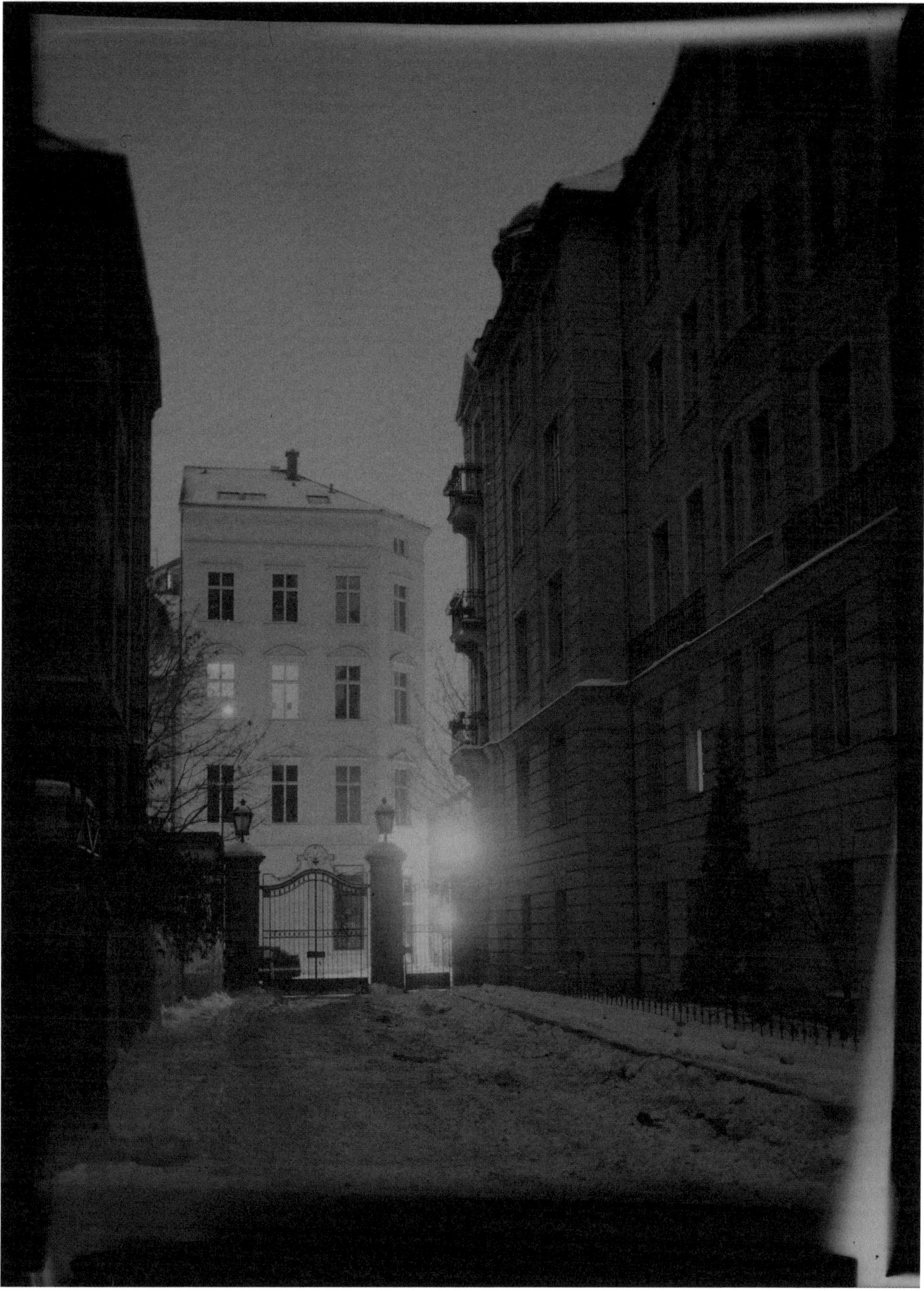

Stephen Mooney
Aus der Serie | From the series Jahrhundertwinter, 2009/10
Silbergelatineabzug auf Barytpapier | Silver gelatin print on baryta paper
105 × 80 cm
© Stephen Mooney

aff. atelier freier fotografen
S. | p. 178

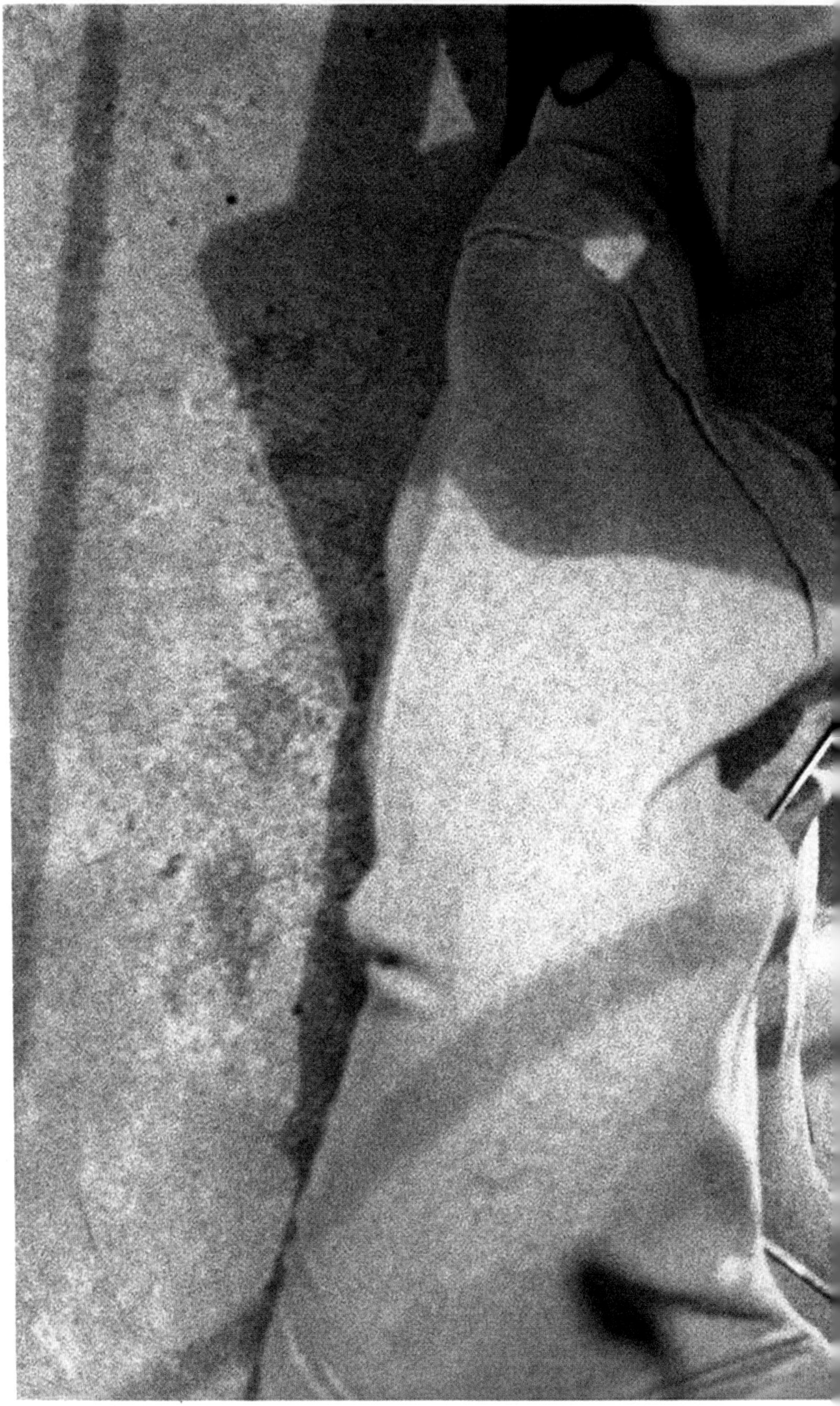

Gisèle Freund
Par elle-même
(Selbstporträt I Self-portrait), 1931
Silbergelatineabzug I Silver gelatin print
30 × 40 cm
© Gisèle Freund / Sammlung Anita Neugebauer

DAS VERBORGENE MUSEUM
S. I p. 191

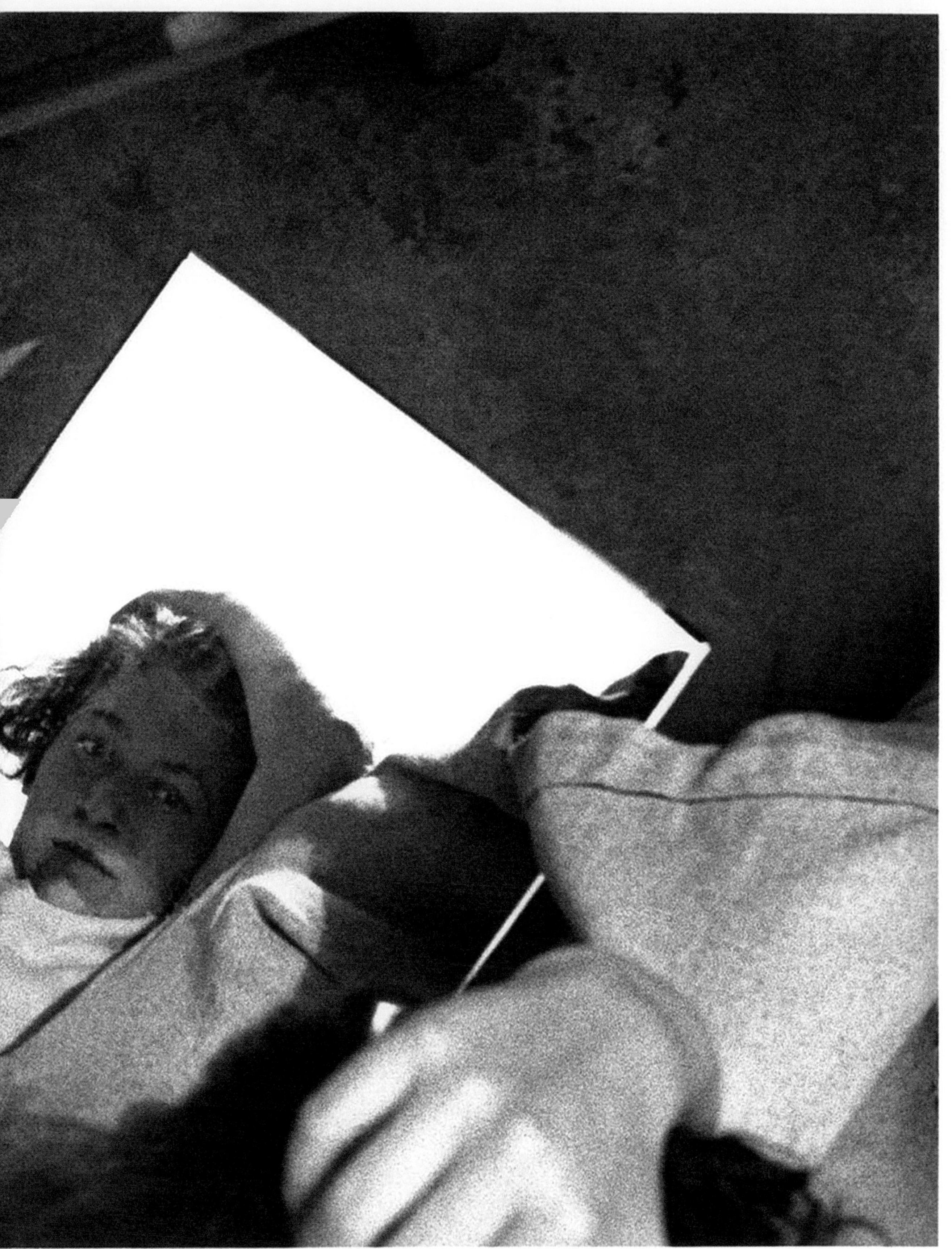

PHOTOGRAPHY IS TRUTH, AND FILM IS TRUTH AT 24 FRAMES A SECOND.

JEAN-LUC GODARD
IN »LE PETIT SOLDAT« (1960)

DIESES ZITAT WIRD IHNEN PRÄSENTIERT
VON UNSEREM MEDIENPARTNER

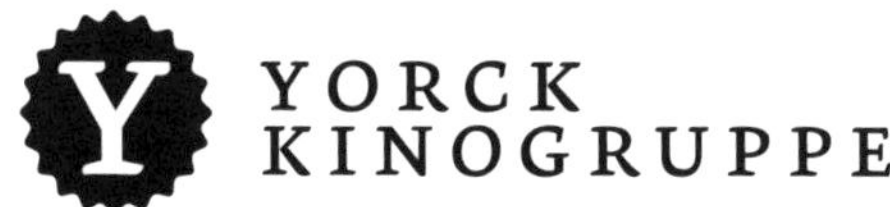

WWW.YORCK.DE

THEMEN | THEMES

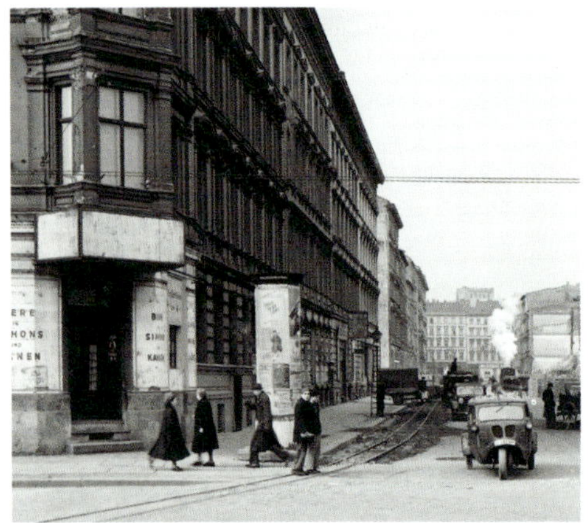

Arwed Messmer
Fruchtstraße #V (71-76), zwischen
Müncheberger Straße und Lange
Straße (Detail), 1952 / 2008
Schwarzweiß Pigmentdruck I Black
and white pigment print
Fotografiert von I Photographed
by Fritz Tiedemann 1952
© Rekonstruktion und Interpretation
Reconstruction and interpretation
by Arwed Messmer 2008

Franz-Mehring-Platz 1
S. I p. 198

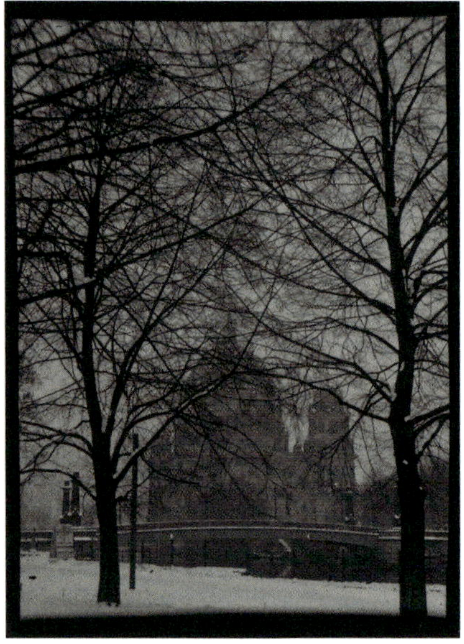

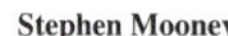
Stephen Mooney
Aus der Serie I From the series Jahrhundertwinter, 2009 / 10
Silbergelatineabzug auf Barytpapier I Silver gelatin print on
baryta paper
105 x 80 cm
© Stephen Mooney

aff. atelier freier fotografen
S. I p. 178

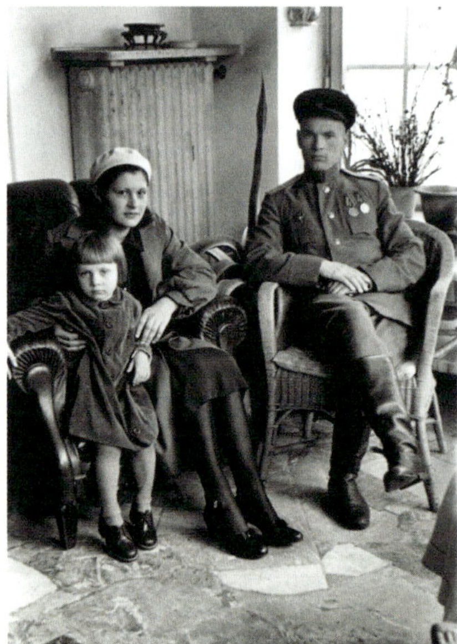

Herbert Maschke
Nächtlicher Kurfürstendamm zu den
X. Internationalen Filmfestspielen, 1960
Kleinbildformat I 35 mm format
© Cornelius Maschke, Morlind Tumler

Stiftung Stadtmuseum Berlin
S. I p. 232

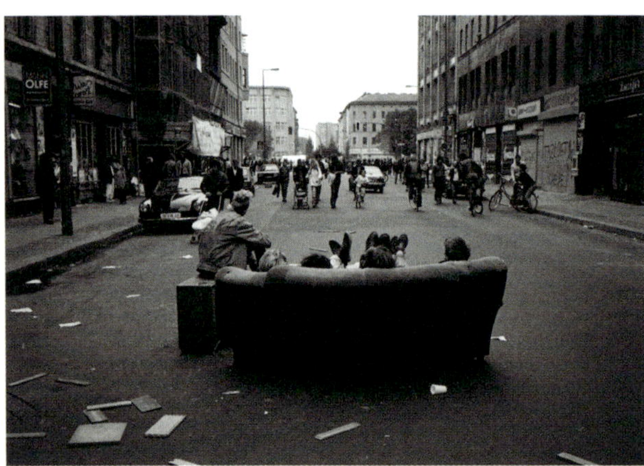

Michael Hughes
Oranienstraße, 1984
Schwarzweißdruck I Black and white print
33 x 50 cm
© Michael Hughes

Bezirksmuseum Friedrichshain-Kreuzberg
S. I p. 184

Willy Huschke
Russen in Kladow, 1946
Schwarzweiß Pigmentdruck I Black and white pigment print
18 x 13 cm
© Landesarchiv Berlin

Landesarchiv Berlin
S. I p. 219

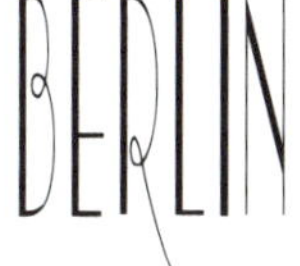

BERLIN

Wie lässt sich eine heterogene Großstadt wie Berlin aus der Perspektive der Fotografie betrachten? Schon Émile Zola wusste: »Meiner Ansicht nach, (...) kann niemand behaupten, etwas wirklich gesehen zu haben, solange er es nicht fotografiert hat.«[1] Aber was sieht der Fotograf im Gegensatz zum Betrachter und was erzählen Fotografien, was ein Text nicht festzuhalten vermag? Auf welche Weise ist die Fotografie Auslöser einer Reflexion und Gedächtnisanalogie, die Bildzeugnisse für die Identität, Geschichte und das Selbstverständnis einer Stadt liefern?

Berlin beruft sich auf seine Tradition als Stadt der Vielfalt, aber auch auf seine Gegensätze. Als Bundeshauptstadt und Regierungssitz ist sie politisches Zentrum und zugleich Kunstmetropole. Die Stadt wirbt mit ihrer »Sexiness« und kokettiert mit ihrer Armut, man lobt die Vielfalt der Kulturen und spricht zugleich über soziale Brennpunkte. Sie ist Inbegriff von Urbanität und wird andererseits gelobt für das Wir-Gefühl und den dörflichen Charakter ihrer Kieze. Berlin vereint den Kontrast zwischen Geschichte und Gegenwart und den zwischen Ost und West. Eine Stadt im steten Wandel, in einer radikalen Metamorphose, die die Narben einer historischen Zerrissenheit selbstbewusst in ihr Stadtmarketing zu integrieren versucht.

Die hier unter dem Thema **Berlin** versammelten Ausstellungen bieten Berlinkennern und Neugierigen Einblicke in die vielfältigen Facetten der Metropole. Neben historischen Momenten laden sie ein, verborgene und unbekannte Orte zu besichtigen, und zeigen große und kleine Ereignisse der Geschichte und Gegenwart Berlins im Spiegel der Fotografie.

How is it possible to look at a heterogeneous metropolis like Berlin from the perspective of photography? Émile Zola already observed: »In my view, (...) you cannot claim to have really seen something until you have photographed it.«[1] But what does the photographer see that the simple observer does not, and what do photographs narrate that cannot be recorded in text? In what way is photography the catalyst for reflection and analogy in memory, which provide pictorial testimony to the identity, history and the self-concept of a city?

Berlin boasts of its tradition as a city of diversity, but also its contradictions. As the capital and seat of government, it is a political centre and an art metropolis at the same time. The city advertises its »sexiness« and plays on its poverty. People praise its cultural diversity and at the same time talk about social flash points. Berlin is the epitome of urbanity and at the same time praised for its collective spirit and the village-like character of its neighbourhoods. The contrasts between history and the present and between East and West come together in Berlin. A city in constant flux, in a state of radical metamorphosis, boldly trying to integrate the scars of historical disunity in its branding.

The theme **Berlin** groups exhibitions that offer insights into the diverse facets of the metropolis for Berlin connoisseurs and curious newcomers alike. In addition to historic moments, they also invite visitors to hidden and unknown locations and reflect great and lesser events in Berlin's history and present in the mirror of photography.

1

Zitiert nach Susan Sontag,
Über Fotografie, Frankfurt am Main:
Fischer Taschenbuch Verlag 1980, S. 86.

1

Cited according to Susan Sontag,
On Photography, New York: Farrer,
Straus and Giroux, 1977, p. 86.

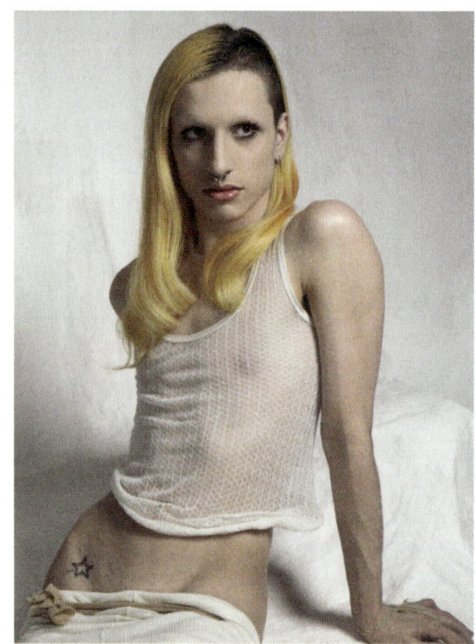

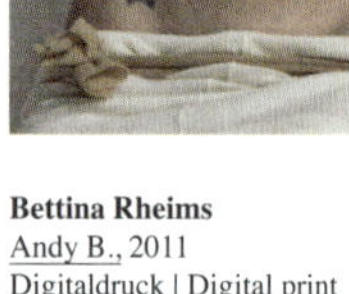

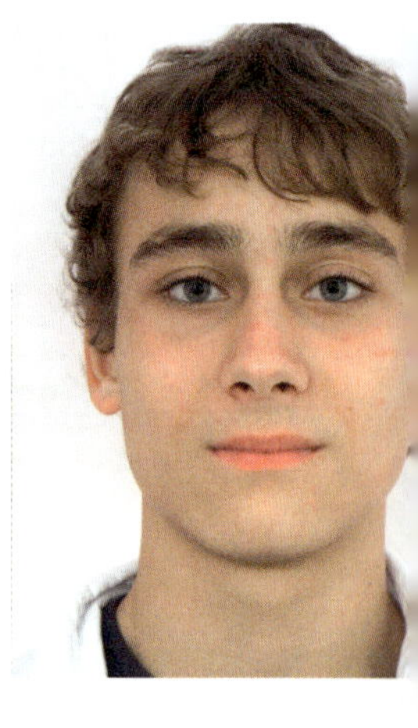

Bettina Rheims
Andy B., 2011
Digitaldruck | Digital print
111,4 x 87,6 cm
© Bettina Rheims

CAMERA WORK
S. | p. 188

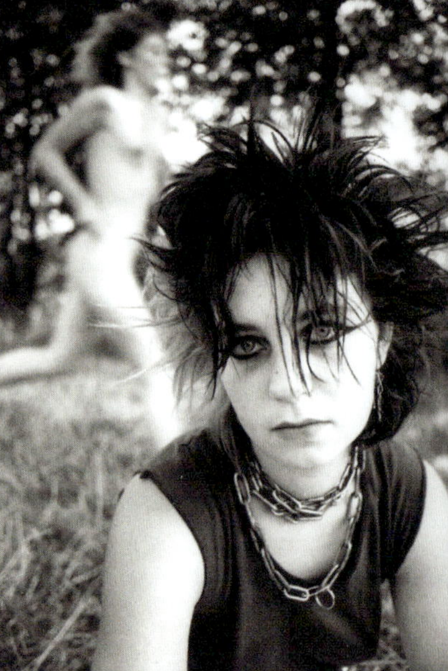

Hans Praefke
Simone, 1983
Schwarzweiß Pigmentdruck | Black
and white pigment print
50 x 40 cm
© Hans Praefke

Staatsgalerie Prenzlauer Berg
S. | p. 231

Dennis Hopper
Paul Newman, Location: Malibu, Ca USA, 1964
Silbergelatineabzug | Silver gelatin print
© The Dennis Hopper Trust

Martin-Gropius-Bau
S. | p. 221

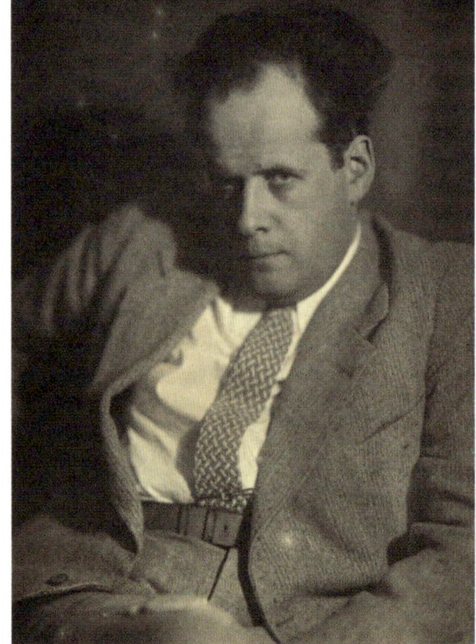

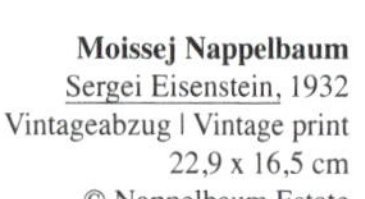

Moissej Nappelbaum
Sergei Eisenstein, 1932
Vintageabzug | Vintage print
22,9 x 16,5 cm
© Nappelbaum Estate

Galerie Berinson
S. | p. 200

PERSÖNLICHE IDENTITÄT / PERSONAL IDENTITY

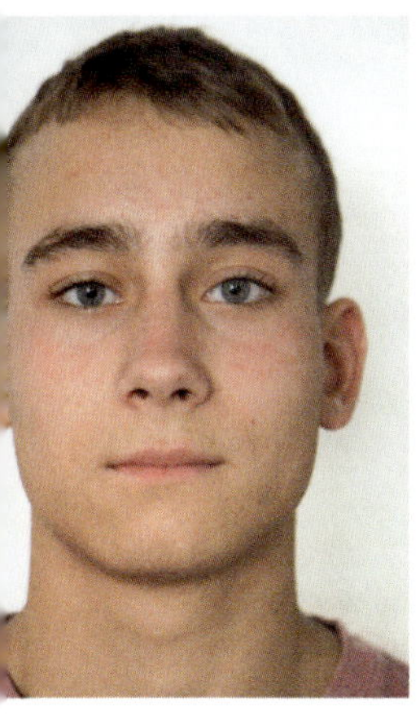

Ina Köhler
<u>Valentin / USA, 2007 / 08</u>
Lambda Print | Lambda print
70 x 100 cm
© Ina Köhler

Galerie Ina Köhler
S. | p. 201

DE

»Vor dem Objektiv bin ich zugleich der, für den ich mich halte, der, für den ich gehalten werden möchte, der, für den der Fotograf mich hält, und der, dessen er sich bedient, um sein Können vorzuzeigen.«[1] Diese Beschreibung Roland Barthes' aus seiner Schrift **Die helle Kammer** beschreibt umfassend den »bizarren Vorgang«, der sich beim Fotografieren von Individuen ereignet, und den komplexen Prozess der hierbei stattfindenden Persönlichkeitsbildung.

Das Thema **Persönliche Identität** versammelt Ausstellungen, die sich den Besonderheiten und spezifischen Eigenschaften von Individuen widmen. Bis heute existiert keine allgemein anerkannte Theorie dazu, welche Einflüsse von Individuation, Sozialisation oder genetischer Prägung zusammenwirken, um eine Persönlichkeit zu formen. Gewiss ist aber, dass Identität keine Ansammlung starrer Charaktereigenschaften, sondern lediglich relativ stabiler Verhaltenstendenzen ist, die sich über verschiedene Situationen und über einen längeren Zeitraum hinweg manifestieren. Die persönliche Identität ist mit dem Bild von außen niemals identisch und befindet sich in einem steten Fluss der Neufindung.

Das Medium Fotografie ist in besonderem Maße geeignet, Identität und den Prozess der Persönlichkeitsfindung zu reflektieren, indem sie die doppelte Konstruiertheit der eigenen Identität, aber auch die Flüchtigkeit der zugeschriebenen Identität immer durch den Blick des Betrachters und das Auge der Kamera spiegelt.

EN

»In front of the lens, I am at the same time: the one I think I am, the one I want others to think I am, the one the photographer thinks I am, and the one he makes use of to exhibit his art.«[1] This description by Roland Barthes in his text **Camera Lucida** thoroughly describes the »bizarre operation« that takes place in the act of photographing individuals and the complex process of personality formation that occurs.

The theme **Personal Identity** brings together exhibitions that are devoted to the particularities and idiosyncrasies of individuals. To date there is no general theory that says what influences of individuation, socialisation or gene expression interact to shape a personality. What is certain, however, is that identity is not an agglomeration of fixed characteristics, but only of relatively stable behavioural tendencies that manifest themselves in various situations and over a long period. Personal identity is never identical with the external image, and is always in a fluid state of redefinition.

The medium of photography is particularly suited to reflecting identity and the process of discovering one's personality since it always reflects both the twofold constructed quality of one's own identity and the volatility of the identity assigned by the observer's gaze and the eye of the camera.

1

Roland Barthes, Die helle Kammer.
Bemerkung zur Photographie,
Frankfurt am Main: Suhrkamp 1989, S. 22.

1

Roland Barthes, Camera Lucida: Reflections
on Photography, New York: Hill and Wang,
1981, p. 13.

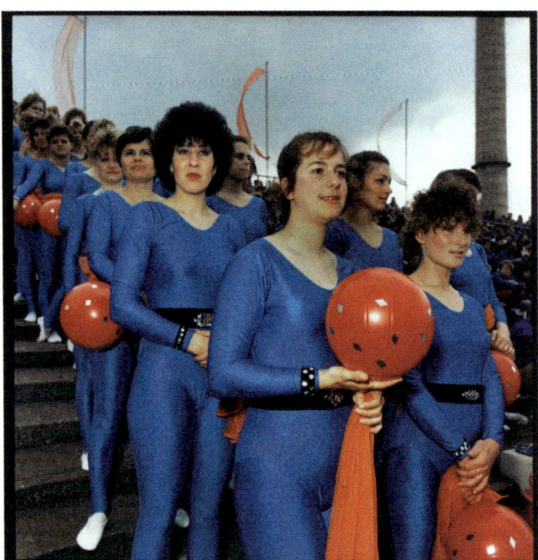

Jens Rötzsch
Berlin (Ost) 1989 – Pfingsttreffen
der FDJ – Stadion der Weltjugend, 1989
C-Print I C-print
38,6 x 38,6 cm
© Jens Rötzsch,
Sammlung Berlinische Galerie

Berlinische Galerie
S. I p. 182

Sergei Michailowitsch Prokudin-Gorski
Peasant Girls. [Russian Empire], 1909
1 Negativ (3 Rahmen): Glas, schwarzweiß, Dreifarben-
Separation I 1 negative (3 frames): glass, black and white,
three-color separation
© Library of Congress, LC-DIG-prokc-21043

Gestalten Space
S. I p. 208

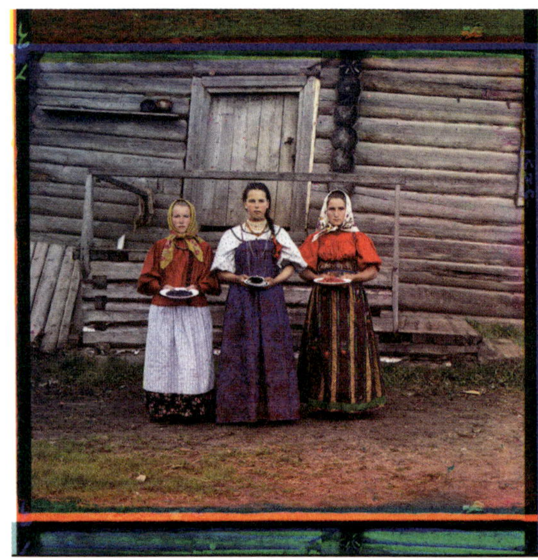

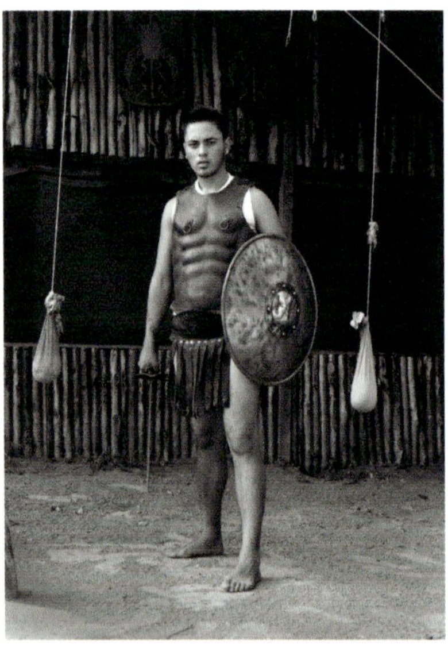

Nihad Nino Pušija
Die Gladiatoren II (Triptychon), 2011
Schwarzweißdruck I Black and white print
200 x 140 cm
© Nihad Nino Pušija

Galerie Kai Dikhas
S. I p. 202

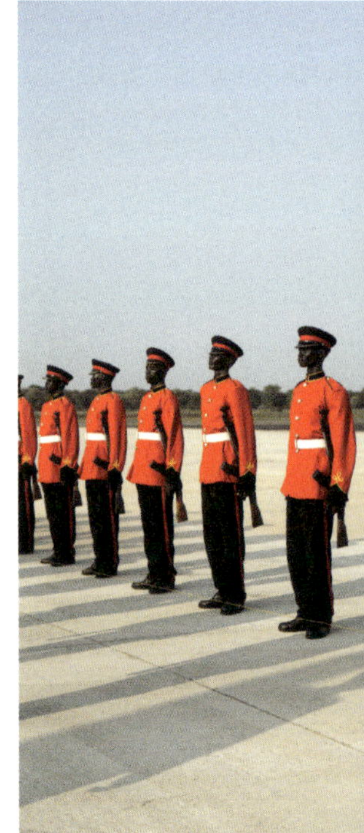

Espen Eichhöfer
Aus der Serie I From the series
Ein Staat entsteht, 2012
© Espen Eichhöfer/OSTKREUZ

OSTKREUZ – Agentur der Fotografen
S. I p. 224

KULTURELLE UND NATIONALE IDENTITÄTEN / CULTURAL AND NATIONAL IDENTITIES

D_E

Identität ist ein Konstrukt, das Eigenheiten von Wesen und Persönlichkeit Einzelner ebenso wie von ethnischen oder nationalen Gruppen beschreibt. Dabei werden unter dem Begriff zum einen persönliche Kontinuitäten subsumiert, z.B. Wesensmerkmale von Individuen, die wiederum als Kollektive gesellschaftliche Kategorien bilden können. Zum anderen werden über ihn verschiedene Merkmale der Zusammengehörigkeit von Gruppen und Nationen definiert. Dabei spielt das Wechselverhältnis von Selbst- und Fremdwahrnehmung bei Fragen von ethnischen, klassen- und geschlechtsspezifischen Eigenschaften, bei der Differenzierung »des Einheimischen und des Fremden« und bei der Ein- und Ausgrenzung von Individuen, sozialen Gruppen und Gesellschaften eine maßgebliche Rolle.

Fotografie ist identitätsstiftend. Aufgrund ihres repräsentativen Charakters erschafft und festigt sie Überzeugungen hinsichtlich nationaler und religiöser Identitäten und unseres kulturellen Selbstverständnisses, kann diese aber im Gegenzug auch hinterfragen. In den Künsten selbst ist sie zudem Mittel der Selbstreflexion ebenso wie des künstlerischen Widerhalls. Die in diesem Zusammenhang assoziierten Ausstellungen berühren verschiedene Aspekte von Identität, Nation und Kultur.

E_N

Identity is a construct that describes the particular attributes of character and personality of individuals or of ethnic or national groups. The term encompasses personal continuities, such as essential characteristics of individuals that can in turn form social categories in a collective. Identity is also used to define various characteristics of the cohesive unity of groups and nations. The interplay of self perception and the perception of others with regard to ethnic, class and gender-specific characteristics, distinguishing between »the indigenous and the alien« and including or excluding individuals, social groups or communities is a crucial aspect of identity.

Photography creates identity. Due to its representational nature, it not only creates and strengthens beliefs about national and religious identities and our cultural self-image, but can also be used to examine them. In the arts, it is also a medium of self-reflection and of artistic resonance. The exhibitions grouped under this theme touch on diverse aspects of identity, nation and culture.

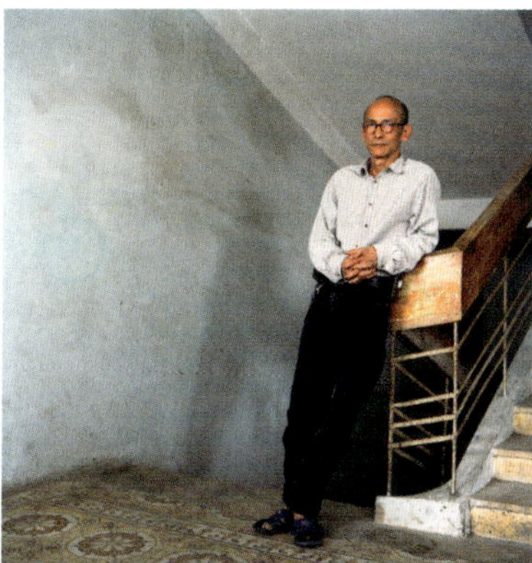

**Stefan Canham,
Nguyen Phuong-Dan**
Aus der Serie | From the series
Die Deutschen Vietnamesen, 2011
C-Print | C-print
70 x 70 cm
© Stefan Canham,
Nguyen Phuong-Dan

25books
S. | p. 178

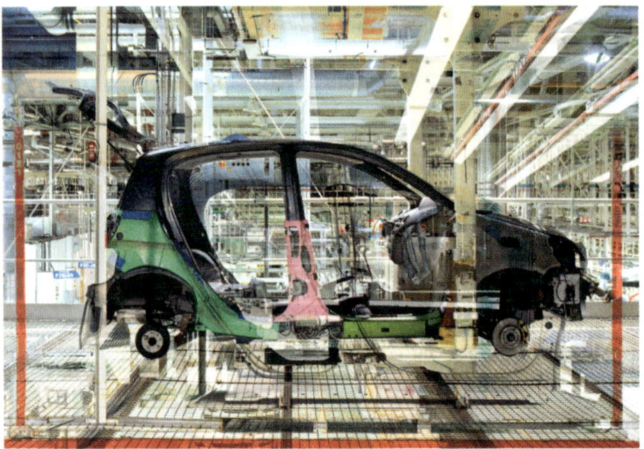

Stéphane Couturier
Valenciennes, Usine Toyota n°08, 2005
C-Print, Auflage: 5 I C-print, edition: 5
182 x 272 cm
© Stéphane Couturier

Galerie Kornfeld
S. I p. 204

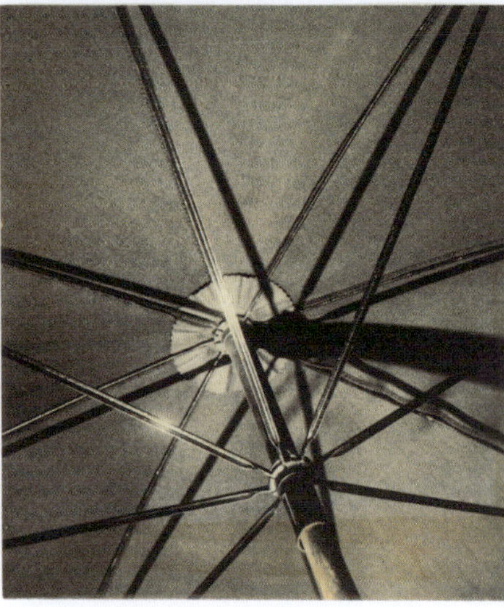

Werner David Feist
Schirmgestell, 1929/30
Silbergelatineabzug I Silver gelatin print
20 x 17,4 cm
© Werner David Feist: Bauhaus-Archiv Berlin

Bauhaus-Archiv / Museum für Gestaltung
S. I p. 181

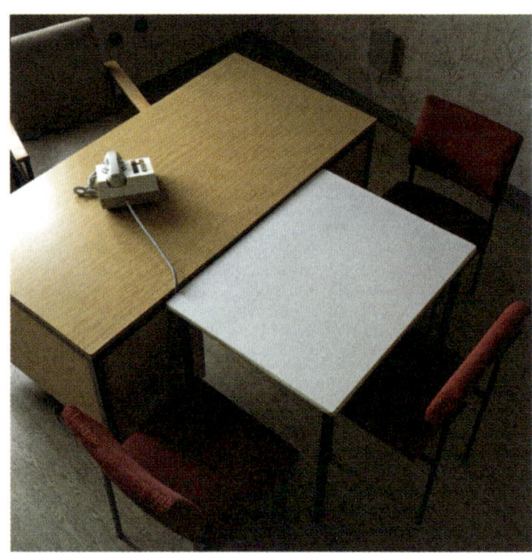

Valérie Leray
O.T. aus der Serie I Untitled from the series
In the Making, 2008
C-Print I C-print
40 x 40 cm
© Valérie Leray

stattberlin
S. I p. 232

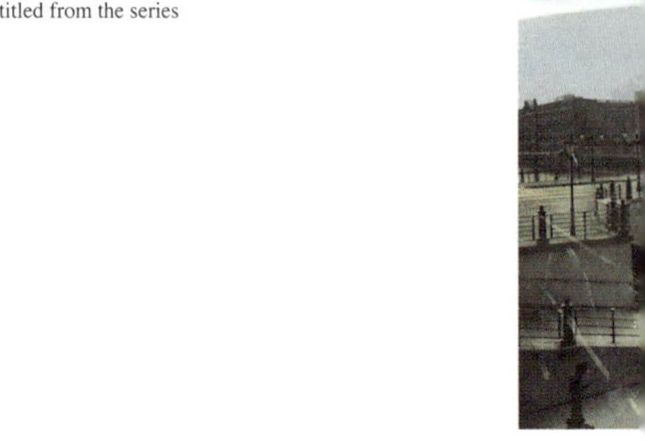

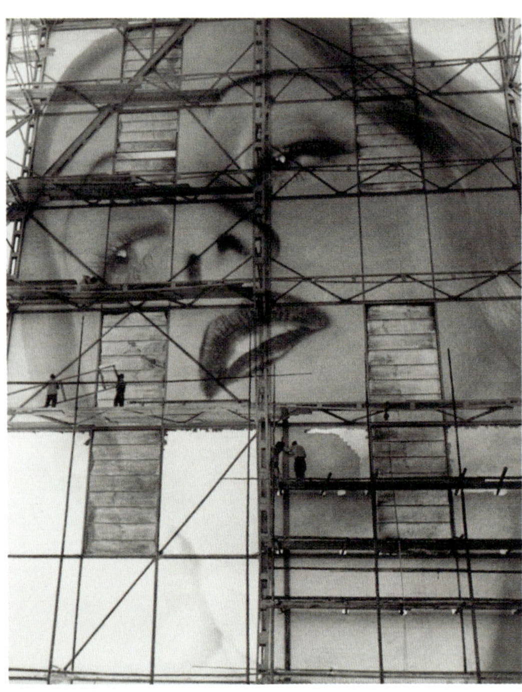

Heinz Hajek-Halke
Erotic - Extra Large!, 1928 – 1932
Silbergelatineabzug I Silver gelatin print
© Sammlung Michael Ruetz

Johanna Breede PHOTOKUNST
S. I p. 213

Ausstellungen, die einzelne Aspekte des Themas widerspiegeln I Exhibitions that reflect individual aspects of the theme:
Akademie der Künste S. I p. 179; Bauhaus-Archiv / Museum für Gestaltung S. I p. 181; Collection Regard S. I p. 190; Deutsche Guggenheim S. I p. 192; Deutscher Künstlerbund S. I p. 192; Fahnemann Projects S. I p. 194; Galerie cubus-m S. I p. 201; GALERIE KAI HILGEMANN S. I p. 203; Galerie Kornfeld S. I p. 204; Galerie Koschmieder S. I p. 204; Johanna Breede PHOTOKUNST S. I p. 213; KunstBüroBerlin S. I p. 217; Kunstverein Wedding (down under) S. I p. 218; Pavlov's Dog – Raum für Fotografie S. I p. 225; photo edition berlin S. I p. 227; PHOTOPLATZ c/o Hotel Bogota (Sofortbilder I Polaroids) S. I p. 227; RECEPTION S. I p. 230; stattberlin S. I p. 232; Vice Versa Vertrieb, S. I p. 234; Zweigstelle Berlin S. I p. 236

STRUKTUREN / STRUCTURES

D E

Die Art und Weise, Fotografie zu betrachten, und ihre Kriterien sind vielfältig. Das Thema **Strukturen** fasst die versammelten Ausstellungen vordergründig nach unterschiedlichen formal-ästhetischen Kriterien zusammen: Bildkompositionen, -räume und -formate, Blickwinkel, Schärfe und Unschärfe als bildbestimmendes Mittel, die Positionierung der Kamera und Strukturierung durch Linienverläufe sowie Farb- und Grauzonen sind Elemente dieser Kategorie.

Darüber hinaus eröffnet jede Ausstellung unter dem Thema **Strukturen** thematische, experimentelle und dezidiert künstlerische Horizonte und Blickweisen, die zeigen, dass in den fotografischen Techniken und formalen Kriterien immer auch eine für sie spezifische Repräsentation von Wirklichkeit eingeschlossen ist, die sich radikal in Georges Batailles Formulierung spiegelt: **»Immer hat die Überschreitung sich in ungeheuerlichen Formen ausgedrückt.«**[1]

E N

There are many ways of looking at photography with many kinds of criteria. On its surface, the theme **Structures** groups the exhibitions included in it based on various formal, aesthetic criteria: elements in this category include the compositions, spaces and formats of images, angles, focus and blur as means of defining the image, camera position and structuring by means of lines and songs of colour and grey.

In addition, each exhibition in the **Structures** theme opens up thematic, experimental and distinctly artistic horizons and viewpoints. Photographic techniques and formal criteria also contain a representation of reality that is unique to them – a concept that is radically reflected in Georges Bataille's statement, **»Transgression has always adopted marvellous forms of expression.«**[1]

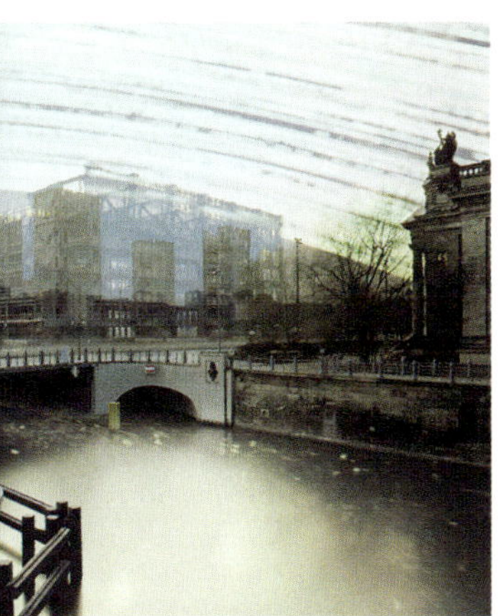

Michael Wesely
Palast der Republik, Berlin
(28.6.2006 – 19.12.2008), 2008
C-Print | C-print
125 x 175 cm
© Michael Wesely

Fahnemann Projects
S. | p. 194

---

[1]

Georges Bataille, Die vorgeschichtliche Malerei, Lascaux oder die Geburt der Kunst, Stuttgart: Klett-Cotta 1983, S. 38.

[1]

Georges Bataille, Lascaux: Or, the Birth of Art, Prehistoric Painting, Lausanne: Skira, 1955, p. 38.

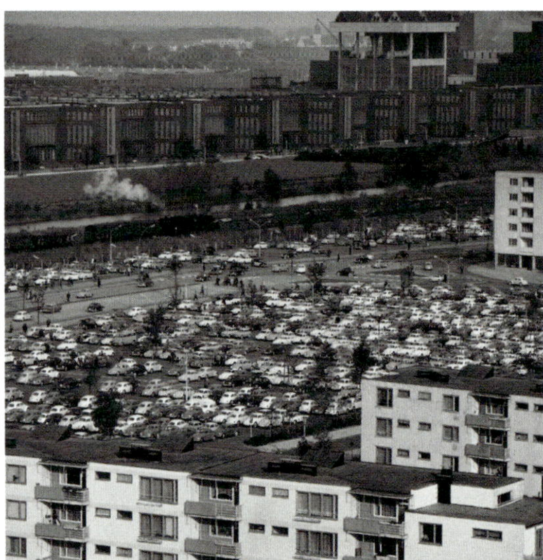

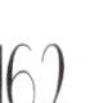162

Heinrich Heidersberger
Stadt, Werk, Schloß Wolfsburg, 1962
Schwarzweiß Silbergelatineabzug
auf Barytpapier | Black and white silver
gelatin print on baryta paper
40 x 40 cm
© Heinrich Heidersberger

Petra Rietz Salon Galerie
S. | p. 226

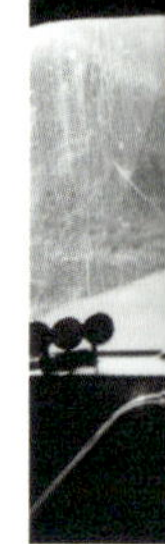

Stéphane Duroy
Easington, England, 1992
Silbergelatineabzug | Silver
gelatin print
42 x 28,5 cm
© Stéphane Duroy

only photography
S. | p. 223

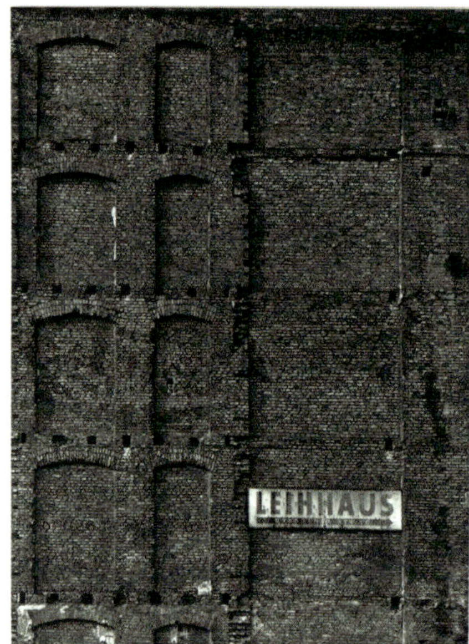

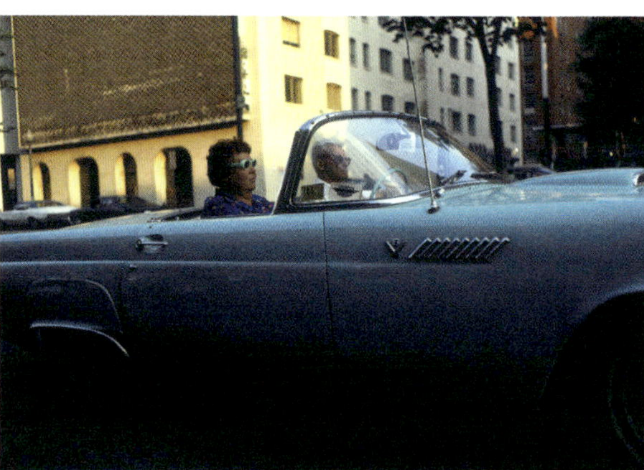

Janos Frecot
Berlin, 1964 / 65
Silbergelatineabzug | Silver
gelatin print
36,5 x 26,8 cm
© Janos Frecot

Kicken Berlin
S. | p. 214

Joel Sternfeld
Washington, D.C., August 1974
Tintenstrahldruck | Inkjet print
37 x 40,5 cm
© Joel Sternfeld

C/O Berlin
S. | p. 187

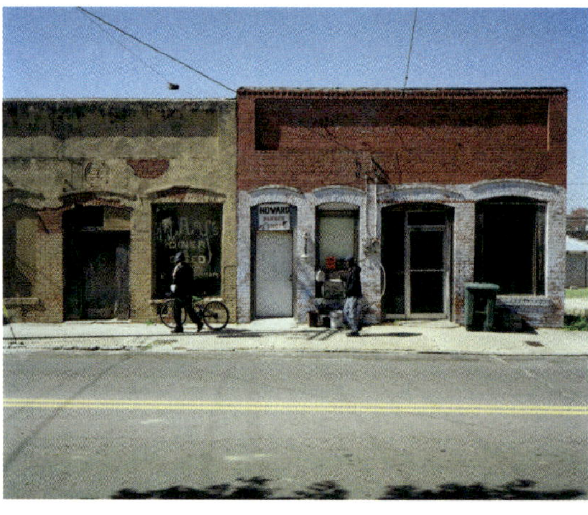

Jörg Rubbert
Closed Barber Shop at Main Street,
Lumber City, GA, 2011
C-Print | C-print
40 x 50 cm
© Jörg Rubbert

Fotogalerie Friedrichshain
S. | p. 197

URBANE UND PERIPHERE RÄUME / URBAN AND PERIPHERAL SPACES

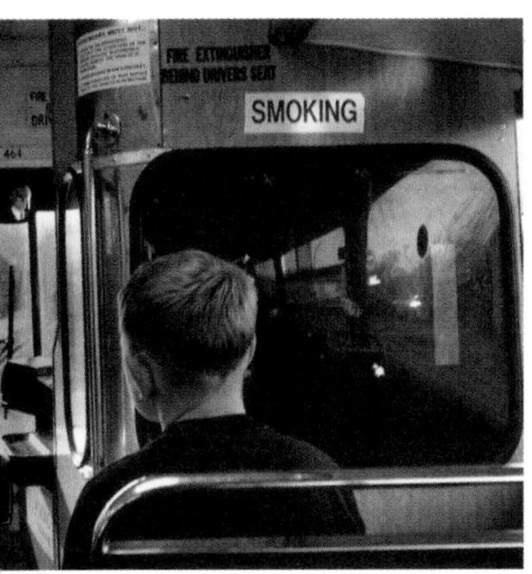

D
E

Das Thema **Urbane und periphere Räume** bündelt verschiedene Aspekte der Erforschung von Stadt, urbanen Strukturen, Peripherien und des menschlichen Verhältnisses zu diesen. Stadt und Peripherie unterliegen stetigem politischem und sozialem Wandel. Auswirkungen von Finanz- und Wirtschaftskrisen, aber auch ein sozialpolitisch teuer erkauftes Wachstum – wie beispielsweise in der Volksrepublik China – sind Gegenstand der Auseinandersetzung vieler Fotografen und Künstler. Die Ausdehnung von Siedlungen und Industriestätten in die Peripherien großer Städte sind Teil urbaner Identitäten. Die Umbrüche im postindustriellen Zeitalter führen sozial, aber auch in den Landschaften selbst zu starken Einschnitten und verändern zugleich das Verhältnis von Stadt und Land ebenso wie das des Menschen zu seiner Lebensumgebung.

Doch was passiert mit diesen Räumen im Reflexionsmedium Fotografie? Welche medientheoretischen und -historischen Fragen wirft die Fotografie im Zusammenhang mit der Darstellung von Stadt und urbanen Räumen auf? In welchem Verhältnis stehen die Vermessungen des Fotografen zu soziologischen Studien und politischen Agitationen bis hin zu gelungenen oder gescheiterten sozialen und politischen Utopien?

E
N

The theme **Urban and Peripheral Spaces** bundles various aspects of the exploration of cities, urban structures and peripheries, and how people relate to them. City and periphery are subject to constant political and social change. The effects of financial and economic crises, and of growth that comes at a high socio-political price – as in the People's Republic of China – are subjects examined by many photographers and artists. The expansion of settlements and industrial sites on the peripheries of big cities are part of urban identities. The upheavals of the post-industrial age lead to severe divisions, both socially and in the landscapes themselves, and at the same time change the relationship of city and country and people's relationships to their living environments.

But what happens to these spaces in the reflective medium of photography? What questions does photography raise for media theory and history by the portrayal of cities and urban spaces? What is the relationship between the surveys of photographers and sociological studies or political agitations, including successful and failed social and political utopias?

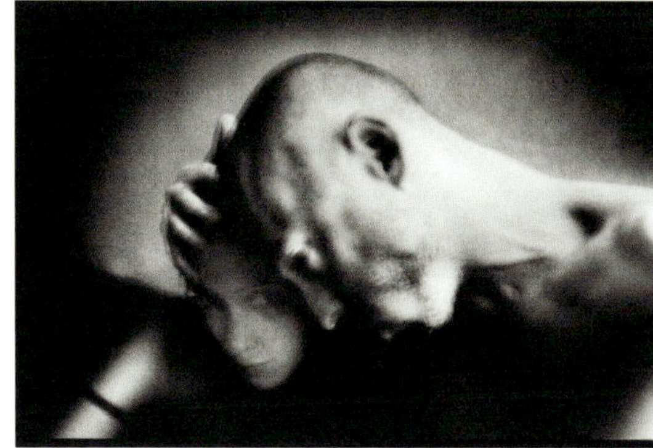

Michael Ackerman
Self-portrait, Poland, 2003
Silbergelatineabzug
Silver gelatin print
30 x 40 cm
© Michael Ackerman

Galerie argus fotokunst
S. I p. 200

Jerry Berndt
Two Prostitutes, Washington St.
the Combat Zone, Boston, 1967
Silbergelatineabzug
Silver gelatin print
30,5 x 45 cm
© Jerry Berndt

HAUS am KLEISTPARK
S. I p. 209

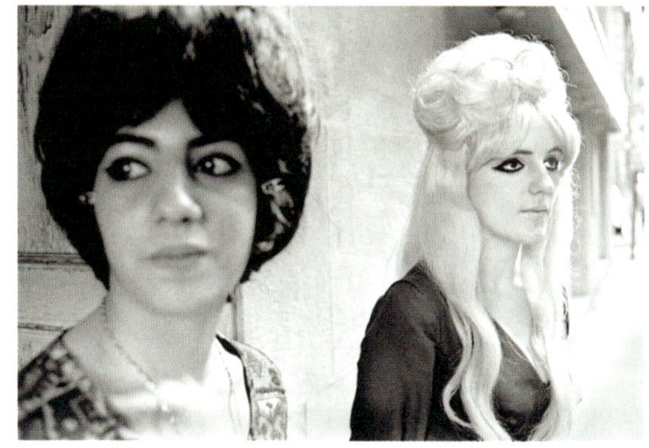

Oscar Lebeck
Jellas Blick, 2011
Farbabzug I Colour print
50 x 70 cm
© Oscar Lebeck

PHOTOPLATZ
c/o Hotel Bogota
S. I p. 227

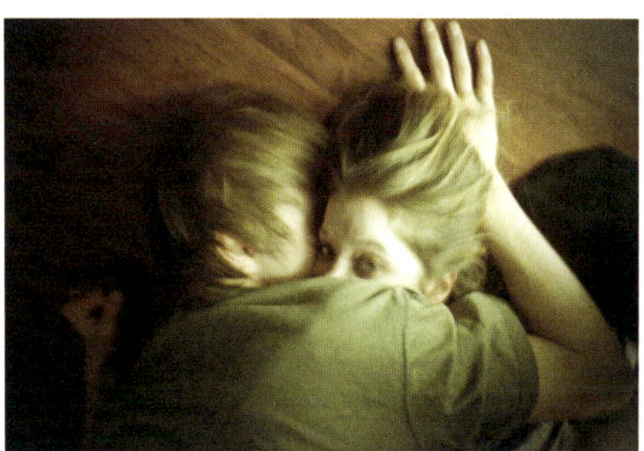
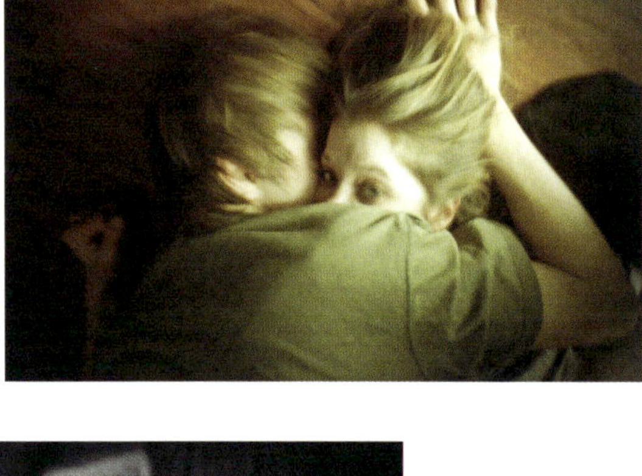

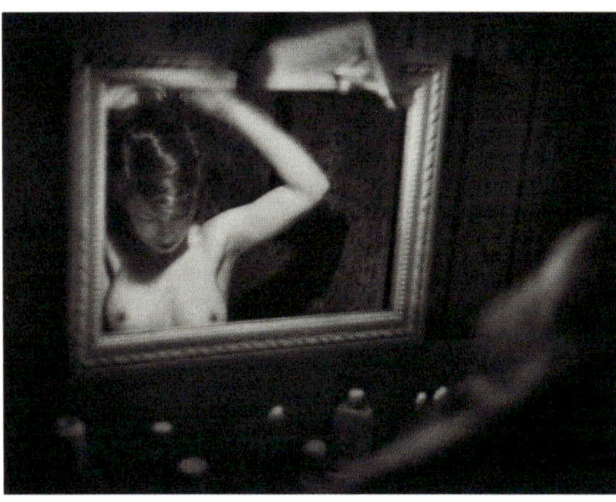

René Groebli
O.T. aus der Serie I Untitled from the series
Das Auge der Liebe, 1953
Silbergelatineabzug auf Barytpapier
Silver gelatin print on baryta paper
30 x 40 cm
© René Groebli

Pinter & Milch – Galerie für Fotografie
S. I p. 228

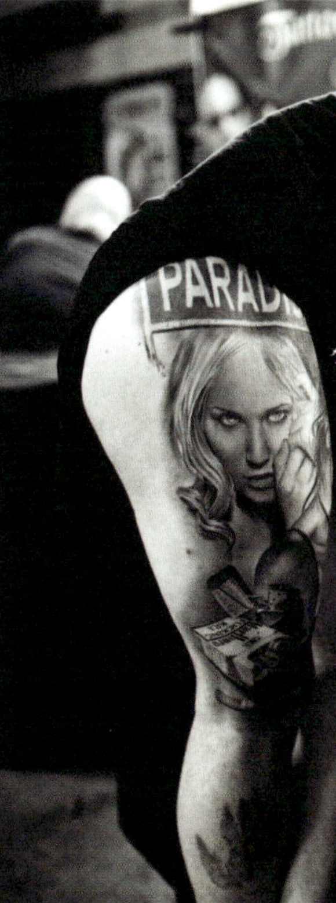

Anna Kott
O.T. I Untitled, 2012
C-Print I C-print
© Anna Kott

Polnisches Institut Berlin
S. I p. 229

VOYEURISMUS / VOYEURISM

D E

Der Begriff »Voyeurismus«, abgeleitet vom französischen voir (sehen), beschreibt das Phänomen des Schauens auf den unbekleideten Körper, den sexuellen Akt, aber auch auf das Leid der anderen. Neugier, Begierde und »Schaulust« (Freud) sind auch jene menschlichen Triebkräfte, die den Fokus mittels Blick und Kamera auf ein Objekt richten.

Die hier unter dem Thema Voyeurismus versammelten Ausstellungen folgen der allgemeinen und übergreifenden Beschreibung des Begriffs, der zunehmend medienkritisch auch mit Paparazzi-Fotografie und dem – voyeuristischen – Betrachten von Unfällen, Verbrechen und Naturkatastrophen in Zusammenhang gebracht wird. Dabei kann die Annäherung auch assoziativ oder plakativ, medial oder inhaltlich begründet sein.

Der Begriff »Voyeurismus« nimmt im Zusammenhang mit der Fotografie eine besondere Rolle ein. Die amerikanische Kritikerin Susan Sontag konstatierte bereits 1977: »Die Fotografie hat eine chronisch voyeuristische Beziehung zur Welt geschaffen, die die Bedeutung aller Ereignisse einebnet.«[1] Der Einsatz der Kamera macht die Beobachtung des Fotografen bei der Erfassung der Ereignisse möglich, dabei können diese legitim ebenso wie moralisch verwerflich, heimlich oder illegal aufgenommen sein. Das Fotografieren selbst wird dabei zum Ereignis, bleibt aber ein »Akt der Nichteinmischung«[2] und überliefert das bleibende Bild.

E N

The term »voyeurism«, derived from the French voir (to see), describes the phenomenon of observing the unclothed body, the sexual act or the suffering of others. Curiosity, desire and »Schaulust« (»pleasure in looking«; Freud's term for scopophilia) are also the driving forces behind human behaviours that focus the gaze and the camera on an object.

The exhibitions grouped here under the theme of voyeurism follow the general and overarching description of the concept, which has increasingly been associated in media criticism with paparazzi photography and the voyeuristic watching of accidents, crimes and natural disasters. Some exhibitions are included here for reasons of association or impression, media or content.

The term voyeurism takes on a special function in connection with photography. As the American critic Susan Sontag stated as early as 1977, »Photography has set up a chronic voyeuristic relationship to the world which levels the meaning of all events.«[1] The use of the camera allows the photographer to watch while capturing events, which can be recorded in a legitimate or a morally reprehensible, secret or illegal manner. The act of photographing itself thus becomes an event, yet remains an »act of non-intervention«[2] and delivers the lasting image.

---

[1] Susan Sontag, Über Fotografie, Frankfurt am Main: Fischer Taschenbuch Verlag 1995, S. 17.

[2] Ebd.

[1] Susan Sontag, On Photography, New York: Picador, 1977, p. 11.

[2] Ibid.

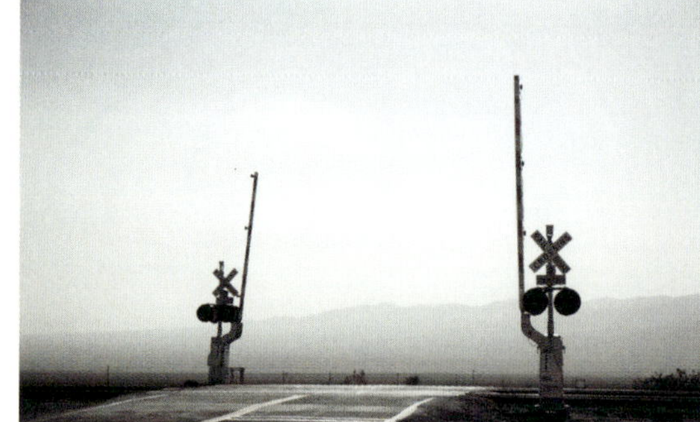

Michael Jänecke
Insel im Nebel, 2007
C-Print | C-print
24 x 36 cm
© Michael Jänecke

bobsairport
S. | p. 185

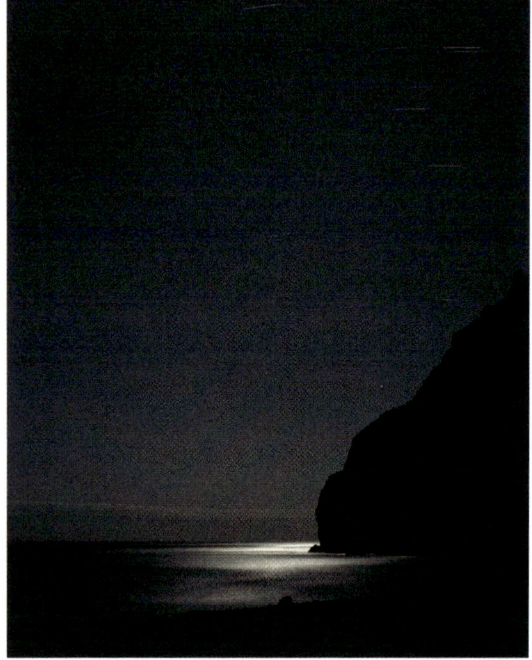

Stephanie Kloss
Aus der Serie | From the series Bei Otto, 2010
C-Print | C-print
90 x 70 cm, Größe variabel | Dimensions variable
© Stephanie Kloss

LAURA MARS GRP.
S. | p. 119

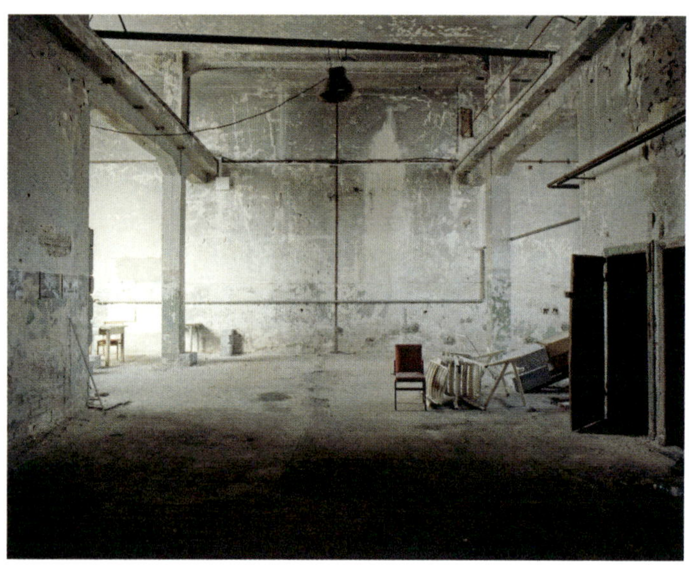

Thomas Voßbeck
Hütte Uthemann, ehemaliges
Verwaltungsgebäude, 2010
C-Print | C-print
50 x 60 cm
© Thomas Voßbeck

**Haus der Brandenburgisch-
Preußischen Geschichte**
S. | p. 210

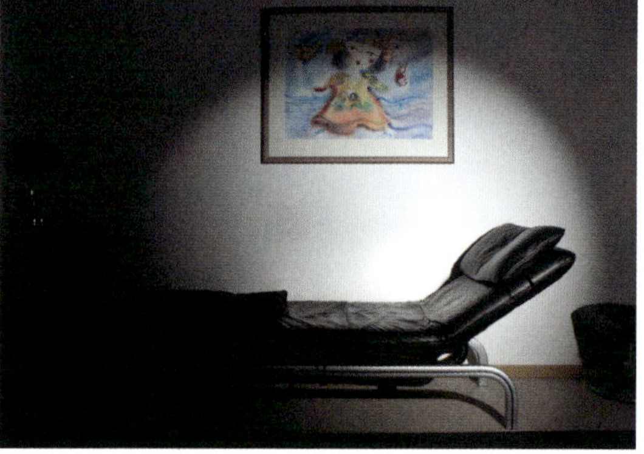

Hannah Zelter
Zwischenräume #1, 2012
Farbpigmentdruck | Colour pigment print
30 x 40 cm
© Hannah Zelter

Lette-Verein
S. | p. 220

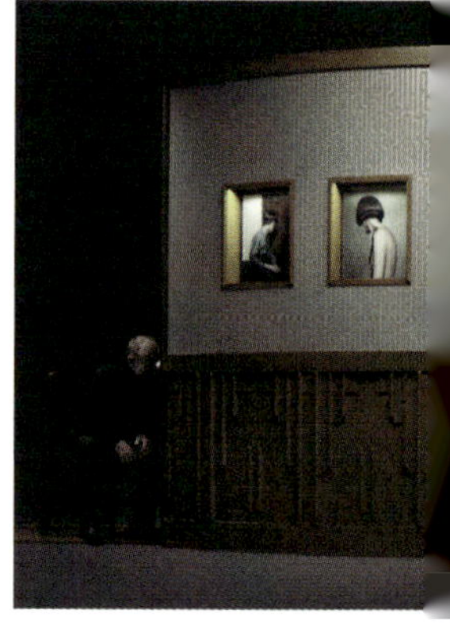

Erwin Olaf
Keyhole Installation, 2011
Lambda Print, Video, verschiedene Materialien
Lambda print, video, mixed media
Größe variabel | Dimensions variable
© Erwin Olaf

Galerie WAGNER + PARTNER
S. | p. 206

Ausstellungen, die einzelne Aspekte des Themas widerspiegeln | Exhibitions that reflect individual aspects of the theme:
BLOW Photo Magazine S. | p. 184; bobsairport S. | p. 185; C/O Berlin (Deutsche Börse Photography Prize 2012) S. | p. 187; Chert S. | p. 189; DAS VERBORGENE MUSEUM S. | p. 191; Deutsche Guggenheim S. | p. 192; Deutscher Künstlerbund S. | p. 192; Fahnemann Projects S. | p. 194; Forum der Neuen Schule für Fotografie Berlin (in search of) S. | p. 196; Fotoatelier Am Schönen Berg S. | p. 197; frontviews S. | p. 199; Galerie cubus-m S. | p. 201; GALERIE KAI HILGEMANN S. | p. 203; Galerie WAGNER + PARTNER S. | p. 206; Gallery TAIK S. | p. 207; Haus der Branden-burgisch-Preußischen Geschichte S. | p. 210; Institut français Berlin S. | p. 211; Investitionsbank Berlin S. | p. 212; Kominek Gallery S. | p. 214; LAURA MARS GRP. S. | p. 219; Lette-Verein S. | p. 220; Loock Galerie S. | p. 220; Martin-Gropius-Bau S. | p. 221; Museum für Fotografie/SMB (Bogomir Ecker) S. | p. 222; OSTKREUZ – Agentur der Fotografen S. | p. 224; und.Institut für Kunst, Kultur & Zukunftsfähigkeit S. | p. 234

ZWISCHENRÄUME / INTERSPACES

D E

>>Fotografie ist ein schmaler Ausschnitt von Raum und ebenso von Zeit. In einer von fotografischen Bildern beherrschten Welt erscheinen alle Grenzen willkürlich<<[1], schrieb Susan Sontag Ende der 1970er Jahre in ihrem berühmten Aufsatz **Über Fotografie**. Fotografie betrachten bedeutet immer, einen komplizierten gedanklichen Prozess anzustoßen, dessen Komplexität sich dabei auch in einem Zwischenbereich befindet. So wie der Fotografie selbst der Abstand zwischen Raum und Zeit, ein Zwischenraum, immanent ist.

Das Thema versammelt Aspekte der Fotografie, die zwischen strengen Kategorisierungen und eindeutigen Demarkationslinien liegen. Themen, die aus einer unklaren Differenz oder der Unschärfe hochkomplexer Prozesse entstehen. In der Fotografie sind Differenzen zwar konstitutiv, ihr Verlauf ist aber keineswegs immer klar. **Zwischenräume** widmet sich auch den Versuchen, das Nicht-Darstellbare darzustellen, und der Visualisierung des Unbewussten. Unter dem Thema subsumiert werden die Darstellung von transitorischen Räumen, Zustandsveränderungen und Gegenüberstellungen: Menschen, öffentliche Räume, Landschaften, die sich im Wandel befinden, oder Architekturen, deren Strukturen sich stetig verändern.

E N

>>The photograph is a thin slice of space as well as time. In a world ruled by photographic images, all borders (>framing<) seem arbitrary<<[1], wrote Susan Sontag in the late 1970s in her famous essay **On Photography**. Looking at photographs always initiates a complicated thought process whose complexity is also situated in an intermediate space. As in the photograph itself, an interspace is also immanent in the gap between space and time.

This theme brings together aspects of photography that lie between strict classifications and clear lines of demarcation: subjects that arise from an unclear difference or from the fuzziness of highly complex processes. Although differences are constitutive for photography, their development is not always clear. **Interspaces** is also devoted to attempts to portray the ineffable and to visualise the unconscious. This theme encompasses depictions of transitory spaces, changes of state and confrontations: people, public spaces, landscapes that are in a state of flux; architectures whose structures are constantly changing.

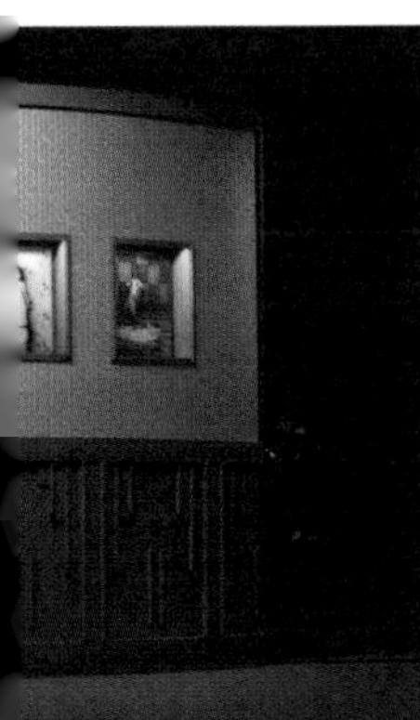

[1]

Susan Sontag, Über Fotografie,
Frankfurt am Main: Deutscher Taschenbuch
Verlag 1995, S. 28.

[1]

Susan Sontag, On Photography,
New York: Picador, 1977, p. 22.

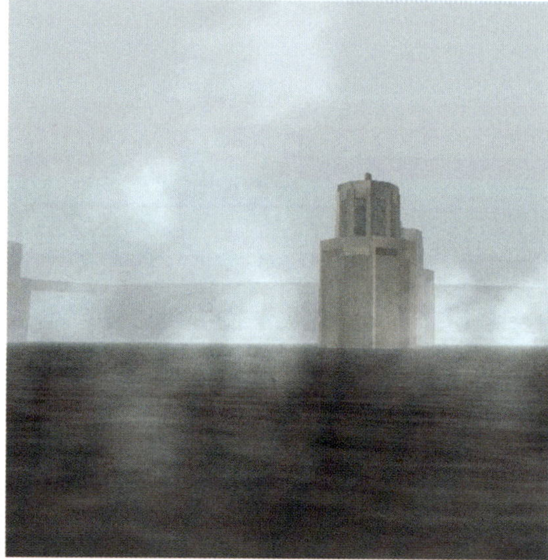

Thibault Brunet
Aus der Serie | From the series
Vice City, 03-01-2012 19h10,
2007 – 12
Farbdruck, Passepartout | Colour print, passe-partout
20 x 20 cm
© Thibault Brunet

Computerspielemuseum Berlin
S. | p. 190

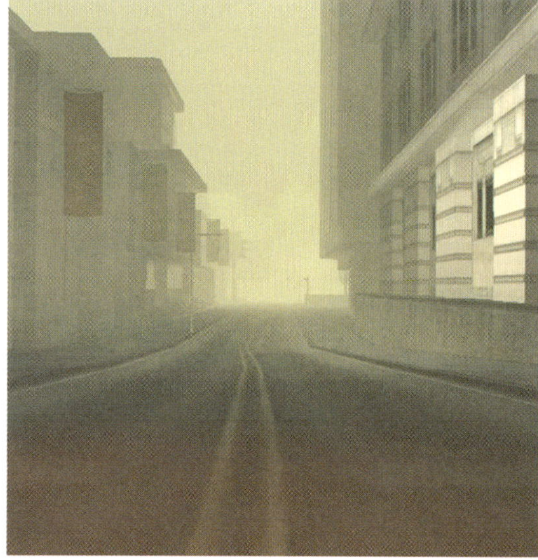

Thibault Brunet
Aus der Serie | From the series
Vice City, 29-08-2010 20h38,
2007 – 12
Farbdruck, Passepartout | Colour print, passe-partout
20 x 20 cm
© Thibault Brunet

Computerspielemuseum Berlin
S. | p. 190

Thibault Brunet
Aus der Serie | From the series Vice City, 04-01-2012 20h00,
2007 – 12
Farbdruck, Passepartout | Colour print, passe-partout
20 x 20 cm
© Thibault Brunet

Computerspielemuseum Berlin
S. | p. 190

DISTURBANCES – CAN FICTION BEAT REALITY?

^DE

Das Projekt der Partnerstädte des europäischen Netzwerks – Bratislava, Budapest, Ljubljana, Luxemburg, Paris und Wien – widmet sich im Jahr 2012/13 den komplexen Veränderungen in unserer zeitgenössischen Gesellschaft. Im Zeitalter von Globalisierung und einer ungekannten Dominanz des Visuellen lässt sich nicht nur eine zunehmende Komplexität, sondern zugleich auch die stetige Verschränkung der physisch erfahrbaren Nahwelten mit den digitalisierten Fernwelten erfahren. **distURBANces** stellt fotografische und künstlerische Arbeiten vor, die neue Perspektiven auf urbane, technologische und politische Entwicklungen zeigen.

Berlin präsentiert die Künstler Kaya Behkalam und Thibault Brunet: Brunet in einer Einzelausstellung im Computerspielemuseum, Behkalam in der Ausstellung **Kairo. Offene Stadt – Neue Bilder einer andauernden Revolution.**

E^N

The project of the partner cities in the European network – Bratislava, Budapest, Ljubljana, Luxembourg, Paris and Vienna – is devoted in 2012/2013 to the complex changes in our contemporary society. In the age of globalisation and an unprecedented dominance of the visual, it is possible to experience not only an increasing complexity but also the continuing interlocking of physically perceptible worlds that are near to us with the remote digitised world at the same time. **distURBANces** presents photographic and artistic works that show new perspectives on urban, technological and political developments.

Berlin presents the artists Kaya Behkalam and Thibault Brunet: Brunet in a solo exhibition in the Computerspielemuseum, Behkalam in the exhibition **Cairo. Open City – New Testimonies from an Ongoing Revolution.**

Thibault Brunet
Aus der Serie | From the series
<u>Vice City, 29-08-2010 20h51,</u>
2007 – 12
Farbdruck, Passepartout | Colour print, passe-partout
20 x 20cm
© Thibault Brunet

Computerspielemuseum Berlin
S. | p. 190

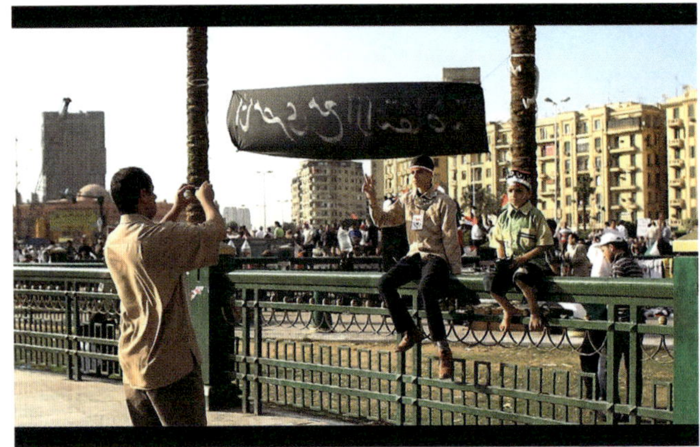

Philip Rizk
Sidelines from Tahrir, 2011
Videostill I Video still
© Philip Rizk

Festivalzentrum am Pariser Platz
S. I p. 195

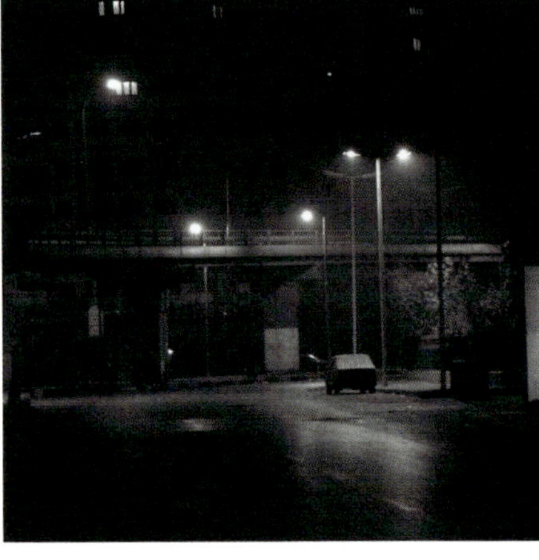

Kaya Behkalam
Videostill aus der Serie I Video still from the series
Excursions in the Dark, 2011
HD Video, 20'
© Kaya Behkalam

Festivalzentrum am Pariser Platz
S. I p. 195

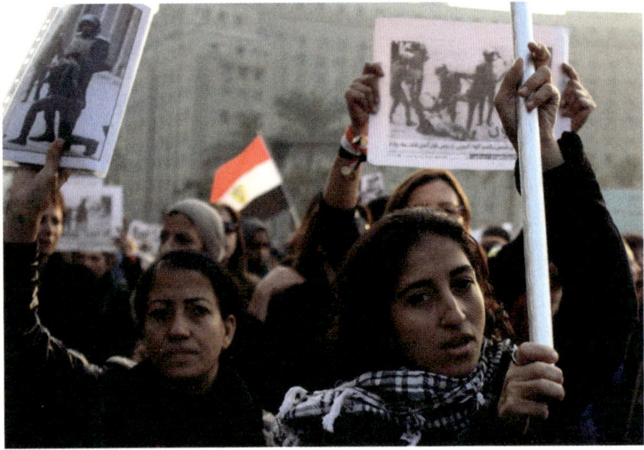

Ali Hazza
Women March from Tahrir to the Press Syndicate,
December 20th, 2011
© Ali Hazza

Festivalzentrum am Pariser Platz
S. I p. 195

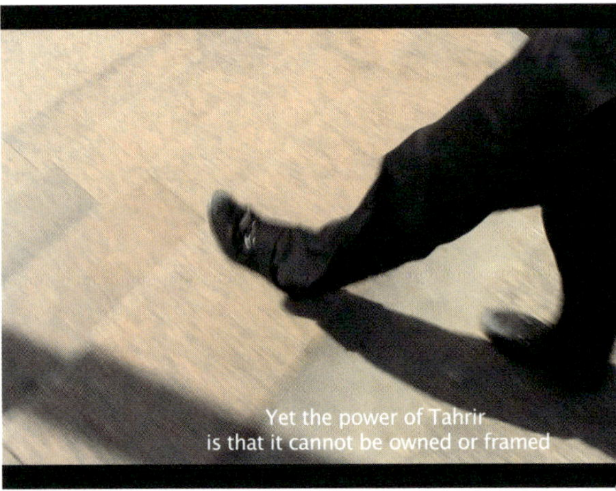

Nadine Khan & Mariam Mekiwi
Videostill I Video still from I Will Speak
of the Revolution, 2011
Video, 1'7'
© Nadine Khan & Mariam Mekiwi

Festivalzentrum am Pariser Platz
S. I p. 195

KAIRO, OFFENE STADT / CAIRO, OPEN CITY

D
E

**Kairo. Offene Stadt – Neue Bilder ei-
ner andauernden Revolution** wird im
Festivalzentrum am Pariser Platz gezeigt. Die Ausstellung erzählt zwei
Geschichten. Die erste berichtet von
dem politischen und sozialen Aufbruch einer jungen Generation, der
am 25. Januar 2011 mit den Massenprotesten auf dem Kairoer Tahrir-
Platz begann und bis heute andauert.
Die zweite handelt von der Rolle der
Bilder und digitalen Medien, die diese Proteste ein Stück weit initiierten
und dokumentierten. Kaya Behkalam
zeigt hier sein Video **Excursions in the
Dark** (2011).

E
N

**Cairo. Open City – New Testimonies
from an Ongoing Revolution** is presented in the Festival Centre on Pariser
Platz. The exhibition tells two stories.
The first reports on the political and
social upheaval of a young generation,
which began on 25 January 2011 with
the mass protests on Tahrir Square in
Cairo and continues today. The second
deals with the role of images and digital media, which to a certain extent initiated these protests and documented
them. Kaya Behkalam here presents his
video **Excursions in the Dark** (2011).

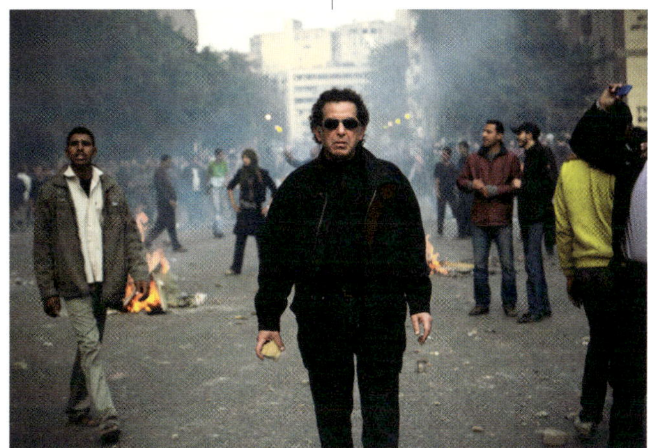

Mosa'ab Elshamy
A protester watches ongoing clashes between
army soldiers and civilians after
a sit-in by the cabinet was violently dispersed.,
December 16th, 2011
© Mosa'ab Elshamy

Festivalzentrum am Pariser Platz
S. | p. 195

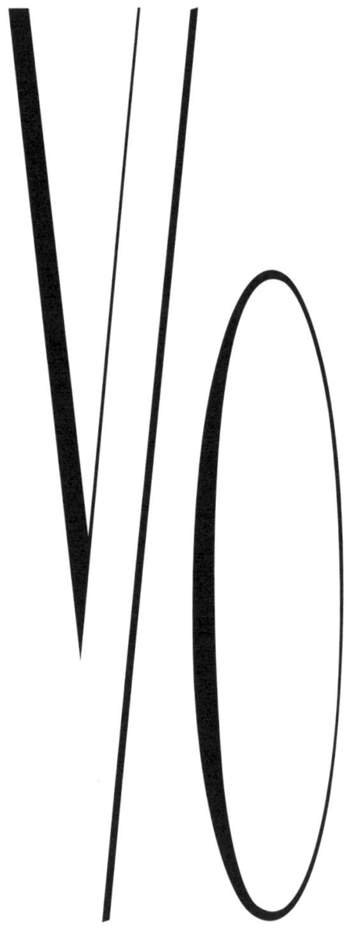

VERNISSAGEN | OPENINGS

VERNISSAGEN / OPENINGS

Der 5. Europäische Monat der Fotografie Berlin wird am 18. Oktober 2012
um 19.30 Uhr in der Akademie der Künste am Pariser Platz eröffnet. I
The opening of the 5th European Month of Photography Berlin, will take place
on 18 October 2012, at 7:30 p.m. in the Akademie der Künste, Pariser Platz.

FR | FRI, 12.10.2012

19 H
ALFRED EHRHARDT
STIFTUNG
Wald. Landschaften
der Erinnerung I
Forest: Landscapes
of Remembrance
S. I p. 179

19 H
BrotfabrikGalerie
Geteilte Blicke. Jugendfotografie in
West- und Ostdeutschland I Divided
Views, Shared Views:
Young Photography in West
and East Germany
S. I p. 186

19 H
Galerie argus fotokunst
Half Life
Reise in die
Schwärzen der Nacht I
Journey into the
Blackness of the Night
S. I p. 200

19 H
Galerie Koschmieder
c/o Kunstkammer Friedenau
Coloured Echoes
Farbfotografien I
Colour Photographs
S. I p. 204

DI | TUE, 16.10.2012

19 H
Galerie Pankow
Roma – vm. 365/39/51 masw
S. I p. 205

19 H
Kulturamt Steglitz-
Zehlendorf
c/o Schwartzsche Villa
Geheim! Die Stasi fotografiert Steglitz
und Zehlendorf I Classified! The Stasi
Photographs Steglitz and Zehlendorf
S. I p. 215

MI | WED, 17.10.2012

18 H
5. Europäischer Monat der
Fotografie Berlin c/o
Computerspielemuseum Berlin
distURBANces –
Can Fiction Beat Reality?
S. I p. 190

18 H
WW48 Studio
Hokus Pokus Photon Photos
Ein weiterer Frühling in Ägypten.
Nicht den Augenblick einfangen:
Fotografien von Tony Binder
(1868–1944) I Another Spring in
Egypt: Not Capturing the Moment –
Photographs by Tony Binder
(1868–1944)
S. I p. 235

19 H
DAS VERBORGENE MUSEUM
Anita Neugebauer – photo art basel
Porträt der Fotografin, Galeristin und
Sammlerin I Portrait of the Photogra-
pher, Gallery Owner
and Collector
S. I p. 191

DO | THU, 18.10.2012

17 H
Galerie LUX Berlin
David von Becker & Leo Pompinon
S. I p. 204

18 H
GALERIE KAI HILGEMANN
Generator
S. I p. 203

18 H
Gestalten Space
Nostalgia
Das Russland von Zar Nikolaus II.
in Farbfotografien von Sergei
Michailowitsch Prokudin-Gorski I
The Russian Empire of Czar
Nicholas II Captured in Color Photo-
graphs by Sergei Mikhailovich
Prokudin-Gorskii
S. I p. 208

18 H
und.Institut für Kunst, Kultur
& Zukunftsfähigkeit
c/o Bahnhof Ostkreuz
In Transit
Der Blick der Anderen I The
View of the Other
S. I p. 234

19 H
f/16 Schule für Fotografie
Fremd im eigenen Land I
A Stranger in One's Own Land
S. I p. 194

19 H
Fotogalerie
Friedrichshain/
Kulturring in Berlin e.V.
Georgia on My Mind
S. I p. 197

19 H
Pavlov's Dog –
Raum für Fotografie
Pawlow und Pawlow I
Pavlov and Pavlov
S. I p. 225

20 H
Festivalzentrum am Pariser Platz
Kairo. Offene Stadt – Bilder einer
andauerenden Revolution I Cairo.
Open City – New Testimonies from
an Ongoing Revolution
S. I p. 195

FR | FRI, 19.10.2012

18 H
Fahnemann Projects
Langzeitaufnahmen I
Open Shutter
S. I p. 194

18 H
frontviews c/o September
»Meta-Ikon« Prolog. Fotografische
Zugriffe auf die Kultur der Bilder I
»Meta-Icon« Prologue: Photographic
Access to the World of Pictures
S. I p. 199

18 H
Galerie Jarmuschek + Partner
Über das Begehren I On Desire
S. I p. 202

18 H
Johanna Breede PHOTOKUNST
Phantasie und Traum I
Fantasy and Dream
S. I p. 213

18 H
Kunstverein Wedding
Pipeline Landscape & Cruel
Generations
S. I p. 218

18 H
Loock Galerie
Schlachthaus Berlin 1986–88 |
Berlin Slaughterhouse, 1986–88
S. | p. 220

19 H
c. wichtendahl. galerie
Schau mich nicht an! | Don't
Look at Me!
S. | p. 187

19 H
Fotoatelier Am Schönen Berg
Zwischen uns | Between Us
S. | p. 197

19 H
Gallery TAIK
Artists at Work
S. | p. 207

19 H
**Kunstverein Tiergarten |
Galerie Nord**
The Critical Camera
Fotografie an Brennpunkten der Welt
| Focusing on Flash Points
S. | p. 217

19 H
**Pflüger68. Bürogemeinschaft
und Galerie Multiple 1**
Selbstporträts mit der Camera Obs-
cura | Self-Portraits with the Camera
Obscura
S. | p. 226

19 H
Swedish Photography
Vinter
S. | p. 233

19 H
Zweigstelle Berlin
Then
S. | p. 236

19.30 H
exhibeo galerie
Beijing Memories
S. | p. 193

20 H
LAURA MARS GRP.
Echo
S. | p. 219

20.15 H
Artificial Image. Berlin
Der Blick des Anderen | The View
of the Other
S. | p. 181

21 H
Club der Polnischen Versager
Un-Posed
S. | p. 189

SA | SAT, 20.10.2012

18 H
**Fotomarathon Berlin
c/o Supermarkt Wedding**
Dialog der Blicke zwischen Ost und
West | Dialogue of Views Between
East and West
S. | p. 198

18 H
Institut français Berlin
Archéologie Urbaine | Urban
Archaeology
S. | p. 211

18 H
Kominek Gallery
Akt
S. | p. 214

19 H
Galerie Ina Köhler
Me Exchanged
Von der Anpassung des Menschen an
mobile Zeiten | On Human
Adaptation to a Mobile Age
S. | p. 201

19 H
Galerie Kornfeld
Melting Point
S. | p. 204

19 H
Galerie UF6 Projects
Das künstlerische Porträt im Zeitalter
der virtuellen Selbstinszenierung.
Alternative Konzepte von Künstlern
zeitgenössischer Fotografie | The
Artistic Portrait in the Age of Virtual
Self-Presentation: Alternative
Concepts by Contemporary Artist
Photographers
S. | p. 206

19 H
Galerie cubus-m
Aktive Räume | Active Spaces
S. | p. 201

19 H
Kunst- und Atelierhaus Meinblau
Berge versetzen. Fotografien von
Ingo Kniest | Moving Mountains:
Photographs by Ingo Kniest
S. | p. 216

19 H
KunstBüroBerlin
Perspektiven | Perspectives
S. | p. 217

SO | SUN, 21.10.2012

12 H
Kommunale Galerie Berlin
12 Antworten auf Berlin |
12 Responses to Berlin
S. | p. 215

16 H
Plattenpalast
The Promise
S. | p. 229

MO | MON, 22.10.2012

18 H
Botschaft von Luxemburg
Gemeinsame Augenblicke!
2 Menschen, 2 Generationen,
2 Blicke auf die Anderen |
Shared Moments! 2 People,
2 Generations, 2 Views
of the Other
S. | p. 186

DI | TUE, 23.10.2012

19 H
**Bauhaus-Archiv/
Museum für Gestaltung**
Werner David Feist:
Bauhausfotos |
Bauhaus Photos
S. | p. 181

19.30 H
Instituto Cervantes Berlin
Verborgenes |
The Concealed
S. | p. 212

MI | WED, 24.10.2012

18 H
Reha-Steglitz gGmbH
Blicke der Veränderung |
Looks of Change
S. | p. 230

18.30 H
BLOW Photo Magazine
c/o Botschaft von Irland
BLOW Your Mind
S. | p. 184

18.30 H
Botschaft von Irland
Same-Same, but Different
S. | p. 185

DO | THU, 25.10.2012

19 H
**Lette-Verein
c/o Freies Museum Berlin**
The Hidden Tracks
S. | p. 220

FR | FRI, 26.10.2012

18 H
Hengesbach Gallery
Homecoming, Sun & Ruin
S. | p. 210

19 H
aff. atelier freier fotografen
Jahrhundertwinter | Winter
of the Century
S. | p. 178

19 H
**Berliner
Technische Kunsthochschule**
Der Blick des Anderen | The View
of the Other
S. | p. 182

19 H
bobsairport c/o do you read me?!
It Takes Two
S. | p. 185

19 H
**Ostkreuzschule für Fotografie c/o
Ehemahliges Kaufhaus Maassen**
echos. Ausstellung des Abschluss-
jahrgangs der Ostkreuzschule für
Fotografie 2012 | echoes: Exhibition
of the 2012 Graduating Class of
Ostkreuz School of Photography
S. | p. 224

19 H
Vice Versa Vertrieb
Oblique
S. | p. 234

20 H
Galerie MAIFOTO
DÖNÜŞ – Die Rückkehr des Kent
Sinema. Blicke aus der Gesellschaft
der Vielen | DÖNÜŞ – The Return of
Kent Sinema: Views from the Society
of the Many
S. | p. 205

SA | SAT, 27.10.2012

19 H
stattberlin
In the Making
S. | p. 232

DI | TUE, 30.10.2012

18 H
WHITECONCEPTS
by Nicole F. Loeser
c/o nhow Gallery
Jimi Hendrix und das
Love-and-Peace-Festival.
Dokumentation von Frauke
Bergemann | Jimi Hendrix
and the Love and Peace
Festival: Documentation by
Frauke Bergemann
S. | p. 235

DO | THU, 1.11.2012

19 H
HAUS am KLEISTPARK
Jerry Berndt – Sacred / Profane
S. | p. 209

FR | FRI, 2.11.2012

18 H
RECEPTION
Masken | Masks
S. | p. 230

19 H
25books
Die Deutschen Vietnamesen |
The German Vietnamese
S. | p. 178

19 H
BEST-Sabel
Bildungszentrum GmbH
Das Eigene und das
Fremde | The Familiar
and the Unfamiliar
S. | p. 183

19 H
Deutscher Künstlerbund
Das Eigene und Andere in
der Fotografie – Eine
Ausstellung für Hannah
Höch | One's Own and the
Other in Photography: An
Exhibition for Hannah Höch
S. | p. 192

19 H
Galerie WAGNER +
PARTNER
I Am Not Interested In
Reality
S. | p. 206

19 H
only photography
Hüter der Zeit | Guardian
of Time
S. | p. 223

19.30 H
Petra Rietz Salon Galerie
Living Room
Kann ich mal Ihre Wohnung
sehen? | Can I See Your
Home, Please?
S. | p. 225

SA | SAT, 3.11.2012

17 H
Bezirksmuseum
Friedrichshain-Kreuzberg
c/o The Browse Gallery
in der
Marheineke-Halle
AugenBlicke. Stillstand und
Bewegung. Fotografien aus
Berlin-Kreuzberg | Moments:
Standstill and Movement:
Photographs from the Berlin
Borough of Kreuzberg
S. | p. 184

DI | TUE, 6.11.2012

19 H
Italienisches Kulturinstitut
Berlin
Der Blick der Anderen | The
View of Others
Die Anderen sind wir | We
Are the Others
S. | p. 213

DO | THU, 8.11.2012

17 H
Mitte Museum
Wanderungen.
Die Grenzmark Posen-
Westpreußen in Fotografien
des Jahres 1925 |
Wanderings: Grenzmark
Posen-West Prussia in
Photographs, 1925
S. | p. 221

18 H
Kunstverein Wedding
down under
S. | p. 218

18 H
Landesarchiv Berlin
Sektoren(ein)blick(e).
Alliiertes Leben in West-
und Ost-Berlin | Seeing in
Sectors: Allied Life in West
and East Berlin
S. | p. 219

18 H
Petra Rietz Salon Galerie /
Institut Heidersberger
Arrivare / Wolfsburg – Bilder
einer jungen Stadt |
Arrivare / Wolfsburg: Pictures
of a Young City
S. | p. 226

19 H
alte feuerwache.
projektraum
Das Geschenk des
Privaten – Knipserfotografie
in der DDR 1945 – 1989 |
The Gift of the Private: East
German Snapshots,
1945 – 1989
S. | p. 180

19 H
OSTKREUZ – Agentur
der Fotografen
c/o Haus der Kulturen
der Welt
Über Grenzen | On Borders
S. | p. 224

19 H
PHOTOPLATZ
c/o Hotel Bogota
Ice
The Future is Unwritten
S. | p. 227

20 H
Staatsgalerie Prenzlauer
Berg
EAST END!
Punk in der DDR (Fotografi-
en 1980 – 84) | Punk in East
Germany (Photographs from
1980 – 84)
S. | p. 231

FR | FRI, 9.11.2012

19 H
C/O Berlin
Deutsche Börse
Photography Prize 2012
Joel Sternfeld: Retrospektive |
Retrospective
S. | p. 187

19 H
Pinter & Milch –
Galerie für Fotografie
René Groebli – Das Auge der
Liebe | The Eye of Love
S. | p. 228

19 H
Scotty Enterprises
Out of Sight
S. | p. 231

SA | SAT, 10.11.2012

19 H
Kunst- und Atelierhaus
Meinblau
Wovon die Anderen träumen.
Fotografien von Jule Kaiser
und Charlotte Menin | What
Others Dream of: Photo-
graphs by Jule Kaiser and
Charlotte Menin
S. | p. 216

DO | THU, 15.11.2012

18 H
Haus der
Brandenburgisch-
Preußischen Geschichte
Struktur und Architektur. Das
postindustrielle Kulturerbe
Oberschlesiens | Structure
and Architecture: The Post-
Industrial Cultural Heritage
of Upper Silesia
S. | p. 210

19 H
Museum für Fotografie.
Sammlung Fotografie der
Kunstbibliothek/SMB
Bogomir Ecker: Idyl-
len und Desaster. Eine
Fotosammlung des 19. und
20. Jahrhunderts und eine
Rauminstallation | Bogomir
Ecker: Idylls and Disasters:
A Photo Collection of the
19th and 20th Centuries and
an Installation
S. | p. 222

FR | FRI, 16.11.2012

19 H
Stiftung Stadtmuseum
Berlin
c/o Ephraim Palais
Kalter Krieg und Wirtschafts-
wunder | Cold War and
Economic Miracle
S. | p. 232

DO | THU, 22.11.2012

18 H
GALERIE KAI
HILGEMANN
Horizon Vanished
S. | p. 203

FR | FRI, 23.11.2012

19 H
Forum der Neuen
Schule für Fotografie
Berlin
Crossing Compasses
Studierendenaustausch-
Projekt Berlin–Lagos |
Students of the Berlin–Lagos
Exchange Project
S. | p. 196

SA | SAT, 24.11.2012

19 H
Haus am Lützowplatz
Rosen haben Dornen | Roses
Have Thorns
S. | p. 209

ES GIBT NUR EINE
REGEL IN
DER FOTOGRAFIE:
ENTWICKLE
NIEMALS EINEN FILM IN
HÜHNCHENSUPPE.

FREEMAN PATTERSON

DIESES ZITAT WIRD IHNEN PRÄSENTIERT
VON UNSEREM MEDIENPARTNER

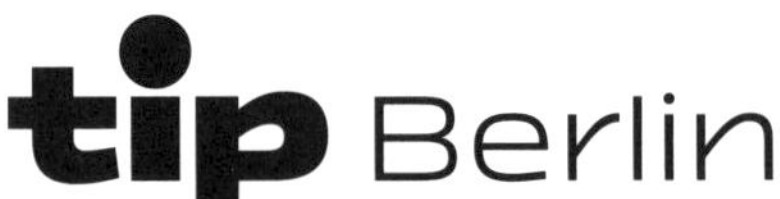

WWW.TIP-BERLIN.DE

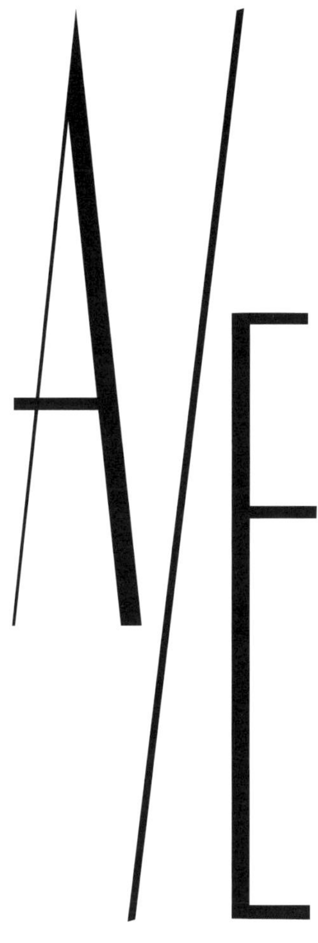

AUSSTELLUNGEN | EXHIBITIONS

1-100

25BOOKS

**Brunnenstraße 152
10115 Berlin (Mitte)
T 030.43 73 57 07
www.25books.com**

U8, Tram M10 Bernauer Straße

**Mo–Sa | Mon–Sat 12–19 h
Eintritt frei | Free admission**

02.11.–28.11.2012

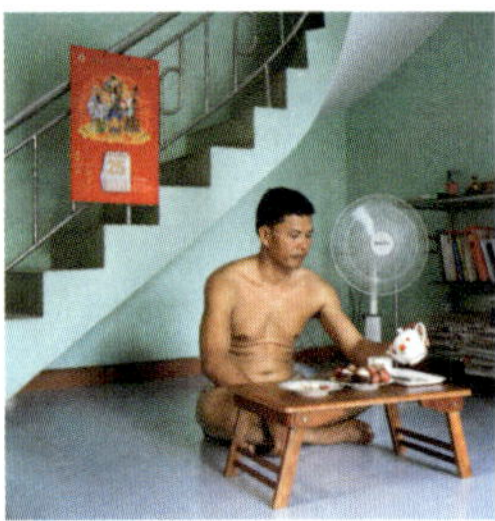

S. | p. 121

^D_E

DIE DEUTSCHEN VIETNAMESEN
Stefan Canham, Nguyen Phuong-Dan

Viel ist geschrieben worden über Vietnamesen, die nach Deutschland kamen. Es gibt Studien über die Entsendung von Kindern und Vertragsarbeitern in die DDR und über Boat People, die vor Krieg und Armut in die BRD flohen. Aus der Presse kennen wir die Figur des Zigarettenschmugglers und den Musterimmigranten. Aber wer sind die **Deutschen Vietnamesen** wirklich? Nguyen Phuong-Dan, selbst Sohn vietnamesischer Einwanderer, ließ diese Frage keine Ruhe. Zusammen mit Stefan Canham machte er sich auf den Weg nach Vietnam, um Vietnamesen zu besuchen, die aus ganz unterschiedlichen Gründen in Deutschland gelebt haben und später nach Vietnam zurückgekehrt sind. Auf ihrer Reise treffen Nguyen und Canham Menschen, die dankbar die Gelegenheit ergreifen, ihre bewegenden, teils aberwitzigen Geschichten von Migration und Rückkehr zu erzählen. Die Ausstellung kombiniert aktuelle Porträts und häusliche Interieurs in

---

Vietnam mit historischen Aufnahmen, die die Rückkehrer aus ihrer Zeit in Deutschland aufbewahrt haben. Das Fremde erscheint überraschend nah, das Zuhause aber als ein unbekanntes Land.

^E^N

THE GERMAN VIETNAMESE
Stefan Canham, Nguyen Phuong-Dan

Much has been written about the Vietnamese who came to Germany. Research has focused on »contract workers« in the GDR, on Vietnamese children who were to be trained as the new socialist elite, and on boat people who fled from war and poverty to West Germany. The cigarette bootlegger and the model immigrant are stock characters evoked in the media. But who are these **German Vietnamese** really? Nguyen Phuong-Dan, the son of Vietnamese immigrants, wanted to find out. Together with Stefan Canham, he travelled to Vietnam and visited Vietnamese men and women who had gone to Germany over the past decades for various reasons and later returned to Vietnam. Nguyen and Canham met people who gladly took the opportunity to tell their moving, at times absurd stories of emigration and return. The exhibition combines present-day portrait photographs, interior views of private homes in Vietnam, and historic material from the protagonists' time in Germany. The foreign feels surprisingly familiar, but home looks like a strange land.

**Kuratiert von | Curated by
Hannes Wanderer**

**In Zusammenarbeit mit | In collaboration with
Peperoni Books – Verlag für Fotografie**

**Katalog | Catalogue
Stefan Canham, Nguyen Phuong-Dan: Die Deutschen Vietnamesen, Berlin: Peperoni Books, 2011, 34 €**

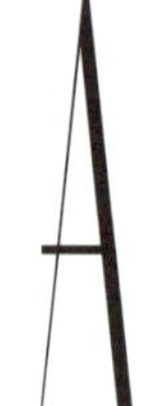

AFF
ATELIER
FREIER FOTOGRAFEN

**Kochhannstraße 14
10249 Berlin (Friedrichshain)
T 030.494 74 48
www.aff-berlin.com**

**U5 Frankfurter Tor, S41, S42, S8, S85, S9
Landsberger Allee, Tram M5, M6, M8, M10
Landsberger Allee / Petersburger Straße**

**Sa & So | Sat & Sun 14–17 h
Eintritt frei | Free admission**

27.10.–25.11.2012

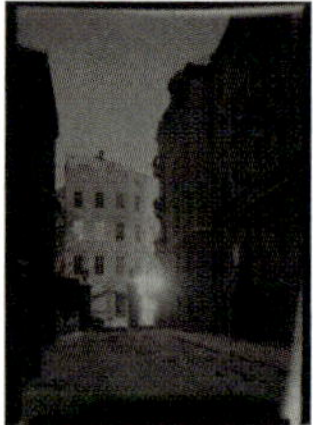

S. | p. 149

^D_E

JAHRHUNDERTWINTER
Stephen Mooney

Stephen Mooney ist ein Fotograf, Dichter und Filmemacher aus Großbritannien. Er lebt seit 2004 in Berlin. In **Jahrhundertwinter** dokumentiert er sowohl einen der strengsten Winter in Berlin als auch die schrecklich vergängliche Schönheit eines kontinentalen Winters, neben dem die grauen, klammen Wintertage Großbritanniens verblassen: »Der Winter 2009 / 2010 war der härteste, den ich je erlebt habe. Über zwei Monate lang stieg die Temperatur nicht über -5 Grad. Es schneite nahezu jeden Tag. Es war mühsam, beklemmend und wunderschön. Bei mir wurden Gefühle wach, die mich an Geschichten aus meiner frühen Jugend erinnerten – wie eine von einem lange vergessenen Duft heraufbeschworene Reminiszenz.« Inspiriert von Eugène Atget verwendete Mooney eine Plattenkamera im Format 9 x 12 cm, um die Berliner Stadtlandschaft zu fotografieren. Wie Atget wählte auch er als Motive die von der Modernisierung unberührt gebliebenen Ecken der Stadt. Die Wahl der antiquierten analogen Großformattechnik stellt gleichzeitig eine Auseinandersetzung mit der Fotografie im Angesicht einer zunehmend digitalisierten Welt der Bilderzeugung und des Bildkonsums dar.

E^N

WINTER OF THE CENTURY
Stephen Mooney

Stephen Mooney is a photographer, poet and filmmaker from the UK and has lived in Berlin since 2004. In Jahrhundertwinter (Winter of the Century) Mooney documents one of Berlin's hardest winters on record and the terrible transient beauty of a continental winter which make the grey damp days of the UK pale in comparison: »The winter of 2009–2010 was the harshest I ever experienced. For more than two months the temperature didn't rise above minus five degrees. It snowed almost every day. It was hard, oppressive, and truly beautiful, and evoked feelings that reminded me of stories from my early youth, like memories resurfacing at a forgotten scent.« Inspired by Eugene Atget, Mooney used a 9-by-12- cm plate camera to photograph the urban landscape of Berlin. Like Atget, the subjects of his photographs were corners of the city that modernisation missed. The choice of an archaic, large-format analog technique also examines the changing face of photography in an increasingly digitised world of image production and consumption.

AKADEMIE DER KÜNSTE

Pariser Platz 4
10117 Berlin (Mitte)
T 030.200 571 000
www.adk.de

U55, S1, S2, S25
Brandenburger Tor,
Bus M85, 100, 200

Di–So | Tue–Sun 11–19 h
Eintritt | Admission 6 €
ermäßigt | reduced 4 €

08.09.–04.11.2012

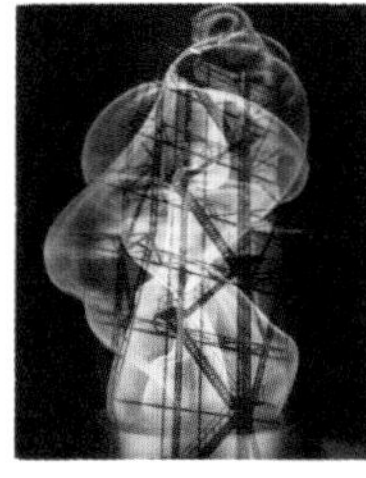

S.|p. 119

D_E

DER ALCHIMIST
HEINZ HAJEK-HALKE.
LICHTGRAFISCHES SPÄTWERK

Was László Moholy-Nagy für die Fotografie des Bauhauses und der 1920er Jahre geleistet hat, schuf Heinz Hajek-Halke für die 1950er Jahre und die abstrakte Kunst. Dabei war Hajek-Halke (1898–1983) ein genuin fotografisch arbeitender Künstler: Was er in der Dunkelkammer an physikalisch-chemischer Arbeit vollbrachte, darf getrost als Alchimie bezeichnet werden; es wird noch heute von keinem digitalen Software-Programm erreicht. Unter den großen Fotokünstlern des 20. Jahrhunderts war Heinz Hajek-Halke ein Einzelgänger, der keiner Schule angehörte und dennoch viele andere beeinflusste. Schon in den frühen 1930er Jahren als Plakatkünstler berühmt, setzte seine künstlerische Reife in den 1950er Jahren ein. Er ist einer der großen Abstrakten und in dieser Hinsicht einer der ersten Künstler in der Fotografie überhaupt. Die Akademie der Künste besitzt aus seinem Spätwerk über 200 Lichtgrafiken, die erstmals umfassend in der Ausstellung am Pariser Platz präsentiert werden. Sie bietet eine der raren Wiederentdeckungen an, die zur Geschichte der künstlerischen Fotografie im 20. Jahrhundert noch zu machen sind.

E^N

THE ALCHEMIST
HEINZ HAJEK-HALKE:
LATE PHOTO-GRAPHICS

What László Moholy-Nagy did for the photography of the Bauhaus and of the 1920s, Heinz Hajek-Halke accomplished for the 1950s and Abstract Art. Hajek-Halke (1898–1983) was an artist who worked in a genuinely photographic manner: what he achieved in the darkroom in physical-chemical work could well be called alchemy; even today, no digital software program is able to achieve the same effects. Among the photographic artists of the twentieth century, Heinz Hajek-Halke was a maverick who did not belong to any school and nonetheless influenced many others. Already famous as a poster artist in the early 1930s, he reached artistic maturity in the 1950s. He is one of the great abstract artists and also one of the first artists in photography in this regard. The Akademie der Künste has over 200 photographic works from his later years, which are being presented comprehensively for the first time in the exhibition on Pariser Platz. The exhibition offers one of the few rediscoveries that can still be made in twentieth-century art photography.

Kuratiert von | Curated by
Rolf Sachsse

In Zusammenarbeit mit | In collaboration with
Michael Ruetz, Rosa von der Schulenburg

ALFRED EHRHARDT STIFTUNG

Auguststraße 75
10117 Berlin (Mitte)
T 030.20 09 53 33
www.alfred-ehrhardt-stiftung.de

S1, S2, S25,
Tram M1, M6 Oranienburger Straße

Di–So | Tue–Sun 11–18 h, Do | Thu 11–21 h
Eintritt frei | Free admission

12.10.–23.12.2012

S.|p. 54

D_E

WALD.
LANDSCHAFTEN DER ERINNERUNG
Michael Lange

Michael Langes Projekt Wald. Landschaften der Erinnerung entstand in den Wäldern Deutschlands innerhalb eines Zeitraums von drei Jahren. Die Aufnahmen geben die Erfahrungen des Künstlers von Landschaften im Zwielicht wieder. Sie manifestieren, dass »Landschaften Kultur sind, bevor sie Natur sind, Konstrukte der Fantasie, die auf Wald und Wasser und Fels projiziert werden« (Simon Schama). Landschaften entstehen durch den Menschen; erst durch die Wahrnehmung des Künstlers, durch seine Betrachtungsweise einer Vielzahl von Elementen wie Bäumen, Büschen, Moos, Licht oder Wetter entsteht ein Bild. Entscheidend in diesem lebendigen Prozess ist die Verbindung der einzelnen Elemente zu einem wirksamen Bildgefüge. Dafür bringt Michael Lange zwei Ebenen in Einklang: die erlebte Natur und die erinnerten Landschaften. Die Bilder aus dem Zyklus Wald sind von großer Ruhe durchdrungen und befrieden den Betrachter. Sie schaffen eine Verbindung zum inneren Raum der Stille, die stets existent ist und die jeder in sich trägt, die aber häufig verschüttet ist von den ereignisreichen Erlebnissen des Alltags.

FOREST: LANDSCAPES OF REMEMBRANCE

Michael Lange

Michael Lange's project **Wald: Landschaften der Erinnerung** (Forest: Landscapes of Remembrance) was created in the forests of Germany over a period of three years. The photographs reflect the artist's experiences of landscapes in twilight. They manifest the fact that »**landscapes are culture before they are nature, constructs of the imagination projected onto wood and water and rock**« (**Simon Schama**). People create landscapes; it is only as a result of the artist's perception, of his way of looking at a multitude of elements such as trees, bushes, moss, light and weather, that a picture is created. The crucial effect of this dynamic process is the integration of the individual elements into an effective pictorial structure. Michael Lange achieves this by bringing two different levels into harmony: nature as it is experienced and landscapes as they are remembered. The photographs in the **Wald** cycle are permeated by great tranquility and pacify the viewer. They create a connection to the inner space of silence, which always exists and which we all carry within ourselves, but which is often buried under the eventful experiences of day-to-day life.

**Kuratiert von | Curated by
Christiane Stahl**

**Katalog | Catalogue
Michael Lange:
Wald, Ostfildern: Hatje Cantz,
2012, 45 €**

ALTE FEUERWACHE

PROJEKTRAUM

**Marchlewskistraße 6
10243 Berlin (Friedrichshain)
T 030.293 47 94 26
www.kulturamt-friedrichshain-kreuzberg.de**

**U5 Weberwiese, Bus 347
Di – Do | Tue – Thu 14 – 19 h,**

**Fr & Sa | Fri & Sat 14 – 20 h
Eintritt frei | Free admission**

21.09. – 02.11.2012

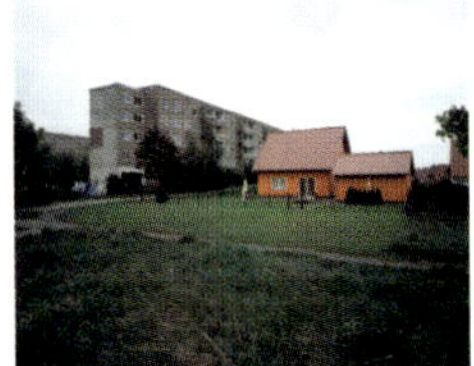

S. | p. 42

HOYERSWERDA – DIE SCHRUMPFENDE STADT

Stefan Boness

Hoyerswerda ist ein Synonym für radikale gesellschaftliche und städtebauliche Umbrüche in Deutschland. Mit seinen zehn riesigen Wohnkomplexen (WK I–X) im Plattenbaustil war es einst die Vorzeigemetropole der DDR und das sozialistische Modell für eine funktionale Stadt der Moderne. Heute wirkt dieses Bild einer mit Utopie aufgeladenen Stadt völlig irreal. Hoyerswerda ist deutschlandweit als besonders hässlich und alternd gebrandmarkt. Einst die kinderreichste Stadt der DDR, ist sie zwei Jahrzehnte nach dem Mauerfall auf dem besten Weg, eine sterbende Stadt zu werden. Statistisch gesehen ist es die am stärksten schrumpfende Stadt Deutschlands. Mit dem Abriss ganzer Wohnviertel hat sich Hoyerswerda bereits grundlegend verändert und gilt inzwischen als Modell für den Stadtumbau einer schrumpfenden Stadt. **Hoyerswerda – Die Schrumpfende Stadt** zeigt die urbane post-sozialistische Landschaft als Symbol für den radikalen Wandel gesellschaftlicher Transformationen zu Beginn des 21. Jahrhunderts. **Stefan Boness**

HOYERSWERDA: THE SHRINKING CITY

Stefan Boness

Hoyerswerda stands for radical upheavals in German society and urban development. With its ten huge housing estates in the pre-fab slab style, it was once the showcase metropolis of East Germany and the socialist model of a modern functional city. Today this image of a city charged with utopia seems utterly unrealistic. Throughout Germany, Hoyerswerda is branded as being particularly ugly and decrepit. Once the city with the most children in East Germany, twenty years after the fall of the Berlin Wall it is on the verge of becoming a dying city. In statistical terms, it is the fastest-shrinking city in Germany. With the demolition of entire estates, Hoyerswerda has already changed fundamentally and has now become a model for the urban restructuring of a shrinking city. **Hoyerswerda – Die Schrumpfende Stadt (Hoyerswerda: The Shrinking City)** presents the post-socialist urban landscape as a symbol of the radical social transformations at the beginning of the twenty-first century. **Stefan Boness**

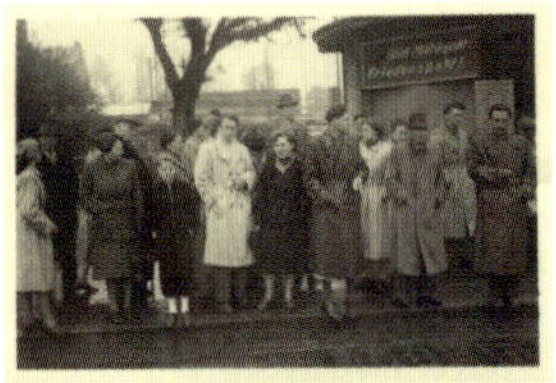

S. | p. 145

DAS GESCHENK DES PRIVATEN – KNIPSER FOTOGRAFIE IN DER DDR 1945 – 1989

Verschiedene Fotografen / Knipser

Die Ausstellung zeigt Beispiele aus dem schier unerschöpflichen Fundus privater Schnappschüsse: Spuren der »Knipser« auf dem Gebiet der DDR. Das große Spektrum des privaten Lebens wird hier, wie in allen Industriestaaten dieser Zeit, von immer wiederkehrenden Motiven wie »Urlaub«, »Freunde und Paare«, »Feste und Freizeit«, »Menschen und ihre materiellen Errungenschaften« und vor allem »Familie« bestimmt. Dennoch stellt sich die Frage, ob die gesellschaftlichen Verhältnisse der DDR nicht besondere Motive geschaffen haben, zum Beispiel »die Grenze«, »Aufbau und Arbeit« und am Ende »die Wende«.
Der »Schubladenfotograf« (Dieter Hacker) dieser Zeit wusste noch nichts von der heutigen Verschiebung vom Privaten zum Öffentlichen. Was das private Bild aber traditionell von anderen Bildern unterscheidet, sind die damit verbundenen persönlichen Erinnerungen, Gefühle und Vorstellungen, die es zu einem Fenster in eine vergangene Wirklichkeit machen. Indem die Fotografen fast immer ein gelingendes Leben und glückliche Augenblicke darstellen wollten, machten sie sich und ihrer privaten Umgebung ein Geschenk. Und manchmal erscheint der »Knipser« in der Rückschau dabei auch als »Zufallskünstler«. **Enno Kaufhold**

THE GIFT OF THE PRIVATE: EASTGERMAN SNAPSHOTS, 1945 – 1989

Various photographers

The exhibition presents examples from the nearly inexhaustible treasure trove of private snapshots: traces of »snapshooters« in the territory of the GDR. The broad spectrum of private life is defined here, as in all industrial nations at that time, by perennial motifs such as »holidays«, »friends and couples«, »festivities and leisure time«, »people and their material acquisitions«, and above all »family«. Nevertheless, the question that arises is whether or not the social conditions in the GDR gave rise to specific motifs, for example, »the border«, »reconstruction and work« and, at the end, »the collapse of Communism«.

Those Dieter Hacker dubbed »dresser drawer photographers« were not yet aware of today's shift from the private to the public. But what traditionally distinguishes the private snapshot from other images are the personal memories, feelings and ideas connected with it, which make it a window on a bygone world. Since the photographers almost always wanted to depict a successful life and happy moments, they gave a gift to themselves and to their private surroundings. And in hindsight, the »snapshooter« sometimes also appears as an »accidental artist«. **Enno Kaufhold**

**Kuratiert von | Curated by
Stefan Raum**

ARTIFICIAL IMAGE. BERLIN

**espace
Pistoriusstraße 96 (Seitenflügel)
13086 Berlin (Weißensee)
T 030.25 79 99 15
www.artificialimage.de**

**Tram M2 Prenzlauer Promenade /
Am Steinberg, Tram M12, M13 Gustav-
Adolf-Straße / Langhansstraße**

**Di–Fr | Tue–Fri 11–17 h,
Fr & Sa | Fri & Sat Nachtvorstellung ab
20 Uhr | Night show from 8 pm onDi–Fr
| Tue–Fri Eintritt frei | Free admission,
Nachtvorstellung | Night show Fr & Sa |
Fri & Sat 3 €**

22.10.–23.11.2012

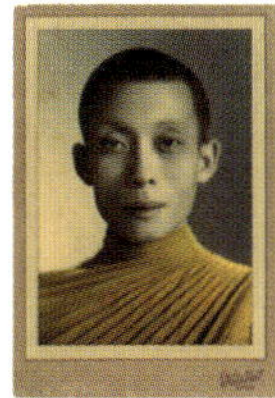

S. | p. 45

D
E

DER BLICK DES ANDEREN

Der Blick des Anderen wird denkwürdig, überwindet er die Haltung des Romantikers und Exotikers. Den Anderen zu verklären oder als Kuriosität zu begaffen bleibt ein kurzlebiges und erkenntnisarmes Vergnügen. Die Augen zu öffnen für Fremdes, in dem man sich selbst nicht wiedererkennt, durch dessen Betrachtung man sich jedoch besser begreifen lernt – das ist ideale Motivation für die Schärfung der Sinne, für Reisen, für die Fotografie. Das Dasein und seine Auflösung im buddhistischen Kulturkreis beleuchtet Hans Georg Berger in Mönchsbildnissen, denen er alte Porträts aus laotischen Klöstern gegenüberstellt. Eine junge Chinesin (Ting Ting Cheng) unternimmt eine meditative Reise durch Europa und findet Antworten. Flankiert durch luzide Interieurs aus Hué (Marei Wenzel) und eine Serie über vietnamesische Auswanderung und Rückkehr (Nora Bibel) erweitert sich die Betrachtung zusehends: Heimat und Fremde, auch in sich selbst. Die Kircheninterieurs aus bodennaher Perspektive (Claus Rottenbacher) erden den Betrachter in christlichen Traditionen, doch das Fremde ist auch hier allgegenwärtig.

E
N

THE VIEW OF THE OTHER

The View of the Other becomes noteworthy when it transcends attitudes of romanticism and exoticism. Mythologising or gawking at the other as a curiosity is a short-lived, unedifying pleasure. Opening one's eyes to the unfamiliar, and so becoming unfamiliar to oneself, yet understanding oneself better through observing it – this is an ideal motivation for sharpening the senses, for travel, for photography. In portraits of monks that he contrasts with old portraits from monasteries in Laos, Hans Georg Berger illuminates existence and its resolution in Buddhist culture. A young Chinese woman (Ting Ting Cheng) goes on a meditative journey through Europe and finds answers. Flanked by lucid interiors from Hué (Marei Wenzel) and a series about Vietnamese emigration and return (Nora Bibel), the view is noticeably broadened: home and the unknown, both in the world and within oneself. Church interiors from an angle near the floor (Claus Rottenbacher) ground the viewer in Christian traditions, yet the unknown is omnipresent here too.

**Künstler | Artists
Hans Georg Berger, Nora Bibel, Buddhist
Archive of Photography (Luang Prabang), Ting
Ting Cheng, Claus Rottenbacher, Marei Wenzel**

**Kuratiert von | Curated by
Michael Maria Müller**

**Katalog | Catalogue
Boris von Brauchitsch, Michael Maria Müller:
Glance: Der Blick des Anderen,
Berlin: c-editions, 2012, 5 €**

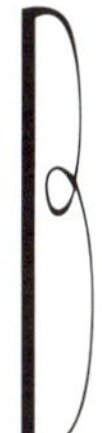

BAUHAUS-ARCHIV
MUSEUM FÜR GESTALTUNG

**Klingelhöferstraße 14
10785 Berlin (Tiergarten)
T 030.254 00 20
www.bauhaus.de**

**U1, U2, U3, U4 Nollendorfplatz,
Bus M29, 100, 106, 187**

Mi–Mo | Wed–Mon 10–17 h
**Eintritt | Admission Mi–Fr | Wed–Fri
6 € / ermäßigt | reduced 3 €, Sa–Mo |
Sat–Mon 7 € / ermäßigt | reduced 4 €**

24.10.–25.11.2012

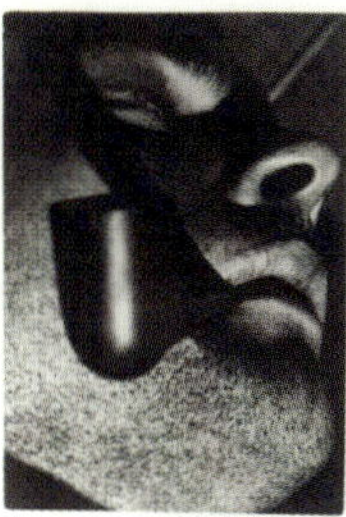

S. | p. 70

D
E

WERNER DAVID FEIST: BAUHAUSFOTOS

Werner David Feist (1909–1998) erlangte vor allem durch seine experimentellen Fotografien aus seiner Zeit als Schüler am Bauhaus (1927–1930) Bekanntheit. Diese sind nicht nur einmalige Dokumente des Lebens am Bauhaus, sie spiegeln zugleich die unterschiedlichen fotografischen Aktivitäten und Ausrichtungen, zunächst unter dem Einfluss von László Moholy-Nagy sowie ab 1929 im Unterricht von Walter Peterhans, wider. Feists Aufnahmen zeichnen sich durch ungewohnte Perspektiven, verfremdende Detailaufnahmen und Bildausschnitte sowie Doppelbelichtungen und Licht- wie Schatteneffekte aus, die eine neue ästhetische Sichtweise auf Objekte wie auch Personen offenbaren. Dabei werden die häufig grafisch aufgefassten

Details und deren Materialität stillleben-artig inszeniert. Feists Fotografien sind das Ergebnis eines unkonventionellen Betrachterstandpunkts, der das Gewohnte als das Andere in den Vordergrund rücken lässt. Eine Auswahl von rund 20 neu erworbenen Bauhausfotos von Feist wird in die Dauerausstellung Sammlung Bauhaus – Originale der Klassischen Moderne integriert.

E[N]

WERNER DAVID FEIST: BAUHAUS PHOTOS

Werner David Feist (1909–1998) gained recognition mainly as a result of his experimental photography during his time as a student at the Bauhaus (1927–1930). These photos are unique documents of life at the Bauhaus, and at the same time they reflect Feist's different photographic activities and orientations, first under the influence of László Moholy-Nagy, then from 1929 on under Walter Peterhans's teaching. Feist's photos are characterised by unusual perspectives, alienating detail shots and excerpts, double exposures and light and shadow effects, which reveal a new aesthetic view of both objects and people. The often graphically interpreted details and their material quality are presented like still-lifes. Feist's photographs result from an unconventional perspective that alienates the familiar and puts it in the foreground as the Other. A selection of some twenty recently acquired Bauhaus photos by Feist is included in the permanent exhibition The Bauhaus Collection: Classic Modern Originals.

Kuratiert von | Curated by
Christian Wolsdorff

Katalog | Catalogue
Werner David Feist: Meine Jahre am
Bauhaus | My Years at the Bauhaus,
Serie »Bauhäusler: Dokumente aus dem
Bauhaus-Archiv Berlin« |
»Bauhaus people: documents from the
Bauhaus-Archiv, Berlin«, Bd. | vol. 1,
Berlin: Bauhaus-Archiv, 2012

BERLINER TECHNISCHE KUNSTHOCHSCHULE

Bernburger Straße 24/25
10963 Berlin (Kreuzberg)
T 030.25 35 87 67
www.btk-fh.de

U2 Mendelssohn-Bartholdy-Park,
U2, S1, S2, S25 Potsdamer Platz,
Bus M29, M41, M48, M85, 200

Mo–Fr | Mon–Fri 15–19 h, Sa | Sat 12–18 h
Eintritt frei | Free admission

27.10.–25.11.2012

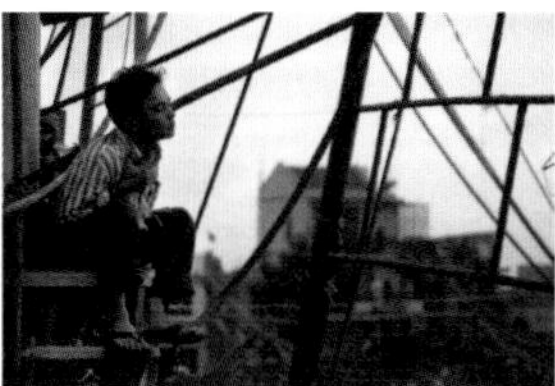

S. | p. 144

D[E]

DER BLICK DES ANDEREN
Studierende der Berliner Technischen Kunsthochschule

New York, Hanoi, Tarkovo, Mila 23
2007 bis 2011 – jährliche Street Photography-Workshops in New York mit Atelierbesuchen und Lectures renommierter Künstler sowie anschließender Ausstellung in Berlin. Leitung: Thomas Keller/Todd Weinstein.
2011 – Dokumentation einer von Schweizer Bürgern geleiteten Aufbauinitiative in Tarkovo im Süden Moskaus. Die entstandenen Arbeiten sind Zeugnis privaten sozialen Engagements im Austausch zwischen Ost und West. Leitung: Andrej Glusgold/Matthias Leupold.
2011 – Begegnungen, BTK-Fotostudierende lehren: Workshop mit Kindern in Hanoi, die unter den Folgeschäden dioxinhaltiger Entlaubungsmittel leiden. Fotoreisen 2010 und 2011 von Hanoi nach Saigon, dazu erschien 2011 ein gleichnamiges Buch. Leitung: Matthias Leupold.
2012 – Am Rand des geeinten Europas, Bildserie über in der Norddobrudscha (Rumänien) ansässige Lipowaner, eine russischsprachige Minderheit, die im 17. Jahrhundert als »Altgläubige« vor einer Glaubensreform nach Rumänien flüchteten. Leitung: Lucian Spatariu/Matthias Leupold.
2012 Heimat – Identität, Ergebnisse eines Projektkurses. Leitung: Andrej Glusgold.

E[N]

THE VIEW OF THE OTHER
BTK students

New York, Hanoi, Tarkovo, Mila 23
2007–2011: Annual street photography workshop in New York accompanied by studio visits and lectures by renowned local artists and a final exhibition in Berlin. Direction: Thomas Keller and Todd Weinstein.
2011: Documentation of a Swiss-led collective in the village of Tarkovo, south of Moscow. The photographs bear witness to private social initiative in the cultural exchange between East and West. Direction: Andrej Glusgold and Matthias Leupold.
2011: Encounters, BTK photography students teaching a workshop with disabled children in Hanoi, Vietnam, victims of the long-term effects of Agent Orange. The results of two trips in 2010 and 2011 were published in 2011 as a book called Encounters. Direction: Matthias Leupold.
2012: At the Fringe of United Europe, a picture series on ethnic Lipovans, a Russian-speaking minority in Northern Dobrogea, Romania, whose ancestors fled Russia in the 17th century due to religious turmoil. Direction: Lucian Spatariu and Matthias Leupold.
2012: Homeland – Identity, results of a project course. Direction: Andrej Glusgold.

Kuratiert von | Curated by
Kollegium der BTK-Professoren | a collegium of
BTK professors

BERLINISCHE GALERIE

LANDESMUSEUM FÜR MODERNE KUNST, FOTOGRAFIE UND ARCHITEKTUR

Alte Jakobstraße 124–128
10969 Berlin (Kreuzberg)
T 030.78 90 26 00
www.berlinischegalerie.de

U1, U6 Hallesches Tor, U6 Kochstraße,
U8 Moritzplatz, Bus M29, 248

Mi–Mo | Wed–Mon 10–18 h
Eintritt | Admission 8 €/ermäßigt | reduced
5 €, jeden ersten Montag im Monat |
every 1st Monday of the month 4 €

05.10.2012–28.01.2013

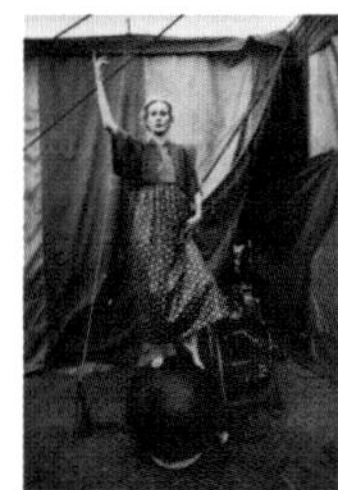

S. | p. 46

D[E]

GESCHLOSSENE GESELLSCHAFT
KÜNSTLERISCHE FOTOGRAFIE IN DER DDR 1949–1989

Die Berlinische Galerie widmet der künstlerischen Fotografie in der DDR die international erste umfassende Ausstellung. Wichtige Fragen sind: Gab es unter den autoritären Bedingungen der DDR eine freie künstlerische Fotografie? Und wie hat sich diese über vier Jahrzehnte hinweg verändert? Das Museum zeigt Fotos von 33 Autoren, welche die gesellschaftliche Situation kritisch reflektieren: Ursula Arnolds schonungslose Alltagsbeschreibungen, Arno Fischers melancholische Symbolbilder, Jens Rötzschs farbige Methaphern einer Gesellschaft, die sich in Auflösung befindet, oder die rein subjektiv-emotionalen Bildfindungen wie sie in Thomas Florschuetz' und Maria Sewcz' Werk zu finden sind. Die ausgewählten Positionen vermitteln die wichtigsten Entwicklungsstränge der künstlerischen Fotografie in der DDR: Montage und Experiment, Dokumentarismus und Sozialreportage sowie die junge Fotografie der 1980er Jahre.

^{E N}

THE SHUTTERED SOCIETY
ART PHOTOGRAPHY IN THE GDR, 1949–1989

The Berlinische Galerie presents the first exhibition in the world to take a comprehensive look at art photography in the GDR. Key questions are: Was art photography ever free under authoritarian East German conditions? And how did art photography change over four decades? The museum shows works by 33 photographers who critically reflect social conditions: Ursula Arnold's blunt descriptions of everyday life, Arno Fischer's melancholic symbolism, Jens Rötzsch's colourful metaphors of a society falling apart, and purely subjective, emotional compositions in the work of Thomas Florschuetz and Maria Sewcz. The positions selected convey the major currents of development of art photography in the GDR: montage and experimentation, documentary photography and social reportage, and the work of young photographers in the 1980s.

Künstler I Artists
Ursula Arnold, Tina Bara, Sibylle Bergemann, Christian Borchert, Micha Brendel, Kurt Buchwald, Lutz Dammbeck, Klaus Elle, Arno Fischer, Thomas Florschuetz, Ernst Goldberg, Klaus Hähner-Springmühl, Matthias Hoch, Edmund Kesting, Jorg Knöfel, Fritz Kühn, Matthias Leupold, Ulrich Lindner, Karl Heinz Mai, Sven Marquardt, Roger Melis, Florian Merkel, Peter Oehlmann, Helga Paris, Manfred Paul, Richard Peter sen., Evelyn Richter, Jens Rötzsch, Rudolf Schäfer, Michael Scheffer, Erasmus Schröter, Gundula Schulze-Eldowy, Maria Sewcz, Ulrich Wüst

Kuratiert von I Curated by
Ulrich Domröse, Leiter der Sammlung Fotografie, Berlinische Galerie I Director of the Photographic Collection of the Berlinische Galerie; Gabriele Muschter, freie Kunsthistorikerin I freelance art historian; Uwe Warnke, freier Kurator, Schriftsteller, Verleger I freelance curator, author, publisher; T. O. Immisch, Kurator der Sammlung Fotografie, Stiftung Moritzburg Halle I Curator of the Photography Collection of the Stiftung Moritzburg Halle

Die Ausstellung wird gefördert durch die Kulturstiftung des Bundes. I The exhibition is funded by the German Federal Cultural Foundation.

Medienpartner der Berlinischen Galerie I Media partner of the Berlinische Galerie
WALL AG

Katalog I Catalogue
Geschlossene Gesellschaft. Künstlerische Fotografie in der DDR 1949–1989 I The Shuttered Society. Art Photography in the GDR 1949–1989, mit Beiträgen von I with essays by Ulrich Domröse, Jana Duda, T. O. Immisch, Andreas Krase, Bernd Lindner, Gabriele Muschter, Urs Stahel, Uwe Warnke, Daniela Zeilinger, Bielefeld / Berlin: Kerber Verlag, 2012

BEST-SABEL BILDUNGS-ZENTRUM GMBH

Littenstraße 109
10179 Berlin (Mitte)
T 030.656 61 00
www.design.best-sabel.de

U8, S5, S7, S75
Jannowitzbrücke

Mo–Fr I Mon–Fri 9–16 h
Eintritt frei I Free admission

05.11.–30.11.2012

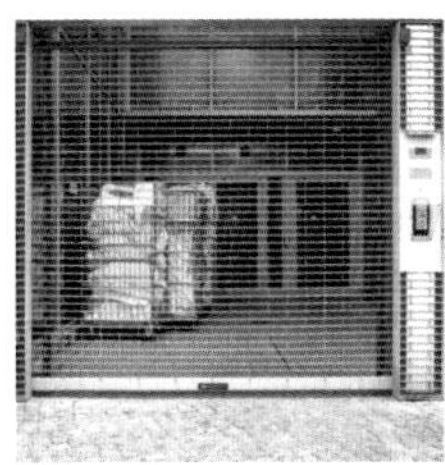

S. I p. 96

^{D E}

DAS EIGENE UND DAS FREMDE
Fotoschüler des 3. Ausbildungsjahres

Schon immer haben Ereignisse und Verhaltensweisen von außen Menschen beeinflusst; egal ob durch Kriege, wirtschaftliche oder religiöse Einflüsse oder Migrationsbewegungen jeglicher Art. Wir nehmen Moden, Trends und Lifestyle unserer Kinder, Nachbarn, Kollegen oder Freunde wahr, übernehmen sie oder lehnen sie ab. Wie gehen wir damit um? Ist das, was bei uns gerade »in« ist, auch woanders angesagt? Was bedeutet mir das Eigene und was ist mir fremd? Die Ausstellung möchte auf diese Frage keine abschließenden Antworten geben, nicht belehren und erhebt auch keinen Anspruch auf Vollständigkeit. Die unterschiedlichen fotografischen Herangehensweisen und Interpretationen sollen Ausschnitte zeigen und zum Nachdenken anstoßen, manchmal sehr deutlich, manchmal eher durch die Hintertür. Die ausgestellten Arbeiten sind entstanden als Projektarbeit über den Zeitraum eines halben Jahres in der Fotoklasse des dritten Ausbildungsjahres und zeigen das Eigene und das Fremde aus der Sicht unserer Schüler.

^{E N}

THE FAMILIAR AND THE UNFAMILIAR
Third-year photography students

Throughout history people have been influenced by external events and behaviour – due to war, economic and religious influences or mass migration. We notice fashion and lifestyle trends set and followed by our children, neighbours, colleagues and friends. We adopt or reject them – but in either case live with them. How do we deal with these phenomena? Are the same things »in« here as elsewhere? How much do we value the familiar? What is strange and unfamiliar to us? The exhibition does not pretend to find definitive answers, to educate or to exhaust the subject. The students' very personal photographic approaches and interpretations provide insights into this topic and provoke thought, sometimes drastically, sometimes in more subtle ways. The exhibited works were created during a six-month project by third-year students and reflect their views on the familiar and unfamiliar.

Kuratiert von I Curated by
Nora Bibel,
Jens Koch,
Raimund Stöppler,
Peter Thieme

BEZIRKSMUSEUM FRIEDRICHSHAIN-KREUZBERG

The Browse Gallery
Marheineke-Halle
Marheinekeplatz 15
10961 Berlin (Kreuzberg)
T 030.50 58 52 88
www.kreuzbergmuseum.de

U7 Gneisenaustraße, Bus 248

Mo–Fr | Mon–Fri 8–20 h, Sa | Sat 8–18 h
Eintritt frei | Free admission

03.11.–01.12.2012

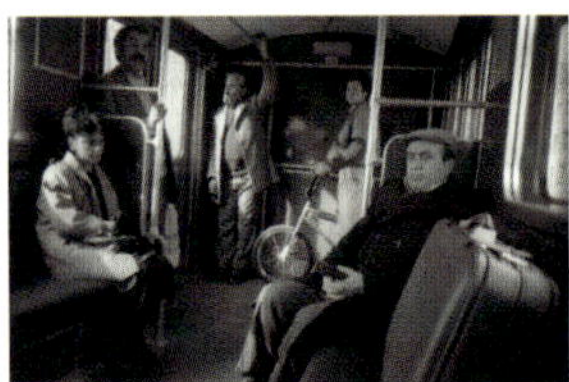

S. | p. 78

DE

AUGENBLICKE. STILLSTAND UND BEWEGUNG
FOTOGRAFIEN AUS BERLIN-KREUZBERG

Das Westberlin der 1970er und 80er Jahre – Kreuzberg, Mauer, abgeschrieben. Viele, die hier lebten, hatten keine oder nur diese Wahl. Kriegsruinen, Überlebenskampf, kleine Glücksmomente und dauerhafte Abstürze. Altersarmut, Ausländer, Kinder und Kiez ohne Bewegung – außer dem Leben auf der Straße, die Wohnungen waren zu dunkel und zu klein. Gegen die Abrissbirnen formierte sich der Widerstand. Hier bewegten sich die Fotografen aus Großbritannien, Schweden und deutsche Zugezogene. Sie sind Andere und Andere blicken zurück. Neugierde, Ungläubigkeit. Von beiden Seiten ist die Spannung spürbar. Entstanden lange vor dem Mythos Kreuzberg und der Entwicklung zum Szenebezirk, sind diese Fotografien das Vermächtnis eines Lebensraums, über dem ein dauernder Grauschleier hing. Die Farben an den Fassaden kamen später, die Touristen auch. Eine Ausstellung, die vor allem Menschen zeigt, die Kreuzberg nicht den Rücken zeigen wollten, sondern ihr Gesicht. Das bleibt. Als AugenBlick.

EN

IN THE BLINK OF AN EYE: STANDSTILL AND MOVEMENT
PHOTOGRAPHS FROM KREUZBERG, BERLIN

The West Berlin of the 1970s and '80s – Kreuzberg, the Wall, dereliction. Many of those who lived here had no other choice. The ruins of war, the struggle for survival, brief moments of happiness and permanent breakdowns. Old-age poverty, foreigners, children and neighbourhoods at a standstill. Except for the life in the streets, since the flats were too dark and too small. The wrecking ball provoked organized opposition. The movement's photographers came from Great Britain, Sweden, and West Germany. Their view is that of Others, and others look back at them. Curiosity, disbelief. The tension is perceptible on both sides. Created long before the Kreuzberg legend, before Kreuzberg became the in district, these photographs are the legacy of a living space overshadowed by a perpetual grey haze. The colours on the façades came later; the tourists too. An exhibition that most of all shows people who wanted to show Kreuzberg not their back, but their face. Which remains – as the blink of an eye.

Künstler | Artists
Peter Gormanns, Michael Hughes, Ann-Christine Jansson, Wolfgang Krolow, Horst Luedeking, Toni Nemes, Siebrand Rehberg

Kuratiert von | Curated by
Ellen Röhner, Erik Steffen

In Zusammenarbeit mit | In collaboration with Gesellschaft für interregionalen Kulturaustausch e.V. und | and Community Impulse e.V.

Mit freundlicher Unterstützung von | With the kind support of Bezirkskulturfonds Friedrichshain-Kreuzberg

Katalog | Catalogue
Stillstand und Bewegung. Menschen in Kreuzberg. Fotografien aus den 70ern und 80ern , Berlin: Berlin Story, 2012, 19,80 €

BLOW PHOTO MAGAZINE

Botschaft von Irland
Jägerstraße 51
10117 Berlin (Mitte)
T 030.22 07 20
www.blowphotomagazine.com

U2 Hausvogteiplatz
Mo–Fr | Mon–Fri 9.30–12.30 h und | and 14.30–16.30 h
Eintritt frei | Free admission

24.10.–01.11.2012

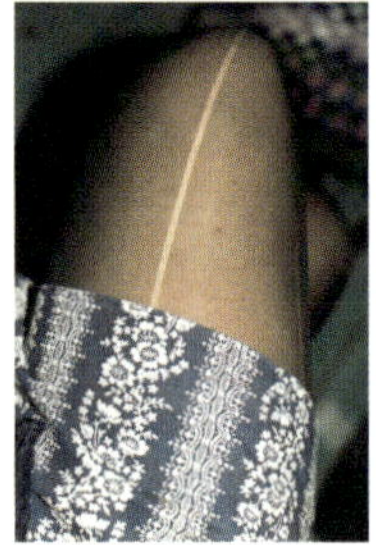

S. | p. 59

DE

BLOW YOUR MIND

BLOW Your Mind zeigt eine Auswahl aus den Werken in Irland lebender junger Nachwuchsfotografen. Das Hauptthema **Der Blick des Anderen** auf vielschichtige Weise widerspiegelnd, setzen sich ihre Bilder mit einer kulturell, politisch und wirtschaftlich im Fluss befindlichen Gesellschaft auseinander. Neue und alte Werte verfließen ineinander und verursachen Strudel, die alle Aspekte des menschlichen Lebens erfassen. Der Gegensatz zwischen »dem Eigenen und dem Unbekannten« löst sich auf, und an seiner Stelle erscheint der fruchtbare Urboden wechselnder Standpunkte und sich verändernder Identitäten. Anhand einer Auswahl von Fotografien, die sich nicht nur mit soziopolitischen Transformationen, sondern auch mit intimen, persönlichen und psychologischen Veränderungen auseinandersetzen, soll das kreative Potenzial einer im Wandel begriffenen Gesellschaft gezeigt werden. Die ausgestellten Werke reichen von abstrakten Landschaftsfotografien bis zu gesellschaftlichen Kommentaren zur aktuellen Beschaffenheit der »nomadischen« menschlichen Identität. Wir möchten Sie einladen, sich auf den **Blick des Anderen** aus Irland einzulassen – einen Blick, der weniger der des Anderen als der eigene ist, in einer Welt, in der Begriffe wie physikalische und kulturelle Distanz allmählich der Vergangenheit angehören.

EN

BLOW YOUR MIND

BLOW Your Mind presents a selection of works by emerging photographers based in Ireland. Interpreting the main theme of **The View of the Other** in diverse ways, their photographs examine a society in cultural, political and economic flux. New values merge with the old, creating ripples across all aspects of human life. The contrast between »the known and the unknown« is fading, giving way to a fertile new ground of shifting viewpoints and transforming identities. The exhibition showcases the creative potential of a society in transition through a selection of photographs that not only examine sociopolitical changes, but also more intimate, personal and psychological transformations. The works presented range from abstract landscape photographs to social commentary on the current state of »nomadic« human identity. We invite you to engage with **The View of the Other** from Ireland, a view that is now less the other's and more our own in a world where concepts of physical and cultural distance are slowly becoming obsolete.

Künstler | Artists
Cait Fahey, Aoife Forrestal, Diarmait Grogan,
Jason Lowe, Lynn Rothwell

Kuratiert von | Curated by
BLOW Photo Magazine

Mit freundlicher Unterstützung
von | With the kind support of
Botschaft von Irland Berlin | Embassy
of Ireland in Berlin

BOBSAIRPORT

do you read me?!
Auguststraße 28
10117 Berlin (Mitte)
T 030.41 71 72 08
www.bobsairport.com

U8 Rosenthaler Platz, S1, S2, S25 Oranienburger Straße, S5, S7, S75 Hackescher Markt

Mo – Sa | Mon – Sat 10 – 19.30 h
Eintritt frei | Free admission
26.10. – 10.11.2012

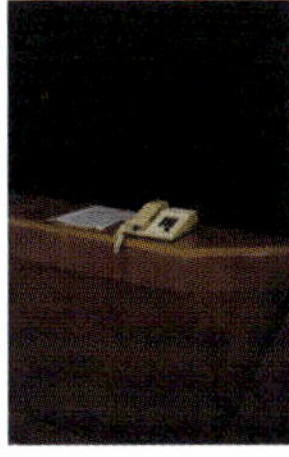

S. | p. 86

$_D$$_E$

IT TAKES TWO

Das Berliner Bildarchiv bobsairport ist eine Sammlung zeitgenössischer Fotografie, die Arbeiten von mehr als 70 Fotografen

umfasst. Als Teil des Archivs dient das einzelne Foto zumeist dazu, einen schon vorhandenen Text zu illustrieren. Für die Serie **It takes two** haben wir diesen Prozess umgekehrt und Schriftsteller gebeten, zu einem von ihnen ausgewählten Foto einen kurzen Text zu verfassen. So entsteht ein ungewöhnlicher Dialog, der das Bild neu interpretiert und es in einen fiktionalen Kontext setzt, der wiederum auf das Foto zurückwirkt. Es dient hier als Inspiration und wird zum Resonanzraum für die Phantasie des Schreibenden. Die Realistik des Fotos begegnet der Phantastik des Textes und die Begegnung verändert beide. Für den Betrachter und Leser öffnet diese Begegnung ein Fenster in eine größere Geschichte.

$_E$^{N}

IT TAKES TWO

The Berlin photo archive bobsairport is a collection of contemporary photography that comprises works by more than seventy photographers. As part of the archive, the individual photo generally serves to illustrate an existing text. For the series **It takes two**, we have inverted this process and asked authors to select a photo and write a short text to accompany it. This has given rise to an unusual dialogue that reinterprets the image, placing it in a fictional context that in turn affects the photo. The photo serves as inspiration and becomes the resonance chamber for the writer's fantasy. The realism of the photo meets the fantasy of the text, and the encounter changes them both. For viewers and readers, this encounter opens a window onto a larger story.

Künstler | Artists
Frank Blum & Hans Rath, Carla Brno &
Aleš Šteger, Michael Jänecke & Edgar Rai,

Chris Keller & Milena Oda, Kerstin Koletzki &
Christian Försch, Wolfgang Philippi & Ulrike
Steglich, Julius Steffens & Tom Liehr

Kuratiert von | Curated by
Emily Phillips

In Zusammenarbeit mit | In collaboration
with Anke Fesel, Chris Keller

BOTSCHAFT VON IRLAND

Jägerstraße 51

10117 Berlin (Mitte)
T 030.22 07 20
www.embassyofireland.de

U2 Hausvogteiplatz

Mo – Fr | Mon – Fri
9.30 – 12.30 h und |
and 14.30 – 16.30 h
Eintritt frei | Free admission

19.10. – 25.11.2012

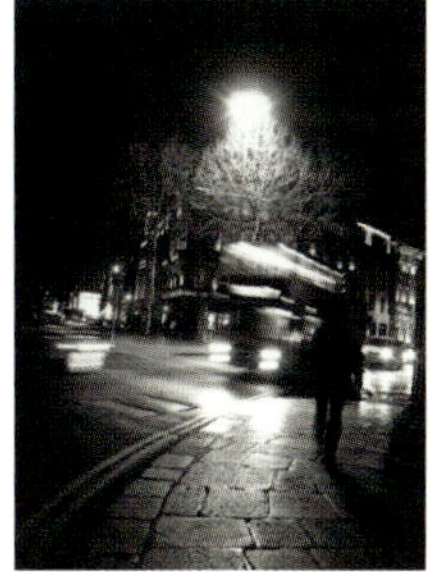

S. | p. 148

$_D$$_E$

SAME-SAME, BUT DIFFERENT
James Clancy

Dunkle Straßen, Gebäude als Silhouetten, schemenhafte Gestalten: Die nächtlichen Großstadtszenen, erleuchtet durch einzelne Straßenlaternen, scheinen auf den ersten, flüchtigen Blick ein und denselben Ort darzustellen. Erst bei näherer Betrachtung werden Unterschiede offenbar. Wie so häufig in einer globalen Realität liegt in den Schwarzweißfotografien von James Clancy die Vielfalt im Detail. Die Darstellungen des nächtlichen Stadtlebens sind in Dublin, Cork, Berlin, Paris, Zagreb und Macao entstanden.
Auf dem irischen Land aufgewachsen, zog es Clancy früh in die Stadt. Ihn beschäftigt in seinen Arbeiten das Verhältnis von Menschen zum, in einer globalisierten Welt zunehmend konformen, urbanen Lebensraum. Was sichtbar wird in der Anonymität der Nacht, sind intime Momente, durch Spotlights in Szene gesetzt, die darauf warten, vom Betrachter entdeckt zu werden.
James Clancy lebt und arbeitet in Berlin. Er hat in Paris, London, Wien, Barcelona, Macao und Shanghai ausgestellt. Sein Fotobuch-Erstling **Border Country** erhielt das Prädikat »Nominiert 2012« des Deutschen Fotobuchpreises.

$_E$^{N}

SAME-SAME, BUT DIFFERENT
James Clancy

Dark streets, silhouetted buildings and figures: At a first glance the nighttime urban scenes illuminated by single streetlights seem to portray the very same location. Only on a closer look do the differences become

visible. As often happens in a global reality, the diversity in James Clancy's black-and-white photography is in the details. His portrayals of nocturnal city life originate in Dublin, Cork, Berlin, Paris, Zagreb and Macau. Brought up in the Irish countryside, Clancy moved to the city early on. His works deal with the relation of humans to their urban environment, which becomes increasingly uniform in a globalized world. In the anonymity of night, intimate moments are spotlighted, ready to be discovered by the viewer.
James Clancy lives and works in Berlin. He has exhibited in Paris, London, Vienna, Barcelona, Macau and Shanghai. His photo book debut **Border Country** was named a Selected Title at the 2012 German Photo Book Awards.

BOTSCHAFT VON LUXEMBURG

Klingelhöferstraße 7
10785 Berlin
(Tiergarten)
T 030.263 95 70
http://berlin.mae.lu/ge/Kultur

Bus 100, 106, 187, 200

Mo–Fr | Mon–Fri 10–13 h
und | and 14–16 h
Eintritt frei | Free admission

23.10.–15.11.2012

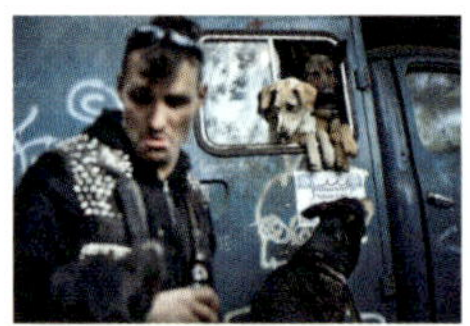

S.|p. 104

GEMEINSAME AUGENBLICKE!
2 MENSCHEN, 2 GENERATIONEN,
2 BLICKE AUF DIE ANDEREN
Ann Sophie Lindström, Marc Theis

Beide Künstler sind Luxemburger. Dort geboren und aufgewachsen. Beide haben aus der Fotografie ihre Leidenschaft gemacht und sind zum Studieren ins Ausland gegangen. Im Abstand von über 30 Jahren an die gleiche Fachhochschule in Hannover. Der Eine, Marc Theis, Jahrgang 1953, besuchte während seiner Studienzeit in Hannover und danach regelmäßig seine Heimatstadt Düdelingen in Luxemburg, um dort Anfang der 80er die Menschen und ihre Umgebung rund um das Stahlwerk, in Mittelformat-Bildern festzuhalten, kurz bevor die Hochöfen stillgelegt wurden. Bilder von damals – mit spielenden Kindern auf den Straßen. Verloren gegangene Augenblicke. Die Andere, Ann Sophie Lindström, Jahrgang 1984, bekam Kontakt zu einem Punker in Hannover. Daraus entwickelte sich aus Freude an der Fotografie eine wunderbare Dokumentation über deren Lebensraum. Die Serie **Punk ist kein Kaffeekränzchen** zeigt die Welt dieser »Anderen« heute inmitten einer Großstadt. Ruhige und intime Augenblicke.

SHARED MOMENTS!

2 PEOPLE, 2 GENERATIONS,
2 VIEWS OF THE OTHER
Ann Sophie Lindström, Marc Theis

Both artists were born and raised in Luxembourg. Both made photography their passion and went abroad to study – at the same technical college in Hanover, but over thirty years apart. Marc Theis, born in 1953, regularly visited his home town of Düdelingen during and after his studies in Hanover, recording with a medium-format camera the people and their surroundings in the shadow of the steel plant in the early 1980s – shortly before the blast furnace was shut down. Pictures of bygone days – children playing on the streets – moments that will never come again.
Ann Sophie Lindström, born 1984, made the acquaintance of a Hanover punk. Their enjoyment of photography led to a wonderful documentation of punk homes. The series **Punk ist kein Kaffeekränzchen (Punk Is Not Coffee and Cakes)** shows serene and intimate moments in the world of these »others« in the middle of a contemporary big city.

BROTFABRIKGALERIE

Caligariplatz 1
13086 Berlin (Weißensee)
T 030.47 37 08 57
www.brotfabrik-berlin.de

U5, U8, S5, S7, S75
Alexanderplatz, Tram M2, M12, M13
Prenzlauer Allee / Ostseestraße,
Bus 156, 158, 225

Di–So | Tue–Sun 16–21 h
Eintritt frei | Free admission
12.10.–12.11.2012

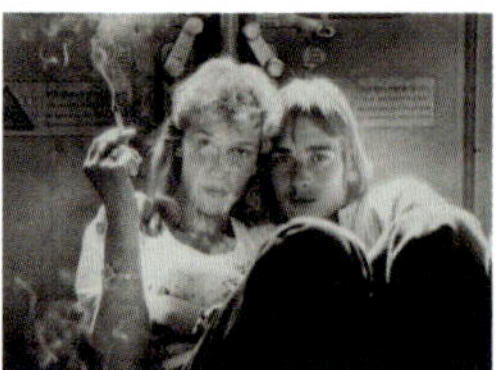

S.|p. 57

GETEILTE BLICKE
JUGENDFOTOGRAFIE
IN WEST- UND
OSTDEUTSCHLAND

Die augenfälligen Unterschiede zwischen der Kinder- und Jugendfotografie in Ost- und Westdeutschland lagen in den gesellschaftlichen Verhältnissen begründet. Die in der Ausstellung präsentierten Fotografien aus dem bundesrepublikanischen Deutschen Jugendfotopreis und den Leistungsvergleichen der Kinder- und Jugendfotogruppen der DDR, entstanden von 1970 bis zur Wende, zeigen jenseits ideologischer und politischer Divergenzen, wie Kinder und Jugendliche sich selbst sahen. In Ost wie West teilten die jungen Fotografen das Interesse an den Themen Freizeit, Schule, Partnerschaft und Identität. Doch Blicke und Atmosphären ihrer Bilder sind anders, sie spiegeln unterschiedliche Lebenswirklichkeiten. Die »Sprache der Blicke« verweist auf innere Prozesse in der Auseinandersetzung mit dem gesellschaftlichen Außen und auf unterschiedliche Erfahrungen diesseits und jenseits der Mauer. Darüber öffnen sich auch Blickräume zu den heutigen Betrachtern, die zur Reflexion der Sichtweisen von damals einladen – hin zu einem Dialog, der auch für das Verstehen der Gegenwart bedeutsam ist.

DIVIDED VIEWS, SHARED VIEWS
YOUNG PHOTOGRAPHY
IN WEST AND
EAST GERMANY

The striking differences in the photography of children and young people from East and West Germany stemmed from conditions in the two societies. The exhibition presents photographs from the East German and West German national youth photography competitions from 1970 to the fall of the Berlin Wall. Beyond ideological and political divergences, the images show how children and young people saw themselves. Young photographers in East and West shared an interest in the themes of leisure time, school, partnership and identity. However, the views and atmospheres in their images differ and reflect different day-to-day realities. The »language of moments« indicates inner processes in the examination of the outer, social world and different experiences on the two sides of the Berlin Wall. In this way they open up visual spaces that invite the viewers of today to reflect on the perceptions of that time – and to join in a dialogue that is also relevant to understanding the present.

Künstler | Artists
Laurenz Berges, Henry Neitzke, Kai-Uwe Nerger, Thomas Neumann, Ina Paaschen, Karin Schäuble, Roland Theil, Wolfgang Volz u.a. | and others

Kuratiert von | Curated by
Ulrike Pilarczyk, Jan Schmolling, Petra Schröck

In Zusammenarbeit mit | In collaboration with Kinder- und Jugendfilmzentrum in Deutschland (KJF) und | and Gesellschaft für Fotografie (GfF)

Mit freundlicher Unterstützung von | With the kind support of Deutsches Historisches Museum (DHM)

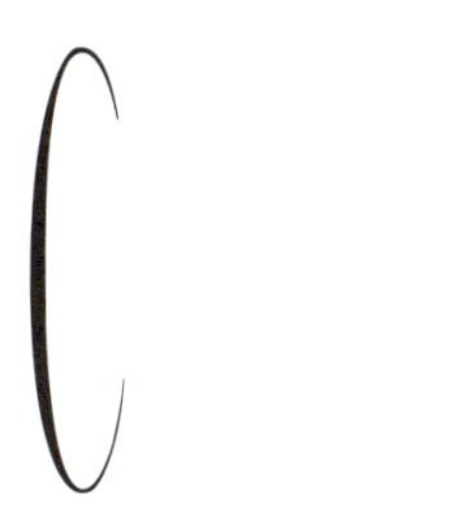

C. WICHTENDAHL. GALERIE

Joachimstraße 7
10119 Berlin (Mitte)
T 030.94 88 29 08
www.wichtendahl.de

U8, Tram M1 Weinmeisterstraße,
U8, Tram M8 Rosenthaler Platz,
S5, S7, S75 Hackescher Markt

Di–Sa | Tue–Sat 12–18 h
Eintritt frei | Free admission

19.10.–24.11.2012

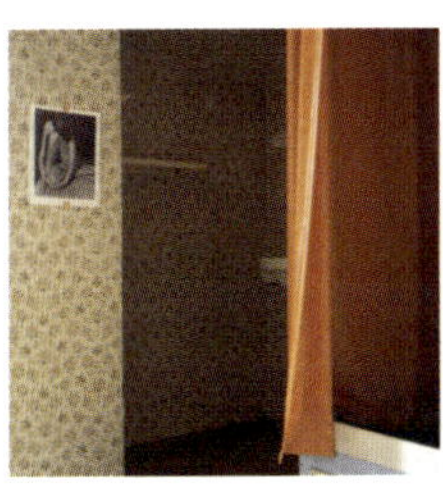

S. | p. 76

DE

SCHAU MICH NICHT AN!
Nicole Ahland, Oreet Ashery

Oreet Asherys Arbeiten erforschen die Beziehungen zwischen Repräsentationspolitik und Minoritäten-Diskurs. **After Duchamp** ist ein Selbstporträt, inspiriert von Man Ray's **Tonsur de Marcel Duchamp** (ca. 1920). Es zeigt Ashery als eine nackte Figur unbestimmbaren Geschlechts mit ausrasiertem Davidstern neben afrikanischen Haarmustern. Der Haarschnitt wurde von Ashery entworfen und von dem Künstler Faisal Abdu'allah ausgeführt. Ihre Gender-Zugehörigkeit, ihr Emigranten-Status und ihre jüdische Ethnizität machten aus der durch Londons Straßen spazierenden Künstlerin eine lebende Skulptur.
Auch Nicole Ahland setzt sich mit Klassikern der Fotografie auseinander. Sie arrangiert Reproduktionen aus ihrem Fundus in unterschiedlichen Räumen. Dieses Setting erlaubt neue Formen des fotografischen und des betrachtenden Blicks. Ahland stellt sich der Herausforderung, angesichts der massenhaften Verbilderung der Welt im (fotografischen) Blick den **Blick des Anderen** und damit den Anderen selbst zu finden – und sie stellt den Betrachter vor die Herausforderung, sich vom Antlitz des Anderen und vom Antlitz des Fremden angehen zu lassen.

EN

DON'T LOOK AT ME!
Nicole Ahland, Oreet Ashery

Oreet Ashery's work explores the relationships between politics of representation and minorities' discourses. **After Duchamp** is a self-portrait based on Man Ray's photograph titled **Tonsure de Marcel Duchamp** (c. 1920). **After Duchamp** portrays Ashery as a naked figure of ambiguous gender with a shaved Star of David alongside African hair patterns. The haircut was designed by Ashery and made by the artist Faisal Abdu'allah. Her gender, émigré status and Jewish ethnicity became a living sculpture as Ashery walked the streets of London.
Nicole Ahland also examines the classics of photography. She arranges reproductions from her collection in all kinds of spaces. This setting permits new forms of the photographic and the observing gaze. In light of the huge quantity of images flooding the world, Ahland takes up the challenge of finding **The View of the Other**, and thus the other itself, in the photographic gaze – and she challenges viewers to allow themselves to be approached by the face of the other and the alien.

C/O BERLIN
INTERNATIONAL FORUM
FOR VISUAL DIALOGUES

Postfuhramt
Oranienburger Straße 35/36
10117 Berlin (Mitte)
T 030.28 44 41 60
www.co-berlin.com

U6 Oranienburger Tor, S1,
S2, S25, Tram M1, M6
Oranienburger Straße

Mo–So | Mon–Sun 11–20 h
Eintritt | Admission 10 €
ermäßigt | reduced 5 €

10.11.2012–13.01.2013

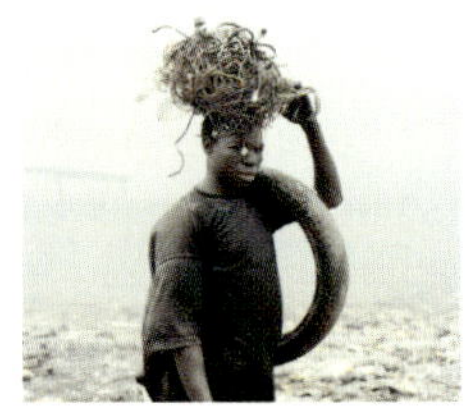

S.|p. 137

^D_E

DEUTSCHE BÖRSE PHOTOGRAPHY PRIZE 2012

**Pieter Hugo, Rinko Kawauchi,
John Stezaker, Christopher Williams**

Der mit £ 30.000 dotierte Deutsche Börse Photography Prize zeichnet jährlich in der Photographers' Gallery in London einen lebenden Fotokünstler beliebiger Nationalität aus, der im Vorjahr einen bedeutenden Beitrag zur Fotografie in Europa geleistet hat – durch eine Ausstellung oder Publikation. Die diesjährigen Finalisten Pieter Hugo (*1976, Südafrika), Rinko Kawauchi (*1972, Japan), John Stezaker (*1949, UK) und Christopher Williams (*1956, USA) repräsentieren die künstlerische Vielfalt der zeitgenössischen Fotografie: Pieter Hugo dokumentiert in seiner Publikation **Permanent Error** den gefährlichen Umgang mit Elektronikschrott in Ghana. Rinko Kawauchi beleuchtet in der Publikation **Illuminance** mit der ihr eigenen Sensibilität Themen um Leben, Tod und Alltag. John Stezakers in London ausgestellte Collagen untersuchen präzise die subversive Kraft des gefundenen Bildes. Christopher Williams hinterfragt in seiner Ausstellung **Kapitalistischer Realismus** mit den Mitteln der Werbefotografie den Einfluss ästhetischer Konventionen auf unsere Wahrnehmung von Realität.

^E^N

DEUTSCHE BÖRSE PHOTOGRAPHY PRIZE 2012

**Pieter Hugo, Rinko Kawauchi,
John Stezaker, Christopher Williams**

The Deutsche Börse Photography Prize, worth £30,000, is awarded annually at The Photographers' Gallery in London to a living photographer of any nationality who has made an outstanding contribution, by an exhibition or a publication, to photography in Europe in the past year. This year's finalists, Pieter Hugo (b. 1976, South Africa), Rinko Kawauchi (b. 1972, Japan), John Stezaker (b. 1949, UK) and Christopher Williams (b. 1956, USA) represent the broad artistic spectrum of contemporary photography. In his publication **Permanent Error**, Pieter Hugo documents the unsettling impact of electronic waste in Ghana. In **Illuminance**, Rinko Kawauchi brings her highly personal sensitivity to bear on issues of life, death and day-to-day routine. The collages that John Stezaker exhibited in London rigorously explore the subversive force of the found image. Finally, in his exhibition **Kapitalistischer Realismus (Capitalist Realism)**, Christopher Williams uses the language of commercial photography to question the aesthetic conventions that influence our perception of reality.

**In Zusammenarbeit mit | In collaboration with
The Photographers' Gallery, London**

**Mit freundlicher Unterstützung von |
With the kind support of
Deutsche Börse Group**

**Katalog | Catalogue
Deutsche Börse Photography Prize 2012 mit
Texten von | with essays by Parveen Adams,
David Campany, Jeremy Millar, Sean O'Toole,
London: The Photographers' Gallery, 2012**

10.11.2012 – 13.01.2013

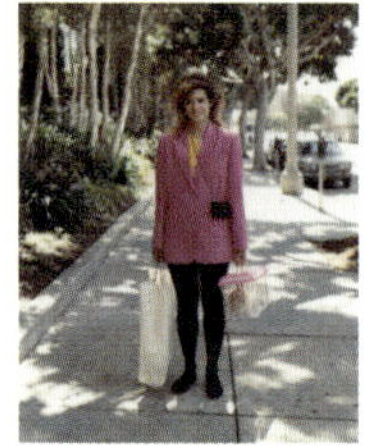

S.|p. 36

^D_E

JOEL STERNFELD: RETROSPEKTIVE

Die Retrospektive des 1944 in New York geborenen Fotografen Joel Sternfeld ist eine epische Reise quer durch die USA jenseits eingetretener Tourismuspfade und bekannter Sehenswürdigkeiten. Die Landschaften, Straßenzüge, Grünanlagen und Häuser mitsamt ihren Bewohnern erscheinen unspektakulär, harmlos und alltäglich. Doch unter der fotografischen Oberfläche verbergen sich gescheiterte Utopien, vergessene Schicksale und blutige Tatorte, die Joel Sternfeld nüchtern und präzise aufdeckt. Gerade im stillen Verzicht auf jegliche Sensationsgier liegt die explosive Sprengkraft seiner Bilder, die einen skeptischen, zuweilen dennoch liebevollen Blick auf eine erschütterte Nation Ende des 20. Jahrhunderts offenbaren. Begleitende deskriptive Texte geben Joel Sternfelds tiefgehenden Erkundungen der USA ihre eigentliche Brisanz und thematisieren gleichzeitig die Objektivität und Interpretierbarkeit von fotografischen Bildern.

^E^N

JOEL STERNFELD: RETROSPECTIVE

The retrospective of the work of Joel Sternfeld, born in New York in 1944, is an epic journey across the USA, far from the beaten track and familiar landmarks of tourism. The landscapes, streets, green spaces and houses, together with their occupants, seem unspectacular, harmless and ordinary. Yet the photographic surface conceals failed utopias, forgotten fates and bloody crime scenes, which Joel Sternfeld reveals in a sober and precise manner. But the explosive power of his images lies precisely in the silent renunciation of sensationalism, and they reveal a sceptical and yet sometimes affectionate look at a shaken nation at the end of the twentieth century. Accompanying descriptive texts underscore the provocative nature of Joel Sternfeld's probing explorations of the USA and at the same time address the objectivity and interpretability of photographic images.

Kuratiert von | Curated by Ute Eskildsen

**In Zusammenarbeit mit | In collaboration with
Museum Folkwang, Fotografische Sammlung |
Photographic Collection, Essen**

**Mit freundlicher Unterstützung von |
With the kind support of
Philip Morris**

**Katalog | Catalogue
Joel Sternfeld: First Pictures,
Göttingen: Steidl, 2011**

CAMERA WORK

**Kantstraße 149
10623 Berlin (Charlottenburg)
T 030.310 07 73
www.camerawork.de**

**U2, U9, S5, S7, S75 Zoologischer Garten,
S5, S7, S75 Savignyplatz, Bus M49**

**Di – Sa | Tue – Sat 11 – 18 h
Eintritt frei | Free admission**

20.10. – 01.12.2012

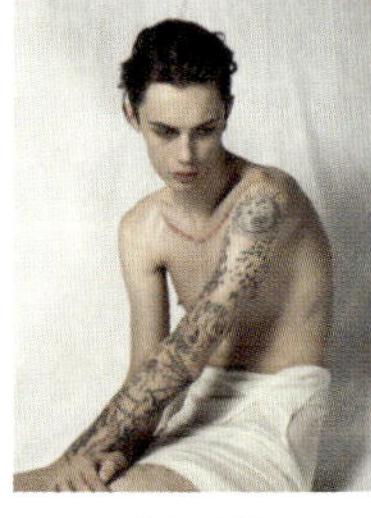

S.|p. 82

^D_E

GENDER STUDIES
Bettina Rheims

Sie selbst sagt, sie wolle Menschen so sehen und zeigen, wie sie sich selbst sehen. Sich dieser Philosophie und der gesellschaftlichen Bedeutung bewusst, hat sich Bettina Rheims nun erneut dem Thema Transgender gewidmet und mit **Gender Studies** eine faszinierende Porträtserie von 25 Menschen geschaffen, die sich der Kategorisierung von Männlichkeit und Weiblichkeit entziehen. Der Blick des Betrachters versucht, die Porträtierten einzuordnen, doch befinden sie sich mal in einem vorübergehenden Zustand des Wandels zwischen den Geschlechtern, mal in einem bleibenden Gleichgewicht zwischen beiden. In zerschnittener, zerrissener, durchsichtiger Wäsche, gleichsam entblößt und verhüllt, erzählen die zart wirkenden Körper ihr Leben. Die Augen der Protagonisten wirken mal mutig, mal scheu, doch suchen alle die Konfrontation mit der Kamera – und mit dem Betrachter. Indem sie ihm entgegentreten, berühren sie und wecken den Wunsch, mehr über den einzelnen Menschen zu erfahren – und machen uns gleichzeitig klar, wie befremdet wir reagieren, wenn unsere gewohnten Sichtweisen in Frage gestellt werden.

^E^N

GENDER STUDIES
Bettina Rheims

Bettina Rheims says she wants to see and show people as they see themselves. In keeping with this philosophy, and with an awareness of the social importance of the topic, Rheims has once again worked with transgender people. She has created a fascinating portrait series titled **Gender Studies** with 25 people who defy the categorisation of masculinity and femininity. The viewer's eye tries to classify the people portrayed, but they are either in a temporary state of transition or in a permanent equilibrium between the sexes. Wearing cut, ripped, and transparent clothing – exposing and concealing them at the same time – their frail-looking bodies tell their life stories. The eyes of the protagonists look sometimes courageous, sometimes shy, but they all seek confrontation with the camera – and the viewer. Through this encounter, they touch the viewer and awaken a desire to know more about them. At the same time, they make us realize how easily we are disconcerted when our habitual perceptions are questioned.

CHERT

Skalitzer Straße 68
10997 Berlin (Kreuzberg)
T 030.75 44 21 18
www.chert-berlin.com

U1 Schlesisches Tor

Di–Sa | Tue–Sat 12–18 h
und nach Vereinbarung | and by arrangement
Eintritt frei | Free admission

15.09.–24.11.2012

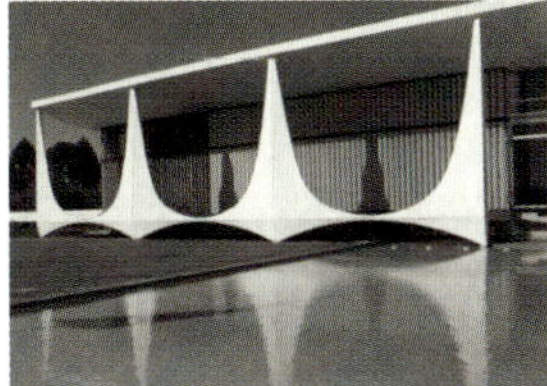

S.|p. 81

^D_E

NIEMEYER AND MY WIFE
Erik Van der Weijde

Chert und Erik Van der Weijde freuen sich, die zweite Einzelausstellung des Künstlers in der Galerie ankündigen zu können. Die Übereinstimmung zwischen ihnen wird durch das Ausstellungsthema symbolisch ausgedrückt: die Interaktion zwischen Raum und Menschen – in diesem Fall Oscar Niemeyer und die Frau des Künstlers. Ausgangspunkt jeder Architektur sind die Menschen, die in ihr leben; das Auge des Architekten bestimmt ihren Lebensrahmen – seine Autorität und Präsenz sind in seinen Entwürfen unübersehbar. Die Stadt Brasilia wurde von Lucio Costa und Oscar Niemeyer erbaut, die beide von dem Wunsch beseelt waren, eine neue Stadt, einen neuen Lebensentwurf zu kreieren. Inspiration für Niemeyers Architekur war der weibliche Körper – ein Detail, mit dem Van der Weijde sehr persönliche Erinnerungen verbindet. Die Unmenge von Fotos, die der Künstler von ein- und demselben Sujet – seiner Frau – gemacht hat, ist Ausdruck einer Obsession, die oft auch ganz gewöhnliche und gedankenlos hingenommene Dinge thematisiert. Hinterfragt wird die Präsentation intimer Familienporträts im Rahmen einer öffentlichen Ausstellung; auch wenn Web-Tagebücher in sozialen Netzwerken schon längst akzeptierter Teil täglicher Routine sind. In Van der Weijdes Projekt wird diese Dualität aufrechterhalten.

^E^N

NIEMEYER AND MY WIFE
Erik Van der Weijde

Chert and Erik Van der Weijde are delighted to announce the artist's second solo exhibition at the gallery. The theme of the exhibition symbolises the accord between them: the interaction between space and people: in this case Oscar Niemeyer and the artist's wife. The starting point of any architecture is the people who live in it; the architect's eye shapes their environment – his authority and presence are inescapable in his designs. The city of Brasilia was built by Lucio Costa and Oscar Niemeyer, both of whom were driven by the desire to create a new city and a new model of life. Niemeyer's architecture was inspired by the female body, a detail that Van der Weijde remembers in an intimate way. The huge number of photographs he took of the same subject – his wife – reflects an obsession that often impinges on ordinary things that are taken for granted. The presentation of intimate family portraits in a public exhibition environment is considered questionable, even though blogs in social networks are an accepted part of day-to-day life. Van der Weijde's project maintains this duality.

CLUB DER POLNISCHEN VERSAGER

Ackerstraße 168
10115 Berlin (Mitte)
T 030.28 09 37 79
www.polnischeversager.de

U8, Tram M8 Rosenthaler Platz

Di–Sa | Tue–Sat 14–16 h und | and 20–24 h
Eintritt frei | Free admission

19.10.–25.11.2012

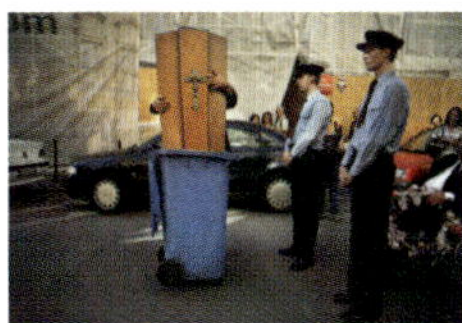

S.|p. 112

^D_E

UN-POSED

Un-posed ist eine Gruppe polnischer Fotografen, deren Arbeiten den Alltag in all seinen Facetten dokumentieren. Seit ihrer Gründung 2011 ist die Gruppe mit einer

Ausstellung in der Warschauer Leica Gallery und mehreren Veröffentlichungen in polnischen, russischen, tschechischen und amerikanischen Zeitschriften an die Öffentlichkeit getreten. Ihre Mitglieder sind auf der ganzen Welt zu finden, und die Orte, die sie fotografieren, sind ihnen schon von Kindesbeinen an vertraut oder völlig unbekannt. Ihre Bilder zeichnen sich durch den frischen, unbefangenen Blick und die Perspektive eines außenstehenden Betrachters mit einem profunden Wissen und Verständnis aus. Obwohl sie sich durch ihren Stil, ihre Sensibilität und Ausdrucksweise voneinander unterscheiden, haben sie sich zusammengetan, um ein Bild des modernen Menschen als Individuum oder als Mitglied einer Gemeinschaft zu entwerfen.

E^N

UN-POSED

Un-posed is a group of Polish photographers whose work documents all aspects of day-to-day life. Established in 2011, the group has exhibited its work in the Leica Gallery in Warsaw and published in a dozen magazines in Poland, Russia, the Czech Republic and the United States. The group's members are scattered around the world, and they photograph places they have known since they were born and places they have never seen before. Their photos reflect a fresh, unbiased eye and the perspective of an outside observer with profound knowledge and understanding. Although different in style, sensitivity and expression, they have joined forces to create an image of modern man as an individual and as a community member.

Künstler I Artists

Michał Adamski, Damian Chrobak, Maciej Dakowicz, Andy Kochanowski, Piotr Koszczyński, Tomasz Lazar, Alek Nowak, Zbigniew Osiowy, Paweł Piotrowski, Marcin Płonka, Bart Pogoda, Jacek Szust, Paweł Walczyk, Tomasz Wiech

Kuratiert von I Curated by Piotr Mordel

COLLECTION REGARD

**Steinstraße 12
10119 Berlin (Mitte)
T 030.84 71 19 47
www.collectionregard.com**

**U8 Weinmeisterstraße, S5, S7, S75,
Tram M1, M4, M5, M6 Hackescher Markt**

**19.10.–25.11.2012: Do–Sa I Thu–Sat 14–18 h,
sonst freitags I otherwise Fridays 14–18 h
Eintritt frei I Free admission**

05.10.–14.12.2012

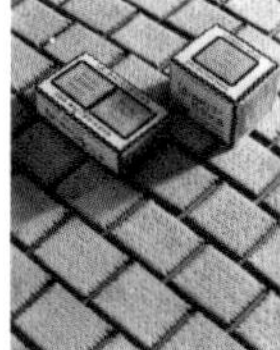

S.Ip. 142

D_E

HEIN GORNY IN DER SPECTRUM PHOTOGALERIE HANNOVER, 1972
Hein Gorny, Heinrich Riebesehl

Die spectrum Photogalerie Hannover widmete ihre erste Ausstellung im Jahr 1972 dem Fotografen Hein Gorny (1904–1967). 40 Jahre danach konzipiert die Collection Regard eine »Ausstellung zur Ausstellung« mit Fotografien von Hein Gorny und Heinrich Riebesehl, unter dessen Leitung die Exponate hergestellt wurden. Sie ist eine Hommage an die Gründer von spectrum, Heinrich Riebesehl, Joachim Giesel und Peter Gauditz, die mit der Galerie »ein Unternehmen mit rein ideeller Zielsetzung« (Riebesehl) verfolgten, um der Fotografie als eigenständigem Bildmedium »gesellschaftlich zu einem höheren Stellenwert zu verhelfen« (Gauditz). In ihrer Ausstellungstätigkeit nimmt die Retrospektive über Gorny eine Sonderstellung ein. Es handelt sich um das einzige Projekt, für das die Organisatoren das Archiv eines Fotografen ausgewertet haben. Heute ist die Gegenüberstellung mit den damals als verschollen geltende Vintage-Prints von Gorny möglich. Hierin liegt der besondere fotografische Reiz dieser Ausstellung, und es gilt, einen neuen Beitrag für die Wiederentdeckung des Œuvres von Hein Gorny zu leisten.

E^N

HEIN GORNY IN THE SPECTRUM PHOTOGALERIE, HANOVER, 1972
Hein Gorny, Heinrich Riebesehl

The spectrum Photogalerie in Hanover, founded in 1972, dedicated its first exhibition to the photographer Hein Gorny (1904–1967). Forty years later, Collection Regard has created an exhibition on the exhibition with photographs by Hein Gorny and Heinrich Riebesehl, who guided the production of the works exhibited. It is an homage to the founders of the spectrum, Heinrich Riebesehl, Joachim Giesel and Peter Gauditz, whose gallery was an »enterprise with a purely idealistic purpose« (Riebesehl) intended to raise photography as an independent pictorial medium to »a higher status in society« (Gauditz). The retrospective

on Gorny has a special position among their exhibitions: it was the only project for which the organisers used a photographer's archives. Today, it is possible to compare the exhibits with Gorny's vintage prints, which were then thought to be lost. This comparison gives the present exhibition its particular photographic appeal, and may motivate a rediscovery of the œuvre of Hein Gorny.

Kuratiert von I Curated by Antonio Panetta

**In Zusammenarbeit mit I In collaboration with
Marc Barbey**

**Katalog I Catalogue
Hein Gorny, Heinrich Riebesehl:
Hein Gorny in der spectrum Photogalerie
Hannover, 1972, mit einem Text von I with an
essay by Almut Weinland, Berlin: Collection
Regard, 2012, 19,90 €**

COMPUTERSPIELE-MUSEUM BERLIN

**Karl-Marx-Allee 93A
10243 Berlin (Friedrichshain)
T 030.60 98 85 77
www.computerspielemuseum.de**

**U5 Weberwiese, S5, S7, S75 Ostbahnhof
Mi–Mo I Wed–Mon 10–20 h
Eintritt I Admission 8 € ermäßigt I reduced 5 €**

18.10.–26.11.2012

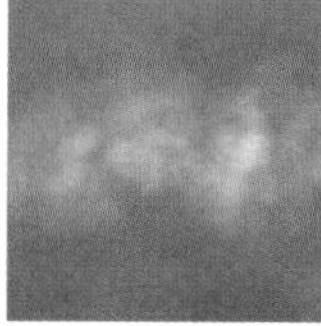

S.Ip. 73

D_E

distURBANces – CAN FICTION BEAT REALITY?
Thibault Brunet

Im Rahmen des europäischen Projekts dis-tURBANces stellt der Monat der Fotografie im Computerspielemuseum Berlin Arbeiten des französischen Künstlers Thibault Brunet vor. Brunet nähert sich dem Thema Realität und deren Imitation durch antagonistische fotografische Praktiken, die zwischen Reportage, Malerei, Filmstill und bildender Kunst oszillieren, im rein Digitalen. In der Serie Vice City (2007–2012) fotografiert er als Avatar »real« mit einer virtuellen Kamera »surreale« Details und solitäre Architekturen in weiten Landschaften in den virtuellen Welten des Computerspiels Grand Theft

Auto (GTA). Die Bilder Brunets werden so zu einer Gegenposition; einerseits ästhetisch, weil seine Fotografien im extremen Gegensatz zu der sonst gewaltigen Bildsprache des Spiels mit Hochhäusern, Autos und Gangstern stehen, anderseits ideell, da er, statt in die Rolle eines Gangsters zu schlüpfen, die Rolle des künstlerischen Fotografen einnimmt. Im Wechselausstellungsraum des Computerspielemuseums wird Brunets **Vice City** so in einen nahen und dennoch fernen Zusammenhang gestellt.

E[N]

distURBANces – CAN FICTION BEAT REALITY?
Thibault Brunet

As part of the European project **distURBANces**, the **Month of Photography** presents works by the French artist Thibault Brunet in the Computerspielemuseum Berlin (Computer Games Museum). Brunet deals with the topic of reality and the imitation of reality by means of antagonistic photographic practices that oscillate in the purely digital sphere between reportage, painting, film stills and fine art. In series **Vice City** (2007–2012), he is an avatar taking »real« photographs with a virtual camera of »surreal« details and solitary architectures in vast landscapes in the virtual worlds of the computer game **Grand Theft Auto (GTA)**. Brunet's images thus become a contra position: first of all aesthetically, because the photographs consist of an extreme contrast to the otherwise forceful visual system of the game made up of tower blocks, cars and gangsters, and also ideally, because he takes on the role of an art photographer, not a gangster. In the temporary exhibition space of the Computerspielemuseum, Brunet's **Vice City** thus appears in a close, yet nonetheless remote context.

Europäischer Monat der Fotografie Berlin im Computerspielemuseum |
European Month of Photography Berlin in the Computerspielmuseum

Kuratiert von | Curated by
Katia Reich

In Zusammenarbeit mit | In collaboration with
Andreas Lange, Computerspielemuseum Berlin

Katalog | Catalogue
Kulturprojekte Berlin for European Month of Photography (Hrsg. | ed.): distURBANces: Can Fiction Beat Reality?, mit Beiträgen von | with essays by Gunda Achleitner, Berthold Ecker, Paul di Felice, Vasja Nagy, Petra Noll, Katia Reich, Kolja Reichert, Rolf Sachsse, Gabriella Uhl, Englisch | English, Berlin, 2012, 10 €

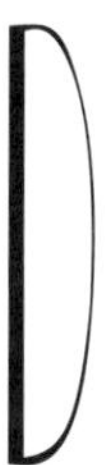

DAS VERBORGENE MUSEUM

Schlüterstraße 70
10625 Berlin (Charlottenburg)
T 030.313 36 56
www.dasverborgenemuseum.de

U2 Ernst-Reuter-Platz,
S5, S7, S75 Savignyplatz, Bus M49, X34, 101

Do & Fr | Thu & Fri 15–19 h,
Sa & So | Sat & Sun 12–16 h
Eintritt | Admission 2 €
ermäßigt | reduced 1 €

18.10.2012–27.01.2013

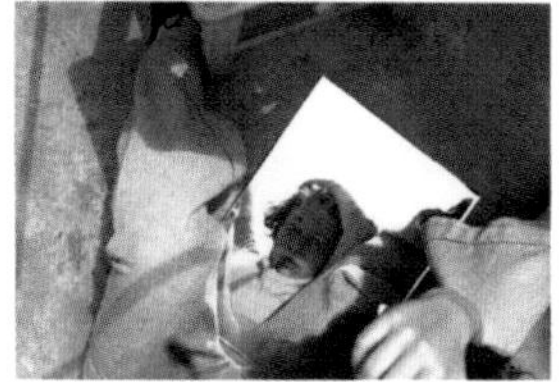

S. | p. 150

D[E]

ANITA NEUGEBAUER – PHOTO ART BASEL
PORTRÄT DER FOTOGRAFIN, GALERISTIN UND SAMMLERIN

»Ich wollte die Menschen kennenlernen, die mit ihren Bildern auf mein Innenleben zeigen.«
Mit Anita Neugebauer (Berlin 1916) wird eine Avantgardistin unter den Foto-Galeristen vorgestellt, mit ihrer Sammlung werden Meisterwerke der klassischen Foto-Kunst des 20. Jahrhunderts präsentiert. Die im Berlin der 1930er Jahre an den **Contempora – Lehrateliers für neue Werkkunst** ausgebildete Fotografin gehört mit ihrer Galerie **photo art basel** (1976–2004) zu den Ersten, die sich für die öffentliche Präsentation von Fotografie eingesetzt haben, als diese noch nicht als Kunst gesammelt oder in Museen ausgestellt wurde. Neugebauers Fotoausstellungen mit Robert Doisneau, Gisèle Freund, Ruth Mayerson Gilbert,

René Mächler, Floris M. Neusüss, Monique Jacot und Yvan Dalain haben Fotografiegeschichte geschrieben. Der Kurator und Künstler Alex Silber veranschaulicht anhand ausgewählter Exponate die Vita der Schweizer Pionierin für Fotografie und ihr Wirken in Auseinandersetzung und Verknüpfung mit historischen und aktuellen Protagonisten der Galerie.

E[N]

ANITA NEUGEBAUER: PHOTO ART BASEL
PORTRAIT OF THE PHOTOGRAPHER, GALLERY OWNER AND COLLECTOR

»I wanted to get to know the people who reveal my inner life with their pictures.«
Anita Neugebauer (born in 1916 in Berlin) studied photography at the **Contempora – Lehrateliers für neue Werkkunst** in Berlin in the 1930s. She is among the avant-garde of photo gallery owners and her collection includes masterpieces classic 20th-century photography. Her gallery **photo art basel** (1976–2004) was one of the first to promote the public presentation of photography at a time when it was not yet being collected as art or exhibited in museums. Neugebauer's photo exhibitions with Robert Doisneau, Gisèle Freund, Ruth Mayerson Gilbert, René Mächler, Floris M. Neusüss, Monique Jacot and Yvan Dalain made history. The curator and artist Alex Silber has selected works to illustrate the life and work of the Swiss photography pioneer in connection and confrontation with historic and contemporary protagonists of the gallery.

Künstler | Artists
Dieter Appelt, Claude Baechtold, Derek P. Bennett, Werner Bischof, Edouard Boubat, Denis Brihat, Jean-Paul Brun, Ursula Büttiker, Yvan Dalain, Jean Dieuzaide, Robert Doisneau, Sara Facio & Alicia d'Amico, Victor Flores Olea, Franco Fontana, Gisèle Freund, Lee Friedländer, Fritz Henle, Rut Himmelsbach, Eikoh Hosoe, Monique Jacot, Hugo Jäggi, Germaine Krull, Lucana, René Mächler, Jan C. L. Massner, Ruth Mayerson Gilbert, Barbara Morgan, Nicole Naas und Tom Bisig, Floris Neusüss, Claire Niggli, Gabriele & Helmut Nothelfer, Beat Presser, Rebecca Sampson, Ute Schendel, Alex Silber, Karin Székessy, Roman Vishniac, Christian Vogt, Judith Walser, Kurt Wyss, Katrin Zickendraht, Mariano Zuzunaga

Kuratiert von | Curated by
Alex Silber

In Zusammenarbeit mit | In collaboration with
Marion Beckers

Mit freundlicher Unterstützung von |
With the kind support of
Bundesamt für Kultur Bern, Senatskanzlei,
Kulturelle Angelegenheiten:
Künstlerinnenprogramm

Katalog | Catalogue
Alex Silber (Hrsg. | ed.): Blumen für Anita:
Anita Neugebauer und die Galerie photo art
basel, Basel: Schwabe, 2007, 29 €

DEUTSCHE GUGGENHEIM

Unter den Linden 13/15
10117 Berlin (Mitte)
T 030.202 09 30
www.deutsche-guggenheim.de

U2, U6 Stadtmitte, U6 Französische Straße, S1,
S2, S25 Brandenburger Tor, S1, S2, S5, S7, S25,
S75 Friedrichstraße, Bus 100, 200, TXL

Mo–Fr | Mon–Fri 10–20 h
Eintritt | Admission 4 €/ermäßigt | reduced 3 €,
montags Eintritt frei | Mondays free admission

06.07.–21.10.2012

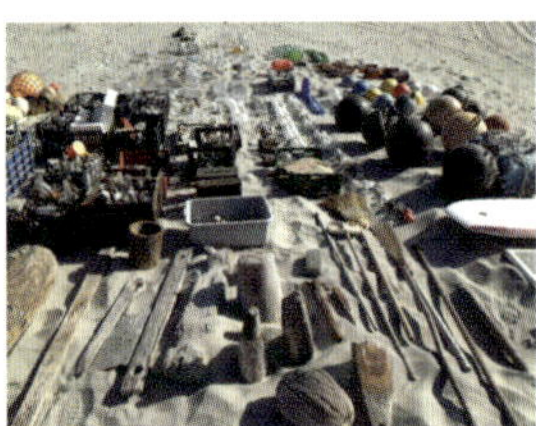

S. | p. 101

D
E

GABRIEL OROZCO:
ASTERISMS

Asterisms, das 18. Projekt in der Reihe von
Auftragsarbeiten des Deutsche Guggenheim,
ist eine zweiteilige, aus Objekten und Fotografien bestehende Installation von Gabriel
Orozco. Für dieses Werk hat der Künstler
Tausende von Gegenständen an zwei Orten gesammelt, die weggeworfen wurden:
auf einem Sportplatz nahe seiner Wohnung
in New York und in Baja California Sur.
Dort, an der Küste Mexikos, türmen sich
in einer geschützten Biosphäre Berge von
aus dem gesamten Pazifik angeschwemm-
ten Industrieabfällen auf.
Die Ausstellung Asterisms stellt diese zwei
umfassenden Installationen, die provo-
kant zwischen Makro- und Mikroebene oszillieren, einander gegenüber und greift
dabei einige typische Themen von Orozcos
Werk auf: poetische Begegnungen mit
alltäglichen Materialien, die Präsenz von
Erosionsspuren und die stets gegenwärtige Spannung zwischen Natur und Kultur.
Die Installationen ergänzen großformatige
Fotografien, auf denen Orozco die typolo-
gisch nach Material, Farbe und Größe oder
anderen Merkmalen sortierten Objekte im
Studio aufgenommen hat. Eine weitere
Fotoarbeit zeigt im gleichen gerasterten
Anordnungsprinzip die Landschaft, aus
der die Fundstücke stammen, und eher
beiläufig wirkende, vor Ort entstandene
Objekte. Asterisms verdeutlicht und in-
tensiviert Orozcos subtile Betrachtung
der Welt im Rahmen seiner eigenwilligen
Systeme.

E
N

GABRIEL OROZCO:
ASTERISMS

Asterisms, the eighteenth project in the series of works commissioned by the Deutsche Guggenheim, is a two-part installation consisting of objects and photographs
by Gabriel Orozco. For this work, the artist collected thousands of objects that had
been thrown away at two locations: at a
sports area near his apartment in New York
and in Baja California Sur. There, on the
coast of Mexico, mountains of industrial
waste washed ashore from throughout the
Pacific pile up in a protected biosphere.
The exhibition Asterisms contrasts these
two extensive installations, which oscillate provocatively between the macro and
the micro level, with each other and, in
doing so, takes up themes that are typical in Orozco's work: poetic encounters
with everyday materials, the presence of
the traces of erosion and the ever present
tension between nature and culture. The
installations are accompanied by large-
format photographs in which Orozco records the objects in the studio sorted by
material, colour and size, or other characteristics. Another photo work shows the
landscape from which the found objects
originated, arranged by the same system,
and apparently random objects created on
site. Asterisms illustrates and intensifies
Orozco's subtle observation of the world
within his unconventional system.

Kuratiert von | Curated by
Nancy Spector

In Zusammenarbeit mit | In collaboration with
Joan Young

Katalog | Catalogue
Gabriel Orozco: Asterisms, mit einem Beitrag
von | with a text by Nancy Spector, Berlin:
Deutsche Guggenheim, 2012, 27 €

DEUTSCHER
KÜNSTLERBUND

Rosenthaler Straße 11
10119 Berlin (Mitte)
T 030.26 55 22 81
www.deutscher-kuenstlerbund.de

U2 Rosa-Luxemburg-Platz, U8 Rosenthaler
Platz/Weinmeisterstraße,
S5, S7, S75 Hackescher Markt

Di–Fr | Tue–Fri 14–18 h und nach
Vereinbarung | and by arrangement
Eintritt frei | Free admission

03.11.–21.12.2012

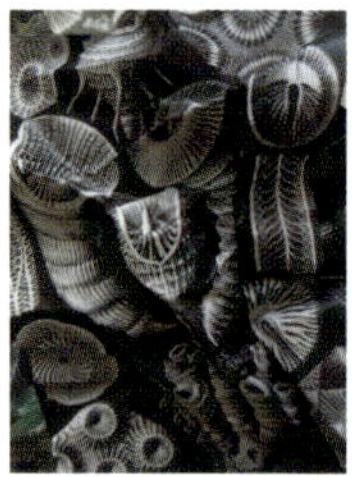

S. | p. 92

D
E

DAS EIGENE UND
ANDERE IN DER FOTOGRAFIE
EINE AUSSTELLUNG FÜR
HANNAH HÖCH

Der Blick auf künstlerische Fotografie im
Allgemeinen und der Blick Hannah Höchs
im Besonderen zeigt eine Vielschichtig-
keit, die mit dem künstlerischen Auge eine
Umsetzung erfährt und weit über das bloße
Sehen hinausgeht. Die teilnehmenden Künstler werden im Projektraum des Deutschen
Künstlerbundes Einblicke in zahlreiche Facetten ihrer Arbeit vorstellen. Gefiltert durch
die Sensibilität der Autorinnen und Autoren
eröffnen sich Ansichten, die vom Festhalten
des Eigenen im Wechselspiel mit dem Anderen, gar dem Fremden oder dem Unbekannten erzählen. Die künstlerische Fotografie
wirft den Betrachter bei allen Abstraktions-
varianten und Interpretationsspielräumen immer wieder auf das Maß des Menschen selbst
zurück und schildert so in aller Vielfalt die
Beziehung des Künstlers zu seinem jeweiligen Gegenüber. Der Zeitbogen, der sich aus
der Gegenüberstellung mit der berühmten
Künstlerin und dem langjährigen Mitglied
des Deutschen Künstlerbundes Hannah Höch
aufzeigt, belegt eindrucksvoll den Reichtum
des künstlerischen Blickes und den zeitlichen
Kontext der einzelnen Fotografien.

ONE'S OWN AND THE OTHER IN PHOTOGRAPHY
AN EXHIBITION FOR HANNAH HÖCH

A look at art photography in general and at Hannah Höch in particular reveal a complexity that is transformed by the artistic eye and goes far beyond mere seeing. The participating artists present insights into many facets of their work in the project space of the Deutscher Künstlerbund (Association of German Artists). New perspectives, filtered through the authors' sensitivity, tell of holding onto what is one's own in interaction with what is other, alien or unknown. Despite all the variations of abstraction and room for interpretation, art photography again and again refers the viewer back to human measures, and thus in all its diversity depicts the relationship of the artist to the person momentarily confronting him or her. The time span that appears in the confrontation with the famous artist and longstanding Deutscher Künstlerbund member Hannah Höch is striking evidence of the richness of the artistic eye and the individual photographers' temporal context.

Künstler | Artists
Susanne Ahner, Markus Ambach, Johanna Bartl, Christoph Bartolosch, Rainer Barzen, U.D. Bauer, Rolf Bier, Natascha Borowsky, Silvia Klara Breitwieser, Susanne Britz, Claudia Busching, Senta Connert, Marc von Criegern, Maria Anna Dewes, Rainer Eisch, Dörte Eißfeldt, Andreas Exner, Susanne Fasbender, Barbara Hammann, Susanne Hegmann, Dietrich Helms, Marina Herrmann, Margareta Hesse, annette hollywood, Birgit Huebner, Michael Jäger, Birgit Jensen, Timo Kahlen, Katharina Karrenberg, Veronika Kellndorfer, Ulrike Kessl, Gisela Kleinlein, Beate Klompmaker, Herbert Klophaus, Matthias Kohlmann, Herbert Koller, Claudia van Koolwijk, Julia van Koolwijk, Michael Kress, Christina Kubisch, Katrin von Lehmann, Dirk Löbbert, Maik Löbbert, Christian Müller, Reiner Nachtwey, Julia Neuenhausen, Hartmut Neumann, Christina Paetsch, Heike Pallanca, Jürgen Palmtag, Tyyne Claudia Pollmann, Nora Schattauer, Eva-Maria Schön, Nicola Schrudde, Helmut Schweizer, Martin Schwenk, Annegret Soltau, Jörg Wagner, Heike Weber, Anja Wiese, Barbara Wille, Julia Ziegler

Kuratiert von | Curated by
Helmut Schweizer

In Zusammenarbeit mit |
In collaboration with
Michael Jäger,
Birgit Jensen

E

EXHIBEO GALERIE

Veteranenstraße 14
10119 Berlin (Mitte)
T 0179.809 65 17
www.exhibeo-galerie.de

U8 Rosenthaler Platz,
Tram M1, M12 Zionskirchplatz

Mo–Sa | Mon–Sat 15–19 Uhr
Eintritt frei | Free admission

20.10.–24.11.2012

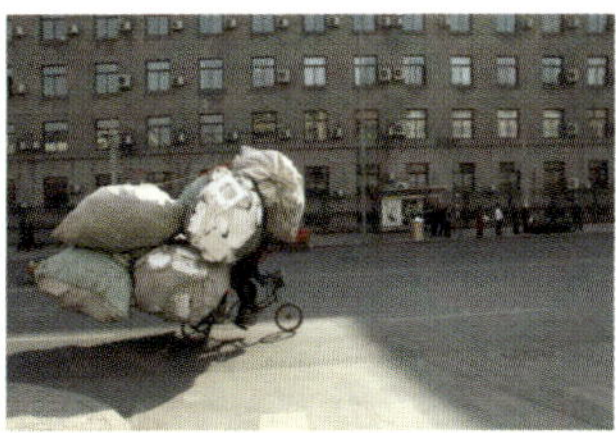

S. | p. 98

BEIJING MEMORIES
Wang Fang

Wang Fang ist in zwei sehr unterschiedlichen Kulturen zu Hause; geboren und aufgewachsen in Beijing, lebt sie seit einigen Jahren in Potsdam. In **Beijing Memories** richtet sie die Kamera auf ihre Heimatstadt, in der sie sich mehr und mehr als Außenseiterin fühlt. Zugehörigkeit und Distanz ermöglichen es ihr, einen ganz besonderen Spannungsbogen aufzubauen. Wangs Fotografien reflektieren den rasanten Wandel chinesischer Städte. Sie dokumentieren die dramatischen Auswirkungen auf ihre Bewohner. Die Veränderungen der Lebenswelten in Zeiten des urbanen und sozialen Wandels charakterisieren Wangs Arbeiten. In ihren Augen hat Beijing seine chinesische Identität verloren und beginnt, sich modernen Metropolen in anderen Ländern anzugleichen. Wangs Arbeiten sind nicht nur Abbilder städtischer Modernisierung. Sie spiegeln auch Erinnerungen der Künstlerin wider, Erinnerungen an ehemals vertraute Orte, deren Seele sie nicht mehr findet. An die Stelle der Vertrautheit sind Gefühle von Verlorenheit und Entwurzelung getreten.

BEIJING MEMORIES
Wang Fang

Wang Fang is at home in two different cultures: born and raised in Beijing, she has lived in Potsdam for some years. In **Beijing Memories** she points her camera at her home town, in which she increasingly feels like an outsider. Belonging and distance allow her to build up a very special tension. Wang's photographs reflect the rapid transformation of Chinese cities and document the dramatic effects on their residents. Her works are characterised by changing environments in times of urban and social transformation. In her eyes, Beijing has lost its Chinese identity and is beginning to resemble modern metropolises in other countries. Wang's works are not only depictions of urban modernisation: they also reflect the artist's memories of once-familiar places whose soul she can no longer find. Familiarity gives way to feelings of isolation and rootlessness.

Kuratiert von | Curated by
Michael Schäbitz

Katalog | Catalogue
Wang Fang: Beijing Memories,
Berlin: exhibeo galerie, 2011, 10 €

F

F/16 SCHULE FÜR FOTOGRAFIE

Friedrichstraße 217
10969 Berlin (Kreuzberg)
T 030.34 39 92 45
www.f16-schule.de

U6 Kochstraße, Bus M29

Mo–Sa | Mon–Sat 12–20 h
Eintritt frei | Free admission

19.10.–02.11.2012

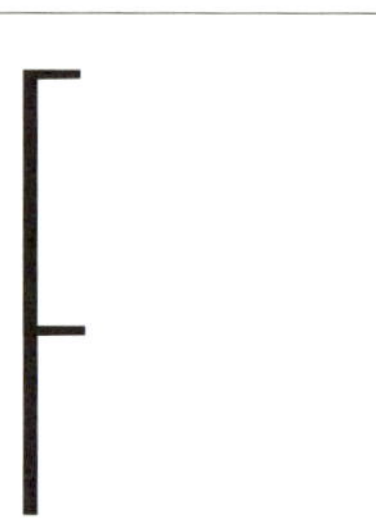

S.|p. 49

FREMD IM EIGENEN LAND
Jonnek Jonneksson, Kai Löffelbein

Zwischen Fremdheit und Vertrautheit, Heimat und Fremde: In **Fremd im eigenen Land** treffen zwei Fotografen aufeinander, die in ihrer scheinbaren Gegensätzlichkeit ein verbindendes Element finden. Der nach Deutschland ausgewanderte griechische Dokumentarfotograf Jonnek Jonneksson beobachtet von außen seine durch die Finanzkrise unvertraut gewordene Heimat. Sein Blick ist auf den Alltag der von der Krise geschüttelten Griechen gerichtet, der von Obdachlosigkeit und Armut bestimmt wird. Der deutsche Fotojournalist Kai Löffelbein beobachtet das Leben muslimischer Einwanderer in Deutschland. Vorurteilsfrei bildet er einen Alltag ab, der dem Betrachter in der Rolle des Mitbürgers relativ vertraut erscheint, letztlich jedoch fremd bleibt. Die Kamera ermöglicht einen persönlichen Zugang zu beiden Welten, die durch die mediale Diskussion auf abstrakte Konstrukte reduziert worden sind. Vorträge und Diskussionen zu den politischen und fotografischen Aspekten der Arbeiten rahmen die Ausstellung ein.

A STRANGER IN ONE'S OWN LAND
Jonnek Jonneksson, Kai Löffelbein

Strangeness and familiarity, home and foreign lands: **Fremd im eigenen Land (A Stranger in One's Own Land)** brings together two photographers who find a unifying element in their apparent contrast. The Greek documentary photographer Jonnek Jonneksson, who emigrated to Germany, observes his home from the outside, a home made unfamiliar by the financial crisis. His gaze focuses on the everyday life of Greeks, which has been disrupted by the crisis and is marked by homelessness and poverty. The German photojournalist Kai Löffelbein takes a look at the life of Muslim immigrants in Germany. He impartially portrays an everyday life that seems relatively familiar to the viewer as that of a neighbour, but is ultimately foreign. The camera facilitates personal access to the two worlds, which media treatments have reduced to abstract constructs. Presentations and discussions on political and photographic aspects of the works accompany the exhibition.

Kuratiert von | Curated by
Henning Rupp

In Zusammenarbeit mit | In collaboration with
Tabea Hamperl

FAHNEMANN PROJECTS

Fasanenstraße 61
10719 Berlin (Charlottenburg)
T 030.883 98 97
www.fahnemannprojects.com

U9 Spichernstraße

Di–Fr | Tue–Fri 13–18 h, Sa | Sat 12–16 h
Eintritt frei | Free admission

19.10.–25.11.2012

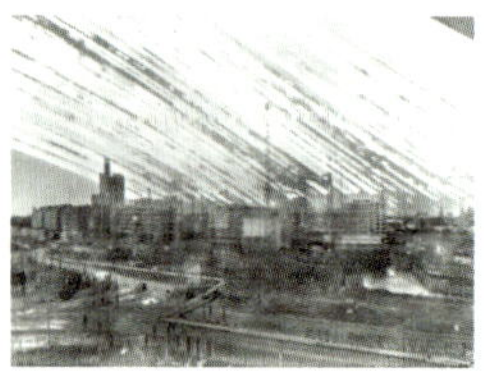

S.|p. 106

LANGZEITAUFNAHMEN
Michael Wesely

Der Fotograf Michael Wesely hat seit Anfang der 1990er Jahre Techniken für extrem lange Belichtungszeiten entwickelt und perfektioniert, um ebenso einzigartige wie unwiderstehliche Bilder zu realisieren. Mit Hilfe von Filtern und einer sehr kleinen, bei professionellen Objektiven jedoch durchaus üblichen Blende gelingt es ihm, das Licht, das auf das Negativ trifft, so zu minimieren, dass die Belichtungszeiten sich um mehrere Male vertausendfachen. Manche Aufnahmen von Bauarbeiten auf dem Areal des Potsdamer Platzes weisen Belichtungszeiten von bis zu 26 Monaten auf. Die Ergebnisse von Weselys Experimenten sind ebenso verblüffend wie ästhetisch überzeugend. Als das Museum of Modern Art anfing, sein ehrgeiziges Bau- und Renovierungsprojekt umzusetzen, erkannte man sofort, dass für die künstlerische Dokumentation des Projekts eigentlich nur Wesely in Frage kam. Beinahe drei Jahre später waren die Aufnahmen fertig, und ihre Pentimenti ähnlichen Schichten aus transparenten Bildern und Überlagerungen geben die Evolution des Bauprojekts als ein dichtes, fein gesponnenes Netz aus Formen und Farben im Raum wieder. **(Aus einem Essay von Sarah Meister, MoMA, New York)**

OPEN SHUTTER
Michael Wesely

Since the early 1990s, the photographer Michael Wesely has been inventing and refining techniques using extremely long exposures to take uniquely compelling photographs. Using filters and an aperture that is very small, yet common with professional camera lenses, he is able to reduce the amount of light that reaches the negative so that the exposure time is increased by a factor of thousands. Some of Wesely's pictures of the rebuilding of Potsdamer Platz in Berlin were continuously exposed for 26 months. The results of Wesely's explorations are as surprising as they are beautiful. In 2001, when the Museum of Modern Art began its ambitious construction and renovation project, Wesely's work was immediately recognized as a unique opportunity to document that project artistically. Nearly three years later, the images were completed, and their pentimento-like strata of transparencies and overlays render the construction project's evolution as a dense and delicate network of forms and colors in space. **(From an essay by Sarah Meister, MoMA, New York)**

Katalog | Catalogue
Michael Wesely: Fotografien | Photographs,
Berlin: Galerie Fahnemann, 10 €

FENSTER61
FENSTER FÜR FOTOPROJEKTE

Torstraße 61
10119 Berlin (Mitte)
T 030.44 04 12 50
www.fenster61.de

U2 Rosa-Luxemburg-Platz, Bus 142

24 h einsehbar | 24/7 visible
Eintritt frei | Free admission

14.11.–11.12.2012

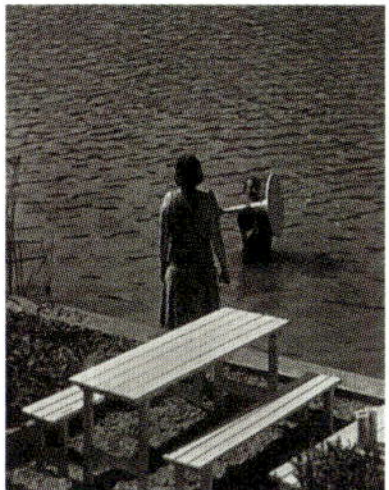

S. | p. 139

D
E

WALKING
Thorsten Kirchhoff

Ein Jahr lang hat Thorsten Kirchhoff seinen Kiez nicht verlassen. Nach einer Erkrankung und mehreren Operationen im Jahr 2010 war sein Bewegungsradius für 12 Monate empfindlich eingeschränkt. Es begann ein langer und schmerzhafter Heilungsprozess. In endlosen Spaziergängen durchstreifte Kirchhoff seine Nachbarschaft im Berliner Bezirk Kreuzberg. Die Welt erschien ihm dumpf und vernebelt, als bewege er sich in einem Kokon durch die Straßen. Nach einer Weile begann er, diese Welt mit dem Handy einzufangen – eine Welt, von der er wusste, dass er sie bald wieder verlassen würde. So entstanden mehr als 10.000 Bilder. Mit **Walking** bietet uns der mehrfach ausgezeichnete Berliner Fotograf einen eigenen, ganz speziellen Blick auf Berlin-Kreuzberg.

E
N

WALKING
Thorsten Kirchhoff

For almost a year Thorsten Kirchhoff could not leave his neighbourhood. His radius of movement was severely limited for 12 months after an illness and a number of operations. A very painful and long healing process followed. Kirchhoff went for endless walks in his neighbourhood in the Kreuzberg district of Berlin. The world was dull and hazy to him, as if he were moving through the streets in a cocoon. After a while he started taking pictures of this world – a world that he knew he would soon leave again – with his mobile phone, and eventually created more than 10,000 images. The Berlin-based photographer and recipient of several awards offers us a unique and special view of Kreuzberg.

Katalog | Catalogue
Zur Ausstellung erscheint ein Künstlerbuch. |
An artist book will be published.

FESTIVALZENTRUM AM PARISER PLATZ

Ehemaliges Kennedy-Museum
Pariser Platz 4A
10117 Berlin (Mitte)
T 030.24 74 98 88
www.mdf-berlin.de

U55, S1, S2, S25 Brandenburger Tor,
Bus 100, TXL

Di–So | Tue–Sun 11–19 Uhr
Eintritt frei | Free admission

19.10.–25.11.2012

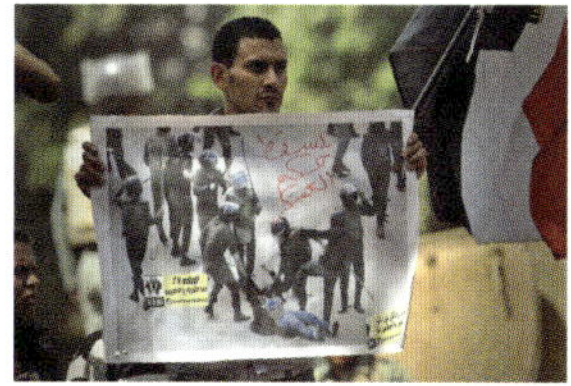

S. | p. 108

D
E

KAIRO. OFFENE STADT
NEUE BILDER EINER ANDAUERNDEN REVOLUTION

Die Ausstellung im Festivalzentrum des Berliner **Monats der Fotografie** erzählt zwei Geschichten. Die erste berichtet von dem politischen und sozialen Aufbruch einer jungen Generation, der am 25. Januar 2011 mit den Massenprotesten auf dem Kairoer Tahrir-Platz begann und bis heute andauert. Die zweite handelt von der Rolle der Bilder und digitalen Medien, die diese Proteste ein Stück weit initiierten und dokumentierten. **Kairo. Offene Stadt** ist eine experimentelle Ausstellung und ein offener Prozess. Sie geht von den unterschiedlichsten Praktiken zeitbasierter Medien aus, von den Aufnahmen der Fotojournalisten, von den Mitschnitten der Aktivisten, von den Dokumenten, die Künstler gesammelt haben. Im digitalen Zeitalter und im spezifischen Kontext der ägyptischen Revolution eröffnen sich neue Herausforderungen und Chancen für diese Zeugenschaft der Bilder: das omnipräsente Auge der digitalen Apparate, neue Distributionswege und alternative Berichterstatter. So gibt diese Ausstellung nicht nur einen Einblick in die Freiheitsbewegungen der arabischen Welt, sie schreibt auch ein neues Kapitel in der Geschichte der Bilder. Die Ausstellung präsentiert auch die Arbeit **Excursions in the Dark** (2011) von Kaya Behkalam, der Teil des europäischen Projekts **distURBANces** ist.

E
N

CAIRO. OPEN CITY
NEW TESTIMONIES FROM AN ONGOING REVOLUTION

This exhibition in the festival centre of the Berlin **Month of Photography** tells two stories. The first is about the political and social awakening of a young generation, which began on 25th January, 2011, with the mass protests on Tahrir Square in Cairo and still continues today. The second is about the images and digital media that played a part in initiating those protests as well as documenting them. **Kairo. Offene Stadt (Cairo. Open City)** is an experimental exhibition and an open process. It is based on the most diverse practices of time-based media, journalists' photos, activists' and »citizen journalists'« recordings, and documents that artists have collected. In the digital age and specifically in the context of the Egyptian revolution, such a testimony of images faces new challenges and opportunities: the omnipresent eye of digital devices, new channels of dissemination and alternative reporters. This exhibition thus not only provides insight into the freedom movements in the Arab world, but also writes a new chapter in the history of images. The exhibition also presents the work **Excursions in the Dark** (2011) by Kaya Behkalam, which is part of the European project **distURBANces**.

Künstler | Artists
Peter van Agtmael, Taha Belal, Denis Dailleux, Osama Dawod, Kaya Behkalam, Johanna Domke & Marouan Omara, Nermine Hammam, Nadine Khan, Alex Majoli, Chris Michalski & Sebastian Stumpf, Philip Rizk, Fotojournalisten der Zeitung El Shorouk, zahllose Aktivisten und »Bürgerjournalisten« vom Tahrir-Platz | photojournalists of the newspaper El Shorouk, countless activists and »citizen journalists« from Tahrir Square

Kairo. Offene Stadt – Neue Bilder einer andauernden Revolution ist eine Kooperation mit dem Museum für Photographic Braunschweig und wird gefördert durch die Kulturstiftung des Bundes. | Cairo. Open City – New Testimonies from an Ongoing Revolution is a cooperation with the Museum für Photographie Braunschweig and funded by the German Federal Cultural Foundation.

Katalog | Catalogue
Kairo. Offene Stadt – Neue Bilder einer andauernden Revolution | Cairo. Open City – New Testimonies from an Ongoing Revolution (Englisch, Deutsch, Arabisch | English, German, Arabic), Leipzig: Spector Books, 2012

FORUM DER NEUEN SCHULE FÜR FOTOGRAFIE BERLIN

Brunnenstraße 188 – 190
10119 Berlin (Mitte)
T 030.28 04 68 62
www.neue-schule-berlin.com

U8, Tram M8 Rosenthaler Platz

Mi – So | Wed – Sun 14 – 19 h
Eintritt frei | Free admission

06.10. – 16.11.2012

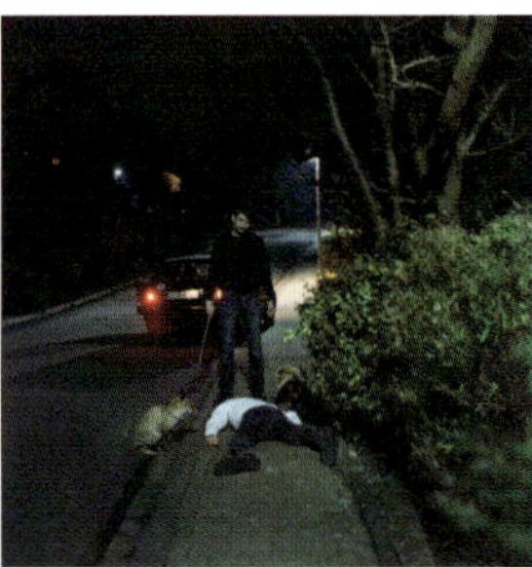

S. | p. 43

IN SEARCH OF
ABSCHLUSSAUSSTELLUNG DER NEUEN SCHULE FÜR FOTOGRAFIE BERLIN

Studierende der Abschlussklasse der Neuen Schule für Fotografie Berlin unter Leitung von Eva Maria Ocherbauer beschäftigen sich auf individuelle Weise mit der Suche nach visuellen Ausdrucksmöglichkeiten existentieller Fragestellungen. Im Fokus stehen immer wieder das Verhältnis zwischen Individuum und Objekt sowie Begegnungen mit dem Fremden und dem eigenen Selbst – mal dokumentarisch, mal inszeniert. Eine distanzierte, andere Sichtweise auf gesellschaftliche Phänomene wird dabei ebenso bemüht wie der stellvertretend eingenommene Blick des Anderen, dem wir oftmals näher sind, als wir vermuten. Situationen der Begegnung und der Konfrontation mit der eigenen Psyche finden ihren Platz neben humoristischen Annäherungen und ästhetischem Erleben. Die verschiedenen künstlerischen Positionen stehen dabei nicht nur für sich allein, sie interagieren miteinander im Raum und lassen dem Betrachter eine Vielfalt von Lesarten offen.

IN SEARCH OF
GRADUATES' EXHIBITION OF THE NEUE SCHULE FÜR FOTOGRAFIE BERLIN

The students of the graduating class of the Neue Schule für Fotografie under the direction of Eva Maria Ocherbauer search in individual ways for visual expressions of existential questions. Time and again they focus on the relationship between individual and object and on encounters with the unfamiliar and with the self – in documentary and in posed photographs. The goal is a distanced, different view of social phenomena and a vicariously assumed other person's view, which is often closer to our own than we suspect. Encounters and confrontations with one's own psyche are found side by side with humorous approaches and aesthetic experiences. The different artistic positions are not isolated, but interact with one another in the space and offer the viewer a wide range of interpretations.

Künstler | Artists
Zoe Caspari, Alexander Fichert, Ismini Goula, Joe Kake, Boris Kramaric, Constanze Kratzsch, Ferdinand Mai, Anja Putensen, Lena Wessel

Kuratiert von | Curated by
Eva Maria Ocherbauer

Katalog | Catalogue
Die Studierenden der | The students of the Neue Schule für Fotografie Berlin: in search of, 2012, 24 €

24.11. – 16.12.2012

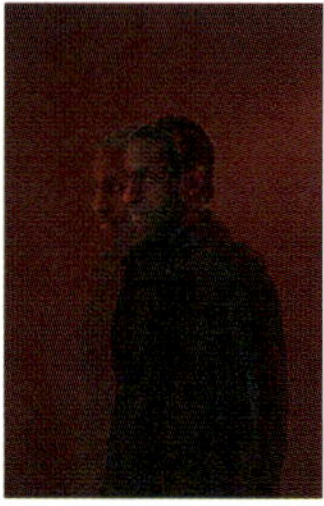

S. | p. 53

CROSSING COMPASSES
STUDIERENDENAUSTAUSCH PROJEKT BERLIN – LAGOS

Crossing Compasses bringt junge Fotografen aus Nigeria und Deutschland zusammen, um einen kreativen, interkulturellen Austausch durch Bilder zu fördern. Jeweils sechs Studierende des Yaba College of Technology, Department of Arts, Lagos und der Neuen Schule für Fotografie, Berlin sollen die Möglichkeit bekommen, das jeweils andere Land zu bereisen, um innerhalb einer fotografisch erstellten Bilderstrecke ihre Eindrücke zu verarbeiten. Die Aufgabe des Projekts Crossing Compasses besteht darin, die Eigenheiten des jeweiligen Landes jenseits bekannter Stereotypen wiederzugeben, das »Fremde« anhand interkultureller künstlerischer Zusammenarbeit zu entmystifizieren. In einer Ausstellung mit begleitender Publikation soll das Ergebnis dieses gegenseitigen Lernprozesses öffentlich gemacht werden: ein neuer Blick auf Afrika und Europa aus der jeweils anderen Sicht, der weit entfernt von den verbreiteten Klischeevorstellungen die Eigenheiten des jeweiligen Landes wiedergibt.

CROSSING COMPASSES
STUDENTS OF THE BERLIN – LAGOS EXCHANGE PROJECT

Crossing Compasses brings together young photographers from Nigeria and Germany in order to foster a creative intercultural exchange through images. Six students from the Department of Arts at Yaba College of Technology, Lagos, and six from the Neue Schule für Fotografie, Berlin, will be given the opportunity to travel in each other's countries and to interpret their impressions in a series of photographs. The purpose of the Crossing Compasses project is to reflect the peculiarities of the given country without familiar stereotypes, and to demystify the »foreign« through intercultural artistic collaboration. An exhibition and an accompanying publication will present the results of this reciprocal learning process to the public: Africa and Europe take a new look at each other, retiring popular clichés.

Künstler | Artists
Princess Akin-Nibosun, Kayode Ayedero, Love Atuluku, Nadine Blanke, Ben Chislett, Alexander Fichert, Nneka Iwunna, Zorana Musikic, Eva Maria Ocherbauer, Ray Daniels Okeugo, Salisu Oluwaseun

Kuratiert von | Curated by
Eva Maria Ocherbauer

Mit freundlicher Unterstützung von | With the kind support of Sandra Obiago, ifa-Institut für Auslandsbeziehungen und | and Auswärtiges Amt, Aktion Afrika

Gefördert durch | Supported by
Safia Dickersbach

Katalog | Catalogue
Eva Maria Ocherbauer:
Crossing Compasses, 2012

FOTOATELIER AM SCHÖNEN BERG

Mansteinstraße 16
10783 Berlin (Schöneberg)
T 030.365 30 58
www.sibylle-hoffman.de

U7, S1, S2, S25 Yorckstraße, Bus M19, M48, M85, 187

Fr–So | Fri–Sun 12–19 h
Eintritt frei | Free admission

19.10.–18.11.2012

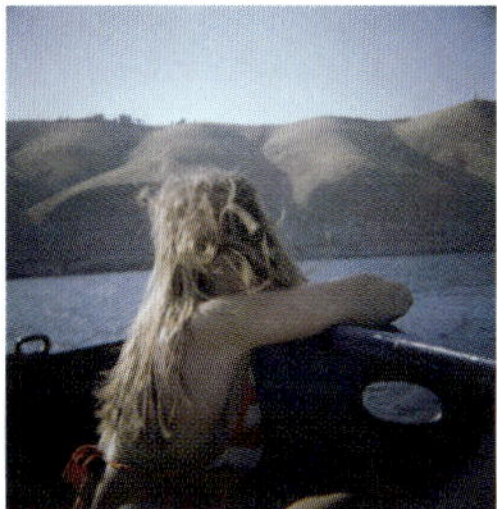

S. | p. 72

D
E

ZWISCHEN UNS

Der Raum zwischen uns ist nie leer, ist voller Erfahrungen, Ideen, Emotionen, trennt oder verbindet uns geografisch, kulturell, menschlich, kann Grenze oder flüchtiger Gedanke sein. Zehn Fotokünstler loten das »Zwischen uns« aus. Nicht, um Trennendes zu festigen, sondern um durch Annäherung an Zwischenräume den Blick des Anderen zu verstehen.
Ganz persönlich:
• zeigt Sibylle Hoffmann das Generationenband familiärer Verflechtungen.
• sucht Erhard Flach Interkulturelles in der Beziehung seiner Tochter zu einem Muslimen.
Nicht nur räumlich:
• entdeckt Thilo Seibt Trennendes und Verbindendes am Grenzfluss.

• lässt Anna Homburg zwei Länder zu einer Wirklichkeit verschmelzen.
• verknüpft Pia Heuer Berliner mit ihren Lieblingsorten in der Stadt.
Eigentlich fremd:
• betrachtet Wolfgang Eschenhorn die Gesellschaft mit den Augen eines Migranten.
• vergleicht Thomas Tillmann heutige und frühere Beweggründe italienischer Einwanderer.
Durchaus menschlich:
• deckt Edith Maria Balk Grenzen des Zwischenmenschlichen auf.
• beleuchtet Anneliese Fechner Abgewandtsein und Verweigerung.
• findet Cornelia Ogiolda das ehemals Fremde in alten Bildern.

E
N

BETWEEN US

The space between us is never empty: it is filled with experiences, ideas, emotions; it divides or connects us geographically, culturally, as people; it can be a boundary or a fleeting thought. Ten photographers explore the space »between us«. Not to reinforce divisions, but to understand The View of the Other by examining the interstitial spaces.
Very personally,
• Sibylle Hoffmann shows the ties between generations in the fabric of families;
• Erhard Flach seeks the meeting of cultures in his daughter's relationship with a Muslim man.
Not only spatially,
• Thilo Seibt discovers dividing and connecting aspects of a river that forms a border;
• Anna Homburg merges two countries into one reality;
• Pia Heuer links Berliners with their favourite places in the city.
Altogether strangely,
• Wolfgang Eschenhorn looks at society through migrant eyes;
• Thomas Tillmann compares past and present motivations of Italian immigrants.
Quite sympathetically,
• Edith Maria Balk exposes the limits of human kindness;
• Anneliese Fechner examines aversion and rejection;
• Cornelia Ogiolda rediscovers what was once alien in old pictures.

Künstler | Artists
Edith Maria Balk,
Wolfgang Eschenhorn,
Anneliese Fechner, Erhard Flach,
Pia Heuer, Sybille Hoffmann,
Anna Homburg, Cornelia Ogiolda,
Thilo Seibt, Thomas Tillmann

FOTOGALERIE FRIEDRICHSHAIN
KULTURRING IN BERLIN E.V.

Helsingforser Platz 1
10243 Berlin (Friedrichshain)
T 030.296 16 84
www.kulturring.org

U1, S5, S7, S75, Tram M10,
M13 Warschauer Straße, Bus 347

Di–Sa | Tue–Sat 13–18 h, Do | Thu 10–18 h
Eintritt frei | Free admission

19.10.–30.11.2012

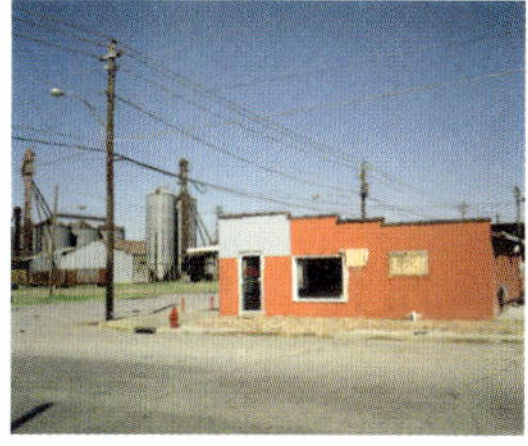

S. | p. 109

D
E

GEORGIA ON MY MIND
Jörg Rubbert

Jörg Rubbert zeigt in seiner Ausstellung Georgia on My Mind die Südstaaten aus einem anderen Blickwinkel. Fernab der Boomtown Atlanta, in der Mitte und dem Süden von Georgia, leben die Menschen einen anderen, verlangsamten Rhythmus. Der Bundesstaat Georgia hat besonders unter dem stetigen Niedergang der Baumwollindustrie gelitten. Ein Übriges bewirkte die bis heute spürbare Wirtschaftskrise, die starke Auswirkungen auf die ländlich geprägte Region hatte.
Die Bilder Rubberts zeigen ungefiltert die aktuelle wirtschaftliche Situation: heruntergekommene Ladenpassagen in der Main Street, leerstehende Geschäfte, zu Trödelläden umfunktionierte Tankstellen oder stillgelegte Baumwoll-Fabriken. Menschen spielen dabei eine eher untergeordnete Rolle: In dieser Serie sind es die Orte und die hinterlassenen Spuren, die vom Leben der Menschen zeugen. Diese sind im Hintergrund zu erkennen, wirken in der abgebildeten Szenerie aber verloren, so dass beim Betrachten der Bilder eine gewisse Melancholie und Perspektivlosigkeit spürbar wird. Das bewusst gewählte Medium der Farbfotografie erzeugt dabei einen fast surrealen Kontrast zwischen den sonnigen Südstaaten und dem Niedergang der Region. Die

Aufnahmen entstanden in den Jahren 2007 bis 2012 und reflektieren die Zeit vor und nach der Finanzkrise.

^E^N

GEORGIA ON MY MIND
Jörg Rubbert

In his exhibition **Georgia on My Mind**, Jörg Rubbert shows the southern state from an unusual perspective. Far away from the boom town of Atlanta, in central and southern Georgia, people live according to another, slower rhythm. Georgia has suffered in particular from the steady decline of the cotton industry. The economic crisis, which is still being felt today, has also had a strong impact on the predominantly rural region. Rubbert's images present the current economic situation in an unfiltered manner: run-down shopping arcades in Main Street, businesses standing empty, petrol stations converted into rag shops, and shut-down cotton mills. People play a rather insignificant role: in this series, the locations and the traces left by people's lives bear witness. People are perceptible in the background but seem lost in the settings depicted, so that the images communicate a certain melancholy and hopelessness.
The deliberately chosen medium of colour photography gives rise to an almost surreal contrast between the sunny South and the region's decline. The images were created between 2007 and 2012 and reflect the time before and after the financial crisis.

**In Zusammenarbeit mit | In collaboration with
Kulturring Berlin e.V.**

FOTOMARATHON BERLIN

**Supermarkt Wedding
Brunnenstraße 64
13355 Berlin (Wedding)
T 030.57 70 50 47
www.fotomarathon.de**

U8 Voltastraße

**Mo – Fr | Mon – Fri 10 – 18 h,
Sa | Sat 20.10.2012 18 – 21 h,
Sa | Sat 03.11.2012 14 – 21 h
Eintritt frei | Free admission**

**Kopfkino Berlin
Modersohnstraße 63
10245 Berlin (Friedrichshain)
T 030.57 70 50 47
www.fotomarathon.de**

U1, S5, S7, S75 Warschauer Straße

**Di & Mi | Tue & Wed 11 – 19 h,
Do – So | Thu – Sun 18 – 22 h
Eintritt frei | Free admission**

20.10. – 24.11.2012

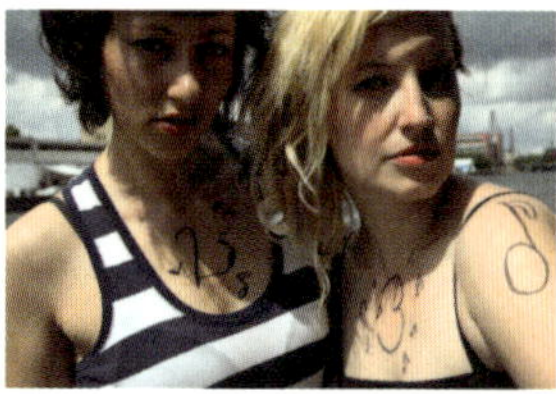

S. | p. 113

^D^E

DIALOG DER BLICKE ZWISCHEN OST UND WEST
**Teilnehmer
des Fotomarathons**

Der Fotomarathon stellt im Supermarkt Wedding und im Kopfkino Friedrichshain aus. Thema der Ausstellung sind die Diversität Berlins und die Kontraste zwischen heute und gestern, zwischen uns und den Anderen. Es entsteht ein multiperspektivischer Dialog der Blicke: Locations und Teilnehmer kommen ins Gespräch; das Betrachten der Bilder und die kleine Reise zwischen Ost und West machen die Vielseitigkeit Berlins erlebbar. Die Bilder halten einen Sommertag einer Stadt im Wandel fest. Sie sind Resultat der Auseinandersetzung mit der Stadt, mit uns selbst und den Anderen, mit »Original«- und Wahlberlinern.
Der Fotomarathon ist ein Fotowettbewerb unter verschärften Bedingungen. Den Teilnehmenden werden insgesamt 24 Einzelthemen vorgegeben, die innerhalb von 12 Stunden fotografisch und in der vorgegebenen Reihenfolge umzusetzen sind. Eine Auswahl der Bilder vom Juni 2012 wird in der Ausstellung an beiden Orten gezeigt. Während des **Europäischen Monats der Fotografie Berlin** wird außerdem ein Mini-Fotomarathon veranstaltet, der beide Orte verknüpft und einen weiteren Blick auf das dann herbstliche Berlin bietet.

^E^N

DIALOGUE OF VIEWS BETWEEN EAST AND WEST
Participants of the Photomarathon

The Berlin Photomarathon exhibits in the Supermarkt in the borough of Wedding and in the Kopfkino in Friedrichshain. The theme of the exhibition is the diversity of Berlin and the contrasts between today and yesterday, between Us and the Other. What emerges is a multi-perspective dialogue of views: locations and participants engage one another in conversation; seeing the photos and making the short trip between East and West creates an experience of the multifaceted character of Berlin. The images record a summer day in a city in transition. They are the result of an examination of the city, of ourselves and others, of »original« Berliners and Berliners-by-choice.
The Photomarathon is a photo competition that takes place under intense conditions. The participants are presented with a total of twenty-four individual themes which have to be treated photographically in the prescribed order within twelve hours. A selection of the photos from June 2012 will be shown in the exhibition at the two locations. In addition, a mini-Photomarathon will be held during the **European Month of Photography** that links the two locations and extends the look at Berlin into autumn.

**In Zusammenarbeit mit | In
collaboration with
Supermarkt Wedding,
Kopfkino Berlin**

**Mit freundlicher Unterstützung von | With the
kind support of
Panasonic Deutschland**

FRANZ-MEHRING-PLATZ 1

**Foyer des ND-Hauses
Franz-Mehring-Platz 1
10243 Berlin (Friedrichshain)
T 030.29 78 33 33
www.franzmehringplatz.de**

**U5 Weberwiese, S5, S7, S75 Ostbahnhof,
Bus 240, 347**

**Mo – So | Mon – Sun 8 – 21 h
Eintritt frei | Free admission**

27.09. – 16.12.2012

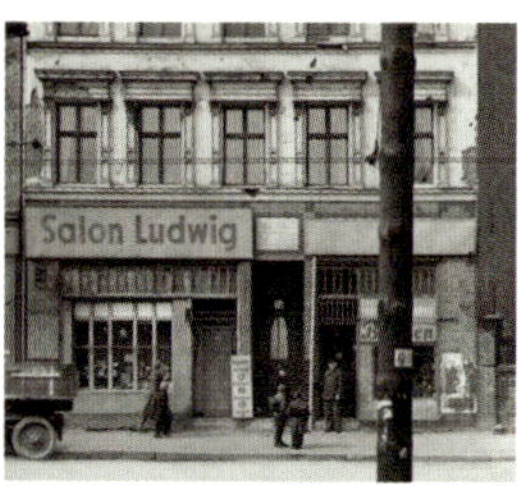

S. | p. 90

D
E

BERLIN, FRUCHTSTRASSE AM 27. MÄRZ 1952

**Annett Gröschner,
Arwed Messmer, Fritz Tiedemann**

Am 27. März 1952 fotografiert Fritz Tiedemann im Auftrag des Berliner Magistrats die Berliner Fruchtstraße zwischen Ostbahnhof und Stalinallee. In Form einer Fassadenabwicklung dokumentiert er den Zustand der Häuser sieben Jahre nach Ende des Krieges und zwei Jahrzehnte vor ihrem Abriss. Dies ist das Ausgangsmaterial des fotografisch-literarischen Projekts von Arwed Messmer und Annett Gröschner, das die Facetten des Dokumentarischen in der Fotografie thematisiert. Durch die digitale Montage der 32 Einzelaufnahmen und ihre Vergrößerung auf 125 x 2000 cm durch den Fotografen Arwed Messmer entsteht das begehbare Porträt einer Straßenzeile. Ergänzt wird das Panorama durch die überlieferten Archivdokumente sowie die Recherche-Notationen der Schriftstellerin Annett Gröschner. Ihr Text **»Heute prima rote Rüben. Die Fruchtstraße am 27. März «** erzählt die Geschichte der Häuser und ihrer Bewohner, die zumeist hier Gestrandete aus Ost- und Westpreußen, Schlesien, Pommern und für kurze Zeit auch aus China waren. Die Ausstellung findet am Originalschauplatz Franz-Mehring-Platz 1 statt.

E
N

FRUCHTSTRASSE, BERLIN, 27TH MARCH, 1952

**Annett Gröschner,
Arwed Messmer, Fritz Tiedemann**

On 27 March, 1952, Fritz Tiedemann photographed Fruchtstrasse in Berlin between Ostbahnhof and Stalinallee for the municipal government of East Berlin. He documented the condition of the buildings in the form of a sequence of façade elevations seven years after the end of the war and two decades before they were torn down. This is the source material for Arwed Messmer and Annett Gröschner's photographic-literary project addressing the documentary facets of photography. Arwed Messmer's digital editing and enlargement of the thirty-two individual images to 125 by 2000 cm creates a walk-through portrait of a street. The panorama is supplemented by the archival documents that have been passed down as well as the research notations of the writer Annett Gröschner. Her text **»Heute prima rote Rüben: Die Fruchtstraße am 27. März«** (Today Tasty Beetroots: Fruchtstrasse on 27th March) tells the story of the buildings and their occupants, who were mostly stranded migrants from East and West Prussia, Silesia, Pomerania, and for a short time China too. The exhibition takes place at the original site of one of the buildings, Franz-Mehring-Platz 1.

**In Zusammenarbeit mit | In collaboration with
Annett Gröschner, Arwed Messmer**

**Mit freundlicher Unterstützung von | With the kind support of
Neues Deutschland Druckerei und Verlag GmbH, Mediaservice GmbH Druck und Kommunikation, Rosa-Luxemburg-Stiftung, Dahm Architekten und Ingenieure, Berlinische Galerie, Familie Tiedemann, Oldenburg, Grundstücksgesellschaft Franz-Mehring-Platz 1 mbH**

Katalog | Catalogue
Annett Gröschner, Arwed Messmer (Hrsg. | eds.): Fritz Tiedemann: Berlin, Fruchtstraße am 27. März 1952, mit Texten von | with texts by Annett Gröschner, Florian Ebner, Uwe Tiedemann, Ostfildern: Hatje Cantz, 2012, 39,80 €

FRONTVIEWS

September
Adalbertstraße 8 (Aufgang B)
10999 Berlin (Kreuzberg)
T 030.25 93 06 84
www.frontviewsgallery.de

U8 Kottbusser Tor, Bus M29

Di – Sa | Tue – Sat 12 – 18 h
Eintritt frei | Free admission

19.10. – 10.11.2012

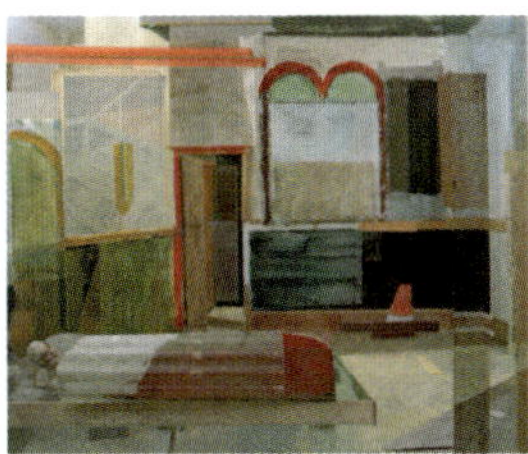

S. | p. 120

D
E

»META-IKON«

PROLOG. FOTOGRAFISCHE ZUGRIFFE AUF DIE KULTUR DER BILDER

Die Fotografie ist aktuell der Schauplatz einer sich ausbreitenden Inbesitznahme etablierter Bildwelten des westlichen Kulturguts aus Malerei, Fotografie und Film. Eine wachsende Zahl von Künstlern transformiert mit unterschiedlichsten Strategien und Arten der Inszenierung prägende Bereiche unseres kollektiven, kulturellen Bildgedächtnisses in neue Werke. In den entstehenden Arbeiten bleiben dabei die Originale präsent, sei es im direkten Wiedererkennen oder als vage Resonanz auf eine spezifisch-vertraute Ästhetik. Dennoch sind diese schöpferisch freien Replikate anders. Sie sind tatsächlich neuartig und gerade in der Hybris des »unheimlich Vertrauten«, des »gestörten Erkennens« untergründig irritierend und befremdlich. Der individuelle Zugriff der gezeigten Künstler implantiert das Neuartige, das noch Fremde in den visuellen Kanon unserer vertrauten Kultur. Im Überblick der Gruppenausstellung soll deutlich werden, wie Unterschiede in Thematik, Konzept und Technik diesen Zugriff prägen und das entstehende Kunstwerk so zu einem einzigartigen **»Meta-Ikon«** werden kann.

E
N

»META-ICON«

PROLOGUE: PHOTOGRAPHIC ACCESS TO THE WORLD OF PICTURES

Photography is currently the scene of an accelerating co-optation of the established pictorial worlds of western culture from painting, photography and film. A growing number of artists using diverse strategies and forms of representation are transforming important domains in our collective, cultural pictorial memory in new works. The originals remain present in the works created, whether in direct recognition or as a vague echo of a specific, familiar aesthetic. Nonetheless, these creatively free replicas are different. They are truly novel and the hubris of the »uncannily familiar«, of »impaired recognition« makes them subtly confusing and disconcerting. The individual appropriation of the artists presented implants what is novel, still alien, in the visual canon of the culture with which we are familiar. A survey of the group exhibition should show how differences in subject matter, concept and technique shape this appropriation and how the artworks created are able to become unique **»meta-icons«**.

Künstler | Artists
Marc Bonnetin, Frank Eickhoff, Heike Gallmeier, Mirko Martin, Noé Sendas

**Kuratiert von | Curated by
Stephan Köhler**

**Mit freundlicher Unterstützung von |
With the kind support of
frontviews, September**

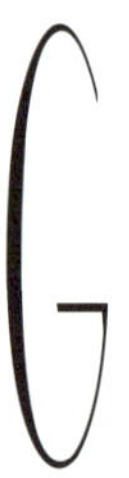

GALERIE ARGUS FOTOKUNST

Marienstraße 26
10117 Berlin (Mitte)
T 030.283 59 01
www.argus-fotokunst.de

U6, S1, S2, S25, S5, S7, S75 Friedrichstraße,
Tram M1 Friedrichstraße, Bus 147

Di–Sa I Tue–Sat 14–18 h
Eintritt frei I Free admission

13.10.–24.11.2012

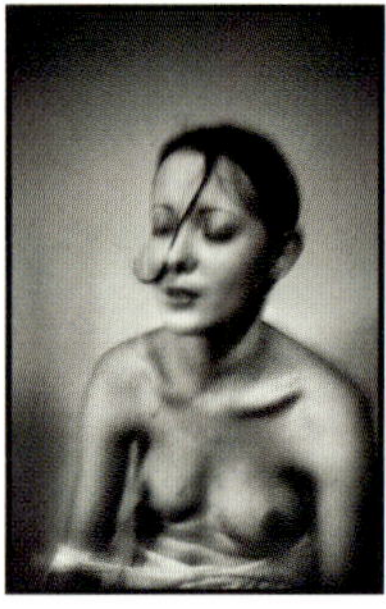

S.I p. 56

HALF LIFE
REISE IN DIE SCHWÄRZEN
DER NACHT
Michael Ackerman

Eine Welt, in der das Gefühl über die Vernunft regiert, mag nicht unbedingt eine ideale Welt sein, aber viele ihrer bedeutungsvollen Elemente wie Sehnsucht, Einsamkeit, Liebe und Verzweiflung verkörpern sicherlich das Erhabene. Solch eine Welt wird in **Half Life** gezeigt. Ackermans Bilder finden einen Mittelweg zwischen dokumentarischen und metaphysischen Themen, der in die visuelle Abhängigkeit führt; menschliches Leben wird vermittelt, nicht nur aufgezeichnet; die künstlerische Darstellung verweigert den konventionellen Gebrauch von Tatsachen und ein eindeutiges Zeitbewusstsein ... Ackermans visuelle Erzählungen, die er über lange Jahre

des Reisens angesammelt und in cineastischer Perfektion zusammengetragen hat, sind Erinnerungsstücke, die bewusst die Gegenwart zersetzen. **Karl Johnson (übersetzt von Signe Mähler)**

HALF LIFE
JOURNEY INTO THE
BLACKNESS OF THE NIGHT
Michael Ackerman

A world in which emotion rules reason may not necessarily be an ideal world, but many of its more profound elements – longing, solitude, love, despair – certainly partake of the sublime. Such a world is shown in **Half Life**: images that strike a visually addicting balance between documentary and metaphysical concerns; human life expressed rather than merely recorded; artistic representation rejecting a conventional use of facts and a clear sense of time. Ackerman's visual narratives, accumulated during years of travel and edited to cinematic perfection, are mementoes that purposely undermine the present. **Karl Johnson**

GALERIE BERINSON

Lindenstraße 34
10969 Berlin (Kreuzberg)
T 030.28 38 79 90
www.berinson.de

U6 Kochstraße, U8 Moritzplatz, Bus M29, 248

Di–Sa I Tue–Sat 11–18 h
Eintritt frei I Free admission

31.05.–25.11.2012

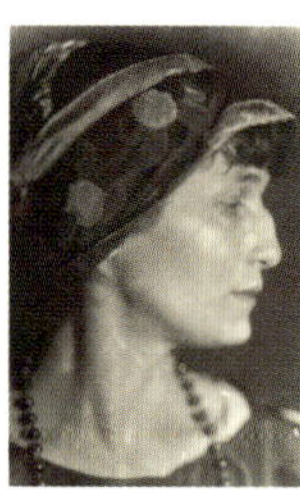

S.I p. 80

MOISSEJ NAPPELBAUM
(1869–1958)
PORTRÄTS DER
SOWJETISCHEN GEISTESWELT

Mit Moissej Nappelbaum stellt die Galerie Berinson den bedeutendsten Porträtfotografen Russlands vor. Die Ausstellung umfasst

mehr als 50 seltene Originalabzüge – darunter Porträts von Wladimir Tatlin, Anna Achmatowa, Sergej Eisenstein, Maxim Gorki, Dmitri Schostakowitsch und Lion Feuchtwanger. Nappelbaums Laufbahn begann mit einer handwerklichen Ausbildung in Minsk, an die er Reisen innerhalb Russlands und den USA anschloss. 1910 übersiedelte er mit seiner Familie nach Petersburg und eröffnete sein Atelier am Newski Prospekt. Nachdem Nappelbaum 1918 das erste offizielle Porträt Lenins angefertigt hatte, war sein Ruf aufgrund dessen millionenfacher Verbreitung vollends gefestigt. In seinem Atelier saßen fortan zahlreiche Politiker, Wissenschaftler, Künstler, Komponisten und Schauspieler Modell. Nappelbaum schuf die endgültigen Bilder der neuen sowjetischen Elite. Wie Hugo Erfurths Künstler- und Gelehrtenporträts in Deutschland, so spiegeln die Porträts Moissej Nappelbaums das Antlitz der Epoche in Russland wider. Sie machen ihn zu **dem** fotografischen Chronisten der Sowjetzeit.

MOSES
NAPPELBAUM
(1869–1958)
PORTRAITS
OF SOVIET
INTELLECTUALS

Galerie Berinson presents Moses Nappelbaum, the most important portrait photographer of Soviet Russia. The exhibition comprises more than 50 rare original prints – including portraits of Vladimir Tatlin, Anna Akhmatova, Sergei Eisenstein, Maxim Gorki, Dmitri Shostakovich and Lion Feuchtwanger. Nappelbaum's career began with a craft apprenticeship in Minsk, after which he travelled in Russia and the United States. In 1910 he moved with his family to St. Petersburg, where he opened his studio on Nevsky Prospect. The first official portrait of Lenin in 1918 – an image distributed in millions of copies – cemented his reputation. His St. Petersburg studio was visited by politicians, scientists, artists, composers and actors, all avid to be immortalised. Nappelbaum created the definitive portraits of the new Soviet elite. Like Hugo Erfurth's portraits of artists and scholars in Germany, Moses Nappelbaum's portraits captured the image of an era in Soviet Russia. They attest to his standing as **the** unrivalled chronicler of his time.

GALERIE CUBUS-M

Pohlstraße 75
10785 Berlin (Tiergarten)
T 030.81 49 46 90
www.cubus-m.com

U1 Kurfürstenstraße,
U2 Bülowstraße,
Bus M48, M85

Mi & Do | Wed & Thu 14 – 19 h,
Fr & Sa | Fri & Sat 11 – 19 h
Eintritt frei | Free admission

24.10. – 01.12.2012

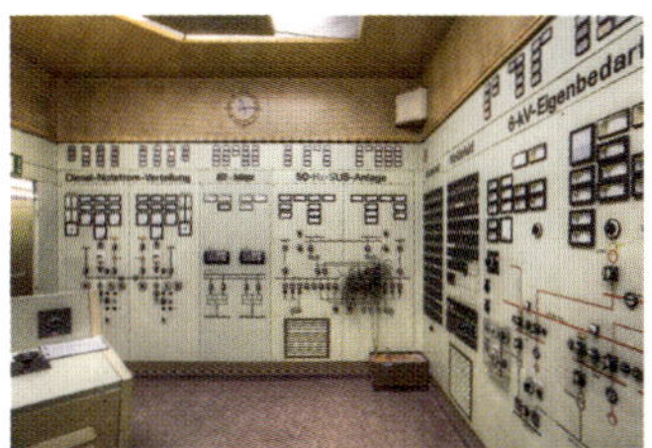

S. | p. 100

D_E

AKTIVE RÄUME
Tor Seidel

Strahlende Zukunft, heute schon fast Vergangenheit, trotz »Abschalten« indes noch radio-»aktiv« bis in kaum vorstellbare Zeiträume: Ein Blick in den »Abgrund der Zeit« wird uns abverlangt, der schon einmal die Geologie um 1800 verstörte – Erdentstehung nach Jahrmillionen zu veranschlagen und niemals abgeschlossen, die Einheit von Natur- und Menschheitsgeschichte eine Illusion. Kann man sich künstlerisch noch ohne unmittelbare Interventionsabsicht Gegenständen nähern, die unter moralischen Verdikten begraben sind wie die havarierten Exemplare ihrer Spezies unter Beton? Mit deskriptiver Industriearchäologie sicher nicht. Tor Seidels Innenansichten dieser Nuklearwelten wagen vielmehr den Umweg über die sprachliche und bildliche Repräsentanz dieser hermetischen Sphären, um in den spekulativen Raum einer ursprünglichen Atomtheorie ohne Atomphysik vorzustoßen, zu jenen von Lukrez beschworenen unsichtbaren **»Samen der Dinge seit endloser Zeit«**. Der Begriff der Kontamination reicht unter solchen Vorzeichen umso weiter – als Schatten auf der Natur-Verbindlichkeit des Menschen als Ganzes. **Bodo-Michael Baumunk**

E^N

ACTIVE SPACES
Tor Seidel

A glowing future, today almost past; although offline still radioactive for incomprehensible spans of time to come: a look into the abyss of time is demanded of us, a look that rocked geology around 1800 – the creation of the earth estimated millions of years ago and never finished, the unity of natural and human history an illusion. Is it still possible to approach objects artistically, objects that are buried under moral verdicts like wrecked specimens of their species under concrete, without an immediate intention to intervene? Not with descriptive industrial archaeology in any case. Tor Seidel's interior views of these nuclear worlds instead take a roundabout route via a linguistic and pictorial representation of these hermetic spheres in order to push onward into the speculative space of a primeval atomic theory without atomic physics, to the invisible **»seeds of things«** from **»time everlasting«** evoked by Lucretius. In this view, the concept of contamination extends that much further – as a shadow on mankind's whole connection to nature. **Bodo-Michael Baumunk**

GALERIE INA KÖHLER

Husemannstraße 27
10435 Berlin (Prenzlauer Berg)
T 030.81 61 01 52
www.inakoehler.de

U2 Eberswalder Straße,
Tram M10 Husemannstraße

Mi – Sa | Wed – Sat 11 – 18 h
Eintritt frei | Free admission

21.10. – 25.11.2012

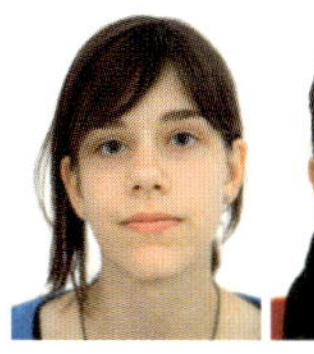

S. | p. 112

D_E

ME EXCHANGED
VON DER ANPASSUNG DES MEN-
SCHEN AN MOBILE ZEITEN
Ina Köhler

Jahr für Jahr verlassen über 30.000 Austauschschüler Deutschland, um sich neue Horizonte zu eröffnen und wettbewerbsfähig zu werden. Die »exchangees« sind in der Regel 16 bis 17 Jahre alt, also noch auf der Suche nach der eigenen Identität und deren Verankerung in der Welt. Offen und voller Neugier tauchen sie ein in die fremde Kultur. Eine Erfahrung, die nachhaltige Prägungen hinterlässt, wie Ehemalige betonen. Aber was für Prägungen sind das? Wie verändert der Aufenthalt in einer fremden Kultur den Menschen und wie seinen Blick auf die Welt? Sind diese Veränderungen sichtbar? Fragen wie diesen ist die Fotografin Ina Köhler nachgegangen und hat 30 junge Berliner vor und nach ihrem Austauschjahr fotografiert und interviewt. Die direkten Close-Up-Porträts zeigen offenkundige und subtile Veränderungen, ergänzt um eine kurze Beschreibung der jeweiligen Erlebnisse und Statements der Schüler, die im begleitenden Buch ausführlicher zu Wort kommen. Die Ausstellung zeigt einen unbefangenen, intimen Blick auf die Gebräuche anderer Länder, Deutschsein und das vertraute und das fremde Ich.

E^N

ME EXCHANGED
ON HUMAN ADAPTATION
TO A MOBILE AGE
Ina Köhler

Every year, over 30,000 exchange students leave Germany to broaden their horizons and make themselves competitive. They are usually sixteen or seventeen years old and thus still in search of their own identity and their mooring in the world. Open and full of curiosity they immerse themselves in a foreign culture. An experience that leaves a lasting impression, as former exchange students attest. But what kind of impressions are they? How does the sojourn in a foreign culture change a person and his or her view of the world? Are the changes visible? The photographer Ina Köhler has pursued questions such as these and photographed and interviewed thirty young Berliners before and after their year abroad. The direct, close-up portraits reveal noticeable and subtle changes and are accompanied by a short description of the student's experiences and their own statements, excerpted from more detailed texts in the accompanying book. The exhibition presents a candid, intimate look at the customs of other countries, at Germanness and at the familiar and the foreign self.

Katalog | Catalogue
Ina Köhler: me exchanged,
2012, 29,90 €

GALERIE JARMUSCHEK + PARTNER

Halle am Wasser
Invalidenstraße 50/51
10557 Berlin (Tiergarten)
T 030.28 59 90 70
www.jarmuschek.de

U55, S5, S7, S75 Hauptbahnhof, Bus M41, M85,
120, 123, 142, 147, 245, TXL

Di–Sa | Tue–Sat 12–18 h
Eintritt frei | Free admission

20.10.–01.12.2012

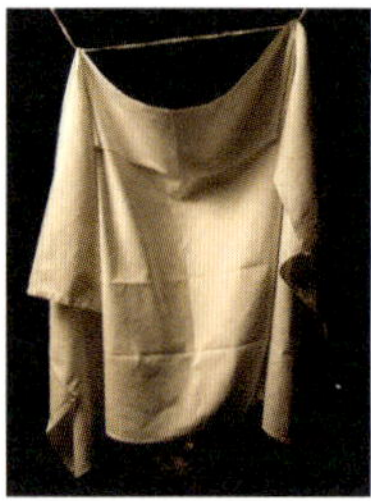

S.|p. 146

ÜBER DAS BEGEHREN
Carina Linge

Wie in ihren bisherigen Arbeiten greift Carina Linge auch in ihrer aktuellen Werkgruppe auf eine allegorische Bildsprache der Renaissance und des Barock zurück, verweist aber dabei gleichzeitig auf die Gegenwart. Es sind Abdrücke, Schatten oder die Nachwärme von Menschen oder Dingen, die sie in ihren Werken zeigt. Carina Linge verweist auf Vergangenes, nie Dagewesenes, Vermisstes oder Ersehntes, auf Stillstand, den Tod oder Verlust, kurz: auf etwas, das nicht mehr da ist oder nie da war. Dieses Abwesende oder die Leerstelle soll vom Betrachter selbst mit Wissen und Erinnerungen befüllt, imaginiert werden. Denn in der Imagination selbst lauert das Begehren. So auch in der Arbeit mit dem Titel **Infrathin**. Hier verweist die Künstlerin auf das Fragmentarische des Blicks und zeigt, dass jeder wahrgenommene Gegenstand sowohl zum Sichtbaren als auch zum Unsichtbaren in Beziehung steht.

EN

ON DESIRE
Carina Linge

As in her previous works, Carina Linge draws on the allegorical iconography of the Renaissance and the Baroque, yet at the same time she refers to the present. Impressions, shadows and the residual heat of people or things are depicted in her images. Linge's works refer to the past, to things that have never existed, things that are missed or desired, stagnation, death, loss – to something that is gone or was never there to begin with. What is absent, or the blank space, is for the viewer to fill with knowledge, memory, imaginations. Desire lurks in the imagination itself. In the work titled **Infrathin**, for example, Linge refers to the fragmentary nature of momentary images, and shows that every object perceived relates both to the visible and to the invisible.

Katalog | Catalogue
Carina Linge: Einsamer Eros, Bielefeld: Kerber, 2011, 32 €

GALERIE KAI DIKHAS

Prinzenstraße 85D
10969 Berlin (Kreuzberg)
T 030.34 39 93 08
www.kaidikhas.com

U8 Moritzplatz, Bus M29

Di–Sa | Tue–Sat 12–19 h
Eintritt frei | Free admission

28.09.–30.11.2012

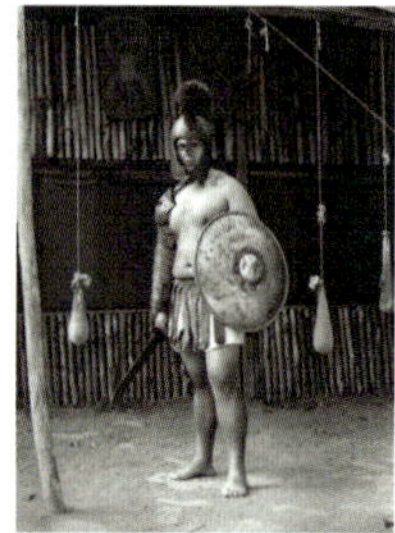

S.|p. 47

ROMA É ROMA | ROMA IN ROM
Nihad Nino Pušija

Der aus Sarajevo stammende Bosnier Nihad Nino Pušija wirft in seinen Fotoreportagen einen neuen Blick auf die Realität seiner Minderheit, der Roma. Während andere Fotografen meist Verarmung und Not der Roma und vor allem deren vermeintliche Andersartigkeit zeigen, ist es Pušija ein vordringliches Anliegen, das Selbstbild der Roma von Fremdbestimmtheit, vom **Blick der Anderen**, zu befreien. Die Strategien der Medien, die teils mit den klassischen Klischees der Roma, teils auch mit den Ängsten der Öffentlichkeit spielen, werden mit diesem Akt der Rückaneignung des Selbstbildes hinterfragt. **Roma é Roma** dokumentiert das Leben der Roma in den Lagern der Stadt Rom über den Verlauf eines Jahrzehnts. 2002 porträtierte Pušija erstmalig die dortigen Lebensbedingungen. 2011 enstanden die **Gladiatorenbilder:** junge Roma in zu großen Gladiatorenkostümen. Ihre Blicke sind kampfesmutig und entschlossen, doch sind unter der martialischen Kostümierung ihre Verletzlichkeit und Haltlosigkeit spürbar. 2012 kehrt Pušija nach Italien zurück, um die Entwicklung in den Lagern mit dem Medium der Fotonovelle erneut zu dokumentieren.

EN

ROMA É ROMA | ROMA IN ROME
Nihad Nino Pušija

In his photo reportage, the Bosnian Nihad Nino Pušija from Sarajevo offers a new realistic view of the ethnic minority he belongs to, the Roma. While other photographers generally focus on the Roma's impoverishment and hardships, and above all on their supposed differentness, Pušija's pressing concern is to liberate the Roma's self-image from definition by others, from The View of Others. Some media strategies play with classic clichés of the Roma, and some with the public's fears: the act of reappropriating the Roma's self-image questions all of them. **Roma é Roma (Roma in Rome)** documents the life of Roma in encampments in the city of Rome over the course of a decade. Pušija first portrayed the living conditions there in 2002. In 2011 he created the **Gladiatorenbilder (Gladiator Pictures)**, photos of young Roma in oversized gladiator costumes. Although their eyes are unflinching and show a readiness to fight, their vulnerability and lack of stability are discernible under the warlike costumes. In 2012 Pušija returned to Italy to document how the encampments had developed in the meantime with the medium of the photo-novella.

Kuratiert von | Curated by
Moritz Pankok

In Zusammenarbeit mit |
In collaboration with
Ares Quella

Katalog | Catalogue
Moritz Pankok (Hrsg. | ed.):
Ort des Sehens 2 | Place to See 2,
Galerie Kai Dikhas, Berlin:
Edition Braus, 2012, 24,95 €

GALERIE KAI HILGEMANN

Markgrafenstraße 67
10969 Berlin (Kreuzberg)
T 030.20 45 33 96
www.kaihilgemann.com

U6 Kochstraße, Bus M29

Di–Sa I Tue–Sat 12–18 h
Eintritt frei I Free admission

19.10.–17.11.2012

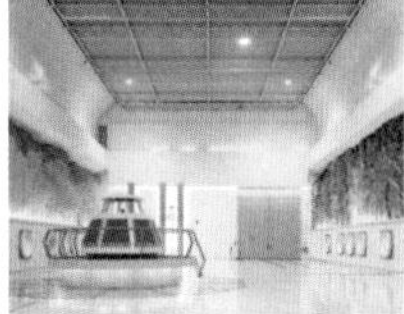

S.Ip. 97

^D_E

GENERATOR
Per Berntsen

Per Berntsen (*1953) ist seit 2002/03 im Auftrag der norwegischen Firmen Statkraft und Hydro mit der künstlerischen Dokumentation von Wasserkraftwerken betraut. Dem Künstler gelang es, einerseits die komplexe und funktionale Architektur der Gebäude überzeugend darzustellen, andererseits erscheinen die Industriebauten in einem geradezu harmonischen Verhältnis zu der sie umgebenden Landschaft. Der Künstler scheint die Industrielandschaft nach den Kriterien einer Naturlandschaft zu bewerten. (...) Dem technischen Aspekt der Orte schenkt er die gleiche Aufmerksamkeit wie dem natürlichen Landschaftsraum. Seine Fotografien zeigen eine klare und authentische Formensprache, die keine Verfremdung der eigentlichen Objekte zulässt. Geradezu skulpturenhaft wirken technische Elemente wie beispielsweise Generatoren und Turbinen auf den nicht sachkundigen Betrachter und hinterlassen eine wachsende Neugierde. (...) Der Fotograf hält eine sichtbare Distanz zu seinen Motiven; er vermittelt keine illusionistischen oder illustrierten Bilder, sondern Einblicke in einen Teil der norwegischen Kulturlandschaft, die dem klassischen Reisenden eher verborgen bleibt. **Petra Schmidt-Dreyblatt**

$_E{}^N$

GENERATOR
Per Berntsen

Per Berntsen (*1953) has been commissioned by the Norwegian companies Statkraft and Hydro to document hydroelectric plants since 2002/03. The artist has succeeded not only in portraying the complex functional architecture of the buildings in a compelling manner, but also in making the industrial structures appear in a harmonic relationship to the surrounding landscape. Berntsen seems to appraise industrial landscapes using natural landscape criteria – giving the technical aspects of the sites the same attention as the natural environment. His photographs are characterised by a clear and authentic aesthetic that admits no alienation of the actual objects. The technical elements, such as generators and turbines, seem almost sculptural to lay observers and evoke a growing curiosity. The photographer keeps a visible distance from his subjects; he mediates not illusionistic or illustrative images, but insights into a part of the Norwegian man-made landscape that is generally hidden from the conventional traveller. **Petra Schmidt-Dreyblatt**

In Zusammenarbeit mit I In collaboration with
Galerie Riis, Oslo

Katalog I Catalogue
Per Berntsen: Generator, 2008

23.11.–22.12.2012

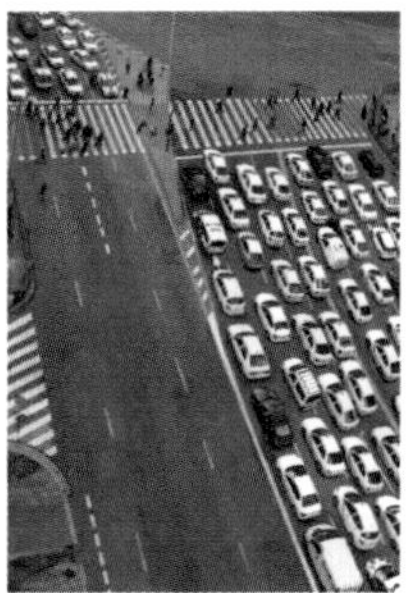

S.Ip. 40

^D_E

HORIZON VANISHED
Katrin Korfmann

Die in Holland lebende deutsche Künstlerin Katrin Korfmann profilierte sich als Gewinnerin des Rado Star Prize für ihre Arbeit **Count for Nothing**. (...) Korfmann verwandelt reale Landschaften in flache, kubistische Flächen. Ihre Bilder resultieren aus systematischen Veränderungsprozessen. Sie sucht bestimmte Orte auf unserem Globus auf und wählt dann einen Ausschnitt aus, den sie fotografiert. Er ist in dem zukünftigen Bild die Bühne, auf der die Menschen auf- und abtreten. Besonders geeignet sind Transiträume, Bahnhöfe, Flugplätze und öffentliche Plätze. Das Alltagsleben und der Zufall sind in diesen Bildern willkommen. Doch das in dieser Ausstellung gezeigte Endprodukt wurde vielen Modifizierungen unterzogen. Ein fertiges Werk besteht aus vielen digital bearbeiteten und zu visuellen Collagen zusammengefügten Aufnahmen. Dabei verändert sich auch der Blickwinkel, aus der frontalen wird eine erhöhte vertikale Kameraperspektive. Der Raum ist verzerrt und die Authentizität gebrochen. Korfmann widmet sich in ihren Arbeiten der Erforschung der Zeit, der Wahrnehmung von Raum und Erinnerung und der Beobachtung von Verhaltensweisen, von Gruppen wie von Individuen. Und auch wir sind vor ihrer Linse nur potenzielle Punkte auf einem monochromen Hintergrund. **Linda Dobke**

$_E{}^N$

HORIZON VANISHED
Katrin Korfmann

The German artist Katrin Korfmann, who lives in the Netherlands, emerged as the winner of the Rado Star Prize for her work **Count for Nothing**. Korfmann transforms real landscapes into flat, cubist planes. Her images result from systematic processes of alteration. She seeks out specific locations in the world, and then selects a detail to photograph. In the future image it will be the stage on which make their entrances and exits. Transit areas, railway stations, airports and public squares are especially suitable. Everyday life and coincidence are welcome in these images. But the end results presented in this exhibition have undergone many modifications. A finished work consists of multiple shots, digitally processed and blended together into visual collages. Angles change; the frontal shot gives way to an extreme, vertical camera perspective. Space is distorted, authenticity broken. In her work, Korfmann dedicates herself to investigations of time, the perception of space and memory, and observing how people behave, both individually and in groups. And before her lens, we are also only potential dots on a monochrome background. **Linda Dobke**

In Zusammenarbeit mit I
In collaboration with
Galerie Art Affairs, Amsterdam

Katalog I Catalogue
Katrin Korfmann, Den Haag:
D'jonge Hond, 2010

GALERIE KORNFELD

Fasanenstraße 26
10719 Berlin (Charlottenburg)
T 030.889 22 58 90
www.galeriekornfeld.com

U1 Uhlandstraße

Di – Fr | Tue – Fri 11 – 18 h
Eintritt frei | Free admission

20.10. – 24.11.2012

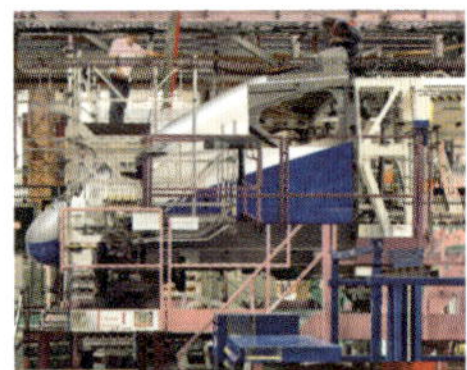

S. | p. 96

MELTING POINT
Stéphane Couturier

Die Fotografien von Stéphane Couturier (*1957) zeichnen sich durch dynamische Vertikalen und Horizontalen, elegant geschwungene Linien sowie brillante Licht- und Farbeffekte aus. Die Ausstellung **Melting Point** gibt einen konzentrierten Einblick in das aktuelle Schaffen von Stéphane Couturier. Die bloße Beschreibung der Motive suggeriert Dokumentarisches: Zu sehen sind Fassaden moderner und traditioneller Architekturen sowie die Orte automatisierter industrieller Fertigung. Die Fotografien von Stéphane Couturier sind dabei jedoch nicht der Wiedergabe des Faktischen verpflichtet, sondern zeigen eine neue, bildimmanente Ordnung der Dinge. Durch das Übereinanderlegen zweier unterschiedlicher Aufnahmen desselben Ortes gelangt der Künstler zu farbstarken, beinahe abstrakten Bildern.

E^N

MELTING POINT
Stéphane Couturier

The photographs of Stéphane Couturier (*1957) feature dynamic verticals and horizontals, elegantly curved lines and brilliant light and colour effects. The exhibition **Melting Point** offers a concentrated look at the Stéphane Couturier's current work. A mere description of the motifs suggests a documentary character: we see façades of modern and traditional architecture and locations of automated industrial manufacturing.

Yet Stéphane Couturier's photographs are not intended to reproduce facts, but to present a new order of things that is inherent in the images. By superimposing two different photographs of the same location, the artist succeeds in creating colour-intensive, almost abstract images.

GALERIE KOSCHMIEDER

Kunstkammer Friedenau
Handjerystraße 94
12159 Berlin (Schöneberg)
T 030.85 40 72 63
www.galerie-koschmieder.de

U9 Friedrich-Wilhelm-Platz,
U9, S41, S42, S46 Bundesplatz

Do – So | Thu – Sun 14 – 20 h
Eintritt frei | Free admission

12.10. – 28.10.2012

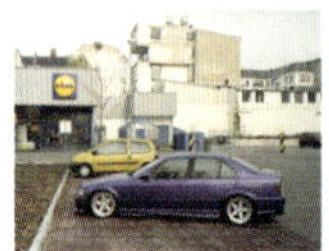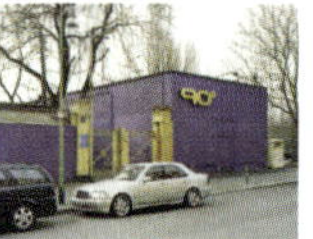

S. | p. 113

COLOURED ECHOES
FARBFOTOGRAFIEN
Josef Wolfgang Mayer

Die Ausstellung **Coloured Echoes** zeigt Farbfotografien von Josef Wolfgang Mayer. Mit seiner Großbildkamera hält er Zeichen seiner Zeit fest; hier Ausschnitte der Großstadt Berlin als faszinierendes Zusammenspiel architektonischer Formen und Muster, zufällig vorhandener Objekte und Wortzeichen – ein Neben- und Miteinander unterschiedlichster Epochen der Stadt und der Kulturen seiner Bewohner. Die nur scheinbar banalen Ansichten, in denen bei genauer Betrachtung auch leise Ironie sichtbar wird, sind mit einer 4 x 5-Inch Kamera aufgenommen. Es sind detailgenaue Bilder, für die der Fotograf im Sinn der »stillen« Fotografie auf technische und visuelle Tricks sowie vermeintlich großartige Sujets bewusst verzichtet und die in der Tradition der »straight photography« nicht inszeniert und nicht bearbeitet sind. Es sind unpathetische, präzise komponierte Farbfotografien, deren Sachlichkeit gleichzeitig ambivalent wirkt: Die menschenleeren Orte verweisen auf deren Bewohner und Besucher, ihre vielfältigen Spuren entfalten in der Formen- und Farbwelt des fotografischen Bildes Poesie.

E^N

COLOURED ECHOES
COLOUR PHOTOGRAPHS
Josef Wolfgang Mayer

The exhibition **Coloured Echoes** presents colour photographs by Josef Wolfgang Mayer. With his large-format camera he records signs of his times: urban details of Berlin as a fascinating interplay of architectural forms and patterns, chance objects and word signs – a juxtaposition and merging of the most diverse epochs of the city and the cultures of its inhabitants. The perspectives, shot with a 4-by-5-inch camera, only seem banal and reveal a subtle irony on closer inspection. The images are accurate in every detail, for Mayer, in the tradition of »still« and »straight photography«, deliberately dispenses with technical and visual tricks, posed and manipulated subjects, and supposedly grand motifs. They are sober, precisely composed colour photographs that seem objective and at the same time ambivalent: the deserted locations allude to inhabitants and visitors whose diverse traces unfold into poetry in the world of shapes and colours of the photographic image.

Kuratiert von | Curated by
Annette Koschmieder

Mit freundlicher Unterstützung von |
With the kind support of
Kunstkammer Friedenau

GALERIE LUX BERLIN

Südwestkorso 11A
12161 Berlin
T 030.89 74 73 44
www.galerie-lux-berlin.de

U3 Rüdesheimer Platz, U9, S45 Bundesplatz,
Bus 101, 186, 248

Mi – Fr | Wed – Fri 13 – 19 h, Sa | Sat 10 – 14 h
Eintritt frei | Free admission

18.10. – 17.11.2012

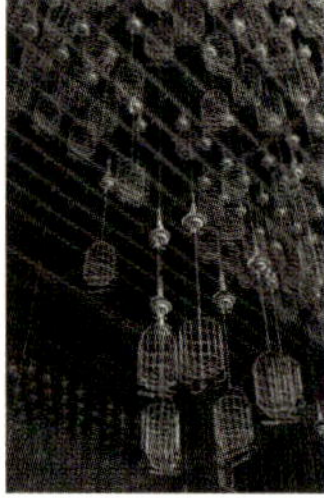

S. | p. 41

D_E

DAVID VON BECKER & LEO POMPINON

Das Ferne, Fremde ist mir näher als das bereits Vertraute. Daraus folgt kein Programm (ich misstraue großen Programmen), es entspringt dem Gefühl und der Neugierde. Gerne bin ich auf Reisen und arbeite ohne vorgefertigtes Setting. Ich erwarte das Unerwartete, den »entscheidenden Moment«, und möchte einer spontanen Erfahrung durch das Bild eine Form geben – und dem Augenblick einen Halt. **David von Becker**

Stillgelegte Zechen, verlassene Hotels, verfallende Brauereien – als Menschen hinterlassen wir Zeichen unserer Existenz, die später von uns berichten werden. Im Chaos der räumlichen Entleerung und ökonomischen Abwicklung versucht der Fotograf Leo Pompinon diesen Spuren nachzugehen und in seinen Bildern zu hinterfragen. Er entführt den Betrachter in eine vergangene Welt und zeigt die Auswirkungen der sich immer höher schraubenden Spirale einer globalisierten Moderne auf. Ob man seine Aufnahmen als Warnung oder als kostbares Gut versteht für das, was bleibt, ist dabei jedem selbst überlassen. **Bettine Abendstein**

E^N

DAVID VON BECKER & LEO POMPINON

I feel closer to what is far away and foreign than to what I already know. I don't derive an agenda from that fact – I mistrust grand agendas – my basis is feeling and curiosity. I like to travel and work without a ready-made setting. I expect the unexpected, »the defining moment«. I want the photograph to give shape to a spontaneous experience, and give stability to the moment. **David von Becker**

Decommissioned mines, abandoned hotels, decaying breweries – as human beings we leave behind signs that will later bear witness to our existence. In the midst of the chaos created by abandonment and economic liquidation, the photographer Leo Pompinon attempts to reconstruct and examine those traces in his images. He lures the spectator into a world of the past and shows the effects of the unending upward spiral of modern globalisation. Whether we take his images as a warning or as a treasure for what remains is left up to each individual. **Bettine Abendstein**

GALERIE MAIFOTO

**Dresdener Straße 18
10999 Berlin (Kreuzberg)
T 030.21 80 05 20
www.maifoto.de
U1, U8 Kottbusser Tor,
Bus M29
Mi–Sa | Wed–Sat 12–18,
Do | Thu 12–22 h
Eintritt frei |
Free admission**

26.10.–16.11.2012

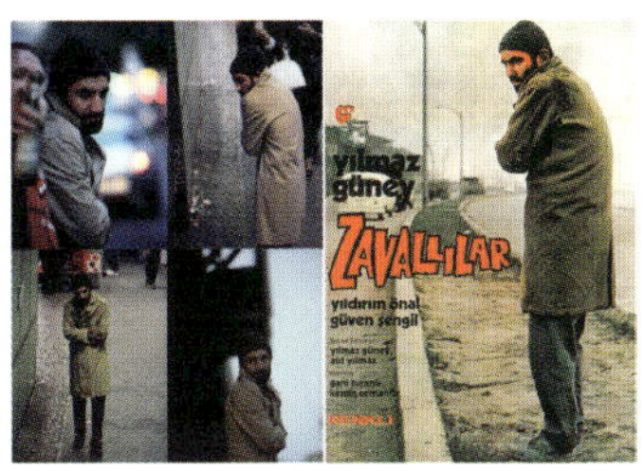

S.|p. 108

D^E

DÖNÜŞ – DIE RÜCKKEHR DES KENT SINEMA
BLICKE AUS DER GESELLSCHAFT DER VIELEN
Ute Langkafel

Ausgangspunkt der Ausstellung DÖNÜŞ (dt. Rückkehr) sind 50 Originalplakate türkischer Filme aus den Jahren 1961 bis 2011. Ein Jahr lang hat Ute Langkafel, Fotokünstlerin und Produzentin von MAIFOTO, Besucher ihrer Galerieräume eingeladen, einen Platz auf einem selbstgewählten Filmplakat einzunehmen und dieses neu zu interpretieren. Im Rahmen von 50 Fotoshootings entstanden mit neuen Hauptdarstellern, die sich selbst als Filmikonen inszenierten, Remakes der Plakatmotive. Gemeinsam entwickelten sie so mit der Fotokünstlerin Fortschreibungen der Filme. Gerade vor dem Hintergrund der starken Gentrifizierungstendenzen, die mit einer Verdrängung der alteingesessenen migrantischen Bevölkerung einhergehen, macht DÖNÜŞ die individuelle und kollektive Geschichte von Migration sichtbar. Die Ausstellung ist ein Statement gegen Diskurse in Deutschland, wo Mehrheiten sich noch nicht in die transnationalen und interkulturellen gesellschaftlichen Strukturen des 21. Jahrhunderts integrieren können. DÖNÜŞ konstruiert nicht einen **Blick des Anderen**, sondern zeigt Blicke aus der Gesellschaft der Vielen.

E^N

DÖNÜŞ – THE RETURN OF KENT SINEMA
VIEWS FROM THE SOCIETY OF THE MANY
Ute Langkafel

The exhibition DÖNÜŞ (»Return«) starts with fifty original Turkish film posters from 1961 to 2011. For one year, Ute Langkafel, photographic artist and producer at MAIFOTO, invited visitors to her gallery to take a place in a film poster of their choice and to reinterpret it. In fifty such photo shootings, she created remakes of the poster motifs with new leading actors casting themselves as film icons. The subjects and the photographer jointly developed sequels of the films. Particularly in view of the strong tendencies towards gentrification, which are crowding out the long-established migrant population, DÖNÜŞ makes the individual and collective story of migration visible. The exhibition is a declaration against the discourse in Germany, where majorities are not yet able to integrate themselves in the transnational and intercultural social structures of the twenty-first century. Rather than constructing a **View of the Other**, DÖNÜŞ presents views from the society of the many.

**Mit freundlicher Unterstützung von |
With the kind support of Bezirkskulturfonds
Friedrichshain-Kreuzberg 2011**

GALERIE PANKOW

**Breite Straße 8
13187 Berlin (Pankow)
T 030.47 53 79 25
www.galerie-pankow.de**

**U2, S2, S8, S9 Pankow, Tram M1, 50 Pankow
Kirche, Bus M27, X54, 107, 155, 250**

**Di–Fr | Tue–Fri 12–20 h,
Sa & So | Sat & Sun 14–20 h
Eintritt frei | Free admission**

17.10.–18.11.2012

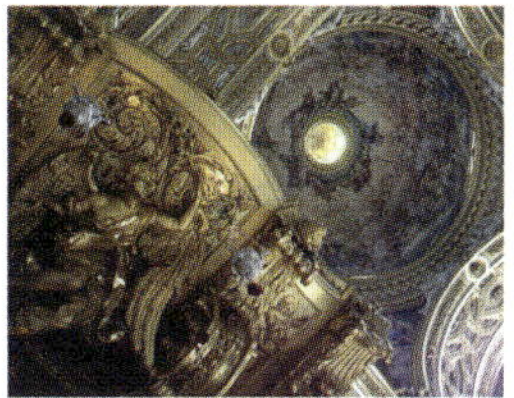

S.|p. 133

D
E

ROMA – VM. 365 / 39 / 51 MASW
Maria Sewcz

Im vergangenen Jahr hat sich Maria Sewcz als Stipendiatin der Villa Massimo in Rom aufgehalten. Durch die Dauer ihrer Anwesenheit hatte sie die Möglichkeit, das Stadtgefüge intensiv auch körperlich zu erfahren. Sie interessierte sich besonders für die historischen Schichtungen der Stadt, ihre ständige Veränderung und die daraus resultierende Parallelität und Vermischung vieler Zeitebenen. Maria Sewcz hat in ihrer Arbeit bewusst die Position der von außen Kommenden eingenommen. Dies erlaubte ihr auch, in spontaner Reaktion auf dingliche und situative Konstellationen zu fotografischen Bildfindungen zu gelangen, in ihnen die eigene räumliche Bewegung sowie zeitliche Abfolgen und kontroverse Wahrnehmungen zu reflektieren. Entstanden sind Fotografien, die in ihrer Motivik und ihren Perspektiven, den übertragenen Größenverhältnissen oder Raumsituationen divergierende Aspekte integrieren. In ihrer poetischen Bildsprache fügen sie sich zu einem Essay, der jenseits bekannter touristischer Bilder die Stadt als komplexes historisches und gesellschaftliches Gebilde in der heutigen Zeit zeigt.

E
N

ROMA – VM. 365 / 39 / 51 MASW
Maria Sewcz

Maria Sewcz was a fellow of the Villa Massimo in Rome during the past year. During her stay, she had the opportunity to experience the structure of the city intensely and physically. She was particularly interested in the historical layers of the city, its constant flux and the resulting simultaneity and mixing of many time scales. In her work, Maria Sewcz consciously took up the position of someone arriving from outside. This allowed her to create photographs as spontaneous reactions to constellations of things and situations, reflecting in them her own movement in space as well as chronologies and controversial perceptions. The photographs she has created integrate diverging aspects into their motifs and perspectives and the relative magnitudes or spatial situations they capture. They interact in her poetic pictorial language to form an essay that shows the city, far from the familiar images of tourist attractions, as a complex historical and social structure in the present day.

Kuratiert von | Curated by
Annette Tietz

In Zusammenarbeit mit |
In collaboration with
Maria Sewcz

GALERIE UF6 PROJECTS

Alte Heeresbäckerei
Köpenicker Straße 16
10997 Berlin (Kreuzberg)
T 030.60 96 21 22
www.uf6projects.com

U1 Schlesisches Tor

Di – Fr | Tue – Fri 11 – 16 h
Eintritt frei | Free admission

21.10. – 01.12.2012

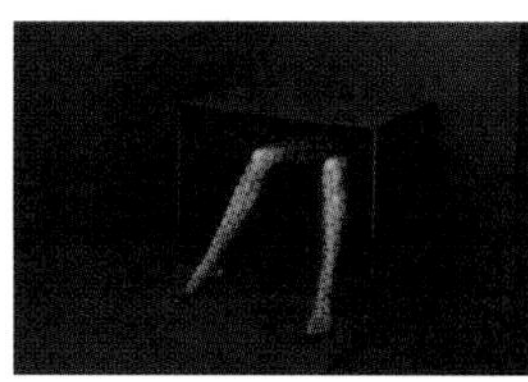

S. | p. 61

D
E

DAS KÜNSTLERISCHE PORTRÄT IM ZEITALTER DER VIRTUELLEN SELBSTINSZENIERUNG
ALTERNATIVE KONZEPTE VON KÜNSTLERN ZEITGENÖSSISCHER FOTOGRAFIE

Die Ubiquität des Porträts in Zeiten des Internets stellt die Frage nach dessen Sinnhaftigkeit und Aussagekraft in radikaler Weise neu, kann heute doch jeder kreative und technisch versierte Mensch sein eigenes Selbstbildnis inszenieren und online in Umlauf bringen. Wie reagieren die Foto-Künstler konzeptuell und pragmatisch mit ihren Werken darauf? In der Gegenüberstellung ebenso verschiedenartiger wie innovativer Re-Inszenierungen des fotografischen Porträts soll eine Diskussion über eben diese Frage angeregt werden. Wie werden zum Beispiel mit fotografischen Mitteln soziologische (Magdalena Wimmer), anthropologische (Laurence Aëgeter) und politische (Boris von Brauchitsch) Positionen reflektiert? Welche Lösungen werden in der Porträt-Fotografie und deren Erweiterung zu Installationen (Falk von Traubenberg) oder durch hinzugefügte Objekte (Carina Linge) gefunden? Zu welch verzerrten Inszenierungen treibt die Wut auf ihre Vergangenheit einige Künstler (Aida Chehrehgosha)? Und wie inszenieren

sich Künstler für den Fotografen (Mark Brandenburg für Oliver Mark)?

E
N

THE ARTISTIC PORTRAIT IN THE AGE OF VIRTUAL SELF-PRESENTATION
ALTERNATIVE CONCEPTS BY CONTEMPORARY ARTIST PHOTOGRAPHERS

The ubiquity of the portrait in the age of the Internet raises the question of its meaning and expression again in a radical way, since every creative and technically savvy individual can produce a self-portrait today and publish it online. How do photographic artists react conceptually and pragmatically to this fact in their works? The juxtaposition of different and innovative re-presentations of the photographic portrait is meant to stimulate discussion of exactly this question. How are photographic means used to reflect sociological (Magdalena Wimmer), anthropological (Laurence Aëgeter) and political (Boris von Brauchitsch) positions, for example? What solutions do expansions of portrait photography offer in installations (Falk von Traubenberg) or with objects added (Carina Linge)? What distorted presentations result from the anger some artists feel about their past (Aida Chehrehgosha)? And how do artists present themselves for the photographer (Mark Brandenburg for Oliver Mark)?

Künstler | Artists
Laurence Aëgeter, Boris von Brauchitsch, Aida Chehrehgosha, Steffen Junghans, Carina Linge, Oliver Mark, Tor Seidel, Falk von Traubenberg, Magdalena Wimmer

Kuratiert von | Curated by
Dirk Holtkamp-Endemann

In Kooperation mit | In cooperation with
Kunst-Zeit-Raum

GALERIE WAGNER + PARTNER

Karl-Marx-Allee 87
10243 Berlin (Friedrichshain)
T 030.21 96 01 37
www.galerie-wagner-partner.com

U5 Weberwiese / Strausberger Platz,
S5, S7, S75 Ostbahnhof

Di – Sa | Tue – Sat 12 – 18 h
und nach Vereinbarung | and by arrangement
Eintritt frei | Free admission

02.11. – 01.12.2012

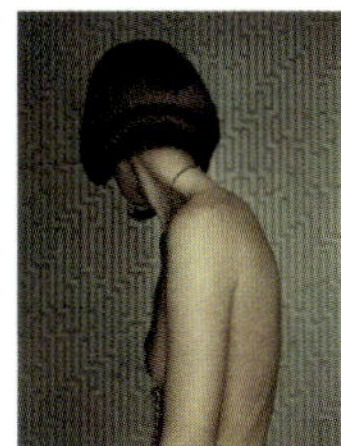

S.|p. 93

D
E

I AM NOT INTERESTED IN REALITY

Die Gruppenausstellung **I am not interested in Reality** zeigt fünf internationale Fotokünstler, die sich frei von einem dokumentarischen Ansatz mit Reflexionen, Inszenierungen und Neukonstruktionen von Realität beschäftigen. Vor dem Hintergrund heutiger Sehgewohnheiten und medialer Welten werden neue Blicke auf Lebenswirklichkeiten geworfen. Imagination und Realität verschmelzen. Die New Yorkerin Raïssa Venables schafft multiperspektivische Räume, die zu atmen scheinen. Der finnische Künstler Jorma Puranen visualisiert das Verschwinden der Kultur des Volkes der Samen. Der deutsche Fotokünstler Thomas Wrede inszeniert romantische Landschaftsklischees exotischer Reiseziele, und die australische Künstlerin Natascha Stellmach macht südamerikanische Traumpuppen zu Platzhaltern traumatischer Erinnerungen. Im hochästhetischen Stil und erotisch aufgeladen zeigen sich schließlich die Porträts des niederländischen Künstlers Erwin Olaf. Erstmals wird seine **Key Hole** Installation in Deutschland gezeigt, die den Betrachter vollends zum Voyeur fremder Welten werden lässt.

E
N

I AM NOT INTERESTED IN REALITY

The group exhibition **I am not interested in Reality** presents five international photographers who work with reflections, scenes and reconstructions of reality, free of documentary impulses. Departing from contemporary visual habits and media worlds, they offer new looks at the realities of our lives. Imagination and reality merge into one. Raïssa Venables of New York creates spaces of multiple perspectives that seem to breathe. The Finnish artist Jorma Puranen visualises the disappearance of the Sami people's culture. The German photo-artist Thomas Wrede creates romantic landscape clichés of exotic places, and the Australian artist Natascha Stellmach turns South American dream dolls into placeholders for traumatic memories. Finally, the

Dutch artist Erwin Olaf presents erotically charged portraits in a highly aesthetic style. His **Key Hole** installation, which makes the viewer a voyeur of alien worlds, is being shown in Germany for the first time.

Künstler | Artists
Erwin Olaf, Jorma Puranen, Natascha Stellmach, Raïssa Venables, Thomas Wrede

Kuratiert von | Curated by
Margret Uhrmeister

Mit freundlicher Unterstützung von |
With the kind support of
Botschaft des Königsreichs der Niederlande |
Embassy of the Netherlands

GALERIE ZONE B
KUNSTRAUM BERLIN
FOTOGRAFIE MEDIENKUNST
ENVIRONMENT PLASTIK MALEREI

Brunnenstraße 149
10115 Berlin (Mitte)
T 0170.463 09 53
www.zone-b.info

U8 Bernauer Straße

Di – Do | Tue – Thu 9 – 16 h und nach telefonischer Vereinbarung | and by telephone arrangement Eintritt frei | Free admission

14.09. – 17.11.2012

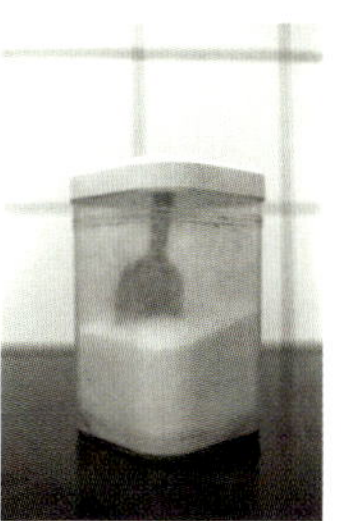

S.|p. 66

D
E

DAHEIM
ARBEITEN VON GOSBERT
ADLER UND KNUT MARON

Gosbert Adler und Knut Maron haben in den Serien **Interieur** bzw. **Ein Leben** über mehrere Jahre ihr jeweils altes Zuhause fotografiert. Eine Wohnung, ein Haus, angefüllt mit Dingen eines vergangenen Lebens, das die Familie nur noch als Erinnerung kennt. Allein die Mütter leben noch in den Räumen, mit den Möbeln und den Dingen des täglichen Bedarfs, die wie das Archiv eines Lebens erscheinen, weil sie schon ein Leben lang dort sind und keiner Erneuerung mehr bedürfen. Adlers Schwarzweißfotografien von Lebensmittelbehältern, Schrankinhalten und Schubladen konzentrieren sich auf die Reste einer Existenz, die ihr Verschwinden längst akzeptiert hat. Der Mensch selbst ist hier so abwesend, wie das gelebte Leben nur noch als Widerschein in den Anordnungen von Tüten und Tassen sichtbar wird. Maron porträtiert seine schwerkranke Mutter über Jahre. Den Porträts stellt er Fotografien von Objekten aus ihrem Haus gegenüber, in denen die Beziehung zu ihr bereits zur Erinnerung wird. **»Im Archiv seiner Bilder materialisiert sich der Wunsch, das Stadium des Vergessens zu überspringen, und dem Leben, das sie festhalten wollen, bruchlose Kontinuität zwischen Dasein und Erinnertwerden zu verschaffen.«** (Andreas Steffens)

E
N

AT HOME
WORKS BY GOSBERT ADLER AND
KNUT MARON

In the series **Interieur (Interior)** and **Ein Leben (A Life)**, Gosbert Adler and Knut Maron photographed their former homes over several years. An apartment, a house, filled with the things of a past life, which the family retains today only as memories. Only the mothers continue to live in these rooms where the furniture and everyday necessities seem like a museum, because they have already been there for a lifetime and no longer need to be renewed. Adler's black-and-white photographs of food containers, cupboard contents and drawers concentrate on the residue of an existence that has long since accepted its disappearance. The person herself is absent here; the life lived is only reflected in the arrangements of bags and cups. Maron took portraits of his ailing mother over years. He contrasts the portraits with pictures of the objects in her house in which the relationship to her is already a memory. **»In the archive of his images, the desire materialises to skip over the phase of forgetting and to give the life that they record a seamless continuity between existence and being remembered.«** (Andreas Steffens)

GALLERY TAIK

Bergstraße 22
10115 Berlin (Mitte)
T 030.28 88 33 70
www.helsinkischool.fi

U8 Rosenthaler Platz,
S1, S2, S25 Nordbahnhof, Tram M8
Pappelplatz

Di–Sa | Tue–Sat 12–18 h
Eintritt frei |
Free admission

20.10.–01.12.2012

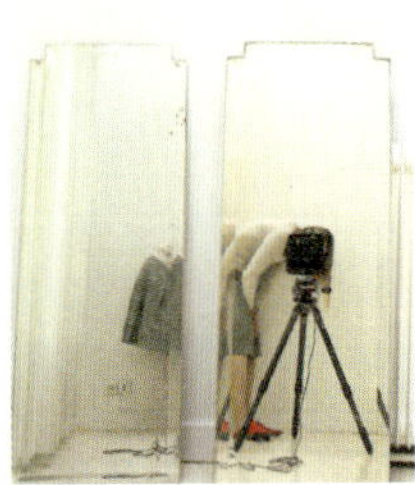

S.|p. 120

^D_E

ARTIST AT WORK
Elina Brotherus

Gallery TAIK freut sich, die neuesten Arbeiten von Elina Brotherus aus der Serie **Artist at Work** vorstellen zu können. Erneut ist Brotherus selbst die wichtigste Figur in ihren Bildern. Doch im Gegensatz zu ihren früheren Arbeiten benutzt sie ihre Rolle als Modell, um unser Objektivitätsempfinden zu hinterfragen. Es handelt sich um eine Studie der Wahrnehmung, eine trianguläre Interaktion zwischen ihr selbst und zwei Malern, die versuchen, ihr Porträt auf Leinwand zu bannen. Indem sie in diesen Fotografien die Realität durch den Akt der Interpretation verwischt, lässt Brotherus auch unsere Selbstwahrnehmung subtil verschwimmen. Die Serie lässt die Frage offen, wer wen betrachtet und wie wir das, was wir tatsächlich sehen, verarbeiten. Brotherus bietet dem Betrachter die Bühne, auf der er sich selbst in diese Interaktion einbringen kann, während er das Modell als Subjekt und Objekt gleichzeitig erlebt. **Der Blick des Anderen** ist weniger das, was wir sehen, als das, was wir durch dieses Gefühl, dabei zu sein, fühlen. Die neue Monografie **Artist and Her Model** von Elina Brotherus wird während der Ausstellung in der Gallery TAIK vorgestellt.

^E^N

ARTISTS AT WORK
Elina Brotherus

Gallery TAIK is proud to present Elina Brotherus's most recent photographs from the series **Artists at Work**. Brotherus once again uses herself as the principal model in her pictures. However, in contrast to her previous works she uses her role as a model to challenge our sense of objectivity. The series is a study of perception, a triangular interaction between herself and two painters as they try to capture her portrait on canvas. In these photographs Brotherus subtly undermines our sense of self by blurring the outlines of reality through the act of interpretation. This series leaves us with the question who is looking at whom and how we process what we are actually seeing. Brotherus invites the viewer to take the stage and become part of the interaction, seeing the model as both subject and object simultaneously. **The View of the Other** not what we see, but what we feel through the sense of being included. The new monograph **Artist and Her Model** by Elina Brotherus will be released during the exhibition at Gallery TAIK.

GESTALTEN SPACE

Sophie-Gips-Höfe
Sophienstraße 21
10178 Berlin (Mitte)
T 030 . 20 21 58 21
www.gestalten.com/space

U8 Weinmeisterstraße
So–Fr | Sun–Fri 12–19 h,
Sa | Sat 10–19 h

Di geschlossen | Tue closed
Eintritt frei |
Free admission

19.10.–25.11.2012

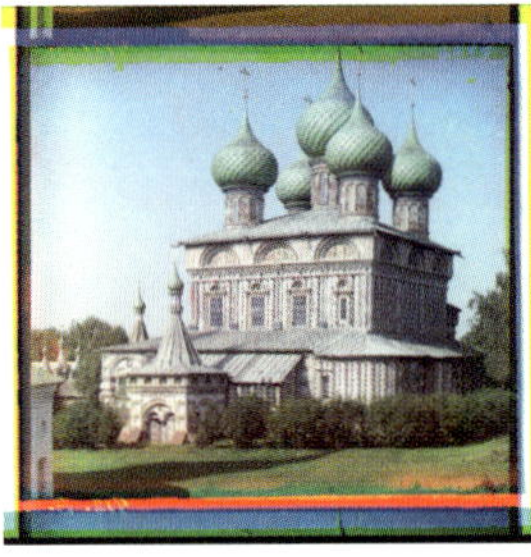

S.|p. 62

^D_E

NOSTALGIA
**DAS RUSSLAND VON
ZAR NIKOLAUS II.
IN FARBFOTOGRAFIEN
VON SERGEI MICHAILOWITSCH
PROKUDIN-GORSKI**

Im Jahr 1909 brach der russische Chemiker und Fotograf Sergei Michailowitsch Prokudin-Gorski (1863–1944) im Auftrag des Zaren Nikolaus II. zu einer sechsjährigen Reise auf, um dessen gewaltiges Reich in Farbe aufzunehmen. Als einer der Pioniere der Farbfotografie dokumentierte Prokudin-Gorski systematisch das gesamte Reich mit dem von ihm entwickelten Farbfotografieverfahren. Mit farbsensitiven Glasplatten gelang es ihm, Jahrzehnte vor der Verfügbarkeit von Farbfilmen, einzigartige Farbaufnahmen zu machen. Seine Bilder sollten nicht nur die Vielfalt der Bürger, Völkerstämme, Siedlungen und Landschaften Russlands festhalten, sondern sie sollten nichts weniger als eine gemeinsame Identität für ein ganzes Volk stiften. Prokudin-Gorskis Wissen und geschultes Auge machen seine Bilder besonders lebendig und zeitlos. Sie haben ein Jahrhundert später nichts von ihrer Schönheit und Intensität eingebüßt. Über 250 dieser frühen Meisterwerke der Farbfotografie, die die Library of Congress aufwendig restaurierte, werden erstmals in Europa in der Ausstellung **Nostalgia** im Gestalten Space gezeigt.

^E^N

NOSTALGIA
**THE RUSSIAN EMPIRE OF
CZAR NICHOLAS II CAPTURED
IN COLOR PHOTOGRAPHS BY
SERGEI MIKHAILOVICH
PROKUDIN-GORSKII**

In 1909, the Russian chemist and photographer Sergei Mikhailovich Prokudin-Gorskii (1863–1944) set out on a journey to capture all of Russia in colour for Czar Nicholas II. One of the pioneers of colour photography, Prokudin-Gorskii systematically documented the vast empire with the technique that he developed – using colour-sensitive glass plates – decades before the availability of colour film. His colour images were meant not only to document the vast diversity of the empire's citizens, ethnicities, settlements, and landscapes, but to create nothing less than a common identity for its entire population. Prokudin-Gorskii's knowledge and trained eye make his images particularly vibrant and timeless. A century later, they have lost none of their original beauty and intensity. Over 250 of these early masterpieces of colour photography, which have recently been painstakingly restored by the Library of Congress, will be showcased in **Nostalgia** and shown in Europe for the first time at Gestalten Space.

Katalog | Catalogue
Nostalgia: The Russian Empire of Czar Nicholas II Captured in Color Photographs by Sergei Mikhailovich Prokudin-Gorskii, Berlin: Gestalten, September 2012, 58 €

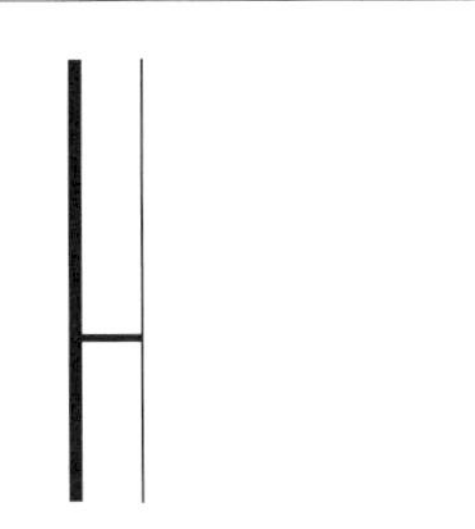

HAUS AM KLEISTPARK

Grunewaldstraße 6/7
10823 Berlin (Schöneberg)
T 030.902 77 69 64
www.hausamkleistpark.de

U7 Kleistpark, Bus M48, M85, 106, 187, 204

Di–So I Tue–Sun 10–19 h
Eintritt frei I Free admission

02.11.–16.12.2012

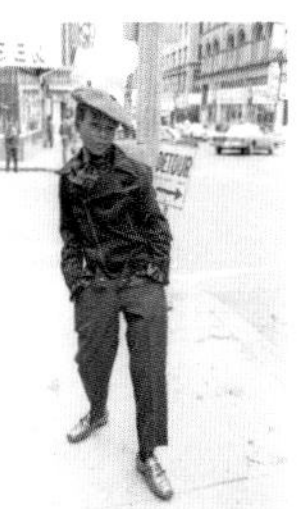

S.Ip. 65

D
E

JERRY BERNDT –
SACRED / PROFANE

Die Huren, das Heilige und die Nacht bilden das Spannungsfeld, in dem sich die Fotografien dieser Ausstellung bewegen. Dem amerikanischen Künstler Jerry Berndt (*1943) kommt sein in der Bar des Vaters früh erworbenes Gespür für die einsamen und verzweifelten Dimensionen der Halbwelt zugute, als er 1967 einen Auftrag der Harvard Medical School bekommt: Unter dem Titel **Combat Zone** fotografiert er schwarze Zuhälter, Prostituierte und Transvestiten im Rotlichtdistrikt von Boston. Ab 1969 hält er bis in die 1970er Jahre für den Zyklus **Bar Room** Stripteaselokale und Bars in den USA im Bild fest. Berndt zeigt diese triste Sehnsuchtswelt mit einer unspektakulären Normalität, die in den ebenfalls ausgestellten Fotografien von Menschen in ihrem spirituellen Habitus, in Ekstase, Hingabe und Einkehr, ihr Gegenstück findet. Mit der Serie **Nite Works** stellt Jerry Berndt sein surreal anmutendes Abstraktionsvermögen unter Beweis. Der Künstler fotografiert vor der Morgendämmerung menschenleere Stadträume und lässt die abgebildeten Objekte ihre Geheimnisse und Beziehungen zueinander enthüllen.

E^N

JERRY BERNDT:
SACRED / PROFANE

Prostitutes, the sacred and the night create a tense atmosphere around the photographs in this exhibition. At a young age the American artist Jerry Berndt (*1943) acquired a sensitivity to the lonely and despairing aspects of the demimonde. This sensitivity served him well in 1967 when he received a commission from Harvard Medical School: under the title **Combat Zone**, he photographed black pimps, prostitutes and transvestites in the red-light district of Boston. From 1969 into the 1970s, he captured images in striptease clubs and bars for the series **Bar Room**. Berndt shows this joyless world of desire with an unspectacular normality, which has its counterpart in the accompanying photographs of people in their spiritual attitudes: in ecstasy, abandon and contemplation. In the **Nite Works** series, Jerry Berndt demonstrates his capacity for abstraction bordering on the surreal. The artist photographs deserted urban spaces before dawn and makes the objects he depicts reveal their secrets and their relations to one another.

Kuratiert von I Curated by
Barbara Esch Marowski

HAUS AM
LÜTZOWPLATZ
FÖRDERERKREIS
KULTURZENTRUM BERLIN E.V.

Lützowplatz 9
10785 Berlin (Tiergarten)
T 030.261 38 05
www.hausamluetzowplatz-berlin.de

U1, U2, U3, U4 Nollendorfplatz,
Bus M29, 100, 106, 187

Di–So I Tue–Sun 11–18 h
Eintritt frei I Free admission

25.11.2012–17.2.2013

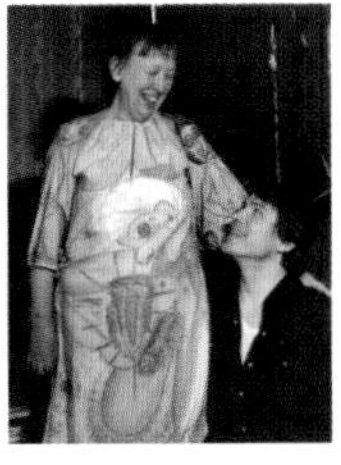

S.Ip. 48

D
E

ROSEN HABEN DORNEN
Rosa von Praunheim

Unter dem Titel **Rosen haben Dornen** präsentiert das Haus am Lützowplatz eine retrospektiv angelegte Ausstellung zu Rosa von Praunheims 70. Geburtstag, die am Abend vor seinem Geburtstag eröffnet werden wird. Dieses Highlight versammelt erstmals verschiedenste künstlerische Projekte des Berliner Ausnahmekünstlers in einer Ausstellung: In sieben thematisch gestalteten Räumen werden neben Filmausschnitten aus Rosa von Praunheims wichtigsten Filmen wie u.a. **Die Bettwurst** neueste Kurzfilmprojekte, großformatige Fotografien, Gedichte und Bilder zu sehen sein. In einer Art Ausstellungsparcours können die Besucher in von Praunheims Welt eintauchen und seine »Träume von Sex und Liebe und Politik, von Unruhe und Poesie« kennenlernen. Rosa von Praunheim, 1942 im Zentralgefängnis von Riga geboren und in Berlin aufgewachsen, schrieb 1967 sein erstes Buch und begann zeitgleich mit der Filmarbeit. Sein legendärer, 1970 gedrehter Film **Nicht der Homosexuelle ist pervers, sondern die Situation, in der er lebt** wurde intensiv diskutiert und führte zur Gründung von über 50 Schwulengruppen.

E^N

ROSES HAVE THORNS
Rosa von Praunheim

Rosen haben Dornen (Roses Have Thorns) is the title of a retrospective exhibition at the Haus am Lützowplatz which will open the evening before Rosa von Praunheim's seventieth birthday. This exhibition brings together the full diversity of the unique Berlin artist's projects for the first time. The seven thematic rooms will present not only clips from Rosa von Praunheim's major films, from **Die Bettwurst** to the most recent short film projects, but also large-format photographs, poems and pictures. Visitors can immerse themselves in von Praunheim's world and learn about his »**dreams of sex and love and politics, of restlessness and poetry**«. Rosa von Praunheim, who was born in the main prison of Riga in 1942 and grew up in Berlin, wrote his first book in 1967 and began making films at the same time. His legendary film **Nicht der Homosexuelle ist pervers, sondern die Situation, in der er lebt (It Is Not the Homosexual Who Is Perverse, But the Society in Which He Lives)**, shot in 1970, was intensely discussed and led to the founding of over fifty gay groups.

Kuratiert von | Curated by Karin Pott

In Zusammenarbeit mit | In collaboration with
Markus Tiaks, Rosa von Praunheim
Filmproduktion

Mit freundlicher Unterstützung von | With the
kind support of Hauptstadtkulturfonds

HAUS DER BRANDENBUR-GISCH-PREUSSISCHEN GESCHICHTE

Kutschstall
Am Neuen Markt 9
14467 Potsdam
T 0331.620 85 50
www.hbpg.de

S7, RE, RB Potsdam Hauptbahnhof,
Tram 96, Bus 631

Di – Do | Tue – Thu 10 – 17 h, Fr | Fri 10 – 19 h,
Sa & So und feiertags | Sat & Sun and on public
holidays 10 – 18 h
Eintritt | Admission 3 €/ermäßigt | reduced 2 €,
freitags | Fridays 2 €

16.11.2012 – 06.01.2013

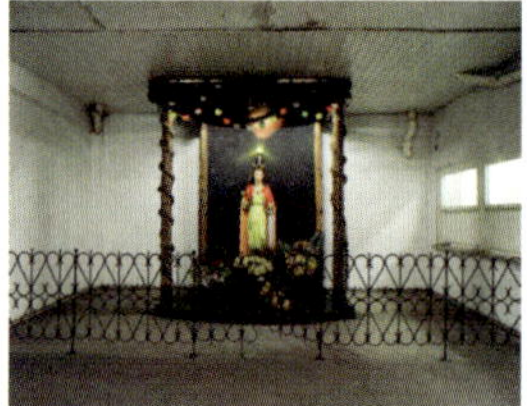

S.|p. 103

STRUKTUR UND ARCHITEKTUR
DAS POSTINDUSTRIELLE KULTURERBE OBERSCHLESIENS
Anke Illing, Thomas Voßbeck

Die einzigartige Industrieregion Oberschlesien in unserem Nachbarland Polen erlebt seit Mitte der 1980er Jahre enorme strukturelle Veränderungen. Viele Werke des Montanreviers wurden bereits geschlossen oder abgerissen. Wie geht man in der Region mit diesem eindrucksvollen industriellen Erbe um? Die ausschließlich analogen Aufnahmen des Fotografen Thomas Voßbeck von der Initiative Europareportage geben auf künstlerisch dokumentarischem Wege interessante Einblicke in eine (Arbeits-) Welt, die schon in absehbarer Zeit so nicht mehr existieren wird. Zu der Ausstellung, die seit November 2010 in Deutschland und Polen zu sehen ist, ist ein deutsch/polnischer Ausstellungskatalog erschienen. In Zusammenarbeit mit dem Klangkünstler Richard Ortmann sind zahlreiche akustische Aufnahmen unterschiedlicher Industrieanlagen entstanden, die über Kopfhörer in der Ausstellung und durch die dem Katalog beiliegende CD zu erleben sind. **Thomas Voßbeck und Anke Illing**

STRUCTURE AND ARCHITECTURE
THE POST-INDUSTRIAL CULTURAL HERITAGE OF UPPER SILESIA
Anke Illing, Thomas Voßbeck

The unique industrial region of Upper Silesia in Germany's neighbour country Poland has undergone extensive structural changes since the mid-1980s. Many plants in the steel and mining region have been shut down or demolished. How do people in the region deal with this imposing industrial heritage? In an artistic, documentary manner, the exclusively analog photos by the photographer Thomas Vossbeck from the Europareportage initiative offer an interesting look into a working world that will soon cease to exist. A German-Polish exhibition catalogue has published in conjunction with the exhibition, which has been on show in Germany and Poland since November 2010. In collaboration with the sound artist Richard Ortmann, numerous acoustic recordings of diverse industrial facilities were created and can be heard on headphones in the exhibition and on the CD accompanying the catalogue. **Thomas Voßbeck and Anke Illing**

Kuratiert von | Curated by
Thomas Wernicke

In Zusammenarbeit mit | In collaboration with
Deutsches Kulturforum östliches Europa,
Potsdam

Katalog | Catalogue
Europareportage: Struktur und Architektur –
Das postindustrielle Kulturerbe Oberschlesiens,
Potsdamer Bibliothek, 2010, 19,80 €

HENGESBACH GALLERY

Charlottenstraße 1
10969 Berlin (Kreuzberg)
T 030.20 91 37 97
www.hengesbach-gallery.de

U6 Kochstraße

Di – Sa | Tue – Sat 11 – 18 h
Eintritt frei | Free admission

27.10. – 15.12.2012

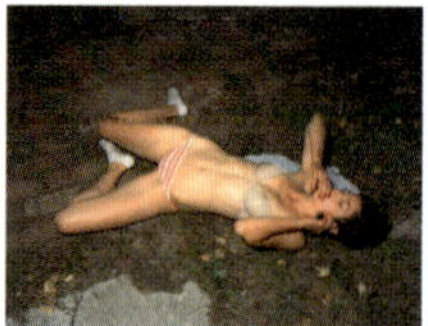

S.|p. 39

HOMECOMING, SUN & RUIN
Björn Siebert

Björn Siebert nennt seine Arbeiten Remakes. Sie sind Rekonstruktionen, d.h. detailgetreue Re-Inszenierungen, von Amateurfotos aus den Untiefen des World Wide Web. Was bei dem vorgefundenen Bild ein zufälliges Zusammensein von Dinggegebenheiten war, wird von ihm in mühevoller Recherchearbeit Stück für Stück zusammengetragen. Der seltsam geglückte, bildliche Augenblick des Schnappschusses wird als sorgfältig arrangiertes Gefüge nachgestellt und mit der Präzision einer Plattenkamera-Fotografie auf eine neue symbolische Ebene gehoben. Siebert beschäftigen die Durchleuchtung der Strukturen bildlicher Kommunikation in unserer Kultur und das geheimnisvolle Potenzial, das die intuitiv erzeugten Bilder der Anderen in sich bergen können. Durch seine Übersetzung von Motiven aus Populärkultur und Alltag in großformatige Fotografien entstehen Fragen zum Verhältnis von Wiederholung und Differenz, Autorschaft und Originalität wie auch zum Wirklichkeitsbezug der Inszenierungen innerhalb des Mediums Fotografie.

HOMECOMING, SUN & RUIN
Björn Siebert

Björn Siebert calls his works Remakes. They are reconstructions, that is, faithful re-enactments, of amateur photos from the depths of the World Wide Web. Piece by piece in painstaking research, he assembles what in the found image was a chance constellation of material conditions. The strangely fortuitous pictorial moment of the snapshot is reconstructed as a carefully arranged composition and elevated to a new symbolic level with the precision of plate-camera photography. Siebert is interested in investigating the structures of visual communication in our culture and the enigmatic potential that may be concealed in other people's intuitively created images. His translation of motifs from popular culture and everyday life into large-format images poses questions about relations of repetition and difference, authorship and originality, and about how poses refer to reality in the medium of photography.

I

IFA-GALERIE BERLIN
INSTITUT FÜR AUSLANDSBEZIEHUNGEN

Linienstraße 139/140
10115 Berlin (Mitte)
T 030.28 44 91 40
www.ifa.de

U6 Oranienburger Tor, U8 Rosenthaler Platz,
S1, S2, S25 Oranienburger Straße,
S5, S7, S75 Hackescher Markt

Di–So | Tue–Sun 14–19 h
Eintritt frei | Free admission

12.10.–21.12.2012

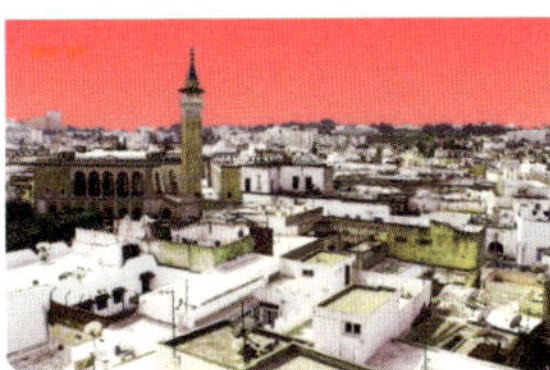

S.|p. 69

^D_E

CONNECT: ROSIGE ZUKUNFT
AKTUELLE KUNST AUS TUNESIEN

Der Weg zur Demokratisierung Tunesiens ist holprig und steinig. Die Umsetzung der Ziele des Aufstandes im Januar 2011, wie zum Beispiel die Einführung persönlicher Freiheit, erweist sich als schwerfälliger, als anfänglich gedacht. Die Revolution ist noch nicht zu Ende! Die Ausstellung **Rosige Zukunft** gewährt Einblick in das aktuelle Kunstschaffen des post-revolutionären Tunesiens. Alle ausgewählten Künstler waren Zeugen bzw. Mitakteure des historischen Umbruches im Januar 2011. Mit ihren künstlerischen Arbeiten reagieren sie auf Begebenheiten, die sich in ihrem sozialen und politischen Umfeld auftun. Sie zeigen Konflikte auf, die in der diktatorischen Vergangenheit verschwiegen bzw. konserviert wurden und die nun nach der Revolution frisch aufkeimen. Sie sprechen über Zwiespälte innerhalb der Gesellschaft, über die Gegensätze zwischen der traditionellen Landbevölkerung und den modernen westlich orientierten Städtern, über die Unstimmigkeiten zwischen tunesischen Männern und Frauen und über die Kontroversen zwischen Laizisten und Islamisten.

^E^N

CONNECT: BRIGHT FUTURE
CONTEMPORARY ART FROM TUNISIA

The road to democratisation in Tunisia is rough and rocky. The aims of the January 2011 rebellion, such as the introduction of personal liberties, is proving more difficult than anticipated. The revolution is not over yet. The exhibition **Bright Future** offers an insight into the work of contemporary artists in post-revolutionary Tunisia. All of the artists were been witnesses or active participants in the historic changes of January 2011. In their artworks they respond to events in their social and political environment. They highlight conflicts that had been suppressed or conserved during the dictatorship and that now emerge after the revolution. They address antagonisms within society, contrasts between the traditional rural population and modern Western-oriented urban dwellers, conflicts between Tunisian men and women, and controversies between secularists and Islamic fundamentalists.

Künstler | Artists
Moufida Fedhila, Aïcha Filali, Faten Gaddes, Halim Karabibene, Mouna Karray, Nicene Kossentini, Mouna Jemal Siala, Mohamed Ben Soltane, Patricia K. Triki

Kuratiert von | Curated by
Barbara Barsch, Christine Bruckbauer, Patricia Triki

In Zusammenarbeit mit | In collaboration with
Goethe-Institut, Akademie der Künste, Berlin

Katalog | Catalogue
Christine Bruckbauer, Patrisia Triki, Barbara Barsch, Racha Triki, Aurelie Machghoul, Houcine Tlili, Hamid Ounaina, Selim Karoui, Mohamed Ben Sultane: Rosige Zukunft – Aktuelle Kunst aus Tunesien, Bielefeld: Kerber, 2012

INSTITUT FRANÇAIS BERLIN

Kurfürstendamm 211
10719 Berlin (Charlottenburg)
T 030.88 59 02 69
www.institutfrancais.de/berlin

U1 Uhlandstraße

Di & Fr | Tue & Fri 14–19 h, Mi & Do | Wed & Thu 12–19 h, Sa | Sat 11–15 h
Eintritt frei | Free admission

20.10.2012–13.01.2013

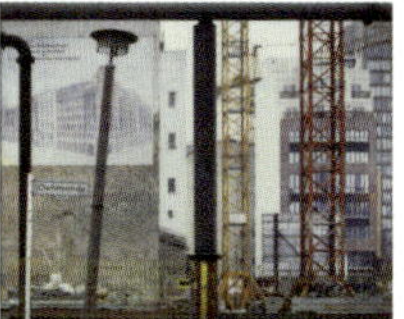

S.|p. 96

^D_E

ARCHÉOLOGIE URBAINE
Stéphane Couturier

Seit 1994 stellt Stéphane Couturier eine Reihe von Werken aus, die als Wegbereiter für seine Arbeit mit dem Titel **Archéologie Urbaine (Stadtarchäologie)** gelten. Er fotografiert die Stadt als einen lebendigen, facettenreichen Organismus fern jeder Poetik, Nostalgie oder Fremdartigkeit. Seine mit einer Balgenkamera fotografierten Werke sind eine Aneinanderreihung mehrerer Schichten, die jegliche Perspektive und Tiefenschärfe auflösen. Diese Frontalität wird von einer strengen Orthogonalität der Bildeinstellungen begleitet und verleiht den Kunstobjekten eine erstaunliche Plastizität. Die einzelnen Schichten verschmelzen miteinander und provozieren eine makellose Glätte, welche die Elemente der Fotografie de facto vollständig enthierarchisiert. Es gibt weder einen Vorder- oder Hintergrund, noch ein wesentliches Hauptthema, sondern ein räumlich und zeitlich offenes Stimmungsbild der Standorte, die eine in Vergessenheit geratene Vergangenheit, eine turbulente Gegenwart und eine sich herausbildende Zukunft miteinander kombinieren.

^E^N

ARCHÉOLOGIE URBAINE
Stéphane Couturier

Since 1994, Stéphane Couturier has been exhibiting a series of works that paved the way for his work titled **Archéologie Urbaine (Urban Archaeology)**. He photographs the city as a living, multifaceted organism removed from any poetry, nostalgia or exoticism. His works, which he shoots with a folding camera, are successions of numerous layers that eliminate all perspective and depth of field. This frontality is accompanied by a strictly orthogonal framing of the image and lends the objects an astounding plasticity. The individual layers merge and provoke an immaculate smoothness that levels the hierarchy of the elements in photography. There is neither foreground nor background, nor a significant principal theme, but rather a spatially and temporally

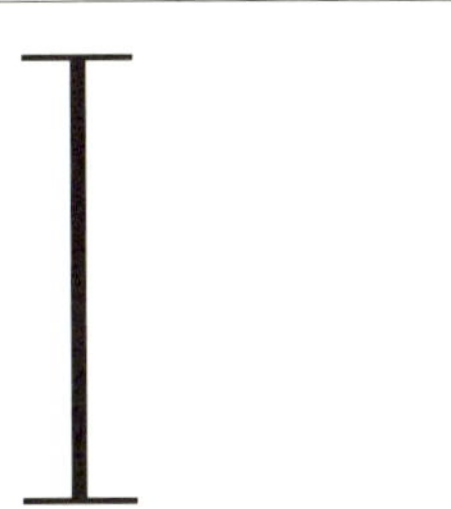

open, atmospheric picture of the location that combines a forgotten past, a turbulent present and an evolving future.

**In Zusammenarbeit mit |
In collaboration with
Galerie Kornfeld, Total**

Eine Initiative im Rahmen des Tandems Paris–Berlin zum 25. Jubiläum der Städtefreundschaft zwischen Paris und Berlin | An initiative within the framework of the twenty-fifth anniversary of the city partnership between Paris and Berlin

INSTITUTO CERVANTES BERLIN

**Rosenstraße 18
10178 Berlin (Mitte)
T 030.257 61 80
www.cervantes.de**

S5, S7, S75, M1, M4, M5, M6 Hackescher Markt, Bus 100, 200, TXL

**Mo–Fr | Mon–Fri 12–19 h
Eintritt frei | Free admission**

24.10.–21.12.2012

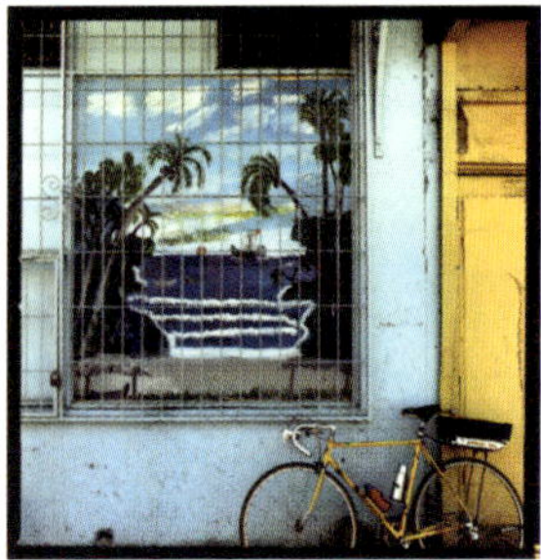

S. | p. 129

D
E

VERBORGENES

Die Ausstellung Verborgenes zeigt Werke von zehn Fotografen aus Lateinamerika, die auf Einladung des Instituto Cervantes von den Kuratoren Alejandro Castellote und Juan Antonio Molina ausgewählt wurden. Dieser Auswahlprozess fand 2009 im Rahmen des von PHotoEspaña und AECID (Spanische Agentur für Internationale Entwicklung und Zusammenarbeit) organisierten Sichtungsprogramms Descubrimientos statt. Mit dem Titel soll bewusst vermieden werden, das vermeintlich typisch »Lateinamerikanische« durch eine limitierte Zahl von Fotografien neu entdecken zu wollen. Die Künstler beziehen sich auf ihre lokalen Wirklichkeiten und sind bemüht, sich vom mit bestimmten Erwartungen gefüllten Blick des Anderen freizumachen. Dabei sind der Kontrast zwischen Stadt und Land, die soziale Schere, Umweltdramen, Entwurzelung sowie die zwanghafte Annäherung an europäische und nordamerikanische Lebensweisen wiederkehrende Themen. Die Fotografien sind auf mehreren Bedeutungsebenen lesbar. Der Gesamtheit der verschiedenen Bilder gelingt es, mit großer Eindringlichkeit vielschichtige Botschaften zu übertragen.

E^N

THE CONCEALED

The exhibition Verborgenes (The Concealed) presents works by ten photographers from Latin America who were selected by the curators Alejandro Castellote and Juan Antonio Molina at the invitation of the Instituto Cervantes. The selection process took place in 2009 as part of the Descubrimientos viewing program organised by PHotoEspaña and the Spanish International Development Cooperation Agency (AECID). The title is meant to avoid the suggestion that an allegedly typical «Latin America" might be rediscovered through a few photographs. The artists make reference to their local realities and strive to free themselves from The View of the Other with all the expectations it brings with it. The contrasts between city and countryside, social disparities, environmental dramas, uprooting and the compulsive approximation of European and North American lifestyles are recurring themes. The photographs can be read on various levels. The totality of the diverse images succeeds in vividly communicating complex messages.

**Künstler | Artists
Andrea Aragón, Andrés Asturias, João Castilho, Cia de Foto, Sebastián Friedman, Alejandro Lipszyc, María Teresa Ponce, Gerardo Repetto, Cinthya Soto, Arelí Vargas**

**Kuratiert von | Curated by
Alejandro Castellote, Juan Antonio Molina**

**In Zusammenarbeit mit |
In collaboration with
PHotoEspaña 2010, AECID**

**Katalog | Catalogue
Instituto Cervantes / AECID / PHotoEspaña:
Encubrimientos, 2010,
20 €**

INVESTITIONSBANK BERLIN

**Bundesallee 210
10719 Berlin (Wilmersdorf)
T 030.212 50
www.ibb.de**

U2, U9 Spichernstraße

**Mo–Fr | Mon–Fri 9–18 h
Eintritt frei | Free admission**

14.11.–30.11.2012

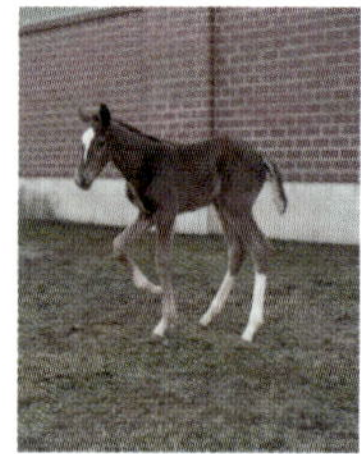

S. | p. 37

D
E

IBB-PREIS FÜR PHOTOGRAPHIE
Preisträger 2012

Der IBB-Preis für Photographie wurde 2007 als gemeinsame Initiative der Investitionsbank Berlin und des Freundeskreises der Universität der Künste Berlin e.V. – Karl Hofer Gesellschaft ins Leben gerufen. Ziel des IBB-Preises für Photographie ist die Förderung herausragender junger Absolventen der Universität der Künste Berlin, die sich der Fotografie verschrieben haben, nicht älter als 35 Jahre sind und deren Abschluss nicht länger als fünf Jahre zurückliegt. Von der Karl Hofer Gesellschaft ausgewählte Professoren der Universität der Künste Berlin schlagen jeweils drei geeignete Kandidaten vor, die im Rahmen eines beschränkten Wettbewerbs jeweils drei fotografische Arbeiten einer Jury präsentieren. Neben der speziellen Förderung junger Künstler soll der Preis generell die Entwicklung zeitgenössischer Fotografie dokumentieren. Er ist mit 5.000 Euro dotiert. Außer dem Preisgeld erhalten die ausgezeichneten Künstler die Möglichkeit, ihre Arbeiten im Rahmen der Ausstellungsreihe Schöne Aussichten in der Bank einem breiten Publikum zu präsentieren.

E^N

IBB PHOTOGRAPHY AWARD
2012 prize winners

The IBB Photography Award was established in 2007 as a joint initiative of the Investitionsbank Berlin and the Karl Hofer Society, which is the association of friends of the Berlin University of the Arts. The purpose of the IBB Photography Award is to foster outstanding graduates of the Berlin University of the Arts who have dedicated themselves to photography, are not older than thirty-five, and completed their studies not more than five years ago. The award is competitive: the Karl Hofer Society selects professors at the Berlin University of the Arts to propose three suitable candidates, each of whom then presents three photographic works to a jury. In addition to fostering young artists, the prize is also intended to document the development of contemporary photography. In addition to the cash award of 5,000 euros, the winning artists also have the opportunity to present their works to a broad public at the IBB offices as part of the exhibition series **Schöne Aussichten (Good Prospects)**.

Kuratiert von | Curated by
Matthias-Felix Langner, Verena Tafel

Katalog | Catalogue
Zur Ausstellung erscheint ein Katalog. |
A catalogue will be published.

ITALIENISCHES KULTUR-INSTITUT BERLIN

Hildebrandstraße 2
10785 Berlin (Tiergarten)
T 030.26 99 41 13
www.iicberlino.esteri.it

Bus M29, 100, 106, 187, 200

Mo–Do | Mon–Thu 10–16 h, Fr | Fri 10–14 h
und nach Vereinbarung | and by arrangement
Eintritt frei | Free admission

06.11.–23.11.2012

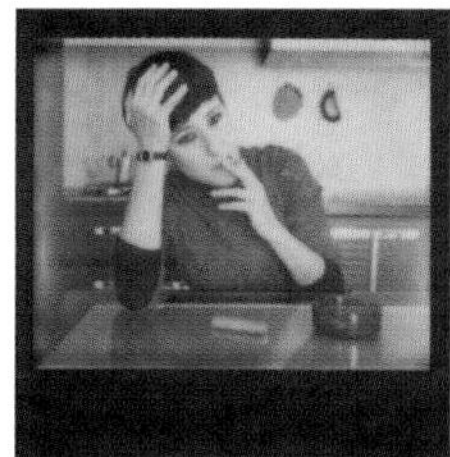

S.|p. 135

^DE

DER BLICK DER ANDEREN
DIE ANDEREN SIND WIR
POLAROIDERS GROUP

Unser Gehirn interpretiert Gesichtsausdrücke in unterschiedlicher Art und Weise, je nachdem, ob jemand uns direkt ansieht oder nicht; die Blickrichtung des anderen bestimmt tatsächlich die Antwort unseres Gehirns auf die vom Gesicht dieser Person ausgedrückten Emotionen. Aus demselben Grund wählt jeder Fotograf einen persönlichen visuellen Gesichtspunkt, unter dem er den Blick der fotografierten Personen auf dem Film »festhalten« möchte, indem er entweder die Wirklichkeit wiedergibt oder seine eigene Version derselben, indem er manchmal Einfluss auf sein Gegenüber nimmt, manchmal selbst davon verführt wird. Dies geschieht, da wir selbst die Anderen sind: Durch unsere Momentaufnahmen begegnen wir dem Anderen, enthüllen seine Identität und entwerfen imaginäre Archetypen, die häufig lange Zeit überleben, indem wir das Bild einer unauflösbaren Emotion übermitteln. **Der Blick der Anderen** möchte ein Projekt sein, das nicht nur über die Bilder anspricht, sondern auch durch den zugrunde liegenden Prozess. Die Bilder erzählen Gefühle, sie geben Einsicht in die Beziehung Fotograf / Subjekt.

^EN

THE VIEW OF OTHERS
WE ARE THE OTHERS
POLAROIDERS GROUP

Our brains interpret facial expressions in different ways depending on whether the face is looking directly at us or not. The direction of the other's gaze actually determines how our brain responds to the emotions expressed on the person's face. For the same reason, every photographer selects a personal perspective from which they »record« the gaze of the person being photographed, either reflecting reality or a subjective version of it, sometimes influencing the person being photographed, and sometimes ensnared by them. This occurs because we ourselves are the other: by means of our snapshots we encounter others, reveal their identity and create imaginary archetypes that often survive a long time, by conveying the image of an irreducible emotion. The aim of **Der Blick der Anderen (The View of Others)** is to speak not only through images, but also through the underlying process. The images communicate emotions and provide insight into the photographer / subject relationship.

Künstler | Artists
Federica Abate, Cristina Altieri, Paolo Annibale, Enrico Borgogni, Andrea Buia, Massimo Dotti, Patrizia Gargano, Christian Ghiselini, Luca Giaretta, Fabio Interra, Franco Mammana, Alan Marcheselli, Carmen Palermo, Laura Peres, Luca Peroni, Silvano Peroni, Michela Scagnetti, Lucia Semprebon, Menico Snider, Pamela Testa, Matteo Varsi, Luca Zanella

Kuratiert von | Curated by
Alan Marcheselli, Carmen Palermo

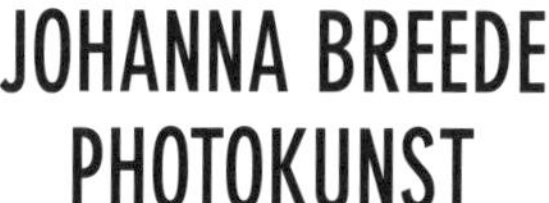

JOHANNA BREEDE PHOTOKUNST

Fasanenstraße 69
10719 Berlin (Charlottenburg)
T 030.88 68 31 23
www.johanna-breede.com

U1 Uhlandstraße

Di–Fr | Tue–Fri 11–18 h, Sa | Sat 11–16 h
Eintritt frei | Free admission

20.10.–24.11.2012

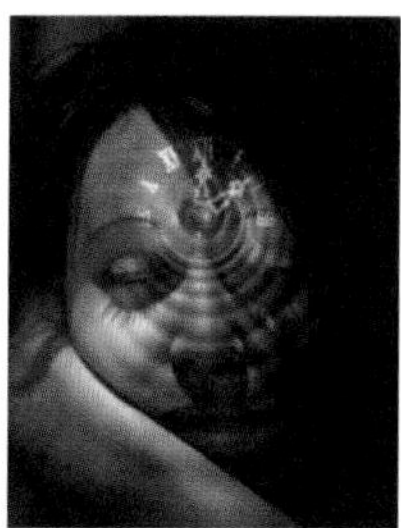

S.|p. 71

^DE

PHANTASIE UND TRAUM
Heinz Hajek-Halke

Mit Heinz Hajek-Halke (1898–1983) präsentiert Johanna Breede einen der großen Fotopioniere der 1920er und frühen 1930er Jahre in Deutschland. Als einer der Ersten experimentierte er mit Überblendungen und Montagen, ließ das Dokumentarische der Fotografie hinter sich und betrat die Welt des Irrealen und Doppelbödigen. Da wird das Zifferblatt einer Uhr auf ein Gesicht projiziert, da erscheint inmitten einer Straßenszene ein überdimensionaler weiblicher Akt. Mit Verfremdungen wie in der **Üblen Nachrede** oder dem berühmten **Schwarz-Weißen Akt** beweist Hajek-Halke nicht nur optische Raffinesse, er ruft auch eine Fülle von Assoziationen hervor und erschließt neue Formen der Wahrnehmung. Durch sein einfallsreiches Spiel mit Sinn und Hintersinn eroberte Hajek-Halke die Illustrierten und Magazine der »Wilden Zwanziger«, deren Hunger nach dem Unerwarteten und Ungewohnten durchaus der Seherfahrung unserer Gegenwart vergleichbar ist. Das lässt uns den Künstler Hajek-Halke als Vorläufer virtueller Bildwelten erkennen, dessen kraftvolle Kompositionen auch heute noch unweigerlich in ihren Bann ziehen.

FANTASY AND DREAM
Heinz Hajek-Halke

Johanna Breede presents Heinz Hajek-Halke (1898–1983), one of the great photography pioneers of the 1920s and early 1930s in Germany. He was one of the first to experiment with superimposed images and montages, to leave the documentary aspect of photography behind him and enter the world of the unreal and the ambiguous. The face of a clock is projected onto a face; an oversized female nude appears in the middle of a street scene. With alienations such as those in Üble Nachrede (Slander) or the famous Schwarz-Weissen Akt (Black and White Nude), Hajek-Halke not only demonstrates optical ingenuity but also evokes an abundance of associations and opens up new forms of perception. With his imaginative play on meaning and deeper meaning, Hajek-Halke conquered the illustrated magazines and journals of the roaring twenties, whose hunger for the unexpected and unusual is quite comparable to our present-day way of seeing. Thus we recognise the artist Hajek-Halke as a pioneer of virtual worlds of images whose powerful compositions are still spellbinding today.

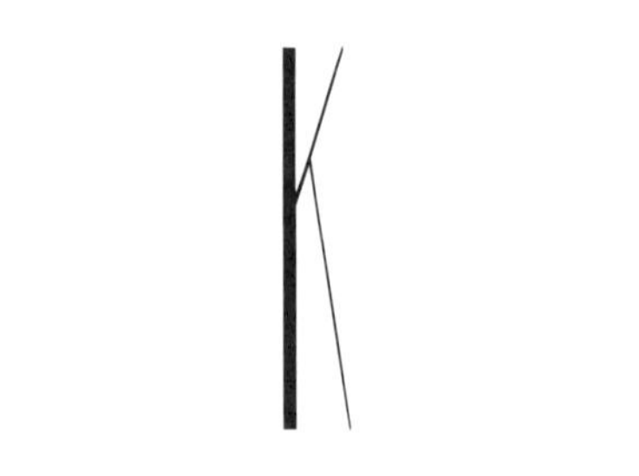

KICKEN BERLIN

Linienstraße 161A / 155
10115 Berlin (Mitte)
T 030.28 87 78 82
www.kicken-gallery.com

U6 Oranienburger Tor, S1, S2, S25,
Tram M1, M6 Oranienburger Straße

Mi – Sa I Wed – Sat 14 – 18 h
Eintritt frei I Free admission

12.09. – 15.12.2012

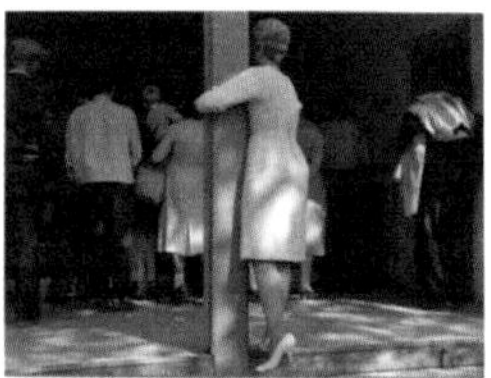

S.Ip. 143

JANOS FRECOT. PÉTER NÁDAS

Anlässlich des 5. Europäischen Monats der Fotografie 2012 zeigt Kicken Berlin einen Ausschnitt aus dem fotografischen Werk des bedeutenden deutschen Fotokurators und -historikers Janos Frecot. Als Gründer und langjähriger Leiter der Fotosammlung im Landesmuseum Berlinische Galerie hat er wichtige Werke zusammengetragen und der Öffentlichkeit zugänglich gemacht. Seine fotografischen Anfänge gründeten jedoch – heute wenig bekannt – auf der Praxis des Mediums. Die Stadt Berlin mit ihren Bauten hatte es dem leidenschaftlichen Flaneur in den 1960er Jahren angetan. Spuren ihrer wechselvollen Geschichte zeigen sich in den Fassaden wie Hinterhöfen: Brandmauern offenbaren Silhouetten verschwundener Gebäude, Backsteinsedimente und Reklame vergangener Zeiten. Die Serie Mauern, 1965 als Portfolio veröffentlicht, gab Frecot den Anlass, einen reichen bildlichen Imaginationsraum über die rein dokumentarische Aufzeichnung

von Realität hinaus zu eröffnen und damit auf »Aspekte der Wirklichkeit hinzuweisen, die leicht übersehen werden«.

Parallel wird bei Kicken Berlin eine Auswahl aus dem fotografischen Werk des ungarischen Schriftstellers Péter Nádas präsentiert.

JANOS FRECOT: PÉTER NÁDAS

In 2012, during the 5th European Month of Photography, Kicken Berlin will show a survey of the photographic work of the important German photography curator and historian Janos Frecot. As the founder and long-time director of the photography collection at the Berlinische Galerie, Frecot brought together important works and made them accessible to the public. What many do not know, however, is that Frecot's first involvement with photography was as a practitioner of the art. A dedicated flaneur, he was enchanted by Berlin and its architecture in the 1960s. Traces of the city's history were visible on façades and in courtyards; fire walls reveal the silhouettes of buildings that have disappeared, residues of brick and mortar, and advertisements from a bygone era. The series Mauern (Walls), published as a portfolio in 1965, gave Frecot the opportunity to open up a rich realm of visual imagination and to »point out aspects of reality which are easily overlooked«.

At the same time Kicken Berlin will present a selection of photography by the Hungarian writer Péter Nádas.

KOMINEK GALLERY

Immanuelkirchstraße 25
10405 Berlin (Prenzlauer Berg)
T 0157.71 44 18 41
www.kominek-gallery.com

U2 Senefelderplatz,
Tram M4 Hufelandstraße

Di – Fr I Tue – Fri 14 – 19 h
Eintritt frei I
Free admission

23.10. – 16.11.2012

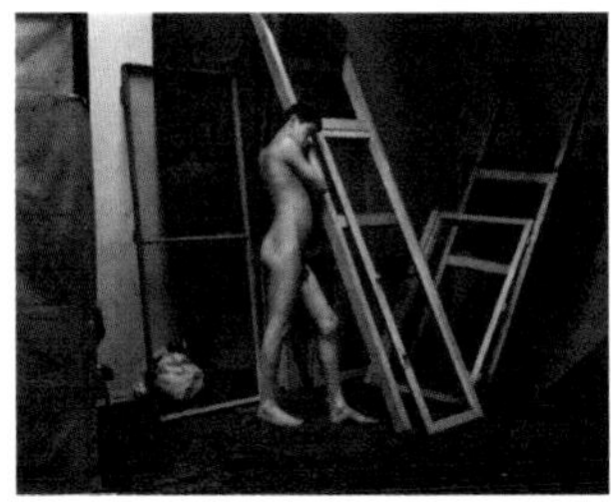

S.Ip. 85

D
E

AKT
Maja Forsslund

Mit 22 Jahren wird Maja Forsslund an der École Nationale Supérieure des Beaux-Arts in Paris angenommen. Sie setzt sich in Akt-kursen mit dem menschlichen Körper auseinander und erlernt das Handwerk des Malers. Anhand der Skizzen beginnt sie nach den menschlichen Formen zu interpretieren und zu gestalten. Bis ins kleinste Detail beschäftigt sie sich mit Muskelgruppen, den Ausprägungen und Verläufen von Knochen und Sehnen und lernt die Unterschiede des Körpers, wie die Zeit und das Leben diesen prägen, zu beobachten und festzuhalten. Sie setzt ihr Studium an der Kunstakademie in Krakau fort und fängt dort an, mit der Kamera zu arbeiten. Sie möchte ihre Beobachtungen festhalten, wie ein Sammler, und diese bewahren. Inmitten des Studios erschafft sie Szenerien mit Aktmodellen, benutzt Requisiten, Gipsmodelle, verschiedenste Utensilien und fotografiert das Resultat. Mit Hilfe der Kamera werden diese kleinen Details schonungslos mit dem Akt verbunden. Forsslund selber sagt: **»Diese ›anderen Elemente‹ sind die Bilder. Sie erschaffen die Absurdität, das manchmal surrealistische Universum.«**

E
N

AKT
Maja Forsslund

At the age of twenty-two, Maja Forsslund was accepted at the École Nationale Supérieure des Beaux-Arts in Paris. She examined the human body in life drawing courses and learned the painter's craft. In sketches she began to interpret and create based on human forms. She studied muscle groups and the forms and the development of bones and sinews in every detail, and learned to observe and record the differences between bodies and how they are shaped by time and life. She continued her studies at the Academy of Fine Art in Cracow, where she began to use the camera to record and preserve her observations like a collector. In the middle of the studio, she creates scenes with nude models, uses props, plaster models and a wide range of utensils, and photographs the results. The camera inexorably connects these small details with the nude. Forsslund herself says, **»These ›other elements‹ are the pictures. They create the absurdity, the sometimes surrealistic universe.«**

Katalog | Catalogue
Maja Forsslund: Akt, Göttingen:
Steidl, 2012, 48 €

KOMMUNALE GALERIE BERLIN

Hohenzollerndamm 176
10713 Berlin (Wilmersdorf)
T 030.902 91 67 04
www.kommunalegalerie-berlin.de

U3, U7 Fehrbelliner Platz, Bus 101, 104, 115

Di–Fr | Tue–Fri 10–17 h, Mi | Wed 10–19 h,
So | Sun 11–17 h
Eintritt frei | Free admission

21.10.–25.11.2012

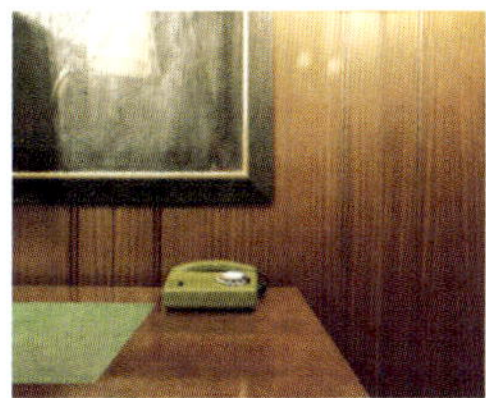

S. | p. 87

D
E

12 ANTWORTEN AUF BERLIN

Die zwölf Fotografen der Ausstellung kommen aus acht verschiedenen Herkunftsländern. Berlin war für einige nur Zwischenstation auf der Durchreise, für andere temporärer Arbeitsaufenthalt, und manche leben auch schon lange hier. **Den Blick dieser Anderen** gibt es nicht, vielmehr zwölf Sichten auf Berlin. Die einen waren auf der Suche nach dem Besonderen, die anderen nach dem, was sie aus anderen großen Städten kannten. Die eingenommenen Perspektiven, die verwendete Technik und die persönlichen Bildsprachen sind unterschiedlich. Fast alle spüren der Geschichte nach, etwa der verschwundenen Mauer und den Brachen und Provisorien, die sie hinterlassen hat. Erstaunen darüber, dass die Folgen des Zweiten Weltkrieges letztlich immer noch sichtbar sind, spielt dabei ebenso eine Rolle wie das ästhetische Vergnügen an der Morbidität von rostigem Eisen und bröseligen Fassaden. Weitere Arbeiten gelten dem Alltäglichen, dem wenig Beachteten. Für die, die hier zu bleiben beschlossen haben, bedeutet dies das Erforschen des Beständigen und der Veränderung im eigenen Kiez.

E
N

12 RESPONSES TO BERLIN

The twelve photographers exhibited come from eight different countries. For some of them, Berlin was only a stopover, for others, a place to work for a time. Others still are long-time residents. These outsiders have not one, but twelve perspectives on Berlin. Some were in search of something special, others looked for what they knew from other big cities. The perspectives adopted, the techniques used and their personal pictorial languages differ. Nearly all of them look for traces of history, such as the vanished Wall and the gaps and makeshifts that it left behind. They are amazed at the still visible aftermath of the Second World War; they take aesthetic pleasure in the morbidity of rusting iron and crumbling façades. Other works are dedicated to the everyday, to the easily overlooked. For those who have decided to stay here, this means exploring the constants as well as the changes in their own neighbourhoods.

Künstler | Artists
Akinbode Akinbiyi (NGA), Jérémie Aubouin (F), Andreas Burger (I), Serge Clément (CDN), Stéphane Duroy (F), Benedetta Grossrubatscher (I), Vincenzo Guarnera (I), Katherine Newbegin (USA), Marek Pozniak (PL), Gino Puddu (I), Andy Rumball (GB), Abby Storey (NZL)

Kuratiert von | Curated by
Hansgert Lambers, Axel Sommer

KULTURAMT STEGLITZ-ZEHLENDORF

Schwartzsche Villa (Atelier)
Grunewaldstraße 55
12165 Berlin (Steglitz)
T 030.902 99 23 02
www.kultur-steglitz-zehlendorf.de

U9, S1 Rathaus Steglitz,
Bus M48, M82, M85, X83, etc.

Di–Fr&So | Tue–Fri & Sun 10–18 h,
Sa | Sat 14–18 h
Eintritt frei | Free admission

17.10.–11.11.2012

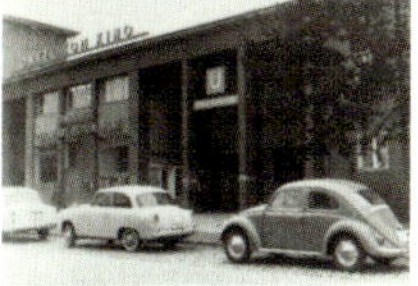

S. | p. 67

D
E

GEHEIM!
DIE STASI FOTOGRAFIERT STEGLITZ UND ZEHLENDORF
Unbekannte MfS-Mitarbeiter

In der Behörde des Bundesbeauftragten für die Unterlagen des Staatssicherheitsdienstes der ehemaligen Deutschen Demokratischen Republik befinden sich Hunderte Fotografien, die von Mitarbeitern des Ministeriums für Staatssicherheit der DDR in den Westbezirken Steglitz und Zehlendorf seit den 1950er Jahren bis zum Mai 1989 aufgenommen wurden. Bei vielen Fotografien erschließt sich der Hintergrund ihrer Entstehung durch die einschlägige Beschriftung. So wurden zum Beispiel vermeintliche Treffpunkte westlicher Geheimdienstmitarbeiter fotografiert. Daneben gibt es Fotos einzelner Straßen und Häuser. Manche Fotos wurden Ende 1989 zerrissen und von der BStU wieder zusammengesetzt. Jenseits des MfS-Kontexts ist ein Panorama historischer Ansichten entstanden. Die meisten Aufnahmen stammen aus den 1950er, 1960er Jahren und zeugen von den Verhältnissen der Nachkriegszeit in Steglitz und Zehlendorf. Nach der Fertigstellung des sogenannten Kreisels wurde auch dieser fotografiert. Die letzten Aufnahmen stammen aus dem Mai 1989 – es sind Farbfotografien der Steglitzer Schlossstraße. Die Ausstellung wird durch einige wenige schriftliche Materialien aus der BStU ergänzt, darunter die Beschreibung eines MfS-Treffpunkts vor dem Adria-Kino.

CLASSIFIED!
THE STASI PHOTOGRAPHS STEGLITZ AND ZEHLENDORF
Unknown Stasi Employees

The office of the Federal Commissioner for the Stasi Archives of the former German Democratic Republic (BStU) holds hundreds of photographs that were taken in the West Berlin boroughs of Steglitz and Zehlendorf from the 1950s until May 1989 by employees of the East German Ministry of State Security. Many of the photographs bear legends that reveal why they were taken. Alleged meeting places of Western secret service agents were photographed, for example. There are also photos of individual streets and buildings. Many photographs were shredded in late 1989 and reassembled by the BStU. Even disregarding the Stasi context, the photographs create a panorama of historic scenes. The majority of the photos date from the 1950s and '60s and bear witness to the conditions in Steglitz and Zehlendorf during the post-war period. The high-rise Kreisel building was also photographed after being completed. The last photos, from May 1989, are colour photographs of Schlossstrasse in Steglitz. The exhibition is supplemented by various written materials from the BStU, including a description of a Stasi meeting point in front of the Adria cinema.

Kuratiert von | Curated by
Doris Fürstenberg

Mit freundlicher Unterstützung von | With the kind support of
Bundesbeauftragter für die Unterlagen des Staatssicherheitsdienstes der ehemaligen Deutschen Demokratischen Republik (BStU) | Federal Commissioner for the Stasi Archives

KUNST- UND ATELIER-HAUS MEINBLAU

Christinenstraße 18/19
10119 Berlin (Mitte)
T 030.449 64 57
www.meinblau.de

U2 Senefelderplatz, U8 Rosenthaler Platz, Tram M1, M12 Schwedter Straße

Do–So | Thu–Sun 14–19 h
Eintritt frei | Free admission

21.10.–04.11.2012

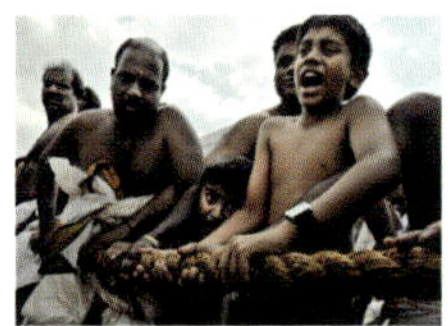

S. | p. 145

BERGE VERSETZEN
FOTOGRAFIEN VON INGO KNIEST

In der Ausstellung **Berge versetzen** beschäftigt sich Ingo Kniest mit Fragen des Wandels des Religiösen. In Europa hat die Abkehr von den christlichen Institutionen nicht zum völligen Bruch mit religiöser Praxis geführt. Das traditionell-konfessionelle Selbstverständnis weicht oftmals neuen religiösen Identitätsmustern – in Form einer Individualisierung oder Konversion des Glaubens. Für religiöse Minderheiten und Menschen in der Diaspora ist dagegen die Aufrechterhaltung traditioneller Glaubenspraxis im fremden Kontext von häufig hoher identitätsprägender Bedeutung. Ingo Kniest begibt sich auf die Suche nach den Fragen des religiösen Handelns in unserer Zeit, der (Re-)Definition von sozio-religiöser Identität. Seine Bilder handeln von Menschen, die zwischen den Traditionen der eigenen und einer fremden Kultur stehen sowie zwischen Diesseits und Jenseits. So begleitet er orthodoxe Christen auf Pilgerschaft im katholischen Polen, porträtiert deutsche Konvertiten oder dokumentiert tamilische Hinduisten bei ihren rituellen Handlungen in der Diaspora.

MOVING MOUNTAINS
PHOTOGRAPHS BY INGO KNIEST

In the exhibition **Berge versetzen (Moving Mountains)**, Ingo Kniest devotes himself to questions regarding the transformation of religion. In Europe, the rejection of Christian institutions has not resulted in a complete break with religious practice. Traditional, denominational self-images often give way to new patterns of religious identity – in the form of an individualisation or conversion of faith. For religious minorities and people in diaspora, on the other hand, adherence to the traditional practice of faith in a foreign context is often a major factor in shaping identity. Ingo Kniest explores the question of religious practice in our time as it defines and redefines socio-religious identity. His images deal with people who stand divided between their own traditions and those of a foreign culture, and between this world and the next. He accompanies Orthodox Christians on pilgrimage in Catholic Poland, portrays German converts, and documents Tamil Hindus during their rituals in diaspora.

11.11.–25.11.2012

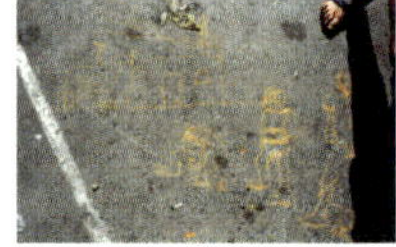

S. | p. 108

WOVON DIE ANDEREN TRÄUMEN
FOTOGRAFIEN VON JULE KAISER UND CHARLOTTE MENIN

Roma werden in Europa, ähnlich den Native Americans in Nordamerika, als Menschen gesehen, die sich am Rande der Gesellschaft eine eigene gebildet haben, bestimmt von Armut und Kriminalität. Geschichten über sie erzählen von »freien Nomaden«, die durch die Wildnis reisen. Wild sind in der Gegenwart aber vor allem die Umstände, denen sich diese Menschen in der Gesellschaft unterwerfen müssen. Während jedoch in Amerika mit Roma weiter fahrende Schausteller assoziiert werden, neigen die Europäer nach wie vor zu einer verklärenden Romantisierung der American Indians. Denn »die Anderen« in unserer Nähe betrachten wir als Bedrohung, während wir »die Anderen« in der Ferne als Projektion für unsere Sehnsüchte nutzen. Jule Kaiser reiste nach Oklahoma in die indianische Hauptstadt der USA, Charlotte Menin porträtierte eine Gruppe rumänischer Roma in Mailand. Es sind keine Elendsgeschichten entstanden, die den Anspruch haben, uns über die Wirklichkeit von Roma und Native Americans zu unterrichten. Beide Arbeiten funktionieren wie ein Mosaik von Wirklichkeiten – Fragmente subjektiv gesammelter Eindrücke.

E N

WHAT OTHERS DREAM OF
PHOTOGRAPHS BY JULE KAISER AND CHARLOTTE MENIN

Roma in Europe, like Native Americans in North America, are seen as people who have formed their own community on the fringes of society, under the pressure of poverty and criminality. In stories they are portrayed as »free nomads« travelling through the wilderness. But in the present, what is wild are the social circumstances under which these peoples suffer. However, while Americans continue to associate the Roma with travelling showmen, Europeans tend toward a romanticised image of American Indians. We see the »others« near us as a threat, and project our longings on more remote »others«. Jule Kaiser travelled to Oklahoma, the state with the largest Native American population in the USA, and Charlotte Menin portrayed a group of Romanian Roma in Milan. The photographs they created are not stories of adversity that aspire to teach us about the reality of Roma and Native Americans. Rather, the two projects function as a mosaic of realities – fragments of subjectively gathered impressions.

KUNSTBÜROBERLIN

Uhlandstraße 162
10719 Berlin (Charlottenburg)
T 030.85 72 62 40
www.kunstbueroberlin.de

U1 Uhlandstraße, Bus 249
Mi – Fr | Wed – Fri 12 – 19 h, Sa | Sat 13 – 16 h
und nach Vereinbarung | and by arrangement
Eintritt frei | Free admission

24.10. – 15.12.2012

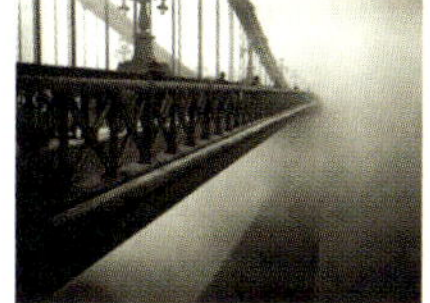

S. | p. 125

D E

PERSPEKTIVEN
Imre Kinszki, Martin Zeller

Bindeglied zwischen den Künstlern ist die Suche nach ungewohnten Perspektiven. Imre Kinszki (1901 – 1945) gilt als einer der ungarischen Künstler, die am konsequentesten die Neue Sachlichkeit vertraten. Auf der Suche nach einer eigenen Bildsprache entdeckte er im Sinne des Neuen Sehens die einfache Schönheit der Dinge. Das Spiel von Licht und Schatten wird zu seinem markantesten Ausdrucksmittel, um Struktur und Mentalität Budapests aus neuen Perspektiven festzuhalten. Martin Zeller tauchte für **Diagonal Mirror** in die Stadt Hongkong ein. Sowohl in der chinesischen Malerei als auch in der verdichteten asiatischen Stadtlandschaft lässt das Fehlen von Horizont wie Fluchtpunkt und die damit einhergehende Gleichordnung der Räume eine für uns völlig künstliche Räumlichkeit entstehen. Von dieser Erfahrung ausgehend hat Zeller die urbane Landschaft in extremen Formaten fotografiert. Diese Ausschnitte installiert er sich diagonal überschneidend an der Wand. Zeller ließ sich von ungarischen Fotografen (Brassaï, Kertész, Moholy-Nagy) beeinflussen und wird so in einer direkten Korrespondenz mit Kinszkis Werk stehen.

E N

PERSPECTIVES
Imre Kinszki, Martin Zeller

What connects these artists is their search for unusual perspectives. Imre Kinszki (1901 – 1945) is considered one of the most consistent champions of New Objectivity among Hungarian artists. In search of his own pictorial language, he discovered the simple beauty of things as conceived in Neues Sehen. The play of light and shadow became his most distinctive means of expression for recording the structure and mentality of Budapest from new perspectives. For **Diagonal Mirror**, Martin Zeller immersed himself in the city of Hong Kong. The lack of a horizon and a vanishing point both in Chinese painting and in the dense Asian urban landscape, and the resulting and the equality of spaces, create a type of spatiality that is completely artificial to us. Starting from this experience, Zeller photographed the urban landscape in extreme formats. He installs details overlapping diagonally on the wall. Zeller has been influenced by Hungarian photographers (Brassaï, Kertész, Moholy-Nagy) and thus stands in direct correspondence with Kinszki's work.

Mit freundlicher Unterstützung von |
With the kind support of Steffi Weiss

KUNSTVEREIN TIERGARTEN
GALERIE NORD

Turmstraße 75
10551 Berlin (Tiergarten)
T 030.901 83 34 53
www.kunstverein-tiergarten.de

U9 Turmstraße, S41, S42, S46, S47
Beusselstraße, Bus M27, 101, 123, 245

Di – Sa | Tue – Sat 13 – 19 h
Eintritt frei | Free admission

20.10. – 17.11.2012

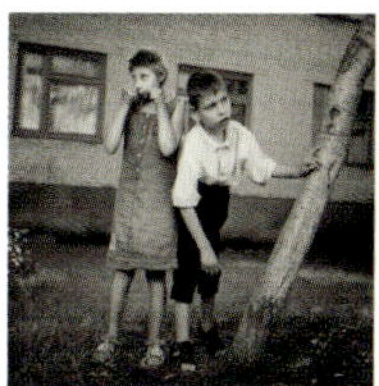

S. | p. 64

D E

THE CRITICAL CAMERA
FOTOGRAFIE AN BRENNPUNKTEN DER WELT
Nina Berman, Leona Goldstein, Robert Knoth, Katharina Mouratidi

Die Ausstellung **The Critical Camera** stellt vier international engagierte Fotografinnen und Fotografen vor, die Mitglieder der Gesellschaft für Humanistische Fotografie sind. Gemeinsam ist ihnen ihr kritischer Blick auf gesellschaftliche Missstände und internationale Konfliktsituationen sowie auf deren Auswirkungen auf Einzelpersonen und Gruppen. In ihren Bildstrecken beziehen sie deutlich Position und greifen Themen wie die Verdrängung indigener Völker im Amazonasbecken durch die Ölindustrie, den Alternativen Nobelpreis (beide Katharina Mouratidi), die Auswirkungen nuklearer Katastrophen im Gebiet der ehemaligen Sowjetunion (Robert Knoth) oder die körperlichen und seelischen Konsequenzen für US-Soldaten im Irak-Krieg (Nina Berman) auf. Leona Goldstein begleitete Flüchtlinge an den Grenzen Europas. Jenseits medialer Tagesaktualitäten verhelfen ihre Fotografien Menschen, die von Krieg und Globalisierung betroffen sind, zur Sichtbarkeit und zeigen einmal mehr die Wichtigkeit engagierter Autorenfotografie in der heutigen Zeit.

E N

THE CRITICAL CAMERA
FOCUSING ON FLASH POINTS
Nina Berman, Leona Goldstein, Robert Knoth, Katharina Mouratidi

The exhibition **The Critical Camera** presents four photographers who are active internationally and members of the Society for Humanistic Photography. What they have in common is a critical perspective on social inequality and international conflicts and how they affect individuals and groups. In their series of images, the photographers take a clear stance and address topics such as the displacement of indigenous peoples in the Amazon Basin by the oil industry, the Alternative Nobel Prize (both Katharina Mouratidi), the effects of nuclear disasters in the former territory of the Soviet Union (Robert Knoth) and the physical and psychological consequences of the war in Iraq for US soldiers (Nina Berman). Leona Goldstein accompanies refugees on the borders of Europe. Beyond topical media issues, their photographs lend visibility to people affected by war and globalisation and once again demonstrate the importance of dedicated, documentary photography today.

Kuratiert von | Curated by Ralf F. Hartmann

In Zusammenarbeit mit | In collaboration with Gesellschaft für Humanistische Fotografie

KUNSTVEREIN WEDDING

Buttmannstraße 16
13357 Berlin (Wedding)
T 030.85 61 51 49
www.kunstverein-wedding.de

U8 Pankstraße, U8, S1, S2, S25, S41, S42 Gesundbrunnen, Bus M27

Mo–Sa | Mon–Sat 13–19 h
Eintritt frei | Free admission

19.10.–04.11.2012

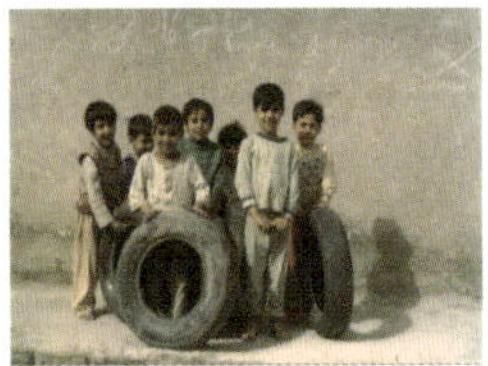

S. | p. 52

[D][E]

PIPELINE LANDSCAPE
& CRUEL GENERATIONS
Al Fadhil

Die Bilder sind die visuelle Ausbeute meiner Recherchen über die aktuelle Geschichte des Irak. Sie thematisieren mit dem Ort verbundene visuelle Erinnerungen, die als eine ebenso traumatische wie dramatische Erfahrung im Gedächtnis bleiben werden. Im Zusammenhang mit der derzeitigen sozialen und politischen Lage des Irak befassen sich die Fotos mit der Beziehung zwischen Mensch und Natur, mit Trauma, Schmerz und Verlust sowie dem Traum von einem besseren Leben.
Al Fadhil, Kairo, März 2012

In Al Fadhils Werk sind Ost und West, Modernität und Tradition unauflöslich ineinander verflochten. Der irakische Künstler verließ sein Heimatland in den 1970er Jahren, um sich zuerst in Italien und anschließend in der Schweiz niederzulassen. Anfang der 1990er Jahre hat sich durch den Ersten Golfkrieg die Gewichtung in seinem Werk verschoben: Politisches und gesellschaftliches Engagement rangieren seitdem an erster Stelle. Fadhil – provozierend, sarkastisch und gelegentlich auch pathetisch – bietet dem Betrachter die Gelegenheit, sich mit den dramatischen Wechselfällen unserer Zeit kritisch auseinanderzusetzen.
Elio Schenini, Kurator des Museo Cantonale d'Arte, Lugano, Schweiz

[E][N]

PIPELINE LANDSCAPE
& CRUEL GENERATIONS
Al Fadhil

These images are selected findings of my visual research on the modern history of Iraq. These images deal with visual memories of the place, memories that stay with me as a traumatic and dramatic experience. The photos mainly deal with relations between the human figure and nature, in the context of the current social and political situation in Iraq. Trauma, pain and loss, and the dream of a better life.

Al Fadhil, Cairo, March 2012
East and West, modernity and tradition, are inseparably interwoven in the work of Al Fadhil. The Iraqi artist left his country in the 1970s, moving first to Italy and then to Switzerland. In the early '90s, the first Gulf War shifted the emphasis of his work: since then political and social commitment have moved to the foreground. Provocatively, sarcastically, at times even pathetically, Fadhil offers his audience a critical look at the dramatic vicissitudes of our time.

Elio Schenini, Curator, Museo Cantonale d' Arte, Lugano, Switzerland

Kuratiert von | Curated by Michael H. Rohde

08.11.–24.11.2012

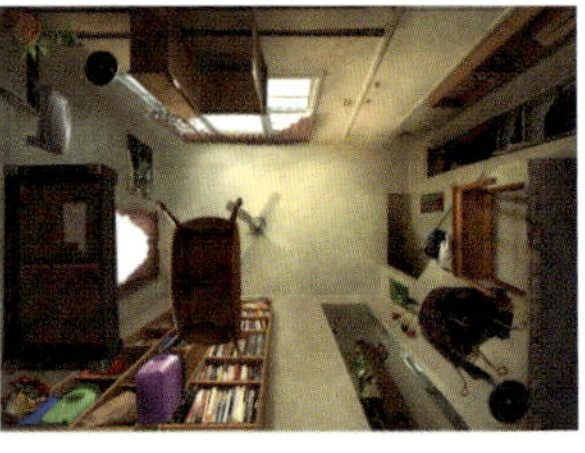

S. | p. 132

[D][E]

DOWN UNDER
Michael H. Rohde

Rohde verleiht dem Raum mit seiner ungewöhnlichen Komposition eine von Verzerrung, stetiger Desorientierung und Loslösung geprägte Magie. Denn der Blick versucht unentwegt, eine einheitliche Sicht zu konstruieren, und verstärkt letztlich dadurch das Eigenleben der Bildgegenstände, ganz im Widersinn zur Hirnfunktion, die im Sinne eines Generierens einer festen Raumordnung stets nach Eindeutigkeit strebt und versucht, jeden Raum als begehbar zu deklarieren. Die Werke Rohdes erfinden aber eine Sicht eines Raumes, die denselben nur als rein ästhetisches Erlebnis proklamiert. Ameisengleich versucht das Bewusstsein, den Raum in Gedanken zu beschreiten. Der Künstler entzieht uns die Fläche, auf der selbst das kriechende Insekt ins Bodenlose zu verschwinden droht. Die Schwerkraft scheint in Rohdes Fotografien umprogrammiert, denn der Untergrund, der ansonsten die Wohnung trägt, ist ersetzt durch die unentwegte Orientierungssuche, durch die das Bewusstsein den Raum im Lot zu halten versucht.
Uwe Goldenstein, 2010

[E][N]

DOWN UNDER
Michael H. Rohde

In his unusual composition, Rohde gives space a magical distortion, constant disorientation and detachment. The eye persistently tries to construct a uniform object, and only succeeds in intensifying the independent existence of the subjects pictured. The images are thus inconsistent with the brain's function, which is to resolve ambiguity and construct a fixed spatial order, interpreting every perceived space as accessible. Rohde's works reinvent space as a purely aesthetic experience. Consciousness attempts to imagine walking through space like an ant. The artist takes away the surface, threatening to drop even a crawling insect into the abyss. Rohde's photographs seem to reprogram gravity, since the ground that ordinarily supports a home is replaced by an unending search for orientation as consciousness attempts to keep space in balance. **Uwe Goldenstein, 2010**

Katalog | Catalogue
Michael H. Rohde: new perspectives, 2012, 29 €

L

LANDESARCHIV BERLIN

Eichborndamm 115–121
13403 Berlin (Reinickendorf)
T 030.90 26 40
www.landesarchiv.de

U8 Rathaus Reinickendorf,
S25 Eichborndamm, Bus 221

Mo–Fr | Mon–Fri 10–17 h
Eintritt frei | Free admission

09.11.2012–28.02.2013

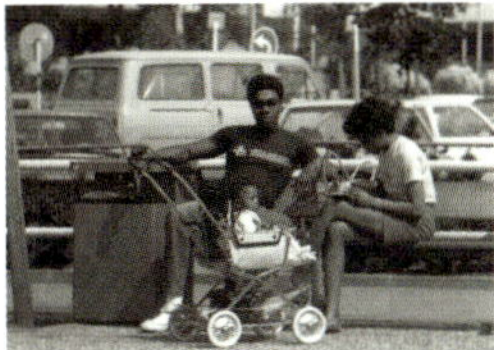

S.|p. 114

^DE

SEKTOREN(EIN)BLICK(E)
**ALLIIERTES LEBEN IN
WEST- UND OST-BERLIN**

Von 1945 bis Anfang der 1990er Jahre war das Leben in Berlin durch die Präsenz der Alliierten stark geprägt: Die vier Militärverbände richteten sich in den besetzten Sektoren eigene Quartiere ein und lebten dort, meist getrennt von der Berliner Bevölkerung, ihren in der Heimat gewohnten Alltag. Aber trotz anfänglichen Fraternisierungsverbots kam es bald zu spontanen wie organisierten Kontakten und Freundschaften. Für einen näheren Blick auf »die Anderen« und ihre kulturellen Eigenheiten hatten die Berliner viele Gelegenheiten: Begegnungswochen, Volksfeste, Manöverübungen in Kreuzberg, Tage der offenen Tür in Reinickendorf, Britische Tattoos und Paraden im Olympiastadion, Wachablösungen am Alliierten Gefängnis in Spandau, Kranzniederlegungen am sowjetischen Ehrenmal oder Subotniks sowjetischer Soldaten in Marzahn. In der Ausstellung werden Fotografien von freiberuflichen und festangestellten Fotografen der ehemaligen Landesbildstelle Berlin gezeigt, die Aspekte des alltäglichen Lebens der drei westlichen Alliierten in West- und der sowjetischen Streitkräfte in Ost-Berlin darstellen.

^EN

SEEING IN SECTORS
**ALLIED LIFE IN
WEST AND EAST BERLIN**

From 1945 until the early 1990s, life in Berlin was heavily influenced by the presence of the Allies: the four occupying military forces took up quarters in their respective sectors, and lived more or less the day-to-day life they were accustomed to at home, largely isolated from Berlin's German inhabitants. But in spite of initial bans on fraternisation, both organised and spontaneous contacts and friendships soon arose. Berliners had many opportunities for a closer look at »the others« and their cultural characteristics: encounter weeks, fairs, and manoeuvres in Kreuzberg, open house days in Reinickendorf, British military tattoos and parades in the Olympic Stadium, changings of the guard at the Allied prison in Spandau, wreath-laying ceremonies at the Soviet Memorial and neighbourhood work parties of Soviet soldiers in Marzahn. The exhibition presents photographs by freelance and staff photographers of Berlin's former state photographic archives depicting aspects of the daily lives of the three western Allies in West Berlin and the Soviet armed forces in East Berlin.

Künstler | Artists
Wolfgang Albrecht, Dieter Breitenborn, Vera Breitenborn, Nicola Galliner, Willy Huschke, Henry Ries, Barbara Schneider, Günter Schneider, Karl-Heinz Schubert, Horst Siegmann u.a. | and others

**Kuratiert von | Curated by
Bianca Welzing-Bräutigam**

LAURA MARS GRP.

Sorauer Straße 3
10997 Berlin (Kreuzberg)
T 030.61 07 46 30
www.lauramars.de

U1 Schlesisches Tor

Di–Fr | Tue–Fri 13–19 h,
Sa | Sat 12–16 h
Eintritt frei | Free admission

20.10.–17.11.2012

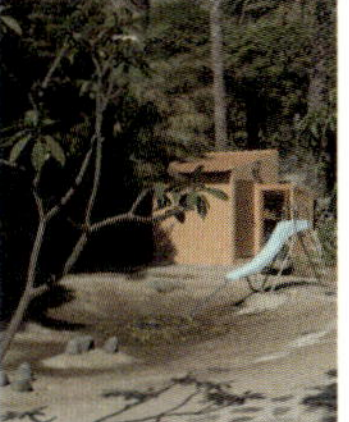

S.|p. 61

^DE

ECHO
Stephanie Kloss

Die Fotografien von Stephanie Kloss dokumentieren keine singulären Ereignisse, sondern Zwischenzustände. Oft zeigt sie Orte, die mit einem Mythos verbunden sind. Sie berühren, indem sie oberflächlich Unsichtbares mitdenken lassen: den Konflikt, den Missbrauch, die Umweltkatastrophe. Manches erinnert auf den ersten Blick an eine Gestaltungsidee der deutschen Romantik, einschließlich der Kippeffekte zwischen vermeintlicher Harmonie und einem subtil dahinter lauernden Schrecken. Die in die Naturstudien eingeschriebene Zeit des Vorher und Nachher ist entscheidend, der Ort wird erst durch den Titel erkennbar. Was wirklich passiert ist und die Vorstellung des Betrachters gehen dabei eine knisternde Liaison ein. So sehen wir z.B. eine Bucht bei Nacht; es ist die ehemalige Kommune von Otto Mühl auf Gomera, wo Kinder sexuell missbraucht wurden. Oder den Ort, an dem sich angeblich Sodom befand – das Filmnegativ wurde von israelischen Sicherheitsbehörden geröntgt. Wir sehen die Ausläufer des Mississippi-Delta in der Serie **Delta Horizon** nach Hurrikan Katrina und vor der größten Ölpest im Golf von Mexiko und in **Rue Belvedere** das Abschmelzen des Rhonegletschers, der mit Tüchern abgedeckt wird. Stephanie Kloss lebt und arbeitet in Berlin. Sie ist in zahlreichen Einzel- und Gruppenausstellungen vertreten, zuletzt 2012: **Beyond Eden**, Goethe-Institut Jerusalem, und **Kibbuz und Bauhaus**, Bauhaus Dessau.

^EN

ECHO
Stephanie Kloss

Stephanie Kloss's photographs document not singular events, but virtual states. She often presents locations with mythological associations. They touch the viewer by suggesting what is superficially invisible: conflict, abuse, environmental disaster. At first glance, many recall a design idea from German Romanticism, including the tension between a superficial harmony and a subtle terror lurking behind it. The »before« and »after« that is inscribed in these nature studies is crucial; only the title makes the location recognisable. A high tension is generated between the viewer's perception and what has really happened. We see a cove at night, for example: it is Otto Mühl's commune on La Gomera, where children were sexually abused. Or the site where Sodom is said to have stood: the undeveloped film was x-rayed by Israeli security authorities. The branches of the Mississippi Delta after Hurricane Katrina and before the largest oil spill in the Gulf of Mexico in the series **Delta Horizon**, and the melting of the Rhone Glacier, which is covered with blankets, in **Rue Belvedere**. Stephanie Kloss lives and works in Berlin. Her work has been exhibited in numerous solo and group exhibitions, including the 2012 shows **Beyond Eden** at the Goethe Institute, Jerusalem, and **Kibbuz und Bauhaus** at the Bauhaus in Dessau.

LETTE-VEREIN
BERUFSFACHSCHULE FÜR DESIGN

Freies Museum Berlin – Projektraum
Potsdamer Straße 91
10785 Berlin (Tiergarten)
T 030.21 99 46 00
www.lette-verein.de

U1 Kurfürstenstraße

Sa–Mi | Sat–Wed 15–21 h
Eintritt frei | Free admission

26.10.–31.10.2012

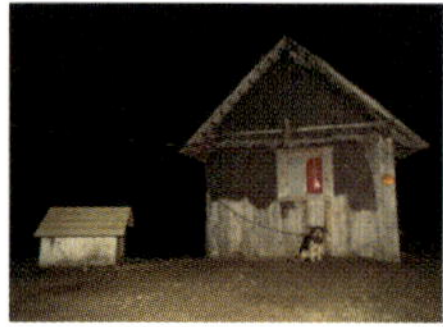

S. | p. 43

^DE

THE HIDDEN TRACKS

Das Nicht-Darstellbare, das Unsichtbare, das Vergangene und das vermeintlich Offensichtliche werden in **The Hidden Tracks** thematisiert. Andreas Rehmann findet in seinem Projekt **Die Akte** eine neue Form der Visualisierung der Unterlagen der Stasibehörde. Alise Kossok untersucht in **Reden ist Silber** die Geschichte ihrer Familie und Herkunft. Sarah Veith dokumentiert in **Orte** öffentliche Räume, in denen Menschen sich selbst getötet haben. **Caves & Dogs**, ein Buch von Leifur Orrason, bringt isländische Höhlen und litauische Wachhunde zusammen. Phänomene der Wahrnehmung untersucht Florian Weber in seiner Arbeit **Rauschen**: »Gerade die Dämmerung, ein Zustand zwischen Tag und Nacht, Klarheit und Unbewusstem, stellt die eigene Ambivalenz unserer Wahrnehmung dar.« Das virtuelle soziale Netz als Massenansammlung von Menschen in Zusammenhang mit der eigenen Privatsphäre ist Ausgangspunkt für eine Serie von (selbst-)inszenierten Porträts in der Arbeit **Visualization / Being Socialized** von Sven Serkis. Hannah Zelter analysiert in **Zwischenräume** Orte, die für unterschiedliche Formen wie Gesprächs-, Gestalt- oder Psychotherapie genutzt werden.

^NE

THE HIDDEN TRACKS

The non-representable, the invisible, the past and the supposedly obvious are the subject of **The Hidden Tracks**. In his project **Die Akte (The File)**, Andreas Rehmann finds a new form for visualising the archives of the East German Ministry of State Security. In **Reden ist Silber (Speech is Silver)**, Alise Kossok examines the history of her family and its origins. In **Orte (Places)**, Sarah Veith documents public spaces in which people have committed suicide. **Caves & Dogs**, a book by Leifur Orrason, brings together Icelandic caves and Lithuanian watchdogs. In his work **Rauschen (Noise)**, Florian Weber examines phenomena of perception: »**Twilight, a condition between day and night, between the lucid and the unconscious, represents the particular ambivalence of our perception.**« The virtual social network as a mass gathering of people in connection with their own private spheres is the premise of a series of posed portraits in the work **Visualization / Being Socialized** by Sven Serkis. In **Zwischenräume (Interstices)**, Hannah Zelter analyses locations that are used for various forms of psychotherapy, including talking therapies and Gestalt therapy.

Künstler | Artists
Alisa Kossak, Leifur Orrason, Fay Nolan, Andreas Rehmann, Sven Serkis, Sarah Veith, Florian Weber, Hannah Zelter

Kuratiert von | Curated by
Frank Schumacher

Mit freundlicher Unterstützung von |
With the kind support of

Förderpreis 2010 der Academy meets Photokina, GfK Gesellschaft für Konsumforschung 2010

LOOCK GALERIE

Halle am Wasser
Invalidenstraße 50/51
10557 Berlin (Tiergarten)
T 030.394 09 68 50
www.loock-galerie.de

U55, S5, S7, S75 Hauptbahnhof,
Bus M41, M85, 120, 123, 147, 245, TXL

Di–Sa | Tue–Sat 11–18 h
Eintritt frei | Free admission

19.10.–24.11.2012

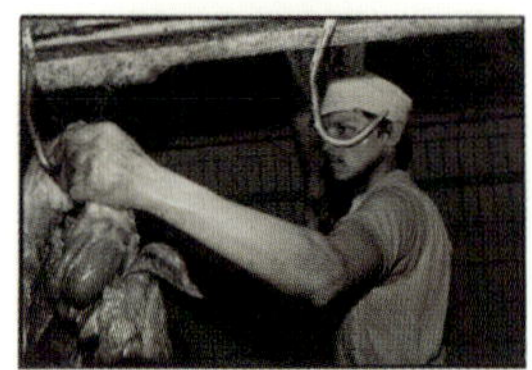

S. | p. 108

^DE

SCHLACHTHAUS BERLIN 1986–88
York der Knoefel

Am 16. Dezember 2011, drei Tage nach seinem 49. Geburtstag, starb Knoefel überraschend an einem Herzinfarkt. Noch in der Woche zuvor hatten wir vereinbart, das **Schlachthaus** im Rahmen der großen Überblicksausstellung zur Fotografie in der DDR, die die Berlinische Galerie für den Herbst 2012 plant, in meiner Galerie zu zeigen. Nun wird es der Versuch einer Rekonstruktion seiner **Schlachthaus**-Arbeit mit umfangreichem Material, das bisher noch nie zu sehen war. Die über 1000 Fotos, die Knoefel zwischen 1986 und 1988 im VEB Fleischkombinat aufgenommen hat, machen die Verunsicherung durch die existentielle Erfahrung des Tötens, der sich Knoefel hier aussetzte, deutlich. Es ist ein zeitgeschichtliches Dokument aus der DDR, und doch besitzt dieser Ort eine Aktualität, der seine Entsprechung im Labyrinth aus Stahlplatten, in dem die Fotografien gezeigt wurden, findet. Knoefels abstrahierende Fotografie versucht Täter und Opfer visuell gleichzuschalten, so dass sie über das Dokumentarische hinaus zu einer philosophischen Dimension finden. **Friedrich Loock, 2012**

^NE

BERLIN SLAUGHTERHOUSE, 1986–88
York der Knoefel

On 16th December, 2011, three days after his forty-ninth birthday, Knoefel unexpectedly died of a heart attack. Just the week before we had agreed to show Schlachthaus (Slaughterhouse) in my gallery as part of the major exhibition on photography in the GDR that the Berlinische Galerie was planning for the autumn of 2012. What we can show now is an attempt to reconstruct his Schlachthaus work, with copious material that has never been exhibited before. The over 1000 photos that Knoefel shot in the East Berlin meat-packing plant between 1986 and 1988 clearly show the insecurity that results from the primal experience of killing that Knoefel exposed himself to. Although the photos are a unique historical document of the GDR, the location nonetheless has a certain topicality, which the exhibition represents by analogy in the labyrinth of steel plates. In attempting to equalise the positions of perpetrator and victim visually, Knoefel's abstractive photographs transcend the documentary to attain philosophical dimension. Friedrich Loock, 2012

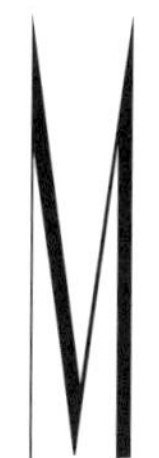

MARTIN-GROPIUS-BAU

Niederkirchnerstraße 7
10963 Berlin (Kreuzberg)
T 030.25 48 60
www.gropiusbau.de

U2 Potsdamer Platz, S1,
S2, S25 Anhalter
Bahnhof / Potsdamer Platz,
Bus M29, M41

Mi–Mo I
Wed–Mon 10–19 h
Eintritt I Admission 7 €
ermäßigt I reduced 4 €

20.09.–17.12.2012

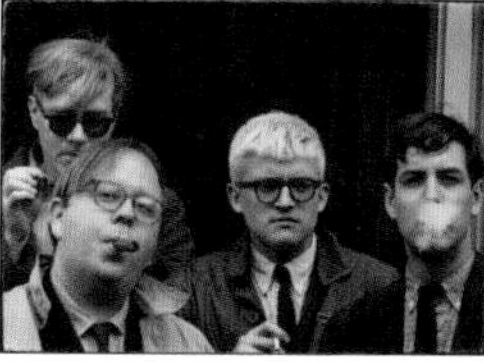

S.I p. 90

^DE

DENNIS HOPPER:
THE LOST ALBUM
VINTAGE-FOTOGRAFIEN
AUS DEN 1960ER JAHREN

Dennis Hopper (1936–2010) war Künstler, Regisseur und Schauspieler. Überall hatte er seine Kamera dabei: bei Autofahrten, an Filmsets, auf Partys, in Ateliers und Galerien. Nach seinem Tod wurden über 400 Vintage-Fotografien aus den 1960er Jahren wiederentdeckt. Noch nie wurden diese Arbeiten in Europa gezeigt und in den USA nur ein einziges Mal, im Fort Worth Art Center Museum, Texas (1970). Zwischen 1961 und 1967 fotografierte Hopper Filmidole, Popstars, Schriftsteller und Künstler. Im Epizentrum des kulturellen Umbruchs von Kunst, Musik und Politik nahm er Stars wie Tina und Ike Turner, Andy Warhol, Paul Newman und Jane Fonda auf sowie Martin Luther King beim Bürgerrechtsmarsch von Selma nach Montgomery / Alabama.

^EN

DENNIS HOPPER:
THE LOST ALBUM
VINTAGE PHOTOGRAPHS
FROM THE 1960s

Dennis Hopper (1936–2010) was an artist, director and actor. He always had his camera with him: in the car, on film sets, at parties, in studios and galleries. After his death, 400 vintage photographs from the 1960s were rediscovered. These works have never before been shown in Europe and only once in the USA, at the Fort Worth Art Center in Texas in 1970. Between 1961 and 1967, Hopper photographed film idols, pop stars, authors and artists. At the epicentre of the cultural upheaval in art, music and politics, he shot photos of stars such as Tina and Ike Turner, Andy Warhol, Paul Newman and Jane Fonda, as well as of Martin Luther King during the civil rights march from Selma to Montgomery, Alabama.

Kuratiert von I Curated by
Petra Giloy-Hirtz

In Zusammenarbeit mit I
In collaboration with
The Dennis Hopper Trust

Katalog I Catalogue
Petra Giloy-Hirtz: Dennis Hopper,
The Lost Album. Vintage-Fotografien
aus den 1960er Jahren, mit einem
Vorwort von Gereon Sievernich und
Texten von Dennis Hopper und Brooke
Hayward, München: Prestel Verlag, in
der Ausstellung I Exhibition 24 €/im
Buchhandel I Bookshop
49,95 €

MITTE MUSEUM
REGIONALGESCHICHTLICHES
MUSEUM FÜR MITTE,
TIERGARTEN, WEDDING
IN BERLIN

Pankstraße 47
13357 Berlin (Wedding)
T 030.46 06 01 90
www.mittemuseum.de

U8, S1, S2, S25
Gesundbrunnen,
U8 Pankstraße, Bus M27

So–Mi I Sun–Wed 10–17 h,
Do I Thu 10–20 h
Eintritt frei I Free admission

08.11.2012–31.08.2013

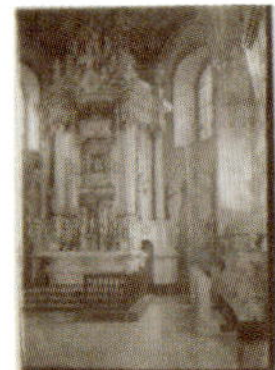

S.|p. 140

D
E

WANDERUNGEN
DIE GRENZMARK
POSEN-WESTPREUSSEN IN
FOTOGRAFIEN DES JAHRES 1925
**Walther Apel, Werner Köhler,
Bruno Stephan**

Eine Serie von 65 Kollodiumabzügen ist Gegenstand einer Ausstellung über das Fotografieren als regionalgeschichtliche Praxis in den 1920er Jahren. Die Aufnahmen entstanden auf Wanderungen der Amateurfotografen Bruno Stephan, Werner Köhler und Walther Apel durch die Grenzmark Posen-Westpreußen, eine heute in Polen gelegene Region. In hoher atmosphärischer Dichte zeigen sie die Ortschaften und ihre Bewohner, Baudenkmäler, Friedhöfe und die Natur. Die Aufnahmen können als Gegenentwurf zur großstädtischen Lebenswirklichkeit der Berliner Fotografen gelesen werden. Zugleich sind darin Darstellungsmuster erkennbar, die den Blick auf Ostmitteleuropa seit dem 19. Jahrhundert prägten und die kulturelle Traditionen in ein hierarchisches Verhältnis zueinander setzten. Entstehungs- und Veröffentlichungsgeschichte dieser lange unbeachtet gebliebenen Fotografien wurden jüngst erst geklärt. Die Situation im vereinten Europa erlaubt es heute, den seltenen Bestand einer aus deutscher und polnischer Sicht gemeinsam vorgenommenen Auswertung zu unterziehen.

E
N

WANDERINGS
GRENZMARK POSEN-WEST PRUSSIA
IN PHOTOGRAPHS, 1925
Walther Apel, Werner Köhler, Bruno Stephan

A series of sixty-five collodion prints is the subject of an exhibition about taking photographs as a practice of regional history in the 1920s. The photos were created during walking tours that the amateur photographers Bruno Stephan, Werner Köhler and Walther Apel took in German province of Posen-West Prussia, now a part of Poland. Their densely atmospheric pictures depict villages and their inhabitants, historic buildings, cemeteries and natural scenery. The photos can be read as a rebuttal to the reality of metropolitan life recorded by Berlin photographers. At the same time, the photos reveal patterns of representation that have shaped the view of East Central Europe since the nineteenth century and that create a hierarchy of cultural traditions. The circumstances of the creation and publication of these long neglected photographs were established only recently. The situation in today's united Europe makes it possible to appreciate the rare collection from a joint German and Polish perspective.

**Kuratiert von | Curated by
Claudia Berger, Sigrid Schulze,
Claudia Wasow-Kania**

MUSEUM FÜR FOTOGRAFIE
SAMMLUNG FOTOGRAFIE DER
KUNSTBIBLIOTHEK / SMB

**Jebensstraße 2
10623 Berlin (Charlottenburg)
T 030. 31 86 48 25
www.smb.museum/mf**

**U2, U9, S5, S7, S75
Zoologischer Garten,
Bus M45, M46, M49, X9,
X10, X34, etc.**

**Di–So | Tue–Sun 10–18 h,
Do | Thu 10–22 h
Eintritt | Admission 8 € /
ermäßigt | reduced 4 €**

20.07.–21.10.2012

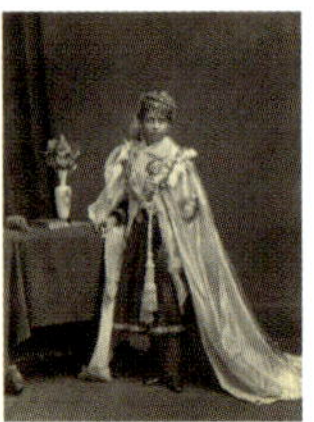

S.|p. 111

D
E

DAS KOLONIALE AUGE
FRÜHE PORTRÄTFOTOGRAFIE
IN INDIEN

Erstmals wird einer der an Umfang und Qualität weltweit bedeutendsten Bestände historischer Porträtfotografie Indiens in einer Ausstellung präsentiert. Die Sammlung galt ursprünglich als Kriegsverlust und gelangte in Teilen erst in den 1990er Jahren wieder zurück nach Berlin. Nun bieten rund 300 Fotografien einen umfassenden Überblick zur Porträtfotografie des indischen Subkontinents aus der zweiten Hälfte des 19. Jahrhunderts. Neben Bildern namhafter Fotografen wie Samuel Bourne, Shepherd & Robertson, A.T.W. Penn und John Burke sind auch Arbeiten weniger bekannter Autoren zu sehen. Die in jener Zeit ungeahnt facettenreiche ethnografische Fotografie wird kontrastiert mit genrehaften Straßenaufnahmen von Handwerkern und mit Adelsporträts islamischer Fürsten und Prinzessinnen, Maharajas und Clan-Chefs. Ein verbindender Aspekt der meisten frühen Porträts ist der spezifisch europäische Blick – **Das Koloniale Auge**. Im Dienste von Wissenschaft und Kolonialismus sollten in der zweiten Hälfte des 19. Jahrhunderts das Land und seine Bewohner inventarisiert und vermessen werden.

E
N

THE COLONIAL EYE
EARLY PORTRAIT
PHOTOGRAPHY
IN INDIA

One of the world's broadest and best collections of historic portrait photography in India is being exhibited for the first time. The collection was originally thought to have been lost in the war and was first returned to Berlin in parts in the 1990s. Now some 300 photographs offer a comprehensive overview of portrait photography on the Indian subcontinent in the second half of the nineteenth century. Alongside images by such distinguished photographers as Samuel Bourne, Shepherd & Robertson, A. T. W. Penn and John Burke, the exhibition also includes works by less well-known authors. The surprisingly diverse ethnographic photography of that time is contrasted with genre-like street photos of craftspeople and with portraits of Muslim princes and princesses, maharajas and clan chiefs. One quality that most of the early portraits share is the specifically European view: **Das Koloniale Auge (The Colonial Eye)**. The country and its inhabitants were to be inventoried and surveyed in the second half of the nineteenth century in the service of science and colonialism.

**Künstler | Artists
Samuel Bourne, John Burke, Francis Frith & Co., Albert Thomas Watson Penn, A.W.A. Platé, Shepherd & Robertson, Fritz und | and Paul Sarasin, W.L.H. Skeen, Edward Taurines, Westfield & Co.**

**Kuratiert von | Curated by
Ludger Derenthal, Raffael Dedo Gadebusch,
Katrin Specht**

Eine Ausstellung der Kunstbibliothek, des Ethnologischen Museums und des Museums für Asiatische Kunst | An exhibition of the Kunstbibliothek, the Ethnologisches Museum and the Museum für Asiatische Kunst

Katalog | Catalogue
Ludger Derenthal, Raffael Dedo Gadebusch, Katrin Specht (Hrsg. | eds.): Das Koloniale Auge: Frühe Porträtfotografie in Indien, Leipzig: Koehler & Amelang, 2012, 39,90

16.11.–17.02.2013

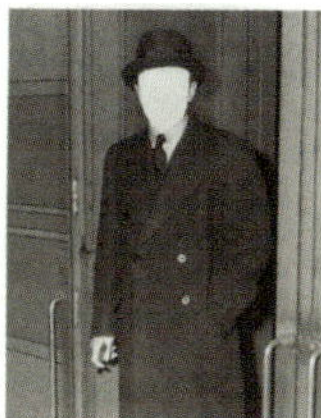

S. | p. 89

^D_E

BOGOMIR ECKER: IDYLLEN UND DESASTER
EINE FOTOSAMMLUNG DES 19. UND 20. JAHRHUNDERTS UND EINE RAUMINSTALLATION

Seit vielen Jahren sammelt der Künstler Bogomir Ecker mit unkonventionellem, eben künstlerischem Blick historische Fotografien: von Landschaftsaufnahmen des 19. Jahrhunderts aus aller Welt bis zur klassischen Presse- und Sensationsfotografie des 20. Jahrhunderts aus den USA. Die Bilder werden von ihm einerseits direkt für die künstlerische Arbeit verwendet, dienen aber auch als Inspirationsquelle für skulpturale Werke. Folglich steht im Kaisersaal des Museums für Fotografie eine monumentale Skulptur Eckers im Mittelpunkt, um die sich Fotografien aus den Themengruppen Idylle und Desaster präsentieren. Die Sammlung eröffnet einen Blick auf die Bilder der Technik, auf die Versuchsanordnungen der Naturwissenschaft, auf die gleichzeitige Betrachtung von Idyllen der Natur, auf Bilder von Naturkatastrophen, Gewalt und Desastern. Sie gewährt Blicke auf das Monströse der Gegenstände und auf urbane Szenen von Gefahr und subtiler Bedrohlichkeit. Die Ausstellung knüpft an die Installationen zeitgenössischer Künstler und Fotografen in der Kaisersaalruine von 2004 bis 2008 an.

^E^N

BOGOMIR ECKER: IDYLLS AND DISASTERS
A PHOTO COLLECTION OF THE 19TH AND 20TH CENTURIES AND AN INSTALLATION

For many years, the artist Bogomir Ecker has been collecting historic photographs with an unconventional, artistic eye: from 19th-century landscape photos from all over the world to classic 20th-century press and sensational photography from the USA. He uses the images not only directly for artistic work, but also as a source of inspiration for sculptures. A monumental sculpture by Ecker in the Kaisersaal of the Museum of Photography is the focal point around which photographs are presented, thematically grouped in idylls and disasters. The collection offers a look at images of technology, the experimental apparatus of science, and at idylls of nature, natural disasters, violence and destruction. They offer views of the monstrous quality of objects and of urban scenes of danger and subtle menace. The exhibition revives the series of installations by contemporary artists and photographers in the ruins of the Kaisersaal from 2004 to 2008.

Künstler | Artists
Giacchino Altobelli, Felice Beato, Edward S. Curtis, Louis-Emile Durandelle, Bogomir Ecker, Homer & Lockwood, William Henry Jackson, Knud Knudsen, Charles Miller

Kuratiert von | Curated by
Ludger Derenthal

In Kooperation mit | In collaboration with
Museum für Photographie, Braunschweig und | and Hochschule für Bildende Künste, Braunschweig

Mit freundlicher Unterstützung von | With the kind support of
Kunststiftung NRW und | and Volkswagen Financial Services

Katalog | Catalogue
Ludger Derenthal, Florian Ebner (Hrsg. | eds.): Idylle und Desaster: Die Fotosammlung Bogomir Ecker, Leipzig: Spector, 2012

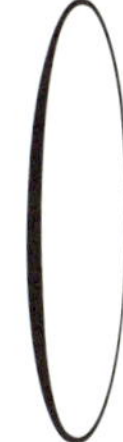

ONLY PHOTOGRAPHY

Niebuhrstraße 78
10629 Berlin (Charlottenburg)
T 030.84 72 02 91
www.only-photography.com

S5, S7, S75 Savignyplatz

Di – Fr | Tue – Fri 14 – 19 h, Sa | Sat 11 – 16 h
Eintritt frei | Free admission

02.11.–08.12.2012

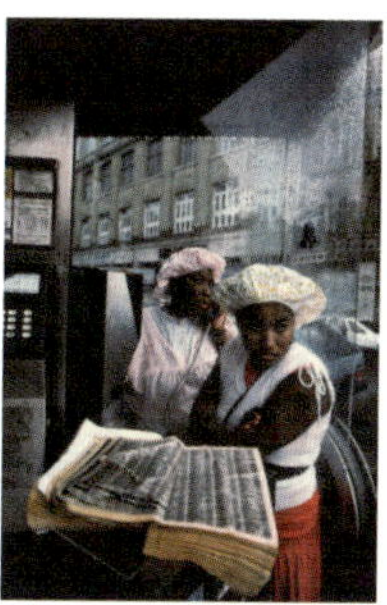

S. | p. 105

^D_E

HÜTER DER ZEIT
Stéphane Duroy

Der Franzose Stéphane Duroy, 1948 in Bizerte (Tunesien) geboren, lebt in Paris. Zu Anfang vorwiegend Pressefotograf, als Mitglied der Agentur **VU** verantwortlich für umfangreiche Reportagen unter anderem für **ZEIT**, **Stern** und **Spiegel** hat er sich mit der Zeit Stück für Stück weg vom Auftrags-Journalismus hin zu eigenen Projekten bewegt – die in den letzten Jahren zu zahlreichen themenbezogenen Publikationen und Ausstellungen führten. Sein besonderes Interesse gilt dem von zwei Weltkriegen gezeichneten Europa und dessen Geschichte. Seit 1989 kommt er regelmäßig nach Berlin, um die Ereignisse und Veränderungen der Stadt in seinen Bildern festzuhalten. Mit geringem Aufwand und sensiblem Herangehen – dabei immer ohne vordergründige Effekte – mischt er Farb- mit Schwarzweißaufnahmen. Auf seinen Reisen durch Europa entstehen stumme und ernste Bilder ohne jegliches Pathos. Durch den Verzicht auf jede Form des Anekdotischen schafft er in seinen Fotografien Raum für eine ganz persönliche Art von Einsamkeit. Zur Ausstellung erscheint seine erste umfassende Monografie als bibliophiles Fotobuch.

E^N

GUARDIAN OF TIME
Stéphane Duroy

The Frenchman Stéphane Duroy was born in Bizerte (Tunisia) in 1948 and lives in Paris. He initially worked predominantly as a press photographer, and as a member of the photo agency VU shot extensive reportages for Die Zeit, Stern and Der Spiegel. He gradually moved away from commissioned journalism to projects of his own, which have been the subject of numerous thematic publications and exhibitions. One of his particular interests is Europe and its history. He has been coming to Berlin regularly since 1989 to record the events and changes in the city. With minimal means and a sensitive approach – always free of superficial effects – he mixes colour and black-and-white photos. On his journeys through Europe he creates silent and serious images devoid of pathos. By dispensing with all forms of anecdote, he creates space in his photographs for a very personal kind of solitude. His first extensive monograph is being published to accompany the exhibition in a collectors' edition.

Katalog I Catalogue
Roland Angst: Stéphane Duroy: Guardian of Time, Berlin: Only Photography, 2012, Subskriptionspreis 128 €

OSTKREUZ
AGENTUR DER FOTOGRAFEN

Haus der Kulturen der Welt
John-Foster-Dulles-Allee 10
10557 Berlin (Tiergarten)
T 030.39 78 70
www.ostkreuz.de

U55, S5, S7, S75 Hauptbahnhof,
Bus M41, M85, 120,
123, 147, 245, TXL

Mi–Mo I Wed–Mon 11–19 h
Eintritt I Admission 5 €
ermäßigt I reduced 3 €
montags Eintritt frei I
Mondays free admission

09.11.–30.12.2012

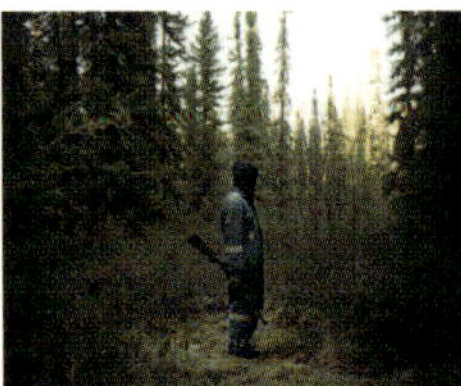

S. I p. 42

D_E

ÜBER GRENZEN

Sie bieten Schutz, sie geben Anlass zu Kriegen, sie beschränken die Freiheit oder machen sie erst möglich, sie waren immer da und es wird sie immer geben. Kaum ein Thema ist so ambivalent, so zeitlos und so relevant wie Grenzen. Als mit der Berliner Mauer die wahrscheinlich wichtigste Grenze in der Geschichte der Menschheit verschwand, gründete sich die Agentur OSTKREUZ. Zwei Jahrzehnte später haben sich die Fotografen der Agentur auf die Suche gemacht, nach den Grenzen, die heute eine Rolle spielen. Sie erzählen unter anderem vom Entstehen eines neuen Staats, dem Südsudan, porträtieren Indigene, die in Kanada um ihr Land kämpfen, und palästinensische Schwule, die im Feindesland Israel Exil suchen. Sie blicken hinter die Fassade des Strafgerichtshofs in Den Haag und geben Geduldeten in Berlin ein Gesicht. Im Fokus stehen dabei die Menschen. Wie prägen Grenzen ihren Alltag und wie gestalten sie ihr Leben entlang der Grenzen, die sie umgeben? Wo fördern Grenzen den Schutz der Menschenrechte, wo bedrohen sie ihn?

E^N

ON BORDERS

They offer protection, give rise to war, limit freedom or make it possible in the first place. They have always existed and always will. Hardly any other theme is as ambivalent, as timeless or as relevant as borders. The OSTKREUZ agency was established on the disappearance of one of the most important borders in the history of humankind, the Berlin Wall. Two decades later, the agency's photographers have initiated a search for the borders that are important today. They tell of the creation of a new state, Southern Sudan; they portray indigenous peoples who are fighting for their land in Canada and gay Palestinian men who seek exile in the enemy country, Israel. They look behind the façades of the International Criminal Court in The Hague and give a face to »tolerated« foreign residents in Berlin. The focus in the pictures is always on people. How do borders influence people's day-to-day lives and how do they organise their lives along the borders that surround them? Where do borders protect human rights, and where do they threaten them?

Künstler I Artists
Jörg Brüggemann, Espen Eichhöfer, Sibylle Fendt, Annette Hauschild, Harald Hauswald, Pepa Hristova, Tobias Kruse, Ute & Werner Mahler, Dawin Meckel, Thomas Meyer, Julian Röder, Frank Schinski, Jordis Antonia Schlösser, Anne Schönharting, Linn Schröder, Heinrich Völkel, Maurice Weiss

Kuratiert von I Curated by
Annette Hauschild, Ute Mahler

Katalog I Catalogue
Über Grenzen, mit Texten von I with essays by Fabian Dietrich u. a. I and others, Ostfildern: Hatje Cantz, 2012

OSTKREUZSCHULE FÜR FOTOGRAFIE

Ehemaliges Kaufhaus Maassen
Oranienplatz 17
10999 Berlin (Kreuzberg)
T 030.92 79 44 14
www.ostkreuzschule.de

U8 Moritzplatz, Bus M29

Mo–Fr I Mon–Fri 14–21 h,
Sa & So I Sat & Sun 12–21 h
Eintritt I Admission 3 €

27.10.–17.11.2012

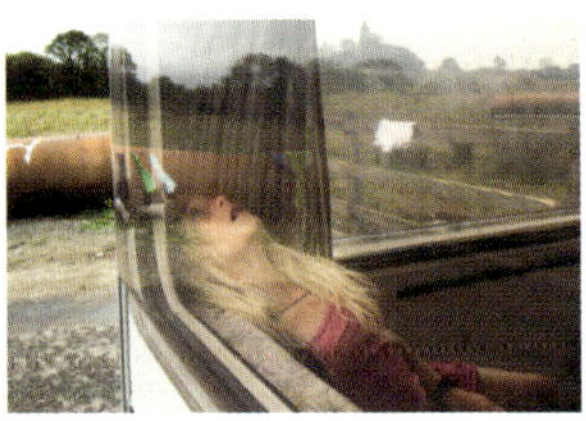

S. I p. 104

D_E

ECHOS
AUSSTELLUNG DES ABSCHLUSSJAHRGANGS DER OSTKREUZSCHULE FÜR FOTOGRAFIE 2012

Mit der Ausstellung echos präsentiert sich der sechste Abschlussjahrgang der Ostkreuzschule für Fotografie im ehemaligen Kaufhaus

Maassen am Oranienplatz. Die Themen der Abschlussarbeiten des Jahrgangs sind vielfältig: Männer bei der Sinnsuche, Umnutzung ehemaliger Militäranlagen, die Auseinandersetzung mit der eigenen Herkunft oder mit Armut in Deutschland. Gemein haben die Arbeiten, dass sie einen ausdauernden Blick werfen. Über ein Jahr lang setzen sich die Studierenden mit ihrem Thema auseinander, sie schauen so lange auf Protagonisten, Gegenstände, Landschaften, bis ihnen das Fremde vertraut wird – oder das eben noch Vertraute auf eine neue Weise erscheint. Die Ausbildung in dokumentarischer, journalistischer und künstlerischer Fotografie an der Ostkreuzschule ist geprägt von einem ständigen Diskurs über die entstehenden Arbeiten. Diese spiegeln dadurch sowohl die kritischen Blicke der Betrachter als auch die Weiterentwicklung der Blicke der Fotografen.

E^N

ECHOES
EXHIBITION OF THE 2012 GRADUATING CLASS OF OSTKREUZ SCHOOL OF PHOTOGRAPHY

The exhibition echos (echoes) presents the sixth graduating class of the Ostkreuz School of Photography in the former Maassen department store in Oranienplatz. The themes of the graduates' final projects are diverse: men in search of meaning, the conversion of former military installations, the examination of one's own family background or of poverty in Germany. What the works have in common is a persevering gaze. The students explore their theme for a year, and look at protagonists, objects and landscapes so long that the alien becomes familiar to them – and the familiar appears in a new light. Training in documentary, journalistic and art photography at the Ostkreuz school is characterised by continuous discourse on the works created. As a result, those works reflect the critical gaze of the viewer as well as the continuing development of the photographer's eye.

Klasse I Class of Sibylle Fendt
Romy Kaa, César Martins Fernandes, Kevin Mertens, Philipp Plum, Denis Sennefelder, Ulrike Schmitz, Ina Schoenenburg

Klasse I Class of Ute Mahler
Hanna Fuhrmann, Baris Guerkan, Zuzanna Kaluzna, Isabel Kiesewetter, Sarah Steffen, Stephanie Steinkopf, Rami Tufi, Fabian Vaccaro, Christoph Wilde

Klasse I Class of Thomas Sandberg
Mark Alker, Anna Duda, Birte Kaufmann, Gionathan Lo Mascolo, Eric Meier, Yvonne Philipp, Stjepan Sedlar

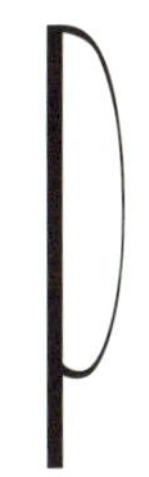

PAVLOV'S DOG
RAUM FÜR FOTOGRAFIE

**Bergstraße 19
10115 Berlin (Mitte)
T 030.53 16 29 78
www.pavlovsdog.org**

**U8, Tram M1, M8 Rosenthaler Platz,
S1, S2, S25 Nordbahnhof**

**Do–Sa I Thu–Sat 16–20 h und nach Vereinbarung I and by arrangement
Eintritt frei I Free admission**

19.10.–25.11.2012

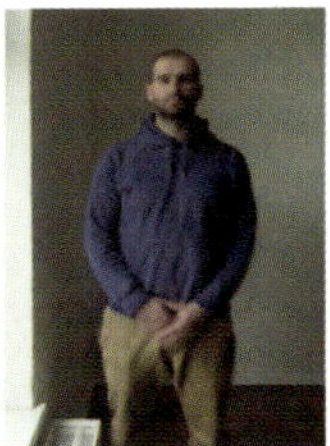

S.I p. 72

D^E

PAWLOW UND PAWLOW
Michael Wesely

Der Bildhauer Auguste Rodin meinte, dass, wenn er seine schreitende Skulptur **Johannes der Täufer** nach einer Momentfotografie gestaltet hätte, sie »**den wunderlichen Anblick eines plötzlich gelähmten und in seiner Stellung wie zu Stein gewordenen Menschen gewähren**« würde. Weselys Fotografien erzielen den gegenteiligen Effekt: Die Person scheint sich durch ihre Bewegungen selbst auszulöschen, ihre körperliche Substanz zu verlieren. Die Porträts, die er von verschiedenen Menschen gemacht hat, sind gerade so lange belichtet, wie das Stillhalten vor der Kamera den Moment der Auflösung hinauszögern kann. Das Verschwinden ist angekündigt, aber noch nicht vollzogen, wie beim Pawlowschen Reflex: Der Speichel im Maul des Hundes sammelt sich bereits, wenn ein Signal das Futter ankündigt. Aber vielleicht kommt das Futter gar nicht. Und die fotografierten Personen sind auch nicht verschwunden. Alle sind noch am Leben und heißen mit Nachnamen übrigens Pawlow. **Ludwig Seyfarth**

E^N

PAVLOV AND PAVLOV
Michael Wesely

The sculptor Auguste Rodin said that if he had created his walking statue **John the Baptist** based on snapshot photography, it »**would present the bizarre appearance of a man suddenly stricken with paralysis and petrified**«. Wesely's photographs achieve the opposite effect: the individuals seem to efface themselves, to lose their physical substance. His portraits of various individuals are exposed just as long as holding still before the camera can postpone the moment of dissolution. Their vanishing is presaged but not completed, as in the case of the Pavlovian reflex: a dog's mouth waters when a signal announces food – but the food may not come at all. Likewise, the people photographed have not vanished. They are all still alive and, incidentally, named Pavlov. **Ludwig Seyfarth**

**Kuratiert von I Curated by
Michael Biedowicz**

**In Zusammenarbeit mit I In collaboration with
Daniel Hahn, Isabelle Köhncke, Bernhard Moosbauer, Mirjam Siefert, Pamela Spitz**

PETRA RIETZ SALON GALERIE

**Koppenplatz 11A
10115 Berlin (Mitte)
T 0172.649 15 99
www.petrarietz.com**

**U6 Oranienburger Tor, U8
Rosenthaler Platz, S1, S2, S25
Oranienburger Straße,
S5, S7, S75 Hackescher Markt**

**Mo–Sa I Mon–Sat 14–18.30 h
Eintritt frei I Free admission**

03.11.–15.12.2012

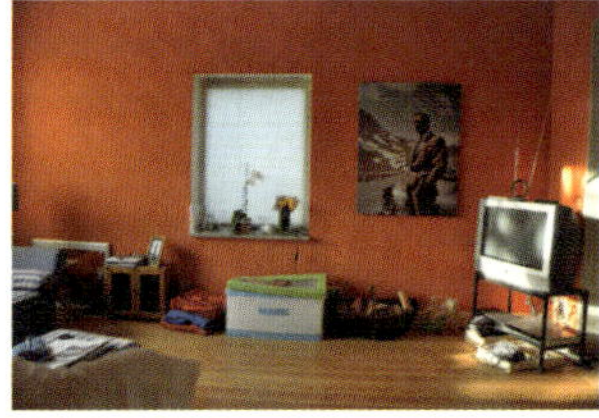

S.I p. 116

D
E

LIVING ROOM
KANN ICH MAL
IHRE WOHNUNG SEHEN?
Naomi Schenck

Wie leben Menschen? Freunde? Fremde? Wie lebt man selbst? Fragen, die Naomi Schenck seit ihrer Kindheit stellt. Fragen, mit denen sie durch die Welt streift, um als Szenenbildnerin reale Orte zu finden, an denen sich fiktive Geschichten erzählen lassen. Orte, die Filmsets werden könnten. Dabei begegnen ihr Lebensräume, in denen Alltag stattfindet, Leben gelebt wird. Oft finden sich diese Räume in Filmen wieder, werden zu Schauplätzen erfundener Lebensgeschichten. Oder sie finden keine Verwendung und landen im »Raum-Archiv« der Künstlerin. Aus diesem Fundus von Innenräumen wählt sie, von einem formalen, kompositorischen Interesse geleitet, Einzelbilder aus, löst diese aus ihrem zweckgebundenen Kontext und setzt sie zu korrespondierenden Paaren zusammen. Der funktionale Entstehungskontext bleibt den Fotografien dabei als eine Art Resonanzboden eingeschrieben, der im Hintergrund mitschwingt. **Living Room** zeigt private Wohnräume aus vier Kontinenten.

E^N

LIVING ROOM
CAN I SEE YOUR
HOME, PLEASE?
Naomi Schenck

How do people live? How do friends and strangers live? How do I live myself? These are questions that Naomi Schenck has asked since her childhood. Questions with which she scours the globe for film locations – real places where fictional stories can happen. Places that can become movie sets. In the process she encounters everyday environments where ordinary lives are being lived. Often these spaces reappear in movies, transformed into the settings of imaginary life stories. Or they are passed over and end up in the artist's »room archive«. From this repository of interiors she selects individual images for their formal and compositional qualities and combines them in matching pairs, removing them from their teleological context. The photos retain the functional context of their creation as a kind of undertone, a background resonance. **Living Room** presents residential interiors from four continents.

PETRA RIETZ SALON GALERIE / INSTITUT HEIDERSBERGER

St. Johannes Evangelist Kirche
Auguststraße 90
10117 Berlin (Mitte)
T 0172.649 15 99
www.petrarietz.com

U6 Oranienburger Tor, U8 Rosenthaler Platz,
S1, S2, S25 Oranienburger Straße,
S5, S7, S75 Hackescher Markt

Di – So I Tue – Sun 14 – 19 h
Eintritt frei I Free admission

09.11. – 25.11.2012

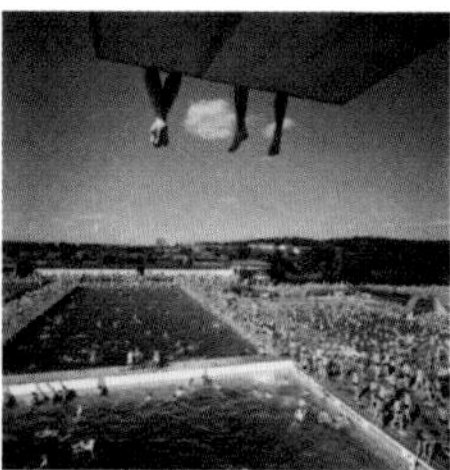

S. I p. 138

D
E

ARRIVARE / WOLFSBURG – BILDER EINER JUNGEN STADT
Heinrich Heidersberger

Anfang 1962, Heinrich Heidersberger (1906 – 2006) war gerade Bürger der Volkswagenstadt geworden, kamen die ersten italienischen Arbeiter nach Wolfsburg. Zu diesem Zeitpunkt war Heidersberger mit der Arbeit für das Projekt **Wolfsburg – Bilder einer jungen Stadt** beschäftigt. Mit seinem noch frischen Blick sollte ein Porträt der Stadt entstehen, das diese sich zu Ihrem 25. Geburtstag zum Geschenk machen wollte. Dem Fotografen gelang in einzelnen, kontemplativ angelegten Bildern sowie im narrativen Moment ihrer Abfolge ein sensibles, selbstbewusstes Bild der Stadt Wolfsburg zur Zeit des Wirtschaftswunders. Das Thema der italienischen »Gastarbeiter« erscheint in dem Bildband von 1963 nur am Rande, wurde aber später von Heidersberger wieder aufgegriffen und zeigt auch etwas vom Alltagsleben der neuen Mitbürger. Heute leben viele Italiener bereits in der 3. Generation in Wolfsburg und sind zu einem festen Bestandteil der Stadt geworden. In Interviews kommen diese und alteingesessene Wolfsburger in der Ausstellung zu Wort und geben einen Einblick in das Leben der ehemaligen Modellstadt.

E^N

ARRIVARE / WOLFSBURG: PICTURES OF A YOUNG CITY
Heinrich Heidersberger

In early 1962, when Heinrich Heidersberger (1906 – 2006) had just taken up residence in »Volkswagen City«, the first Italian workers arrived in Wolfsburg. At the time Heidersberger was at work on the book project **Wolfsburg – Bilder einer jungen Stadt (Pictures of a Young City)**. From his fresh perspective he was asked to create a portrait of the city for its 25th birthday. In a sequence of contemplative and narrative photographs, Heidersberger succeeded in capturing a sensitive, self-assured city in the economic boom years. The theme of the Italian »guest workers« received only marginal attention in the 1963 book. Heidersberger took it up later and showed details of the day-to-day lives of Wolfsburg's newest inhabitants. Today many third-generation Italians live in Wolfsburg, and have become an integral part of the city. In the exhibition, they and other Wolfsburgers speak in interviews, and offer insights into the life of the former model city.

Kuratiert von I Curated by
Bernd Rodrian (Institut Heidersberger)

In Zusammenarbeit mit I In collaboration with
Institut Heidersberger, IZS Wolfsburg (Institut für Zeitgeschichte und Stadtpräsentation), Istituto di Cultura Wolfsburg

Mit freundlicher Unterstützung von I With the kind support of
Kulturbüro Sophien, Berlin, Volkswagen AG, Wolfsburg

PFLÜGER68
BÜROGEMEINSCHAFT UND GALERIE

Pflügerstraße 68
12047 Berlin (Neukölln)
T 030.78 00 12 81
www.pflueger68.de

U7 Hermannplatz, U8 Schönleinstraße,
Bus M29, 171, 194

Mo – Fr I Mon – Fri 10 – 18 h
und nach Vereinbarung I and by arrangement
Eintritt frei I Free admission

19.10. – 30.11.2012

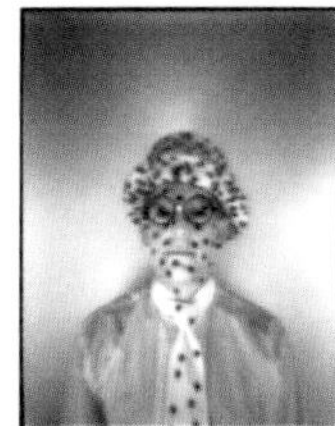

S.|p. 94

D
E

MULTIPLE 1
SELBSTPORTRÄTS
MIT DER CAMERA OBSCURA
Ono Ludwig

Seit 2009 beschäftigt sich der Berliner Fotograf Ono Ludwig mit den kreativen Möglichkeiten der Camera Obscura. In sich ständig weiterentwickelnden Serien entstehen bis heute spielerische, zum Teil verstörend wirkende Selbstinszenierungen. Dank der langen Belichtungszeit der Camera Obscura muss Ono Ludwig auf Spiegelungen und Auslösezeit keine Rücksicht nehmen und nutzt die dadurch entstehende Freiheit der Inszenierung. Die den Porträts innewohnende Spannung besteht aus dem Spiel von Humor und Beklemmung, Ironie und Ernsthaftigkeit, Nähe und Distanz. Sie offenbart eine Dualität von Äußerem und Innerem, Sichtbarem und Verborgenem, Anrührendem und Groteskem, Realem und Fiktionalem, Voyeuristischem und Exhibitionistischem. Die Inszenierungen überschreiten Geschlechtergrenzen, zeigen Personen aus der Biografie Ono Ludwigs, aber auch Ikonen aus Vergangenheit und Gegenwart. Der Fotograf stellt sich der Interpretation der Öffentlichkeit, spiegelt seine eigene psychische Verfassung und animiert den Betrachter, den Identität stiftenden Chiffren zu misstrauen.

E
N

MULTIPLE 1
SELF-PORTRAITS
WITH THE CAMERA OBSCURA
Ono Ludwig

Since 2009, the Berlin photographer Ono Ludwig has been exploring the creative potential of the camera obscura. He continues to create playful and sometimes unsettling self-portraits today in continuously developing series. As a result of the camera obscura's long exposure time, Ono Ludwig does not have to worry about reflections or reaction time, and he exploits the resulting dramatic freedom. The tension that is immanent in the portraits arises from the play of humour and anxiety, irony and seriousness, nearness and distance. It reveals a duality of the outer and the inner, the visible and the concealed, the touching and the grotesque, the real and the fictional, the voyeuristic and the exhibitionistic. The dramaturgy of the photographs transcends gender boundaries and shows not only individuals from Ono Ludwig's life but also icons of the past and the present. The photographer surrenders himself to the interpretation of the public, reflects his own state of mind and encourages viewers to mistrust the codes that establish identity.

**Kuratiert von | Curated by
Anja Bischoff**

PHOTO EDITION BERLIN

**Ystader Straße 14A
10437 Berlin (Prenzlauer Berg)
T 030.41 71 78 31
www.photoeditionberlin.com**

**U2, S8, S9, S41, S42, S85,
Tram M1 Schönhauser Allee**

**Mi | Wed 14 – 18 h, Sa | Sat 12 – 16 h und nach
telefonischer Vereinbarung | and by telephone
arrangement
Eintritt frei | Free admission**

01.10. – 24.11.2012

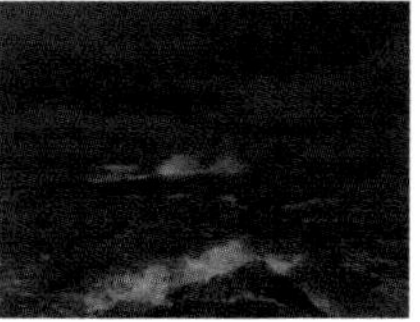

S.|p. 72

D
E

OROGENESIS
LANDSCHAFTEN OHNE ERINNERUNG
Joan Fontcuberta

Joan Fontcuberta zeigt uns unberührte Landschaften von unendlicher Weite, die »nie ein Mensch zuvor gesehen hat«. Sie erinnern an einsame alpine Hochgebirge, an nordische Fjorde oder an unzugängliche Schluchten mit idyllischen Wasserfällen. Niemand hat jemals diese Berge bestiegen oder diese fernen Welten durchwandert. Fontcuberta nennt sie treffend »Landschaften ohne Erinnerung«, doch entpuppen sie sich als Projektionsflächen jener Naturerfahrungen, die wir, ganz gleich, ob real oder medial vermittelt, bereits gemacht haben. Der Großteil der Landschaften wird uns aus weiter Ferne gezeigt, aber bei näherer Betrachtung kommen sie uns doch ein wenig zu glatt und unberührt vor. Tatsächlich handelt es sich um konstruierte Landschaften. Für die Herstellung der Landschaftsbilder nutzt Fontcuberta das Computerprogramm Terragen, das die Bildoberfläche der Vorlage in ein neues Bild übersetzt. Die Software wurde ursprünglich für militärische und wissenschaftliche Zwecke entwickelt. Heute wird sie vor allem für Werbespots und für die Erstellung von Landschaftshintergründen von Video- und Computerspielen verwendet. Orogenesis, der Titel der Arbeit, nimmt Bezug auf die Orogenese, den wissenschaftlichen Begriff für die Entstehung von Bergen und Gebirgen.

E
N

OROGENESIS
LANDSCAPES WITHOUT MEMORY
Joan Fontcuberta

Joan Fontcuberta presents untouched, infinite landscapes »never seen before by human eyes«. His vistas recall isolated Alpine regions, Nordic fjords and inaccessible gorges with idyllic waterfalls – but no one has ever climbed these mountains or wandered through these remote worlds. Fontcuberta aptly dubs them »landscapes without memory«, but they turn out to be surfaces onto which we project the natural world we know, whether from life or from media representations. The majority of the landscapes are shown from a distance, but upon closer inspection they seem just a little too smooth and unspoiled – and in fact they are constructed images. Fontcuberta creates his landscapes using Terragen, a computer program that can transfer the surface texture details of a picture into a new image. Originally developed for military and scientific purposes, the software is primarily used today for TV ads and to generate background landscapes for video and computer games. Orogenesis, the work's title, refers to orogeny, the scientific term for the natural process of mountain building.

**Kuratiert von | Curated by
Gunther Dietrich**

**In Zusammenarbeit mit | In collaboration with
Lucia Simon**

**Mit freundlicher Unterstützung von |
With the kind support of
Institut Ramon Llull, Berlin**

PHOTOPLATZ
C/O HOTEL BOGOTA

**Schlüterstraße 45
10707 Berlin (Charlottenburg)
T 030.881 50 01
www.photoplatz.de**

U1 Uhlandstraße, U7 Adenauerplatz,
S5, S7, S75 Savignyplatz, Bus M19,
M29, 101,109, 110

Mo–So | Mon–Sun 7–23 h
und nach Vereinbarung |
and by arrangement
Eintritt frei | Free admission

05.10.–07.11.2012

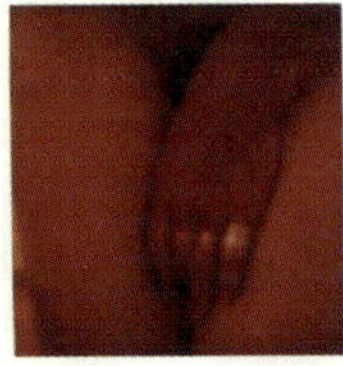

S.|p. 60

D E

SOFORTBILDER
Ursula Kelm

Wir bewegen uns abermals im Reich der Gegensätze und Verwirrungen. (...) Kelms Fotografie thematisiert in immer anderen Tonlagen das Spiel von Dauer und Vergänglichkeit. Auf besondere Weise also ein memento mori, Teilnahme an der Sterblichkeit, Verletzlichkeit, Wandelbarkeit von beidem, dem Menschen und der Natur, der Fotografin selbst (...).
Weil Fotografien eben diesen einen Moment herausgreifen und erstarren lassen, ihn fixieren im doppelten Sinne des Wortes, bezeugt die Fotografin einmal mehr das unerbittliche Verfließen der Zeit. (Aus: »Von Bildern, die das Leben aufbewahren« von Elisabeth Moortgat)

E N

POLAROIDS
Ursula Kelm

Once again we find ourselves in the realm of opposites and bewilderment. In ever-changing registers, Kelm's photography explores the interplay of permanence and transience. In a special way, it is a memento mori, a participation in the mortality, vulnerability, mutability of both to man and nature, of the photographer herself.
Because photography singles out and freezes exactly this moment, fixes it in a dual sense, the photographer bears witness once again to the relentless passage of time.
(From: »Von Bildern, die das Leben aufbewahren« | »On pictures that conserve life« von | by Elisabeth Moortgat)

09.11.2012–29.01.2013

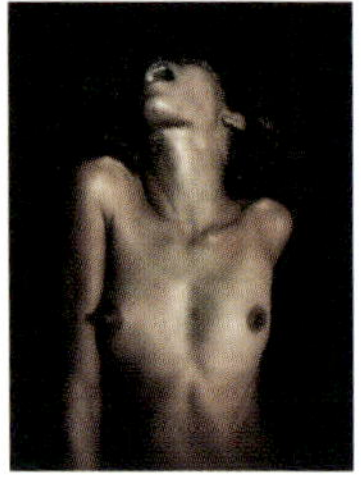

S.|p. 147

D E

ICE
Antoine d'Agata

»Überliefert werden nur Taten, sie werden die Dichtung ausmachen, denn, ich wiederhole, es gibt keine andere Dichtung als die echte Tat.« Pier Paolo Pasolini

Ich fotografiere nie, wenn ich in die Situation, in die ich eingreife oder die ich provoziere, nicht involviert bin. Ich habe meine Position hinter der Kamera nach und nach aufgegeben, um in diesen Situationen als einer der Charaktere aufzutreten. Ein gewaltsamer Prozess. Mich von der reinen Dokumentarfotografie distanzierend, dokumentiere ich das, was ich lebe, und ich lebe die Situationen, die ich dokumentiere. Indem ich die Grenze überschreite, die den Fotografen von dem Fotografierten trennt, werde ich zum Gegenstand meiner Fotografie und notgedrungen auch zum Akteur in meiner eigenen, im Voraus geplanten Inszenierung. Durch den sexuellen Akt werfen mich Verlangen und Schmerz auf meinen eigenen Körper zurück. Ich stelle mich mit meinem Körper dem Chaos der Welt, ihrer Gewalt und Demütigung. Es geht nicht darum, meine Augen vor diesem Exzess und Horror zu öffnen, sondern mich von ihm infizieren zu lassen, was immer auch passiert. Antoine d'Agata

E N

ICE
Antoine d'Agata

»The actions of life alone will be communicated and these will be poetry, because, I say it again, there is no other poetry than true action.« Pier Paolo Pasolini

I never photograph if I'm not a full participant in the situation I am interfering in or provoking. I gradually abandoned the position behind the camera to integrate myself in the images, as one of the characters of the situations I depict. The process was brutal. Distancing myself from straight-forward documentary photography, I document what I live and I live the situations I document. By transgressing the border that separates the photographer from the subject, I become the object of my photography, and unavoidably an actor in my own premeditated scenario. The desire and the pain of the sexual act throw me back upon my own body. In my body I confront the disorder of the world, its violence and humiliation. Not to open my eyes to this excess and horror, but to let it infect me, for better or worse. Antoine d'Agata

---

Mi–Mo | Wed–Mon 11–23 h, Di | Tue 11–19 h und nach Vereinbarung | and by arrangement

09.11.2012–29.01.2013

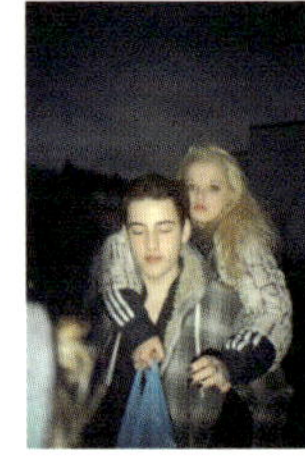

S.|p. 73

D E

THE FUTURE IS UNWRITTEN
Oscar Lebeck

»Diese Welt braucht, was die Jugend auszeichnet: nicht ein Lebensalter, sondern eine Stimmung, eine Willenskraft, eine Vorstellungskraft; dass der Mut die Ängstlichkeit und die Abenteuerlust die Lust auf ein angenehmes Leben überwiegt.« Robert Kennedy

E N

THE FUTURE IS UNWRITTEN
Oscar Lebeck

»This world demands the qualities of youth: not a time of life but a state of mind, a temper of the will, a quality of imagination, a predominance of courage over timidity, of the appetite for adventure over the life of ease.« Robert Kennedy

PINTER & MILCH
GALERIE FÜR FOTOGRAFIE

Auguststraße 49
10119 Berlin (Mitte)
T 030.43 05 54 68
www.pinter-milch.com

U8, Tram M1, M8 Rosenthaler Platz, Bus 142
Mi–Sa | Wed–Sat 12–19 h
Eintritt frei | Free admission

10.11.–08.12.2012

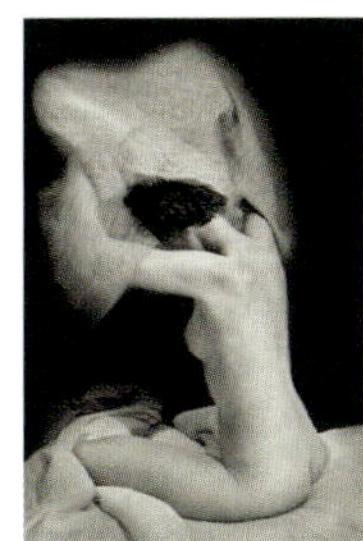

S. | p. 77

D
E

RENÉ GROEBLI – DAS AUGE DER LIEBE

Nach der Ausbildung als Fotograf und Kameramann arbeitet René Groebli zunächst als Fotoreporter für verschiedene internationale Magazine. Im Oktober 1951 heiratet Groebli und wenige Tage nach der Hochzeit muss er schon wieder zum Einsatz. Im Jahr 1953 holen der Fotograf und seine Ehefrau Rita dann ihre Hochzeitsreise nach und fahren nach Frankreich. Es entstehen Bilder von poetischer Schönheit. **Das Auge der Liebe** offenbart den liebevollen und zärtlichen Blick des Fotografen auf seine Frau, es ist ein Blick des Begehrens und der Bewunderung. René Groebli hat mit dieser Liebeserklärung an Rita ein zeitloses Werk geschaffen. Damals wie heute vermögen die Bilder zu berühren und erlauben dem Betrachter einen Blick durch **Das Auge der Liebe**. Edward Steichen erwirbt für die fotografische Sammlung des Museum of Modern Art (MoMA) in New York ein Bild aus dieser Serie **(Sitzender Akt)** und lädt Groebli zur Teilnahme an der legendären Ausstellung **The Family of Man** ein. Die Ausstellung zeigt die vollständige Serie – 28 Bilder – in verschiedenen Formaten.

E N

RENÉ GROEBLI: THE EYE OF LOVE

After training as a photographer and cameraman, René Groebli initially worked as a photo reporter for various international magazines. Groebli married in October 1951, but had to return to work just a few days after the wedding. The photographer and his wife Rita were finally able to take their honeymoon in 1953, and they travelled to France, where he created images of poetic beauty. **Das Auge der Liebe** **(The Eye of Love)** reveals the photographer's loving and tender view of his wife, a gaze of desire and admiration. In this declaration of love, René Groebli created a timeless work. Then as now, the images have the power to touch viewers and let them see through **The Eye of Love**. Edward Steichen acquired one image from this series **(Sitzender Akt, Seated Nude)** for the photography collection of the Museum of Modern Art in New York and invited Groebli to participate in the legendary exhibition **The Family of Man**. The present exhibition presents the complete series of twenty-eight images in various formats.

PLATTENPALAST

Wolliner Straße 50
10435 Berlin (Prenzlauer Berg)
T 030 . 40 05 67 40
www.plattenpalast.de

U8 Bernauer Straße, U2,
Tram M10 Eberswalder Straße

Do–So | Thu–Sun 16–19 h
Eintritt frei | Free admission

21.10.–18.11.2012

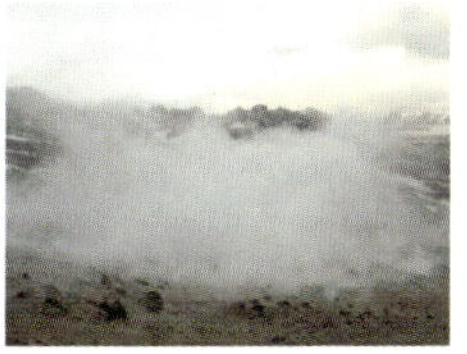

S. | p. 142

D
E

THE PROMISE
Benten Clay

Island als ein Inbegriff des Versprechens ist der Ausgangspunkt der fotografischen und filmischen Notizen, die Benten Clay in dieser Ausstellung in einem installativen Netz verbindet. Es ist das Versprechen paradiesischer Naturzustände, welches vielleicht nicht mehr lange zu vereinen ist mit dem gleichzeitigen Versprechen der weltweit niedrigsten Energiepreise. Viele Träume sind gekoppelt an das kleine, ferne, raue Land, an das geologisch jüngste Land der Erde, zwar schwer von der Finanzkrise erschüttert, aber immer noch mit einem der höchsten Lebensstandards der Welt. Politiker verkaufen die Ressourcen, und damit die Zukunft des Landes, an die ausländische Schwerindustrie. Benten Clay nähert sich in seinen Fotografien und im filmischen Essay verschiedenen Aspekten von Lobbyismus, Verstrickungen und Natureingriffen. Es sind vielschichtige visuelle Vermerke zu den Versprechen der Regierung von Arbeitsplätzen, Reichtum, Macht und Einfluss durch fragwürdige Projekte der Energiegewinnung, deren Folgen unwiderrufliche Schäden für fast alle Beteiligten mit sich bringen.

E N

THE PROMISE
Benten Clay

Iceland as an embodiment of promise is the premise of the photographic and filmic notes that Benten Clay brings together in this exhibition to form an installation network. It is a promise of a natural paradise, which may not be compatible for very much longer with the simultaneous promise of the lowest energy prices in the world. Many dreams are tied to the small, distant, harsh country, the geologically youngest land in the world, which despite being badly shaken by the financial crisis is still a country with the one of the highest living standards in the world. Politicians sell resources, and with them the country's future, to foreign industry. In their photography and film essay, Benten Clay addresses various aspects of lobbying, entanglements and interference in nature. They are multi-layered visual commentaries on the government's promise of workplaces, wealth, power and influence by means of dubious projects for energy production, with irreversible disadvantages for nearly everyone involved as their result.

POLNISCHES INSTITUT BERLIN

Burgstraße 27
10178 Berlin (Mitte)
T 030.24 75 81 11
www.polnischekultur.de

S5, S7, S75, Tram M1, M4, M5,
M6 Hackescher Markt

Di–Fr | Tue–Fri 10–18 h
Eintritt frei | Free admission

14.09.–30.11.2012

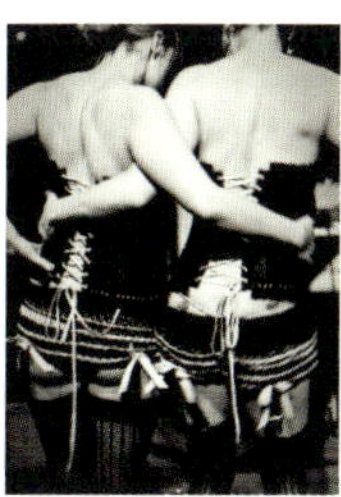

S. | p. 91

D_E

BERLIN RELATIVES
ANNA KOTT – FOTOGRAFIE

Ballett, Burlesque, Kitsch und Tattoos – das visuelle Universum von Anna Kott ist barock, melancholisch, vergnügt und fröhlich zugleich. Stärke und Schwäche, souveräne und peinliche Körperlichkeit, Anmut und Unbeholfenheit sind Widersprüche, die sie in ihren Bildern festhält. Die Frauen, die sie darstellt, erscheinen als in sich versunkene, kraftvolle, etwas gefährliche und beunruhigende Wesen. Ballerinas, Dragqueens, Stripperinnen, Rock-Stars, athletische, tätowierte Körper, die ihre Vergänglichkeit und Zerbrechlichkeit durchscheinen lassen. Die verrauchte Boudoir-Stimmung mischt sich hier mit Vanitätsmotiven, poetischen Metaphern, Religion und Sexualität. Es sind Porträts, Silhouetten, Fragmente. Die wahre Kunst liegt in der Andeutung. Das Polnische Institut Berlin präsentiert noch nie gezeigte Fotoarbeiten der Künstlerin. Anna Kott wurde 1975 in Polen geboren. Sie lebt und arbeitet in Berlin. Die Ausstellung umfasst Fotografien, die Anna Kott in verschiedenen Berliner Milieus und Subkulturen gemacht hat – eine subjektive, mal wilde, mal zurückhaltende Art der Betrachtung.

E^N

BERLIN RELATIVES
ANNA KOTT – PHOTOGRAPHY

Ballet, burlesque, kitsch and tattoos – the visual universe of Anna Kott is baroque, melancholy, cheerful and bright all at once. Strength and weakness, physical confidence and embarrassment, grace and awkwardness are the contradictions she captures in her pictures. The women she paints, draws and photographs appear as creatures absorbed in themselves, powerful, somewhat dangerous and disturbing. Ballerinas, drag queens, strippers, rock stars, athletic, tattooed bodies that hint at transience and fragility. The smoky boudoir atmosphere is blended here with vanitas motifs, poetic metaphors, religion and sexuality. In these portraits, silhouettes, fragments, true art lies in suggestion. The Polish Institute Berlin presents new photos by the Berlin artist Anna Kott, who was born in Poland in 1975 and is known mainly for her paintings. The exhibition includes photographs taken in various Berlin milieus and subcultures: they are subjective, sometimes wild, sometimes reserved observations.

Kuratiert von I Curated by
Aneta Panek

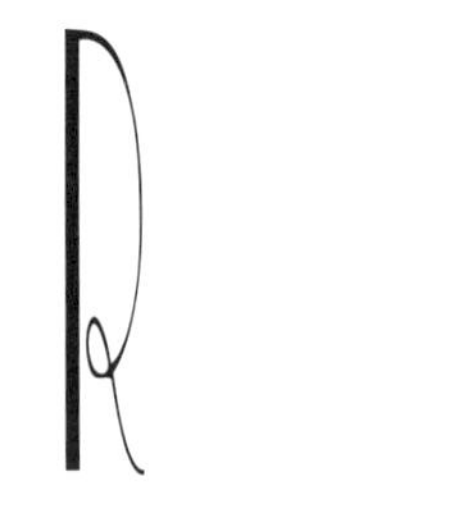

RECEPTION

Kurfürstenstraße 5/5A
10785 Berlin (Schöneberg)
T 030.26 93 14 55
www.reception-berlin.de

U1 Kurfürstenstraße, U2 Bülowstraße,
M48, M85

Do–Sa I Thu–Sat 11–18 h
und nach Vereinbarung I and by arrangement
Eintritt frei I Free admission

03.11.–24.11.2012

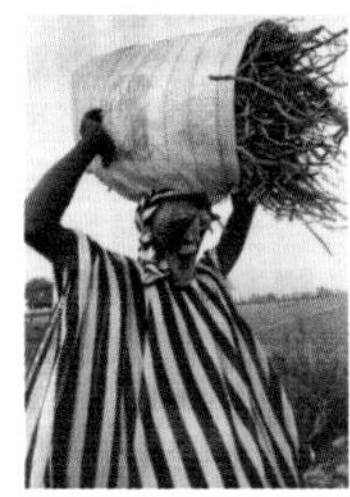

S.Ip. 50

D_E

MASKEN
Jens Ullrich

Jens Ullrichs Serie von Collagen mit dem Titel **Masken**, die bis heute insgesamt knapp 40 Motive umfasst, entsteht seit 2004. In schwarzweiße Pressefotos aus Tageszeitungen, die in verschiedenen Ländern des afrikanischen Kontinents aufgenommen worden sind, hat der Künstler am Computer Abbildungen afrikanischer Masken hineinmontiert. Die Zeitungsbilder zeigen alltägliche Szenen, dramatische Momente und politische Ereignisse. Die in die Fotos collagierten Masken verdecken nun die Gesichter der dargestellten Menschen. Auf subtile Weise spielt Jens Ullrich so mit den Klischees von Afrika, die wir als westliche Betrachter im Kopf haben. Die Masken, deren Abbildungen vielfach aus Sammlungskatalogen (westlicher) Museen stammen, stehen stellvertretend für unsere Vorstellungen dieses Kontinents, den wir auch heute vielfach noch als Ort mystischer Rituale und primitiver Kulturen sehen. Die Serie ist ein Beispiel für Jens Ullrichs fortdauernde Auseinandersetzung mit der bildhaften und ideologischen Kraft von Artefakten und thematisiert unsere Vorstellungen des »Anderen«. Jens Ullrich ist 1968 in Tukuyu/Tansania geboren, hat an der Kunstakademie Düsseldorf studiert und lebt in Berlin.

E^N

MASKS
Jens Ullrich

Jens Ullrich has been creating the series of collages titled **Masken (Masks)**, which currently consists of some 40 works, since 2004. On the computer, the artist pastes images of African masks into black-and-white newspaper photos which were taken in various countries on the African continent. The newspaper images show everyday scenes, dramatic moments and political events. The masks pasted into the photos now obscure the faces of the individuals depicted. Jens Ullrich thus plays subtly with the clichés of Africa that we as western viewers have in our heads. The mask images, many of which come from the collection catalogues of Western museums, stand for our concepts of the continent, which we continue to see as a place of mystic rituals and primitive cultures. The series is an example of Jens Ullrich's ongoing analysis of the pictorial and ideological power of artefacts, and questions our concepts of »the other«. Jens Ullrich was born in Tukuyu, Tanzania, in 1968, studied at the Kunstakademie Düsseldorf and lives in Berlin.

REHA-STEGLITZ GGMBH

Bergstraße 1
12169 Berlin (Steglitz)
T 030.319 80 51 00
www.reha-steglitz.de

U9, S1 Rathaus Steglitz, Bus M48, M170

Mo–Fr I Mon–Fri 10–17 h
Eintritt frei I Free admission

25.10.–30.11.2012

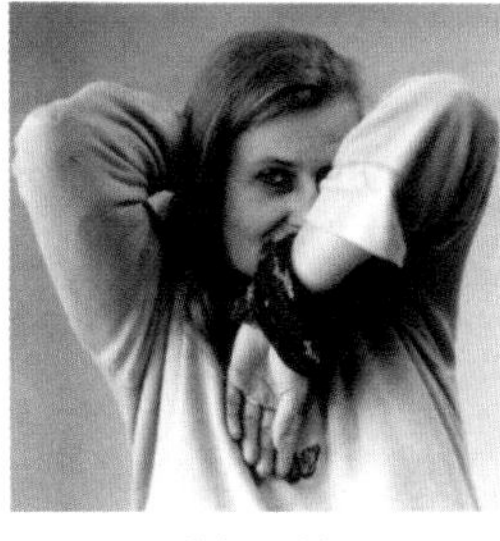

S.Ip. 134

BLICKE DER VERÄNDERUNG
Aenne Burghardt

Menschen kommen und bekommen Raum zur Selbstdarstellung. Manche lassen sich locken, verführen, andere probieren sich aus, erfinden sich neu. Jeder zeigt nur so viel von sich, wie er wirklich möchte. Was passiert, wenn Lebensentwürfe obsolet werden, Ordnungsmuster in Frage gestellt sind, emotionale Elastizität gefordert wird? Die Bereitschaft und Fähigkeit, sich in Frage zu stellen, stellen zu lassen, kann schnell zum Thema werden. Vorstellungen zwischen Wirklichkeit und Traum, Möglichem und Unmöglichem, Trugbildern und Realem spannen ein Netz von Sein, Hoffnung und Veränderung. (Un-)sichtbare Grenzen tun sich auf – diese sind zu wahren, als Schutz vor der entblößenden Kraft der Kamera und dem voyeuristischen Zeitgeist. Porträts sind Ausdruck ihrer Zeit. Die Gegenwart aber ist unruhig, unsicher und unübersichtlich. Im spielerischen Miteinander und bei der Auswahl verdeckender oder schmückender Accessoires kommt es oft auch zur Begegnung mit Unerwartetem. Rätselhaft-hintergründige und geistreich-ironische Blickerfindungen ergeben sich scheinbar wie von selbst.

LOOKS OF CHANGE
Aenne Burghardt

People come and are given space to present themselves. Some allow themselves be enticed or seduced, others test themselves and reinvent themselves. Each individual shows just as much of himself or herself as he or she truly wants. What happens when life projects become obsolete, when patterns of order are threatened and emotional resilience is required? The willingness and ability to challenge oneself, to allow oneself to be challenged, may suddenly be called for. Ideas between waking life and dreams, the possible and the impossible, or illusions and reality create a network of being, hope and change. Visible and invisible boundaries appear, and must be preserved as protection against the revealing power of the camera and the voyeuristic spirit of our time. Portraits are an expression of their time, but the present is restless, insecure, and confusing. Sudden encounters with the unexpected arise through playful interaction and in the choice of concealing or decorative accessories. Enigmatic and ingeniously ironic perspectives arise as if of their own accord.

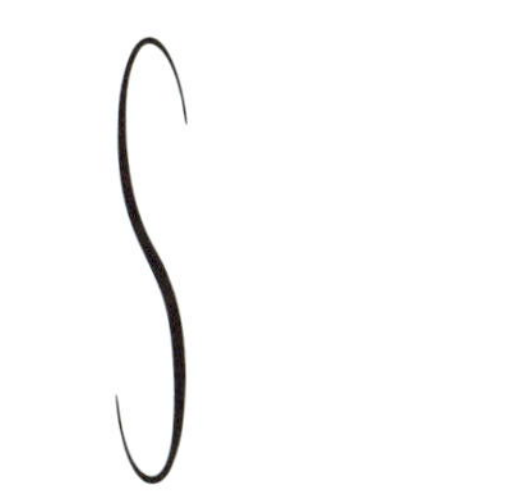

SCOTTY ENTERPRISES

Oranienstraße 46
10969 Berlin (Kreuzberg)
T 0176.99 03 92 35
www.scotty-enterprises.de

U8 Moritzplatz

Mi – Fr | Wed – Fri 16 – 20 h,
Sa & So | Sat & Sun 14 – 18 h
Eintritt frei |
Free admission

09.11. – 01.12.2012

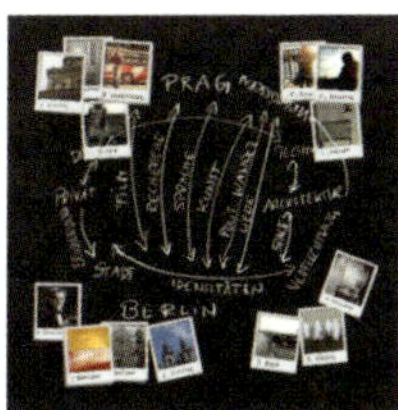

S. | p. 117

OUT OF SIGHT

Die Vergangenheit der Metropolen Berlin und Prag ist geprägt von Umbrüchen und Wandlungen in politischer, gesellschaftlicher und kultureller Hinsicht. Mit Rückblick auf frühere Aufenthalte reisen Künstler von Scotty Enterprises nach Prag und entwickeln fotografische Arbeiten. Prager Künstler werden eingeladen, ihrerseits in Berlin ein fotografisches Projekt zu realisieren. Wie ist der eigene Blick und der des Anderen auf Prag und auf Berlin heute, wie war er früher? Welche Zeichen, welche Lesbarkeiten haben die Veränderungen hinterlassen, was ist Neues entstanden? Mit welchem Fokus betrachten wir jeweils die Städte? Die Arbeiten der Prager und Berliner Künstler entstehen im Dialog über die Lebenswelten, über Verflechtungen des Privaten mit dem politischen Wandel und Möglichkeiten des künstlerischen Agierens. Während des **Monats der Fotografie Berlin** werden die entstandenen Arbeiten in einer ersten gemeinsamen Ausstellung im Projektraum von Scotty Enterprises gezeigt.

OUT OF SIGHT

The history of Berlin and Prague is one of upheavals and transformations in politics, society and culture. Looking back on earlier visits, artists from Scotty Enterprises travelled to Prague and developed photographic works, while artists from Prague were invited to realise a photographic project in Berlin. What do Prague and Berlin look like today in their own and each other's eyes, and what did they look like in the past? What signs, what readable traces have the changes left behind and what new things have come into being? What do we focus on when we look at either city? The works of the artists from Prague and Berlin were created in a dialogue on life-worlds, on the interweaving of the private sphere with political change and on opportunities for artistic action. The works appear in a first joint exhibition at Scotty Enterprises during the **Month of Photography** in Berlin.

Künstler von | Artists of Scotty Enterprises
Charlotte Bastian, Simone Häckel, Silke Koch, Karen Linnenkohl, Christine Niehoff, Claudia Schoemig, Karin Schroeder, Annette Sonnewend

Gäste aus Prag | Guests from Prague
Radeq Brousil, Daniela Dostálková, Ivars Gravlejs, Tomáš Hrůza, Jan Pfeiffer, Petra Steinerová, Jiří Thýn, Alexandra Vajd & Hynek Alt

STAATSGALERIE PRENZLAUER BERG

Greifswalder Straße 218
10405 Berlin (Prenzlauer Berg)
T 030.44 32 47 41
www.staatsgalerie-prenzlauerberg.de

Tram M4 Hufelandstraße

Di – Fr | Tue – Fri 14 – 19 h, Sa | Sat 13 – 18 h
Eintritt frei | Free admission

09.11. – 29.11.2012

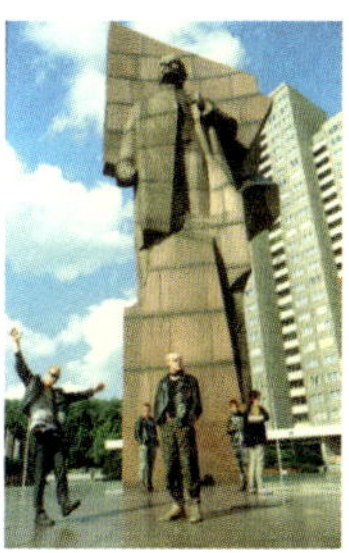

S. | p. 112

EAST END!
PUNK IN DER DDR
(FOTOGRAFIEN 1980–84)

1980 begann die letzte lange Dekade im kurzen Dasein der DDR. Ein schrilles Zeichen für ihren nahenden Infarkt stellte die frühe Punkszene in Ost-Berlin und Leipzig dar. Die Wirkung, welche die ersten Punks in der DDR-Gesellschaft hinterließen, war nur mit der Landung Außerirdischer zu vergleichen. Ihre grelle Erscheinung im bunten Grau des Ostens forderte das Kontrollsystem heraus. Bis dahin galt der Blick auf »das Andere« russischen Soldaten und vietnamesischen Gastarbeitern, die in der Gesellschaft aber weitgehend unsichtbar blieben. Die DDR war Provinz, das Fremde war nie Teil des Vertrauten. Punk ließ »das Andere« im Einheitsstaat jedoch radikal sichtbar werden. Die Ausstellung **EAST END | Punk in der DDR (Fotografien 1980–84)** macht einen Kulturschock bildhaft sichtbar, den Einbruch »des Anderen« in eine durch ideologisierte Scheinidylle, die sich in ihrem engen Horizont als der Nabel einer besseren Welt inszenierte.

E^N

EAST END!
PUNK IN EAST GERMANY
(PHOTOGRAPHS FROM 1980–84)

The year 1980 began the final decade in the short existence of the GDR. The early punk scene in East Berlin and Leipzig was a shrill signal of its impending collapse. The impact that the first punks had on East German society could only be compared with an invasion from outer space. Their garish appearance in the variegated grey of the East challenged the system of social control. Up to that point, the view of »the other« was limited to Russian soldiers and Vietnamese guest workers, who remained largely invisible in society. The GDR was provincial, never familiar with the foreign. But punk made »the other« radically visible in the unitary state. The exhibition **EAST END | Punk in der DDR (Fotografien 1980–84) (EAST END | Punk in the GDR [Photographs from 1980–84])** makes culture shock graphically visible: the invasion of »the other« in a thoroughly ideologised false idyll that saw itself within its narrow horizons as the navel of a better world.

Künstler | Artists
Sabine Bading, Brigitte Bludau Munroe, Christiane Eisler, Michael Lindner, Hans Praefke, Ilse Ruppert, Rudolf Schäfer

Kuratiert von | Curated by
Michael Boehlke, Henryk Gericke

Mit freundlicher Unterstützung von |
With the kind support of
SUBstitut

STATTBERLIN

Lottumstraße 1
10119 Berlin (Mitte)
T 0173 . 898 34 51
www.stattberlin.tk

U2 Rosa-Luxemburg-Platz,
U8 Rosenthaler Platz, U5, U8, S5, S7, S75
Alexanderplatz, Bus 142

Mi–Sa | Wed–Sat 16–19 h
Eintritt frei | Free admission

27.10.–10.11.2012

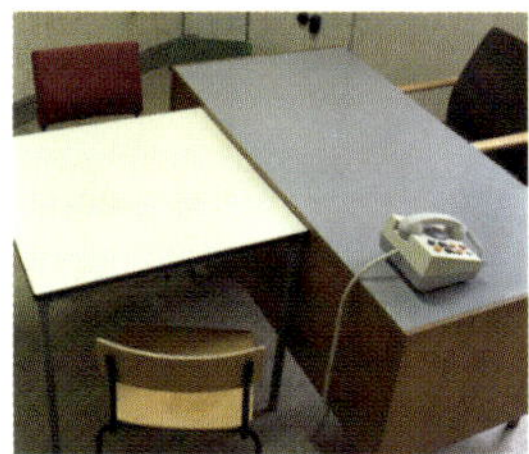

S.|p. 120

D_E

IN THE MAKING
Valérie Leray

Die Fotografien von Valérie Leray sind künstlerischer Ausdruck der Rückkehr an »Erinnerungsorte« – das Vergangene wird gegenwärtig, bleibt aber unsichtbar. In der Serie **In the Making** sucht die Künstlerin Orte auf, die die Macht der Stasi bezeugen: das ehemalige Ministerium in der Normannenstraße und die Haftanstalt in der Genslerstraße, die zur Zeit der DDR in Stadtplänen nicht aufgeführt und Terra incognita waren. In den Gebäuden, als Museumsraum gestaltet und praktisch unverändert belassen, werden heute Führungen durch ehemalige Häftlinge angeboten, die dem Besucher ein möglichst authentisches Bild vermitteln sollen.
Lerays Anordnung des Mobiliars und die Wahl des Kamerawinkels machen eine menschliche Anwesenheit fühlbar. Kargheit und reduzierte Farbpalette der Räume, ebenso wie andere Zeugnisse gelebter Geschichte, regten sie dazu an, mit Überschneidungen von Formen spielerisch umzugehen und deren geometrisch-abstrakte Eigenschaften zu betonen. Die vorhandenen Dinge sind gleichzeitig Spuren der Vergangenheit wie auch Allegorien, Symbole, Inspiration für Fiktion.
Valérie Leray (übersetzt von Gerhard Ebert)

E^N

IN THE MAKING
Valérie Leray

Valerie Leray's pictures imply a return to the »realms of memory« regarded as expressions of the artistic gesture, showing in the present time what used to be but which remains invisible. In her series **In the Making**, the artist looks for the testimony of places where the Stasi exerted its power: the former ministry in Normannenstrasse and the former main remand center in Genslerstrasse – once unidentifiable on a map and called terra incognita. These places, today museographied but almost in their original condition, these memorials are visited under the guidance of former prisoners so as to offer the public their utmost genuineness.
The layout of the furniture and the choice of the shooting angles make a human presence palpable. Their minimalistic aspect and the limited palette – as many hints of a real-life history – have led her to play with overlapping shapes, and to emphasize their geometric and abstract properties. Today's objects are both tracks of the past and allegories, symbols or sources of fiction. **Valérie Leray (translated by François Marinier)**

Kuratiert von | Curated by
Delphine Marinier

In Zusammenarbeit mit | In collaboration with Lan Hungh

Mit freundlicher Unterstützung von |
With the kind support of
Gerhardt Ebert, Michael Ebert, François Marinier

STIFTUNG STADT-MUSEUM BERLIN
LANDESMUSEUM FÜR KULTUR UND GESCHICHTE BERLINS

Ephraim-Palais
Poststraße 16
10178 Berlin (Mitte)
T 030.24 00 21 62
www.stadtmuseum.de

U2 Klosterstraße, U2, U5, U8, S5, S7, S75,
Tram M2, M4, M5, M6 Alexanderplatz

Di, Do–So | Tue, Thu–Sun 10–18 h,
Mi | Wed 12–20 h
Eintritt | Admission 5 €/ermäßigt | reduced 3 €
Jeder erste Montag im Monat: Eintritt frei |
1st Monday of every month: Free admission

16.11.2012–17.02.2013

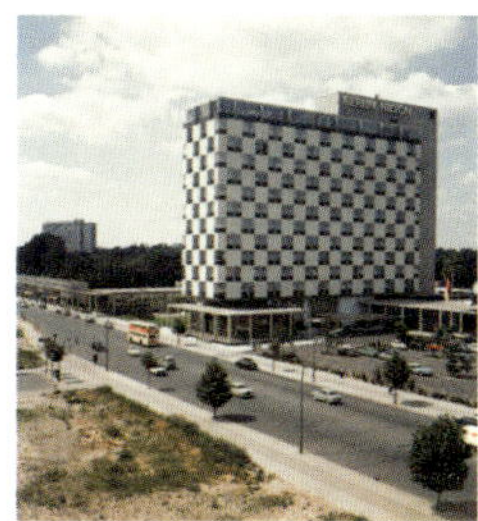

S.|p. 42

D_E

KALTER KRIEG UND WIRTSCHAFTSWUNDER
Herbert Maschke

Die farbigen Fotografien Herbert Maschkes (1915–2005) zeigen das stolze Bild einer wiedererstehenden Stadt mit alten und neuen Wahrzeichen in der Zeit von Kaltem Krieg und Wirtschaftswunder. Ausgebildet in Breslau und Berlin, war Maschke zunächst als Bildreporter und Standfotograf beim Film tätig. 1952 kam er aus dem Ostteil der Stadt nach West-Berlin. 1954 gründete er einen Verlag für Ansichtskarten, mit denen er kommerziell erfolgreich 20 Jahre lang das Bild der Inselstadt prägte. Maschke fotografierte die West-City bei Tag und Nacht, das ungeheure Baugeschehen am Kurfürstendamm ebenso wie die innerstädtische Grenze. Herbert Maschkes Sohn hat nun das umfangreiche Negativarchiv gesichtet und digital bearbeitet. Der fotografische Nachlass von Herbert Maschke hielt manche Überraschung bereit; frühe Schwarzweiß-Reportagen zeigen Ereignisse, aber auch das zerstörte Berlin. Eindrucksvolle Luftaufnahmen der Stadt zeugen von Maschkes breitem fotografischen Spektrum. Die Ausstellung zeigt großformatige Neuprints, ergänzt durch originale Lebensdokumente und Postkarten des Fotografen.

E^N

COLD WAR AND ECONOMIC MIRACLE
Herbert Maschke

The colour photographs of Herbert Maschke (1915–2005) show the proud image of a city being resurrected, with old and new landmarks, in the era of the Cold War and the »economic miracle«. Trained in Wrocław and Berlin, Maschke first worked as a photo reporter and as a still photographer in film production. In 1952 he moved from East to West Berlin. In 1954, he established a publishing company for picture postcards, a successful business through which Maschke shaped the image of the insular city for twenty years. Maschke photographed the western part of the city by day and night, the prodigious construction works on Kurfürstendamm, and the border dividing the city. Herbert Maschke's son has now sifted through and digitised the extensive archive of negatives. Maschke's photographic legacy holds numerous surprises. Early black-and-white reportages show not only events but also the devastation of postwar Berlin. Impressive aerial photographs of the city bear witness to Maschke's broad photographic spectrum. The exhibition presents new large-format prints, supplemented by original personal documents and postcards by the photographer.

**Kuratiert von | Curated by
Ulrike Griebner**

**Katalog | Catalogue
Zur Ausstellung erscheint eine Begleitpublikation im | A publication accompanying this exhibition is published by Nicolai Verlag Berlin.**

SWEDISH PHOTOGRAPHY

**Karl-Marx-Allee 62
10243 Berlin (Friedrichshain)
T 030.81 47 37 09
www.swedishphotography.org**

U5 Strausberger Platz, S5, S7, S75 Ostbahnhof

**Mi–Sa | Wed–Sat 12–18 h
Eintritt frei | Free admission**

20.10.–15.12.2012

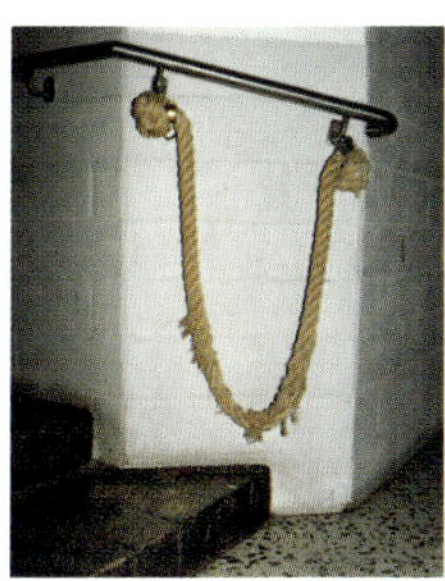

S.|p. 58

D_E

VINTER
Lars Tunbjörk

Eingeschneite Straßen, Häuser und verlassene Autos, ein schmutziger Schneemann, der einsam in einem Garten steht. Aber auch Interieurs und Porträts von Menschen in ihrem Zuhause, bei der Arbeit, in Cafés oder auf Partys. Für seine Serie **Vinter (Winter)** ist Lars Tunbjörk zwischen 2004 und 2007 durch Schweden gereist, um die melancholische Winteratmosphäre Nordeuropas einzufangen und den mentalen Zustand, der die Menschen Skandinaviens in der dunklen Jahreszeit umgibt, festzuhalten. Für Tunbjörk selbst war das Projekt ursprünglich vor allem ein kreativer Weg, seine eigene depressive Stimmung, die ihn regelmäßig in den Wintermonaten heimsucht, zu bewältigen. Mit **Vinter** hat Lars Tunbjörk seine schwarzweißen Anfänge komplett hinter sich gelassen: Im Mittelpunkt steht nun die Erforschung von Farbe, der er sich im Stil der amerikanischen Fotografie der 1970er Jahre nähert. **Vinter** ist vor allem eine Serie von feinen Beobachtungen, die er jedoch ohne Pessimismus entwickelt. Tunbjörks subtiler Humor mit oft skurrilen Motiven zieht sich dabei wie ein roter Faden durch sein Werk.

E^N

VINTER
Lars Tunbjörk

Snowbound streets, buildings and abandoned cars, a dirty snowman standing forlorn in a garden. But interiors too, and portraits of people in their homes, at work, in cafés and at parties. For his series **Vinter (Winter)**, Lars Tunbjörk travelled through Sweden from 2004 to 2007 capturing the melancholy winter atmosphere of Northern Europe and recording the mental state that closes in on the people of Scandinavia in the dark months of the year. For Tunbjörk himself, the project was originally primarily a creative way to cope with his own depressive mood, which regularly beset him in the winter months. In **Vinter**, Lars Tunbjörk completely abandoned his black-and-white beginnings to concentrate on the exploration of colour, which he approaches in the style of American photography of the 1970s. **Vinter** is above all a series of refined observations, which he nonetheless develops without pessimism. Tunbjörk's subtle humour and sometimes bizarre subjects are leitmotivs in his work.

**Kuratiert von | Curated by
Nina Grundemark**

**Katalog | Catalogue
Lars Tunbjörk: Vinter, Göttingen:
Steidl, 2007, 40 €**

U

UND.INSTITUT FÜR KUNST, KULTUR & ZUKUNFTSFÄHIGKEIT

Bahnhof Ostkreuz
Markgrafendamm
10245 Berlin (Friedrichshain)
T 030.782 74 12
www.und-institut.de

S3, S5, S7, S8, S9, S41,
S42, S75, S85 Ostkreuz, Bus 194, N94

24 h einsehbar | 24/7 visible
Eintritt frei | Free admission

18.10.–30.11.2012

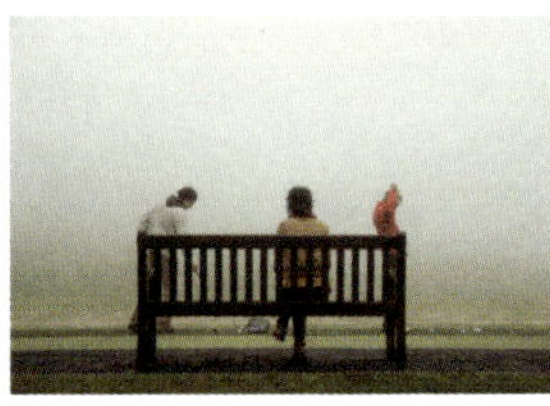

S.|p. 122

^DE

IN TRANSIT
DER BLICK DER ANDEREN
Partizipatorisches Projekt

In Transit stellt sich der Herausforderung, Fotografie als dokumentarische, künstlerische und politische Beschreibung von Welt zu verstehen und als partizipatorisches Projekt in einem öffentlichen In-Transit-Raum am Bahnhof Ostkreuz zu präsentieren. »**Der Blick der Anderen**« wird in einen Diskurs über unsere gegenwärtige(n) Gesellschaft(en) gestellt, indem Jaana Prüss Bilder kommerziell und künstlerisch arbeitender Fotografen mit denen von Mitbürgern, Passanten, Besuchern des **Monats der Fotografie**, die sich an einem Open Call beteiligen, in einen »**Dialog der Blicke**« bringt. Die Ausstellung präsentiert Sichtweisen auf aktuelle gesellschaftliche Fragen des Wandels und Situationen der Transformation. Sie zeigt in ihrer Heterogenität Perspektiven zu Individuum und

Gesellschaft, Provisorien, Commons, Mobilität, Migration, Flucht und stellt Fragen zur Suche nach Zuflucht und Verortung, nach Aufgaben, Arbeit, Sinn und neuen Strategien des »Überlebens«. Jede/r ist eingeladen, sich daran selbst aktiv und bildnerisch zu beteiligen: intransit@morgengruen.de.

^NE

IN TRANSIT
THE VIEW OF THE OTHER
Participatory Project

In Transit takes up the challenge of comprehending photography as a documentary, artistic and political description of the world and presenting it as a participatory project in a public waiting room at the Ostkreuz railway station. Jaana Prüss situates »**The View of the Other**« in a discourse on our contemporary societies by drawing images by commercial and art photographers into a »**dialogue of views**« with images by fellow citizens, passers-by and visitors to the **Month of Photography** who respond to an open call. The exhibition presents perspectives on current social issues of change and transformation. In its heterogeneity, it shows points of view on the individual and society, temporary solutions, commons, mobility, migration and flight, and questions the search for shelter and belonging, purpose, work and meaning, and new strategies for »surviving«. Everyone is invited to participate actively and creatively: intransit@morgengruen.de.

Künstler | Artists
Sascha Bachmann, Dido Baxevanidis, Sebastian Bolesch, Patrik Budenz, Andreas Burger, Kyungwoo Chun, Silvia Edin, Maria Beate Effertz, Claudia Fischer, Cordula Giese, Anne Hebeler, Andy Heller, Ulrike Hosten, Ruth Hommelsheim, Susanne Huth, Werner Huthmacher, Zoltán Jókay, Piotr Komorowski, Holger Kühne, Karol Krukowski, Ulrike Lachmann, Hansgert Lambers, Melanie Lehmann, Bettina Lockemann, Hermann Loew, Johannes Löwe, Ulrike Ludwig, Jens Lüstraeten, Sol Mateo, Max Merz, Joachim Mühleisen, Peter Ojstersek, Christian Reister, Julian Röder, Ursula Rogg, Erik Schiemann, Susanne Schleyer | Michael J. Stephan, David Schmierer, Anja Schoeller, Sabine Schründer, Jana Seehusen, Maria Sewcz, Dorota Sitnik, Jörg Steinbach, Michael J. Stephan, Karen Stuke, Serkan Taykan, Stephan US, Marc Volk, Maurice Weiss, Insa Winkler, Johanna Wunderlich, Sima Zureikat

Kuratiert von | Curated by
Jaana Prüss

Mit freundlicher Unterstützung von |
With the kind support of
Oya Magazin, Punkt 3, Burger Architekten
Berlin, Jeannine Dressler, Petra Markmann

V

VICE VERSA VERTRIEB

Immanuelkirchstraße 12
10405 Berlin (Prenzlauer Berg)
T 030.61 60 92 36
www.vice-versa-vertrieb.de

U2 Senefelderplatz, Tram M2,
M4 Knaackstraße,
M4 Hufelandstraße

Mo–Fr | Mon–Fri 9–18 h
Eintritt frei | Free admission

27.10.–23.11.2012

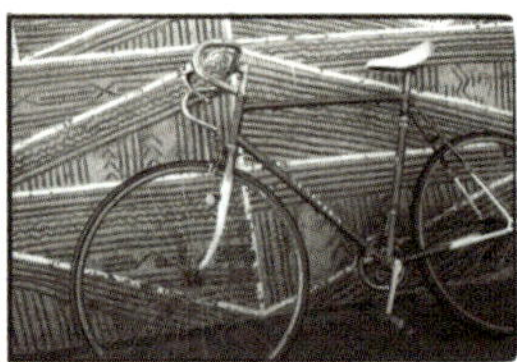

S.|p. 138

^DE

OBLIQUE
Abrie Fourie

Mit dem Objektiv seiner Kamera durchstreift Abrie Fourie vier verschiedene Kontinente: Afrika, Europa, Asien und Amerika. Das südliche Afrika ist seine vertraute Heimat. Asien und Amerika erlebt er als Besucher. Europa wird mit Berlin sein derzeitiger Wohnort. Er betrachtet Orte und Kulturen nie getrennt voneinander, sondern schafft Assoziations- und Bildräume, die sich überlagern und poetisch verdichten. Er untersucht das Alltägliche und Gewohnte und nähert sich mit derselben Neugierde dem ihm Unbekannten. Es geht ihm nie darum, das Erlebte abzulichten. Er umkreist die Beziehungen zwischen den Räumen, den Zeichen und dem Selbst. Der international bekannte Schriftsteller Ivan Vladislavić lässt sich in seinen Texten von den Fotografien inspirieren. Zur Vernissage wird der Text gelesen.

OBLIQUE
Abrie Fourie

Abrie Fourie wanders with his camera lens through four continents: Africa, Europe, Asia and America. Southern Africa is his familiar homeland. Asia and America he experiences as a visitor, while Europe and Berlin are his current domicile. He never sees cities and cultures as separated from each other, but creates associative pictorial spaces that poetically overlap and intensify each other. He explores the routine and the familiar, and approaches the unknown with the same curiosity. His work is never about simply recording experiences. He circumscribes the relations between spaces, signs, and the self. The internationally renowned writer Ivan Vladislavić finds inspiration in the photographers' works: his text will be read at the opening.

Katalog | Catalogue
Abrie Fourie: Oblique, Berlin:
Revolver Publishing, 2011, 35 €

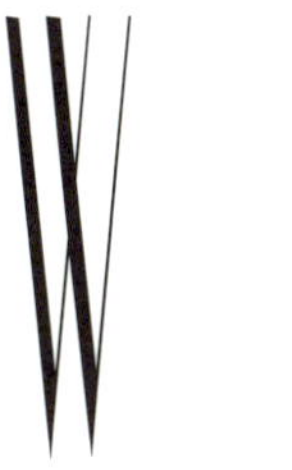

WHITECONCEPTS
BY NICOLE F. LOESER

nhow Gallery
Stralauer Allee 3
10245 Berlin (Friedrichshain)
T 030.41 71 51 48
www.whiteconcepts.de

U1, S5, S7, S75 Warschauer Straße

24 h einsehbar | 24 / 7 visible
Eintritt frei | Free admission

30.10.2012 – 10.01.2013

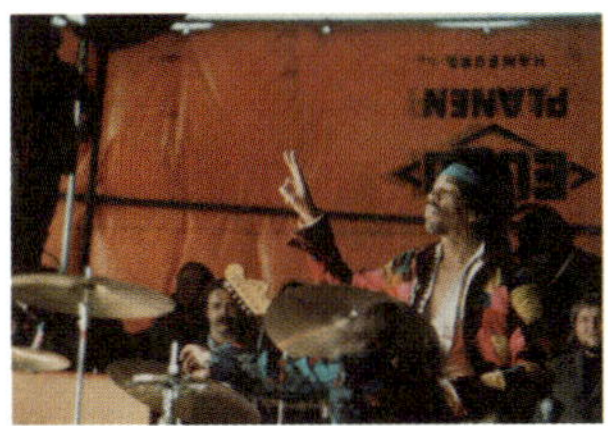

S. | p. 144

D^E

JIMI HENDRIX UND DAS LOVE-AND-PEACE-FESTIVAL
DOKUMENTATION VON FRAUKE BERGEMANN

1970 strömten Tausende Musikbegeisterte auf die Ostseeinsel Fehmarn, in der Erwartung, dort ihr deutsches Woodstock zu erleben. Dauerregen und Sturm verhinderten allerdings einige Auftritte der angekündigten berühmten Bands. Die Präsenz der sich selbst zu Ordnungshütern ernannten Rockergruppen aus Hamburg erschreckte dabei nicht nur die Gäste an den Einlässen, sondern setzte auch die Veranstalter unter Druck. Als Jimi Hendrix am letzten Tag bei strahlendem Sonnenschein endlich auftrat – es sollte sein letztes Konzert sein, bevor er eine Woche später in London starb –, waren die misslichen Begleiterscheinungen wie weggeblasen, und der Trip auf die Insel blieb den meisten als unvergessliches Musikhighlight in Erinnerung. Frauke Bergemann zeigt unveröffentlichte Fotos, die das historische Ereignis lebendig werden lassen und Einblick in die Lebensrealität der deutschen Hippie-Bewegung vermitteln.

E^N

JIMI HENDRIX AND THE LOVE AND PEACE FESTIVAL
DOCUMENTATION BY FRAUKE BERGEMANN

In 1970, thousands of music enthusiasts flocked to the Baltic Sea island of Fehmarn in the hope of a German Woodstock. But incessant rain and storms prevented some of the famous bands on the bill from appearing. The presence of motorcycle gangs from Hamburg as self-appointed security staff not only frightened guests at the entrances but also put pressure on the organisers. When Jimi Hendrix finally appeared on the final day, in bright sunshine – for his last concert before his death a week later in London – all the annoyances became irrelevant, and the trip to the island remains an unforgettable musical experience for most of those who attended. Frauke Bergemann presents previously unpublished photos that bring the historic event to life and offer insights into the reality of the German hippie movement.

Kuratiert von | Curated by
Nicole F. Loeser

WW48 STUDIO

Weichselstraße 48
12045 Berlin (Neukölln)
T 030.56 73 42 23
http://ww48studio.com

U7 Rathaus Neukölln,
U8 Hermannplatz

Fr – So | Fri – Sun 14 – 17 h
und nach Vereinbarung |
and by arrangement
Eintritt frei | Free admission

19.10. – 25.11.2012

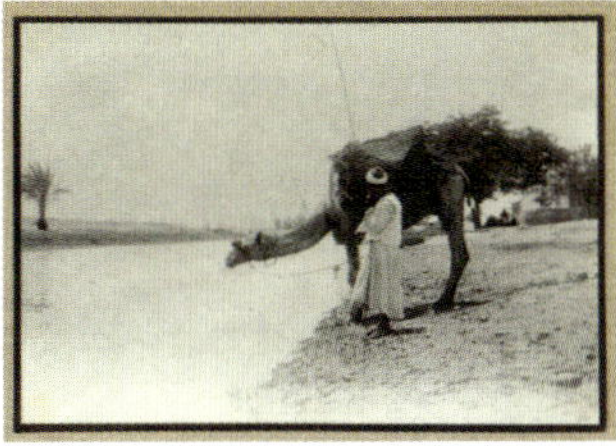

S. | p. 60

D
E

HOKUS POKUS PHOTON PHOTOS

EIN WEITERER FRÜHLING IN ÄGYP-TEN. NICHT DEN AUGENBLICK EIN-FANGEN: FOTOGRAFIEN VON TONY BINDER (1868–1944)

Tony Binder braucht das Foto nicht, um Besitz von der Realität zu ergreifen und, wie bei Fotografen und Künstlern jener Zeit üblich, sie anschließend in die Malerei zu übertragen. Es hilft ihm, eine kaum bekannte Realität zu erfassen, und wie bei allen Suchenden geht es dabei um eine Vision der Welt, die sich von der eigenen und der anderer unterscheidet. Die Fotos sind nicht da, um den Augenblick einzufangen, sondern den Übergang von der Malerei zur Vision zu beschreiben; er braucht sie, um zu sehen. Somit fotografiert er, wie er schaut. Uns vermittelt er die Illusion der Realität fremder Welten, denen er lediglich Ausdruck verleiht und die er nicht erträumt. Seine außerordentliche anthropologische Dokumentation ist Ausdruck. Dabei erweckt er mit klarem Blick unsere Gefühle. Was ist es, was du mir zeigen wolltest? Endlich verstehe ich, es warst du. **Vincenzo Mazzarella (übersetzt von Gudrun Leyendecker)**

E
N

HOKUS POKUS PHOTON PHOTOS

ANOTHER SPRING IN EGYPT. NOT CAPTURING THE MOMENT: PHOTOGRAPHS BY TONY BINDER (1868–1944)

Tony Binder does not use photos to take possession of reality for later transcription into paintings, as photographers and artists of his time commonly did. The photo helps him comprehend a little known reality and, like all seekers, he is concerned with a vision of the world that differs from his own and from that of others. The photos are not there to capture the moment, but to describe the transition from the painting to vision – he needs them in order to see. He photographs as he sees. He communicates to us the illusion of the reality of foreign worlds which are not of his dreaming, to which he only gives expression. His extraordinary, anthropological documentation is expression. He kindles our emotions with a sharp eye. What is it that you wanted to show me? I finally understand: it was you. **Vincenzo Mazzarella**

In Zusammenarbeit mit I In collaboration with Restaurierungszentrum für Fotografie, Berlin

Katalog I Catalogue
Hokus Pokus Photon Photos, Photographien von Tony Binder, Berlin: WW48 Studio, 2012

Z

ZWEIGSTELLE BERLIN

Lehrter Straße 37
10557 Berlin (Tiergarten)
T 030.39 88 55 99
www.zweigstelle-berlin.de

U9 Turmstraße, U55, S3, S5, S7,
S75 Hauptbahnhof, Bus M27, 123

Do & Fr I Thu & Fri 14–19 h, Sa I Sat 11–16 h
Eintritt frei I Free admission

20.10.–24.11.2012

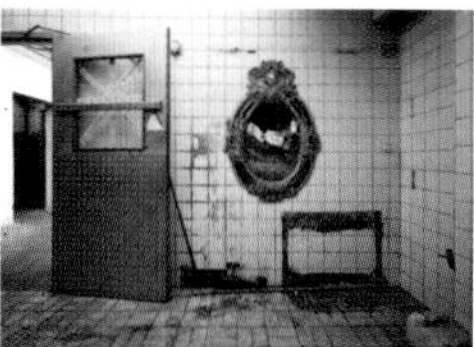

S. I p. 128

D
E

THEN

Karen Irmer, Leta Peer

Der Blick des Anderen – auf das Vertraute und das Fremde, auf das Nahe und das Ferne, auf das Andere und die eigene Identität und Herkunft – prägt das Werk der beiden Künstlerinnen Karen Irmer und Leta Peer auf entscheidende Weise. In ihrer je originären Bildsprache treffen sich ihre fotografischen Positionen als hochaktuelle künstlerische Entwürfe. Leta Peer (1964–2012) fotografierte ihre eigenen gemalten Bilder der Schweizer Berglandschaften, in denen sie aufwuchs, und montierte sie in fremde, offene, kalte, ungeschützte Räume. Die Fotografien von Karen Irmer (*1974) vermitteln Existenz als einen Zustand des permanenten Übergangs. Entstanden in unterschiedlichsten Landschaften der Erde sind sie dennoch nie wirklich lokalisierbar. **Then** – das Vergangene und das Künftige, das Gewesene und Perspektivische, das in die Zukunft Weisende und das Außerdem, zeigt den Dialog zweier ganz eigener fotografischer Positionen des Blicks auf eine und aus einer sich verändernden Welt, deren Nähe und Ferne in zunehmender Auflösung begriffen sind.

E
N

THEN

Karen Irmer, Leta Peer

The View of the Other – the familiar and the alien, the nearby and the distant, the other and one's own identity and origins — shapes the work of the artists Karen Irmer and Leta Peer in an incisive way. Their original pictorial systems bring together their respective photographic positions in highly topical artistic designs. Leta Peer (1964–2012) photographed her own paintings of the Swiss mountain landscape in which she grew up and mounted them in alien, open, cold, exposed spaces. The photographs of Karen Irmer (*1974) convey existence as a state of permanent transition. Although they were created in very diverse landscapes, they can never be definitely located. **Then** – the past and the future, what has been and what may come, the prophetic and the coincidental – shows the dialogue of two unique photographic views: of a world and from a world in transition whose nearness and distance are increasingly dissolving.

Kuratiert von I Curated by
Thomas Elsen

FOTOGRAFIESAMMLUNG ARTHUR DE GANAY

Köpenicker Straße 10A
10997 Berlin (Kreuzberg)
www.collectionarthurdeganay.com

U1 Schlesisches Tor
Sa | Sat 20.10. + 03.11.2012 14–16 h

Eintritt frei | Free admission
Anmeldung | Registration:
info@collectionarthurdeganay.com

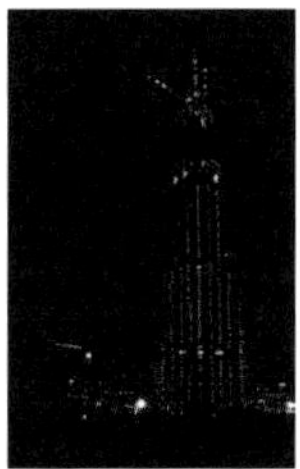

S.|p. 141

^DE FOTOGRAFIESAMMLUNG

Arthur de Ganay begann bereits während seines Architekturstudiums in Paris Mitte der 1990er Jahre Fotokunst zu sammeln. Sein besonderes Interesse gilt großformatiger Landschafts- und Architekturfotografie. Von großer Bedeutung war für ihn die Begegnung mit dem künstlerischen Werk Hiroshi Sugimotos, welches seine Sammlungstätigkeit seither stark geprägt hat. Seit seinem Umzug nach Berlin im Jahr 2001 widmet sich der Sammler verstärkt der deutschen Fotokunst, insbesondere der Düsseldorfer Becher-Schule mit Künstlern wie Thomas Ruff, Thomas Struth oder Candida Höfer, um einige der wichtigsten Vertreter zu nennen. Seit 2006 ist die Sammlung Arthur de Ganay öffentlich zugänglich, und der Sammler führt jeden ersten Samstag des Monats nach Voranmeldung persönlich durch seine Räumlichkeiten.

^EN PHOTOGRAPHY COLLECTION

Arthur de Ganay began collecting photographic art while studying architecture in Paris in the mid-1990s. He is particularly interested in large-format photographs of landscapes and architecture. His encounter with the art of Hiroshi Sugimoto was of great importance and strongly influenced his subsequent collecting activity. Since his move to Berlin in 2001, his collections have focused more strongly on German photographic art, particularly the Düsseldorf »Becher School« represented by artists such as Thomas Ruff, Thomas Struth and Candida Höfer, to name some of the most important. The Arthur de Ganay collection has been open to the public since 2006. The collector gives personal guided tours of his exhibition space on the first Saturday of every month by appointment.

Künstler | Artists
Laurenz Berges, Götz Diergarten,
Elger Esser, Candida Höfer,
Thomas Ruff, Sarah Schönfeld,
Susanne Schuricht, Thomas Struth,
Hiroshi Sugimoto

HELMUT NEWTON FOUNDATION

Museum für Fotografie
Jebensstraße 2
10623 Berlin (Charlottenburg)
T 030.31 86 48 56
www.helmut-newton.de

U2, U9, S5, S7, S75
Zoologischer Garten,
Bus M45, M46, M49, X9,
X10, X34, 100, 109, 110,
200, 204, 245, 249

Di–So | Tue–Sun 10–18 h, So | Sun 10–22 h
Eintritt | Admission 8 € /
ermäßigt | reduced 4 €

02.06. – 18.11.2012

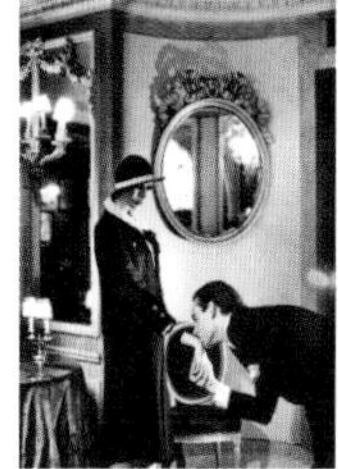

S.|p. 35

^DE HELMUT NEWTON: WHITE WOMEN / SLEEPLESS NIGHTS / BIG NUDES
HELMUT NEWTON UND SEINE STIFTUNG

Das fotografische Werk von Helmut Newton wurde während seiner gesamten Schaffenszeit immer wieder kontrovers diskutiert; spätestens mit seinen lebensgroßen Aufnahmen von bekleideten und unbekleideten Frauen, mit denen es ihm gelang, bestehende Tabugrenzen zu verschieben, wurde er weltberühmt. In den unzähligen Magazinveröffentlichungen seiner Mode- und Aktaufnahmen spiegeln sich auch die Veränderungen der gesellschaftlichen Rolle der Frau wider. Über mehr als ein halbes Jahrhundert schuf Helmut Newton teilweise ikonische Bilder, die die moderne und zeitgenössische Kunst und Fotografie immens beeinflusst haben.

Einige Monate vor seinem Tod hat Helmut Newton im Oktober 2003 in Berlin – in Partnerschaft mit der Stiftung Preußischer Kulturbesitz – die nach ihm benannte Stiftung ins Leben gerufen, die sich um die Erschließung, Bewahrung und Präsentation seines fotografischen Werks und das seiner Frau June (alias Alice Springs) kümmert. Untergebracht in einem repräsentativen historischen Gebäude im Zentrum Berlins soll die Helmut Newton Stiftung nach dem Wunsch ihres Gründers eine »lebendige Institution« sein. So tritt Newton mit seinen stilbildenden wie provokanten Bildern auch in Dialog mit dem Werk einiger Kollegen, darunter David

LaChapelle, James Nachtwey, Larry Clark und Ralph Gibson.
Seit Sommer 2004 werden hier die unterschiedlichsten Facetten seiner innovativen Fotografie vorgestellt, momentan unter dem Titel **White Women / Sleepless Nights / Big Nudes** die Motive aus seinen ersten drei Publikationen, die seit 1976 veröffentlicht wurden – und teilweise bis heute immer wieder neu aufgelegt werden. Dies ist in der Fotogeschichte wohl einmalig.

HELMUT NEWTON: WHITE WOMEN / SLEEPLESS NIGHTS / BIG NUDES
HELMUT NEWTON AND HIS FOUNDATION

Helmut Newton's photographic work was the subject of controvers throughout his creative life. He achieved fame with his life-sized images of clothed and unclothed women – if not before – with which he succeeded in pushing the boundaries of the prevailing taboos. His fashion and nude images also reflected the changing role of women in society in countless magazine appearances. For over more than a half century, Helmut Newton created iconic images that have had an immense influence on modern and contemporary art and photography.
In October 2003, a few months before his death, Helmut Newton established the Berlin foundation that bears his name – in partnership with the Prussian Cultural Heritage Foundation – dedicated to the study, conservation and exhibition of his photographic work and that of his wife June (alias Alice Springs). Housed in a stately historic building in the centre of Berlin, the Helmut Newton Foundation was intended by its founder to be a »living institution«. Newton's both provocative and trendsetting images are set in dialogue with the work of such colleagues as David LaChapelle, James Nachtwey, Larry Clark and Ralph Gibson.
Since the summer of 2004, all facets of Newton's innovative photography have been presented here. The current exhibition, **White Women / Sleepless Nights / Big Nudes**, centres on motifs from his first three books, the first of which appeared in 1976, and some of which continue to be reprinted even today. This is indeed unique in the history of photography.

SAMMLUNG CHRISTIAN SCHWARM

c/o Dorten + Independent Collectors
Zossener Straße 55
Aufgang A im Torbogen
10963 Berlin (Kreuzberg)

U1, U6 Hallesches Tor,
Bus M41 Blücherstraße

Sa | Sat 03. + 10. + 17. + 24.11.2012
14–16 h

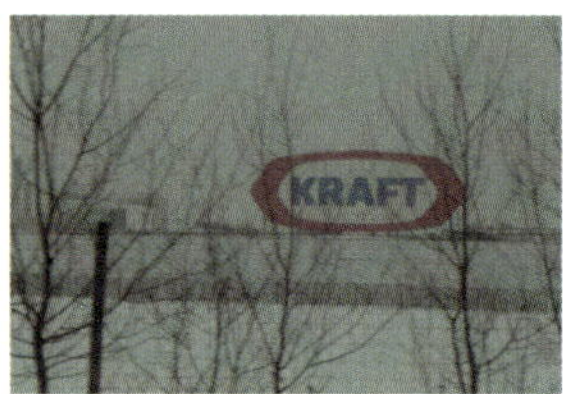

S.|p. 102

PETER PILLER / SAMMLUNG CHRISTIAN SCHWARM

Die Sammlung von Christian Schwarm setzt keineswegs auf große Namen. Stattdessen geht es dem Inhaber der Kommunikationsagentur Dorten im Beruf wie im Sammeln um dieselben Prioritäten: die Lust am Querdenkertum und die damit unvermeidbar einhergehende Horizonterweiterung. Für die Kunst begeisterte sich Schwarm erst mit Mitte zwanzig, 2005 verspürte er dann erstmals den Drang, »mit ihr zu leben«. Unter seinen ersten Käufen finden sich Werke von Peter Piller und Fiona Banner. Mit der Zeit folgten Arbeiten anderer junger Künstler, z.B. von Nina Canell, David Horvitz, Jonathan Monk und Michael E. Smith. Gemäß seiner Freude an häufigen Perspektivwechseln sammelt Schwarm eher nicht in die Tiefe – gute Einzelwerke funktionieren für ihn wie Fenster, durch die man einen stetigen Blick auf das Gesamtwerk der persönlich relevanten Künstler erhaschen könne, sagt er. Um den internationalen Austausch mit Gleichgesinnten zu befördern, gründete Schwarm 2008 mit Freunden die Online-plattform **Independent Collectors**, auf der inzwischen über 4.000 Sammlerinnen und Sammler aus 90 Ländern aktiv sind.

PETER PILLER / CHRISTIAN SCHWARM COLLECTION

The collection of Christian Schwarm does not rely on big names. What interests the owner of the Dorten communication agency, both professionally and as a collector, is a delight in unconventional thinking and the broader horizons that inevitably results from it. Schwarm's enthusiasm for art was first awakened when he was in his mid-twenties, and in 2005 he felt the urge to live with art. His first purchases included works by Peter Piller and Fiona Banner. Works by younger artists followed, including Nina Canell, David Horvitz, Jonathan Monk and Michael E. Smith. In keeping with his preference for frequent changes of perspective, Schwarm prefers not to collect in depth – good individual works act as windows offering him a constant view of the oeuvre of artists that interest him personally, he says. To promote an international dialogue with like-minded individuals, Schwarm and friends in 2008 established the online platform **Independent Collectors**, on which over four thousand collectors have since become active.

SØR RUSCHE SAMMLUNG OELDE/BERLIN

Schlüterstraße 53
10629 Berlin (Charlottenburg)
www.kleidungskultur-soer.de

S5, S7, S75 Savignyplatz
Sa | Sat 03. + 17.11.2012
14–16 h

Anmeldung | Registration:
m.kuehn@kleidungskultur-soer.de
(jeweils bis 1 Woche vor Veranstaltungsbeginn
möglich | at least one week in advance)
Eintritt frei | Free admission, begrenzte
Teilnehmerzahl | limited number of participants

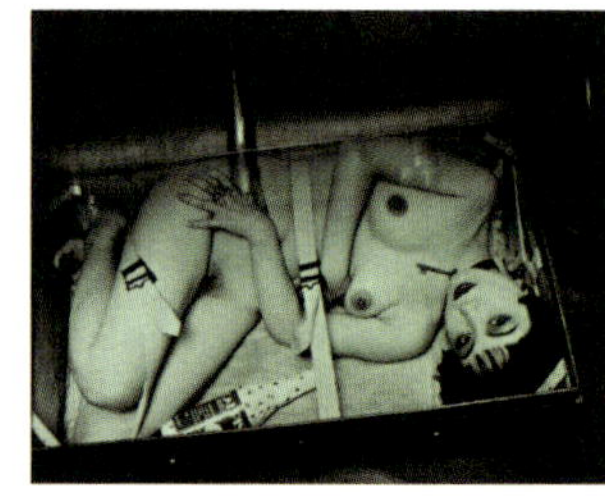

S.|p. 130

D_E

FOTOGRAFIE IM DIALOG MIT ALTEN MEISTERN

Nobuyoshi Araki, Beza, Pieter Hugo, Vandy Rattana u. a. | et al.

Der ungewöhnliche Dialog von Alten Meistern und zeitgenössischer Fotografie erklärt sich nicht zuletzt aus der Geschichte der SØR Rusche Sammlung Oelde/Berlin. Deren Wurzeln reichen bis ins 19. Jahrhundert zurück, als der Urgroßvater des Sammlers Thomas Rusche im Münsterland mit Pferd und Wagen Textilhandel betrieb und alte Bilder, Hausrat und Herdplatten in Zahlung nahm. Über Generationen wurde dieser Besitz westfälischer Kunst und Antiquitäten vererbt. In den 1960er Jahren übernahm Thomas Rusches Vater Egon den Bestand und konzentrierte sich auf die Niederländische Malerei des 17. Jahrhunderts. Zunächst gemeinsam mit seinem 1996 verstorbenen Vater baute Thomas Rusche die Sammlung Alter Meister bis heute kontinuierlich weiter aus und ermöglicht deren wissenschaftlichen Aufarbeitung. Seit 2005 wird die Sammlung des Modeunternehmens um zeitgenössische Positionen ergänzt. Der Fokus liegt auf Malerei im Kabinett-Format. Jedoch befinden sich neben Zeichnungen und Druckgrafiken, Skulpturen und Medienkunst heute auch über 200 Fotografien in der Sammlung. Das Medium der Fotografie fasziniert den Sammler aufgrund seiner Augenblickhaftigkeit und dem fortwährenden Spiel zwischen Schein und Sein.

An drei Samstagen im November werden ausgewählte fotografische Arbeiten im Dialog mit der Malerei Alter Meister in den Räumen der SØR-Repräsentanz in Berlin-Charlottenburg gezeigt.

E^N

PHOTOGRAPHY IN DIALOGUE WITH OLD MASTERS

Nobuyoshi Araki, Beza, Pieter Hugo, Vandy Rattana u. a. | et al.

The unusual dialogue between Old Master paintings and contemporary photography has its roots in the history of the SØR Rusche Collection Oelde/Berlin. Its beginnings date back to the nineteenth century, when the grandfather of the collector Thomas Rusche ran a textile business in Westphalia with a horse-drawn cart, and accepted old pictures, household goods and stove tops as payment. The resulting collection of Westphalian art and antiques has been passed down through the generations. In the 1960s, Thomas Rusche's father Egon took over the collection and focussed on 17th-century Dutch painting. Thomas Rusche continued to expand the collection of Old Masters, together with his father until the latter's death in 1996, and facilitates its scholarly study. Since 2005, contemporary positions have been added to the fashion company's collection, with a focus on painting in the cabinet-card format. Today, the collection also includes over two hundred photographs in addition to drawings and prints, sculptures and media art. The collector Thomas Rusche is fascinated by the medium of photography due to its instantaneity and the constant interplay between appearance and reality.

On three Saturdays in November, selected photographic works will be shown in dialogue with paintings by Old Masters in SØR's representative offices in Berlin's Charlottenburg borough.

**Kuratiert von | Curated by
Thomas Rusche**

Weitere Sammlungen und Stiftungen | Other Collections and Foundations:

ICH GLAUBE WIRKLICH, DASS ES DINGE GIBT, DIE NIEMAND SÄHE, WENN ICH SIE NICHT FOTOGRAFIEREN WÜRDE.

DIANE ARBUS

DIESES ZITAT WIRD IHNEN PRÄSENTIERT
VON UNSEREM MEDIENPARTNER

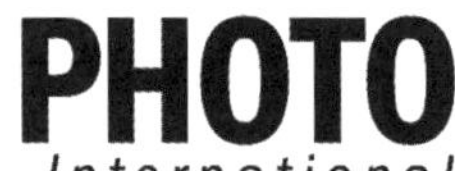

DAS MAGAZIN FÜR DIE INTERNATIONALE FOTOSZENE

WWW.PHOTO-INTERNATIONAL.DE

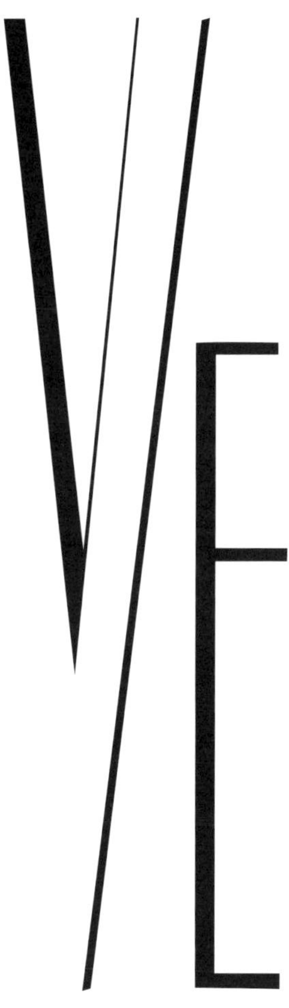

VERANSTALTUNGEN | EVENTS

VERANSTALTUNGEN / EVENTS

Alle Angaben zu den Veranstaltungsorten finden Sie im Ausstellungsteil (S. 178–239),
falls nicht gesondert angegeben. I All information on the events
can be found in the exhibition section (at pp. 178–239) unless otherwise indicated.

Falls nicht anders aufgeführt, ist eine Anmeldung zur Veranstaltungsteilnahme
nicht notwendig. I Reservation are not necessary unless otherwise indicated.

Die Seitenverweise dienen der schnellen Auffindbarkeit der jeweiligen Institutionen bzw.
der Ausstellungen. I The page references indicate the related institutions and/or exhibitions.

D E

Kulturprojekte Berlin bietet vom 19.10. bis 25.11.2012 verschiedene Veranstaltungsreihen an:

Show Photography! widmet sich mit Vorträgen und Podiumsgesprächen dem Zeigen und Gezeigtwerden von Fotografie.
Die Führungsreihe **Zu Gast bei …** gewährt dialogisch Einblick in private Foto-Sammlungen und Stiftungen in Berlin.
Im Rahmen der Touren **Unterwegs mit …** bieten ausgewählte Fotografen einen individuellen Rundgang durch das Ausstellungsprogramm.
Den Abschluss des diesjährigen **Europäischen Monats der Fotografie Berlin** bildet ein **Portfolio Review** in der Berlinischen Galerie.

E N

From 19 October to 25 November 2012, Kulturprojekte Berlin offers various series of events:

Show Photography! with lectures and podium discussions, is devoted to showing and being shown photography.
The series of tours **A Visit with …** provides insight into private photo collections and foundations in the form of a dialogue.
In the **Out and About with …** tours, selected photographers offer an individual tour through the exhibition programme.
The conclusion of this year's **European Month of Photography Berlin** is a **Portfolio Review** in the Berlinische Galerie.

RUNDGÄNGE UND FÜHRUNGEN I TOURS

FR I FRI, 19.10.2012, 18 H

AKADEMIE DER KÜNSTE
Führung mit dem Kurator
Rolf Sachsse durch die Ausstellung I
Tour of the exhibition with the
curator Rolf Sachsse

Eintritt I Admission:
Die Teilnahme an der Führung ist im
Eintrittspreis enthalten I
The guided tour is included in
the admission price
(6 € / ermäßigt I reduced 4 €)
S. I p. 179

FR I FRI, 19.10.2012, 19 H

UND.INSTITUT
In Transit
Ausstellungsrundgang I
Exhibition tour

D E

Mit dem Projekt **In Transit** soll der **Blick der Anderen** in einen Diskurs über unsere gegenwärtige(n) Gesellschaft(en) gestellt und der »Dialog der Blicke« angeregt werden: Arbeiten kommerziell und künstlerisch tätiger Fotografen treten mit Bildern von Mitmenschen unserer Gesellschaft(en), die sich an einem offenen Call beteiligen, in einen Dialog. Die Kuratorin Jaana Prüss stellt ausgewählte Arbeiten bei einem Spaziergang durch die Präsentation vor.

E N

The project **In Transit** situates **The View of the Other** in a discourse with the societies of today, and stimulates a »dialogue of views«. Works by commercial and art photographers enter into a dialogue with images submitted by members of our societies in reponse to an open call. The curator Jaana Prüss talks about selected works during a walk through the presentation.

Ort I Location:
S-Bahnhof Ostkreuz,
Markgrafendamm, 10245 Berlin
(Friedrichshain)
http://intransitfoto.wordpress.com/
Eintritt frei I Free admission
S. I p. 234

SA I SAT, 20.10.2012, 11 H

AKADEMIE DER KÜNSTE
Lichtzeichen: Führung mit
dem Kurator Rolf Sachsse durch die
Ausstellung I Tour of the exhibition
with the curator Rolf Sachsse
Für Schüler I For students

www.adk.de/schuelerprojekte
Anmeldung I Registration:
T 030.200 57 21 89,
hartwig@adk.de
S. I p. 179

SA I SAT, 20.10.2012, 14–16 H

FOTOGRAFIESAMMLUNG
ARTHUR DE GANAY
Zu Gast bei … Arthur de Ganay I
A Visit with … Arthur de Ganay

D_E
D_E

Der Privatsammler Arthur de Ganay präsentiert und erläutert großformatige Landschafts- und Architekturfotografie, darunter deutsche Fotokunst der Düsseldorfer Schule mit Arbeiten unter anderem von Candida Höfer, Thomas Ruff und Elger Esser.

E^N

The private collector Arthur de Ganay presents and explains large-format landscape and architecture photography, including German photographic art of the Düsseldorfer School with works by Candida Höfer, Thomas Ruff, Elger Esser and others.

Eintritt frei, begrenzte Teilnehmerzahl I Free, limited number of participants Voranmeldung erforderlich I Registration required: info@collectionarthurdeganay.com S. I p. 237

SA I SAT, 20.10.2012, 15 H

AKADEMIE DER KÜNSTE Führung mit dem Kurator Rolf Sachsse durch die Ausstellung I Tour of the exhibition with the curator Rolf Sachsse

Eintritt I Admission: Die Teilnahme an der Führung ist im Eintrittspreis enthalten I The guided tour is included in the admission price (6 € / ermäßigt I reduced 4 €) S. I p. 179

SA I SAT, 20.10.2012, 15 H

COMPUTERSPIELEMUSEUM BERLIN & KULTURPROJEKTE BERLIN Führung und Gespräch mit dem Künstler Thibault Brunet und dem Kurator Andreas Lange I Tour and discussion with the artist Thibault Brunet and the curator Andreas Lange

Eintritt I Admission: Die Teilnahme an der Führung ist im Eintrittspreis enthalten I The guided tour is included in the admission price (8 € / ermäßigt I reduced 5 €) S. I p. 190

SA I SAT, 20.10.2012, 19–20 H

BROTFABRIKGALERIE Führung mit der Kuratorin Petra Schröck durch die Ausstellung I Tour of the exhibition with the curator Petra Schröck S. I p. 186

MO I MON, 22.10.2012, 14–15 H

BERLINISCHE GALERIE Führung mit Jana Duda (wiss. Volontärin) durch die Ausstellung I Tour of the exhibition with the trainee Jana Duda

---

D_E

Die Ausstellung Geschlossene Gesellschaft stellt erstmals einen Überblick über die künstlerische Fotografie in der DDR vor. In der Führung können Sie mit den Kuratoren erörtern, unter welchen Bedingungen man als freier Künstler in einem autoritären Staat arbeiten konnte, ob bestimmte Kunst verboten wurde, welche Themen und Fragestellungen für die Fotografen in der DDR eine Rolle spielten und ob Kunst und Politik miteinander verbunden waren.

E^N

The exhibition The Shuttered Society presents the first overview of art photography in the GDR. During the tour, you can discuss with the curator the conditions under which independent artists were able to work in an authoritarian state, whether certain kinds of art were banned, what subjects and questions were important to photographers in the GDR and whether there was a connection between art and politics.

Eintritt I Admission: Die Teilnahme an der Führung ist im Eintrittspreis enthalten I The guided tour is included in the admission price (8 € / ermäßigt I reduced 5 €) S. I p. 182

SA I SAT, 27.10.2012, 14–16 H

Zu Gast bei … Christian Schwarm I A Visit with … Christian Schwarm

D_E

In Berlin-Kreuzberg zeigt der Privatsammler Christian Schwarm ausgewählte Arbeiten von Peter Piller und führt das Gespräch mit dem Künstler.

E^N

The private collector Christian Schwarm presents selected works by Peter Piller in Berlin-Kreuzberg. A conversation with Peter Piller.

Eintritt frei, begrenzte Teilnehmerzahl (max. 15 Personen) I Free admission, limited to 15 participants Voranmeldung erforderlich I Registration required: veranstaltung@mdf-berlin.de S. I p. 238

SO I SUN, 28.10.2012, 11 H

AKADEMIE DER KÜNSTE Führung durch die Ausstellung mit dem Fotografen Michael Ruetz I Tour of the exhibition with the photographer Michael Ruetz

---

Eintritt I Admission: Die Teilnahme an der Führung ist im Eintrittspreis enthalten I The guided tour is included in the admission price (6 € / ermäßigt I reduced 4 €) S. I p. 179

SO I SUN, 28.10.2012, 14–17 H

Unterwegs mit … Claire Laude I Out and About with … Claire Laude

D_E

Die französische Fotografin Claire Laude liebt das Entdecken von urbanen Räumen, die von anderen Arbeitswelten und Zeiten erzählen. In ihren bisherigen Projekten hat sie unter anderem 30 jahrhundertalte Läden in Berlin abgelichtet. Auf ihrer Route durch Mitte nach Prenzlauer Berg gewährt sie Einblick in einen alteingesessenen Handwerksbetrieb, stellt in der Gallery TAIK die Arbeitsweise der finnischen Künstlerin Elina Brotherus vor und öffnet zuletzt die Türen ihrer Produzentengalerie exp12.

E^N

The French photographer Claire Laude loves discovering urban spaces that tell of other times and other working worlds. In her projects to date she has photographed thirty of Berlin's century-old shops, among other locations. On her tour through Mitte to Prenzlauer Berg, she offers a peek into a long-standing tradesmen's workshop, presents the working method of the Finnish artist Elina Brotherus at the Gallery TAIK, and last but not least, opens the doors of her producers' gallery, exp12.

Treffpunkt I Meeting Point: Weltzeituhr, Alexanderplatz, 10178 Berlin (Mitte) Eintritt frei, begrenzte Teilnehmerzahl (max. 15 Personen) I Free admission, limited to 15 participants Fahrrad erforderlich I Bicycle required Voranmeldung erforderlich I Registration required: veranstaltung@mdf-berlin.de

---

SA I SAT, 3.11.2012, 14–16 H

Zu Gast bei … Marc Barbey I A Visit with … Marc Barbey

D_E

Der Privatsammler Marc Barbey konzipiert in der Collection Regard eine »Ausstellung zur Ausstellung« des Fotografen Hein Gorny (1904–1967), die 1972 in der spectrum Photogalerie Hannover zu sehen war. Das Gespräch führt er mit dem freien Fotohistoriker Dr. Enno Kaufhold.

E N

In the Collection Regard, the private collector Marc Barbey has designed an »exhibition on the exhibition« of the photographer Hein Gorny (1904–1967), which was presented in the spectrum photo gallery Hanover, in 1972. He leads the discussion together with the independent photography historian Dr Enno Kaufhold.

Eintritt frei, begrenzte Teilnehmerzahl (max. 15 Personen) I Free admission, limited to 15 participants Voranmeldung erforderlich I Registration required: veranstaltung@mdf-berlin.de
S. I p. 190

SO I SUN, 4.11.2012, 14–17 H

Unterwegs mit … Jens Ullrich I Out and About with … Jens Ullrich

D E

Ausgangspunkt der Tour ist Jens Ullrichs eigene Ausstellung Masken in der Galerie RECEPTION, die eine Serie von Fotocollagen zeigt, deren doppelbödiger Charakter wenig mit dem Klischee von afrikanischer Kunst zu tun hat. Gegenüber der Ausstellung, auf der anderen Seite der Kurfürstenstraße, befindet sich das Center, ein von Jens Ullrich betriebener Ausstellungsort, in die er seit einigen Jahren befreundete Künstler einlädt. Jens Ullrich wird dort die aktuelle Ausstellung Weltweite Liebe von Alice Münch & Ann-Kristin Hamm präsentieren und im Anschluss in das Musikinstrumenten-Museum führen, das einen interessanten Blick zurück zu seiner Masken-Ausstellung eröffnet.

E N

The tour begins with Jens Ullrich's own exhibition Masken (Masks) in the RECEPTION gallery, which shows a series of collages of an ambiguous character that has little to do with received notions of African art. Opposite the exhibition, on the other side of Kurfürstenstrasse, is the Center, a space where Jens Ullrich has been inviting artist friends to exhibit for several years now. There Jens Ullrich will present the current exhibition Weltweite Liebe (Worldwide Love) by Alice Münch and Ann-Kristin Hamm, and afterwards take participants to the Musical Instruments Museum, which offers an interesting perspective on his Masken exhibition.

Treffpunkt I Meeting Point: RECEPTION, Kurfürstenstraße 5/5A, 10785 Berlin (Schöneberg) Eintritt für den Besuch im Musikinstrumenten-
Museum I Admission is required for the Musikinstrumenten-Museum (4 € / ermäßigt I reduced: 2 €) Begrenzte Teilnehmerzahl (max. 15 Personen) I Limited to 15 participants Voranmeldung erforderlich I Registration required: veranstaltung@mdf-berlin.de

---

SA I SAT, 10.11.2012, 14–16 H

Zu Gast bei … Thomas Rusche I A Visit with … Thomas Rusche

D E

In den Räumen der SØR Rusche-Repräsentanz in Berlin zeigt der Privatsammler Thomas Rusche ausgewählte Werke – unter anderem Nobuyoshi Araki, Beza, Pieter Hugo und Vandy Rattana –, die einen ungewöhnlichen Dialog zwischen Alten Meistern und zeitgenössischer Fotografie eröffnen. Das Gespräch führt er mit der Künstlerin Carina Linge.

E N

At the SØR Rusche offices in Berlin, the private collector Thomas Rusche presents selected works by Nobuyoshi Araki, Beza, Pieter Hugo, Vandy Rattana and others, which initiate the unusual dialogue between the Old Masters and contemporary photography. He leads the discussion together with the artist Carina Linge.

Eintritt frei, begrenzte Teilnehmerzahl (max. 15 Personen) I Free admission, limited to 15 participants Voranmeldung erforderlich I Registration required: veranstaltung@mdf-berlin.de
S. I p. 238

SO I SUN, 11.11.2012, 11–12.30 H

**KOMMUNALE GALERIE BERLIN
12 Antworten auf Berlin: Führung mit dem Kurator Hansgert Lambers I 12 Answers to Berlin: tour with the curator Hansgert Lambers**

D E

Der Fotograf und Verleger Hansgert Lambers, der sich seit vielen Jahren der zeitgenössischen Autorenfotografie widmet, stellt 12 Künstler und ausgewählte Werke vor.

E N

The photographer and publisher Hansgert Lambers, who has devoted himself to contemporary author photography for many years, presents 12 artists and selected works.

Eintritt frei I Free admission Anmeldung I Registration: T 030.902 91 67 04, info@kommunalegalerie-berlin.de
S. I p. 215

SO I SUN, 11.11.2012, 14–17 H

Unterwegs mit … Andreas Mühe I Out and About with … Andreas Mühe

D E

Seine Porträts scheinen wie epische Kurztrips in andere Welten. Auf seiner Tour durch Mitte bietet der Fotograf Andreas Mühe einen Parcours der besonderen Art: Bei C/O Berlin begleitet er Joel Sternfeld quer durch die USA, folgt in der ALFRED EHRHARDT STIFTUNG Michael Lange durch Waldlandschaften und reist im Gestalten Space mit Sergei Michailowitsch Prokudin-Gorski bis ins russische Zarenreich. Zugleich vermittelt die Choreographie Einblicke in die Geschichte der Farbfotografie.

E N

His portraits are like epic excursions to other worlds. On his tour through Berlin's central borough Mitte, the photographer Andreas Mühe offers a parcours of a special kind: he accompanies Joel Sternfeld across the United States at C/O Berlin, follows Michael Lange through forest landscapes at the ALFRED EHRHARDT STIFTUNG, and travels with Sergei Mikhailovich Prokudin-Gorskii back to the Czars' Russian Empire at Gestalten Space. At the same time, the choreography of the tour offers insights into the history of colour photography.

Treffpunkt I Meeting Point: C/O Berlin, Postfuhramt, Oranienburger Straße 35/36, 10117 Berlin (Mitte) Für den Besuch bei C/O Berlin wird Eintritt fällig I admission is required for the tour at C/O Berlin (8 € / ermäßigt I reduced 4 €) Begrenzte Teilnehmerzahl (max. 15 Personen) I Limited to 15 participants Voranmeldung erforderlich I Registration required: veranstaltung@mdf-berlin.de

---

MO I MON, 12.11.2012, 14–15 H

**BERLINISCHE GALERIE
Führung mit Jana Duda (wiss. Volontärin) durch die Ausstellung I Tour of the exhibition with the trainee Jana Duda**

siehe I see 22.10.2012 (S. I p. X) Eintritt I Admission: Die Teilnahme an der Führung ist im Eintrittspreis enthalten I The guided tour is included in the admission price (8 € / ermäßigt I reduced 5 €)
S. I p. 182

DO I THU, 15.11.2012, 19–20 H

**MITTE MUSEUM
Führung mit der Kuratorin Sigrid Schulze**

durch die Ausstellung | Tour of the exhibition
with the curator Sigrid Schulze

Eintritt frei | Free admission
S. | p. 221

SA | SAT, 17.11.2012, 14 – 16 H

**Zu Gast bei … der Helmut Newton Stiftung | A
Visit with … the Helmut Newton Foundation**

D
E

Die Helmut Newton Stiftung zeigt mit
der Ausstellung White Women / Sleepness
Nudes / Big Nudes, die Motive aus Newtons
ersten drei Publikationen, die seit 1976
immer wieder neu aufgelegt werden. Das
Gespräch führen der Kurator der Helmut
Newton Foundation, Dr. Matthias Harder,
und die Galeristin und Fotografie-Expertin
Nadine Barth.

E
N

In the exhibition White Women / Sleepness
Nudes / Big Nudes the Helmut Newton
Foundation presents motifs from Newton's
first three publications, which have been in
print since 1976. The discussion is led by
the curator of the Helmut Newton Foundation Dr Matthias Harder and the gallery
owner and photography expert Nadine
Barth.

**Die Teilnahme an der Führung ist im
Eintrittspreis enthalten | The guided tour is
included in the admission price
(8 €/ermäßigt | reduced 4 €)
Begrenzte Teilnehmerzahl (max. 15 Personen) |
Limited to 15 participants
Voranmeldung erforderlich | Registration
required: veranstaltung@mdf-berlin.de
S. | p. 237**

SO | SUN, 18.11.2012, 14 – 17 H

**Unterwegs mit … Björn Siebert | Out and About
with … Björn Siebert**

D
E

Bilderforen wie Flickr oder Webshot über-
schwemmen das Internet mit Amateurbil-
dern und Handyschnappschüssen von Pri-
vatpartys, persönlichen Urlaubseindrücken
und Freunden. In seiner Serie Remakes
untersucht der Fotograf Björn Siebert die
kollektive fotografische Erfassung der heutigen Wirklichkeit, indem er die Motive bis
ins Detail reinszeniert. Nach einem Besuch
in seiner Ausstellung führt Siebert durch
die wiederentdeckte Bildwelt von Dennis
Hopper (1936 – 2010) im Martin-Gropius-
Bau.

E
N

Image forums such as Flickr and Webshot
flood the Internet with amateur photos and
cell phone snapshots of private parties,
personal holiday impressions and friends.
In his series Remakes, the photographer
Björn Siebert examines the collective photographic documentation of today's reality
by reproducing the subjects in great detail.
After a visit to his exhibition, Siebert takes
participants through the rediscovered visual world of Dennis Hopper (1936 – 2010) in
the Martin-Gropius-Bau.

**Treffpunkt | Meeting Point:
Hengesbach Gallery, Charlottenstraße 1,
10969 Berlin (Kreuzberg)
Für den Besuch im Martin-Gropius-Bau
werden 4 € Eintritt fällig |
4 € admission is required
for the tour in the
Martin-Gropius-Bau
Begrenzte Teilnehmerzahl (max. 15 Personen) |
Limited to 15 participants
Voranmeldung erforderlich | Registration
required: veranstaltung@mdf-berlin.de**

SO | SUN, 25.11.2012, 14–17 H

**Unterwegs mit … Arwed Messmer
und Annett Gröschner |
Out and About with … Arwed Messmer
and Annett Gröschner**

D
E

1952 hat der Fotograf Fritz Tiedemann die
Berliner Fruchtstraße zwischen Ostbahnhof und Stalinallee in Form einer Fassadenabwicklung dokumentiert. Es ist das
Ausgangsmaterial des neuen fotografisch-
literarischen Projekts Berlin, Fruchtstraße
am 27. März 1952 von Arwed Messmer und
Annett Gröschner, das die Facetten des
Dokumentarischen in der Fotografie thematisiert. Die beiden Künstler führen gemeinsam durch ihre Ausstellung und durch
die Straße, die heute den Namen Straße der
Pariser Kommune trägt.

E
N

In 1952, the photographer Fritz Tiedemann
documented Fruchtstrasse in Berlin between
Ostbahnhof and Stalinallee in the form of
a sequence of building façades. This is the
source material for the new photographic
and literary project Berlin, Fruchtstrasse am
27. März 1952 by Arwed Messmer and the
novelist Annett Gröschner, which addresses the documentary facets of photography.
The two artists take participants through
their exhibition together as well as through
the street, which has since been renamed to
commemorate the Paris Commune.

**Treffpunkt | Meeting Point:
Franz-Mehring-Platz 1,
10243 Berlin (Friedrichshain)
Eintritt frei, begrenzte
Teilnehmerzahl (max. 15 Personen) |**

**Free admission, limited to 15 participants
Voranmeldung erforderlich | Registration
required: veranstaltung@mdf-berlin.de**

SO | SUN, 25.11.2012, 14–15 H

**MITTE MUSEUM
Führung mit der Kuratorin Claudia Wasow-
Kania durch die Ausstellung | Tour of the exhi-
bition with the curator Claudia Wasow-Kania**

**Eintritt frei | Free admission
S. | p. 221**

VORTRÄGE UND SYMPOSIEN | LECTURES AND SYMPOSIA

SA | SAT, 20.10.2012, 14–18 H

**MUSEUM FÜR FOTOGRAFIE,
SAMMLUNG FOTOGRAFIE DER
KUNSTBIBLIOTHEK / SMB
Koloniale Porträtfotografie Symposium |
Colonial Portrait Photography Symposium**

D
E

Das Symposium findet in Ergänzung zur
Ausstellung Das Koloniale Auge. Frühe
Porträtfotografie in Indien statt. Es erweitert den Blick auf historische und zeitgenössische Porträtfotografien aus anderen
Regionen der Welt. Kunsthistoriker, Res-
tauratoren, Ethnologen, Afrikanisten und
Künstler werden über ihre Forschungen
berichten und ihre Arbeiten vorstellen.

E
N

The symposium accompanies the exhibition The Colonial Eye: Early Portrait Photography in India. It broadens the view of
historical and contemporary portrait photography to include other regions of the
world. Art historians, conservators, eth-
nologists, Africanists and artists report on
their research and present their works.

**Eintritt frei | Free admission
S. | p. 222**

SA | SAT, 20.10.2012, 19 – CA. 21.30 H

**Show Photography!
19 h: Lernen in der Flut der Bilder:
Fotoausstellungen der 1950er Jahre | Learning
in the Flood of Images: Photography
Exhibitions of the 1950s.
Vortrag | Lecture von | by Olivier Lugon
(Universität Lausanne | University of Lausanne)**

D
E

Olivier Lugon untersucht in seinem Vor-
trag die Rolle der Fotografie in Ausstellungen und führt anhand exemplarischer
Beispiele aus, welche ästhetischen und

gesellschaftlichen Grundannahmen das Zeigen von Fotografie in Ausstellungen beinhaltet.

Seit dem 19. Jahrhundert wurde Fotoausstellungen oft vorgeworfen, zu viele Bilder zu zeigen und den Zuschauer mit einer Flut von beziehungslosen Motiven zu erdrücken. Anfang der 1950er Jahre wurde aber eine Reihe von Ausstellungen konzipiert, die den Besucher bewusst diesem Wirbel der Bilder aussetzten. Er sollte lernen, eine Vielfalt von Fotos immer neu zu kombinieren und neu zu deuten: Die Fotoausstellung diente als Übungsplatz des modernen Sehens, um sich in einer vermeintlich immer komplexer und mobiler werdenden Welt zu orientieren.

E/N

In his lecture, Olivier Lugon examines the role of photography in exhibitions and uses examples to explain what aesthetic and societal orientations are implied in the act of showing photography in exhibitions.

Since the nineteenth century, photo exhibitions have often been criticised for showing too many images and for overwhelming viewers with a flood of unrelated subjects. In the early 1950s, however, a number of exhibitions were designed expressly to subject visitors to a vortex of images. Visitors were to learn to recombine and reinterpret all kinds of photos in ever new ways: the photo exhibition became a training ground for modern seeing, to give people orientation in a world that was thought to be increasingly complex and mobile.

20 h: Podiumsgespräch – Politik des Zeigens | Panel discussion: The Politics of Showing

D/E

Mit einer Podiumsdiskussion wird der Frage nachgegangen, inwiefern und mit welchen Mitteln die Fotografie als instrumentalisiertes Zeigen zu verstehen ist. Wirklichkeit, wie wir sie wahrnehmen, ist immer vermittelt, und selbst als Dokumente unserer Bildwirklichkeit folgen Fotografien immer auch einer Strategie der Inszenierung. Ausgangspunkt des Gesprächs ist die Ausstellung Kairo. Offene Stadt, die die Rolle der Bilder in der ägyptischen Revolution untersucht und mit künstlerischen Mitteln Fragen des Dokumentarischen und der Zeugenschaft stellt.

Mit: Lara Baladi (Künstlerin, Kairo), Kaya Behkalam (Künstler, Kairo/Berlin), Florian Schneider (Filmemacher und Medienaktivist, Berlin/München). Moderation: Florian Ebner (Kurator, Braunschweig).

E/N

Whether and how photography can be considered as instrumentalised showing is examined in a panel discussion. Reality as we perceive it is always mediated, and photographs always pursue a representational strategy, even as documents of our visual reality. The discussion takes as its starting point the exhibition Cairo. Open City, which uses artistic means to examine the role played by images in the Egyptian revolution and issues of documentation and testimony.

With Lara Baladi (artist, Cairo), Kaya Behkalam (artist, Cairo/Berlin), Florian Schneider (filmmaker and media activist, Berlin and Munich). Moderator: Florian Ebner (curator, Braunschweig).

Mit freundlicher Unterstützung von | With the kind support of Allianz Kulturstiftung.

Ort | Location: Kunstsaele Berlin, Bülowstraße 90, 10783 Berlin (Schöneberg) www.mdf-berlin.de, www.kunstsaele.de Eintritt frei | Free admission

---

SO | SUN, 21.10.2012, 19 – CA. 21.30 H

Show Photography!
19 h: Lecture Performance – Adam Broomberg

D/E

Der Künstler Adam Broomberg präsentiert eine Lecture Performance, die sich mit Fragen des Dokumentarischen und den Beschränkungen der Repräsentation befasst. Adam Broomberg ist Teil des aus Südafrika stammenden und in London lebenden Fotografen-Duos Adam Broomberg & Oliver Chanarin, das sich künstlerisch mit Geschichte, Ethnizität und Nationalität auseinandersetzt.

E/N

The artist Adam Broomberg presents a lecture performance dealing with issues of documentation and the limits of representation. Adam Broomberg is part of the London-based photographer duo Adam Broomberg & Oliver Chanarin. The South African photographers artistically address questions of history, ethnicity and nationality.

20 h: Podiumsgespräch – Die Medialität fotografischer Bilder | Panel discussion: The Media Character of Photographic Images

D/E

Im Rahmen der Veranstaltungsreihe Show Photography! soll mit einem Podiumsgespräch die Medialität und Distribution fotografischer Bilder in den Blick genommen werden. Vor dem Hintergrund einer rasanten Digitalisierung verschärft sich zunehmend die Problematik von Original und Fälschung, Urheberschaft und Copyright, aber auch Fragen des freien Wissenszugangs.

Zugleich folgen die neuen Präsentationsformen einer spezifischen und eigenen Ästhetik, deren Bedingungen allerdings selten hinterfragt werden. Aus theoretischer, verlegerischer und künstlerischer Perspektive wird untersucht, was die andauernde Verfügbarkeit von Bildern für die Aneignung von Welt bedeutet, aber auch, welche Möglichkeiten und Strategien sich für die eigene jeweilige Arbeit ergeben.

Mit: Viktoria Binschtok (Künstlerin, Berlin), Tatiana Lecomte (Künstlerin, Wien), Armin Linke (Künstler, Berlin), Markus Schaden (Verleger und Kurator, Köln). Moderation: Maren Lübbke-Tidow (Kritikerin und Kuratorin, Berlin/Graz).

E/N

A panel discussion in the Show Photography! series will examine the media character and the distribution of photographic images. In the age of rapid digitalisation, issues of originals and counterfeits, authorship and copyright are increasingly urgent, as is the issue of free access to knowledge. At the same time, the new forms of presentation follow a very specific aesthetics, but rarely question its conditions. The implications of the permanent availability of images for our appropriation of the world, and the resulting possibilities and strategies for individuals' work, will be examined from the perspectives of the theorist, the publisher and the artist.

With Viktoria Binschtok (artist, Berlin), Tatiana Lecomte (artist, Vienna), Armin Linke (artist, Berlin), Markus Schaden (publisher and author, Cologne). Moderator: Maren Lübbke-Tidow (critic and curator, Berlin/Graz).

Show Photography!
ist eine Kooperation mit Kunstsaele Berlin und findet in Zusammenarbeit mit Camera Austria International (Graz/Berlin) statt | is a cooperative project with Kunstsaele Berlin and takes place in collaboration with Camera Austria International (Graz/Berlin).

Ort | Location: Kunstsaele Berlin, Bülowstraße 90, 10783 Berlin (Schöneberg) www.mdf-berlin.de, www.kunstsaele.de Eintritt frei | Free admission

---

DI | TUE, 30.10.2012, 18.30 H

KULTURAMT STEGLITZ-ZEHLENDORF
Die Westarbeit der Stasi – Vortrag von Christian Booß | The Stasi's Work in the West: Lecture by Christian Booss

D/E

Christian Booß ist Mitarbeiter in der Forschungsabteilung der »BStU« – Der

Bundesbeauftragten für die Unterlagen des Ministeriums für Staatssicherheit der ehemaligen DDR.

E[N]

Christian Booss works in the research department of the Federal Commission for the Stasi Archives of the Former GDR.

Eintritt | Admission: 5 €, Karten an der Abendkasse | Tickets at the entrance
S. | p. 215

FR | FRI, 9.11.2012, 14 – 18 H
SA | SAT, 10.11.2012, 9.30 – 17.15 H
SO | SUN, 11.11.2012, 9.30 – 13.00 H

BERLINISCHE GALERIE
»Photographieren in der DDR« – 4. Tagung des Arbeitskreises Kunst in der DDR |
Photography in the GDR: The 4th Conference of the Working Group on Art in the GDR

D[E]

Die 4. Tagung des Arbeitskreises Kunst in der DDR möchte untersuchen, inwieweit die Fotografie als ideologisches Instrument des »Klassenkampfes« und »sozialistischen Aufbaus« von der SED-Medienpolitik instrumentalisiert und von der Zentralen Kommission Fotografie unter dem Verdikt des Realismus formalästhetisch und inhaltlich gesteuert wurde.
Eine Veranstaltung in Kooperation mit dem Institut für Kunstgeschichte der Universität Leipzig, der Hochschule für Grafik und Buchkunst Leipzig (HGB) und der Philipps-Universität Marburg.

E[N]

The 4th conference of the Working Group on Art in the GDR will examine the extent to which photography was exploited by SED media policy as an ideological instrument of »class struggle« and »socialist development«, and its formal aesthetics and content controlled by the Central Photography Commission to enforce realism.
An event in cooperation with the Department of Art History, University of Leipzig; the Leipzig Academy of Visual Arts (HGB) and the University of Marburg.

Konzept: Prof. Dr. Sigrid Hofer
(Philipps-Universität Marburg) und
Prof. Dr. Martin Schieder (Universität Leipzig)
in Kooperation mit Ulrich Domröse
(Berlinische Galerie) und Jun.-Prof. Dr.
Friedrich Tietjen (Hochschule für
Grafik und Buchkunst Leipzig) |
Concept: Prof. Sigrid Hofer
(University of Marburg) and Prof. Martin
Schieder (University of Leipzig) in cooperation
with Ulrich Domröse, (Berlinische Galerie) and
Prof. Friedrich Tietjen
(Leipzig Academy of Visual Arts)

Keine Tagungsgebühr | No charge
Teilnahme am Symposium auf Anfrage |
Advance registration required:
www.berlinischegalerie.de
S. | p. 182

SA | SAT, 17.11. – SO | SUN,
18.11.2012, 10–16 H

FACHGRUPPE FOTOGRAFIE
IM LANDESVERBAND DER
MUSEEN ZU BERLIN
Meeting Point
Kolloquium, Workshop,
Podiumsgespräch | Colloquium,
workshop, panel discussion

D[E]

Den thematischen Schwerpunkt bildet die nachhaltige Bewahrung und Konservierung des fotografischen Erbes, das sich in Museen, Archiven, Bibliotheken, Privatsammlungen, aber auch als private Familienfotografie zu Hause befindet. Fotorestauratoren und Kuratoren berichten über ihre Arbeit.

E[N]

The event focuses on the long-term preservation and conservation of the photographic legacy contained in museums, archives, libraries and private collections, and in private household collections of family photographs. Photography conservators and curators report on their work.

Ort | Location:
Museum für Fotografie,
Jebensstraße 2,
10623 Berlin (Charlottenburg)
Eintritt frei | Free admission

DO | THU, 22.11. – SA | SAT, 24.11.2012,
9 – 19.30 H

KOMMISSION FOTOGRAFIE IN DER
DEUTSCHEN GESELLSCHAFT
FÜR VOLKSKUNDE
IN KOOPERATION MIT DEN
STAATLICHEN MUSEEN ZU BERLIN
Fotografie und Film im Archiv:
Sammeln, Bewahren und
Erforschen | Photography
and Film in Archives: Collecting,
Preserving and Studying

D[E]

Die Tagung analysiert die Rolle der in Archiven, Sammlungen und Bibliotheken aufbewahrten visuellen Quellen für Wissenschaftler und Forscher verschiedenster Disziplinen. Besonderes Augenmerk wird auf Archivwürdigkeit und Digitalisierung gelegt. Wissenschaftler aus der Schweiz, aus Österreich, Großbritannien, Luxemburg, Italien und Deutschland referieren.

E[N]

The conference analyses the importance of the visual sources preserved in archives, collections and libraries for scholars and researchers in all disciplines. Particular attention is given to selection and digitisation. Speakers include scholars from Austria, Britain, Germany, Italy, Luxembourg and Switzerland.

Ort | Location:
Museum für Fotografie, Jebensstraße 2,
10623 Berlin (Charlottenburg)
Eintritt | Admission:
25 € / ermäßigt | reduced 15 €
Anmeldung | Registration:
i.ziehe@smb.spk-berlin.de

FR | FRI, 23.11.2012, 18 H

PETRA RIETZ SALON GALERIE
»Nix amore in Castellupo?« – Mediale
Bildwelten der italienischen Arbeitsmigration
nach Deutschland | Visual Media Worlds of
Italian Migrant Labour in Germany
Vortrag | Lecture

Mit Günter Riederer | With Günter Riederer,
IZS Wolfsburg (Institut für Zeitgeschichte und
Stadtpräsentation)

Ort | Location:
St.-Johannes-Evangelist-Kirche,
Auguststraße 90, 10117 Berlin (Mitte)
Eintritt frei | Free admission
S. | p. 226

MI | WED, 28.11.2012, 19 H

ALFRED EHRHARDT STIFTUNG
Klaus Honnef: Der deutsche Wald in der
zeitgenössischen Fotografie | German Forests in
Contemporary Photography
Vortrag | Lecture

Eintritt frei | Free admission
Anmeldung | Registration: T 030.20 09 53 33
S. | p. 179

SEMINARE UND WORKSHOPS | SEMINARS AND WORKSHOPS

MO | MON, 22.10.2012, 16 – 18 H

UND.INSTITUT
In Transit – Kids
Workshop für Kinder | Workshop for children

D[E]

Das Projekt **In Transit – Der Blick der Anderen** ist interessiert an dem Blick(en) der künftigen Generation. Mit der Kamera untersuchen Kinder die »Welt in Bewegung« und halten ihre Wahrnehmungen fotografisch fest. Die Ergebnisse werden in der Präsentation der Ausstellung am Bahnhof

Ostkreuz und auf www.flickr.com/photos/
intransit_2012 ergänzt.

The project In Transit – The View of the
Other examines the view(s) of the next
generation. Children explore the »world
in transit« with the camera and document
their perceptions in photographs. The results will be presented in addition to the
exhibition at Ostkreuz S-Bahn station and
at www.flickr.com/photos/intransit_2012.

**Ort I Location: S-Bahnhof Ostkreuz, Markgra-
fendamm, 10245 Berlin (Friedrichshain)
http://intransitfoto.wordpress.com
Eintritt I Admission: 5 €
Für Kinder zwischen 6 – 12 Jahren,
Teilnehmerzahl begrenzt I For children
aged 6 – 12, participation limited
Anmeldung I Registration:
intransit@morgengruen.de
S. I p. 234**

**DI I TUE, 23.10. – DO I THU, 25.10.2012,
9–12 H**

**AKADEMIE DER KÜNSTE
Bilder machen wie vor 100 Jahren –
Arbeiten mit der Lochkamera I
Photography 100 Years Ago: Working
with the Pinhole Camera
Werkstatt mit Timo Ohler, Fotograf/Künstler,
für Schüler der Jahrgangsstufen 9 und 10 I
Workshop with Timo Ohler, photographer/
artist, for schoolchildren in years 9 and 10**

D E

Stipendiaten der Akademie laden Schüler
zu Begegnungen mit der Vielgestalt und
den Geheimnissen der Arbeiten von Heinz
Hajek-Halke ein. Sie lernen von traditionellen Arbeitsweisen bis zu vielfältigen Experimenten ein Spektrum von Möglichkeiten
kennen, die sie bei der Herstellung eigener
Fotobilder ausprobieren können. Im Umgang mit Motiven, Licht und Dunkelheit,
Materialien, Farben, Strukturen, Formaten
sind der Fantasie keine Grenzen gesetzt.

E N

Fellows of the Akademie der Künste invite
students to encounter the diversity and the
secrets of the works of Heinz Hajek-Halke.
The children will learn about traditional
working methods and a broad range of experimental possibilities which they can try
out in producing their own photographic
images. Imagination has free rein in the
choices of subjects, light and darkness,
materials, colours, textures and formats.

**www.adk.de/schuelerprojekte
Anmeldung I Registration: T 030.200 57 21 89,
hartwig@adk.de
S. I p. 179**

**DI I TUE, 30.10. – DO I THU, 1.11.2012,
9–12 H**

**AKADEMIE DER KÜNSTE
Das experimentelle Porträt I The
Experimental Portrait
Werkstatt mit Anastasia Khoroshilova,
Fotografin/Künstlerin, für Schüler
der Jahrgangsstufen 7 und 8 I
Workshop with Anastasia Khoroshilova,
photographer/artist, for schoolchildren
in years 7 and 8**

D E

Stipendiaten der Akademie laden Schüler
zu Begegnungen mit der Vielgestalt und
den Geheimnissen der Arbeiten von Heinz
Hajek-Halke ein. Sie lernen von traditionellen Arbeitsweisen bis zu vielfältigen
Experimenten ein Spektrum von Möglichkeiten kennen, die sie bei der Herstellung
eigener Fotobilder ausprobieren können.
Im Umgang mit Motiven, Licht und Dunkelheit, Materialien, Farben, Strukturen,
Formaten sind der Fantasie keine Grenzen
gesetzt.

E N

Fellows of the Akademie der Künste invite
students to encounter the diversity and the
secrets of the works of Heinz Hajek-Halke.
The children will learn about traditional
working methods and a broad range of
experimental possibilities which they can
try out in producing their own photographic images. Imagination has free rein in the
choices of subjects, light and darkness, materials, colours, textures and formats.

**www.adk.de/schuelerprojekte
Anmeldung I Registration:
T 030.200 57 21 89,
hartwig@adk.de
S. I p. 179**

SA I SAT, 3.11.2012, 16 – 23 H

**UND.INSTITUT
In Transit – Nacht und Leben I
Night and Life
Partizipatorisches Projekt I
Participatory project**

D E

Im Rahmen des Kunst- und Kulturfestivals
Nacht und Nebel in Berlin-Neukölln begibt
sich In Transit auf Spurensuche nach Nacht
und Leben im Kontext der Ausstellung.
Das Projekt zeigt mit ausgewählten Foto-
und Videoarbeiten Perspektiven zu Migration, Flucht, Provisorien, Mobilität und
stellt Fragen zur Suche nach Zuflucht und
Verortung, nach Aufgaben, Sinn und neuen
Strategien des »Überlebens«. Das Publikum wird um aktive Beteiligung gebeten.

E N

As part of the art and cultural festival
Nacht und Nebel in the Berlin borough of
Neukölln, In Transit searches for traces of
night and life in the exhibition.
In selected photo and video works, the
project presents perspectives on migration,
escape, transitions and mobility, and asks
questions about the search for refuge and
place, for purpose, meaning and new strategies of »survival«. Audience participation is requested.

**Ort I Location:
Kunstraum Art-Uhr, Weichselstraße 52,
12045 Berlin (Neukölln)
Eintritt frei I Free admission
S. I p. 234**

DO I THU, 8.11.2012, 7– 21 H

**BERLINER TECHNISCHE
KUNSTHOCHSCHULE
Fotografie in Berlin mit James Higginson.
Summer-School-Präsentation 2012
und Ausblick 2013 I Photography in
Berlin with James Higginson:
2012 Summer School Presentation and a
Look Ahead to 2013**

D E

Präsentation der Arbeiten von Teilnehmern
der internationalen Summer School 2012
und ein Ausblick auf die Photo Summer
School 2013.

E N

Presentation of students' works from the
2012 international summer school and a
look ahead at the 2013 photography summer school.

**Eintritt frei I Free admission
S. I p. 182**

SA I SAT, 10.11.2012, 10 – 18 H

**GESELLSCHAFT FÜR
HUMANISTISCHE FOTOGRAFIE
Reportagefotografie I Photojournalism
Workshop**

D E

Reportagefotografie hat in unserer digitalen Welt, die das Publikum jeden Tag mit
einer Flut von Bildern konfrontiert, einen
wichtigen Stellenwert. Dieser Workshop
möchte Fotografen bei der Konzeption
ihrer Reportagestrecken und der Entwicklung einer starken, persönlichen Bildsprache unterstützen. Schwerpunkte der Arbeit
mit dem international renommierten Fotografen Robert Knoth (www.robertknoth.
com) sind: Besprechung der präsentierten
Arbeiten, Verbesserung der fotografischen

Ausdrucksform, Vervollständigung der Projektkonzeption, Optimierung des Erzählstranges und Editing.

E^N

In our digital world, which confronts audiences with a flood of images every day, photojournalism has an important status. This workshop is intended to support photographers in designing their series of photojournalistic images and in developing a strong personal visual language. The workshop with the internationally renowned photographer Robert Knoth (www.robert-knoth.com) will focus on: discussion of the works presented, improving photographic forms of expression, completing the project conception, optimisation of the narrative, and editing.

**Ort I Location: Gesellschaft für Humanistische
Fotografie, Mainzer Straße 18,
12053 Berlin (Neukölln)
www.humanistischefotografie.de
Eintritt I Admission:
100 € für Mitglieder der Gesellschaft für
Humanistische Fotografie und Studierende I
for members of the Gesellschaft für
Humanistische Fotografie and students,
130 € für Nicht-Mitglieder I
for non-members
Anmeldung I Registration: T 030.60 40 77 48
oder I or info@humanistischefotografie.de
Anmeldeschluss: 2. November 2012, begrenzte
Teilnehmerzahl (max. 10 Personen) I
Registration deadline: 2 November 2012,
limited to 10 participants**

SO I SUN, 11.11.2012, 10–18 H

**GESELLSCHAFT FÜR
HUMANISTISCHE FOTOGRAFIE
Fundraising für Fotografinnen und Fotografen I
Fundraising for Photographers
Seminar**

D
E

Wer hat Interesse an der Finanzierung meines Projekts? Wie erstelle ich einen Kostenplan? Welche privaten und öffentlichen Fördermittel gibt es? Worauf muss ich bei der Formulierung eines Antrages auf Projektförderung achten? Wie präsentiere ich mein Vorhaben potenziellen Sponsoren? Das eintägige Seminar ist speziell für Fotografen konzipiert, behandelt anhand praktischer Beispiele die verschiedenen Wege der Projektfinanzierung und vermittelt die Grundlagen erfolgreicher Antragstellung.
Referentin: Katharina Mouratidi
(www.mouratidi.de)

E^N

Who is interested in financing my project? How do I draw up a budget? What private and public sources of funding exist? What do I need to consider in writing an application for project funding? How do I present my project to potential sponsors?
The one-day seminar, specially designed for photographers, looks at the various ways to finance–on practical examples and communicates the basics of successful applications.
Speaker: Katharina Mouratidi
(www.mouratidi.de)

**Ort I Location:
Gesellschaft für Humanistische Fotografie,
Mainzer Straße 18, 12053 Berlin (Neukölln)
www.humanistischefotografie.de
Eintritt I Admission:
100 € für Mitglieder der Gesellschaft für
Humanistische Fotografie und Studierende I for
members of the Gesellschaft für
Humanistische Fotografie and students,
130 € für Nicht-Mitglieder I
for non-members
Anmeldung I Registration: T 030.60 40 77 48
oder I or info@humanistischefotografie.de
Anmeldeschluss: 9. November 2012,
begrenzte Teilnehmerzahl (max. 12 Personen) I
Registration deadline:
9 November 2012,
limited to 12 participants**

SA I SAT, 24.11.2012, 10–18 H

**GESELLSCHAFT FÜR HUMANISTISCHE
FOTOGRAFIE
Das fotografische Projekt I
The Photographic Project
Seminar**

D
E

Das Seminar wendet sich an Fotografen, die an einem freien Projekt arbeiten. Neben ausführlichen Bildbesprechungen stehen folgende Themen im Mittelpunkt: Ist mein Konzept in sich schlüssig? Wie setze ich mein Vorhaben um? Welchen Zeitrahmen muss ich einkalkulieren? Wo finde ich potenzielle Kooperationspartner? Wie und wo veröffentliche ich die Arbeit am besten? Alle Teilnehmenden haben die Möglichkeit, ihr Projekt im Laufe des Tages vorzustellen und Lösungen für offene Fragestellungen zu erarbeiten.
Referentin: Nathalie Mohadjer
(www.nathaliemohadjer.com)

E^N

The seminar is for photographers working on an independent project. In addition to in-depth discussions of images, it also focuses on the following subjects: Is my concept coherent? How can I realise my project? How much time do I need to plan? Where can I find potential partners? How and where can I best publish the work? Over the course of the day, all participants will have the opportunity to present their projects and to develop answers to their questions.
Speaker: Nathalie Mohadjer
(www.nathaliemohadjer.com)

**Ort I Location:
Gesellschaft für Humanistische Fotografie,
Mainzer Straße 18, 12053 Berlin (Neukölln)
www.humanistischefotografie.de
Eintritt I Admission:
100 € für Mitglieder der Gesellschaft
für Humanistische Fotografie und Studierende I
for members of the Gesellschaft
für Humanistische Fotografie and students,
130 € für Nicht-Mitglieder I
for non-members
Anmeldung I Registration: T 030.60 40 77 48
oder I or info@humanistischefotografie.de
Anmeldeschluss: 9. November 2012,
begrenzte Teilnehmerzahl (max. 10 Personen) I
Registration deadline:
9 November 2012,
limited to 10 participants**

SO I SUN, 25.11.2012, 13–15 H

**MARTIN-GROPIUS-BAU
Gesichter im Fokus I Focus on Faces
Workshop**

D
E

Ziel der Porträtfotografie ist das fotografische Herausarbeiten des charakteristischen Wesens des Motivs. Wie wurden der Mann, die Frau oder das Kind wiedergegeben – sachlich, natürlich oder inszeniert? Welche Aussage wollten der Porträtierte oder der Fotograf vermitteln und mit welchem künstlerischen Anspruch? Wie unterscheiden sich Darstellungen derselben Person, fotografiert von verschiedenen Fotografen? In Gruppen fotografieren sich die Schüler gegenseitig und stellen ihre Ergebnisse zur Diskussion.

E^N

The goal of portrait photography is to bring out the characteristic essence of the subject. How was the man, the woman or the child portrayed – objectively, naturally or dramatically? What message did the model or the photographer want to convey, and with what artistic ambitions? How do different photographers' portraits of the same person differ? The students will photograph each other in groups and present their results for discussion.

**Eintritt frei I Free admission,
ab 8 Jahre I ages 8 and up
Anmeldung I Registration:
Anmeldung empfohlen
(begrenzte Teilnehmerzahl) I Registration
recommended since
participation is limited:
T 030.24 74 98 88,
museumsinformation@kulturprojekte-berlin.de
S. I p. 221**

GESPRÄCHE UND DISKUSSIONEN | TALKS AND DISCUSSIONS

SO | SUN, 4.11.2012, 14 H

**ALFRED EHRHARDT
STIFTUNG
Gespräch mit Michael Lange und
Christoph Schaden | Talk with Michael Lange
and Christoph Schaden**

DE

In fein nuancierten und komponierten Farbaufnahmen von Laub- und Nadelwäldern, die allesamt in der Dämmerung entstanden, erkundet Michael Lange das Phänomen der Waldeinsamkeit. Dabei zählt es zu den Eigentümlichkeiten der Bilder, dass sie in der Anschauung ein Geheimnis bewahren. Atmosphärisch sind seine Motive durchdrungen von einer tiefen Befriedung und Erhabenheit. Düster und gleichsam gegenwärtig tritt das Waldreich aus ihnen hervor. Im Gespräch mit Dr. Christoph Schaden wird Michael Lange über seine Arbeiten der Ausstellung **Wald** reden.

EN

In finely nuanced and composed colour images of deciduous and coniferous forests, all shot at twilight, Michael Lange explores the phenomenon of forest solitude. The pictures have a special quality: a secret that they keep in contemplation. Atmospherically, Lange's subjects are permeated by a deep peace and grandeur. The forest world emerges from them as dark and present. Michael Lange talks about his works in the exhibition **Wald** in conversation with Dr Christoph Schaden.

**Eintritt frei | Free admission
Anmeldung | Registration: T 030.200 95 333,
info@alfred-ehrhardt-stiftung.de
S. | p. 179**

DO | THU, 8.11.2012, 19.30 – 21.30 H

**GALERIE KAI DIKHAS
Blick der Anderen – Selbstbild und Fremdbild der
Sinti und Roma | The View of the Other: Perception and Self-perception of the Sinti and Roma
Podiumsgespräch | Panel discussion**

DE

Das Bild der Minderheit der Sinti und Roma ist von jeher durch Fremdbestimmung geprägt. Die zeitgenössische Kunst der Minderheit, die das Programm der Galerie Kai Dikhas bildet, ist von dem Anliegen geprägt, sich von dieser Fremdbestimmung zu befreien. Gerade anhand des Mediums Fotografie lässt sich dieser Vorgang beschreiben. In einem Podiumgespräch mit Nino Nihad Pusija (Fotograf), Alain Keler (Fotograf, **Reisen zu den Roma**, Edition Moderne), Cia Rinne (Autorin **Die Romareisen**, Steidl Verlag) und Moritz Pankok (Kurator der Galerie Kai Dikhas) anlässlich der Ausstellung **Roma è Roma** von Nino Nihad Pusija erzählen die Beteiligten über ihre persönlichen Erfahrungen und den Umgang mit dem medialen Bild der Minderheit.

EN

The image of Sinti and Roma minorities has always been one imposed from outside. The contemporary art of the minorities, which forms the programme of the Galerie Kai Dikhas, expresses a desire to free that image from outside influence. This process can be aptly described with reference to the medium of photography. In a panel discussion with Nino Nihad Pusija (photographer), Alain Keler (photographer, **Reisen zu den Roma**, Edition Moderne), Cia Rinne (author of **Die Romareisen**, Steidl Verlag) and Moritz Pankok (curator of the Galerie Kai Dikhas) in connection with the exhibition **Roma è Roma** by Nino Nihad Pusija, the participants tell about their personal experiences and about dealing with the media image of the minorities.

**Eintritt frei | Free admission
S. | p. 202**

DO | THU, 8.11.2012, 19.30 – 21 H

**KUNSTVEREIN TIERGARTEN
Gespräch mit den Fotografen Katharina
Mouratidi und Robert Knoth | Talk with the
photographers Katharina Mouratidi
and Robert Knoth**

DE

Im Gespräch stellen die Fotografin Katharina Mouratidi, Berlin, und der Fotograf Robert Knoth, Amsterdam, ihre aktuellen Projekte und Bücher vor. Beide sind Mitglieder der 2006 gegründeten Gesellschaft für Humanistische Fotografie. Gemeinsam ist ihnen ihr engagierter, kritischer Blick auf gesellschaftliche Missstände, internationale Konfliktsituationen und deren unmittelbare Auswirkungen. Sie berichten von ihrer Arbeit an der Schnittstelle zwischen künstlerischer und dokumentarischer Fotografie und diskutieren Möglichkeiten und Grenzen engagierter Autorenfotografie in der heutigen Zeit.

EN

The photographers Katharina Mouratidi, Berlin, and Robert Knoth, Amsterdam, present their current projects and books in a public discussion. Both of them are members of the Gesellschaft für Humanistische Fotografie, which was established in 2006. What they share is their committed, critical look at social grievances, international conflict situations and their direct effects. They report on their work on the boundary between art and documentary photography and discuss the potentials and limitations of socially committed author photography today.

**Eintritt frei | Free admission
S. | p. 217**

DO | THU, 15.11.2012, 19 H

**HENGESBACH GALLERY
Werk-Schau – Björn Siebert | Work Show –
Björn Siebert
Künstlergespräch | Artist talk**

DE

Der Leipziger Künstler Björn Siebert und Dr. Steffen Siegel, Juniorprofessor für Ästhetik des Wissens, Friedrich-Schiller-Universität Jena, erörtern gemeinsam die Arbeitsweise Björn Sieberts. Der Künstler beschäftigt sich in seiner Werkserie **Remakes** mit der erneuten Herstellung von Webfotografie und überführt Schnappschüsse in einen Kunstkontext. Es entsteht eine Semiologie kultureller Bildzeichen, die die Frage nach der Funktionsweise von Kommunikation und Identitätsstiftung stellt bzw. deren ikonografische Muster scharf ins Visier nimmt.

EN

The Leipzig artist Björn Siebert and Dr Steffen Siegel, Junior Professor of the Esthetics of Knowledge, University of Jena, discuss Siebert's working method. In his series of works **Remakes**, the artist is concerned with reproducing web photography, and recasts snapshots in an art context. He creates a semiology of cultural pictograms that asks how communication and the creation of identity function, and examines their iconographic patterns.

**Eintritt frei | Free admission
S. | p. 210**

DO | THU, 15.11.2012, 19 H

**GALERIE CUBUS-M
Ein Gespräch mit dem Künstler
Tor Seidel und dem Kurator Bodo-Michael
Baumunk |
A talk with the artist Tor Seidel and the curator
Bodo-Michael Baumunk**

**Eintritt frei | Free admission
S. | p. 201**

UND. INSTITUT
In Transit – Gespräch I In Transit – Talk

D_E

Zum Projekt In Transit findet ein Gesprächsabend mit Beiträgen von Dr. J. Daniel Dahm (Nachhaltigkeitsforscher), Dr. Hildegard Kurt (Kulturwissenschaftlerin, Expertin für Soziale Plastik), Kerstin Polzin (Künstlerin, Raumforscherin), Julian Röder (Fotograf, Ostkreuz), Sabine Schründer (Künstlerin, Loris) u. a. statt. Experten geben Einblick in ihre Sicht auf Bildsprachen, Fotografie als dokumentarische, künstlerische und politische Beschreibung von Welt und ihre Rolle für einen gesellschaftlichen Transformationsprozess, Bilderfluten im öffentlichen Raum und Social Media.

E_N

The In Transit project will include an evening of discussion with Dr J. Daniel Dahm (sustainability researcher), Dr Hildegard Kurt (cultural studies and Social Sculpture expert), Kerstin Polzin (artist, space researcher), Julian Röder (photographer, Ostkreuz), Sabine Schründer (artist, Loris) and others. Experts offer their views on visual languages; on photography as a documentary, artistic and political description of the world and its role in a process of social transformation; on visual overload in the public sphere and social media.

Ort I Location: siehe I see
http://intransitfoto.wordpress.com
Eintritt frei I Free admission
S. I p. 234

FR I FR, 16.11.2012, 19 H

PAVLOV'S DOG
Ein Gespräch mit dem Künstler Michael Wesely und dem Kunstkritiker Ludwig Seyfarth I
A talk with the artist Michael Wesely and the art critic Ludwig Seyfarth

Eintritt frei I Free admission
S. I p. 225

SO I SUN, 25.11.2012, 16–18 H

**MUSEUM FÜR FOTOGRAFIE,
SAMMLUNG FOTOGRAFIE
DER KUNSTBIBLIOTHEK/SMB**
Skulptur und Fotografie. Ein Künstlergespräch mit Bogomir Ecker I Sculpture and Photography: An Artist Talk with Bogomir Ecker

D_E

Was das Foto verschweigt ist der Titel einer Skulptur von Bogomir Ecker, der programmatisch die Defizite des Mediums Fotografie offenlegt. Eine Doppelausstellung Eckers in den Berliner und Braunschweiger Museen für Fotografie präsentiert im Herbst 2012 andererseits seine leidenschaftlich zusammengetragene Sammlung historischer Fotografien. Es muss für ihn also vielleicht auch gelten, dass das Foto etwas erzählt.
Im Januar 2014 eröffnet in der Akademie der Künste die Ausstellung Lens-based sculpture. Die Veränderung des Skulpturbegriffs durch die Photographie, an deren Realisierung Bogomir Ecker wesentlich beteiligt ist. Hier wird es um den Beitrag der Fotografie zur Erneuerung des modernen Skulpturbegriffs durch das Medium Fotografie gehen.
Ludger Derenthal und Angela Lammert aus den Kuratorenteams der beiden Ausstellungen in Berlin sprechen mit Bogomir Ecker über das Wechselspiel zwischen Fotografie und Skulptur.
Eine Veranstaltung der Kunstbibliothek, Sammlung Fotografie, und der Akademie der Künste.

E_N

Was das Foto verschweigt (»what photos don't say«) is the title of a sculpture by Bogomir Ecker, whose intention is to reveal the deficiencies of the medium photography. Meanwhile Ecker presents his passionately collected historic photographs in a double exhibition in photography museums in Berlin and Braunschweig in the autumn of 2012. Thus he must feel that photos say something.
In January 2014, the Akademie der Künste will open an exhibition in which Bogomir Ecker is deeply involved, Lens-based Sculpture: The Transformation of the Concept of Sculpture through Photography. This exhibition will address photography's contribution to the renewal of the modern concept of sculpture.
Ludger Derenthal and Angela Lammert, members of the team of curators for the two exhibitions in Berlin, speak with Bogomir Ecker about the interplay of photography and sculpture.
An event by the Kunstbibliothek, Sammlung Fotografie, and the Akademie der Künste.

Eintritt frei I Free admission
S. I p. 222

LESUNGEN I READINGS

MI I WED, 24.10.2012, 19 H

ALFRED EHRHARDT STIFTUNG
Lesung mit Sabine Küchler I Reading with Sabine Küchler

Eintritt frei I Free admission
Anmeldung I Registration: T. 030.20 09 53 33,
info@alfred-ehrhardt-stiftung.de
S. I p. 179

SA I SAT, 3.11.2012, 19 H

FOTOATELIER AM SCHÖNEN BERG
»zwischen uns« – Eine Textcollage I
»between us«: A Text Collage
Lesung I Reading

Eintritt frei I Free admission
S. I p. 197

SA I SAT, 10.11.2012, 17 H

**SWEDISH
PHOTOGRAPHY**
Translucence von I by Annika Thörn Legzdins
Buchveröffentlichung I Book release

Eintritt frei I Free admission
S. I p. 233

SA I SAT, 10.11.2012, 18 H

PAVLOV'S DOG
Pavlov's Dog präsentiert Der Greif #6 I Pavlov's Dog presents Der Greif No. 6
Magazin-Launch I Magazine launch

D_E

Der Greif ist ein Projekt für zeitgenössische Fotografie und Literatur mit Schwerpunkt Fotografie. Im Juli 2008 zum ersten Mal auf regionaler Ebene erschienen, erreichen die Redaktion mittlerweile Einsendungen aus der ganzen Welt. Künstlerisches Herzstück und Ursprung des Projekts ist das werbefreie Printmagazin. Dessen 6. Ausgabe wird bei Pavlov's Dog präsentiert, und die Redaktion wird Einblicke in Entstehungsprozess und Konzept des Magazins geben.

E_N

Der Greif (»The Griffin«) is a magazine project for contemporary photography and literature with emphasis on photography. Launched as a regional project in July 2008, the magazine now receives submissions from all over the world. The artistic core and origin of the project is the advertising-free print magazine. Its sixth issue will be presented at Pavlov's Dog, and the editors will share insights into the magazine's conception and inception.

S. I p. 225

DO I THU, 15.11.2012, 20 H

**BEZIRKSMUSEUM
FRIEDRICHSHAIN-KREUZBERG**
»SO 36 – Unser Leben war
mehr als ein Bilderbogen« I
»SO 36: Our Life Was
More than a Sheet of Pictures«
Lesung I Reading

^D_E

Gefühl & Härtc, Aufbruch & Absturz rund um die Kreuzberger Oranienstraße von 1971 bis 1989. Eine multimediale Amokfahrt. Musik, Lesungen, Projektionen von MDK bis ENDART. Zeitzeugen u. a. H.-J. Hillmann, Volker Hauptvogel, Klaus Theuerkauf und Frank-Kirk Ehm-Marks.

^E_N

Heart and hardness, booms and busts round Oranienstrasse in Kreuzberg from 1971 to 1989. A wild multimedia ride. Music, readings, and projections from MDK to ENDART. Contemporary witnesses including H.-J. Hillmann, Volker Hauptvogel, Klaus Theuerkauf and Frank-Kirk Ehm-Marks.

Ort I Location:
Kreuzberg Museum, Adalbertstraße 95A,
10999 Berlin (Kreuzberg)
T 030.50 58 52 33
www.kreuzbergmuseum.de
Eintritt frei I
Free admission
S. I p. 184

DO I THU, 15.11.2012, 21–23 H

STAATSGALERIE
PRENZLAUER BERG
Leck mich am Leben – Punk im Osten I
Punk in the East
Lesung mit Podiumsdiskussion I
Reading and panel discussion

^D_E

1980 begann die letzte lange Dekade im kurzen Dasein der DDR. Ein nicht zu übersehendes Zeichen für den nahenden Infarkt war Punk zwischen Suhl und Rostock. Die Wirkung, die die ersten Punks in der DDR-Gesellschaft hinterließen, war nur mit der Landung Außerirdischer zu vergleichen und kaum zu überschätzen. Die Anthologie **Leck mich am Leben** versammelt Erinnerungen und Reflexionen zu Punkrock in der DDR. Der Herausgeber Frank Willmann stellt das Buch anhand ausgewählter Beiträge und ihrer Autoren vor.

^E_N

In 1980 began the last long decade in the short existence of the GDR. One unmistakable sign of the coming collapse was East German punk culture. The impact that the first punks had on East German society could only be compared with an alien invasion. The anthology **Leck mich am Leben** (**»Kiss My Life«**) brings together memories and reflections on punk rock in the GDR. The editor Frank Willmann presents the

book with selected contributions and their authors.

Eintritt I Admission: 5 €
S. I p. 231

FILMVORFÜHRUNGEN I FILM SCREENINGS

FR I FRI, 19.10.2012, 19 H

ARTE in Kooperation
mit Kulturprojekte Berlin
und dem Martin-Gropius-Bau I
ARTE in cooperation
with Kulturprojekte Berlin
and the Martin-Gropius-Bau
ARTE-Filmpremiere: Das Jahrhundert
des Henri Cartier-Bresson I
ARTE Film Premiere: The Century
of Henri Cartier-Bresson
(in German)

^D_E

Henri Cartier-Bresson (1908–2004) zählt zu den berühmtesten Fotografen der Geschichte. Seine Schwarzweiß Fotografien hielten die großen Ereignisse des 20. Jahrhunderts fest: von der Befreiung von Paris 1944 über die Machtübernahme der Kommunisten in China 1949 bis hin zum Bau der Berliner Mauer 1961. Pierre Assouline, Autor und Freund Cartier-Bressons, verbindet in dieser neuen Dokumentation von ARTE France Bilder und Originalzitate von »HCB« zu einer filmischen Hommage. Deutschlandpremiere des Films, mit einer Einführung von Dr. Matthias Harder. Auf ARTE am Mittwoch, 7. November 2012, 21.30 Uhr.

^E_N

Henri Cartier-Bresson (1908–2004) was one of the most famous photographers in history. His black and white photographs recorded the momentous events of the twentieth century, from the liberation of Paris in 1944 to the communist takeover in China in 1949, to the building of the Berlin Wall in 1961. In this new documentary from ARTE's French studios, Pierre Assouline, author and friend of Cartier-Bresson, brings together images and original quotations by »HCB« in a film homage. German premiere of the film, with an introduction by Dr Matthias Harder. On ARTE on Wednesday, 7 November 2012, 9:30 pm.

Ort I Location:
Martin-Gropius-Bau,
Niederkirchnerstraße 7,
10963 Berlin (Kreuzberg)

T 030.25 48 60
www.mdf-berlin.de
Eintritt frei I
Free admission

MO I MON, 22.10.2012, 18 H

BERLINISCHE GALERIE
Karbid und Sauerampfer, DEFA 1963,
Regie I Director: Frank Beyer
Eintritt frei I Free admission
S. I p. 182

MO I MON, 12.11.2012, 18 H

BERLINISCHE GALERIE
Spur der Steine, DEFA 1966,
Regie I Director:
Frank Beyer
Eintritt frei I Free admission
S. I p. 182

SO I SUN, 18.11.2012, 17 H

PETRA RIETZ SALON GALERIE
Palermo oder Wolfsburg –
Ein Film von Werner Schroeter,
D 1980, FSK 12 I
A Film by
Werner Schroeter

^D_E

Um seine Familie finanziell zu unterstützen, zieht der 17-jährige Sizilianer Nicola nach Deutschland, wo er eine Stelle im Volkswagen-Werk Wolfsburg antritt. Er findet italienische Freunde, die ihn über die Gnadenlosigkeit der kapitalistischen Gesellschaft aufzuklären versuchen. Aber Nicola wähnt sich im Glück: Er hat einen Job, ein Dach über dem Kopf und eine deutsche Freundin, Brigitte. Seine Liebe zu ihr lässt ihn den harten Arbeitsalltag, die kleinen Demütigungen durch Vorgesetzte und die sprachliche Isolation vergessen. Bis Brigitte ihn eines Tages verlässt. Bei dem Versuch, seine »Ehre« zu retten, wird Nicola zum Mörder. Den folgenden Gerichtsprozess, den er als surreal anmutende Groteske erlebt, lässt Nicola stumm über sich ergehen. (filmportal.de)

^E_N

To help support his family, the 17-year-old Sicilian Nicola goes to Germany, where he finds a job in the Volkswagen plant in Wolfsburg. He finds Italian friends who try to explain the mercilessness of capitalist society to him. But Nicola counts himself lucky: he has a job, a roof over his head and a German girlfriend, Brigitte. His love for her allows him to forget the day-to-day hardships of working life, the small humiliations by superiors and the linguistic isolation – until one day Brigitte leaves him.

In an attempt to save his »honour«, Nicola becomes a murderer. He submits in silence to the trial that ensues, which he experiences as a grotesquerie. (filmportal.de)

Ort | Location:
St.-Johannes-Evangelist-Kirche,
Auguststraße 90,
10117 Berlin (Mitte)
Eintritt frei | Free admission
S. | p. 226

PORTFOLIO REVIEW

SA | SAT, 24.11. – SO | SUN, 25.11.2012,
GANZTÄGIG | ALL DAY

KULTURPROJEKTE
BERLIN
& BERLINISCHE GALERIE

D E

Erstmals bietet der Europäische Monat der Fotografie Berlin ein Portfolio Review an. Es findet als Abschluss des Festivals am 24. und 25. November 2012 in der Berlinischen Galerie statt. Ausgewählte Nachwuchsfotografen können hier in individuellen Gesprächen ihre Arbeiten Experten der Fotoszene – darunter Fotografen, Ausstellungskuratoren, Bildredakteure, Art-Buyer und Dozenten – vorstellen. Im Anschluss diskutieren die Experten alle Portfolios bei einem Portfolio Walk und geben der Jury Empfehlungen für die Preisträger. Die Jury kürt die beste Arbeit auf der Grundlage der Expertenauswahl. Erster Preis ist eine eigene Ausstellung 2013 in den Räumen der Galerie Pavlov's Dog – Raum für Fotografie (www.pavlovsdog.org). Die Preisverleihung ist öffentlich. Sie findet am 25.11.2012 um 18 Uhr in der Berlinischen Galerie statt, die für diesen Anlass bis 20 Uhr geöffnet ist.

E N

For the first time, the European Month of Photography Berlin offers a Portfolio Review, to take place at the Berlinische Galerie as the conclusion of the festival on November 24 and 25, 2012. Selected emerging photographers can present their works in individual conversations to experts in the photo scene – including photographers, exhibition curators, picture editors, art buyers and teachers. Afterwards, the experts discuss the presentations« during a Portfolio Walk and make recommendations to the prize jury. The jury then chooses the best works based on the experts' selections. The first prize is a solo exhibition in the gallery Pavlov's Dog – Raum für Fotografie (www.pavlovsdog.org) in 2013. The presentation of the awards is public and will take place on November 25 in the Berlinische Galerie, which will be open until 8:00 pm especially for this event.

Ort | Location:
Berlinische Galerie,
Alte Jakobstraße 124–128,
10969 Berlin (Kreuzberg)
www.berlinischegalerie.de
Weitere Informationen unter | For
further information see:
www.mdf-berlin.de/de/veranstaltungen
T 030.24 74 98 88

PREISVERLEIHUNGEN / WETTBEWERBE | AWARD CEREMONY / COMPETITIONS

SA | SAT, 20.10.2012, 14 – 19 H

FOTOMARATHON BERLIN
Mini-Fotomarathon |
Mini-Photomarathon

D E

Ein Fotomarathon ist ein Fotowettbewerb unter extremen Bedingungen. Innerhalb von vier Stunden müssen die Teilnehmer eine Serie von sechs Themen fotografisch umsetzen. Es gilt: Die vorgegebene Reihenfolge der Themen muss beim Fotografieren eingehalten werden, die Einzelthemen werden erst im Laufe des Fotomarathons bekannt gegeben.

E N

A photo marathon is a competition under extreme circumstances. Within four hours, participants have to put together a series of twenty-four photos. The photos have to be made in the order given. And each theme is only announced during the photo marathon itself.

Hauptpreis:
eine Panasonic Lumix Kamera |
First prize:
a Panasonic Lumix
camera Preisverleihung am |
Award ceremony on 3.11. um |
at 19.00 im |
at Supermarkt Wedding
(Brunnenstraße 64, Wedding).

Ort | Location: Modersohnstraße 63,
10245 Berlin (Friedrichshain)
Eintritt | Admission: 10 €
Anmeldung | Registration:
Begrenzte Teilnehmerzahl
(max. 50 Personen) |
Limited to 50 participants
Anmeldung ab September 2012 auf |
Registration opens in September 2012 at
www.fotomarathon.de
S. | p. 198

FR | FRI, 9.11.2012, 18 – 20 H

BROTFABRIKGALERIE
Geteilte Blicke. Preisverleihung Foto- und Text-
wettbewerb | Divided Views: Award Ceremony
for the Photo and Text Competition

D E

Die Gewinner des Foto- und Textwettbewerbs anlässlich der Ausstellung Geteilte Blicke werden von den Kuratorinnen und Jurymitgliedern Dr. Ulrike Pilarczyk und Petra Schröck gekürt.

E N

The winners of the photo and text competition in connection with the exhibition Geteilte Blicke (»Divided Views«) will be selected by the curators and jury members Dr Ulrike Pilarczyk and Petra Schröck.

Eintritt frei | Free admission
S. | p. 186

Kloss, Stephanie
Kniest, Ingo
Knoefel, York der
Knöfel, Jorg
Knoth, Robert
Knudsen, Knud
Koch, Silke
Kochanowski, Andy
Köhler, Ina
Köhler, Werner
Kohlmann, Matthias
Koletzki, Kerstin
Koller, Herbert
Komorowski, Piotr
Koolwijk, Claudia van
Koolwijk, Julia van
Korfmann, Katrin
Kossak, Alisa
Kossentini, Nicene
Koszczyński, Piotr
Kott, Anna
Kramaric, Boris
Kratzsch, Constanze
Kress, Michael
Krolow, Wolfgang
Krukowski, Karol
Krull, Germaine
Kruse, Tobias
Kubisch, Christina
Kühn, Fritz
Kühne, Holger

L

Lachmann, Ulrike
Lambers, Hansgert
Lange, Michael
Langkafel, Ute
Lazar, Tomasz
Lebeck, Oscar
Lehmann, Katrin von
Lehmann, Melanie
Leray, Valérie
Leupold, Matthias
Liehr, Tom
Lindner, Michael
Lindner, Ulrich
Lindström, Ann Sophie
Linge, Carina
Linnenkohl, Karen
Lipszyc, Alejandro
Lo Mascolo, Gionathan
Löbbert, Dirk
Löbbert, Maik
Lockemann, Bettina
Loew, Hermann
Löffelbein, Kai
Lowe, Jason
Löwe, Johannes
Lucana
Ludwig, Ono
Ludwig, Ulrike
Luedeking, Horst
Lüstraeten, Jens

M

Mächler, René
Mahler, Ute &
  Werner

Mai, Ferdinand
Mai, Karl Heinz
Majoli, Alex
Mammana, Franco
Marcheselli, Alan
Mark, Oliver
Maron, Knut
Marquardt, Sven
Martin, Mirko
Martins Fernandes, César
Maschke, Herbert
Massner, Jan C. L.
Mateo, Sol
Mayer, Josef Wolfgang
Mayerson Gilbert, Ruth
Meckel, Dawin
Meier, Eric
Melis, Roger
Menin, Charlotte
Merkel, Florian
Mertens, Kevin
Merz, Max
Messmer, Arwed
Meyer, Thomas
Michalski, Chris
Miller, Charles
Mooney, Stephen
Morgan, Barbara
Mouratidi, Katharina
Mühleisen, Joachim
Musikic, Zorana

N

Naas, Nicole
Nachtwey, Reiner
Nádas, Péter
Nappelbaum, Moissej
Neitzke, Henry
Nemes, Toni
Nerger, Kai-Uwe
Neuenhausen, Julia
Neumann, Hartmut
Neumann, Thomas
Neusüss, Floris
Newbegin, Katherine
Newton, Helmut
Nguyen Phuong-Dan
Niehoff, Christine
Niggli, Claire
Nolan, Fay
Nothelfer, Gabriele & Helmut
Nowak, Alek

O

Ocherbauer,
  Eva Maria
Oda, Milena
Oehlmann, Peter
Ogiolda, Cornelia
Ojstersek, Peter
Okeugo, Ray Daniels
Olaf, Erwin
Olea, Victor Flores
Oluwaseun, Salisu
Omara, Marouan
Orozco, Gabriel
Orrason, Leifur
Osiowy, Zbigniew

P

Paaschen, Ina
Paetsch, Christina
Palermo, Carmen
Pallanca, Heike
Palmtag, Jürgen
Paris, Helga
Paul, Manfred
Peer, Leta
Penn, Albert Thomas Watson
Peres, Laura
Peroni, Luca
Peroni, Silvano
Peter sen., Richard
Pfeiffer, Jan
Philipp, Yvonne
Philippi, Wolfgang
Piotrowski, Paweł
Platć, A.W.A.
Płonka, Marcin
Plum, Philipp
Pogoda, Bart
Pollmann, Tyyne Claudia
Pompinon, Leo
Ponce, María Teresa
Pozniak, Marek
Praefke, Hans
Praunheim, Rosa von
Presser, Beat
Prokudin-Gorski, Sergei
  Michailowitsch
Puddu, Gino
Puranen, Jorma
Pušija, Nihad Nino
Putensen, Anja

R

Rai, Edgar
Rath, Hans
Rattana, Vandy
Rehberg, Siebrand
Rehmann, Andreas
Reister, Christian
Repetto, Gerardo
Rheims, Bettina
Richter, Evelyn
Riebesehl, Heinrich
Ries, Henry
Rizk, Philip
Röder, Julian
Rogg, Ursula
Rohde, Michael H.
Rothwell, Lynn
Rottenbacher, Claus
Rötzsch, Jens
Rubbert, Jörg
Rumball, Andy
Ruppert, Ilse

S

Sampson, Rebecca
Sarasin, Fritz & Paul
Scagnetti, Michela
Schäfer, Rudolf
Schattauer, Nora
Schäuble, Karin
Scheffer, Michael

Schenck, Naomi
Schendel, Ute
Schiemann, Erik
Schinski, Frank
Schleyer, Susanne /
  Stephan, Michael J.
Schlösser, Jordis Antonia
Schmierer, David
Schmitz, Ulrike
Schneider, Barbara
Schneider, Günter
Schoeller, Anja
Schoemig, Claudia
Schoenenburg, Ina
Schoenharting, Anne
Schön, Eva-Maria
Schönfeld, Sarah
Schröder, Linn
Schroeder, Karin
Schröter, Erasmus
Schrudde, Nicola
Schründer, Sabine
Schubert, Karl-Heinz
Schulze-Eldowy, Gundula
Schweizer, Helmut
Schwenk, Martin
Sedlar, Stjepan
Seehusen, Jana
Seibt, Thilo
Seidel, Tor
Semprebon, Lucia
Sendas, Noé
Sennefelder, Denis
Serkis, Sven
Sewcz, Maria
Shepherd & Robertson
Siala, Mouna Jemal
Siebert, Björn
Siegmann, Horst
Silber, Alex
Sitnik, Dorota
Skeen, W.L.H.
Snider, Menico
Soltane, Mohamed Ben
Soltau, Annegret
Sonnewend, Annette
Soto, Cinthya
Steffen, Sarah
Steffens, Julius
Šteger, Aleš
Steglich, Ulrike
Steinerová, Petra
Steinkopf, Stephanie
Stellmach, Natascha
Stephan, Bruno
Sternfeld, Joel
Stezaker, John
Storey, Abby
Struth, Thomas
Stuke, Karen
Stumpf, Sebastian
Sugimoto, Hiroshi
Székessy, Karin
Szust, Jacek

T

Taurines, Edward
Taykan, Serkan
Testa, Pamela

Theil, Roland
Theis, Marc
Thýn, Jiří
Tiedemann, Fritz
Tillmann, Thomas
Traubenberg, Falk von
Triki, Patricia K.
Tufi, Rami
Tunbjörk, Lars

U

Ullrich, Jens
Unbekannte MfS-
  Mitarbeiter I Unknown
  Stasi Employees
US, Stephan

V

Vaccaro, Fabian
Vajd, Alexandra
Vargas, Arelí
Varsi, Matteo
Veith, Sarah
Venables, Raïssa
Vishniac, Roman
Vogt, Christian
Volk, Marc
Völkel, Heinrich
Volz, Wolfgang
Voßbeck, Thomas

W

Wagner, Jörg
Walczyk, Paweł
Walser, Judith
Weber, Florian
Weber, Florian
Weijde, Erik van der
Weiss, Maurice
Wenzel, Marei
Wesely, Michael
Wessel, Lena
Westfield & Co.
Wiech, Tomasz
Wiese, Anja
Wilde, Christoph
Wille, Barbara
Williams, Christopher
Wimmer, Magdalena
Winkler, Insa
Wrede, Thomas
Wunderlich, Johanna
Wüst, Ulrich
Wyss, Kurt

Z

Zanella, Luca
Zeller, Martin
Zelter, Hannah
Zickendraht, Katrin
Ziegler, Julia
Zureikat, Sima
Zuzunaga, Mariano

Kulturprojekte Berlin GmbH
Geschäftsführer | Executive director: Moritz van Dülmen
Klosterstraße 68
D-10179 Berlin
www.kulturprojekte-berlin.de

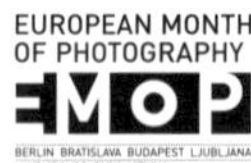

TEAM

Kuratorin / Curator
Katia Reich

Projektmanager / Project manager
Oliver Bätz

Projektassistenz / Project assistant
Marte Kräher
Mitarbeit / Support:
Charlotte Finke, Gabriele Zöllner,
Birte Hoffmann, Annekathrin Müller

Webseite / Website
Design:
Marion Meyer, studio 38
Realisierung / Realisation:
studio 38

**Veranstaltungskonzept /
Concept »Show Photography!«**
Anke Schleper

Medienarbeit / Public relations
Achim Klapp

**Kommunikationsdesign /
Communication design**
BUREAU Mario Lombardo

Verwaltung / Administration
Uta Belitz, Cathrin Brinkmann, Katrin
Dohne, Margit Kamp, Kien Nguyen

FÖRDERER / PROJECT FUNDING

Das Projekt 5. Europäischer Monat der Fotografie Berlin 2012 wird gefördert mit Mitteln der Stiftung Deutsche Klassenlotterie Berlin und der Senatskanzlei Kulturelle Angelegenheiten, Berlin. | The 5th European Month of Photography Berlin has received financial support from Stiftung Deutsche Klassenlotterie Berlin and from Senatskanzlei Kulturelle Angelegenheiten, Berlin.

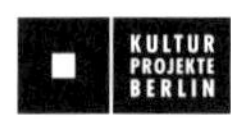

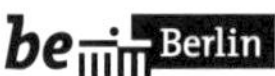

STIFTUNG
DEUTSCHE KLASSENLOTTERIE BERLIN

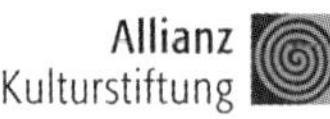

»Show Photography!« wurde unterstützt von der | »Show Photography!« was supported by

Allianz
Kulturstiftung

MEDIENPARTNER / MEDIA PARTNERS

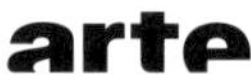

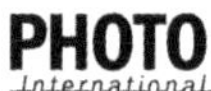

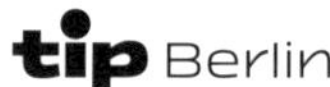

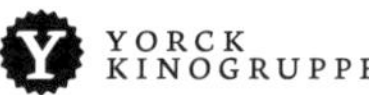

DANK / ACKNOWLEDGMENTS

Wir bedanken uns bei allen beteiligten Personen, Gruppen und Institutionen für Information und Unterstützung. | We would like to thank all individuals, groups and institutions for information and support.

KOOPERATIONSPARTNER / COOPERATION PARTNERS

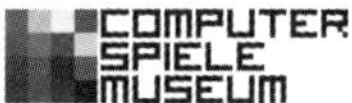

KUNSTSÆLE BERLIN

ISBN 978-3-86678-770-4
Printed in Germany